SCHLESWIG-HOLSTEIN

Mit Lübeck, Kiel und Flensburg sowie den Inseln Fehmarn, Sylt, Amrum, Föhr und Helgoland

Franz-Josef Krücker

TRESCHER VERLAG

1. Auflage 2024

Trescher Verlag
Reinhardtstr. 9
10117 Berlin
www.trescher-verlag.de

ISBN 978-3-89794-560-9

Herausgegeben von Bernd Schwenkros und
Detlev von Oppeln

Reihenentwurf und Gesamtgestaltung:
Bernd Chill

Gestaltung, Satz und Bildbearbeitung:
Martina Gerber
Lektorat: Hinnerk Dreppenstedt
Stadtpläne und Karten: Henriette v. Bodecker,
Martin Kapp, Dorit Hahnewald, Ulla Nickl,
Bernd Chill unter Verwendung von
Daten von ©OpenStreetMap-Mitwirkende/
www.openstreetmap.org
(Kartenregister → S. 492)

Gedruckt auf chlorfrei gebleichtem Papier

Printed in Germany

Alle Angaben in diesem Reiseführer wurden sorgfältig recherchiert und überprüft. Dennoch können Entwicklungen vor Ort dazu führen, dass einzelne Informationen nicht mehr aktuell sind. Gerne nehmen wir dazu Ihre Hinweise und Anregungen entgegen. Bitte schreiben Sie an **post@trescher-verlag.de.**

TItelbild: Leuchtturm Westerhever (→ S. 398)
Vordere Klappe: Gut Panker (→ S. 196)
Hintere Klappe: Strand bei Wyk: (→ S. 353)

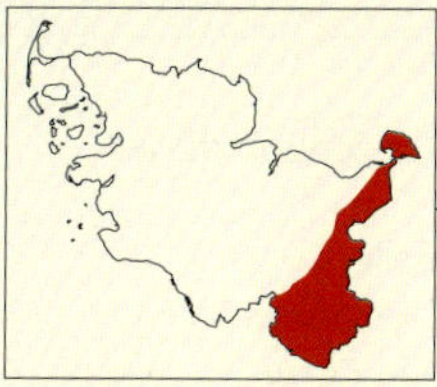

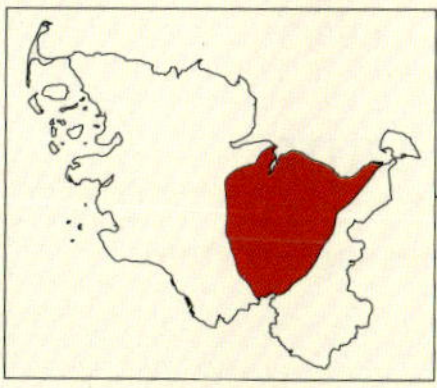

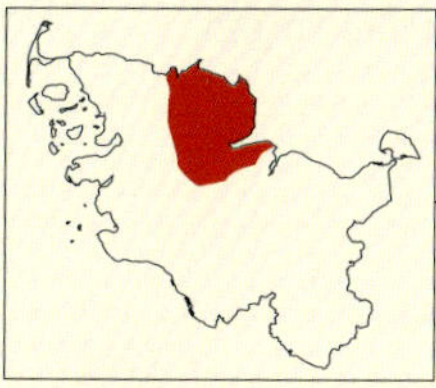

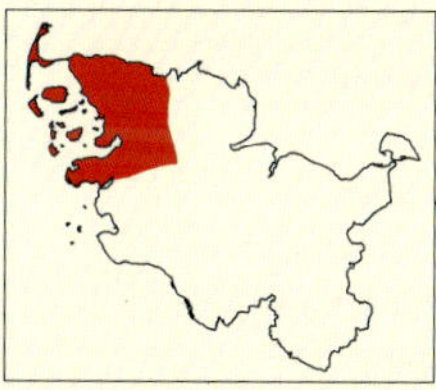

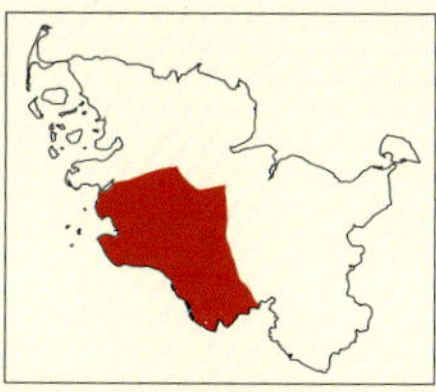

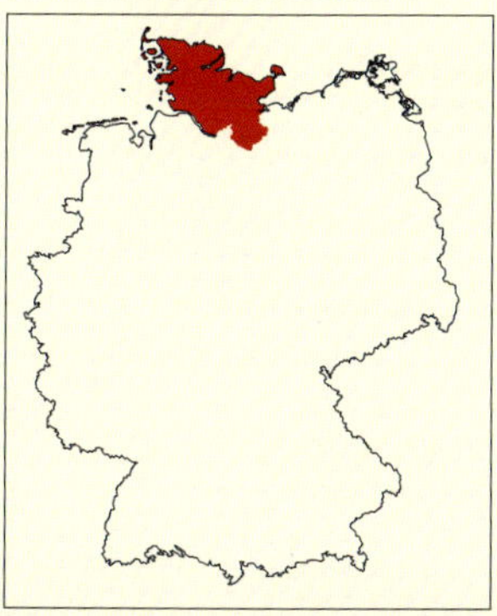

R
GER
1146

102
80

ANHANG

EXTRAS

Die Westtürme des Lübecker Doms

Moin!

Ob am Nachmittag oder späten Abend, ja selbst zur frühen Morgenstunde begrüßt man sich im hohen Norden mit einem fröhlichen oder mürrischen ›Moin‹ und erwartet als Antwort eben auch ein ›Moin‹. Die Norddeutschen gelten als verschlossen, so wie die Rheinländer als Frohnaturen gelten; manchmal stimmt es, manchmal aber auch nicht.

Ferien im Norden sind beliebt geworden, versprechen frische Luft, Raum zum Spazieren und Radfahren ganz ohne Berge. Aber dafür mit Gegenwind, und aus unerforschlichen Gründen scheint der Wind immer aus der entgegengesetzten Richtung zu kommen. Endlose helle Sandstrände warten als Sprungbrett in die Ostsee und als Baumaterial für Burgen, die am nächsten Tag schon wieder verflossen sind.

Auf Kultur muss man in Schleswig-Holstein keinesfalls verzichten. Schon beim Eingang sozusagen lauert die Hansestadt Lübeck, deren gesamte, auf einer Insel gelegene Altstadt unter dem Welterbeschutz der UNESCO steht. Das vielleicht berühmteste Stadttor Deutschlands, das Holstentor, gewährt Einlass zu den fünf Kirchen mit sieben himmelstrebenden Türmen, alle aus Ziegeln gemauert. Die bekanntesten Söhne der Stadt sind Heinrich und Thomas Mann, letzterer ebenso Nobelpreisträger wie der hier geborene Willy Brandt sowie Günter Grass, der sich in späten Jahren außerhalb der Stadt niederließ. Andere Literaten wuchsen in kleineren Orten anderswo im Land auf, etwa Theodor Storm in Husum, Friedrich Hebbel in Wesselburen oder der Plattdeutsch-Dichter Klaus Groth in Heide.

Beim Schleswig-Holstein Musik Festival könnte man den Eindruck gewinnen, es würde in jedem Herrenhaus und in jeder Scheune musiziert, aber die Musik soll ja auch hin zu den Leuten kommen, zu den Einheimischen wie den Besuchern. Und es gibt ja noch JazzBaltica und jede Menge Hafenfeste. Die Nord Art in einer alten Fabrik am Rande von Rendsburg, die jeden Sommer stattfindet, hat sich zu einer wichtigen Ausstellung zeitgenössischer Kunst aus aller Welt gemausert. Groß sind ihre Dimensionen, ob im Gemälde oder der Skulptur. Zu den großen Malern des Nordens gehörte auch Emil Nolde, der sich ein Haus auf einer Warft schon halb in Dänemark baute, dessen Rolle im Nationalsozialismus jetzt aber offen diskutiert wird.

Wer glaubt, in Schleswig-Holstein gebe es nur Bratkartoffeln mit einem ollen Fisch drauf, irrt sich gewaltig. Natürlich darf das Fischbrötchen mit einem saftigen Hering nicht fehlen, doch inzwischen schwappt sozusagen eine Welle von leichter, frischer, lokaler Kost übers Land. Erfahrene Gastronomen wie auch junge Leute mit viel Engagement sorgen dafür, dass das Angebot an biologischer, nachhaltiger, gesunder Kost wird immer größer wird. Ob schottische Hochlandrinder, die Naturschutzgebiete pfleglich beweiden, ob Salzwiesenlämmer oder nachhaltig gefangener Fisch, ob selbst gemachter Käse, eigenhändig produzierter Kuchen, die Eismanufaktur oder die schonende Kaffeeröstung vor Ort – neue Ideen kommen auf, und diejenigen, die sie vertreten, freuen sich natürlich darüber, wenn Besucher sie wertschätzen.

Also, Gründe genug zu sagen: Kiek mol wedder in!

Hinweise zur Konzeption dieses Reiseführers

Dieser Reiseführer hat sich zum Ziel gesetzt, den Hauptreiseströmen im nördlichsten Bundesland zu folgen. Der bei weitem überwiegende Teil der Reisenden wird aus dem Süden kommen und östlich von Hamburg Richtung Norden fahren. Und so beschreibt der Führer zunächst die etwas landeinwärts gelegenen Landschaften des Herzogtums Lauenburg, dann die Kulturstadt Lübeck, um von dort die Ostsee zu erreichen. Dann setzt sich die Route gegen den Uhrzeigersinn an der Ostseeküste fort, bis die Hauptstadt Kiel erreicht ist. Von hier aus führt ein Abstecher ins nicht so stark frequentierte Landesinnere, in die ehemals sehr bedeutende Garnisonsstadt Rendsburg und einige Orte weiter südlich. Danach kehren wir nach Norden zurück, in die Eckernförder Bucht, in die interessanten Kleinstädte Eckernförde und Schleswig und zum 42 Kilometer langen Ostseefjord Schlei, der ein wunderbares Erholungsgebiet ist. Bald ist bei Flensburg und Glücksburg an der Flensburger Förde die Grenze zu Dänemark erreicht.

Nun springt der Führer an die Westküste und damit die Nordsee. Vor deren Küste liegen einige sehr beliebte Inseln, Halbinseln und Halligen wie Sylt, Föhr, Amrum, Pellworm und Nordstrand. Ihnen zugeordnet sind jeweils die Orte auf dem Festland, von denen aus die Inseln und Halligen zu erreichen sind – sei es nun mit dem Auto, dem Zug, dem Fahrrad oder zu Fuß. Eine ausführliche Würdigung von Husum, der wichtigsten Stadt der Westküste, und der ›Holländerstadt‹ Friedrichstadt schließt den Blick auf den Nordwesten ab. Es liegt jetzt die große Halbinsel Eiderstedt auf dem Weg, an deren Westküste mit St. Peter-Ording sich eines der beliebtesten Strandbäder des Landes befindet. Doch die verstreuten kleinen Dörfer und die Kleinstadt Tönning, sie sozusagen die Eidermündung überwacht, sollten nicht aus dem Blick geraten. Weiter südlich geht es nach Dithmarschen mit der Kreisstadt Heide, den Strandorten Büsum und Friedrichskoog sowie dem historischen Meldorf. Ein Abstecher führt von Büsum auf die einzige deutsche Hochseeinsel, nach Helgoland, weil von Büsum aus die täglichen Fähren verkehren. Schließlich folgen wir von Brunsbüttel dem Unterlauf der Elbe bis nach Wedel am westlichen Stadtrand von Hamburg.

Im übertragenen Sinn kann man sagen, dass der Stadtrand von Hamburg sich beträchtlich in das Land Schleswig-Holstein vorgeschoben hat. So entstanden dort jene gerne ›Schlafstädte‹ genannten Orte wie Elmshorn, Pinneberg, Geesthacht, Reinbek, Schenefeld und andere, in denen man zwar außer Schlafen auch noch anderes tun kann, die aber für den Reisenden aus dem Süden wenig Bedeutung besitzen. Sie bleiben daher hier außen vor.

Am Schönberger Strand

Entfernungstabelle Schleswig-Holstein

Angegeben ist stets die schnellste Verbindung mit dem Pkw.

	Burg/Fehmarn	Eutin	Flensburg	Friedrichskoog	Glückstadt	Heide	Husum	Kiel	Lauenburg/Elbe	Lübeck	Neumünster	Niebüll	Ratzeburg	Rendsburg	Schleswig	St. Peter-Ording
St. Peter-Ording	227	165	89	70	109	41	44	143	219	171	113	90	193	86	80	
Schleswig	141	100	42	100	106	59	38	57	184	135	64	77	149	33		80
Rendsburg	120	79	65	79	71	46	55	36	163	106	43	101	128		149	86
Ratzeburg	115	64	183	162	123	158	180	103	48	27	88	219		128	149	193
Niebüll	209	169	48	122	155	87	43	128	253	195	132		219	101	77	90
Neumünster	118	52	97	95	76	76	93	34	122	135		132	88	43	64	113
Lübeck	86	38	167	146	110	142	164	87	93		135	195	27	106	135	171
Lauenburg/Elbe	173	103	217	183	111	181	214	137		93	122	253	48	163	184	219
Kiel	86	46	91	125	107	80	87		137	87	34	128	103	36	57	143
Husum	171	130	46	76	109	42		87	214	164	93	43	180	55	38	44
Heide	163	122	93	38	71		42	80	181	142	76	87	158	46	59	41
Glückstadt	189	112	122	55		71	109	107	111	110	76	155	123	71	106	109
Friedrichskoog	208	153	127		55	38	76	125	183	146	95	122	162	79	100	70
Flensburg	172	132		127	122	93	46	91	217	167	97	48	183	65	42	89
Eutin	71		132	153	112	122	130	46	103	38	52	169	64	79	100	165
Burg/Fehmarn		71	172	208	189	163	171	86	173	86	118	209	115	120	141	227

Die schönsten Reiseziele

1 Ratzeburg und Mölln

Beide Orte liegen an mehreren Seen und verbinden kleinstädtisches Leben mit der Natur in Form von Wasser, Feldern und Wäldern direkt vor der Haustür. Die Ratzeburger Dominsel mit dem Dom und einigen Museen, aus denen man schon auf einen See schaut, versammelt historische Kultur, zu der auch das Barlach-Museum in der Innenstadt gehört. In Möllns kleiner Altstadt widmet man sich derweil den Geschichten Till Eulenspiegels. (→ S. 78, 86)

2 Lübeck ▼

Die gesamte Altstadtinsel mit über 1000 Gebäuden steht unter dem Welterbeschutz der UNESCO, dazu gehören auch fünf Kirchen mit sieben Türmen und das markanteste Stadttor Deutschlands, das Holstentor. Doch Besucher beschäftigen sich auch mit Lübecks großen Söhnen, den Brüdern Mann, Willy Brandt und Günter Grass, mit der mittelalterlichen Handelsvereinigung der Hanse und natürlich mit dem Marzipan. (→ S. 99)

3 Plöner Seenplatte

Leuchtend weiß und mit breiter Front markiert das Plöner Schloss seinen Platz am oberen Ende der Altstadt. Doch die großen Seen der Umgebung laden auch zum Wassersport unter Segeln und im Kanu ein. (→ S. 163)

4 Kieler Woche

Die Kieler Woche ist die größte Segelveranstaltung der Welt. Jeweils Mitte Juni kommen rund drei Millionen Besucher, um die spannenden Regatten in der Kieler Bucht zu erleben, Boote aller Größen, Klassen und Altersstufen zu sehen, aber auch an Land maritime Speisen und Musik zu genießen. Höhepunkt ist natürlich die große Parade der Windjammer. (→ S. 203)

5 Nord Art in Rendsburg ▲

Jedes Jahr von Anfang Juni bis Anfang Oktober zieht die Nord Art Künstlerinnen und Künstler aus aller Welt an. Auf dem Gelände der ehemaligen Eisengießerei Carlshütte am Stadtrand von Rendsburg sind in den Werkshallen wie auf dem Freigelände Gemälde, vor allem aber Skulpturen zu sehen. Zahlreiche Veranstaltungen, darunter auch Konzerte, finden in der Ausstellung statt. (→ S. 223)

6 Schleswig

Die Schlei endet in Schleswig, das historisch betrachtet die wichtigste Stadt der Region war. Man sieht es am gewaltigen, herrlich ausgestatteten Dom, am Schloss Gottorf, in dem früher die dänischen Herzöge residierten, an den Ausgrabungen und Funden der Wikingerstadt Haithabu sowie dem dänischen Verteidigungswall, dem Danewerk. Auch der Hafen und die Fischersiedlung Holm locken. (→ S. 259)

7 Schlei ▲

Der Ostseefjord ist ein herausragendes Gebiet für Wassersport aller Art. Zu Fuß oder per Fahrrad kommen Naturfreunde durch urige Dörfer mit alten Dorfkirchen, Gutshöfen und Reetdachhäusern – und durch Arnis, die kleinste Stadt Deutschlands. Die Natur steht vielfach unter Schutz und lässt sich am eindrucksvollsten an der Mündung der Schlei in die Ostsee bewundern. (→ S. 285)

8 Flensburger Förde ▼

Biegt man aus der Ostsee in die Flensburger Förde ein, so kommt man am wichtigen Adelssitz vorbei, dem Schloss Glücksburg. Flensburg am Ende der Förde lebt von Schiffen, von der Marine über die Handelssegler, die den Rum aus der Karibik brachten, bis zu den heutigen Freizeitkapitänen. Die lebhafte Altstadt mit historischen Höfen und Kaufmannshäusern lädt zum Flanieren ein. (→ S. 309)

9 Inseln und Halligen in Nordfriesland

Vor der nordfriesischen Küste liegen unterschiedlich große Inseln und Halligen, das sind Eilande ohne eigenes Süßwasser. Vom mondänen Sylt bis zur beschaulichen Halbinsel Nordstrand, von Sandbänken bis zu Halligen mit nur zwei, drei Häusern: Sie alle müssen Überschwemmungen und Stürmen trotzen. Zahllose Fähren und Ausflugsschiffe erkunden die Gegend, in der der Übergang zwischen Meer und Land fließend ist. (→ S. 329)

10 Sandstrände mit Dünen ▲

Viele Küstenorte an der Nordsee weisen ›grüne Strände‹ auf, also mit Gras bepflanzte Deiche. Zum wirklichen Strand gehören aber Sand und Dünen. Die können auf Sylt bis zu 50 Meter hoch sein. Und sie ziehen sich in Sylt, Amrum und Sankt Peter-Ording jeweils über 15 Kilometer ununterbrochen hin. Platz genug für Entspannung und sportliche Aktivitäten. (→ S. 338, 346, 401)

Wattwanderung

Der Tidenhub an der Nordsee kann bis zu vier Meter betragen. Da die gesamte Gegend sehr flach ist, entstehen bei Ebbe riesige Matschflächen, deren Bewohner, etwa Sandwürmer, Krebse und Muscheln, sich dann zeigen. Auf geführten Wanderungen durch dieses Wattenmeer, das zum Welterbe der UNESCO gehört, kann man diesen Lebensraum erleben. (→ S. 326)

Das Wichtigste in Kürze

Informationen vor Reiseantritt

Praktisch jeder Urlaubsort unterhält, zumindest im Sommer, eine Touristeninformation, in einigen Einrichtungen werden auch Unterkünfte vermittelt. Die Kontaktdaten finden Sie in diesem Reiseführer in den blauen Info-Kästen. Zuständig für einzelne Regionen sind:

Tourismus-Agentur Schleswig-Holstein, Wall 55, 24103 Kiel, Tel. 0431/600583. www.sh-tourismus.de

Ostsee-Holstein-Tourismus e.V, Am Bürgerhaus 2, 23683 Scharbeutz, Tel. 04503/888525. www.ostsee-schleswig-holstein.de

Herzogtum Lauenburg, Hauptstr. 150, 23879 Mölln, Tel. 04542/856860. www.herzogtum-lauenburg.de

Tourismuszentrale Holsteinische Schweiz, Bahnhofstr. 5, 24306 Plön, Tel. 04522/509525. www.holsteinischeschweiz.de

Schleswig-Holstein Binnenland Tourismus e.V., Große Nübelstr. 31, 25348 Glückstadt, Tel. 04821/94963260. www.binnenland.sh

Nordsee-Tourismus-Service, Zingel 5, 25813 Husum, Tel. 04841/89750. www.nordseetourismus.de

Nordfriesland-Tourismus, Nordseestr. 1, 25899 Dagebüll, Tel. 04667/981036. www.nordfrieslandtourismus.de

Dithmarschen Tourismus e.V., Markt 10, 25746 Heide, Tel. 0481/2122555. www.echt-dithmarschen.de

Ausflugsschiffe

Die größte Dichte an Fähren und Ausflugsschiffen ist zwischen der nordfriesischen Küste und den Inseln und Halligen zu finden, wichtigste Häfen: Dagebüll und Schlüttsiel, Sylt ist am besten per Zug über den Damm zu erreichen. Von den Häfen an der Nordsee starten lokale Ausflugsdampfer. Neben dem Wetter sind dabei auch die Gezeiten zu beachten, die die Abfahrtzeiten bestimmen; Informationen gibt es vor Ort. Weiter südlich zwischen Büsum und der Hochseeinsel Helgoland verkehrt eine tägliche Fähre. An der Ostsee fahren lokale Schiffe an der Küste entlang oder in die Buchten und Förden wie in Lübeck, Kiel und Flensburg. Ein sehr vielseitiges Ausflugsziel ist die Schlei, ein 42 Kilometer langer Fjord der Ostsee, auf dem mehrere Dampfer verkehren. Auch auf den Binnenseen verkehren kleinere Boote, von denen Passagiere das Ufer vom Wasser betrachten können.

Boots- und Fahrradverleih

Es gibt allerorten Segelkurse in Clubs und Segelschulen, auch Paddeln und Kanufahren kann erlernt werden, ebenso das Paddeln im Stehen (Stand-up-Paddeln oder SUP). Das Surfen ist an den Küsten verbreitet, geht aber auch auf einigen der großen Seen. Auch Fahrräder und E-Bikes müssen nicht unbedingt von Zuhause mitgebracht werden. Fahrradverleihe, meist mit Werkstatt, gibt es wirklich in jedem Urlaubsort und vielfach auch im Hinterland.

Corona

Alle Angaben in diesem Buch wurden aktuell recherchiert, es ist jedoch nicht ausgeschlossen, dass sich durch die Corona-Lage oder durch corona-bedingte Ereignisse Änderungen ergeben können. Mögliche Beschränkungen des öffentlichen Lebens sind auf der Internetseite des Landes zu finden: www.schleswig-holstein.de

Klima

Das Klima ist gemäßigt, aber angesichts der stets nahen Küsten von Nord- und Ostsee recht feucht. Die Niederschlagsmenge beträgt im Jahresmittel 814 mm, das sind 15 Prozent über dem bundesdeutschen Durchschnitt. Allerdings hält sich Schleswig-Holstein ganz am Ende der Liste der Temperaturen auf, das Jahresmittel liegt bei nur acht Grad.

Wer das Land zwischen den Meeren bereisen will, sollte daher gute und funktionsgerechte Kleidung mitnehmen, regen- und vor allem winddichte Jacken und Hosen, Pul-

lover oder Fleecejacken, vernünftige Schuhe, Kopfbedeckung gegen Sonne und Wind.
Das Wetter an der Küste zeichnet sich vor allem dadurch aus, dass es häufig und schnell wechselt. Deshalb sagen die Einheimischen auch im miesesten Dauerregen: ›Da hinten klart es schon wieder auf!‹
Schleswig-Holstein lohnt nicht nur als Sommerreiseziel. Dick eingepackt ist auch im Winter ein Spaziergang am Strand belebend, erfrischend und gesund. Danach lockt schließlich ein Tee, ein Grog oder ein Saunagang.

Kurtaxe

Von vielen, aber nicht allen Strandgemeinden wird die Kurtaxe erhoben, eine kommunale Abgabe, die zur Pflege und zum Ausbau der Freizeitanlagen verwendet werden soll. Die Höhe der Abgaben liegt in der Regel zwischen einem und drei Euro pro Person und Tag; Kinder zahlen weniger. Kassiert wird der Betrag gewöhnlich vom Betreiber der Unterkunft, der das Geld an die Gemeinde weiterleitet. Achten Sie darauf, dass Sie eine Quittung erhalten – meist in Form einer ›Kurkarte‹ –, denn diese müssen Sie mit sich führen und auf Verlangen vorzeigen.
Aber auch für Tagestouristen, die nicht übernachten, wird die Kurtaxe fällig, wenn sie touristische Einrichtungen wie den Strand nutzen. Oft steht am Strandzugang ein Automat, aus dem man ein Ticket ziehen kann wie auf einem Parkplatz. Und manchmal kommt das Ordnungsamt vorbei und kontrolliert.

Blick auf den Nord-Ostsee-Kanal

Unterkünfte

Die beliebtesten Unterkünfte sind Ferienhäuser und Ferienwohnungen sowie Campingplätze. Aber natürlich stehen auch allerorten Hotels zur Verfügung, dazu Pensionen und Jugendherbergen. Ferienhäuser und -wohnungen kann man über die diversen Portale im Internet buchen, viele Gemeinden und Touristeninformationen stellen ebenso Informationen, teilweise auch Buchungsmöglichkeiten, ins Netz. Campingplätze gibt es vor allem an den Küsten von Ost- und Nordsee, kleinere Anlagen aber auch in den bevorzugten Binnenlandschaften wie der Plöner Seenplatte oder der Schlei. In vielen Städten gibt es Wohnmobilstandplätze, teilweise sogar in sehr schöner Lage. Im Sommer empfiehlt es sich, jede Art von Unterkunft frühzeitig zu buchen.

Urlaub im Winter

Im Winter haben viele Cafés, Restaurants, Hotels und sogar kleinere Sehenswürdigkeiten ganz geschlossen oder nur tageweise geöffnet, zum Beispiel am Wochenende. Doch (auch angesichts des Klimawandels) die Saison verlängert sich und dauert jetzt in der Regel von Ostern bis etwa Mitte Oktober. Und wer sorgfältig plant, kann auch im Winter einen entspannenden Urlaub verbringen, besonders in gut ausgestatteten Hotels oder Ferienwohnungen, die zum Beispiel über Kamine oder Saunen verfügen. Und die großen Museen sind dann geöffnet und nicht so stark frequentiert.

Notrufe

Feuerwehr: 11.
Polizei: 110.
Ärztlicher Bereitschaftsdienst: 116117 (kostenlos für gesetzlich Versicherte).
Sperr-Notruf für EC- und Kreditkarten: 116116.
Ausführliche Informationen: → Reisetipps von A bis Z ab S. 478.

Unterwegs mit Kindern

Schleswig-Holstein ist ein kinderfreundliches Reiseziel. Schon bei der Auswahl der Unterkunft können sich Familien nach den Kindern richten und eine Ferienwohnung mit Garten und Spielgeräten oder einen Campingplatz mit Spielplatz auswählen. Eine ganze Reihe von Bauernhöfen bieten ein besonderes Programm. Wer gerne reitet oder es mal versuchen will, kann sich einen Reiterhof aussuchen. Hier können Touristen übernachten und probieren, wie es ist, im Sattel zu sitzen.

Das Angebot von Sport und Spiel in der freien Natur ist kaum zu überschauen. Lange, sehr flache Strände an Nord- und Ostsee bieten Platz und streckenweise auch Sonnen- und Windschutz in Form von Strandkörben. Und man kann sich natürlich auf dem Wasser und im Wasser bewegen, schwimmen, segeln und Kanu fahren, surfen und stehend paddeln. An vielen Orten können Boote entliehen und Segelkurse gebucht werden, auch für die Kleinen im Opti. Wer größere Boote mag, verbringt mal einen Tag auf einem Dampfer, etwa auf der Plöner Seenplatte, auf der Schlei, in der Kieler oder Flensburger Förde, zwischen den Inseln und Halligen in der Nordsee oder von Büsum bis nach Helgoland. Die Welt der Schiffe mit einem riesigen Volksfest verbindet alljährlich im Juni die Kieler Woche.

An Land gibt es eine Vielzahl an Rad- und Wanderwegen, die leicht zu bewältigen sind, denn die Landschaft ist zwar wellig, aber es gibt keine Berge - dafür oft kräftig Gegenwind. Spazieren gehen, Wattwürmer suchen und mit Matsch werfen ist bei einem Wattspaziergang beliebt, etwa in Büsum, aber genauso an vielen anderen Orten.

Auf spielerische Weise mehr zu lernen, ist auch was für den Urlaub. Dafür empfiehlt sich das **Naturerlebniszentrum** außerhalb von Maasholm, in dem die Küstenlandschaft erklärt wird und man viele Vögel zu sehen bekommt, die im Landesinnern und in der Stadt nie auftauchen (→ S. 302). Wer so alles unter Wasser lebt, erfährt man im **Ostsee Info-Center** am Strand von Eckernförde (→ S. 250), in den **Aquarien** von Fehmarn und Sylt (→ S. 158, 339) oder beim großen **Wattforum** am Ortsrand von Tönning: neben Fischen sind es noch viele weitere Lebewesen (→ S. 417). Andere Museen beschäftigen sich mit ganz

Im Meereszentrum Fehmarn

In der Seehundstation kommt man Meeresbewohnern sehr nahe

anderen Themen, zum Beispiel mit Wikingern, die vor 1000 Jahren in dem Ort **Haithabu** bei Schleswig lebten (→ S. 277) und von denen man dort einiges ausgegraben hat; auch einige ihrer Häuser wurden nachgebaut. In **Schloss Gottorf** (→ S. 273) in Schleswig kann man viele alte Sachen von reichen Leuten sehen, aber im Garten steht auch ein Haus extra für einen Globus, der drei Meter Durchmesser hat und in dem man sitzen kann, um den Sternenhimmel zu beobachten – sogar tagsüber. In einem Seitengebäude des **Stadtmuseums** gibt es eine riesige Sammlung von Teddybären (→ S. 262). Ein durchtriebener Schalk namens Till Eulenspiegel soll sich in **Mölln** (→ S. 85) herumgetrieben haben. Und wer sich mehr für Technik interessiert, wird im **Museum Phänomenta** in Flensburg fündig (→ S. 316).

Der Ort Tolk ist bekannt für die **Tolk-Schau** (→ S. 308), ein Freizeitpark und ein wunderbares, etwas altmodisches Ausflugsziel. Zu den kindgerechten Attraktionen gehören eine Sommerrodelbahn, eine Familien-Achterbahn sowie eine Park-Eisenbahn. Etwas rasanter geht es im **Hansa-Park** in Sierksdorf mit seinen zahlreichen Fahrgeschäften zu (→ S. 140).

Im **Barfußpark Hasselberg-Schwackendorf** (→ S. 308) laden feste, feine und feuchte Untergründe zum Fühlen, Erforschen und Entdecken ein. Platschen durchs Moor oder nassen Torf und kurz darauf behutsames Tasten sogar über Glasscherben gehören zur Barfußstrecke. Und während die Kleinen noch Streichelzoo und Minigolfanlage ausprobieren, sitzen die Erwachsenen schon im Café.

Sind Kinder über 120 Zentimeter groß und mindestens sechs Jahre alt, können sie sich im **Hochseilgarten Altenhof** bei Eckernförde (→ S. 253) versuchen. Es gibt 15 abwechslungsreiche Parcours mit unterschiedlichen Schwierigkeitsstufen und Höhen, bis zu 25 Metern. So kann jeder sein eigenes Tempo finden und Spaß und Nervenkitzel in der Natur erleben.

Und wenn das Wetter mal ganz mies ist, geht man ins **Fjordarium** in Schleswig (→ S. 284) oder in das **Wellenbad** in Eckernförde mit Salzwasser und Rutschen (→ S. 252). Trocken bleiben kann man an einem solchen Tag aber bei einem Besuch von **Willi Wal**, einem großen Spiel- und Sportzentrum in Friedrichskoog (→ S. 454), direkt neben der **Seehundstation**, in der man die possierlichen Tiere ganz aus der Nähe betrachten kann (→ S. 452).

Am Ostsee Info-Center in Eckernförde

Das Land zwischen den Meeren hat im Laufe der Jahrhunderte viele Menschenschläge gesehen, von den Angeln und Sachsen, die auf die britischen Inseln ausgewandert sind, über die Wikinger und die Slawen, die von den Franken christianisiert oder vertrieben wurden, bis zu den Dänen, die lange große Teile des Landes beherrschten. Friesen wurden angesiedelt und Vertreter religiöser Minderheiten zu Stadtgründungen eingeladen. Eine vielschichtige Bevölkerung mit einer vielschichtigen Geschichte.

Husum, Alter Hafen

LAND UND LEUTE

Steckbrief Schleswig-Holstein

Gründung: 23. Mai 1949.
Fläche: 15 799,65 Quadratkilometer.
Einwohnerzahl: 2 922 000.
Bevölkerungszusammensetzung: Ausländeranteil 5,7 %: 165 000 Europäer, davon aus Polen 29 000, der Türkei 28 000, Rumänien 19 000, Dänemark 7000; 96 000 Asiaten, davon aus Syrien 36 000, Afghanistan 17 000, dem Irak 12 000; 14 000 Afrikaner, 6000 Amerikaner.
Religionen: 40,9 Prozent evangelisch, 5,7 Prozent katholisch, 53,3 Prozent andere Religionen oder konfessionslos.
Sprachen: Deutsch ca. 2,7 Mio., Niederdeutsch ca. 1,3 Mio., Dänisch ca. 65 000, Friesisch ca. 10 000.
Bevölkerungsdichte: 185 Einwohner pro km².
Hauptstadt: Kiel.
Größte Städte: Kiel (248 000 Einwohner), Lübeck (217 000), Flensburg (91 000), Norderstedt (80 000), Neumünster (80 000).
Nachbarländer: Im Norden Dänemark, im Süden Hamburg und Niedersachsen, im Osten Mecklenburg-Vorpommern.
Küstenlänge: Ostsee 328 Kilometer, Nordsee 202 Kilometer.
Inseln: Fehmarn, Helgoland, Sylt, Amrum, Föhr, Pellworm, Nordstrand, Halligen.
Größte Seen: Großer Plöner See (28,4 km²), Selenter See (21,4 km²), Großer Ratzeburger See (12,6 km²).
Flüsse: Eider (188 km, fließt teilweise durch den Nord-Ostsee-Kanal), Trave (124 km), Treene (95 km), Stör (87 km), Schwentine (62 km).
Höchste Erhebung: Bungsberg (167,40 Meter) in der Holsteinischen Schweiz.
Niedrigster Punkt: Wilstermarsch (3,54 Meter unter NN.) im Kreis Dithmarschen.
Nationalpark: Schleswig-Holsteinisches Wattenmeer (seit 1985), 1999 auf 441 500 Hektar ausgeweitet.
UNESCO-Welterbestätten: Lübecker Altstadt, Haithabu und Danewerk, Schleswig-Holsteinisches Wattenmeer.
Verwaltungsstruktur: Der Landtag hat in der Regel 69 Sitze. Das Land teilt sich in elf Kreise, vier kreisfreie Städte (Flensburg, Kiel, Lübeck, Neumünster) und 1106 Gemeinden.

Die Flagge des Landes

Regierungschef/Landesregierung: Seit der letzten Wahl vom Mai 2022 regiert eine schwarz-grüne Koalition mit 48 von 69 Sitzen, geführt von Daniel Günther (CDU).
Nächste Landtagswahl: 2027.
Wirtschaft: Das Land teilt sich in drei Regionen: die Umgebung von Hamburg (›Speckgürtel‹), in die sich Maschinenbau und Dienstleitungen verlegt haben, die Ostseeküste – v. a. Lübeck, Kiel und Flensburg – mit Handel, Verkehr, Schiffbau, Windenergie, Fischfang und Tourismus sowie die etwas strukturschwache Nordseeküste mit Landwirtschaft, Windkraftanlagen und Tourismus.
Landeswappen: Auf der rechten Seite ein weißer, gezackter Schild auf rotem Untergrund, der auf die Schauenburger zurückgeht, links die zwei blauen schleswigschen Löwen auf gelbem Untergrund, Flagge waagerecht blau, weiß, rot.
Website: www.schleswig-holstein.de

Alle statistischen Angaben, sofern nicht anders vermerkt, von 2021.

Landschaften

Andreas Lorenz

Viele Menschen fühlen sich besonders wohl in Schleswig-Holstein, vor allem in der Zeit vom Frühling bis zum Herbst. Die Temperatur ist im Sommer gewöhnlich mäßig warm, auch wenn der Klimawandel inzwischen dazu führt, dass sich Bewohner und Gäste schon fast mediterran fühlen. Zwischen November und März bleibt es oft nass und kalt, doch die Schleswig-Holsteiner wissen, dass man sich auch graue Tage schön machen kann. Das dänische Hygge (Behaglichkeit) ist auch hier zu Hause.

Die vielfältigen Landschaften beruhigen die Seele: Da sind die Nord-und Ostseeküsten mit ihren endlosen Stränden, die Marschen, die Geest, die sanfte Hügellandschaft und die Seen der Holsteinischen Schweiz. Vielleicht sind es auch die Steilküsten, die waldigen Ufer, malerischen Buchten, Teiche und die Knicks am Rande der Felder. Diese typischen Wallhecken sollen Äcker und Weiden vor Wind und Erosion schützen. Millionen kleiner Lebewesen und Vögel haben in den Knicks ihre Heimat.

Dazwischen leuchtet im Frühjahr sattgelb der Raps, weiden Kühe und Schafe, recken Rehe ihren Kopf aus dem Kornfeld, erkunden Karnickel die Gärten, schäumen Wellen auf Nord- und Ostsee. Der Wind verweht die Dünen Sylts und Amrums. Zu Schleswig-Holstein gehören aber auch dunkle Moore, die lange Zeit den wichtigen Brennstoff Torf hergaben und die nun wieder Feuchtgebiete werden sollen. Bis 1800 waren zehn Prozent des Landes mit Mooren bedeckt. Und da sind schließlich die Kooge – jene Flächen, die im Westen des Landes zwischen den Deichen liegen und die Anwohner mühsam der Nordsee abgetrotzt haben.

Schleswig-Holstein ist von den 13 Flächenländern das zweitkleinste, nur das Saarland folgt noch mit weitem Abstand und natürlich die drei Stadtstaaten Berlin, Hamburg und Bremen. Die Fläche beträgt 15800,54 Quadratkilometer, das sind 4,42 Prozent des Bundesgebietes.

Raps auf sanften Hügeln – im Frühjahr überall zu sehen und zu riechen

Zwischen Flensburg und der Schlei, einem 42 Kilometer langem Meeresarm, liegt die Landschaft Angeln. Von hier aus zogen einst viele Menschen nach Britannien, wo sie gemeinsam mit den Sachsen die angelsächsische Politik und Kultur prägten.

Südlich der Schlei leben die Menschen in Schwansen mit der Hafenstadt Eckernförde. Daran schließen sich wiederum Landschaften wie der Dänische Wohld, die Kieler Förde, die Probstei und die Holsteinische Schweiz mit ihren glitzernden Seenplatten an. Auf die Insel Fehmarn folgt die Lübecker Bucht mit populären Seebädern wie Travemünde. Ratzeburg liegt im Naturpark Lauenburgische Seen, dem ältesten Naturpark Schleswig-Holsteins überhaupt, und in Mölln soll Till Eulenspiegel begraben sein. Die Nordseeinsel Helgoland wird seltsamerweise vom Kreis Pinneberg verwaltet, der zum Hamburger Speckgürtel gehört. An der Westküste liegen bekannt Kurorte wie Sankt Peter-Ording und traditionelle Fischerhäfen wie Büsum und Tönning. Nicht zu vergessen: die Insel Sylt.

Von der Nordspitze Sylts zur Südspitze Lauenburgs sind es 236 Kilometer, die schmalste Landstelle misst zwischen Schleswig und Husum nur 33 Kilometer. Die größte Insel Schleswig-Holsteins – und drittgrößte Deutschlands – ist Fehmarn in der Ostsee. Die größte der Nordfriesischen Inseln ist Sylt. Insgesamt gehören zu Schleswig-Holstein fünf Inseln und zehn Halligen, auf denen nur etwa 360 Menschen leben.

Schleswig-Holstein bergig zu nennen, wäre weit übertrieben: Die höchste Erhebung ist der Bungsberg in der Holsteinischen Schweiz, der auf 167,40 Meter aufragt. Dafür befindet sich die tiefste Stelle Deutschlands hier im Norden: Neuendorf bei Wilster, westlich von Itzehoe, liegt 3,54 Meter unter Normalnull.

Alles teilt der fast 100 Kilometer lange Nord-Ostsee-Kanal zwischen Kiel und Brunsbüttel, auf dem sich Frachter und Tanker durch die grüne Landschaft schieben – und dessen Ufer in jüngster Zeit immer wieder absacken, weil sich niemand so recht um sie kümmern will.

Das ist das meerumschlungene Schleswig-Holstein: Im Westen liegen fruchtbare Marschen an Nordsee und Elbe. In der Mitte findet sich karge Geest, zum Teil flach und moorig. Dort wachsen nur, wie die Anwohner sagen, Kiefern, Kartoffeln und Karnickel. Den Osten wiederum prägt sanftes Hügelland mit vielen Seen.

Die Eiszeit und ihre Folgen

Die Existenz und die Schönheit des Landes verdanken sich einem geologischen Glücksfall: Wenn vor rund 200 000 Jahren nicht skandinavische Gletscher Unmengen von Steinen und Geröll vor sich hergeschoben hätten, gäbe es an der Stelle Schleswig-Holsteins wohl nur Meer. Als der dicke Eispanzer vor rund 75 000 Jahren schmolz, blieben Steine, Sand und Ton zurück. Fachleute vermuten, dass die Landschaft damals so aussah wie heute das Hügelland im Osten von Schleswig.-Holstein. Doch dann rückte vor rund 25 000 Jahren neues Eis heran, rund 600 Meter hoch. Ungefähr zwischen Flensburg, Neumünster bis östlich von Hamburg blieb diese Masse stehen.

Dann schmolz das Eis, das Wasser bahnte sich seinem Weg nach Westen, es entstand die sandige Geest. Tausende Jahre später legte der Schlick aus der Nord-

Moränenlandschaft in der Holsteinischen Schweiz

see die Grundlage für die Marschen. Davor wiederum erstreckt sich das Watt mit seinen Prielen. Die Marschen sind fruchtbares Land, das schon seit jeher Menschen anlockte. Sie zogen Gräben, bauten ihre Häuser auf Erdhügeln, den Warften. Zudem schütteten die Bewohner Deiche auf, um sich vor Sturmfluten zu schützen. Das gelang nicht immer: Die Nordsee holte sich das Land wieder, die Halligen blieben zurück.

Da, wo sich das Schmelzwasser der Gletscher seinen Weg bahnte, fließen heute Eider, Treene, Stör, Alster und Elbe. Und noch heute schiebt die Erde kleine und große Steine an die Oberfläche: Es gibt Feuersteine, Dommerkeile und sogenannte Hühnergötter. Am Ostseestrand finden sich versteinerte Muscheln und Krebse.

Auch die Schlei entstand in dieser eisigen Zeit – ein Fjord, der sich von der Ostsee nördlich von der Eckernförder Bucht und südlich von Flensburg bis nach Schleswig erstreckt. Sie könnte die uralte Schmelzwasserrinne eines Gletschers sein, vielleicht hat sich auch ein Eispanzer durch die Erde gepflügt. An manchen Stellen bildeten sich wohl sogenannte Toteisblöcke – Teile des Gletschers, die einfach nicht schmelzen wollten. Deshalb sackte das Schmelzwasser dort tiefer in den Grund als an anderen Stellen, es formten sich Senken und Seen. Das war auch anderswo der Fall: Der Selenter See und der Wittensee etwa entstanden auf diese Weise.

Das Erstaunliche: Damals existierten Nord- und Ostsee noch nicht, es war ja alles Eis. Es ist möglich, dass man damals nach England hätte laufen können. Als das Eis schmolz, füllten sich die Meere, die Brandung formte die Küstenlandschaften, angeschwemmter Sand bildete die Strände.

Nachdem die Gletscher verschwunden waren, blieben zahlreiche Gesteinsarten und spätere Baumaterialien zurück: riesige Findlinge, aus denen die Menschen Häuser und Feldsteinkirchen bauten, Ton und Lehm wurden zu Ziegeln, aus denen Klöster, Kirchen und Rathäuser entstanden. Felder und Wälder wuchsen auf fruchtbaren Böden des von den Gletschern geschobenen Materials (Moränen), Kies- und Sandflächen bieten bis heute Stoffe zum Bauen. Besonders bemerkenswert: der Kalkberg in Bad Segeberg, der rote Ton bei Elmshorn, die Kreide von Lägerdorf oder der Buntsandstein von Helgoland. An den Buchten und Förden wuchsen Hafenstädte wie Kiel, Flensburg oder Lübeck.

Über die Zeit veränderte sich die Landschaft immer wieder. Vor vielen hundert Jahren existierte zum Beispiel die zerklüftete Küste in Nordfriesland noch nicht. Von der Insel Sylt erstreckte sich eine Landzunge bis zur Höhe der Eidermündung. Husum lag damals im Landesinnern. Doch zwei Sturmfluten zerstörten die Küstenlinie, im Januar 1362 schlugen die Wellen zwei Meter über die Deiche. 100 000 Menschen sollen gestorben sein, Gemeinden versanken, darunter die mythische Siedlung Rungholt. Husum war fortan eine Hafenstadt. 1634 verschlang eine ebenso verheerende Sturmflut die Halligen Nübbel und Nieland und zerriss die Insel Strand. Seither gibt es die Insel Pellworm und die Halbinsel Nordstrand.

Flora und Fauna

Die Landschaft ist ein Refugium für Vögel. Dazu zählen Störche und Reiher und riesige Gänseschwärme, die sich zum Leidwesen der Bauern auf den Feldern niederlassen. Von den Fischern verflucht werden die vielen Kormorane, weil sie ihnen den Fang wegschnappen. Und wer in Maasholm an der Schlei ein Fischbrötchen in Händen hält, sollte höllisch aufpassen, dass es ihm nicht eine Möwe wegschnappt.

Das Biosphärenreservat Wattenmeer und die Halligen allein sind Heimat von Millionen von Vögeln. Halligen sind kleine Inseln ohne Deich. Bei hohen Wasserständen werden sie komplett von der Nordsee überflutet, dann heißt es: ›Land unter‹. Die Häuser stehen deshalb auf Warften, aufgeschütteten Hügeln. Ob stürmische See, Vogelschwärme in der Luft, üppige Salzwiesen oder frische Seeluft – die Natur auf den Halligen ist einmalig. Ringelgänse, Krabben, Muscheln und Austern sowie zahlreiche Fischarten sind hier zu finden. Das nordfriesische Salzwiesenlamm und der Dithmarscher Kohl gelten als kulinarische Spezialitäten der Region.

Eine Schwarzkopfmöwe

Im Naturpark Lauenburgische Seen hingegen leben Fischotter, Große Rohrdommel, Kranich und Eisvogel. Der für Schleswig-Holstein große Waldreichtum ist geprägt von Buchenwäldern mit artenreichen Altbaumbeständen. Der Naturpark ist Brutgebiet für See- und Fischadler.

Ansonsten leben meist Nutztiere in Schleswig-Holstein: Kühe, Schweine – nicht immer freundlich gehalten – und Hühner. Hirsche und Rehe springen durch Felder und Wiesen – und oft auch über Straßen. Besonders gilt es Mitte Juli bis Ende August wachsam zu sein: Dann paaren sich Böcke und Ricken, und im Liebesrausch achten die Tiere noch weniger auf Autos als sonst. Aber auch wilde Tiere sind unterwegs: Hermeline, Marder, Füchse und sogar Waschbären.

In den Meeren ist die Fauna ebenso vielfältig: Aale, Barsche, Zander, Hechte, Weißfische, Meerforellen, Brassen und Heringe sind zum Beispiel in der Schlei zu finden. Eine biologische Besonderheit ist das Vorkommen des Schleischnäpels, eines Fischs, der mit Forelle und Maräne verwandt ist.

In Nord-und Ostsee schwimmen mitunter Schweinswale, die auch Kleine Tümmler genannt werden. Sie sind, so warnen Tierschützer, in ihrer Existenz gefährdet, weil sie sich in Fischnetzen verfangen, zu wenig Nahrung finden oder wegen des Motorenlärms der Schiffe die Orientierung verlieren. Ebenso ergeht es vielen Haiarten. Experten zählten sogar 18 in den beiden Meeren Schleswig-Holsteins. Um Helgoland entdeckten sie allein vier Arten, darunter den Katzenhai und den Hundshai. Direkt vor der Küste tauchen Haie allerdings nur selten auf.

Und da sind manchmal auch Quallen, die Besuchern das Baden verleiden können. Das gilt auch für die Nordsee. Dort rekeln sich Kegelrobben und Seehunde auf den Sandbänken. Kleinere typische Bewohner sind Seepocken, Miesmuscheln, Seesterne, Meerasseln, Schnecken, Krabben und See-Anemonen. Und über allen schweben Möwen, Seeschwalben oder Seeregenpfeifer.

Naturschutz

Natur- und Umweltschützer machen sich große Sorgen um Flora und Fauna. Zu viele Bauern gießen nach ihrer Ansicht zu viel Gülle auf die Felder und halten ihre Tiere nicht artgerecht. Mehr als 825 000 Tonnen Stickstoff gelangen jährlich in die Ostsee, das entspricht etwa 44 000 Lkw-Ladungen zusätzlicher Nährstoffe. Das so mit zu vielen Nährstoffen angereicherte Wasser bewirkt eine überproportional starke Algenblüte, die hohe Mengen von Sauerstoff verbraucht. In der Folge entstehen sogenannte ›Todeszonen‹, abgestorbene Flächen auf dem Meeresgrund, auf denen kein Leben mehr möglich ist. Diese Fläche macht in der Ostsee derzeit etwa ein Sechstel aus, 97 Prozent des Ostseewassers gilt bereits als zu stark angereichert.

Zu den Klimawandelfolgen rechnen Naturschützer veränderte Windverhältnisse. Es treiben immer weniger Winterstürme Wasser von der Nord- in die Ostsee. Von 1880 bis in die 1980er Jahre hinein strömte kaltes Salzwasser bis zu sieben Mal pro Jahrzehnt aus der Nordsee in die Ostsee. Aktuell geschieht so etwas nur noch rund drei Mal in zehn Jahren. So wie ein Gartenteich ohne Sauerstoffzufuhr zum stinkenden Tümpel wird, so verschlechtert sich auch die Wasserqualität der Ostsee.

Hinweisschild in der Geltinger Birk

Die Hanse – Die Macht der Kaufleute

Die Hanse war eine von der Mitte des 12. bis Mitte des 17. Jahrhunderts bestehende Vereinigung von Kaufleuten vor allem aus dem Ostseebereich, die sich Mitte des 14. Jahrhunderts in eine ›Hanse der Städte‹ wandelte. Die Entstehung verlief parallel zur Neugründung Lübecks 1143, dessen Kaufleute sich schnell als führende Mitglieder des Bundes etablierten. Denn Lübeck lag an der Nahtstelle zwischen den Handelswegen nach Osten, also nach Danzig, entlang der Südküste Schwedens, ins Baltikum, vor allem nach Riga und weiter bis ins russische Nowgorod, und nach Westen in den Nordseebereich und entlang der Flüsse nach Köln, Brügge und London und bis hinein in den Norden von Frankreich. Der Zweck der Vereinigung von Kaufleuten lag zunächst in der Schaffung von mehr Sicherheit, denn im 13. Jahrhundert organisierte der einzelne Kaufmann seinen Handel noch vollständig alleine: Ihm gehörte das Schiff, die Seeleute standen unter seiner Heuer, er schloss den Handel mit den Partnern ab. In der Hanse wurden dann zum Beispiel Fahrgemeinschaften gebildet, mehrere Schiffe fuhren zusammen und konnten sich besser verteidigen oder in Stürmen helfen; die Möglichkeiten bei anderen zuzuladen, nahmen auch zu. Zudem gewährte die Hanse Mitgliedern finanzielle Hilfe, organisierte Märkte und Messen und beförderte den Tauschhandel.

Wie das Beispiel Lübeck zeigt, wuchsen Reichtum und Macht der Kaufleute ab dem 13. Jahrhundert beständig. Die Hafenstädte bildeten sich aus, so dass sich das Schwergewicht der Hanse von den einzelnen Kaufleuten zu einer Organisation von Städten verschob. 1356 trat der erste Hansetag in Lübeck zusammen, um einen Streit in Flandern zu schlichten. Danach fanden solche Treffen in unregelmäßigen Abständen statt. Und die Zahl der Mitglieder wuchs weiter: In der Zeit ihrer größten Ausdehnung waren fast 300 Städte im nördlichen Europa beteiligt. Wenn man bedenkt, dass Einigungen nicht nach dem Mehrheits-, sondern nach dem Konsensprinzip erzielt wurden, kann man sich vorstellen, was für komplizierte Verhandlungen in diesem Großbund erforderlich waren – aber auch, dass Interessensgleichheit die Handlungsfähigkeit beförderte.

Der Niedergang der Hanse begann im 15. Jahrhundert, als die Handelswege auf Land besser ausgebaut wurden und vor allem, nachdem die Kolonie Amerika immer stärker in den Welthandel einbezogen wurde. Der Ostseeraum hatte an diesem Handel kaum Anteil, dafür traten staatliche oder quasi-staatliche Akteure wie Spanien und Portugal in den Vordergrund. Zudem änderte sich das politische Gesicht Europas, Kriege zogen auf, auch die Hanse selbst führte Kriege in Nordeuropa. Lübeck war daran nicht unbeteiligt. Hinzu kamen technische Rückständigkeiten, so bauten zum Beispiel die Niederländer im 16. Jahrhundert bessere Schiffe als die Hanse. Zur selben Zeit wurden überall Börsen eröffnet, und statt der Hanse als Finanzier dehnte sich etwa die Macht der Fugger aus Augsburg beträchtlich weiter aus.

Der letzte Hansetag fand 1669 statt. Anwesend waren nur noch neun Städte, von denen man einige hier kaum vermutet hätte – Lübeck, Hamburg, Bremen, Danzig, Rostock, Braunschweig, Hildesheim, Osnabrück und Köln –, die den restlichen Besitz abwickelten. Allein Lübeck, Hamburg und Bremen agierten weiter als starker Verbund.

Geschichte

Andreas Lorenz

Vielleicht waren sie ja schon vor 200 000 Jahren da, also sogar vor der letzten Eiszeit: die ersten Bewohner des heutigen Schleswig-Holsteins. Aus jener Zeit stammen jedenfalls einige Feuersteine, die Archäologen bei Drelsdorf in der Nähe von Husum gefunden haben. Nach der Eiszeit zogen erneut Siedler aus dem Süden über die Elbe nach Norden. Sie ließen sich in der Nähe von Hamburg nieder, unweit des Ortes Stellmoor.

Damals grasten hier Rentiere, von deren Fleisch und Fellen sich die Bewohner nähren und kleiden konnten. Mit der Zeit wurde es wärmer, die Rentiere verschwanden, die Tundra zog sich zurück. Die Menschen jagten nun Rehe, Hirsche und Wildschweine. Am Duvenseer Moor errichteten sie kleine Siedlungen. Vor allem aber ernährten sich die damaligen Bewohner von Fischen aus Nord- und Ostsee, Ackerbau spielte bei ihnen zunächst kaum eine Rolle. Übrig geblieben aus jener fernen Zeit sind vor allem Grabanlagen aus großen Findlingen – die sogenannten Hünengräber. Noch heute stehen die enormen, bis zu 15 Tonnen schweren Steine in der Landschaft. Rund 4000 bis 5000 Grabhügel sind erhalten.

Rund 2000 Jahre vor unserer Zeitrechnung begannen die Bewohner dieser nördlichen Region Bronze zu gießen. Segelschiffe und Ochsenkarren brachten Kupfer und Zinn von den Britischen Inseln und aus dem Süden Deutschlands herbei. In Orten wie Handewitt nahe Flensburg sind aus dieser Zeit Grabstätten erhalten, die vom damaligen Alltag zeugen.

Rund 500 Jahre vor Christi Geburt konnten die Bewohner auch Eisen herstellen, was sie wohl von den Kelten gelernt hatten. Den Rohstoff gewannen sie in den vielen Mooren der Region. Bei Hamburg-Duvenstedt haben Experten einen Verhüttungsofen gefunden, der davon zeugt. Den Römern entging das Treiben hoch im Norden nicht. Ihre Schriftsteller berichteten von Germanen, Timbern

Ein Teil des Danewerks – vielleicht befand sich hier das einzige Tor des Walls

und Teutonen und auch von den Angeln, die nördlich der Schlei siedelten. Im Südwesten des heutigen Schleswig-Holsteins wiederum lebten damals Sachsen. Mit allen trieben die Römer Handel. Als das Römische Reich zusammenbrach und zahlreiche Stämme im 4. Jahrhundert durch die Lande zogen, leerte sich Schleswig-Holstein. Dies geschah offenbar auch, weil das Wetter hier zu schlecht und die Böden zu karg waren.

Viele Angeln etwa wanderten nach Britannien aus. Sie verdingten sich als Söldner der dortigen Könige, verbündeten sich mit den Sachsen und legten schließlich die Grundlage für das moderne England. Noch immer ähneln viele Worte des in Schleswig-Holstein gesprochenen Plattdeutsch und die Sprache der heutigen Angelner dem Englischen (Beispiel: ›He shall di dat vertellen.‹, ›Er soll dir das erzählen.‹, ›He shall tell you that.‹).

Neue Besiedlung

Im leeren Land siedelten sich viele Neubewohner an: Slawen aus dem Osten, Wikinger und Jüten aus Dänemark im Norden. Die Friesen machten Nordfriesland und die Nordsee-Inseln zu ihrer neuen Heimat. Diese Volksstämme vertrugen sich nicht immer. Sie bauten Burgen, wie die Wagrier in Ratzeburg und die Abodriten in Lübeck, ebneten Heerwege, errichteten Wälle – etwa die friesische Tinnumburg auf Sylt und das Danewerk bei Schleswig.

Das Danewerk blickt auf eine besondere Geschichte zurück. Nachdem die Franken am Ende des 8. Jahrhunderts mit Hilfe der wohl slawischen Abodriten die nordelbischen Sachsen im heutigen Dithmarschen und Holstein angegriffen hatten, entschied der dänische König Godofred (ca. 778–810), dass er eine wirksame Befestigungsanlage brauchte. So ließ er einen hier bereits seit dem 7. Jahrhundert in Teilen existierenden Wall verstärken: eben dieses Danewerk (→ S. 279). Es ist ein 20 Kilometer langer, zuweilen bis zu 4 Meter hoher Erdwall. In den drei Jahrhunderten darauf kamen weitere Wälle, Mauern und Verbindungsstücke hinzu, sogar Burgen standen hier. Lange Zeit sollte dieser Wall als Grenze dienen. Das Danewerk trennte die christlich-fränkischen Menschen unter Kaiser Karl dem Großen im Süden von der heidnischen Welt der dänischen Wikinger im Norden. Heute gilt das historische Bauwerk als größtes archäologisches Denkmal Nordeuropas. Für Dänemark ist es ein nationales Symbol.

Eine wichtige Handelsroute querte das Danewerk: der Ochsenweg, der auf mehreren Trassen von Jütland in den Süden führte. Im heutigen Ort Dannewerk, ganz in der Nähe von Rothenkrug, gab es offenkundig einen Durchlass. Die Soldaten, die das Tor bewachten, sollten zugleich die Händler mit ihren Ochsenkarren auf dem Weg zwischen Nord- und Ostsee vor Überfällen schützen.

Schriftliche Zeugnisse aus diesen Zeiten gibt es kaum. Darüber, was wirklich in Schleswig-Holstein geschah, wo genau und wie, wissen wir nur wenig – aufgeschriebene Überlieferungen über das Geschehen tauchten erst später auf. Diese Berichte offenbaren eine ebenso dramatische wie lebhafte Geschichte der Region. Es waren blutige Zeiten, voller machtgieriger Könige, intriganter Grafen, skrupelloser Gutsherren, die Bauern schunden und versklavten – und die immer wieder aus Habgier und Eifersucht gegen die anderen ins Feld zogen.

Rekonstruierte Hütten in Haithabu

Lord Palmerston, der Großbritannien im 19. Jahrhundert regierte, brachte das Durcheinander so auf den Punkt: »Nur drei Menschen haben die schleswig-holsteinische Geschichte begriffen – der Prinzgemahl, und der ist tot. Ein deutscher Professor – der ist wahnsinnig geworden – und ich – und ich habe alles vergessen.«

Die Dänen

Die Dänen beherrschten das Land nördlich von Eider und Schlei. Sie selbst waren freilich untereinander oft heftig zerstritten. Dabei ging es vor allem darum, welcher Familienteil Anspruch auf die Krone und auf profitable Ländereien hatte. Gleichwohl blühte trotz vieler Kämpfe auch der Handel in dieser Region. Die Gegend war einfach zu attraktiv, den Alltag nur den Kriegern zu überlassen.

Zudem hatte der Däne Godofred weiter im Osten einen anderen Handelsplatz zerstört: den Hafen Rerik an der Wismarer Bucht. So konnte am westlichen Rand der Schlei ein neuer Marktort entstehen, nämlich Haithabu. Hier lebten bis zu 1500 Menschen – Handwerker und Händler mit ihren Familien. Mit der Christianisierung der Region ließ sich ein Bischof nieder, der im 10. Jahrhundert zeitweilig wieder vertrieben wurde. Zu Zeiten Godofreds ließ Karl der Große übrigens bei Itzehoe eine Burg errichten, weil er die Dänen abwehren wollte.

Haithabu entwickelte sich bald zu einem wichtigen Zentrum, das Kaufleute aus aller Welt anzog. Sie machten ihre Geschäfte nicht nur mit Fisch und Getreide, sondern auch mit orientalischen Gewürzen, chinesischer Seide, sogar mit Menschen handelten sie. Die Wikinger in Haithabu hielten Sklaven und Sklavinnen, die sie kauften und weiterverkauften.

Der Platz am Ufer der Schlei war überaus praktisch: Die Wikinger konnten mit ihren Sklaven und Gütern sowohl die Ostsee als auch die Nordsee relativ leicht erreichen. Denn der Fluss Treene, der in die Eider floss, die wiederum in die Nordsee mündet, war nur 16 Kilometer weit entfernt. Im heutigen Örtchen Hollingstedt verluden die Seeleute ihre Waren vom Schiff auf Ochsenkarren. Womöglich zogen sie ihre Boote auch über Holzstämme über Land. Wie auch immer: All das war weniger mühsam und vor allem weniger gefährlich, als um die Nordspitze Dänemarks zu segeln.

Im 10. Jahrhundert tauchten Boote am Horizont der Schleimündung auf, die aus Norwegen und Schweden kamen. Die Wikinger aus dem skandinavischen Norden versetzten die Region erneut in Unruhe, bis es im 11. Jahrhundert vorbei war mit Haithabu. Der norwegische Herrscher Harald Sigurdsson (›der Harte‹) ließ die Siedlung niederbrennen, um den dänischen König Sven Estridsson zu ärgern. 16 Jahre später besorgten slawische Truppen der Abodriten den Rest.

Damit gehörte eine für damalige Verhältnisse moderne europäische Metropole der Vergangenheit an. Die Anwohner der zerstörten Handelsstadt zogen ans andere Ufer, ins heutige Schleswig. Haithabu verschwand, und mit der Zeit verlor die Schlei mehr und mehr ihre Bedeutung als See- und Handelsweg. Das Gewässer war für die mittelalterlichen Koggen zu flach, die Händler und Seefahrer zog es stattdessen nach Lübeck. Die Lübecker Kaufleute wiederum setzten sich in wichtigen Handelsplätzen an der Ostsee fest. Später sollte auch der Heringshandel zu Lübecks Wohlstand beitragen, das Salz für die Fische kam aus Lüneburger Salinen.

Doch das Ende der Wikinger sollte Schleswig und der Region um die Schlei keine Ruhe bringen. Auch in den folgenden Jahrhunderten stritten sich Fürsten und Kriegsherren aus allen möglichen Familien um das Land – mit der Waffe in der Hand oder durch gezielte Heiratspolitik.

Adelsrivalitäten

Die Grafen von Schauenburg mischten in den Auseinandersetzungen ebenso mit wie die Grafen aus Holstein-Rendsburg und Holstein-Plön. Der dänische Herzog Abel heiratete 1237 Mechthild, die Tochter des Schauenburger Grafen Adolf IV. Damit kamen Schleswig und die Schlei für viele Jahrzehnte in Schauenburger Hand. Mechthild und zwei ihrer Söhne verpfändeten große Teile des heutigen Schwansen an zwei ihrer Brüder – ihrerseits holsteinische Grafen.

Es ging hoch her damals, es ging um Felder und Auen, Marktplätze und Häfen, Marschen und Moore, Koge und Kirchspiele: In den fast 350 Jahren ihrer Herrschaft prägten die Schauenburger die Region, sie kämpften gegen ansässige Stämme, vertrieben die Slawen, vor allem in Ost-Holstein, gründeten an der Trave die spätere Hansestadt Lübeck. Sie sprachen im übrigen Niederdeutsch – und diese Sprache verdrängte mit der Zeit das Dänische und Friesische.

Die von Sachsen bewohnte Region im Norden der Elbe hatten sie schon zuvor im Krieg gegen Karl den Großen verloren. Norddeutsche Fürsten und Städte, darunter Lübeck, besiegten die Dänen in der Schlacht bei Bornhöved im Jahr 1227. Die geschlagenen Dänen mussten unter anderem Holstein und Lübeck abgeben – ein bedeutender Wendepunkt in der Geschichte der Region: Die Dänen waren gezwungen, ihren Expansionsdrang aufzugeben. Übrigens: Die Fronten waren damals so klar nicht. Auf beiden Seiten kämpften keine Nationen,

Königin Margarethe (Entstehungsdatum des Gemäldes unbekannt)

sondern mittelalterliche Herrscher um Macht und Einfluss. In den damaligen Heeren marschierten Deutsche wie Dänen, Hamburger und Lübecker und Dithmarscher.

Ränkespiele beherrschten das Land zwischen Nord- und Ostsee. Und jeder kämpfte, so scheint es im Nachhinein, gegen jeden: Dänen gegen Holsteiner, Dänen und Holsteiner gemeinsam gegen Nordfriesen – und die schlugen sich untereinander und gegen die Dithmarscher. Vor allem Anhänger der dänischen Krone zogen gegen die Landsknechte der Holsteiner Grafen zu Felde. Die Gegner griffen Schlösser, Adelssitze, Güter und Höfe an und stahlen sich gegenseitig die leibeigenen Bauern.

Die machtbewusste dänische Königin Margarethe (1335–1412), die inzwischen nicht nur Dänemark, sondern auch Schweden und Norwegen regierte, überließ den Schauenburgern, repräsentiert durch Graf Gerhard VI., erneut die Herrschaftsrechte in Schleswig. Die Adligen hatten Grundbesitz vom König verpfändet bekommen – und übten damit die wirkliche Macht aus. Das sogenannte Lehnsrecht war damals weit verbreitet. Der König oder der Fürst übergab Adligen und Rittern Ländereien und Güter, als Gegenleistung versprachen die, ihn politisch, militärisch und finanziell zu unterstützen. Bald hatten die Ritter und Adligen das Sagen. Ganz unten in diesem feudalistischen System standen in der Regel die Leibeigenen, die für ihre Eigentümer in den Krieg ziehen und Grundbesitzer sogar um Erlaubnis bitten mussten, wenn sie heiraten wollten.

Als Adolf VIII., Herzog von Schleswig und Graf von Holstein, plötzlich starb, war die Suche nach einem Nachfolger schwierig. Schließlich setzte sich König Christian I., ein Oldenburger, auf den dänischen Thron. Das Problem: Das Herzogtum Schleswig war ein dänisches Lehen, die Grafschaft Holstein jedoch ein deutsches, und eigentlich wäre es Aufgabe des deutschen Königs Friedrich III. gewesen, einen neuen Grafen einzusetzen. Friedrich aber hatte dazu keine Lust oder keine Zeit. Also übernahmen die in beiden Regionen lebenden Ritter die Initiative. König Christian I. von Dänemark, der Neffe des Verstorbenen, schien für die Ritterschaft und Kirchenoberen für beide Länder der richtige Kandidat zu sein. Längst hatten sich der deutsche und dänische Adel vereinigt, denn er besaß auch in Dänemark große Güter. Die Verbindung Schleswigs, Holsteins und Dänemarks unter einem Herrscher schien allen gut geeignet, fortan Streitereien zwischen Ost- und Nordsee zu verhindern.

Dieser Christian berief eine Versammlung in Ripen ein, dem heutigen Ribe, der ältesten Stadt Dänemarks. Dort wählten ihn die Adligen zum Herrscher beider Gebiete. König, Ritter und Geistliche setzten am 5. März einen sogenannten Wahlvertrag, in dem sie Gesetze und Verordnungen festlegten.

Auf immer ungeteilt?

Seine Wahl zum König musste sich Christian teuer erkaufen. Er garantierte etwa die Autonomie der Länder Schleswig und Holstein. Schleswig blieb dänisch, Holstein deutsch. Christian verpflichtete sich zudem, die beiden Regionen nie mehr zu teilen, dieses Versprechen sollte auch für seine Erben gelten. Alles wurde in der Urkunde von Ripen festgeschrieben. Der Kernsatz lautete: »Dat se bliven ewich tosamende ungedelt« (»Dass sie ewig zusammen ungeteilt bleiben«). Im Klartext: Die Autonomie von Schleswig und Holstein war gesichert, es bildeten sich ständische Landtage. Die Adligen mussten fortan keine Soldaten stellen, wenn der König außerhalb Schleswig-Holsteins in den Krieg ziehen wollte. Sie behielten die Gerichte und durften wichtige Posten mit ihren eigenen Leuten besetzen.

Kurz und knapp und kompliziert: Schleswig blieb dänisches Lehen, gleichwohl regierte ein deutscher Herzog, der im Schloss Gottorf bei Schleswig residierte. Gemeinsam mit den Dänen war er aber Herzog von Schleswig und Holstein. In Holstein wiederum war dieser Adlige ein Lehnsmann des deutschen Kaisers.

Nur ein Volk wollte sich nicht fügen: die Dithmarscher. Deren Widerstand missfiel dem dänischen König Johann I., der König von Norwegen und Schweden und Herzog von Schleswig und Holstein war. Gemeinsam mit seinem Bruder Friedrich, ebenfalls Herzog in Schleswig und Holstein, zog er mit 12000 Mann gegen 6000 Dithmarscher zu Felde. In seinem Reihen diente eine Elitetruppe, die ›Schwarze Garde‹. Alle kassierten im Februar 1500 eine der übelsten Niederlagen in der Schlachtengeschichte. Die Dithmarscher hatten nämlich die Deiche geöffnet und die Marschen geflutet – und den Angreifern den Rückzug versperrt. Ihr Schlachtruf war: ›Wohr die, Goor, de Buur, de kump!‹ (›Hüte dich, Garde, der Bauer, der kommt!‹). Nahe der Straße von Meldorf nach Heide kam es bei Hemmingstedt zu einem Gemetzel, fliehende Landsknechte ertranken. Doch am Ende war alles umsonst: 60 Jahre später verloren die Dithmarscher in mehreren Gefechten ihre Unabhängigkeit.

Christian I. von Dänemark mit seiner Frau Dorothea, zeitgenössische Darstellung

Kalamitäten

Immer wieder suchten Pest und Hungersnöte die Region heim. Am schlimmsten wütete der sogenannte Schwarze Tod, der 1349 das Land erreichte. Rund ein Drittel der Bewohner starb, nur rund 250 00 Menschen überlebten. Felder und Äcker verödeten. Missernten und Sturmfluten an der Westküste brachten weiteres Elend. Im Herbst 1634, mitten im Dreißigjährigen Krieg, starben über 10 000 Menschen in Nordfriesland während einer Flutkatastrophe, allein 6000 auf der Insel Nordstrand bei Husum, der damaligen Kornkammer Schleswig-Holsteins. Eine ähnliche Katastrophe hatte die Menschen fast 300 Jahre früher heimgesucht, eine ›grote Mandränke‹ (›das große Ertrinken‹) Land und Leben vernichtet.

So kam es, dass die Zahl der Menschen, die hier lebten, stark zurückging. Derweil weiteten die Adligen ihre Macht aus. Die Ritter genossen zahlreiche Privilegien, sie betrachteten ihre Sonderstellung als gottgegeben und als Gesetz. Vor allem bestanden sie auf dem Privileg, die leibeigenen Bauern auszubeuten und über sie Recht zu sprechen. Allein die Adligen bestimmten die Gerichtsbarkeit. Zudem okkupierten während des Dreißigjährigen Kriegs schwedische Truppen die Region, zugleich blieb der Konflikt zwischen den Dänen und den Gottorfern bestehen. Schwedische Landsknechte schlugen sich immer wieder mit den Dänen, die niederländische Flotte tauchte ebenso auf wie brandenburgische und polnische Truppen. Schließlich besetzten 1713 dänische Soldaten alle gottorfschen Landesteile. Zuvor schon hatten im Großen Nordischen Krieg (1700–1721) russische, schwedische und dänische Heere aufeinander eingeschlagen. Übrig blieb ein kleines Fürstentum, das gute Beziehungen zu Russland haben sollte: Der Sohn des Herzogs Karl Friedrich wurde als Peter III. russischer Zar. Freilich fiel er bald einem Attentat zum Opfer, Katharina II. folgte ihm nach.

Welche politischen Zustände damals herrschten, macht ein ›neues‹ Kieler Gesangbuch aus dem Jahr 1796 deutlich, das ›Wir, Christian der Siebente, von Gottes Gnaden König zu Dänemark, Norwegen, der Wenden und Gothen, Herzog zu Schleswig, Holstein, Stormarn und der Dithmarschen, wie auch zu Oldenburg u.u.‹ für ›unsere Herzogtümer Schleswig und Holstein, wie auch Unsere Herrschaft Pinneberg, Stadt Altona und Grafschaft Ranzau‹ drucken ließ.

Im 18. Jahrhundert entließen die Adligen von der Schlei die Bauern aus der Leibeigenschaft, noch immer erinnern vielerorts Gedenksteine daran. Die Landwirtschaft erblühte, weil die Bauern nun selbst entscheiden durften, wie, wann und wie viel sie arbeiteten. Dänen und Deutsche lebten eine Zeitlang mehr oder weniger friedlich neben- und miteinander. Doch dann, zu Beginn des 19. Jahrhunderts, ging die Zankerei wieder los. Bestärkt wurde sie durch die Idee von deutschen Reformern, die die Macht des dänischen Königshauses abschaffen und einen Nationalstaat gründen wollten.

Schlacht bei Idstedt

In Kopenhagen gewann jedoch die national-liberale Partei der ›Eiderdänen‹ die Oberhand, die Dänemarks Grenzen in den Süden bis zur Eider verlagern wollten. Die deutsch gesinnten Schleswig-Holsteiner träumten ihrerseits davon, zu einem deutschen Nationalstaat zu gehören. Beide fanden, das Herzogtum Schleswig sei ihres allein. König Friedrich VII. verkündete, Schleswig sei fortan Teil Dänemarks und wäre damit, entgegen dem alten Vertrag von Ripen, von Holstein getrennt. Am Anfang des 19. Jahrhunderts gehörte sogar der heutige Hamburger Bezirk Altona zu Dänemark. Er war nach Kopenhagen die zweitgrößte dänische Stadt.

Wieder kam es zum Krieg, die Schleswig-Holsteiner erhoben sich zwischen 1848 und 1851 gegen Dänemark, die Großmächte erzwangen einen Waffenstillstand. Die Konfusion hielt an: In Holstein hatte eine schleswig-holsteinische Regierung das Sagen, in Schleswig eine Kommission aus Dänen und Preußen mit einem Engländer als Schiedsrichter. Schließlich kam ein Friedensvertrag zustande. Daraufhin wurden die Schleswig-Holsteiner wieder keck und zogen erneut gegen die Dänen zu Felde. 1850 unterlag ihre kleine Armee bei Idstedt den Dänen. Großmächte wie Russland, Österreich, Frankreich, Großbritannien und Preußen griffen ein. Der dänische König verpflichtete sich 1852, Schleswig nicht zu ›inkorporieren‹. Die Grenze blieb, wo sie war.

Das ging nicht lange gut. Streitereien flammten immer wieder auf, bis 1864 Dänen und Preußen sowie die mit ihnen verbundenen Österreicher damit begannen, sich gegenseitig zu überfallen. Zunächst versuchten die Preußen am 2. Februar 1864, die Schlei an ihrer schmalsten Stelle bei Missunde zu überqueren, doch das misslang gründlich. Ein paar Wochen später, am 18. April, kam es zur entscheidenden Schlacht bei den Düppeler Schanzen in Südjütland, die Dänemarks Soldaten verloren. Der dänische König Christian IX. musste seine Herzogtümer an Preußen und Österreich abtreten, Österreich verwaltete gar für einige Zeit Holstein. Schließlich wurden beide Landesteile 1867 eine Provinz Preußens.

Der Dichter Theodor Fontane blickte zurück: »Ich denke deiner, Ostertag: Ein Nebel über Schleswig lag, über Schleswig-Stadt, über Schleswig-Land – der Däne hielt uns wieder in der Hand...« Sein Gedicht endet so: »... lustiger preußischer Trommelschlag. Heller Mittag über Schleswig lag, heller Mittag über Schloß und Schlei, Ostern war, und das Land war frei.«

Die Anwohner bekamen dies bald zu spüren: Sie mussten drei Jahre Wehrpflicht in der preußischen Armee

Vielerorts erinnern Grabkreuze an die Opfer der Kriege

ableisten, was viele dazu bewegte, nach Amerika auszuwandern. Die Preußen beseitigten die unübersichtliche dänische Verwaltungsstruktur, so mancher Adlige verlor dabei seine Privilegien. Zudem gab es eine Justizreform: Alle Untertanen sollten fortan gleich sein vor dem Gesetz.

Ansonsten traten die Preußen autoritär auf. Dänisch durfte nur noch in der Familie, in der Kirche und im Religionsunterricht gesprochen werden, missliebige Dänen wurden ausgewiesen. Immerhin brachte die Herrschaft der Preußen über Schleswig-Holstein auch Vorteile. Das Land wurde Schauplatz eines atemberaubenden technischen Projekts, des knapp 100 Kilometer langen Nord-Ostsee-Kanals (der damals noch Kaiser-Wilhelm-Kanal hieß). Experten hatten Reichskanzler Otto von Bismarck vom Sinn des Vorhabens überzeugt, und der wiederum zog den Kaiser auf seine Seite. Die Schiffe mussten nun nicht mehr die gefährliche Route rund um Skagen nehmen, auf der bis dahin jährlich bis zu 200 Schiffe gesunken waren. Zudem konnte die Kriegsflotte von der Nordsee in die Ostsee umziehen, also weiter weg von den feindlichen Engländern.

Nach dem Ersten Weltkrieg

Am Ende des Ersten Weltkrieges, im November 1918, war Schleswig-Holstein Schauplatz von Ereignissen, die das Schicksal des Deutschen Reiches bestimmten. Matrosen der kaiserlichen Flotte rebellierten in Kiel und besiegelten damit das Ende des Kaiserreiches. Bald darauf kam es zu einer beispiellos friedlichen Grenzverschiebung: Die Siegermächte beschlossen, die Bewohner der deutsch-dänischen Grenzregion selbst abstimmen zu lassen, wohin sie gehören wollten.

Matrosenaufmarsch während der Revolution 1918

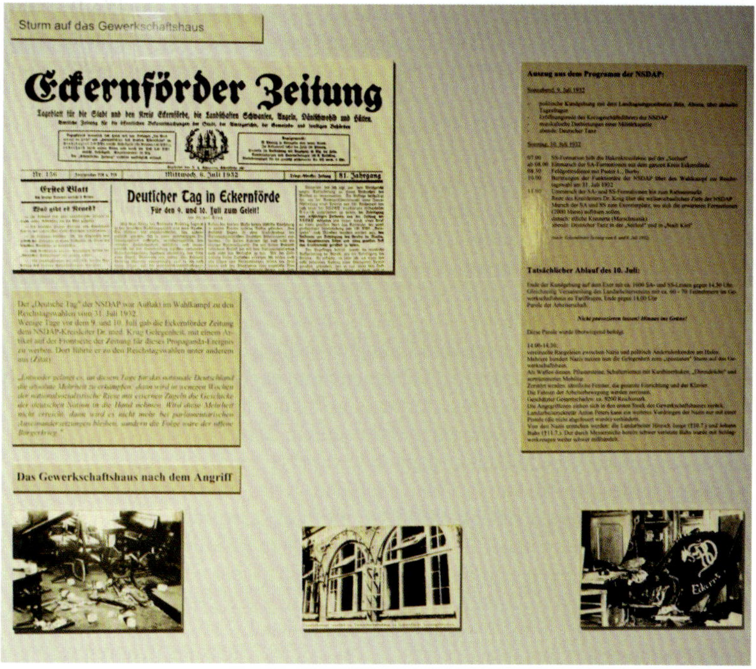

Thematisierung der Nazizeit im Museum Eckernförde

1920 entschieden sich die Nordschleswiger, die nördlich von Flensburg lebten, überwiegend für Dänemark. Die meisten Südschleswiger votierten für das Deutsche Reich. Dänemark übernahm ein Gebiet von rund 4000 Quadratkilometern mit 163 00 Einwohnern. Es begann eine kleine Völkerwanderung, viele dänische Anwohner aus Angeln und Nordfriesland zog es gen Norden, viele Deutsche siedelten sich andererseits südlich der neuen Grenze an. Mit der Abstimmung verbunden waren zugleich Rechte für die dänischen und deutschen Minderheiten auf der jeweils anderen Seite. Dazu gehörten eine politische Vertretung in den Landtagen, eigene Schulen, Kindergärten und Kulturzentren.

Gleichwohl zerstörte bald der Nationalsozialismus die Hoffnung auf gute Nachbarschaft. Überdurchschnittlich viele Schleswig-Holsteiner wählten die NSDAP, das Land galt als ›braune Provinz‹, bei den Reichstagswahlen im März 1933 stimmten 53 Prozent der Wähler für die NSDAP. Gegen die unmittelbar danach einsetzende Verfolgung von Juden und Kommunisten wehrten sich wenige. 1937 verlor Lübeck den Status als eigenständiger Stadtstaat, der ihm 700 Jahre zuvor von Kaiser Friedrich II. verliehen worden war. Dieses sogenannte Reichsfreiheitsprivileg hatte die Lübecker vor Ansprüchen von Grafen, Herzögen und Bischöfen bewahrt. Doch die Nazis wollten einen einheitlichen Staat, in dem für Autonomie kein Platz war. Lübeck wurde Teil der Provinz Schleswig-Holstein. Während des Krieges mussten Zwangsarbeiter und Kriegsgefangene auf den Bauernhöfen schuften, in Kiel blühte die Rüstungsindustrie, U-Boote und Kriegsschiffe liefen in der Kieler Förde vom Stapel. 1942 war Lübeck die erste deutsche Stadt, die ein Flächenbombardement von alliierten Flugzeugen erleiden musste.

Das ›Tausendjährige Reich‹ endete 1945, nach zwölf Jahren Terror. In Flensburg kapitulierte der Nachfolger von Adolf Hitler, Großadmiral Karl Dönitz. Am 23. Mai setzten britische Soldaten ihn und seine ›Regierung‹ fest. Die britische Armee übernahm zunächst die Macht in Schleswig-Holstein. Viele Nazis versuchten über die ›Rattenlinie‹ durch das Land zu fliehen oder sich hier unter falschem Namen zu verbergen. Den Kommandanten des KZs Auschwitz, Rudolf Höß, schnappten britische Soldaten bei Flensburg. Er hatte sich als Landarbeiter getarnt.

Auf der Nordseeinsel Helgoland sprengten die Briten am 18. April 1947 einen Teil der Militäranlagen sowie 6700 Tonnen Granaten, Raketen und Sprengstoff in die Luft. Sie nutzten die Insel fortan als Übungsplatz. Erst 1952 durften die rund 2500 Bewohner heimkehren und feststellen, dass das Wahrzeichen Helgolands, der Felsen ›Lange Anna‹, nach wie vor aus dem Meer ragte.

Ganz Schleswig-Holstein erlebte nach dem Krieg eine gewaltige Zuwanderung: Hunderttausende von Flüchtlingen, meist aus Ostpreußen und Pommern, landeten hier. Sie kamen bei Bauern und städtischen Familien unter, hausten oft in dürftigen Quartieren und Massenunterkünften. Viele wurden im Laufe der Jahre im Land sesshaft. Bereits im Mai 1945 stieg die Einwohnerzahl Schleswig-Holsteins von 1,6 auf 2,4 Millionen Menschen.

Entspannung zwischen Dänen und Deutschen

Deutsche Truppen hatten Dänemark während des Zweiten Weltkriegs besetzt. So nimmt es nicht Wunder, dass das deutsch-dänische Verhältnis nach Kriegsende vielerorts zunächst gespannt blieb. Die Erinnerung an die Verbrechen der Vergangenheit – und ihr Leugnen – prägten vielfach die Stimmung. Der Kieler Landtag bekräftigte 1949: »Das Bekenntnis zum dänischen Volkstum und zur dänischen Kultur ist frei. Es darf von Amts wegen nicht bestritten und nachgeprüft werden.« Beide Seiten bestätigten in den kommenden Jahren in Regierungserklärungen die Rechte der jeweiligen Minderheiten. Der Kalte Krieg und florierender Grenzhandel brachte die Nachbarn einander näher.

Schleswig-Holsteins Geschichte wurde fortan friedlicher. Erschüttert wurde das Land zwischen den Meeren zuweilen durch Sturmfluten, zuweilen durch politische Skandale wie die Barschel-Affäre 1987: Der damalige CDU-Ministerpräsident Uwe Barschel hatte versucht, seinen SPD-Konkurrenten Björn Engholm mit erlogenen Vorwürfen zu verleumden und später Mitarbeiter zu falschen Aussagen zu zwingen. Im Oktober 1987 fand ihn ein Journalist tot in der Badewanne eines Genfer Hotels. Seine Nachfolgerin, die SPD-Politikerin Heide Simonis (1943-2023), wurde bei einer spektakulären Abstimmung 2005 nicht wiedergewählt – was als ›Heidemord‹ in die politische Geschichte der Kieler SPD einging. Simonis selbst schrieb später einen Krimi mit einem Titel, der zu Schleswig-Holstein passt: ›Heringstage‹.

Hans Fallada – Bauern und Bonzen

Polizisten schlagen mit blankem Säbel auf Bauern ein, Kommunisten und Sozialdemokraten prügeln sich, Bomben explodieren – und die Nazis schauen zu. Man könnte glauben, die Revolution sei ausgebrochen in Dithmarschen. Dabei handelte es sich um einen Abwehrkampf, einen Kampf ums Überleben in der wirtschaftlichen Krise, den die eigentlich freien, eigenbestimmten und oft recht wohlhabenden Marschbauern führten. Die Zerstörungen des Ersten Weltkriegs, die anschließende Zwangswirtschaft, die heruntergekommenen Höfe, hohe Steuern und Abgaben, dann die verfallenden Agrarpreise und die zunehmende Inflation – das alles brachte zahlreiche Bauern in Existenznot. Viele verschuldeten sich und konnten bald die Höhe der Belastungen nicht mehr schultern.

Aus dieser Situation heraus entstand Ende der 1920er Jahre die sogenannte Schleswig-Holsteinische Landvolkbewegung. Die meisten Bauern dachten konservativ, monarchisch, oft antisemitisch und nationalistisch, ganz anders als die aufkommende Arbeiterschaft, die sich zwischen Sozialdemokraten und Kommunisten aufteilte. Das hinderte die Bauern jedoch nicht am Aufbau einer Protestbewegung: 140 000 versammelten sich am 28. Januar 1928 in Heide/Holstein, man boykottierte Steuerzahlungen und versuchte Pfändungen zu verhindern, wie etwa beim Beidenflether Ochsenfeuer am 19. November 1928, als 200 Bauern zwei Finanzbeamte verjagten und mit Strohfeuern die Ochsen zur Raserei brachten; 55 Bauern wurden später wegen dieser Aktion verhaftet. Im August 1929 fand eine große Demonstration in Neumünster statt, bei der die Bauern erstmals ihre Fahne zeigten: ein schwarzes Tuch mit silbernem Pflug und rotem Speer darauf, als Fahnenstange diente eine Sense. Mit brutaler Gewalt eroberte die Polizei die Fahne, woraufhin die umliegenden Bauern die Stadt Neumünster fast ein Jahr lang boykottierten.

Schon bald traten aber Differenzen in der Bewegung auf, vor allem darüber, ob das Legen von Bomben legitim war oder nicht. Darüber zerfaserte die Organisation, und ein Großteil der Bauern lief zu den Nazis über, die mit der Landvolkbewegung zwar die Ideologie teilten, aber gegen illegale Aktionen waren, da sie als die legitime deutschnationale Stimme anerkannt werden wollten.

Rudolf Ditzen wurde am 21. Juli 1893 in Greifswald geboren; besser bekannt wurde er unter seinem Pseudonym Hans Fallada. Wenig verbreitet ist, dass er ab Oktober 1928 für einige Zeit in Neumünster lebte, wo er auch schon im Gefängnis gesessen hatte, nachdem er als Gutsverwalter im Osten etwas tief in die Kasse gegriffen hatte, und wo er nun für den Fremdenverkehrsverband und eine Zeitung als Anzeigenwerber und später als Reporter arbeitete.

Nebenher schrieb er den Roman *Bauern, Bonzen und Bomben*, der erstmals 1931 bei Rowohlt in Reinbek erschien. In dem handlungs- und dialogreichen Buch tauchen alle oben erwähnten Aktionen auf, einer der Helden ist der nationalistische Reporter Stuff, der den fetten sozialdemokratischen Bürgermeister Gareis bekämpft. Hans Fallada, der erstaunlicherweise in der Weimarer Zeit, unter den Nazis und in der DDR eine beträchtliche Zahl von leicht lesbaren Romanen publizierte, gelang hier ein vielschichtiges Porträt der Landbevölkerung zum Ende der ersten Republik.

Bevölkerung

Andreas Lorenz

Wo leben in Deutschland die glücklichsten Menschen? Regelmäßig suchen Meinungsforscher eine Antwort auf diese Frage. Das Ergebnis lautet in schöner Regelmäßigkeit: in Schleswig-Holstein. Wie kann das sein? Ist das nördlichste Bundesland nicht für seine tiefhängenden Wolken bekannt, die Regenschauer und den Wind, der verflixterweise immer von vorne kommt? Gar nicht zu reden von den Sturmfluten. Was also macht die Bewohner so glücklich? Vielleicht liegt es daran, dass in Schleswig-Holstein viele Völker nebeneinander leben, die neben dem Hochdeutschen unterschiedliche Dialekte und Sprachen sprechen, und die sich heute, im Gegensatz zu früheren Zeiten, prima vertragen. Schleswig-Holsteins Bewohner, das ist eine spannende Mixtur aus Dithmarschern, Nordfriesen, Dänen, Holsteinern und den Nachfahren der aus anderen Ecken Deutschlands und Europas zugewanderten Familien.

Dithmarscher

Die Dithmarscher leben zwischen Brunsbüttel und der Eider, auf dem platten Land und in Städten wie Marne, Büsum und Heide. Die Leute dort sind an weite Blicke gewöhnt. Die Dithmarscher essen gern Kohl (→ S. 429). Und bei ihnen darf die Torte, so heißt es, nur in vier Stücke geschnitten werden, damit man richtig was auf dem Teller hat. Deshalb stehen besser gleich mehrere Torten auf dem Tisch. Wenn danach der Abend feucht-fröhlich werden soll, dann kippen sie ein Tütchen Brausepulver in den Mund und gießen ihren Lieblingsschnaps, den Oldesloer Korn, hinterher. Das nennen sie dann ›Schüttelkorn‹, weil sie dabei heftig den Kopf schütteln müssen.

Im Wesselburener Kohlosseum kommt man dem Wesen der Dithmarscher auf die Spur

Einst gehörten die Bewohner Dithmarschens zu den Sachsen. Der Bischof Adam von Bremen beschrieb 1076 das Völkchen so: »Es gibt drei nordelbische Sachsenstämme: erstens die Dithmarschener; sie wohnen am Meere, und ihre Mutterkirche steht in Meldorf. Zweitens die Holsten: sie heißen nach den Holzungen, in deren Nähe sie sitzen; durch ihren Gau fließt die Stör; ihre Kirche ist Schenefeld. Der dritte und edelste Stamm heißt Stormarn, weil dieser Gau häufig von Stürmen der Unruhe ergriffen wird. In seiner Mitte erhebt die Mutterkirche Hammaburg ihr Haupt, die früher reich war an Männern und Waffen, ergiebig an Land und Früchten.«

Im Friesenmuseum auf Föhr

Vor allem die älteren jener Menschen, die da ›am Meere wohnen‹, betrachten heute Niederdeutsch (Plattdeutsch) als ihre Muttersprache. Im Jahr 1982 gab es im Fernsehen sogar einen Tatort auf Platt unter dem Titel: ›Wat Recht is, mutt Recht bliewen‹, er war mit hochdeutschen Untertiteln versehen.

Die Dithmarscher Landschaft, schrieb einst die Schriftstellerin Sarah Kirsch (1935–2013), die ab 1983 in Tielenhemme an der Eider lebte, bestehe zu »97 Prozent aus Himmel.« Kaum jemand porträtierte die Region liebevoller und poetischer als sie: »Der Geist der Bauernrepublik spukt noch, jeder ist Kaiser auf seinem Trecker, und auch mir mit dem Heusack auf der Schulter huldigt der Milchfahrer, wenn er die Stille durchkreuzt.«

Friesen

Die Nordfriesen, die die Nordseeküste und die Halligen bewohnen, besitzen wie die Dänen ihre ganz eigene Sprache – und die hat es in sich. Wenn es auf Hochdeutsch heißt: »Der Junge streichelte das Kinn des Mädchens und küsste es auf die Wange«, dann sagen die Nordfriesen: »Di dreng aide dåt foomen am dåt kan än mäket har aw da siike.«

Allerdings könnten nur wenige Nordfriesen diesen Satz wohl noch sagen. Die Sprache stirbt aus, etwa 10 000 der rund 60 000 Nordfriesen beherrschen sie noch aktiv, doppelt so viele können sie verstehen. Erhalten ist das Friesische vor allem auf den Inseln Amrum und Föhr, andernorts haben es das Niederdeutsche und Hochdeutsche längst verdrängt. Ohnehin war es eine Sprache der Bauern und Fischer, nie eine, die auf Ämtern oder in Kirchen gesprochen wurde.

Immerhin können an etwa einem Dutzend Schulen die Kinder ein paar Stunden die Woche Friesisch lernen, darunter sind drei Schulen der dänischen Minderheit. Einige junge Leute finden es mittlerweile cool, Whats-App-Nachrichten auf Friesisch zu verschicken. Auf Helgoland indes war das Unterrichtsfach 2020 verschwunden – es fand sich keine Lehrerin und kein Lehrer mehr für Friesisch. Was die Sache kompliziert macht: Das Nordfriesische besitzt neun verschiedene Dialekte, die untereinander kaum verständlich sind. Spricht etwa ein Friese aus Sylt mit einem Friesen aus Husum Friesisch, dann verstehen die beiden womöglich nur Bahnhof und müssen ins Hochdeutsche wechseln.

Besonders waren die Friesen Schleswig-Holsteins nicht nur wegen ihrer Sprache oder weil ihre Frauen so hübsche Trachten trugen und die Leute schöne Reetdachhäuser mit einem dritten Giebel in der Mitte hatten. Ihre Geschichte ist spannend: Bei der ›Groten Mandränke‹, der großen Sturmflut im 17. Jahrhundert, versanken die Felder der Bauern und die Salzsiedereien. Es gab einen Ausweg aus der Not: Die Männer konnten auf Walfangschiffen anheuern. Die Nordfriesen galten als diszipliniert und tüchtig – und machten bald als Harpuniere, Steuerleute und Kapitäne Karriere. In ihren Dörfern unterrichteten ältere Seefahrer die Matrosen in Navigation, Segeltrimmen und Knoten. Meist fuhren sie auf niederländischen Schiffen, die Richtung Spitzbergen auf Walfang gingen. So kommt es, dass die Friesenhäuser bald ihre Küchen mit Delfter Fliesen und ihre Wohnstuben mit Mahagonimöbeln ausstatteten.

Wenn die Männer zwischen Februar und Oktober auf See waren, blieben die Frauen zurück. Die Sitten waren streng und hart für sie. Wenn der Mann auf See blieb – und das geschah recht häufig –, durften die Witwen nicht wieder heiraten und schon gar nicht mit einem der Wanderarbeiter anbändeln, die in der Landwirtschaft aushalfen.

Dafür hielten die meisten Frauen in der Familie das Heft fest in der Hand, sie mussten in der Walfang-Saison ohnehin alles allein regeln. Nordfriesinnen gelten deshalb als stark und selbstbewusst. Sie kleideten sich besonders: mit weiten Röcken, den sogenannten Pais, dreieckigen Halstüchern, weißen Schürzen, Hauben und filigranen Ketten aus Silber. Noch heute tragen manche Nordfriesinnen zu Feiertagen diese Tracht, die schon mal 5000 Euro kosten kann.

›Rüm hart – klaar Kiming‹ (›weites Herz – klarer Horizont‹) – mit diesem Spruch charakterisieren die Nordfriesen gern die Lebensweise ihrer Region. Ihre Flagge ist ebenso speziell: Sie zeigt eine dänische Krone und einen halben Bundesadler – und einen Grütztopf. Mit heißer Grütze sollen friesische Frauen einst die Feinde vertrieben haben. Womöglich haben sie dabei den Schlachtruf der Nordfriesen gerufen: ›Lewer duad als slav‹ (›Lieber tot als Sklave‹). Jedenfalls steht dieses Motto unter Topf, Adler und Krone. Weniger kriegerisch ist eine andere Erklärung für den Grütztopf auf der Flagge: Er symbolisiere die Brüderlichkeit, denn in Notzeiten mussten alle aus einem Topf essen.

Dänen

Dass man sich heute meistens so gut versteht – nach all den Jahrhunderten der Kriege und Scharmützel –, ist ein großes Glück und Folge kluger Grenzpolitik auf beiden Seiten. Wie diese Grenze 1920 zustande kam, war allerdings ganz und gar außergewöhnlich. Denn die rund 182 000 Anwohner durften damals frei und friedlich in einer Volksabstimmung entscheiden, zu welchem Land sie gehören wollten. Das Ergebnis: die ›Nordschleswig‹ genannte Region wählte

Dänischer Grabstein in Brodersby

Dänemark, ›Südschleswig‹ entschied sich mehrheitlich für Deutschland. Auf beiden Seiten blieb eine Minderheit, deren Rechte geschützt werden sollten. In vielen Familien stellte sich dabei die Frage, ob sie sich als deutsche Dänen oder dänische Deutsche in ihren Minderheitenstatus einfinden wollten – oder ob man besser auf die andere Seite der Grenze umziehen sollte.

Wie solche Entscheidungen fielen, beschreibt die aus Angeln stammende Autorin Ingeborg Jacobs am Beispiel ihrer deutsch-dänischen Familie (›Als aus Mummark Mommark wurde‹, ihleo Verlag, Husum 2020): »Ein anderes Nationalbewusstsein stellte sich schnell ein«, berichtet sie. Einige Familienmitglieder wechselten »von heute auf morgen die Sprache in ihrer Korrespondenz« und schrieben ihren Geschwistern oder Kindern von nun an – je nach politischer Haltung – Briefe auf Deutsch oder Dänisch, auch wenn das vorher anders gewesen war.

Die Entscheidung für diese Volksabstimmung war nach dem Ersten Weltkrieg gefallen, den die Deutschen angezettelt und verloren hatten. Aber unter jenen Bewohnern Angelns, die keine persönlichen Familienbindungen zu Dänemark hatten, war das Verhältnis zu den dänischen Nachbarn oft pragmatisch gut. Vor allem die Bauern schauten nach Norden, da die dänische Landwirtschaft moderner und effektiver organisiert war als die eigene. Wer konnte, schickte seine Kinder etwa auf die Insel Alsen, damit sie dort auf einem dänischen Hof lernen konnten. »Es gehörte einfach zum guten Ton, ein Jahr dort gewesen zu sein«, heißt es in der ›Chronik der Gemeinde Boren‹ (Boren, November 2015, S. 370). Friedlich blieb es aber nicht lange. Im Zweiten Weltkrieg besetzten deutsche Truppen Dänemark. Erst im Herbst 1945 verließen die letzten deutschen Soldaten das Nachbarland.

Die Bewohner Schleswig-Holsteins sahen sich nach dem Krieg einer Situation gegenüber, mit der die meisten nicht gerechnet hatten: Sie mussten Hunderttausende Flüchtlinge aus Pommern und Ostpreußen aufnehmen, die Not war groß. Auch in Dänemark landeten in den letzten Kriegsmonaten etwa 250 000 deutsche Flüchtlinge aus dem Osten. Bis zu 35 000 von ihnen fanden Aufnahme in einem 1945 eigens eingerichteten Barackenlager im Ort Oksbøl (Oxbüll) an der jütländischen Westküste. Viele der Bewohner konnten das Lager erst nach Jahren wieder verlassen und sich eine neue Existenz in Deutschland aufbauen. Im Juni 2022 eröffnete die dänische Königin Margarete II. hier im Beisein des deutschen Vizekanzlers Robert Habeck eine Gedenkstätte.

Land und Leute

Das Wikingerschiff segelte tatsächlich in den Bundestag

Die dänische Minderheit in Schleswig-Holstein hatte das Glück, in den Notzeiten nach dem Krieg Lebensmittelpakete aus dem Norden zu erhalten. In dieser Zeit bekannten sich zahlreiche Angelner zur dänischen Minderheit, von ›Speckdänen‹ war bald abfällig die Rede. Mit der ›Kieler Erklärung von 1949‹ des Schleswig-Holsteinischen Landtages und der ›Bonn-Kopenhagener-Erklärung‹ von 1955 wurden Status und Rechte der dänischen und deutschen Minderheiten in beiden Ländern bekräftigt. Dazu zählte das Recht jeder Person, sich zu einer der beiden Volksgruppen zu bekennen, ohne dass dies behördlich nachgeprüft werden musste.

Wie viele dänische Deutsche (mit deutscher Staatsbürgerschaft) heute in Schleswig-Holstein leben, ist nicht klar. Die Zahl wird auf etwa 50 000 geschätzt. Dänisch im Alltag sprechen davon rund 10 000. Dazu kommen in Schleswig-Holstein noch einmal circa 6000 Dänen mit dänischem Pass. Zur deutschen Minderheit in Dänemark zählen etwa 15 000 Personen. Für die dänische Minderheit in Schleswig-Holstein ist festgelegt, dass sie – unabhängig von der Stimmenzahl und ohne Fünf-Prozent-Hürde – stets mindestens einen Sitz im Landtag erhält. Der Südschleswigsche Wählerverband (SSW) hat rund 3700 Mitglieder und war 2012 bis 2017 sogar Teil der sogenannten Küstenkoalition aus SPD, Grünen und SSW. Seit der Wahl 2021 hat die Partei der Dänen und Friesen sogar einen Abgeordneten in Berlin. Der Flensburger Stefan Seidler gehört der dänischen Minderheit an, besitzt die deutsche und dänische Staatsbürgerschaft, hat bis zum Abitur dänische Schulen besucht und später in Aarhus Politikwissenschaften studiert.

Die Landesregierung unterstützt finanziell dänische Kultureinrichtungen, Kirchengemeinden, Bibliotheken, Kindergärten und Schulen, die auch von Kindern aus deutschen Familien besucht werden. Wichtigste Kultureinrichtung der dänischen Minderheit ist der ADS Grenzfriedensbund, der im Landesteil Schleswig als Träger verschiedener Institutionen wie Kindergärten, Schulen, Behinderteneinrichtungen und Pflegezentren arbeitet (www.ads-flensburg.de).

Die 36 Grundschulen und 9 Gemeinschaftsschulen des Dänischen Schulvereins (Dansk Skoleforening for Sydslesvig) besuchen rund 5700 Schüler, die 55 Kindergärten etwa 2300 Kinder.

Die halbjährlich erscheinenden ›Grenzfriedenshefte‹ haben es sich zur Aufgabe gemacht, den deutsch-dänischen Dialog zu fördern. Redaktion: Marienkirchhof 6, 24937 Flensburg, Tel. 0461/86930.

Wirtschaft

Andreas Lorenz

Riesige Fähren, die nach Norwegen und Schweden ablegen, Kreuzfahrtschiffe, Segler und zur Kieler Woche auch alte Dreimaster – das macht die Kieler Förde aus. Was ebenso zur Landeshauptstadt Kiel gehört: In einer Werft im Stadtteil Garden sind U-Boote zu sehen, oft versteckt unter Planen, und auf der anderen Uferseite liegen im Marinestützpunkt Tirpitzhafen graue Kriegsschiffe.

Wer von Kiel aus nur ein paar Dutzend Kilometer weiter auf der Rendsburger Hochbrücke den Nord-Ostsee-Kanal überquert, kann mit Glück in einer anderen Werft riesige Jachten entdecken, die hier für Oligarchen aus aller Welt gebaut und gewartet werden. Ohne Zweifel: Schiffsbauer und ihre Zulieferer sind ein wichtiger Wirtschaftsfaktor im Land zwischen den Meeren. Sie erwirtschafteten 2021 weit über acht Milliarden Euro und schufen damit rund zwölf Prozent des Bruttoinlandsprodukts von Schleswig-Holstein. Die gut 2100 Unternehmen dieser Branche beschäftigten rund 40 000 Menschen.

Schleswig-Holsteins Wirtschaft ist nach dem Urteil von Experten solide. 1,45 Millionen Erwerbstätige haben 2021 ein Bruttoinlandsprodukt in Höhe von rund 104,5 Milliarden Euro (oder knapp 35 900 Euro pro Kopf) erwirtschaftet. Im Vergleich zu anderen Bundesländern schneiden die Schleswig-Holsteiner allerdings nicht besonders gut ab. Rechnen wir die Wirtschaftsleistung pro Kopf, dann liegt das Land vor Brandenburg an vorletzter Stelle.

Die Wirtschaft ist geprägt von zahlreichen kleinen und mittleren Unternehmen in der Ernährungsindustrie, in der Medizintechnik oder im Baugewerbe. Großunternehmen mit über 250 Beschäftigten finden sich seltener als in anderen Bundesländern. Das größte Industriegebiet des Landes liegt bei Brunsbüttel.

Landwirtschaft und Windkraft: zwei wichtige Wirtschaftszweige im Norden

Schleswig-Holstein ist allerdings für neue Investoren attraktiv: Ein schwedisches Unternehmen plante im Jahr 2022, in Heide für mehrere Milliarden Euro eine große Batteriezellfabrik zu errichten. Mehr als 3000 neue Arbeitsplätze könnten entstehen. Bei Brunsbüttel entstand ein Flüssiggas-Terminal.

Im traditionellen Fischereigewerbe herrscht derzeit allerdings Katerstimmung. Denn die Fischer, ob in den Häfen von Flensburg, Eckernförde, Travemünde, Maasholm oder Heiligenhafen, dürfen nicht mehr so viele Dorsche und Heringe wie früher fangen, weil die EU die Fangquoten in der Ostsee zum Schutz des Fischbestandes gesenkt hat. Deshalb brechen die Umsätze ein, dafür steigen die Preise für Diesel. 2021 holten die Fischer mit ihren knapp 600 Kuttern im Vergleich zu 2019 mehr als ein Drittel weniger Fische mit ihren Netzen aus dem Meer – immerhin noch rund 35 000 Tonnen. Gefischt werden hier vor allem Dorsch, Hering, Wittling, Sprotten und Plattfische, in der Nordsee nahe der Küste auch Krabben. Darüber hinaus befinden sich hier Miesmuschel- und Austernbänke.

Ein wichtiger Wirtschaftsfaktor ist weiterhin die Landwirtschaft. Mit 99 003 Hektar werden 63 Prozent der Landesfläche landwirtschaftlich genutzt – im Bundesdurchschnitt sind es nur 47 Prozent. Über 12000 landwirtschaftliche Betriebe bewirtschaften diese Fläche. Hier weiden Kühe und Schafe, wächst vor allem Weizen, Gerste, Roggen, Mais und Raps.

Natur- und Umweltschützer bemängeln, dass die Bauern zu viel Dünger, meist Gülle aus den Schweineställen, auf die Felder schütten und das Grundwasser verunreinigen. Zudem würden die Schweine nicht immer ordentlich gehalten. Die rund 700 Schweinebetriebe beklagten 2022 wiederum, dass der Export nach China wegen der Afrikanischen Schweinepest eingebrochen sei und zu viel Schweinefleisch aus anderen Ländern nach Schleswig-Holstein importiert werde. Im Sommer 2022 kostete ein Kilo nur 1,20 Euro – zu wenig, um die Ställe umbauen und die Tiere besser halten zu können.

Über Wiesen und Feldern drehen sich vielerorts Windräder, knapp 3000 waren es im Sommer 2022. Schleswig-Holstein produziert damit deutlich mehr Strom aus erneuerbaren Energien, als es selbst verbraucht, und kann Strom etwa an Hamburg verkaufen. Allerdings gingen viele Gigawattstunden – der Jahresbedarf von mehr als einer Million Haushalten – verloren, weil die Windräder zu oft stillstehen mussten: Das Stromnetz konnte nicht so viel Energie aufnehmen.

Ob im Sachsenwald bei Hamburg, in der Holsteinischen Schweiz, an den Stränden von Grömitz oder Sankt Peter-Ording, ob in den Dünen von Sylt, an den Ufern der Schlei oder an den Seen der Holsteinischen Schweiz – allenthalben genießen Besucher die frische Luft, die schöne Natur, die hübschen Orte. Der Tourismus spielt in Schleswig-Holstein eine enorm wichtige Rolle, das Land zählt nach Mecklenburg-Vorpommern und Bayern zu den beliebtesten deutschen Reisezielen. Auch außerhalb der Saison entdecken Reisende Schleswig-Holstein für sich. 32,4 Millionen Übernachtungen zählten Statistiker 2021. Schleswig-Holstein hält dabei einen Rekord. Hier bleiben die Besucher im Schnitt vier Tage, in Baden-Württemberg etwa sind es nur 2,8. Die Insel Sylt und Sankt Peter-Ording sind besonders beliebt, und unter den Städten sind es Lübeck, Kiel und Flensburg.

Backsteingotik

Streng genommen gibt es gar keine Backsteine oder Ziegelsteine, denn Steine sind in der Natur aufgefundene Dinge, während ein Ziegel aus Ton und Erde geformt, getrocknet und dann gebrannt wird und somit ein künstlich hergestelltes Baumaterial ist. Doch Ziegel gehören weltweit zu den beliebtesten und meistverbauten Materialien, bei öffentlichen Großbauwerken genauso wie bei Einfamilienhäusern.

Die frühen Hochkulturen zum Beispiel in Mesopotamien benutzten schon vor 8000 bis 10000 Jahren neben Holz, Bruchsteinen und Pflanzenteilen Lehmziegel, die geformt und getrocknet, aber nicht gebrannt wurden. Die ältesten gebrannten Ziegel, die dort gefunden wurden, waren etwa 5000 Jahre alt. Und das berühmteste und vielleicht schönste frühe Ziegelbauwerk ist das Ischtar-Tor, eines der Stadttore von Babylon am Euphrat im heutigen Irak, das zur Zeit der Herrschaft von Nebukadnezar II. (605–562 v.Chr.) errichtet wurde und sich heute im Pergamonmuseum in Berlin befindet. An ihm sieht man, dass zu dieser Zeit bereits glasierte Ziegel, also Klinker, erfunden waren und dass die Glasur mehr Farben als bei nichtglasierten Ziegeln ermöglichte. Ziegel solcher Präzision müssen sorgfältig gearbeitet werden. Ton und Erde werden gemischt und über Monate gewässert, diese Mischung wird dann geschlagen und durchgemengt, damit Pflanzenteile und Gase entweichen, die beim Brennen den Ziegel platzen lassen würden. Schließlich wird die Mischung in Holzformen gefüllt, damit die Ziegel gleiche Formate aufweisen. Sie trocknen langsam und werden dann gebrannt, früher direkt auf der Baustelle in dort errichteten Meilern, in denen aber nur Temperaturen bis etwa 900 Grad Celsius erreicht werden können. Das Ergebnis wird Backstein genannt. In speziellen Brennöfen werden Temperaturen von 1200 Grad erreicht, dies sind dann Ziegel. Je heißer sie gebrannt sind, desto mehr schließen sich die Poren, desto härter und belastbarer ist der Ziegel und desto weniger Feuchtigkeit nimmt er auf.

Die Römer sorgten dann für die Verbreitung des Ziegels in ganz Zentraleuropa. Dabei ging die Verwendung in zwei Richtungen. Zum einen wurden Ziegelwände als zu unsauber empfunden, so dass man sie verputzte oder mit wertvollen Materialien (zum Beispiel Marmor) verkleidete, zum anderen wurden Ziegel hoher Qualität selbst als Verkleidung genutzt, etwa auf den Fußböden römischer Villen. Bekannte römische Ziegelbauten sind die Konstantinbasilika in Trier (4. Jh.) und die Hagia Sophia in Konstantinopel (6. Jh.).

Die Marienkirche in Lübeck, ein herausragendes Beispiel für die Backsteingotik

EXTRA

Über Jahrhunderte schlug das Herz des Ziegelbaus in Italien, wo die Tradition seit der Römerzeit ungebrochen ist. Im Norden jedoch verschwand der Backstein mit den Römern, als hätten sie auch den letzten noch mit nach Hause genommen. In Norditalien gibt es eine Vielzahl von Kirchen aus Ziegeln aus allen Jahrhunderten. In Nordeuropa hingegen tauchten Ziegelbauten erst im 12. Jahrhundert wieder auf, der Dom von Roskilde (Dänemark, 1160) und das Kloster Jerichow (Sachsen-Anhalt, 1149) gehören zu den frühen Beispielen. Für den Ostseeraum war die Marienkirche in Lübeck (1173, → S. 107) stilbildend, und zu den bedeutendsten Kirchenbauten aus Backstein in Schleswig-Holstein gehören weiterhin

Gotik in Vollendung: Spitzbögen und gemauerte Rippen, die in einem Schlussstein enden

der Ratzeburger (→ S. 88) und der Lübecker Dom (→ S. 121), die Marienkirche in Bad Segeberg (→ S. 237) sowie der Petri-Dom in Schleswig (→ S. 265).

Natürlich wurden nicht nur Kirchen aus Ziegeln gebaut, sondern auch Profangebäude. Und es war vor allem die Hanse, die in dieser Zeit am stärksten aufblühte und Rat- und Zunfthäuser, Kontore und Lagerhallen errichten ließ. In Lübeck ist dies gar nicht zu übersehen.

Weshalb aber baute man ab dem 12. Jahrhundert gerade in Norddeutschland so intensiv mit Ziegeln? Ganz genau wissen das auch die Experten nicht, aber sicher gehört die Verfügbarkeit des Materials zu den Gründen, denn während Gebirge, in denen man Sandstein oder Granit oder gar Marmor abtragen könnte, nicht zu sehen sind, gibt es brauchbaren Lehm in großen Mengen zwischen Elbe und Oder. Wurden Profanbauten vorher weitgehend als Fachwerkbauten errichtet, deren Wände zwischen den Balken mit Ästen und Lehm geschlossen wurden und die deshalb nicht sehr haltbar waren, sind Ziegel relativ leicht, recht stabil und gut zu verarbeiten. Und deshalb eigneten sie sich auch gut für die Gotik, als in den Kirchen alles nach oben strebte: Wände, Fenster, Säulenbündel. Man lernte, hohe Gewölbe und noch höhere Türme zu mauern. Der Turm der Marienkirche in Stralsund (1549) soll früher 151 Meter hoch gewesen sein, fast so hoch wie die Sandsteintürme des Kölner Doms.

Ziegel gibt es in verschiedenen Farben, vor allem in Rot-braun-Tönen, die Resultat des Eisengehalts sind, während gelbe Ziegel mehr Kalk enthalten. Glasuren können weiß (Zinn), blau (Kobalt), grün (Chromoxid) oder braun (Mangan) sein. Diese Möglichkeiten sind aber auch ein Problem, denn man kann nicht aus verschiedenen Brennungen genau gleichfarbige Ziegel erhalten; sie unterscheiden sich immer in Nuancen. Deshalb zeigen Ziegelbauten meist sehr gut, wo Veränderungen und Umbauten erfolgt sind. Dekorative Effekte lassen sich außer durch Farben auch durch die Legeweise erzielen, zum einen indem andersfarbige Ziegel in Streifen, Fensterumrandungen oder Flächen verwendet werden, zum anderen indem Flächen reliefartig durch vorgezogene oder zurückgesetzte Ziegel strukturiert werden.

Früher gab es eine Vielzahl von Ziegelformaten, da Ziegel nur lokal produziert und verwendet wurden; eine Vereinheitlichung war deshalb nicht nötig. Erst als der richtige Bauboom im Ostseeraum begann, setzte sich zunächst das ›Klosterformat‹ durch, das ungefähr – richtig normiert war es nicht – 30 x 14 x 10 Zentimeter betrug. Es ist dabei wichtig, dass die Schmalseite von zwei Klinkern plus einer Fuge zwischen ihnen identisch ist mit der Länge eines Ziegels, damit die Bauklötze in einem Verbund gelegt werden können, der Stabilität verleiht. Es wundert nicht, dass 1872, also ganz kurz nach der Reichsgründung, per Gesetz das ›Reichsformat‹ festgelegt wurde: 25 x 12 x 6,5 Zentimeter. Ein Kubikmeter Mauerwerk besteht dann aus genau 400 Ziegeln. Öffentliche Bauwerke durften nur noch mit diesen Ziegeln errichtet werden, und die privaten Bauherren folgten schnell nach.

Heute werden Ziegel natürlich nicht mehr von Hand geformt und in Meilern auf dem Feld gebrannt, sondern industriell hergestellt. Sie laufen dann gemächlich durch sogenannte Tunnelöfen, in die die Rohware hinten eingefüllt, mit gleichmäßiger Temperatur gebrannt wird und vorne fertig herauskommt. So braucht man Öfen nicht ständig aufzuheizen und abkühlen zu lassen, sondern kann diese kontinuierlich bestücken.

Kunst und Kultur

Auch wenn das Land eine bäuerliche Tradition hat, weist es nicht nur in den Städten zunehmend Zeugnisse formeller Kultur auf, die Bewohner und Besucher das ganze Jahr über genießen können.

Architektur

Kirchen sind zentrale Markierungspunkte, nicht nur einer Religion, sondern einer Gesellschaft insgesamt und in einer flachen Landschaft wie der zwischen den Meeren auch ganz banal Orientierungspunkte zu Lande und vom Wasser aus. Eine ähnliche Funktion erfüllen auch Leuchttürme oder einfach Aussichtstürme, die hier nur 20, 30 Meter hoch sein und auf einem kleinen Hügel aufragen müssen, um ihre Funktion zu erfüllen.

Aber Kirchen als Institutionen verfügen auch über Macht und Reichtum und wollen beides demonstrativ unter Beweis stellen. Und so gehören Kirchen zu den ältesten Bauwerken auch in Schleswig-Holstein, die nach Feuern, Stürmen und anderen Kalamitäten immer zügig wieder aufgebaut wurden. Die ersten Kirchen entstanden hier im 10. und 11. Jahrhundert, als die Christianisierung die ansässigen Slawen verdrängte und durch Siedler aus weiter südlichen Regionen ersetzte. Adlige erhielten Lehen mit Einfluss der Kirche und stifteten ›aus Dankbarkeit‹ kleine Gotteshäuser, von denen heute kaum noch etwas erhalten ist. Diese Gebäude bestanden aus Holz oder aus Stein.

Die große Welle an Kirchengründungen begann im 12. Jahrhundert, als die Christianisierung abgeschlossen war und die neuen Eigentümer sich etabliert hatten. Vielfach wurden anstelle der kleinen Kapellen nun größere Feldsteinkirchen errichtet. Dieses Baumaterial war in dieser Gegend in ausreichender Menge vorhanden, denn in der Eiszeit waren die Steine von den Gletschern von Norden her ›herangerollt‹ worden. Man sieht es bis heute an ihrer kugeligen Form, die beim Bau reichlich Mörtel verlangt – anders als zum Beispiel in Quader geschnittene Sandsteine – und sehr dicke Mauern produziert. Aber die Kirchen sollten ja auch dem Schutz der Bevölkerung dienen, die sich im Angriffsfall darin verschanzen konnte. Die Kirchenräume waren einfache, einschiffige Hallen mit flachen Decken oder Tonnengewölben. Später baute man vielleicht einen quadratischen Chor und noch später eine Apsis im Osten an. In der frühen Zeit hatten die Kirchen auch keine Türme; manchmal gab es einen Holzschuppen, dann auch einen höheren Holzturm zum Aufhängen einer Glocke, die nicht nur die Menschen in den Gottesdienst locken sollte, sondern auch ein allgemeines Zeitsignal sowie Alarm und Warnung bei Feuer, Stürmen und feindlichen Angriffen war. Richtige Glockentürme am westlichen Ende einer Kirche gab es eigentlich erst ab dem 14. Jahrhundert.

Als die nordischen Bischöfe nach Frankreich oder Italien reisten, sahen sie die hoch aufragenden neuen gotischen Kirchen aus Sandstein und wollten auch solche haben. Doch Sandstein gibt es in Norddeutschland nicht, und er konnte auch nicht in solchen Mengen herbeigeschafft werden. Also besann man sich auf ein anderes Material, den Ziegel, der auch gerne Ziegelstein oder Backstein

Ein Reetdach entsteht

genannt wird. Und Ton gab es in der Gegend zwischen Elbe und Ostsee reichlich. Man hatte schon früher mit Ziegeln gebaut. Die Technik scheint jedoch über Jahrhunderte verschwunden gewesen zu sein und wurde jetzt wieder aus Italien importiert, wo bereits seit dem 6. Jahrhundert durchgehend mit Ziegeln gebaut wurde. Der Ziegelbau in Schleswig-Holstein entwickelte sich zum Standardbau, nicht nur für Kirchen, sondern auch für Häuser aller Art, von der kleinsten Kate bis zu späteren großen Speichern und Industriebauten, Bahnhöfen und Wohnhäusern. Mit dem Siegeszug des Ziegels trat auch eine Stilwende ein – von der Romanik zur hoch aufstrebenden Gotik nach dem Vorbild der Marienkirche in Lübeck. (→ Extra Backsteingotik, S. 49).

In Schleswig-Holstein dominiert der Ziegel auch den Hausbau, ganz gleich ob Handwerkerkate oder Gutshof. Beide wurden oft als Fachwerkbauten errichtet, die aus Holzgerippen bestehen, deren Zwischenräume traditionell mit Astgeflecht und Lehm gefüllt werden. Hier wurden sie jedoch in der Regel mit Ziegeln vermauert und dann manchmal verputzt.

Das traditionelle Material zum Decken eines Daches war Reet, ein an Seeufern wachsendes Schilfrohr, doch alte Reetdächer halten weder besonders warm noch besonders lange, so dass das ›fortschrittliche‹ Material für Wohlhabende gebrannte Dachziegel waren. Heute sind Ziegeldächer Standard, Reetdächer aber Luxus und teuer. Die meisten Seeufer stehen nämlich unter Naturschutz und dürfen nicht mehr abgeerntet werden. Also kommt das Reet für die Dächer heute meist aus Rumänien und Ungarn.

Die Gutshöfe haben eine sehr ähnliche Struktur. Man betrat den Hof durch das Torhaus, das meist aus Ziegeln bestand und sehr groß war. Dort befanden sich nämlich auch Wohnungen für Angestellte, die Pferdeställe und die Büros der Verwalter. Gegenüber lag das repräsentative Herrenhaus, in dem die Eigentümerfamilie mit weiteren Verwandten wohnte. Die seitlichen Bauten waren eher schlichte Fachwerkhäuser, in denen sich Scheunen und Ställe befanden. Heute sind sie sogar manchmal zu Ferienwohnungen umgebaut, wie auch der ein oder andere Stall, inzwischen gerne Kuh-Haus genannt, zu einem Restaurant mutiert ist.

Schleswig-Holstein Musik Festival

Jutta Lietsch

Ein ›Geheimtipp‹ konnte es einfach nicht bleiben – zu schnell sprach sich diese verrückte Idee bei den Einheimischen herum: Mitten auf dem Land, in den Sälen, Scheunen und Dielen großer Gutshöfe und auf den Wiesen Schleswig-Holsteins sollten Musiker aus aller Welt Klassik vom Feinsten spielen. Mit Picknickkorb und ohne Abendgarderobe würden die Besucher und Besucherinnen im hohen Norden Deutschlands Konzerte genießen können, wie es sie sonst nur in den Konzertsälen der Welt-Metropolen zu hören gab – oder gerade noch in Hamburg und Kiel.

Erdacht hatten das ›Schleswig-Holstein Musik Festival‹ Mitte der 1980er Jahre der Pianist und Dirigent Justus Frantz mit seinem berühmten amerikanischen Kollegen, dem Komponisten und Dirigenten Leonard Bernstein, sowie der damalige Ministerpräsident Uwe Barschel. Und schon bei den ersten Konzerten im Jahr 1986 zeigte sich, dass sie es ernst meinten. Internationale Stars wie Yehudi Menuhin und Anne-Sophie Mutter traten in Schleswig-Holstein auf. Inzwischen gehört das Festival zu den weltweit größten seiner Art. Alljährlich im Juli und August pilgern Musikliebhaber zu den rund 160 Konzerten. Die Musiker spielen auf 79 Bühnen in 51 Orten Schleswig-Holsteins, Hamburgs, des südlichen Dänemarks und nördlichen Niedersachsens.

Was die Reihe auszeichnet, ist die Vielfalt der Veranstaltungsorte. Traditionell musizieren die Künstler häufig en Plein Air. Selbst in der Schlei-Region gibt es Konzerte in den Wiesen an Schloss Gottorf und in der Kappelner Gorch-Fock-Schule. Erfahrene Zuschauer und Zuschauerinnen wissen also, dass der Regenmantel zum Konzert gehört.

Justus Frantz, der maßgebliche Initiator des Schleswig-Holstein Musik Festivals

Leonard Bernstein, dem die Förderung junger Musiker besonders am Herzen lag, gründete 1987 das Schleswig-Holstein Festival Orchestra mit rund 120 Jugendlichen (bis zum Alter von 26 Jahren) aus aller Welt, das seither auch namhafte Dirigenten wie Christoph Eschenbach leiteten.

Bei der Klassik ist es aber nicht geblieben. Mittlerweile organisieren die Veranstalter auch zahlreiche Pop, Rock-, Chanson- und Folkmusikauftritte. Schon seit 2002 ist JazzBaltica

Die Konzerte finden auch auf kleineren Bühnen statt

Teil des Festivals, seit 2021 treten im Rahmen des ›Werftsommers‹ Bands und Singer-Songwriter in der Lübecker Kulturwerft auf. Neben dem Jugendorchester musiziert inzwischen auch ein Festivalchor – alles unter dem Dach des Schleswig-Holstein Musik Festivals. Es empfiehlt sich, Tickets früh zu buchen.

Infos: www.shmf.de/de/festival

JazzBaltica am Timmendorfer Strand

Jedes Jahr im Juni ziehen die Jazzer ein in den Festsaal des Maritim Hotels und an den Strandpark in Timmendorfer Strand. Unter der künstlerischen Leitung des schwedischen Posaunisten Nils Landgren treffen sich Stars der Jazzszene und Nachwuchskünstler zu 30 Konzerten auf 5 Bühnen: Ein langes Wochenende steht ganz im Zeichen des modernen Jazz.

Die Geschichte des Jazz-Treffens geht auf das Jahr 1991 zurück, als sich Jazzer aus den Ostsee-Anrainerstaaten in einer Konzertscheune in Schloss Salzau bei Kiel trafen; der künstlerische Leiter war Rainer Haarmann. 2012 ging die Leitung an Nils Landgren über, und der Veranstaltungsort wechselte auf das Gelände der Evers-Werft in Niendorf, 2018 dann direkt an den Strand. Die Förderung junger Talente ist seit langem ein herausragendes Ziel von JazzBaltica.

Infos: https://jazzbaltica.de

Nordische Filmtage Lübeck

Seit 1956 werden die Nordischen Filmtage Lübeck, ein in Europa einzigartiges Festival des nordischen Films, in Lübeck veranstaltet. Alljährlich Anfang November werden an fünf Tagen Spielfilme, Dokumentationen, Kurzfilme sowie Kinder- und Jugendfilme vorgestellt. Seminare und Diskussionen beleuchten die Entwicklung der Filmszene sowie das filmische Schaffen in Hamburg und Schleswig-Holstein. Bei den Filmtagen treffen sich nicht nur die Spezialisten des nordischen Films, sondern die Vorführungen sind auch beim Filmpublikum äußerst beliebt, denn nicht zuletzt traten hier Regisseure wie Bille August, Lasse Hallström, Aki Kaurismäki oder Fridrik Thór Fridriksson auf, lange bevor sie weltweite Stars waren.

Infos: https://nordische-filmtage.de

Green Screen – Europas größtes Naturfilmfestival

Jutta Lietsch

Wenn der Spätsommer kommt und in den Cafés und Kneipen von Eckernförde ganz viel dänisch, englisch oder spanisch gesprochen wird, dann beginnt das jährliche Green Screen Festival, die größte Naturfilmschau Europas. Dokumentarfilmer reisen im September aus allen Teilen der Welt in die Ostseestadt. Rund eine Woche lang können sie – und ein interessiertes Publikum – sich herausragende Dokumentationen ansehen und in Diskussionsveranstaltungen über die Lage der Umwelt debattieren. Ob es um Enten oder Elefanten, Bienen oder Bären, Tinten- oder Thunfische geht, um Rinder oder Robben, in Wäldern, Wüsten oder im Watt: Rund 100 Naturfilme nehmen am Wettbewerb teil, für die besten gibt es Preise.

Seit dem ersten Green Screen Festival im Jahr 2007 zieht es immer mehr Zuschauer an, 30 000 waren es im Jahr 2020. Die kleine Hafenstadt Eckernförde eignet sich besonders gut für dieses Festival, denn die Wege zwischen den Veranstaltungsräumen – sei es in der Berufsschule, der Nikolaikirche oder dem Ratssaal – sind gut zu Fuß zu bewältigen. Weil das Interesse so groß ist und die Tickets in der Vergangenheit so schnell verkauft waren, haben sich Kinos in anderen Orten in Schleswig-Holstein angeschlossen. Sie zeigen im Anschluss an das Festival ebenfalls Naturfilme.

Eine Bodenplatte im ›Walk of Fame‹ in Eckernförde

Mit ›Green Screen macht Schule‹ wendet sich das Festival gezielt an Kinder, die eine Auswahl der Filme gratis im Unterricht sehen können. Ausstellungen ausgezeichneter Naturfotografien und Jugendcamps – etwa in Wildpark Eekholt bei Bad Segeberg und im Multimar-Wattforum in Tönning – sollen ebenfalls dazu anregen, den Blick auf die Natur und die Welt zu weiten. Tickets sollten unbedingt frühzeitig gebucht werden.

Infos: www.greenscreen-festival.de

Traditionelle Feste und Bräuche

Viele der alten Bräuche, die oft an eine landwirtschaftliche Tätigkeit geknüpft waren, sind verschwunden. Einige wurden aber – vielleicht auch durch den Tourismus – wiederbelebt. Die meisten finden im Winter statt, denn da ruhte die Arbeit auf dem Lande.

Biiken

Zu den Bräuchen, die aus alter Zeit überliefert sind, gehören die Leuchtfeuer, die jedes Jahr am 21. Februar entfacht werden. Die Nordfriesen an der Küste sowie auf den Inseln und Halligen zünden dann rund 50 große ›Biiken‹ (›biike‹ kommt von Bake, Feuerzeichen) an und vertreiben so den Winter. Einst hofften sie damit die Götter gnädig zu stimmen und sie zu bitten, den Frühling zu schicken. Später dann haben sich die Leute der Region mit den Feuern von ihren Walfängern verabschiedet. Böse Zungen behaupten gar, Feuer haben auch schon mal dazu gedient, fremde Segler in die Irre zu führen, um die Ladung zu erbeuten.

Die uralte Tradition wurde 2014 von der deutschen UNESCO als immaterielles Kulturerbe anerkannt. Bei einbrechender Dunkelheit werden Reden geschwungen, die Feuer entzündet, Getränke gereicht und Musik gemacht. Lokale Restaurants haben Grünkohlessen organisiert.

Besonders beliebte Orte für diese Feste sind die Strandpromenade in Sankt Peter-Ording, der Husumer Dockkoog, die Insel Föhr, die mit 14 Feuern aufwartet, die Insel Amrum mit Feuern in allen Inselorten und die Eiderstadt Tönning. Von List/Sylt und Nordstrand kann man mit dem Boot rausfahren und die Feuer am Strand aus ganz anderer Perspektive erleben.

Klootstockspringen

Es heißt auch Pultstockspringen oder Paddstockspringen, es wird auch in Ostfriesland und Dänemark betrieben, es hat etwas mit mittelalterlichen Speeren zu tun und dem Überwinden von Wasserhindernissen. Heute ist es mehr Sport und Gaudi. Und man könnte es auch als Stabweitsprung bezeichnen.

Der Hintergrund ist ganz ernst: Wie kommt man von Ort zu Ort in einer Landschaft, die von unzähligen Gräben, Sielen, Kanälen und anderen Wasserläufen durchzogen ist wie die Marschlandschaft an der Nordseeküste? Schon im Mittelalter – als es viel weniger Brücken gab als heute – stellte es sich als praktisch heraus, einen drei bis sechs Meter langen Stab bei sich zu führen, mit dem man Anlauf nahm, ihn in das Gewässer hineinstach und sich so ans andere Ufer schwang. Das hört sich einfacher an als es ist, denn der Springer musste das Tempo und den Schwung genau auf die Beschaffenheit des Wassers abstimmen. Auch blieb der Stab gerne mal im matschigen Untergrund stecken und ließ den Springer erst am Stab ›verhungern‹ und dann ins Wasser platschen. Deshalb brachten die meisten eine Platte am unteren Ende des Stabs ab, um dem Matsch eine größere Fläche entgegenzusetzen.

Auf mittelalterlichen Darstellungen trugen vor allem die Kämpfer der Dithmarscher Bauernrepublik Sprungstäbe, die sie auch als Speere einsetzten. So etwa bei der Schlacht von Hemmingstedt (1500), als ein Heer des dänischen Königs bereits Meldorf eingenommen hatte. Die Dithmarscher öffneten daraufhin die Siele, so dass das Land bei der nächsten Flut unter Wasser gesetzt wurde. Anders als das Heer konnten sie sich mit den Stöcken schneller fortbewegen und diese auch im Kampf Mann gegen Mann als Speere verwenden.

Heute geht es bei den Wettkämpfen eher friedlich zu, und neben dem Weitsprung erwarten die Zuschauer auch den ein oder anderen Sturz in die Fluten. In Koldenbüttel nördlich von Friedrichstadt gibt es sogar eine bronzene Figur eines Klootstockspringers von B. Lothar Frieling (1945–2016).

Boßeln

Bis heute hat sich auch das Boßeln erhalten. Bevor die Nordfriesen lernten, Feuer zu entfachen, mussten sie laufen lernen, heißt es. Und dann kam gleich das Boßeln. Bei diesem Sport versuchen zwei Mannschaften eine Kugel mit möglichst wenigen Würfen über eine abgesteckte Strecke zu werfen. Einst übten die Anwohner damit das Schleudern von Steinen und Lehmkugeln, um Eindringlinge zu vertreiben, heute verwendet man eher Hartgummikugeln mit Bleikern, die 58 Millimeter im Durchmesser und 500 Gramm an Gewicht messen. Verschiedene Techniken des Anlaufs und des Werfens der Kugel kommen zum Einsatz, und die besten Werfer kommen auf rund 100 Meter Weite. Der Sport wird auf abgeernteten Feldern oder auf Straßen ausgeführt, und seit das Boßeln wieder an Beliebtheit gewonnen hat, werden von September bis März Punktspiele von Mannschaften ausgetragen. Für Freizeitboßler sind die Ausstattung mit Getränken inklusive Zielwasser und ein zünftiges Grünkohlessen im Anschluss auch von Bedeutung.

Vor Boßlern wird gewarnt

Theodor Storm hingegen beschrieb in seiner Novelle ›Der Schimmelreiter‹ das Boßeln als ruhige Sportart: »Gesprochen wurde von all den Menschen wenig; nur wenn ein Kapitalwurf geschah, hörte man wohl einen Ruf der jungen Männer oder Weiber...«

Heringe in jeder Form

Jutta Lietsch

Jedes Jahr im März, manchmal auch schon im Februar, sind sie wieder da: Angler. Allein oder zu zweit in kleinen Booten, bei Wind und Wetter, reglos und dick eingemummelt. Andere stehen – manchmal in großen Gruppen – an den Ufern der Schlei oder im Wasser in dichter Gummihose. Sie haben es auf Heringe abgesehen, die aus der Ostsee kommen und in großen Schwärmen die seichteren Gewässer der Schlei aufsuchen, um hier zu laichen. Weibliche Heringe legen bis zu 20000 Eier, aus denen nach vier oder fünf Wochen die Jungtiere schlüpfen, berichtet die Fischersfrau Lieselotte Wiese aus Arnis.

Es gibt viele Heringsarten, und manche Fische können bis zu 25 Jahre alt werden. Nicht nur in der Schleiregion, sondern in der gesamten Ostsee waren diese Fische bereits vor vielen Jahrhunderten wichtige Nahrungs- und Wirtschaftsgrundlage. Zeitgenossen berichteten von Heringsschwärmen um das 9. Jahrhundert herum vor der schwedischen Ostseeküste, die zeitweise so dicht waren, dass die Schiffe stecken blieben. Das jedenfalls erzählen Gabriele Haefs und Jens Mecklenburg in ihrem Buch über den ›Mythos Labskaus‹.

Die Wikinger aßen und konservierten Heringe und trieben mit ihnen schwunghaften Handel, wie Funde aus Haithabu annehmen lassen. Im 12. Jahrhundert war der Hering bereits ein begehrtes Exportprodukt. In Salz eingelegt und damit konserviert, gelangten die Fische in viele Gegenden Europas. Geräuchert wurde der Schleibückling zur Delikatesse. Bei den Christen galt der Hering – wie auch der Stockfisch – als Fastenspeise. Das war eine prima Sache für Fischer und Händler des Nordens. Denn mit der Christianisierung mussten die Gläubigen zeitweise bis zu 140 Fastentage beachten – der Hering half dabei, den Hunger zu stillen.

Beim Urlaub in Schleswig-Holstein ist ja jeder Tag ›Tag des Fischbrötchens‹. Was sonst könnte den kleinen Hunger mittags oder zwischendurch besser beseitigen? Zwischen die hoffentlich frischen Brötchenhälften kommen Hering, Salat und rohe Zwiebeln in vielerlei Form und Geschmack, vor allem als Matjes, Bismarck oder Rollmops.

Doch wie kam der Matjes zu seinem Namen? Der junge Hering, gerade ein Jahr alt, sei schön und schlank wie ein ›Meisje‹, sagten sich die Küstenbewohner – und aus dem holländischen Mädchen wurde so der ›Matjes‹, weil sich das so ähnlich anhört. Das ist eine häufig erzählte Erklärung für den Namen. Wer sie nicht glauben will, suche sich eine andere.

Der Bismarckhering wiederum soll nach dem ehemaligen Reichskanzler benannt sein, der den Hering sauer eingelegt sehr schätzte. Unterschiedlichen Versionen zufolge lobte Bismarck einen Gastwirt, der ihm den Fisch so zubereitet serviert hatte. Daraufhin setzte der den ›Bismarckhering‹ auf seine Speisekarte. Anderswo heißt es, Bismarck habe einem Fischkonservenfabrikanten erlaubt, seinen sauren Hering unter diesem Namen zu verkaufen.

Und der Rollmops, in Essig und Salz eingelegt, soll, wie es im ›Mythos Labskaus‹ heißt, im 19. Jahrhundert in Berlin erfunden worden sein. In der Biedermeierzeit habe man ihn nach dem damals beliebten Mops genannt. Dem sah der Rollmops eben ähnlich.

Essen und Trinken

Jutta Lietsch

Zwei Männer sitzen auf einer Bank irgendwo auf dem platten Land. Sie starren vor sich hin, den Blick auf den fernen Horizont gerichtet. Nur das ›Plopp‹ beim Öffnen der Bierflasche in ihrer Hand unterbricht das Schweigen. Das mag eine hübsche Reklame sein – aber ganz so schlicht und still bleibt es nicht, wenn die Leute im Norden gesellig beisammensitzen. Schon gar nicht, wenn ein ›Herrengedeck‹ serviert wird. Das ist nichts anderes als die Kombination von Bier und Korn. Selbstverständlich gibt es auch ein ›Damengedeck‹: Kaffee oder Tee mit einem Glas Eierlikör. Die Schleswig-Holsteiner lieben es, gut und reichhaltig zu speisen und aus einer möglichst üppigen Auswahl an originellen Getränken zu wählen.

Ganz obenan steht eine traditionelle, eher herzhafte Küche ohne allzu viel Schnickschnack. ›Was Reelles‹ soll es sein. Dabei finden sich in den alten Kochbüchern der Region Gerichte mit wunderbaren Namen: Groten Heini, Bauernmädchen im Schleier, Errötende Jungfrau, Snuten un Poten, Futtjes, Pummeln, Schnüüsch oder Labskaus. Man trinkt schon mal Pharisäer (Kaffee mit frischer Schlagsahne und Rum), Tote Tante (Kakao mit Rum) oder Heißer Bischof (ein Punsch aus Rotwein, Zucker und Pomeranzen).

Gute Bratkartoffeln dürfen bis heute bei vielen Gerichten nicht fehlen. Was die Bäuerinnen von den Äckern und Weiden und aus den Gemüsegärten holen und die Fischer aus Nord- und Ostsee, aus der Schlei, den Auen und den Seen – all das findet sich in den beliebtesten Rezepten wieder.

Krabben aus der Nordsee, Sprotten von der Ostseeküste, Holsteiner Schinken und kräftiger Käse gehören zum vielfältigen Angebot des Landes, ebenso wie das, was die gewaltigen Kohlfelder in Dithmarschen hergeben. Über dieses Gemüse erfährt man viel im Kohlmuseum von Wesselburen, das sich Kohlosseum nennt (→ S. 428).

In den alten Zeiten jedenfalls aßen im Norden die armen Bauern und Fischer vielerorts vor allem Grütze, grünen Kohl, Stockfisch und Hering – die Grütze gern mit selbstgebrautem Bier oder selbstgerührter Butter vermischt. Wurde auf den Höfen geschlachtet, dann bewahrte man das Fleisch gepökelt auf. »Durch diese

Der klassische Snack an der Küste

Vorratswirtschaft kam dann im 16. Jahrhundert auch die bis heute im Norden so beliebte Geschmacksnote ›sööt-suur‹, süß-sauer, auf. Das Gewürz Nummer eins des Nordens, der Zucker, half die Fehler beim Konservieren, die fehlende Frische im Geschmack zu übertönen«, schreibt Reisekochbuch-Autor Norbert von Frankenstein. Auch andernorts ging es in den Dörfern lange Zeit einfach und deftig zu. Hering mit Bratkartoffeln, Pannfisch, kandierte Kartoffeln und Braune Kuchen zeugen davon.

Frisches Pils, gebraut in Lübeck

Als sich die Hafenstädte wie Lübeck zu lokalen Handelszentren und Umschlagplätzen für Waren aus aller Welt entwickelten, lernten die hier lebenden Kaufleute und Handwerker bald auch raffiniertere Aromen zu schätzen. In einer Lübecker Weinstube aus dem 17. Jahrhundert, die im Museum von Gottorf in Schleswig zu besichtigen ist, konnten sich die Gäste schon damals mit guten Tropfen aus dem Süden vergnügen.

Als Rum-Stadt bekannt war da schon das zu Dänemark gehörende Flensburg. Dort machten Kaufleute mit dem skrupellosen Dreieckshandel jener Zeit goldene Geschäfte: Zeitweise bis zu 70 Brennereien verarbeiteten das Zuckerrohr, das aus den dänischen Kolonien in der Karibik in den Flensburger Hafen transportiert wurde. Den Zucker ernteten Sklaven, die dafür aus ihrer afrikanischen Heimat auf die Plantagen der Jungferninseln verschleppt worden waren.

Alkoholisches war in Schleswig-Holstein also längst nicht mehr nur in Form von Bier, Korn oder Köm verbreitet. Dass man sich in kalten und windigen Zeiten, also fast immer, gern schnell aufwärmen wollte, verraten die Rezeptsammlungen von Großmüttern aus Eiderstedt ebenso wie jene des Schenefelder Landfrauen-Vereins, der im Jahr 1988 ein ›Kochbuch aus Holstein von einst und jetzt – von Landfrauen für Landfrauen‹ herausgab. Ihre Suppen, Fischgerichte, Ragouts und Torten ebenso wie ihren Tee und Kaffee veredelten die Köchinnen gern mit großzügigen Zugaben von Wein, Rum oder Eierlikör.

Nicht nur die Städter, auch die dänischen und deutschen Adelsfamilien speisten schon früh sehr fein: Im 17. und 18. Jahrhundert brachten manche von ihren ›Cavalierstouren‹ durch Frankreich, Italien oder England einen Koch mit in die Herrenhäuser und auf die Güter der Region. Im 19. Jahrhundert beklagte der aus altem Adelsgeschlecht stammende Freiherr Carl Friedrich von Rumohr denn auch eine Neigung zur Völlerei, die in norddeutschen Gutshäusern anzutreffen sei. Noch heute sind die beim Kaffee gereichten Tortenstücke besonders im Lande Angeln für ihre Größe bekannt. Und auch das, was auf den Teller kommt, ist nicht gerade knapp.

Der Freiherr, der sich unter anderem als Kunstförderer, Gastrosoph und Autor des Werkes ›Geist der Kochkunst‹ einen Namen machte, empfahl damals: »Reichlich besetzte, für gesellige Mahlzeiten vorgerichtete Tafeln müssen aber teils aus Gerichten bestehen, welche für alle taugen, mithin für alle gereicht werden können; teils aus solchen, welche man aufsetzt, damit jeder nach Gefallen zulange. Bei deutschen und überhaupt bei nordischen Schmäusen begeht man häufig den Fehler, alle Schüsseln herumzureichen und dergestalt die Kommensalen zu nötigen, aus Langeweile und Überdruß sich den Magen zu überladen.« (Zitiert nach Maria Elisabeth Straub, Grönen Aal und Rode Grütt, von Tafelfreuden und Trinksitten an der Waterkant, Lübeck 1971, S. 16.)

Eines noch: Wer in Angeln, also zwischen der Schlei und Flensburg, zu jemandem nach Hause eingeladen wird, sollte stets einen Rest auf der Vorlegeplatte oder in der Schüssel liegen lassen, um den Gastgebern nicht das Gefühl zu geben, sie hätten nicht genug gekocht. Wer sich das letzte Stück Fleisch oder den letzten Löffel Gemüse nimmt, kann als ›ausverschämt‹ (unverschämt) betrachtet werden.

Inzwischen sind moderne Zeiten auch in den Restaurants und ländlichen Küchen angebrochen. Immer mehr Köchinnen und Köche achten bewusst darauf, dass die Zutaten aus der Umgebung kommen. Im Jahr 2007 schlossen sich sieben Gastronomen zu einem Verein zusammen, der die lokale Ess- und Kochkultur fördern will. Unter dem Namen ›Feinheimisch – Genuss aus Schleswig-Holstein e.V.‹ ist daraus ein weitgespanntes Netzwerk von Köchinnen und Restaurants, Bauernhöfen und anderen landwirtschaftlichen Betrieben, Meiereien, Hofläden und Manufakturen geworden (www.feinheimisch.de).

Sie wollen, so haben sie es in ihren Grundsätzen festgeschrieben, »umweltverträglich und nachhaltig« produzieren, ihre Tiere artgerecht halten, die Sortenvielfalt in der Region und im Land fördern und so »die schleswig-holsteinische Küche bewahren und sorgsam weiterentwickeln«. Die Zeitschrift ›Mohltied!‹ ist nur eine jener Publikationen, die heute über Landgasthäuser, bäuerliche Familienbetriebe, das Leben der Schleifischer, örtliche Delikatessen und Rezepte zwischen Flensburg und Hamburg berichten – und die ab und zu auch über den Tellerrand nach Dänemark schauen.

Allenthalben im Land verstreut sind Hofläden mit uriger Kost zu finden. Vor manchen Bauernhöfen und am Straßenrand stehen mittlerweile sogenannte ›Regioboxen‹: Automaten, aus denen die Kunden Eier, Schinken, Würste, Milch und andere Lebensmittel aus der Region ziehen können. Sie werden von örtlichen Betrieben bestückt, die keinen eigenen Ladenverkauf anbieten wollen oder nicht genug Personal dafür haben. Direkt von der Haustür verkaufen Hobby-Imker und -Imkerinnen vielerorts ihren Honig. Im Mai sind es die Rapsblüten, deren Schönheit die Region so einzigartig machen und die dem Honig seine eigene Süße liefern. Inzwischen leuchten aber deutlich weniger der gelben Felder als früher. Zu Hochzeiten vor 20 Jahren waren in Schleswig-Holstein bis zu 100 000 Hektar Rapsfelder, inzwischen sind es nur noch etwa 6 000. Da die Landwirte nicht mehr so viele und so scharfe chemische Pflanzenschutzmittel einsetzen dürfen, die den Bienen stark zusetzten, lohne sich der Rapsanbau weniger, sagen Bauernfunktionäre. Die Folge: Den für diese Gegend so typischen Rapshonig wird es zwar auch in Zukunft geben – aber er dürfte wohl teurer werden.

Einen guten Überblick über das Netz schleswig-holsteinischer Hofläden und Wochenmärkte bieten Broschüren und Webseiten der Landwirtschaftskammer Schleswig-Holstein (www.gutes-vom-hof.sh).

Rezepte

Jutta Lietsch

Nicht nur Rezepte, sondern auch Einblicke in Traditionen und Alltag der Fischerfamilien an der Schlei bietet das wunderschöne Buch: ›Fische aus der Schlei, Alte Kochrezepte und Schleigeschichten‹ der Arnisser Fischersfrau Lieselotte Wiese, herausgebracht vom Landesfischereiverband des Landes Schleswig-Holstein im Jahr 2010. Es ist von der Künstlerin Brigitte Wollert aus Arnis herrlich illustriert. Die Rezepte, die hier von Fischern gesammelt wurden, sind oftmals ohne Mengenangaben – da sich das meiste wohl von selbst verstehe, wie die Köchinnen dachten. Die folgenden Rezepte stammen aus Kochbüchern und aus privaten Rezeptesammlungen wie der von Käte Hinrichsen von der Halbinsel Eiderstedt.

Schnüüsch

Zutaten: 250 g Kartoffeln, 250 g grüne Bohnen, 250 g junge Erbsen, 250 g Möhren, 250 g große Bohnen (Pferdebohnen), 250 g Kohlrabi, 1 l Milch, 50 g Butter, 2 Handvoll gehackte Petersilie, Salz, Zucker, Muskat, evtl. Pfeffer.17

Zubereitung: Kartoffeln schälen, würfeln und kochen. Pferdebohnen, Kohlrabi und grüne Bohnen separat in wenig Salzwasser kochen, eine Prise Muskat dazugeben, abgießen und warm stellen. Erbsen mit etwas Salz und reichlich Zucker kochen, abgießen und das Wasser aufbewahren. Darin die Möhren kochen, anschließend wieder abgießen und das Wasser aufbewahren. Milch in einem großen Topf erhitzen (nicht kochen). Dann alles Gemüse bis auf die Kartoffeln in die heiße Milch geben und 20 bis 30 Minuten garen lassen (nicht kochen!) Abschmecken mit dem Wasser der Erbsen und Möhren. Butter im Schnüsch zerlaufen lassen. Petersilie darüber geben. Heiß servieren, dazu passen kräftige Schinkenscheiben.

Lokale Spezialitäten

Eingelegte Bratheringe

Zutaten: 1 kg grüne Heringe, 250 ml Essig, 125 ml Wasser, 2 Zwiebeln, 1 EL Senfkörner, 75 g Zucker, Zitronensaft, Mehl, Öl zum Ausbraten.

Zubereitung: Essig mit Wasser, Zucker und Senfkörnern aufkochen und erkalten lassen. Grüne Heringe ausnehmen, gut waschen, Köpfe abtrennen. Mit Salz und Zitronensaft würzen. Heringe beidseitig in Mehl wenden, in der Pfanne beidseitig goldbraun braten. Heringe geschichtet in Auflaufform legen. Dünn geschnittene Zwiebelringe darüberlegen. Alles mit dem kalten Essigsud bedecken. Zwei bis drei Tage im Kühlschrank ziehen lassen. Mit Bratkartoffeln servieren.

Labskaus

Labskaus gibt es in unendlich vielen Variationen, mancherorts wird auch schon ein Heringsfilet mit durch den Fleischwolf gedreht oder kleingehackt unter den Brei gemengt. Wer dieses Gericht einmal genossen hat, lässt sich nie mehr von seinem Anblick stören. Wichtig ist hier - wie bei jedem Rezept - die gute Qualität der Zutaten.

Zutaten: 300 g frische Rote Bete, 500 g mehlige Kartoffeln, 500 g gepökelte Rinderbrust, 3 Zwiebeln, 1 Bund Suppengrün, 7 große Gewürzgurken, 2–3 EL Kapern, 8 gewässerte Salzheringsfilets oder Matjesfilets, 8 Eier, Salz, Pfeffer, Senf, Meerrettich.

Zubereitung: Vorbereiten am Vortag: Rote Bete säubern, in Salzwasser weichkochen, pellen, mit kaltem Salzwasser übergießen. Roten Sud auffangen, er wird noch verwendet. Rinderbrust in kaltem Wasser aufsetzen und weichkochen. Nach etwa einer Stunde Zwiebeln und Suppengemüse dazu geben. Kartoffeln garkochen und pellen.

Am nächsten Tag: Rote Bete, Rindfleisch, Kartoffeln, Kapern, 3 Gewürzgurken, 2 rohe Zwiebeln durch den Fleischwolf drehen. Alles in einen Topf geben, etwas von Rinderbrühe und Rote-Bete-Sud angießen und beim Kochen zu einem Brei zusammenrühren. Mit Salz, Pfeffer, Senf und Meerrettich würzen. Spiegeleier braten. Den Brei mit Heringsfilets und restlichen Gewürzgurken auf den Tellern anrichten, darauf kommt das Spiegelei.

Früher wurde geräucherter Fisch in Holzkisten verschickt

Bauernmädchen im Schleier

Dieses Gericht wird auch in Dänemark gern gegessen.
Zutaten: 1 EL Butter, 2 EL Puderzucker, 4 Tassen geriebenes Schwarzbrot, 2 Tassen Apfelmus, 1 Tasse Himbeermarmelade, Semmelbrösel.
Zubereitung: Butter schmelzen lassen und darin den Puderzucker karamellisieren. Geriebenes Schwarzbrot unter ständigem Rühren dazugeben, etwas abgekühlt die Masse in hohe Gläser füllen. Abwechselnd Himbeermarmelade und Apfelmus darüber geben. Zum Schluss Semmelbrösel darüber streuen. Alles abkühlen lassen und mit süßer Schlagsahne servieren.

Futtjes

Zutaten: 1 l Milch, 125 g Butter, 500 g Mehl, ½ TL Salz, 1 Zitrone, 3 EL Rum, 15 Eier, 1 TL Kardamom, 250 g Rosinen, 500 g Mehl, 1 Paket Hefe, 1 TL Zucker. Dazu 1 kg Frittierfett.
Zubereitung: Milch und Butter kochen, nach und nach das Mehl reingeben und den Teig tüchtig rühren, bis sich eine weiße Schicht auf dem Boden bildet (Brandteig). Dann die anderen Zutaten nach und nach, abwechselnd fest und flüssig, unter den Brandteig schlagen. Zum Schluss die Hefe dazugeben, 1 bis 2 Stunden an einem warmen Ort gehen lassen. Frittierfett erhitzen und mit einem Esslöffel Futtjes ins heiße Fettbad geben, goldbraun ausbacken.

Eiderstedter Weinsuppe

Diese Suppe gab es früher an Festtagen (Taufe, Hochzeit, Geburtstag) zusammen mit Weißbrot und gekochtem Schinken und oder mit Futtjes.
Zutaten: 125 g Graupen, 250 g Rosinen, 1,5 l Wasser, 1 Stange Zimt, 1 Flasche Rot- oder Weißwein, 2 Eier, 150 g Zucker.
Zubereitung: Graupen, Rosinen, Wasser und Zimt in einem Kochtopf garen. Den Wein dazugeben, Herd ausstellen. Eier mit Zucker verquirlen und unter die Suppe heben. Dabei nicht mehr kochen, sonst gerinnt die Suppe (evtl. mit Rum abschmecken). Wenn die Suppe am nächsten Tag wieder erwärmt werden soll, im Wasserbad erhitzen.

Lübecker Bischof und Heißer Bischof

Zutaten: 1 grüne bittere Pomeranze, 1 Flasche Bordeaux, Zucker.
Zubereitung: Die Pomeranze waschen, abtrocknen und ganz dünn abschälen. Die Schale in ein Bowlengefäß legen, mit dem Wein übergießen, zugedeckt mindestens 10 Stunden ziehen lassen. Nach Geschmack zuckern.

Für den Heißen Bischof nimmt man stattdessen 4 kleine bittere Pomeranzen oder ein Glas Pomeranzenlikör, 2 Fl. Rotwein, 1 Stange Zimt, 1 geröstete Schwarzbrotrinde, Zucker nach Geschmack.
Zubereitung: Gesäuberte Pomeranzen einkerben. 30 Minuten lang in den heißen Backofen legen. Dann noch einmal einkerben und in ein Gefäß mit dem Wein legen. Zimt und Brotrinde hinzufügen. Alles wieder in den warmen Ofen geben und dort einige Stunden ziehen lassen. Dann noch einmal bis kurz vor dem Kochen erhitzen. Alles durch ein Sieb geben und nach Geschmack zuckern. Heiß trinken.

Von Süden her führt der Weg nach Schleswig-Holstein in historisches Gebiet: das Herzogtum Lauenburg, das im 13. Jahrhundert begründet wurde, und die historische Stadt Lübeck, die im Mittelalter die wichtigste Stadt der Hanse war. Heute steht die gesamte Altstadt unter dem Schutz der UNESCO, die Stadt ist Kultur- und Einkaufszentrum der Region. Entspannung findet sich hingegen an den Stränden der Lübecker Bucht und auf der Insel Fehmarn.

OSTHOLSTEIN

Schloss Reinbek

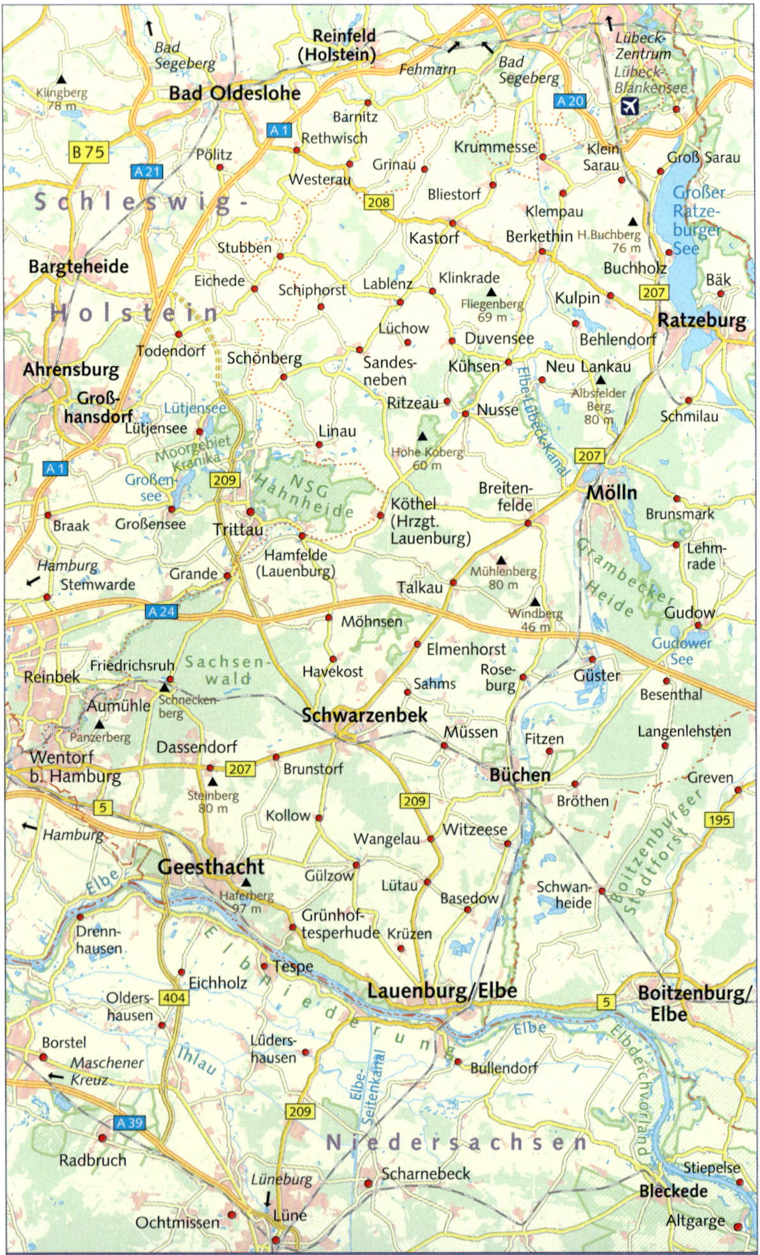

Herzogtum Lauenburg

Herzogtum Lauenburg

Der heutige, ganz im Südosten Schleswig-Holsteins gelegene Landkreis mit dem Namen Herzogtum Lauenburg stimmt im Großen und Ganzen mit dem Herzogtum Sachsen-Lauenburg aus dem 13. Jahrhundert überein. Residenzorte des Herzogs waren Ratzeburg und Lauenburg. Bis 1689 stammten die Herzöge aus dem Geschlecht der Askanier, einem seit dem 11. Jahrhundert nachweisbaren Geschlecht des sächsischen Hochadels. Die Region gehörte danach bis 1803 zum Kurfürstentum Hannover, von 1814 bis 1864 zum Königreich Dänemark, danach zu Preußen, das das Herzogtum 1876 in die Provinz Schleswig-Holstein eingliederte.

Neben der Landwirtschaft profitierte die Region schon seit alten Zeiten vom Transithandel zwischen den Zentren Hamburg, Lüneburg und Lübeck, der über die Elbe und mehrere schon seit dem 14. Jahrhundert betriebene Kanäle abgewickelt wurde. Wichtigste Handelsware war Salz. Es fällt jedoch auf, dass Lauenburg nie eine reiche Gegend war, da die vereinnahmten Zölle von den Repräsentationskosten der Herzöge schnell aufgefressen wurden.

Lauenburg/Elbe

Die Kleinstadt Lauenburg/Elbe (11 000 Einwohner) liegt am nördlichen, rechten Ufer der Elbe, ganz in der Nähe des Länderdreiecks Schleswig-Holstein–Niedersachsen–Mecklenburg-Vorpommern. Man geht heute davon aus, dass die Stadt 1209 von den Dänen gegründet wurde und um 1260 das Stadtrecht erhielt. Lauenburg war wichtig für den Salzhandel, denn nur vier Kilometer von der heutigen Stadt querte die alte Salzstraße die Elbe, und von Lauenburg aus brachte der Stecknitz-Kanal die Salzkähne bis in die Stadt Lübeck und damit zur Ostsee. So wurde 1635 eine Schifferbrüderschaft gegründet, die bis heute existiert. Im 19. Jahrhundert gehörte der Ort für 50 Jahre zu Frankreich, ab 1865 dann zu Preußen. Im Zweiten Weltkrieg wurde Lauenburg kaum zerstört, so dass es heute nach intensiven Restaurierungen in der Altstadt ein wirklich sehenswertes Ensemble alter Häuser vor allem entlang der Elbstraße aufzuweisen hat.

■ Schifffahrtsmuseum

Im ehemaligen Rathaus an einem kleinen Platz in der Altstadt ist neben der **Touristeninformation** ein Schifffahrtsmuseum untergebracht. Man widmet sich hier vor allem den Menschen, die Schiffe entworfen, gebaut, betrieben, gelenkt, be- und entladen haben oder sonst irgendwie mit der Schifffahrt zu tun hatten. Natürlich gibt es jede Menge Modellschiffe und Gerätschaften zu sehen, aber Besucher können auch kurze Filme oder Tondokumente abspielen. Das Herz jedoch schlägt unten, im Bauch des Schiffes oder hier im Keller des Hauses, in der ›Schatzkammer der Schiffsantriebe‹, vulgo der Motoren, wurden sie nun mit Dampf oder Diesel befeuert. Cooles Licht setzt die Kraftprotze in Szene. Auch der historische **Raddampfer Kaiser Wilhelm**, der im Sommer an einem Steg in der Elbe festgemacht hat, gehört zum Museum.

■ Kirche Maria Magdalena

Dass die Maria Magdalena geweihte Stadtkirche vielfach umgebaut wurde, sieht man schon rund um das Portal. Es ist von Feldsteinen umgeben, auf denen sich die Backsteine türmen. Gegründet wurde die Kirche im frühen 13. Jahrhundert, das einschiffige Langhaus entstand weitgehend im frühen 14. Jahrhundert, der heutige Chor im Jahr 1827, der Turm 1902, und sein kupferner Helm ist von 1992.

Grund für die Umbauten waren meist politische Veränderungen, vor allem als

Die Elbstraße, Hauptstraße der Unterstadt

▲ Karte S. 68

die Kirche zur herzoglichen Grablege bestimmt wurde; einige Grabmonumente und Grabplatten bestehen noch. Die letzte grundlegende Wandlung wurde 1827 mit dem Neubau des Chors vorgenommen. Bemerkenswert sind der bronzene Taufstein (1466), ein spätgotisches Triumphkreuz (um 1500), ein Tafelbild (ca. 1470) mit dem Titel ›Lust der Welt‹, auf dem zwei Skelette die Lust der Welt infrage stellen. Besonders stolz ist man auf den spätgotischen Marienleuchter mit seiner doppelseitigen Darstellung der Strahlenkranzmadonna.

Die Kirche Maria Magdalena inmitten von schönen Backsteinbauten

Uferpromenade und Hochwasseranzeige

Wenn man von der Kirche der Elbstraße ein wenig nach Westen folgt, also nicht in das eigentliche Zentrum der Altstadt geht, kann man über die Himmelstreppe an der Jugendherberge hinunter zum Fluss gehen und dort der Promenade zurück nach Osten folgen. Es bieten sich schöne Blicke auf das jenseitige Ufer. Nicht übersehen sollte man ein breites **Schild** auf einer Hauswand, das die Hochwasserstände in ausgewählten Jahren anzeigt. Die letzte große Flut in der Altstadt gab es übrigens 2013. Ein kurzes Stück weiter geht es über eine Treppe wieder hinauf auf das Niveau der Elbstraße.

Hier steht auf einem kleinen Steinpodest die **Bronzefigur Der Rufer** (1961) von Karlheinz Goedtke (→ S. 80). Ein lebensgroß dargestellter Mann in Schifferklamotten mit Stiefeln und Mütze hat die linke Hand erhoben und ruft etwas über den Fluss. Was genau, darüber kann man trefflich streiten.

Altstadt

Durch die Elbstraße geht es nun zurück Richtung Kirche. In dieser Straße haben sich die meisten **Fachwerkhäuser** erhalten, sie wurden in jüngster Zeit neu herausgeputzt. Diese Giebelhäuser stammen ursprünglich aus dem 16. und 17. Jahrhundert, waren Wohn- und Geschäftshäuser, wie sie es auch heute wieder sind. An einigen sind Tafeln angebracht, auf denen die Historie jeweils kurz skizziert wird.

Schloss

Das einst wichtigste Bauwerk der Stadt lag weiter östlich und wesentlich weiter oben auf dem steilen Abhang der Geest über dem Fluss: das Schloss. Die ›Lauenburg‹ wurde 1182 von Bernhard III. von Sachsen, Graf von Askanien (1140–1212), erbaut. Der Name soll von den Polaben abstammen, einem slawischen Volk, das hier an der Elbe lebte. Nach mehreren Eroberungen befreite schließlich Albrecht I., Herzog von Sachsen, 1228 die Burg und machte sie zu seinem Stammsitz. Im Laufe des

Im Schifffahrtsmuseum

15. Jahrhunderts wurde die Burg zum Schloss umgebaut, 1477 auch der runde Wehrturm fertiggestellt. Das Schloss bestand weitgehend aus Backstein, wies jedoch umfangreiche, heute nicht mehr existierende Stuckverzierungen im Stil der Renaissance auf. Ein Brand im Januar 1616 zerstörte große Teile des Schlosses. Der Herzog verlegte seinen Sitz nach Ratzeburg, zurück blieben einige Verwandte. 1708 baute man das Amtshaus, das heute oft als Schloss bezeichnet wird, 1817 wurden das Torhaus und einige Nebengebäude abgerissen.

Heute ist hier nur noch der **Wehrturm** zu besichtigen. Er hat zwei Meter dicke Mauern, Schießscharten und gut geschützte Pulverkammern. 1656 wurde das oberste Stockwerk entfernt, 1727 der barocke Dachreiter montiert. Im Innern baute man einige Gefängniszellen und richtete im Untergeschoss ein Lapidarium ein, eine Sammlung von nicht mehr benötigten Skulpturen, Grabplatten und anderem.

Am Ende des Amtshauses befindet sich eine kleine Terrasse, von der aus man einen wunderbaren Blick über die Elbe und die umliegenden Landschaften genießen kann. Dieser wird traditionell **Askanierblick** genannt, nach dem sächsischen Geschlecht der Grafen, die im 12. Jahrhundert hier herrschten.

Das Amtshaus dient der städtischen Verwaltung und kann nicht betreten werden.

Palmschleuse

Die Palmschleuse war Bestandteil des 1398 gebauten Stecknitzkanals. Sie bestand ursprünglich vollständig aus Holz und war eine von 15 solcher Schleusen im Kanal. Heute ist sie die älteste Kammerschleuse Europas. Das System funktionierte damals schon so wie heute: Die Schiffe fahren in die runde Schleusenkammer, die Schleusentore werden geschlossen, je nach Fahrtrichtung werden Ablauf oder Zulauf geöffnet, und schon wird das gegenüberliegende Schleusentor freigemacht. 1724 wurde die Schleuse ausgebaut, Naturstein ersetzte das Holz, so dass die Palmschleuse bis 1896 in Betrieb blieb. Benannt ist sie nach einem Schleusenwächter Palm aus dem 17. Jahrhundert.

Lütau

Als deutsche Siedler im 12. Jahrhundert die Slawen verdrängten, wurde auch das 15 Kilometer nördlich von Lauenburg gelegene Lütau geplant. Hier wurde und wird bis heute Landwirtschaft betrieben, die Obstmosterei vertreibt ihre Produkte nicht nur im Hofladen, sondern im ganzen Land. Der Ausflug lohnt sich aber vor allem wegen des **Zugpferdemuseums**.

Denkt man an Zugpferde, so sieht man vielleicht Pferde vor einem Wagen, einem Pflug oder einer Postkutsche vor sich, doch die Realität war ganz anders: Im Jahr 1900 arbeiteten noch rund 130 000 Pferde in Lower Manhattan, und 1890 zogen für die Pariser Omnibusgesellschaft 14 000 Pferde 1600 Wagen. Das Museum vermittelt interessante Einsichten in ein nicht alltägliches Thema.

▶ Karte S. 68

Lauenburg/Elbe und Umgebung

Tourist-Information, Elbstr. 59, 21481 Lauenburg, Tel. 04153/5909220; März-Okt. Mo–Fr 10–18, Sa/So/Fei 10–17 Uhr, Nov.–Feb. tgl. 10–16 Uhr.
www.lauenburg-tourismus.de

Lauenburger Mühle, Bergstr. 17, 21481 Lauenburg, Tel. 04153/5890; DZ 125 €. Oberhalb von Lauenburg, einem kleinen Hügel, steht auf die historische Windmühle, die auch besichtigt werden kann. Hotel und Gastronomie haben einen rustikalen, etwas altmodischen Charme, sind aber auch recht gemütlich.
www.hotel-lauenburger-muehle.de

Zum alten Schifferhaus, Elbstraße 114, 21481 Lauenburg, Tel. 04153/58650; DZ ab 89 €. Der historische Fachwerkbau aus dem Jahr 1663 liegt am Rande der Altstadt und direkt an der Elbe, großes Außenlokal. www.schifferhaus.de

Jugendherberge, Am Sportplatz 7, 21481 Lauenburg, Tel. 04153/2598; Nov.–Feb. geschlossen. Am Stadtrand, direkt am Steilufer der Elbe gelegene Herberge mit 124 Betten, überwiegend in Vier- und Sechsbettzimmern.
www.lauenburg.jugendherberge.de

Jugendherberge Zündholzfabrik, Elbstr. 2, 21481 Lauenburg, Tel. 04153/598880. Die moderne Herberge hat 79 Betten, meist in Ein- oder Zweibettzimmern, und liegt im Zentrum direkt an der Elbe.
www.lauenburg-zuendholzfabrik.jugendherberge.de

Artlenburg, Große Str. 1, 21380 Artlenburg, Tel. 0171/3712143; 15. April–15. Okt. Wenige Kilometer elbabwärts liegt am Südufer dieser idyllische Platz.

Elbterrasse, Fürstengarten 23, 21481 Lauenburg, Tel. 04153/3361; Mi–So 12–21 Uhr. Regionale und saisonale Küche mit den Spezialitäten Scholle und Pannfisch. Nicht in der Altstadt, sondern unweit des Schlosses gelegen; von der Terrasse guter Blick auf die Elbe und das Dreiländereck.
www.elbterrasse-lauenburg.de

Schifferbörse, Elbstr. 82, 21481 Lauenburg, Tel. 04153/599273. Café und Restaurant in der Altstadt mit norddeutscher Küche, auf der Terrasse mit Elbblick.

Zum Alten Schifferhaus, Elbstr. 114, 21481 Lauenburg, Tel. 04153/58650; tgl. 11–23 Uhr. Deftige norddeutsche Küche mit viel Fleisch und Fisch. In der Biker-Szene beliebt. www.schifferhaus.de

Elbschifffahrtsmuseum, Elbstr. 59, Lauenburg, Tel. 04153/5909219; März-Okt. Mo–Fr 10–18, Sa/So 10–17 Uhr, Nov.–Feb. tgl. 10–16 Uhr.
www.elbschifffahrtsmuseum.de

Maria-Magdalenen-Kirche, Elbstraße; Di–So 15–16.30 Uhr.

Zugpferdemuseum, Alte Salzstr. 29, 21483 Lütau, Tel. 04153/55343; Mai–Sept. So 10–17 Uhr.
https://cms.zugpferdemuseum.de

Lütauer Mosterei, Katthof 4, 21483 Lütau, Tel. 04153/55217; Mo–Fr 8–12, 14–17, Sa 10–12 Uhr. Seit 1955 werden hier Säfte gepresst, vor allem Apfelsaft, aber es gibt auch einige Exoten.
https://luetauer-mosterei.de

Im Sommer legt in der Nähe des ›Rufers‹ der historische **Raddampfer Kaiser Wilhelm** an, der etwa alle zwei Wochen samstags und sonntags Ausflugsfahrten auf der Elbe unternimmt.
https://raddampfer-kaiser-wilhelm.de/Fahrplan.html

Ausflüge auf der Elbe und in die Kanäle, auch auf dem Elbe-Lübeck-Kanal bis nach Mölln sind mit den **Fahrgastschiffen Lüneburger Heide** und **Herzog von Lauenburg** möglich. www.personenschifffahrt-wilcke.de und www.reederei-helle.de

Reinbek

Die Stadt Reinbek (28 000 Einwohner) liegt am östlichen Stadtrand von Hamburg am Fluss Bille, der im Stadtgebiet zum Mühlenteich aufgestaut ist. Mit lockerer Bebauung im Grünen gehört sie zum Speckgürtel der Hansestadt. Reinbek wurde 1238 erstmals erwähnt, als dort ein Zisterzienserinnenkloster eingeweiht wurde, das 1538 allerdings zerstört wurde. Wirtschaftlich an Bedeutung gewann die Stadt im Kreis Stormarn im 18. Jahrhundert mit der Ansiedlung von Handwerkern, vor allem aber nach dem Bau der Eisenbahnlinie Hamburg–Berlin (1846).

Schloss Reinbek

Das im 16. Jahrhundert im Stil der niederländischen Renaissance errichtete Schloss gehört zu den Nebenresidenzen der Herzöge von Schleswig-Holstein-Gottorf. Im 13. Jahrhundert befand sich an dieser Stelle das Reinbeker Kloster, ein Konvent von Zisterzienserinnen, das 1528 im Zuge der Reformation aufgelöst und an den dänischen König verkauft wurde. Kurz darauf wurde es von Lübecker Truppen geplündert und in Brand gesetzt. 1544 teilte Dänenkönig Christian III. seinen Besitz, wobei Reinbek dem viel weiter nördlich gelegenen neuen Herzogtum Schleswig-Holstein-Gottorf zugeschlagen wurde. Von 1572 bis 1576 ließ Herzog Adolf das Schloss erbauen, das unter anderem als Jagdschloss für Jagdausflüge in den Sachsenwald diente. In den Nebengebäuden wurde Bier gebraut, Schnaps gebrannt, wurden Tiere gehalten. Nach dem Tod Herzog Adolfs verlor das Anwesen an Bedeutung. Das änderte sich auch nicht, als 1773 das Schloss in dänischen Besitz überging, es gab sogar das Bestreben, die Gebäude abzureißen, da sie sich in einem schlechten Zustand befanden. Nach dem Deutsch-Dänischen Krieg gehörte Reinbek zu Preußen, das das Anwesen 1874 versteigern ließ. Verschiedene private Eigner nutzten es als Hotel oder Erholungsheim, bis schließlich 1939 die Stadt Hamburg das Schloss übernahm.

Im Jahr 1972 kauften der Kreis Stormarn und die Stadt Reinbek das Ensemble und nutzen es nach einer ausgiebigen Renovierung für kommerzielle und kulturelle Veranstaltungen. Man kann durch große Teile des Schlosses wandeln und Möbel, Wandbehänge und Gemälde betrachten; auch die Küchenräume sind offen. Der interessanteste Teil des Schlosses ist das Dach, denn es besteht im Südflügel aus ›Krummspannern‹. Das sind Eichen, die nicht gerade gewachsen waren, zum Teil auch durch Eisen gekrümmt wurden, um so für den Schiffsbau verwendet zu werden. Im Schloss nun vermitteln die gebogenen Dachsparren den Eindruck,

Wohlproportionierte Renaissance: Schloss Reinbek

▸ Karte S. 68

Das Bismarckmuseum in Friedrichsruh

ein Boot sei umgedreht als Dach auf das Gebäude gelegt worden.
Neben dem Schloss wurde der Fluss Bille zum **Mühlenteich** aufgestaut. Den umgibt ein weitläufiger **Park** mit Küchen- und Wandelgarten. Er ist frei zugänglich.

Friedrichsruh

Kaiser Wilhelm I. schenkte seinem Kanzler Otto von Bismarck nach dem Sieg über Frankreich (1871) und der Gründung des Deutschen Reiches den 70 Quadratkilometer großen **Lauenburgischen Sachsenwald**, das Überbleibsel eines steinzeitlichen Urwalds und heute größtes zusammenhängendes Waldgebiet Schleswig-Holsteins. Bismarck ließ ein vorhandenes Schloss sowie der Restauration dienende Gebäude um- und ausbauen. Große Teile des Anwesens wurden im April 1945 von der Royal Air Force bombardiert, weil sie vermutete, dass sich Heinrich Himmler dort versteckte. Nach dem Krieg wurde das meiste wieder aufgebaut, einige Nachkommen der Familie Bismarck wohnen weiterhin hier. Der Eiserne Kanzler war am 30. Juli 1898 in Friedrichsruh gestorben und wurde, wie auch seine Frau, in einem Mausoleum auf der anderen Seite der Bahnstrecke Hamburg–Berlin beigesetzt.

■ Otto-von-Bismarck-Stiftung

Die bundeseigene Stiftung widmet sich der wissenschaftlichen Erforschung des Lebens und Wirkens des Reichskanzlers sowie der Bildungsarbeit. Dazu dient auch eine Dauerausstellung, die Bismarck in seine Zeit stellt, im Gebäude der Stiftung.

■ Bismarck-Museum

Im Landhaus Friedrichsruh stellt die Familie persönliche Gebrauchsgegenstände und Erinnerungsstücke aus. Zu sehen ist auch ein Raum, der so eingerichtet ist, wie Bismarcks Arbeitszimmer aussah. Nicht zu sehen ist an diesem Ort auch nur die leiseste Andeutung einer kritischen Reflexion über das Wirken Bismarcks.

Reinbek, Friedrichsruh

Forsthaus Friedrichsruh, Ödendorfer Weg 5, 21521 Friedrichsruh, Tel. 04104/6992899; Fr 17–21, Sa/So 11–21 Uhr; DZ ab 99 €. In der Ansiedlung Friedrichsruh lebte einst nicht nur die Familie, sondern auch die zahlreichen Bediensteten wohnten dort. Seit deren Zahl drastisch gesunken ist, wurden einige Häuser zu gediegenen Ferienwohnungen und einem Restaurant umgebaut. So können auch Besucher dem ›Eisernen‹ nahe sein.
www.forsthausfriedrichsruh.de

Fürst Bismarck Mühle, Mühlenweg 3, 21521 Aumühle, Tel. 04104/2028. Wild aus der heimischen Jagd, Frischfisch aus umliegenden Gewässern sowie Heidekartoffeln werden hier zu moderner, feiner Landhausküche verarbeitet, die auch internationale Einflüsse anerkennt.
www.bismarck-muehle.com

Niemann's Gasthof, Silk 5, 21465 Reinbek, Tel. 04104/2391; tgl. außer Do 11.30–21.30 Uhr. Der direkt an der Landstraße, am Stadtrand von Reinbek und nicht weit von Friedrichsruh entfernte Traditionsgasthof bietet eine ansehnliche Karte von Fisch und Wild, saisonal auch Spargel.
www.niemanns-gasthof.de

Waldesruh am See, Am Mühlenteich 2, 21521 Aumühle, Tel. 04104/69530; tgl. 12–20 Uhr. Großes, elegantes Café und Restaurant mit anspruchsvoller lokaler Küche. Große Terrasse, auch Hotel.
www.waldesruh-am-see.de

Schloss Reinbek, Schlossstr. 5, 21465 Reinbek, Tel. 040/72750811; Mi–So 10–17 Uhr.
www.schloss-reinbek.de

Otto-von-Bismarck-Stiftung, Am Bahnhof 2, 21521 Friedrichsruh, Tel. 04104/97710; April–Sept. Di–So 10–18 Uhr, Okt.–März Di–So 10–16 Uhr.
www.bismarck-stiftung.de

Bismarck-Museum, Am Museum 2, 21521 Friedrichsruh; Tel., Öffnungszeiten und Website wie Stiftung.

Ahrensburg

Ausgrabungen belegen eine frühzeitliche Besiedlung der Gegend des heutigen Ahrensburg. Neuzeitlich gründeten jedoch die Grafen von Schauenburg im 13. Jahrhundert das Dorf Woldenhorn, aus dem Ahrensburg später hervorging. Der Feldherr Daniel Rantzau erhielt zur Zeit der Dänenherrschaft das Gebiet und errichtete ab 1595 eine Wasserburg und eine Schlosskirche mit ›Gottesbuden‹, Wohnungen für Alte und Arme. Doch die Familie Rantzau war im 18. Jahrhundert stark verschuldet und verkaufte die Burg 1759 an den Kaufmann Heinrich Carl von Schimmelmann, der Schloss und Bauerndorf im Stil des Barock umgestalten ließ. 1867 benannte sich Woldenhorn in Ahrensburg um. Der Bau der Eisenbahnlinie Hamburg–Lübeck (1865) machte die Stadt zu einem beliebten Ausflugsziel der Großstädter, von denen viele sich hier niederließen. Heute ist Ahrensburg mit 34 000 Einwohnern die größte Stadt des Kreises Stormarn.

▶ Karte S. 68

Schloss Ahrensburg

Das Schloss besteht aus vier Etagen, von denen sich der Keller teilweise unter der Wasserlinie befindet. Der Grundriss ähnelt dem von Schloss Glücksburg: insgesamt quadratisch mit vier achteckigen Türmen. Dabei sind der östliche und der westliche Gebäudeteil schmaler als der mittlere, in dem sich die großen Säle befinden, im Gegensatz zu den privaten Wohnräumen an den Seiten. In drei der Türme kann man über Wendeltreppen hinauf oder hinunter gehen. Im 18. Jahrhundert wurden mehrere Räume durch Zwischenwände verkleinert und alles wurde im Stil des Rokoko dekoriert. 100

Jahre später fand eine erneute Überarbeitung statt, diesmal in einem klassizistischen Stil.

Ein Rundgang führt über die Steinbrücke ins **Vestibül** und in den getäfelten **Speisesaal**. Weiter geht es in den **Gartensaal**, in dem die Natur in großen Stillleben in das Bauwerk geholt wurde. Die große Eichentreppe aus dem Barock führt hinauf in die Schlaf- und Wohnräume sowie die **Festsäle** und die **Bibliothek**.

Während in anderen Schlössern oder großen Herrenhäusern sich Kapellen im Haus selbst befanden, steht die **Schlosskirche** hier abseits der Schlossinsel. Sie wurde 1596 als Gutskapelle und Grabstätte errichtet und dem heiligen Petrus geweiht. Es handelt sich um einen eher schlichten Saalbau mit einem Firsttürmchen, an den im 18. Jahrhundert eine Grabkapelle angebaut wurde. Interessant ist die Decke, die technisch eine Flachdecke ist, aber trotzdem ein statisch nicht erforderliches Gewölbe besitzt, das mit vergoldeten Rippen noch besonders betont wird. Auf beiden Seiten des Chores sind rot gestrichene Patronatslogen zu sehen; der Hochaltar ist barock.

An beiden Seiten der Kirche reihen sich die sogenannten **Gottesbuden** auf. Dies sind langgezogene einstöckige Wohnhäuser, die zusammen mit nicht mehr vorhandenen Mauern den Friedhof rund um die Kirche einrahmten. Die Wohnhäuser waren in kleine Einheiten unterteilt, in denen bedürftige, alte und kranke Gutsmitarbeiter wohnten. Diese Art der Fürsorge war im späten 16. Jahrhundert durchaus nicht üblich. Die Häuser werden bis heute nach sozialen Gesichtspunkten vermietet.

Während sich die Wirtschaftsgebäude ursprünglich mit dem Schloss auf der Insel befanden, wurden diese Mitte des 19. Jahrhunderts abgetragen und durch Neubauten außerhalb der Insel ersetzt. Das bedeutendste Bauwerk war der **Marstall** östlich des Wassergrabens, in dem sich neben den Pferdeställen auch Angestelltenwohnungen befanden. Heute ist das Gebäude ein Kulturzentrum. Im Westen liegt die Meierei, die heute vom Bürgerverein genutzt wird.

Schloss Ahrensburg, Lübecker Str. 1, 22926 Ahrensburg, Tel. 04102/42510. www.schloss-ahrensburg.de

Schloss Ahrensburg

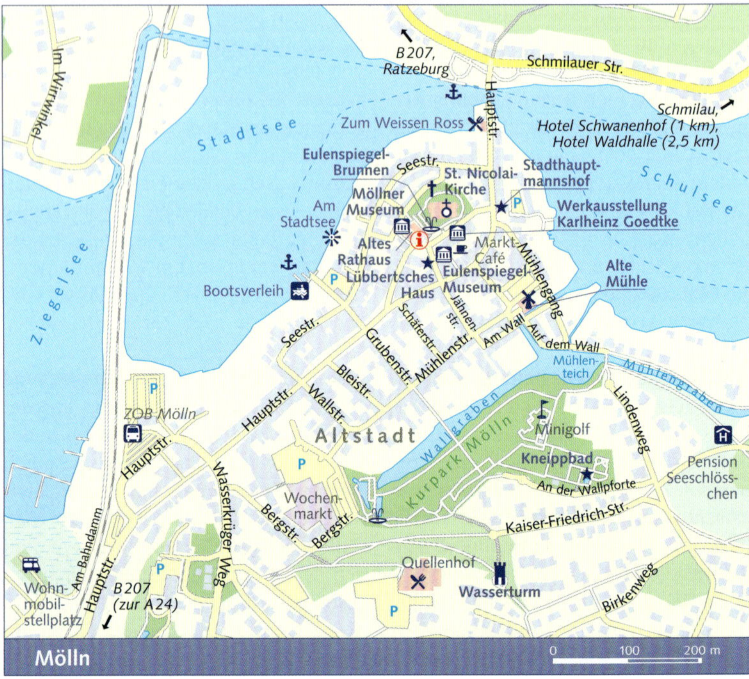

Mölln

Die Altstadt der knapp 19 000 Bewohner beherbergenden Stadt Mölln liegt auf einer Halbinsel zwischen Stadtsee und Schulsee sowie dem Mühlenteich und dem Wallgraben. Seit 1851, als die Eisenbahnstrecke nach Lübeck gebaut wurde, trennt allerdings ein Damm den Stadtsee vom Schulsee. Der ist geblieben, während die Bahn nicht mehr durch die Altstadt dampft, sondern weiter westlich verkehrt.

Die Gründung der Stadt vor 1188 war eng mit dem Aufstieg des nur 30 Kilometer entfernten Lübeck verbunden. Doch während sich Lübeck dem Seehandel verschrieb, drehte sich in Mölln alles um das weiße Gold, das Salz. Mölln lag an mehreren bedeutenden Handelswegen und bot neben Gasthäusern auch Reparaturwerkstätten und Pferdewechsel an. Bereits 1225 wurden ihm Stadtrechte verliehen. Von 1359 bis 1683 verpfändeten die Lauenburger Herzöge die Stadt samt Bewohnern an die Hansestadt Lübeck, die Straßen und Kanäle zwischen Elbe und Trave ausbauen ließ. Mit Mauern, Türmen und Stadttoren erhielt Mölln ein wehrhaftes Äußeres. Soldaten wurden hierher verlegt, um die Salzrouten vor Raubrittern zu schützen. 1391 brach in der Stadt ein großer Brand aus, 1409 gab es Gefechte zwischen Lauenburg und Lübeck um die Rückgabe Möllns. Beide Ereignisse richteten großen Schaden an, doch beide Male wurde die Stadt wieder aufgebaut. Die Rückgabe geschah erst 270 Jahre später, doch kurz darauf starb das Geschlecht der Askanier von Sachsen-Lauenburg aus, so dass das Herzogtum durch viele Hände ging, bis es schließlich zur Provinz Preußen zählte. Im Zweiten Weltkrieg wurde Mölln kaum beschädigt. Durch die Randlage nahe der Grenze verblühte es danach ein wenig, was sich aber seit 1990 beträchtlich gewandelt hat. Altstadt und öffentliche Grünflächen wurden saniert und wieder hergerichtet.

Zentrum des Ortes ist der Marktplatz, neben dem sich gleich auf einem kleinen Hügel die Nicolaikirche erhebt, an deren Fuß das alte Rathaus steht. Am Markt wurden einige besonders pittoreske Fachwerkhäuser wieder hergestellt, von denen eins das Eulenspiegelmuseum beherbergt. Von diesem verkehrsberuhigten Teil der Stadt gehen auch die Altstadtstraßen ab.

Marktplatz

Der auf leicht abfälligem Terrain gelegene Marktplatz ist von zahlreichen historischen Fachwerkhäusern umgeben. Zu den größten gehört das 1632 erbaute **Lübbertsche Haus** (Am Markt 1). Es fällt mit seinen Balken, in die Zitate aus Psalmen geschnitzt sind, den in Mustern gelegten Ziegeln und den recht kleinen, schon etwas schiefen Fenstern auf. An der Hausecke ist ein Stiefel zu sehen, der darauf hinweist, dass hier 150 Jahre lang eine Schusterfamilie wohnte. Neben dem Haus führt die Museumsstraße zur Hauptstraße hinunter. Früher hieß diese Straße ›Schrangen‹ und verwies damit darauf, dass hier die Metzger ihre Ware anboten. Auf der anderen Straßenseite befindet sich das Haus Am Markt 2, das aus dem Jahr 1582 stammt und damit das älteste am Markt ist. Hinter der üppig dekorierten Fassade wohnte und arbeitete eine Schneiderfamilie. Seit 1889 ist das Haus Museum, erst ein typisches Heimatmuseum, seit 1995 das **Eulenspiegel-Museum**. Hier taucht der Spaßmacher in vielfach verschiedener Gestalt auf, nicht nur als Seiltänzer, sondern auch als derjenige, der uns allen den Spiegel vorhält. Bücher, Skulpturen und Abbildungen werden präsentiert, auf ähnliche Gestalten in anderen Regionen hingewiesen. Und natürlich gibt es jede Menge Till-Souvenirs.

Am Haus Nr. 8 verweist das schmiedeeiserne Zunftschild darauf, dass sich hier die Maurer versammelten. Das Haus nebenan fällt etwas aus der Reihe, denn mit seiner verputzten Fassade und den hohen Fenstern verrät es seine Herkunft aus dem Klassizismus; es soll um 1830 gebaut worden sein. Das Haus Nr. 10 auf der Ecke Am Markt/Hauptstraße ist noch jüngeren Datums. Es wurde 1910 als neues Pastorat im sogenannten Heimatstil errichtet. Diese Bauweise lehnte den Prunk der Gründerzeit ab und wollte Materialien nach ihrem Charakter nutzen, hier also Backstein und Fachwerk. Ein kleiner Pavillon an der Straßenecke stellt einen netten Kontrast zum großen Pfarrhaus dar. Auf der anderen Straßenseite wohnten übrigens die Witwen der verstorbenen Pastoren.

St. Nicolai dominiert das Stadtbild Möllns

Überall im Ort stößt man auf Till Eulenspiegel

Auf dem munter plätschernden **Eulenspiegel-Brunnen** am Marktplatz sitzt der Schalk seit 1950 in Form einer Bronze von Karlheinz Goedtke. Der blanke Zeh und der blanke Daumen verraten schon, wie man hier das Glück beschwören kann: beides gleichzeitig reiben.

Werkausstellung Karlheinz Goedtke

Der Bildhauer und Plastiker Karlheinz Goedtke wurde 1915 in Kattowitz geboren. In der Schule in Breslau wurde sein Zeichentalent erkannt. Von 1931 bis 1936 studierte er an der Werkkunstschule in Stettin und erlernte die Bildhauerei. Dann folgten eine Militärzeit, ein kurzes Studium an der Hochschule für Bildende Künste in Berlin und wieder ein Militäreinsatz, der mit einer Verwundung endete. Seine Eltern lebten inzwischen in Ratzeburg, wo er bis 1951 wohnte, um dann nach Mölln umzuziehen. Er hatte im Jahr zuvor den ersten öffentlichen Auftrag erhalten, nämlich die Eulenspiegelfigur am Marktbrunnen, die ihn sofort in der Region bekannt machte. 1958 richtete er sich in Mölln ein Atelier ein und begann eine äußerst erfolgreiche Karriere als Bildhauer und Bronzegießer. Sehr viele seiner Werke stehen in Norddeutschland im öffentlichen Raum, und sehr viele portraitieren alltägliche Menschen in ihrem alltäglichen Leben. Beispiele sind ›Der Rufer‹ in Lauenburg (→ S. 71), der ›Taschenmann‹ in Ratzeburg (→ S. 91) oder ›Der Segler‹ in Kiel. Goedtke schuf mehr als 200 Großplastiken und unzählige kleinere Werke, die als vom ›Humanismus des Abendlandes geprägt‹ beschrieben werden. Er starb 1995 in Mölln.

Seit 2014 zeigt eine private Ausstellung im Haus Am Markt 7 in einer Atelieratmosphäre eine Sammlung von kleinformatigeren Werken Goedtkes. Sie kann samstags und sonntags nach Vereinbarung (Touristeninformation) besucht werden.

Kirche St. Nicolai

Urkunden belegen, dass im Jahr 1210, also zur Zeit der Gründung der Stadt, mit dem Bau der Nicolaikirche begonnen wurde. Der massige Backsteinbau auf einem kleinen Hügel oberhalb des Marktes trägt noch einige Züge der Romanik. Etwa 1250 waren der Chor und die drei Langschiffe fertig, der Turm folgte bis 1391. Im späten 15. Jahrhundert begann man mit größeren Umbauten, so wurde zunächst 1470/71 das Südschiff ungefähr auf das Doppelte erweitert, diesmal im Stil der Gotik. Später baute man eine Taufkapelle und eine zweistöckige Sakristei an, im Norden eine Kapelle für den heiligen Jobst. 1896 war eine grundlegende Sanierung der Kirche nötig, bei der die Jobstkapelle und das obere Geschoss der Sakristei wieder entfernt wurden. Die Ausmalung innen wurde teilweise restauriert, teilweise neugotisch ergänzt.

▸ Karte S. 78

Im Eingangsbereich der Kirche fällt das **Epitaph** des Bürgermeisters Godeke Engels auf, das eine Möllner Stadtansicht von 1578 ziert. Schon vom Eingang sichtbar ist das **Triumphkreuz**, das der Werkstatt des Lübecker Schnitzmeisters Bernt Notke (1435–1509) zugeschrieben wird und wohl 1503 begonnen wurde. Die Weinreben erinnern an das Christuswort vom fruchtbaren Weinstock. Die **Wandmalereien** auf der Nordseite des Hauptschiffes stellen die Patrone der Kirche vor, den heiligen Nikolaus, Patron der Fischer und Schiffer, und den heiligen Jakobus, Patron der Pilger und inzwischen auch der Wanderer. In den Malereien (13. Jh.) krönt Jakobus ein Pilgerpaar, während Nikolaus Menschen aus Seenot rettet. Aus dem 18. Jahrhundert stammen die eindrucksvolle **Kanzel** und der von einem Bürgermeister gestiftete **Altar**, dessen Altarbild die Heimkehr des verlorenen Sohnes zeigt. Das älteste Ausstattungsstück ist ein **Sandsteinsockel** aus dem ganz frühen 13. Jahrhundert, auf dem in einem Relief die Heiligen Drei Könige zu sehen sind. Der siebenarmige **Bronzeleuchter** (1436) hingegen stammt aus dem Kloster Marienwohlde und wurde wohl von Stecknitzfahrern im Kanal gefunden und gespendet. Den Stecknitzfahrern stand auch einer der Chorstühle (1576) zu, die noch im Chorraum zu sehen sind.

Außerhalb der Kirche stehen noch zwei Orte mit Till Eulenspiegel in Verbindung. Unter der **Eulenspiegellinde** nordwestlich des Turms soll der Spaßmacher, der angeblich 1350 in Mölln starb, beerdigt worden sein. Beim Absenken des Sargs in die Grube soll das Seil am Fußende gerissen sein, so dass der Sarg aufrecht in der Grube stand. So ließ man ihn stehen, denn da Till Eulenspiegel schon im Leben merkwürdig war, sollte er es auch im Tod sein. Nach anderen Geschichten gilt die Linde als Glücksbringer: Wenn man eine Münze in die Rinde des Baums steckt und den Stamm dreimal im Uhrzeigersinn umrundet, soll einem das Geld nie ausgehen ...

Hinter einem Gitter in der Westfassade findet sich ein **Gedenkstein für Till**

Der hübsche Marktplatz

Eulenspiegel, der auch als Grabplatte bezeichnet wird. Er zeigt einen Mann mit federgeschmücktem Hut und erhobenen Händen, auf der rechten Faust sitzt eine Eule, in der linken Hand hält er einen Spiegel. Doch ein Grabstein aus dem 14. Jahrhundert ist dies nicht, Wissenschaftler bestätigen, dass er frühestens aus dem 16. Jahrhundert stammt. Auf der anderen Seite finden sich Spuren eines Flachreliefs, wahrscheinlich mit einer Mariendarstellung. Von irgendjemand wurde der Stein wahrscheinlich irgendwann doppelt genutzt.

Das alte Rathaus

Altes Rathaus

Das Rathaus wurde 1373 gebaut und soll damit nach dem Rathaus in Lübeck das zweitälteste in Schleswig-Holstein sein. Es liegt am Fuß des Kirchenhügels, wodurch früher eine Besonderheit möglich war: Man verzichtete nämlich auf den Bau einer Treppe im dreistöckigen Haus, sondern betrat jedes Stockwerk durch eine eigene Tür: den Keller vom Ziegenmarkt, das Erdgeschoss vom Marktplatz und das Obergeschoss mit dem Ratssaal vom Kirchenhügel, wo das prächtige Portal durch eine Restaurierung neu entstanden ist. Ab 1475 gab es zum Markt hin eine angebaute Laube, in der die Richtersprüche und Ratsbeschlüsse verkündet wurden. Insgesamt wurde das Rathaus bis in die neueste Zeit vielfach umgebaut.

Heute befinden sich im alten Rathaus die **Touristeninformation** und das **Stadtmuseum**. Im Museum widmet man sich zunächst der ›Stecknitzfahrt‹, einem Kanal, der zwischen 1392 und 1398 zwischen Lübeck und Lauenburg, also zwischen Ostsee und Elbe, gebaut wurde, um so die Fahrt durch den Öresund weit nördlich zu vermeiden. Am 22. Juli 1398 erreichten die ersten 30 Kähne nach fünfwöchiger Fahrt die Hansestadt. Im 16. Jahrhundert kamen schon zwischen 800 und 1500 Schiffe nach Lübeck. Die rund 30 000 Tonnen Salz, die so bewegt wurden, wurden erst einmal in die Lagerhäuser an der Lübecker Obertrave gebracht. Ab dem 18. Jahrhundert ging das Geschäft stark zurück, da die Lüneburger Salinen unter Brennstoffknappheit litten und billigeres Salz aus dem Atlantik auf den Markt drängte. Zu sehen sind im Museum weiterhin ein Modell von Mölln im Jahr 1750, das Ratssilber der Stadt, das Leben der in Zünften organisierten Handwerker sowie eine Puppen- und Puppenstubensammlung.

Stadthauptmannshof

Bereits für das Jahr 1321 sind an dieser Stelle Verwaltungsgebäude der askanischen Herzöge belegt. Als dann Lübeck die Macht übernahm, wurden 1414 das Stadthauptmannshaus (Hauptstr. 150/ Am Markt) und 1550 das Herrenhaus (am See), beide in Backstein, errichtet, die der Ausübung der Lübecker Macht vor Ort dienten. Vor allem die Handelsrouten zu Land und zu Wasser sollten geschützt werden. Im 19. Jahrhundert wurden weitere Gebäude hinzugefügt, etwa 1859 ein Schulgebäude und ein

▸ Karte S. 78

Riegel von Lehrerwohnungen. Heute werden die meisten Gebäude von der Lauenburgischen Akademie und einer Stiftung genutzt.

Alte Mühle

An der Fassade ist es zu sehen, das Baujahr der Mühle: 1864. Darüber prangt das Wappen von Mölln, das mit dem großen Mühlrad die Bedeutung dieses Handwerks belegt. Allerdings war es so, dass der Stadtrat einen Mühlenzwang verfügt hatte, nach dem die Bauern verpflichtet waren, ihr Getreide in genau bezeichneten Mühlen mahlen zu lassen – gegen Gebühr natürlich. 1959 wurde der Mahlbetrieb eingestellt, das Gebäude am Mühlenplatz steht als Industriedenkmal unter Schutz.

Kurpark

In den 1960er Jahren wollte sich Mölln zum Kneipp-Kurort entwickeln (seit 1970 anerkannt) und beauftragte dafür den Hamburger Gartenarchitekten Gustav Lüttge (1909–1968), einen 40 000 Quadratmeter großen Kurpark zu planen. Seit 2007 steht dieser Park unter Denkmalschutz, 2011 wurde eine Sanierung abgeschlossen. Eine Idee des Parks ist es, eine Verbindung zwischen Natur und Kunst einzugehen. So findet man in dem weitläufigen Gelände zahlreiche Skulpturen, aber auch ganz profane Freizeiteinrichtungen wie einen Minigolfplatz, ein Café, ein Kneipp-Tretbecken oder Wasserspiele. Auf Seiten der Flora spielen Rosen, auch nach Till Eulenspiegel benannte, eine große Rolle, dazu ein **Rhododendrongarten** und als exotisches Element ein **japanischer Garten**.
Der Park erstreckt sich südlich der Altstadt und des Wallgrabens und ist über mehrere Eingänge frei zugänglich.

Wasserturm

Zunächst einmal diente der 1913 aus Ziegeln auf dem Klüschenberg errichtete, 36 Meter hohe Wasserturm ganz praktischen Zwecken: Er sollte Druckschwankungen im Versorgungsnetz ausgleichen und für den Notfall genügend Löschwasser speichern. Das tat er bis in die 1980er Jahre, doch heute ist er geschlossen und nur von außen zu betrachten. Vom Hügel hat man noch einen guten Blick über die Stadt. Der Aufstieg ist von der Kaiser-Friedrich-Straße am einfachsten.

i Mölln

Tourist-Information Mölln, Am Markt 12, 23879 Mölln, Tel. 04542/8568890; Mai–Aug. Mo–Fr 10–18, Sa/So 10–16 Uhr, Sept.–Apr. Mo–Fr 10–17, Sa/So 10–15.30 Uhr. www.moelln-tourismus.de

Schwanenhof, Am Schulsee, 23879 Mölln, Tel. 04542/84830; DZ ab 150 €. Von außen wirkt das Hotel erst einmal nicht so attraktiv, aber innen hat man vieles neu gestaltet. Empfehlenswert sind die Zimmer mit Blick auf den See und die Altstadt dahinter. Netter Außenbereich mit Garten, Terrasse, Sandstrand und Bootssteg. www.seehotel-schwanenhof.de

Waldhalle, Waldhallenweg, 23879 Mölln, Tel. 04542/85880; DZ ab 120 €. Geräumige Zimmer und ein großzügiger Außenbereich direkt am Nordufer des Schmalsees, etwas außerhalb der Stadt, bietet dieses Vier-Sterne-Hotel.
www.waldhalle.de

Pension Seeschlösschen, Auf den Dämmen 11, 23879 Mölln, Tel. 04542/3737; DZ ab 97 €. Die 1907 erbaute Jugendstilvilla liegt direkt am Ufer des Schulsees und hat einen eigenen Badesteg im großen Garten; einige Boote können entliehen werden. Es gibt neun unterschiedlich ausgestattete Zimmer und in unmittelbarer Nähe zwei Apartments.
www.seeschloesschen-moelln.de

Wohnmobilstandplatz, Alt Möllner Str., 23879 Mölln. 24 Stellplätze am See.

Zum weißen Ross, Hauptstr. 131, 23879 Mölln, Tel. 04542/2772. Von der Terrasse und aus dem Altbau blickt man auf den See. Serviert wird deutsche Küche mit gehobenem Anspruch.

Markt-Café, Marktstr. 3, 23879 Mölln, Tel. 04542/835462; Mo, Mi–Fr 12–23, Sa/So 9–23 Uhr. Auf dem Marktplatz, im Angesicht der Nicolaikirche und des Eulenspiegelbrunnens, bietet das Café nicht nur Kaffee und Kuchen, sondern auch eine kleine Speisekarte mit einfachen Gerichten. Ein erholsamer Ort mitten in der Stadt.

Quellenhof, Hindenburgstr. 16, 23879 Mölln, Tel. 04542/85420. In den lichten, modern eingerichteten Räumlichkeiten etwas außerhalb der Altstadt wird leichte regionale Küche serviert.
www.quellenhof-moelln.de

▸ Außerhalb:

Brandt's Gaststätte, Am Drüsensee 1, 23883 Lehmrade, Tel. 04542/2269. Schon 1910 wurde der Bauernhof direkt am Drüsensee südwestlich der Stadt zu einer Gaststätte erweitert. Heute gibt es traditionelle bodenständische Küche.
www.gaststaette-brandt.de

Maräne, Alte Dorfstr. 12, 23883 Groß Zecher am Schaalsee (ca. 20 km von Mölln), Tel. 04545/1371; tgl. 11.30–21 Uhr. Wer einmal richtig Fisch essen will, ist hier genau richtig. Der Speisesaal – eine alte Scheune mit Tonnengewölbe – hat etwas Hallenartiges an sich, aber die Fische sind frisch und die meisten lebten zuvor in den umliegenden Seen, die Maräne selbst in den Fluten des Schaalsees. Sie wird klassisch mit Kartoffeln und Salat präsentiert. Tagsüber Verkauf von Frisch- und Räucherfisch. Es werden auch Hotelzimmer angeboten, doch der Zecher lebt recht einsam.
www.restaurant-maraene.de

Zur Kutscherscheune, Lindenallee 15, 23883 Groß Zecher, Tel. 04545/801. Ein großer Gutshof direkt am Ufer des Schaalsees, 20 km von Mölln, bietet heute Ferienwohnungen, im alten Gutshof Doppelzimmer und in einer alten Scheune mit Terrasse direkt am See ein Restaurant mit ländlicher deutscher Küche.
www.kutscherscheune.de

Brandtschatz Café am See, Hauptstr. 5, 23881 Lankau/OT Anker, Tel. 04543/891012. Idyllisch am Ankerschen See und unweit des Elbe-Lübeck-Kanals nördlich von Mölln gelegen, selbstgemachter Kuchen sowie Suppen und Eintöpfe.

Eulenspiegel-Museum, Am Markt 2, 23879 Mölln, Tel. 04542/835462; Mai–Okt. Mo–Fr 10–13, 14–17, Sa/So 11–17 Uhr, Nov.–Apr. Mo–Fr 14–16, Sa/So 11–13, 14–16 Uhr.
www.moellner-museum.de

Historisches Rathaus, Am Markt 12, 23879 Mölln, Tel. 04542/835462; Mai–Aug. Mo–Fr 10–18, Sa/So 10–16 Uhr, Sept.–Apr. Mo–Fr 10–17, Sa/So 10–15.30 Uhr.
www.moellner-museum.de

Alle drei Jahre spielen mehr als 30 Schauspielerinnen und Schauspieler aus Mölln und Umgebung sowie 50 weitere Akteure in der Altstadt Szenen aus dem Leben Till Eulenspiegels. Eine Stadt spielt Theater, das nächste Mal wieder im August 2024 und 2027.

Mit der **MS Till**, einem Amsterdamer Grachtenboot, fährt man vom Stadtseeanleger in einer Stunde über die drei Möllner Seen und in den Lübeck-Kanal.

Bootsvermietung Morgenroth, Seestr. 47, 23879 Mölln, Tel. 04542/3888. Zur Auswahl stehen: Elektroboote, Tretboote, Ruderboote, Kanus, Wasserfahrräder.
http://schiffundboot.de

▸ Karte S. 78

Till Eulenspiegel – Der uns den Spiegel vorhält

Er sitzt gerne mit übergeschlagenen Beinen da, seine wachen Augen leuchten aus einem langen Gesicht mit markantem Kinn. Seine Kleidung ist bunt, und auf dem Kopf trägt er die Narrenkappe mit langen Zipfeln und Glöckchen. Doch ein Narr war er eigentlich nicht, keiner, der die Mächtigen und Reichen belustigte und ihnen nach dem Mund redete, damit sie ihn am Hofe hielten. Till Eulenspiegel hielt vielmehr allen den Spiegel vor.

Nach Berichten soll um 1300 im Braunschweigischen ein Thyl Ulenspiegel geboren worden sein, der später ein Wanderleben führte und in vielen Gegenden vorübergehend ansässig war, um als Bäckergeselle oder Wächter, als Schneider oder Kürschner zu arbeiten. 1350 soll er in Mölln gestorben sein. Ob es jemals eine historische Eulenspiegelfigur gegeben hat, ist äußerst unwahrscheinlich. Viel wichtiger ist es, dass seine Geschichten und Weisheiten Eingang in unsere Kultur gefunden haben und über Jahrhunderte wirkten.

Denn das erste Eulenspiegel-Buch entstand wohl schon 1510 in der Straßburger Werkstatt des Verlegers und Buchdruckers Johannes Grüninger. Im Laufe des 16. Jahrhunderts wurde es mehrfach neu aufgelegt und in zahlreiche Sprachen übersetzt. Heute soll es Eulenspiegelgeschichten in mehr als 280 Sprachen geben. Dabei verschob sich das Schwergewicht von den parabelhaften Geschichten der frühen Zeit, in denen Till mit dem Symbol der Weisheit, der Eule, den Menschen den Spiegel der Selbsterkenntnis vorhält, zu einer Rolle als Possenreißer zur Volksbelustigung.

Die Eulenspiegel-Forscher – und von denen gibt es eine große Zahl – sind sich nicht nur darüber uneins, ob und wie Till gelebt hat, sondern auch darüber, wer seine Geschichte als erstes aufschrieb. Die meisten halten es mit Hermann Bote (1450–1520), einem Beamten und Stadtschreiber in Braunschweig, der auch als Verfasser von Spottgedichten bekannt war. Er soll *Ein kurtzweilig Lesen von Dil Ulenspiegel geboren uß dem Land zu Brunßwick, wie er sein leben volbracht hat,* so der Titel einer Straßburger Ausgabe von 1515, verfasst haben. Andere halten eine Gruppe von Autoren für wahrscheinlicher, die Narrengeschichten aus verschiedenen Gegenden zusammengetragen haben.

Diese Geschichten handeln von der dreifachen Taufe Tills, die sogar als eine Art göttliche Sendung gesehen wird, von seinem Seiltanz, der einen Balanceakt zwischen verschiedenen Wirklichkeiten und Leben darstellt, Till in einem Bienenkorb, zwei gierige Diebe gegeneinander hetzend, Till als Bäckergehilfe, der statt Brot Meerkatzen bäckt und mit großem Gewinn verkauft. Den Schneidern bringt er bei, einen Knoten am Ende des Fadens zu knüpfen, und einen Esel lehrt er das Lesen: ›Iah.‹

Der Eulenspiegelstoff ist in zahllosen Varianten verwendet worden. Es gibt Nachdichtungen und Abwandlungen, von Hans Sachs (1494–1576) über Johann Nestroy (1801–1862), Gerhart Hauptmann (1862–1946), Bert Brecht (1898–1956), der Eulenspiegel zu einem politischen Agitator macht, bis hin zu Erich Kästner (1899–1974), der Eulenspiegel in einen Wanderzirkus und das Buch in die Kinderliteratur versetzt, und in jüngster Zeit Daniel Kehlmann (geb. 1975), der auch die Lebensgeschichte von Eulenspiegels Vater erzählt.

Daniel Kehlmann, Tyll. Rowohlt TB, Reinbek 2019.

Ratzeburg

Die Stadt habe eine »Art majestätischer Schönheit, eine weibliche Grandeur«, sei aber fast vollständig aus roten Ziegeln errichtet und mit roten Dachziegeln bedeckt, so dass sie dem Auge erscheine wie ein großer Haufen roten Ziegelstaubs. So urteilte der englische Romantiker Samuel Taylor Coleridge, nachdem er den Winter 1798/99 in Ratzeburg verbracht hatte.

Während wir Heutigen uns am roten Ziegel erfreuen, fällt das Auge durchaus auch auf andere Farben, das Grün der umliegenden Naturschutzgebiete etwa, vor allem aber das Blau der Seen. Die Altstadt Ratzeburgs liegt nämlich auf einer dreieckigen Insel, der Dominsel, die von vier Seen umgeben ist. Weit in den Norden reicht der schmale, lange Ratzeburger See, dessen Nordostecke über einige Kilometer Grenze zwischen BRD und DDR war. Nach Süden erstreckt sich der kleinere Küchensee, und im Osten der Stadt liegen der nochmal kleinere Domsee und der Kleine Küchensee.

Historisch ist Ratzeburg eine alte Verwaltungsstadt, in jüngerer Zeit stand sie intensiv mit dem Wasser in Verbindung, denn hier befindet sich die deutsche Ruderakademie, und hier wurden auf der Regattastrecke im Küchensee in den 1960er und 1970er Jahren die berühmten ›Deutschland-Achter‹ geschmiedet, die Goldmedaillen bei Olympischen Spielen und Weltmeisterschaften holten.

Geschichte

Ratibor, der auch Ratse genannt wurde, war ein Anführer der westslawischen Polaben (Elbanwohner), die im 11./12. Jahrhundert in Norddeutschland ansässig waren. In Dokumenten aus der zweiten Hälfte des 11. Jahrhunderts ist von einer Ringwallanlage auf einer kleinen, heute nicht mehr erkennbaren Insel vor der Hauptinsel und einem Ort Racesburg die Rede. Am 15. Juli 1066 sollen laut einer Inschrift in ›Razzisburg‹ der Mönch Ansverus und 18 Gefährten gesteinigt worden sein. Es folgten verschiedene Versuche der Christianisierung, die schließlich 1154 durch Heinrich den Löwen, Herzog von Sachsen, abgeschlossen wurde. Das Lehen ging an Heinrich von Badewide, der Siedler aus Niedersachsen und Westfalen ins Land holte und die gesamte Region des neu geschaffenen Bistums stabilisierte. 1160 wurde mit dem Bau des Doms auf der Hauptinsel begonnen, auf der schnell eine städtische Siedlung wuchs. Hauptwirtschaftszweig war der Holzhandel, doch 1601 gab es auch 70 Brauhäuser in der Stadt. Als 1689 die Herzogsdynastie ausstarb, riss Georg-Wilhelm von Lüneburg-Celle mit militärischen Mitteln die Macht an sich und zerstörte die alte Burg und das alte Schloss (nur der Name Schlosswiese erinnert daran). Davon fühlte sich der Dänenkönig Christian V. bedroht, der die Stadt im August 1693 belagerte und beschoss, was nur wenige Häuser in der Altstadt und der Dom überstanden. 1705 starb Georg-Wilhelm ohne Nachkommen, so dass Kurfürst Georg von Hannover (später auch britischer König) die Macht übernahm. Ratzeburg war nun nicht nur Garnisonsstadt, sondern auch Sitz der Regierung, zahlreicher Verwaltungseinrichtungen und kulturelles Zentrum des Herzogtums Lauenburg. Durch den Wiener Kongress (1815) wurde Lauenburg den Dänen zugeschlagen, doch nach dem Deutsch-Dänischen Krieg (1864) fiel es an Preußen mit Bismarck als ›Minister für Lauenburg‹, der das Herzogtum fest in die preußische Monarchie einbinden sollte. So wurde Ratzeburg 1876 Kreisstadt des preußischen Landkreises.

Anfang des 20. Jahrhunderts hatte die Stadt rund 4300 Einwohner. Diese Zahl

▶ Karte S. 68

stieg durch Eingemeindungen schnell an, befördert durch Modernisierung der Infrastruktur vor allem bei der Versorgung mit Wasser, Gas und Elektrizität. In den Weltkriegen hielten sich die Zerstörungen in Grenzen. In den 1940er Jahren kamen zahlreiche Flüchtlinge und Vertriebene an, was die Einwohnerzahl auf 12000 verdoppelte. Durch die grenznahe Lage war die wirtschaftliche Entwicklung nach 1945 eingeschränkt, seit 1990 verbessert sie sich wieder zunehmend. Heute leben knapp 15000 Menschen in der Stadt.

Am See

Ausgangspunkt ist die **Schlosswiese,** auf der sich ein größerer Parkplatz befindet, der auch die nahe Anlegestelle der Seeschifffahrt bedient. Jenseits der Straße taucht zwischen den Bäumen der **Schwanenteich** mit seiner Wasserfontäne auf. Der Teich steht mit dem Küchensee in Verbindung, so dass hier eine kleine Holzbrücke errichtet wurde, damit man die Promenade am Ufer nutzen und die Aussicht auf den See genießen kann. Der Deich, auf dem diese Promenade verläuft, wurde Anfang des 20. Jahrhunderts für eine Kleinbahn gebaut, die von 1904 bis 1934 am Ufer entlangzuckelte. Am Teich steht zudem auf einem Betonsockel die 3,20 Meter hohe Bronzeskulptur eines lebhaften Pferdes, die offiziell ›Junger Weidehengst‹ heißt, im Volksmund aber **Kreispferd** genannt wird. Sie wurde 1962 von Karlheinz Goedtke (→ S. 80) geschaffen und der Stadt zum 900-jährigen Jubiläum vom Kreis vermacht.

Indem man die Straße Unter den Linden überquert, gelangt man zum Rathaus und dem Ufer des Ratzeburger Sees. Das **Rathaus** (mit Touristen-Info, freitags Markt vor dem Rathaus) befindet sich im ehemaligen Gebäude der Lauenburgischen Gelehrtenschule, die bis heute ein Gymnasium mit rund 700 Schülern unterhält. Gegründet wurde die Schule um 1160 als Domschule, die in den folgenden Jahrhunderten häufiger in den Territorialstreit mit Mecklenburg geriet. 1845 wurde die Domschule geschlossen. Daraufhin beschloss die Bürgerschaft mit Unterstützung des dänischen Landesherrn König Christian VIII., ein eigenes Gymnasium als Lauenburgische Gelehrtenschule zu gründen und ihm 1849 ein Gebäude zur Verfügung zu stellen, das heutige leuchtend gelb gestrichene Rathaus. Die Schule überlebte die Preußen und alle weiteren bürokratischen Änderungen, musste aber Anfang der 1960er Jahre angesichts steigender Schülerzahlen in einen Neubau umziehen. Das Schulgebäude wurde Rathaus, die Turnhalle nebenan Bibliothek, und auch das Bootshaus ihres Rudervereins liegt noch am See.

Eine winzige Landzunge, die in den Ratzeburger See ragt, wird gerne als **Barlachblick** bezeichnet, weil der Künstler (→ S. 95) hier gerne die Idylle des Wasserblicks genoss. Direkt am Ufer entlang verläuft der **Karl-Adam-Weg.** Er ist nach dem Rudertrainer Karl Adam (1912–1976) benannt, der Mitbegründer des Ratzeburger Ruderclubs und der Ruderakademie war. Der Autodidakt leitete die Akademie von 1964 bis 1976 und führte zahlreiche neue Trainingsmethoden ein. Von ihm trainierte Boote gewannen zwischen 1959 und 1967 sieben Titel bei Welt- und Europameisterschaften, der berühmte ›Deutschland-Achter‹ dazu olympische Goldmedaillen 1960 in Rom und 1968 in Mexiko, dazu Silber 1964 in Tokio. Allerdings war Adam auch schon früh NSDAP-Mitglied und unterrichtete an der Nationalpolitischen Erziehungsanstalt (Napola) in Bensberg bei Köln. Adam war einmal deutscher Hochschulmeister im Boxen – gerudert hat er nie. Bald ist der **Bötersteg** mit einem Picknickplatz erreicht. Hier befand sich der historische Hafen der Stadt, in dem Waren zwischen Ratzeburg und Lübeck umgeschlagen wurden. Vorbei an der modernen Jugendherberge geht es Richtung Ruderakademie, doch vorher biegt der Weg nach rechts ab in die Kleine Kreuzstraße. An der Ecke Domhof befindet sich hinter Gitterstäben der **Heinrichstein.** Der etwa im Jahr 1163 aufgestellte Gedenkstein erinnert an Heinrich von Badewide, den ersten Grafen von Ratzeburg, und trägt die Inschrift auf Latein: »Zu Zeiten König Konrads und Herzog Heinrichs von Sachsen kam Graf Heinrich nach Ratzeburg und gab dort als erster dem Christentum eine feste Grundlage. Seine Seele ruhe in Frieden. Amen.« Weitere historische Steine befinden sich im Kopfsteinpflaster der Straße und zeigen umrahmte Kreuze. Sie dokumentieren, dass hier einst eine Grenze verlief, denn der nördliche Teil der Insel, der Domhof, gehörte ab 1648, nach dem Westfälischen Frieden, zu Mecklenburg, ab 1701 zum Herzogtum Mecklenburg-Strelitz. Im Jahr 1937 wurde dies mit dem von den Nationalsozialisten initiierten Groß-Hamburg-Gesetz rückgängig gemacht, so dass das gesamte Stadtgebiet seitdem wieder zu Schleswig-Holstein zählt.

Ratzeburger Dom

Während man die Straße Domhof zur höchsten Stelle auf der Insel hinaufsteigt, verkündet der Löwe die Geschichte. Eine Replik des Braunschweiger Löwen erhebt sich seit 1881 vor dem Dom und seinem Friedhof und erinnert an den Stifter des Gotteshauses: Heinrich der Löwe (ca. 1130–1195), Herzog von Sachsen, der auch die anderen ›Löwendome‹ in Schwerin, Lübeck (→ S. 121) und Braunschweig finanzierte. Erbaut wurde der Dom von 1160 bis 1220 aus

Der Kreuzgang des Doms

roten Ziegelsteinen im Stil der Spätromanik, wobei einige Elemente später leicht gotisiert wurden. Der Grundriss zeigt sich zunächst ganz klassisch: Im Osten ist eine kleine, halbrunde Apsis angebaut, es folgt das dreischiffige Langhaus mit Gewölbedecke und Querschiffen im Norden und Süden, mit einem kleinen, spitzen Vierungsturm. Im Westen steht ein massiger Turm mit Anbauten, weil wohl ursprünglich ein Doppelturm geplant war. In der zweiten Hälfte des 13. Jahrhunderts wurde im Norden ein Prämonstratenserkloster integriert, ein ausgedehnter Kreuzgang und das Kapitelhaus stellten die bedeutendsten Bauwerke dar. Mitte des 16. Jahrhunderts wurde der Dom in einer Auseinandersetzung darüber, einen neunjährigen Herzogssohn zum Bischof zu machen, von Söldnern geplündert. Kurz darauf veräußerte der statt des Neunjährigen gewählte, inzwischen zum Protestantismus konvertierte Bischof Christoph von der Schulenburg das Bistum für 10 000 Taler an Herzog Christoph von Mecklenburg. Nachdem

▶ Karte S. 68

1566 mit Georg Usler der erste protestantische Prediger an den Dom berufen wurde, verlief die Geschichte in ruhigerem Fahrwasser, bis hier 2012 die Vereinigung der drei norddeutschen Landeskirchen zur Nordkirche gefeiert wurde.

Der Dom weist eine reiche Ausstattung auf. Vom **Altarretabel** sind nur die äußeren Flügel original; sie zeigen in jeweils zwei Registern jeweils vier Heilige und Apostel. Im Mittelteil befindet sich unten ein aus einem Stein gehauenes Relief der Passion (um 1430), das aber erst später in das Retabel eingefügt wurde. Darüber ist eine Silberfigur des auferstandenen Jesus als Erlöser der Welt (1634) zu sehen. In der nördlichen Seitenkapelle des Chors befindet sich die **Ansverustafel** (1681), die an die Legende des Märtyrertods des Mönches im 11. Jahrhundert erinnert. Das **Chorgestühl** aus dem frühen 13. Jahrhundert ist zwar nicht sehr umfangreich, doch soll es das älteste in Norddeutschland sein.

Wo Chor und Vierung sich von Langschiff trennen, ragt hoch oben das **Triumphkreuz** auf; es wurde um 1260 geschaffen und ist damit das älteste Bildwerk des Doms. Unter dem Kreuz stehen Maria und Johannes, und mit seiner grün-roten Verzierung mit Blättern und Blüten soll das Kreuz als Hoffnung gebender Lebensbaum dargestellt werden.

Auf der Nordseite des Hauptschiffs hängt die **Kanzel** von 1576 an einem Pfeiler. Sie ist der norddeutschen Renaissance zuzuordnen. Ein Relief an ihrer Rückwand zeigt Pastor Georg Usler.

Auf der Südseite sind zwei **Kapellen** angebaut. In der Mitte wurde die sogenannte Lauenburger Kapelle (1380) wohl von den Honorablen der jeweiligen Mächtigen genutzt. In ihr befindet sich das Grab des Herzogs Johann IV. von Sachsen-Lauenburg (1439–1507) und seiner Ehefrau samt ihres Chorgestühls.

Vom nördlichen Querschiff oder vom nordwestlichen Seiteneingang gelangt man in den **Kreuzgang**. Sein Kreuzrippengewölbe und die spitzbogigen Fenster verweisen auf den gotischen Baustil des späten 13. Jahrhunderts. Im Osten und im Norden gingen vom Kreuzgang die Räumlichkeiten des Klosters ab. Im Norden sind zudem in sechs mittelalterlichen Blendbögen bildliche Darstellungen des Glaubensbekenntnisses zu sehen. Im Innenhof des Kreuzgangs wurde 1978 auf einem Pfeiler ein Bronzenachguss der Skulptur ›Bettler‹ (1930) von Ernst Barlach (→ S. 95) aufgestellt.

Gegenüber dem Eingang zum Dom bietet das kleine Café Bischofsherberge Erfrischungen an.

■ Herrenhaus

Weil der Domhof ab dem 17. Jahrhundert zu Mecklenburg gehörte, sollte den Herzögen für Besuche auch ein Haus zur Verfügung stehen, eigentlich ein Schloss. Als ein älteres Haus baufällig war, errichtete man 1764 das heutige Herrenhaus für Adolf Friedrich IV., der das Bauwerk jedoch kein einziges Mal betrat. Da es schließlich fünfmal soviel kostete wie geplant, ruinierte es den Herzog beinahe. Bis 1815 jedenfalls diente es den jeweiligen Verwaltern als Amtssitz, während von 1840 bis 1970 die Dompröpste darin wohnten. Heute ist es das **Kreismuseum**.

Das komplett aus Ziegelstein errichtete zweistöckige Gebäude weist elf Achsen auf, von denen sich drei in einem Mittelrisalit mit hohem Giebel befinden. Die Fenster sind zurückhaltend mit weißem Stuck verziert, auch das Holzwerk ist weiß gestrichen. Die vorgerückten und im rechten Winkel zum Haupthaus stehenden Wirtschaftsgebäude waren früher mit Mauern mit dem Haupthaus verbunden und bildeten so einen weiten

Hof. Im Erdgeschoss betreten Besucher einen großzügigen Empfangssaal mit Treppen ins Obergeschoss. Die Räume sind weitgehend symmetrisch angeordnet, wobei der Rokokosaal im Obergeschoss sicher der eindrucksvollste Raum ist; er wird für Konzerte und andere Veranstaltungen genutzt.

Das Museum zeigt eine große Vielzahl von Ausstellungsstücken zu sehr unterschiedlichen Themen. In mehreren Räumen geht es um die Geschichte der Region von der Frühzeit bis in die 1950er Jahre. Einige Gewerberäume wurden hier neu aufgebaut, darunter eine Stellmacherei, ein Fotoladen, eine Apotheke und eine Küche; hinzu kommt ein Biedermeierzimmer. Spielzeug, lokale Kunstwerke und Musikautomaten sind genauso zu sehen wie Relikte der nahen Grenze zur DDR.

Von der Wiese hinter dem Haus hat man einen fantastischen Blick über den Domsee auf das andere Ufer.

A.-Paul-Weber-Museum

Auch das Weber-Museum nebenan befindet sich in einer herrschaftlichen Villa, die Mitte des 17. Jahrhunderts ein Bürgerhaus ersetzte. Das zweistöckige Walmdachhaus wurde als Fachwerkhaus errichtet, bekam aber im späten 18. Jahrhundert eine klassizistische Fassade. Bis 1971 besaßen oder nutzten verschiedene hohe Beamte oder Kirchenleute das repräsentative Haus. Nach einer dringend nötigen Sanierung wird es nun als Museum für das Werk des Zeichners, Grafikers und Karikaturisten A. Paul Weber genutzt.

Andreas Paul Weber wurde am 1. November 1893 in Arnstadt/Thüringen geboren. Seine Mutter und sein Großvater, ein Fabrikant, unterstützten seine literarischen und künstlerischen Ambitionen und seine Mitgliedschaft im Jungwandervogel, die seine spätere Motivauswahl beeinflusste. Im Ersten Weltkrieg war er Eisenbahnpionier an der Ostfront und zeichnete in einer Armeezeitschrift. Nach dem Krieg errang er erste Erfolge als Buchillustrator und Schöpfer von Gebrauchsgrafik, vor allem von Signets und Exlibris. Er trat schon Ende der 1920er Jahre einem Widerstandskreis gegen den Nationalsozialismus bei und wurde im Juli 1937 verhaftet. In der Haft zeichnete er unpolitische Motive aus

▲ Karte S. 68

Im Kreismuseum

Ernst Barlachs Figur ›Der lehrende Christus‹ in der Stadtkirche St. Petri

der Natur und von Schachspielern. Nach dem Krieg trat seine kritische Haltung wieder in den Vordergrund. Er arbeitete von 1954 bis 1967 beim *Simplicissimus* mit und erhielt zahlreiche Preise. A. Paul Weber starb am 9. November 1980 und hinterließ ein umfangreiches Werk von 3000 Lithographien, hunderten von Holzschnitten, über 200 Ölbildern und zahllosen Skizzen, Zeichnungen und Gebrauchsgrafiken.

Das Museum zeigt etwa 300 seiner Werke aus allen Sparten, eine funktionsfähige Lithographiewerkstatt, im Keller ein Lithosteinlager und ein von Weber ausgemaltes ›Homöopathisches Kabinett‹.

Zum Markt

Über Domhof und Domstraße gelangt man zum **Markt** (dienstags Markt), der für eine so kleine Stadt doch recht groß und trotz der Wasserspiele ein wenig zugig geraten ist. Die Bebauung ist gemischt, von historischen Bürger- und Geschäftshäusern im Norden und Westen bis zu modernen Einkaufszentren im Osten und Süden. Im Norden gehört dazu **das Alte Rathaus** (1843), ein weiß gestrichenes Gebäude, in dem sich heute Gastronomie und Büros befinden. Vor der Sparkasse steht der ›Taschenmann‹, der seine leeren Hosentaschen nach außen gezogen hat, eine **Bronze** (1957) von Karlheinz Goedtke (1915–1995), der ab 1945 in Ratzeburg und Mölln (→ S. 80) wirkte und lebte. An der Westseite des Marktes finden sich **das Alte Kreishaus** und die **Alte Wache,** klassizistische Bauten, die einst der Verwaltung dienten und heute kommerziell genutzt werden. Durch einen schmalen Gang zwischen Bäckerei und Blumenhaus auf der Südseite des Markts gelangt man zum **Barlachplatz** und läuft direkt auf die Kirche St. Petri zu.

Stadtkirche St. Petri

Zwischen 1787 und 1791 entstand an der Stelle einer mittelalterlichen Kirche eine protestantische Predigtkirche, die Besucher in mehrfacher Hinsicht überrascht. Vom außen wirkt sie mehr wie ein Rathaus: ein quer liegender Ziegelsteinblock mit einem Mittelrisalit und einem flachen Giebel, über dem ein kurzer Turm aufragt (1912 nachträglich gebaut). Während der Baukörper eher klassizistisch wirkt, ist die Turmhaube neobarock. Durch die verschieden großen Fenster gibt sich die Fassade recht lebhaft. Betritt man das Bauwerk, fällt zunächst seine Helligkeit auf: Die Wände sind weiß gestrichen, es gibt ein we-

Das Barlachhaus

nig weißen und vergoldeten Stuck. Die Fenster sind zwar bunt, aber in hellen Farben und mit zierlichen Mustern. Und die Kirche liegt quer. Während sich der Altar gewöhnlich an der Schmalseite einer Kirche im Osten befindet, ist er hier direkt gegenüber der Eingangstür an der Längsseite im Süden. Dies soll die einzige Querkirche in Norddeutschland sein. Und von diesem **Altar** wird sie dominiert. Er steht auf einem niedrigen Podest, und direkt über ihm befindet sich die **Kanzel** mit einem großen Baldachin und über diesem wiederum die **Orgel**.

St. Petri wurde als Bürger- und Garnisonskirche erbaut und stand damit in starkem Kontrast zum Dom, der einsam auf dem Hügel aufragte. Die Bürger saßen unten auf den Bänken, die Soldaten auf den Emporen, die Offiziere in den Logen auf beiden Seiten des Altars. Fast 1000 Plätze bot die Kirche, und der Prediger stand mitten unter den Zuhörern.

Im 20. Jahrhundert gab es einige Renovierungen und Neuausstattungen, so schuf K. Luckey aus Hamburg 1977 das Altarkreuz, eine neue Orgel wurde 1980 eingebaut. Die Glasfenster von 1974 von Claus Wallner zeigen Stationen aus dem Leben des Apostels Petrus. Zum 75. Todestag von Ernst Barlach (2013) wurde an der Ostwand in einem etwas abgeteilten Raum der Stille die von ihm 1931 geschaffene Plastik ›Der lehrende Christus‹ aufgestellt.

■ Ernst-Barlach-Museum

Direkt neben der Kirche steht das Haus, das der in Wedel an der Elbe (→ S. 95) geborene Künstler Ernst Barlach (1870–1938) sein ›altes Vaterhaus‹ nannte. Doch nur sieben Jahre, bis zum Tod des Vaters (1884), wohnte die Familie darin, dann zog die Mutter mit den vier Söhnen, von denen Ernst der älteste war, nach Schönberg in Mecklenburg, wo die Familie vor dem Umzug nach Ratzeburg gelebt hatte. Das Haus wurde anderweitig vermietet, zeitweise wohnten die Pfarrer der Petri-Kirche darin, bis es 1956 von

▲ Karte S. 68

der Ernst-Barlach-Gesellschaft in Hamburg erworben und in mehreren Schritten zum Museum umgebaut wurde. Es eröffnete in seiner jetzigen Form 1982.

Die ständige Ausstellung zeigt Zeichnungen, Bronzeplastiken, Werkmodelle, Keramiken, Lithographien und Holzschnitte Ernst Barlachs. Im Obergeschoss widmet sie sich mit Fotos und Texten auch seinen Theaterstücken und deren Inszenierungen. Gelegentlich gibt es kleine Wechselausstellungen. Es ist ein wunderbares Museum, das man nicht verpassen sollte.

Die Barlachstätten in Ratzeburg sind neben dem Museum ›Altes Vaterhaus‹ die Stadtkirche St. Petri, das heutige Rathaus und frühere Schulhaus der Lauenburgischen Gelehrtenschule, die der junge Barlach besuchte, der Barlachblick vor dem Rathaus auf den Ratzeburger See, der Innenhof des Kreuzgangs am Dom mit der lebensgroßen Skulptur ›Der Bettler‹, das Kreismuseum im Herrenhaus und Barlachs Grab auf dem Friedhof Seedorfer Straße mit der Skulptur ›Der Sänger‹.

Ratzeburg

Tourist-Information, Rathaus, Unter den Linden 1, 23909 Ratzeburg, Tel. 04541/8000-886; Mo–Fr 9.30–12.30, 13.30–17 Uhr, Sa/So/Fei 10–15 Uhr, im Winter abweichend.
https://www.herzogtum-lauenburg.de

Stadtführungen Mai–Ende Sept. Sa 10.30 Uhr, Treffpunkt vor der Alten Wache auf dem Marktplatz, Dauer 1,5 Stunden. Es können aber auch separate Gruppenführungen gebucht werden. Außerdem gibt es Stadtrundgänge mit Führern in historischen Gewändern. Informationen bei der Touristeninformation.

Der Seehof, Lüneburger Damm 1–3, 23909 Ratzeburg, Tel. 04541/860101; DZ ab 104 €. Die meisten Zimmer dieses eleganten Hotels blicken auf den Ratzeburger See oder den Küchensee. Im Hotel ist man immer dem Wasser nahe, auch im Wellnessbereich. Das Restaurant ›Seeterrassen‹ am Küchensee bietet moderne Kost zu gehobenen Preisen und ist recht fleischlastig. www.der-seehof.de

Wittler's Hotel, Große Kreuzstr. 11, 23909 Ratzeburg, Tel. 04541/3204; DZ ab 135 €. Mitten auf der Dominsel liegt dieses in vierter Generation privat geführte Hotel, das jetzt modernisiert und freundlich daherkommt.
www.wittlers-hotel-ratzeburg.de

Farchauer Mühle, Farchauer Mühle 6, 23911 Schmilau/Farchau, Tel. 04541/86000; DZ ab 130 €. Außerhalb der Stadt, am Küchensee gelegen, wurde bereits 1582 eine Wassermühle errichtet, die 1850 eine Schankerlaubnis erhielt; seitdem werden auf die eine oder andere Weise hier Gäste betreut. 1991 wurde ein neues Hotel mit 19 Zimmern gebaut, das seitdem mehrfach modernisiert wurde. Seit die Mühle wieder per Linienschiff zu erreichen ist, kommen zahlreiche Ausflügler, um im Restaurant zu speisen oder die große Auswahl an ansehnlichen Kuchen im Mühlencafé nebenan zu genießen.
www.farchauer-muehle.de

Jugendherberge, Reeperbahn 6–14, 23909 Ratzeburg, Tel. 04541/8409504. Die 2012 neu errichtete Jugendherberge befindet sich direkt am Ratzeburger See nahe der Ruderakademie. Sie hat einen großen Garten, eine Sauna und eine Dachterrasse mit ausgezeichnetem Blick. In der unmittelbaren Umgebung gibt es jede Menge Wassersportmöglichkeiten.
www.jugendherberge.de/jugendherbergen/ratzeburg-732

Schwalkenberg, Dorfstr. 32a, 23909 Römnitz, Tel. 0172/4117032. Nördlich der Dominsel am Ratzeburger See gelegen.
www.campingplatz-schwalkenberg.de

Zur schönen Aussicht, Dorfstr. 3, 23909

Römnitz, Tel. 04541/3348. Kleiner Platz in Familienregie direkt am Wasser.
www.campingplatz-zur-schoenen-aussicht.de
Naturcamping Buchholz, Am Campingplatz 1, 23911 Buchholz, Tel. 04541/4255. Einige Kilometer nördlich der Stadt, direkt am Ratzeburger See. Individuelle Parzellen, mit Saunafass am See.
www.naturcampingbuchholz.de
Wohnmobil-Stellplätze, Fischerstr., Ratzeburg, an der Schwimmhalle Aqua Siwa.

Fischerstube, Schlosswiese 2, 23909 Ratzeburg, Tel. 04541/3559. Am Ratzeburger See. Recht einfach, doch da es von Fischereimeister Jobmann betrieben wird, gibt es immer frischen Fisch aus den umliegenden Seen. Spezialitäten sind Hecht, Barsch, große Maränen und bis Oktober Aal.
www.fischerei-ratzeburg.de
Hubertus am See, Seminarweg 2, 23909 Ratzeburg, Tel. 04541/2294. Mit Blick auf den Küchensee, vor allem von der Terrasse, gute deutsche Küche.
www.hubertus-am-see.de
Lödings Bauernhof am See, Auf dem Ortskampe 1, 23911 Buchholz, Tel. 04541/801713. In Buchholz am Ratzeburger See geht es bei gutem Wetter leger zu, man sitzt draußen auf der Wiese und genießt je nach Saison Spargel, Spanferkel und Bratkartoffeln.
www.spargelbuffet.de

Café Bischofsherberge, Domhof 31, 23909 Ratzeburg, Tel. 04541/863122; Fr-So 14-18 Uhr. Hausgemachte Kuchen und Torten stärken nach dem Besuch des Doms. Das Café in historischen Nebengebäuden des Doms wird von der Vorwerker Diakonie bewirtschaftet, in der Menschen mit und ohne Behinderungen zusammenarbeiten.

A. Paul Weber Museum, Domhof 5, 23909 Ratzeburg, Tel. 04541/860720; Di-So 10-13, 14-17 Uhr.
www.weber-museum.de
Ernst-Barlach-Museum, Barlachplatz 3, 23909 Ratzeburg, Tel. 04541/3789; April-Nov. Di-So 11-17 Uhr; im Winter geschlossen.
www.barlach.info und
www.ernst-barlach.de
Kreismuseum, Domhof 12, 23909 Ratzeburg, Tel. 04541/86070; Di-So 10-13, 14-17 Uhr.
www.kmrz.de
Ratzeburger Dom, Tel. 04541/3406 (Dombüro); Mai-Sept. tgl. 10-18 Uhr, Okt.-Apr. Di-So 10-16 Uhr.
Stadtkirche St. Petri, Barlachplatz 1, 23909 Ratzeburg; April-Sept. tgl. 10-17 Uhr, Okt.-März tgl. 10-16 Uhr.
www.st-petri-ratzeburg.de

April: **Frühjahrsmarkt**; Juni: **Internationale Ruderregatta** auf dem Küchensee; Juli: **Töpfermarkt**, **Racesburg Wylag** (mittelalterliches Stämmetreffen); August: **Triathlon**; Oktober: **Herbstmarkt**.

Schiffahrt Ratzeburger See, Schlosswiese 6, 23909 Ratzeburg, Tel. 04541/7900. Fahrten mit dem MS ›Heinrich der Löwe‹ auf dem Ratzeburger See und dem Domsee. In Rothenhusen kann man in ein Schiff nach Lübeck umsteigen.
www.schiffahrt-ratzeburg.de

Ratzeburger Segelschule, Reeperbahn 4b, 23909 Ratzeburg, Tel. 04541/3118. Segelkurse sowie Verleih von Jollen, Kanus, Kajaks und SUP-Boards.
www.ratzeburger-segelschule.de
Kanu-Center Krebs, Grinauer Weg 23 B, 23847 Siebenbäumen, Tel. 04501/412. Rund 20 km nordwestlich von Ratzeburg, Verleih von Kanus und Kajaks, auch Übernachtungsmöglichkeit.
www.kanu-center.de

▶ Karte S.

Ernst Barlach – Menschen in Bronze

Am 2. Januar 1870 wurde Ernst Barlach als ältester Sohn von Johanna Barlach und dem Arzt Georg Barlach im kleinen Ort Wedel an der Elbe geboren. Zwei Jahre später zog die Familie nach Mecklenburg und 1877 nach Ratzeburg. Dort erwarb sie ein Haus, in dem sie die Praxis und ihre Wohnung einrichtete. »Nach kurzer Zeit zogen wir aus der Seestraße in das alte Haus mit dem hohen Dach, das ich mein Vaterhaus nenne«, schreibt Barlach in seiner Autobiografie. Das aus Fachwerk und Ziegeln erbaute Haus war wahrscheinlich um 1840 von dem königlich dänischen Hofarchitekten Christian Frederik Hansen erbaut worden. Doch Barlachs Vater starb überraschend schon 1884, so dass die Mutter mit den vier Kindern nach Mecklenburg zurückkehrte. Ernst Barlach war also 14 Jahre alt, als er das geliebte ›Vaterhaus‹ wieder verlassen musste.

Er wurde in der Gewerbeschule in Hamburg zum Zeichenlehrer ausgebildet, wechselte dann in die Bildhauerklasse und fertigte dort Anatomie-, Akt- und Gewandstudien nach Vorbildern der Antike an. Sein Lehrer drängte die Schüler zu Naturstudien, Barlachs Abschlussarbeit war die Plastik ›Krautpflückerin‹ (1894). Die nächsten Jahre sahen ein bewegtes Leben in Paris, Nord- und Ostdeutschland mit Zeichnungen und Skulpturen aus Holz und Bronze. Barlach nahm an vielen öffentlichen Ausschreibungen teil, doch nur wenig wurde realisiert. Im Herbst 1906 besuchte er mit seinem Bruder Nikolaus ihren Bruder Hans, der in Südrussland als Ingenieur arbeitete. Ernst war fasziniert von den einfachen, oft armen, aber charaktervollen Menschen, die er dort traf und die seine Motivwahl stark beeinflussten.

Mehr Ruhe gelangte in sein Leben, als er 1910 nach Güstrow zog. Er lernte den wohl bedeutendsten Berliner Verleger, Galeristen und Kunsthändler der Zeit kennen, Paul Cassirer, der zahlreiche Werke kaufte und Beteiligungen an Ausstellungen organisierte. Seine Kriegserfahrungen aus dem Ersten Weltkrieg verarbeitete Barlach in Zeichnungen, aber auch in Theaterstücken – wofür er kaum bekannt ist. Doch tatsächlich schrieb er sechs recht avantgardistische Stücke, die an verschiedenen Theatern in Deutschland inszeniert wurden, aber ohne großem Erfolg. Er lernte allerdings den Verleger Reinhard Piper kennen, der seine Arbeit unterstützte. Da Barlach wieder an Ausschreibungen für Kunst im öffentlichen Raum teilnahm, zog er schon Ende der 1920er Jahre die Kritik reaktionärer und nationalistischer Organisationen auf sich. Ab 1936 wurden Zeichnungen und Bücher Barlachs beschlagnahmt, mehrere Werke wurden in der Ausstellung ›Entartete Kunst‹ gezeigt, 381 Werke aus deutschen Museen entfernt, große Bronzeplastiken eingeschmolzen.

Zum Glück half der Hamburger Unternehmer und Mäzen Hermann Fürchtegott Reemtsma durch den Kauf und die Beauftragung von Plastiken, so dass die Familie des bekannten Zigarettenproduzenten eine große Sammlung von Barlach-Werken besaß. Diese brachte sie später in die Hamburger Barlach-Stiftung ein, die die heutigen Museen in Ratzeburg und Hamburg betreibt.

Ernst Barlachs Gesundheitszustand verschlechterte sich zunehmend, er kam in die Privatklinik St. Georg in Rostock, wo er am 24. Oktober 1938 starb. Begraben ist er auf eigenen Wunsch in der Stadt seines ›Vaterhauses‹, in Ratzeburg.

Der Ratzeburger See in herbstlicher Schönheit

Naturpark Lauenburgische Seen

Die Landschaft rund um Ratzeburg und Mölln wurde vor etwa 12 000 Jahren von kilometerhohen Gletschern geformt, die sich von Norden her über das Land schoben. Nach dem Abschmelzen hinterließen sie das bis heute leicht erkennbare Profil von kleinen und großen, sehr runden Wellen sowie Flusstälern, durch die das Schmelzwasser abfloss und die sich heute zu Ketten von Seen entwickelt haben. Diese Seen können bis zu 100 Meter tief sein. Zurück blieben aber auch markante Steine, von Kies und Sand über Geröll bis zu gewaltigen Findlingen. In den Senken entstanden Feuchtgebiete und Moore, an höher gelegenen Stellen die typischen Buchenhochwälder.

Die sich von Norden vorschiebenden Gletscher endeten dort, wo heute Ratzeburg und Mölln liegen. Diese Orte befinden sich auf fruchtbarem Boden, während weiter südlich trockenere kies- und sandhaltige Böden vorherrschen. Die Gesteinsbrocken, die sich abgelagert hatten, fanden gute Verwendung. Während die Bauern sie über Jahrhunderte von den Feldern trugen, nutzten sie die Städter, um Häuser, Kirchen und Straßen zu bauen.

▸ Karte S. 68

Dank der Grenzrandlage blieb die Natur weitgehend geschützt. Schon 1960 wurde der 474 Quadratkilometer große, 35 Kilometer lange und 17 Kilometer breite Naturpark Lauenburgische Seen gegründet. Im Zentrum stehen die beiden großen Seen, der **Ratzeburger See** und der **Schaalsee**, durch den früher die Grenze verlief. Die Landschaft auf Mecklenburger Gebiet steht seit 1990 unter Schutz, wurde 1998 als Biosphärenreservat ausgewiesen und ist seit 2000 von der UNESCO anerkannt. Der 24 Quadratkilometer messende Schaalsee ist mit 72 Metern der tiefste See der Norddeutschen Tiefebene und Mittelpunkt des 309 Quadratkilometer umfassenden Biosphärenreservats.

An einigen Stellen kann man schwimmen, doch große Teile der Seeufer sind stark bewachsen und als Rückzugsgebiete für Wasservögel und andere Tiere nicht zugänglich. Ansonsten bewegt man sich zu Fuß oder per Rad auf beschilderten Wegen durch Wiesen und Felder, entlang von Fließgewässern und durch Moore, gelangt zu Dörfern, in denen Cafés und Gaststätten zur Rast einladen.

i Naturpark Lauenburgische Seen

Die **Touristeninformationen** in Ratzeburg, Mölln (→ S. 93, 83) und Büchen bieten Wander- und Radkarten sowie weitere Informationen zum Naturpark an.

Naturparkzentrum Uhlenkolk, Waldhallenweg 11, 23879 Mölln, Tel. 04542/803345. Öffentliches Bildungszentrum mit vielen Aktivitäten in der Natur, einer Ausstellung zum Naturraum und einem Wildpark. www.uhlenkolk-moelln.de

Pahlhuus, Wittenburger Chaussee 13, 19246 Zarrentin am Schaalsee, Tel. 038851/3020. Informationen, Karten, Fahrradverleih. www.biosphaere-schaalsee.de/schaalsee, www.biosphaere-schaalsee.de/schaalsee/das-pahlhuus und www.schaalsee.de

Dieterich Buxtehude – Orgel und Tochter

Wenn man Organist einer der bedeutendsten Kirchen des Nordens werden will, bekommt man dann die Tochter des Vorgängers als Teil des Gehalts obendrauf? Oder muss man sie in Kauf nehmen? Und wie weit würde man dafür zu Fuß gehen?

Dieterich Buxtehude wurde 1637 als Sohn des Organisten Johann Buxtehude geboren, vermutlich im damals dänischen Helsingborg, vielleicht aber auch in Bad Oldesloe im Holsteinischen. 1657 wurde er Organist an der Marienkirche in Helsingborg, 1660 an der Marienkirche in Helsingør, 1668 an der Marienkirche in Lübeck. Dort heiratete er Anna Margaretha, die Tochter seines Vorgängers Franz Tunders. Buxtehude schuf ein umfangreiches musikalisches Werk meist geistlicher Musik, die aber auch konzertanten Charakter besaß, darunter mehr als 100 Kantaten, 89 Orgelwerke, zahlreiche Cembalo- und Klavierkonzerte. Er starb 1707 und wurde in der Lübecker Marienkirche beigesetzt, doch seine Grabstätte wurde 1942 bei Bombenangriffen zerstört. 1957 wurde eine Gedenktafel in St. Marien enthüllt.

Doch was war mit der Tochter? Im Jahr 1705, so wird erzählt, machte sich ein junger Musiker von Arnstadt in Thüringen auf den Weg nach Lübeck, um Unterricht bei seinem musikalischen Vorbild Buxtehude zu nehmen. Er ging zu Fuß, und niemand hatte ihm gesagt, wie weit entfernt Lübeck war, nämlich 465 Kilometer. Mit abgerissenen Kleidern kam er an, denn oft hatte er keine Herberge gefunden, doch Buxtehude soll sofort den Geistesverwandten erkannt haben, den er zwölf Wochen lang unterrichtete. Organist in Lübeck wollte der junge Mann jedoch nicht werden, denn Buxtehude wollte das Amt nur an einen Nachfolger übergeben, der auch seine Tochter heiratete. Diese soll durchaus klug und schön gewesen sein. Daran hatte Johann Sebastian Bach jedoch kein Interesse, denn er war zu Hause im Thüringischen schon verlobt. Auch bei Georg Friedrich Händel und Johann Mattheson, die bereits 1703 nach Lübeck gereist waren, resultierte die Motivation aus der Orgel, nicht der Tochter. Und so wurde Johann Christian Schieferdecker (1679–1732) nach dem Tod Buxtehudes (1707) und der Heirat mit der Tochter dessen Nachfolger.

Johannes Voorhout, Häusliche Musikszene (1674). Das Bild galt als einziges, das Dieterich Buxtehude zeigt (links an der Gamba)

Lübeck und Lübecker Bucht

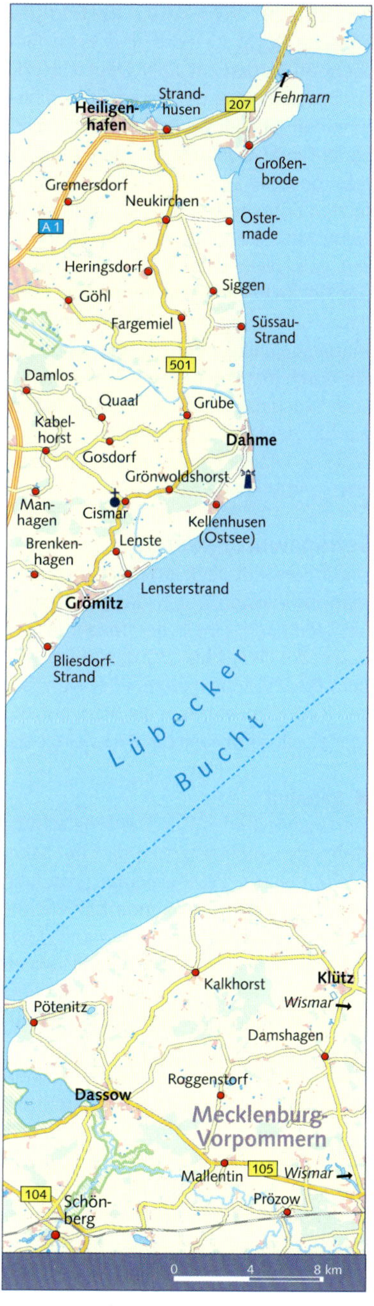

Lübeck

Mit rund 216000 Einwohn[...] beck die zweitgrößte Stadt [...]leswig-Holsteins nach Kiel. Sie liegt am Unterlauf der Trave, die 15 Kilometer von der Altstadt entfernt, in dem als Stadtteil zu Lübeck gehörenden Travemünde, in die Lübecker Bucht und damit die Ostsee fließt. Lübeck war im Mittelalter die wichtigste Stadt der Hanse, eines Verbundes von Handelsstädten vor allem im Ostseeraum. Die Innenstadt beherbergt mehr als 1000 Kulturdenkmäler und gehört seit 1987 zum UNESCO-Welterbe.

Geschichte

Der Name Lübeck geht auf das slawische Liubice zurück und wandelte sich durch sächsischen Einfluss zum mittelalterlichen Lübeke. Durch mecklenburgisches Einwirken verschwand im 17. Jahrhundert das End-e. Die Slawen gründeten die Siedlung im Jahr 819 an der Mündung der Schwartau in die Trave. 1138 wurde die Stadt zerstört und wenig später auf einer höheren Lage vom Grafen von Schauenburg mit Unterstützung Heinrichs des Löwen als christliche Hafenstadt an der Ostsee neu gegründet. Lübecks strategische Lage an Trave und Ostsee sowie unweit von Hamburg brachte sofortigen Erfolg, der zahlreiche Neusiedler anzog und Schleswig weiter nördlich an der schwer schiffbaren Schlei zunehmend abhängte. So wurde auch das Bistum von Oldenburg nach Lübeck verlegt und 1163 der Dom geweiht. Der überwältigende Erfolg der Lübecker Kaufleute bewegte den deutschen Kaiser Friedrich II. dazu, die Stadt 1226 als reichsunmittelbare Stadt anzuerkennen.
Lübeck weitete seine Machtposition im Ostseeraum auch durch militärische Gewalt aus, als es 1249 das aufstrebende Stralsund überfiel. Es ging um das Ge-

chäft mit den Heringen, die damals ein begehrtes Gut waren, nicht zuletzt weil die Kirche bis zu 144 Fastentage im Jahr vorschrieb, an denen die Gläubigen kein Fleisch, wohl aber Fisch essen durften. Da ein Großteil des Salzes, das in der westlichen Ostsee gehandelt wurde, aus Lüneburg stammte, profitierte Lübeck auch von diesem Gut und entwickelte sich zur ›Königin der Hanse‹ und damit wichtigsten Handelsstadt in Nordeuropa; 1356 fand der erste Hansetag in Lübeck statt. Etwa 200 Jahre hielt diese Vormachtstellung an. Der letzte Hansetag fand 1669 wiederum in Lübeck statt. Größter Konkurrent waren dann die Niederlande, die vor allem vom Fernhandel mit den Kolonien profitierten.

Im Dreißigjährigen Krieg bleib Lübeck neutral, vom Siebenjährigen Krieg (1756–1763) wurde es kaum betroffen. Es blieb weiterhin reichsunmittelbare Stadt und wurde mit dem Zusammenbruch des Heiligen Römischen Reiches ein souveräner deutscher Staat, war aber von 1806 bis 1813 von den Franzosen besetzt. 1815 wurde Lübeck als Freie und Hansestadt souveränes Mitglied des Deutschen Bundes, verbunden mit den Partnerstädten Hamburg und Bremen. 1871 endete die völkerrechtliche Souveränität jedoch mit dem Eintritt in das Deutsche Reich. Nach dem Ende des Ersten Weltkriegs gab es wie in Kiel einen Matrosenaufstand, jedoch ohne große revolutionäre Gewalt. Die Nationalsozialisten waren auch in Lübeck stark und schon 1932 zweitstärkste Fraktion nach der SPD. Ein Jahr später ergriffen sie die Macht, verhafteten zahlreiche Demokraten und zwangen andere zur Flucht. Da die Nationalsozialisten ein einheitliches Reich anstrebten, beendeten sie 1937 die Eigenständigkeit Lübecks und gliederten die Stadt in die preußische Provinz Schleswig-Holstein ein.

Am 28./29. März 1942 startete die britische Royal Air Force das erste Flächenbombardement über Deutschland, ausgerechnet über der gut erhaltenen historischen Altstadt von Lübeck; zahlreiche bedeutende Gebäude wurden zerstört oder beschädigt. Am 2. Mai 1945 besetzten britische Truppen die Stadt. Auch wenn es Bestrebungen zur Unabhängigkeit gab, blieb Lübeck Teil von Schleswig-Holstein. Die Stadt verlor durch die deutsche Teilung ihr mecklenburgisches Hinterland und geriet so in eine Randlage, die durch den Ausbau des Fährverkehrs nach Skandinavien teilweise ausgeglichen wurde. Heute ist die Randlage aufgehoben und Lübeck genießt eine wirtschaftliche und touristische Blüte.

Sehenswürdigkeiten

Die Innenstadt liegt auf einer Insel, die man im Westen durch das Holstentor betreten kann, einem der bekanntesten Bauwerke Deutschlands, das früher auf dem 50-DM-Schein abgebildet war. Sieben Kirchtürme ragen in der Stadt auf, St. Marien gilt als Vorbild der Backsteingotik.

■ Bahnhof

Der inzwischen unter Denkmalschutz stehende Durchgangsbahnhof mit zehn Gleisen wurde 1908 errichtet. Von hier wurde zunächst die ökonomisch wichtige Strecke nach Hamburg bedient, dann die nach Travemünde. Der Baustil vereint Aspekte der Renaissance, des Barock und des aufkommenden Jugendstils. Vor allem die den Eingang flankierenden Türmchen und die später angebauten gewellten Vordächer markieren den Bahnhof.

■ Puppenbrücke

Im Jahr 1475 wurden die Stadtbefestigungen ausgebaut, dabei entstand im Westen ein von Erdwällen befestigter breiter Graben, über den eine 94 Me-

▸ Karte S. 102

ter lange Holzbrücke mit einer 4 Meter langen Zugbrücke führte. Diese wurde ab 1770 durch eine nun 51 Meter lange Steinbrücke ersetzt. Sie schmückten acht Statuen, vier männliche und vier weibliche, sowie vier Vasen, allesamt aus Sandstein von dem lokalen Bildhauer Dietrich Boy (1724–1803) geschaffen. Wegen dieser Figuren entstand der volkstümliche Name der Brücke, die offiziell ›äußere Holstenbrücke‹ heißt. Die Figuren stellen den Flussgott der Trave, den Götterboten Merkur, einen römischen Krieger und den Wassergott Neptun dar sowie Allegorien des Friedens, der Eintracht, der Vorsicht und der Freiheit. Die Vasen stehen für Ackerbau, Fleiß, Sparsamkeit und die freien Künste. Bei den Figuren handelt es sich nicht um die Originale, die sich im Innenhof des St.-Annen-Klosters befinden, sondern um Kopien.

Holstentor

Das Holsten-Tor (Holstein-Tor) gehörte zu der aufwändigen Befestigungsstruktur des Mittelalters. Ursprünglich standen hier im Westen der Stadt vier Tore hintereinander, von denen drei im 19. Jahrhundert abgerissen wurden. Dass das Tor durchaus der Verteidigung diente, erkennt man an seinem Aufbau, denn es besteht aus zwei runden Türmen und einem verbindenden Mittelbau. Das Bauwerk hat vier Stockwerke, die Rundtürme sind von einem kegelförmigen Dach bedeckt, den Mittelbau überragt ein Giebel. Zur Stadtseite zeigt das Tor eine durchgängige Front mit zahlreichen Fenstern, während auf der Feldseite die Rundtürme 3,50 Meter über den Mittelbau herausragen, dazu gibt es eine Reihe von kleinen Schießscharten für Gewehre und Kanonen. Die Mauern des Tores sind außen 2,50 Meter dicker als auf der Stadtseite. In der Mitte kontrolliert ein

Das Holstentor, Wahrzeichen der Stadt

Rundbogentor den Zugang. Das Fallgitter gibt es in dieser Form erst seit 1934. Ursprünglich leistete hier eine viel ausgeklügeltere Konstruktion ihre Dienste, und zwar konnten Stäbe einzeln von oben nach unten durchgeschoben werden, so dass man zum Beispiel Wagen draußen, Fußgänger aber hereinlassen konnte.

Über der Durchfahrt ist auf der Feldseite die Inschrift ›Concordia Domi Foris Pax‹ (Eintracht nach innen, Frieden nach außen) angebracht, auf der Stadtseite steht ›SPQL‹, nach dem Vorbild der römischen Widmung für ›Senat und Volk‹ setzte man hier auf *Senatus populusque Lubecensis* und die Jahreszahlen 1477 für das Entstehungsjahr (tatsächliche Fertigstellung 1478) und 1871 für das Gründungsjahr des Deutschen Reiches, in dem auch die Inschrift erstmals angebracht wurde. Zur Dekoration dieses Ziegelbaus dienen zwei rundum laufende Bänder aus Terrakottaplatten mit verschiedenen Wappen.

Die vier Stockwerke des Tors sind innen über enge Wendeltreppen zu erreichen. Hinter einigen Schießscharten wurden in jüngerer Zeit wieder Kanonen aufge-

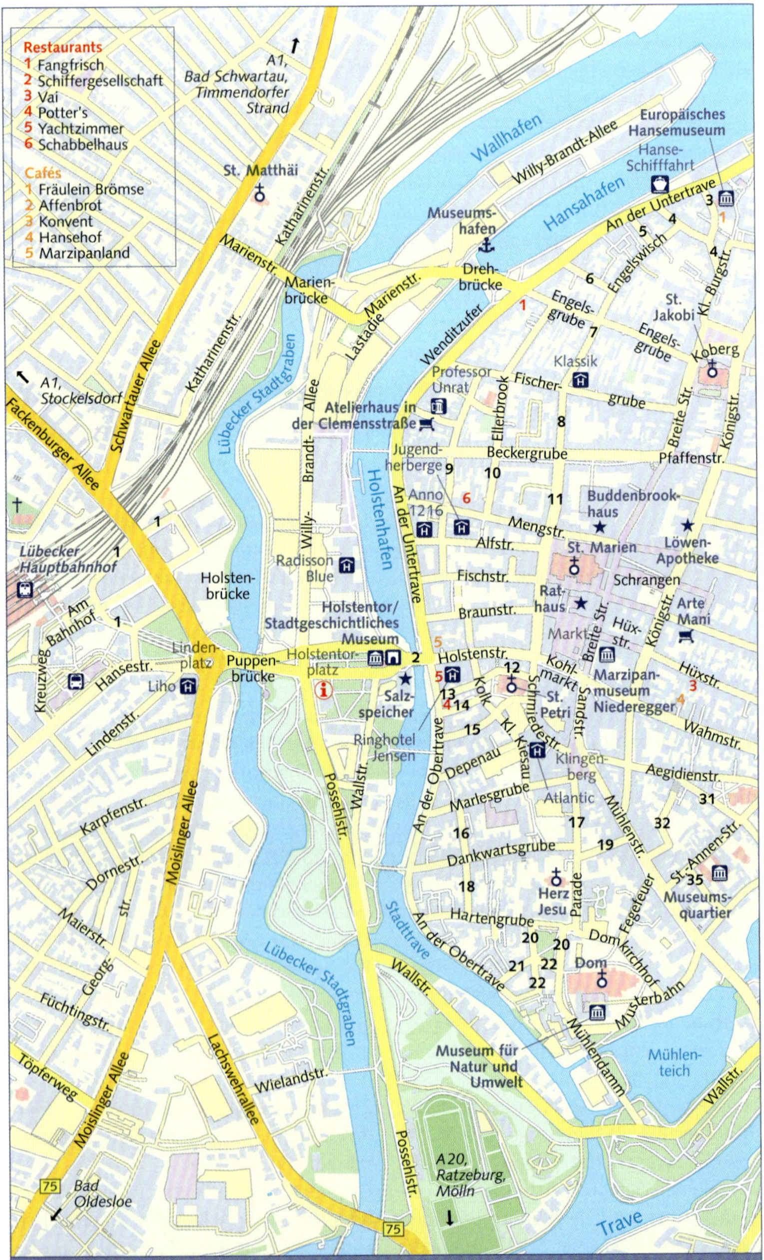

Lübeck, Altstadt

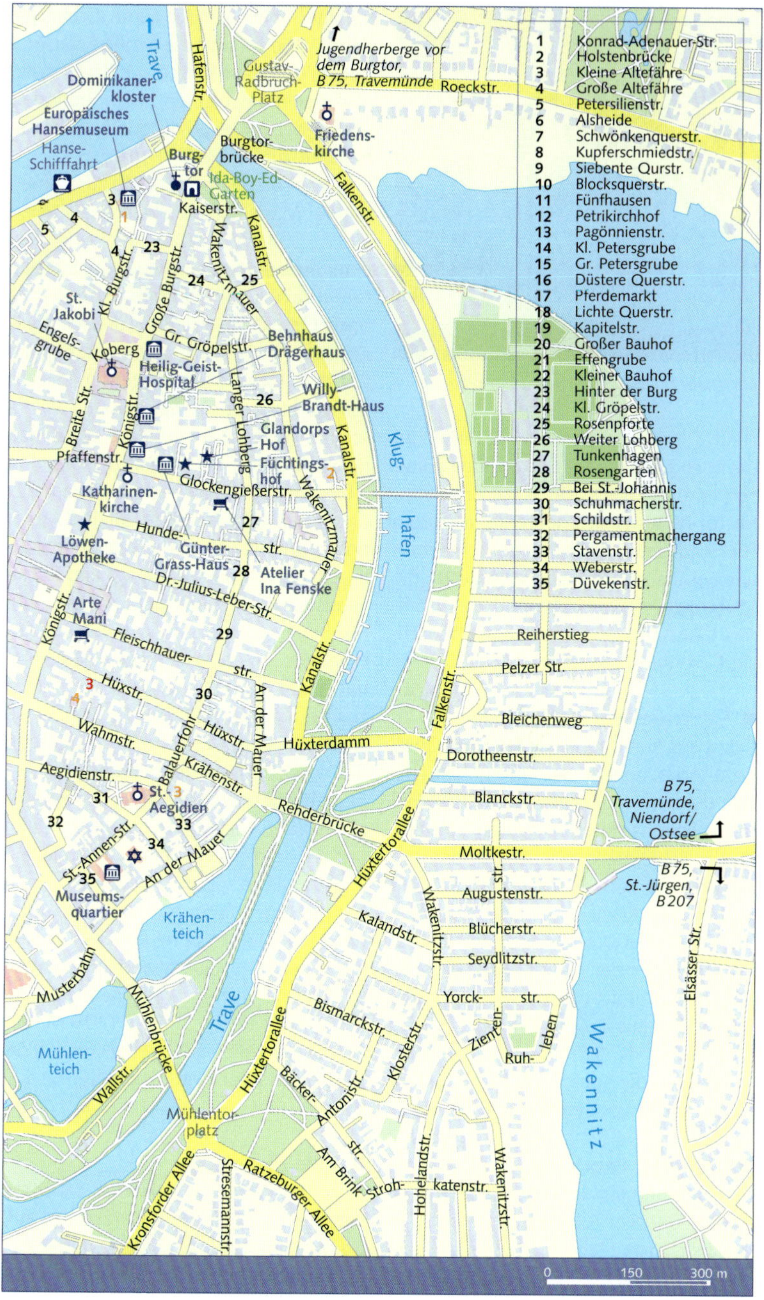

Ostholstein

Die früheren Salzspeicher an der Trave

stellt. Diese wurden einst mit Ketten an die noch zu sehenden Haken angeschlossen, um den Rückstoß zu verringern.
Im Tor befindet sich heute das **Museum für Stadtgeschichte**, in dem Themen wie Fernhandel, das Lübische Recht, die Verteidigungsbauwerke und die Schifffahrt anhand von Modellen thematisiert werden.

■ Salzspeicher

Salz wird auch gerne als ›weißes Gold‹ bezeichnet, denn in der Vor-Kühlschrank-Zeit diente es vor allem dazu, durch Einlegen Lebensmittel haltbar zu machen. Das meiste Salz kam aus Lüneburg und wurde über Lübeck nach Skandinavien verfrachtet. Dazu baute man zwischen 1579 und 1600 neben der Holstenbrücke, am Ufer der Trave, sechs Salzspeicher mit zahlreichen Fenstern und Ladeluken, alles aus Ziegeln mit sehr schönen Giebeln. Als der Salzhandel sich reduzierte, wurden die Speicher auch für Getreide und Holz verwendet.

■ Kirche St. Petri

Wie draußen auf dem Land, liegen auch in der Lübecker Altstadt die Kirchen an den höchsten Stellen. Straßen, die von diesen leichten Erhöhungen zum Wasser hinunterführen, werden gerne ›Grube‹ genannt. Und so führt die Große Petersgrube von der Trave hinauf zur Straße Kolk, in der sich das Figurentheater befindet, und weiter vorbei an historischen Bürgerhäusern zur Kirche St. Petri.
Eine Petrikirche wurde 1170 zusammen mit der Marienkirche erwähnt. Zwischen 1227 und 1250 entstand der jetzige Bau einer dreischiffigen Hallenkirche im spätromanischen Stil. 40 Jahre später wurde nach Osten ein ebenfalls dreischiffiger gotischer Hallenchor angebaut, danach seitliche Kapellen hinzugefügt, die im 15. Jahrhundert zu zwei weiteren Seitenschiffen ausgebaut wurden, so dass man heute von einer – selten anzutreffenden – fünfschiffigen Kirche sprechen kann. Zu dieser Zeit entstand auch der 108 Meter hohe Turm. Die Kirche wurde beim Luftangriff 1942 stark beschädigt und brannte aus, Dach und Turmhelm stürzten ein. Erst in den 1960er Jahren wurde St. Petri erneuert. Da sie keine eigene Gemeinde hat, steht sie jetzt der gesamten Stadt zur Verfügung. In ihr finden zahlreiche Ausstellungen, Konzerte, Vorträge und ›liturgische Experimente‹ statt.
Besucher können per Aufzug auf die **Aussichtsplattform** in 50 Meter Höhe fahren und die herrliche Rundumsicht genießen. Lübeck gilt ja als die ›Stadt der sieben Türme‹, die von St. Petri bestens zu sehen sind. Diese Türme gehören zu den fünf gotischen Hauptkirchen: St. Marien (125 Meter), Dom (115 Meter), St. Jakobi (112 Meter), St. Petri (108 Meter) und St. Aegidien (86 Meter), wobei St. Marien und der Dom Doppeltürme aufweisen.

■ Café Niederegger

Lübecker Marzipanhersteller tauchten schon ab 1530 in Handwerksrollen auf, doch bis ins 18. Jahrhundert wurde Marzipan hauptsächlich von Apotheken als

▸ Karte S. 102

Stärkungsmittel erzeugt. Um das Jahr 1800, der Blütezeit, hatten die Zuckerbäcker übernommen, von denen 135 Marzipan herstellten. Aus diesen ragte die Firma Niederegger schon damals heraus. 1806 gründete der Konditormeister Johann Georg Niederegger das Café in der Breiten Straße 89, 1873 präsentierte Niederegger Marzipan auf der Weltausstellung in Wien, 1908 wurde die Firma Hoflieferant des Kaisers, später auch des russischen Zaren. Das Café, das bis heute wesentlich vergrößert und modernisiert wurde, nachdem es im Bombenhagel von 1942 zerstört und nach dem Krieg neu aufgebaut worden war, lädt zum Probieren und Kaufen ein. Heute werden in einer Fabrik außerhalb der Stadt bis zu 30 000 Kilo Marzipan pro Tag hergestellt.

Im Jahr 1974 gründeten acht Marzipanhersteller eine Gemeinschaft zur Qualitätskontrolle, seit 1996 ist ›Lübecker Marzipan‹ von der EU geschützt.

Markt

Der Marktplatz besteht seit dem 13. Jahrhundert, und zunächst durfte nur hier Handel getrieben werden. Für 1290 sind 322 Marktstände belegt. Wegen der großen Nachfrage wurde das

Paradies für Marzipanliebhaber: das Café Niederegger

Marktrecht dann auf das gesamte Stadtgebiet ausgedehnt. Der Markt war zudem immer ein Ort öffentlicher Demonstration. So stand hier, wo die Stadt am lebhaftesten war, auch der mittelalterliche Pranger, der ›Kaak‹ genannt wurde und in dem Missetäter – oder was die Obrigkeit dafür hielt – in aller Offenheit ausgestellt wurden. Unter dem Pranger befand sich ein Buttergeschäft. Und das Gericht, das für kleinere Straftaten zuständig war, tagte unter den Arkaden.

Nach dem Krieg wurde der Markt in verkleinerter Form wieder hergerichtet, doch einige historische Gebäude verschwanden auch; so wurde das Postamt aus den 1880er Jahren zugunsten eines Warenhauses abgerissen. Heute findet der Markt montags und donnerstags statt.

Rathaus

Der Aufstieg Lübecks zur Freien Reichsstadt und der Bau des Rathauses verliefen parallel. Ein repräsentatives Gebäude für den von den Kaufleuten beherrschten Rat der Stadt und die Tätigkeit der Beamten sollte es sein – über die Jahrhunderte wurde es ein Ensemble von Bauten mit großen Windlöchern. Die beiden größten befinden sich in der von drei Türmen gekrönten Südwand, die ohne diese Löcher bei Sturm umfallen könnte und die als einzige aus normalen gebrannten Ziegeln gebaut wurde. Um sich von ›normalen‹ Bauten abzusetzen, verwendete man beim Rathaus gerne schwarze Ziegel, bei denen Asche, Salz und einige geheime Ingredienzien zugemischt wurden. In der Eingangshalle gelang dies beeindruckend.

Etwa 1230 begann die Bautätigkeit mit drei nebeneinander liegenden Langhäusern mit Giebeln zum Markt. 1437 wurden neue Gemächer angebaut und die große Südwand entstand, an ihrer Fassade sind noch Reste weiterer Anbauten zu erkennen. Im 16. Jahrhundert verschwanden diese wieder, als dort eine verschnörkelte Renaissancelaube aus hellem Sandstein entstand.

Die eigentliche repräsentative Front befindet sich allerdings nicht auf der Marktseite, sondern an der Breite Straße. Von Süden nach Norden ist zunächst der **Kriegsstubenbau** zu sehen, der eine für einen Ziegelsteinbauwerk üppige Verzierung von Blendfenstern, andersfarbigen Ziegeln und einer Mischung aus glasierten und unglasierten Ziegeln aufweist; gekrönt wird er von einigen Türmchen. Vor ihm befindet sich eine mit Reliefs und Statuen reich verzierte **Sandsteintreppe** aus dem Jahr 1594.

Einige Jahre älter ist der im ersten Stock über dem Durchgang zum Markt hervorstehende hölzerne **Erker**, der das Stadtwappen zeigt. Einige Schritte weiter markiert eine weitere Laube den **Haupteingang** des Rathauses. Zu beiden Seiten des Eingangs befinden sich draußen hölzerne Sitzbänke, auf denen Bürger warten konnten, bis sie eingelassen wurden. Verziert sind die Bänke mit sogenannten Beischlagwangen, das sind reich verzierte Bronzeplatten, die im Hochformat neben den Bänken stehen und vor allem dem Sichtschutz dienten. Sie wurden 1452 gegossen und zeigen auf der einen Seite einen ›wilden Mann‹ und auf der anderen einen Kaiser, vermutlich Friedrich III., der 1452 zum Kaiser gewählt wurde.

Das Rathaus zeigt noch deutlich, dass es in Etappen entstand

▸ Karte S. 102

Das Innere des Rathauses kann nur im Zuge einer Führung besichtigt werden. Der **Audienzsaal** präsentiert sich seit 1761 im Stil des Rokoko. Die Gemälde zeigen Allegorien einer guten Regierung: Barmherzigkeit, Gerechtigkeit, Einigkeit, Vorsicht, Klugheit, Mäßigung, Verschwiegenheit, Freiheit der Künste, des Handels und der Menschen. Alle Motive werden von Frauen repräsentiert, nur eines nicht, die Verschwiegenheit ... In dem Saal, der heute für Empfänge genutzt wird, tagte früher das Obergericht. Bemerkenswert ist die zweiflügelige Eingangstür, denn die beiden Flügel sind verschieden hoch. Man sagt, die Schuldiggesprochenen mussten den Raum durch die rechte, niedrigere Tür verlassen, und damit mit gesenktem Kopf, während die Unschuldigen die linke, höhere Tür erhobenen Hauptes durchschreiten konnten. Ein Blick auf den Boden zeigt aber, dass die Schwelle unter der rechten Tür wesentlich stärker abgenutzt ist als unter der linken.

Eine große Freitreppe führt in den ersten Stock. Die drei großen Bilder zeigen die Einsetzung des Lübecker Rats durch Heinrich den Löwen (1159), die Verleihung der Handelsprivilegien durch Kaiser Barbarossa (1188) und den Bau des Doms. Der **Saal der Bürgerschaft** entstand 1891 durch innere Umbauten. Hier tagen die 60 Mitglieder des Stadtparlaments unter dem Vorsitz des Stadtpräsidenten. Der Bürgermeister hingegen ist der Chef der Verwaltung, der von mehreren Senatoren unterstützt wird. Dieser Senat trifft sich im Raum nebenan, der wegen der Wandbespannung aus roter venezianischer Seide **Roter Saal** genannt wird. Ein Großgemälde ziert den Saal, das zeigt, wie das Lübecker Schiff ›Der Engel‹ in der Schlacht von Gotland (1564) das schwedische Admiralsschiff bedrängt. Überall auf den Gängen hängen zahllose Portraits älterer Herren, alles ehemalige Bürgermeister aus der Zeit vom 16. Jahrhundert bis heute. Jüngst wurde statt eines Ölschinkens ein Foto aufgehängt.

Kanzleigebäude

An das Rathaus schloss sich das Kanzleigebäude an, in dem bis zum 19. Jahrhundert die Juristen und die Schreiber arbeiteten und die Beschlüsse der Gremien in behördliche Texte fassten. Danach beherbergte das Gebäude verschiedene Ämter wie das Stempelamt sowie eine Polizeiwache mit Gefängnis. In den Arkaden befinden sich heute kleine Geschäfte und Cafés. Der Raum weitet sich zu einem kleinen Platz, an dem sich die Schranken, niederdeutsch Schrangen, befanden; dies waren Tische und Tresen, an denen Geschäfte abgeschlossen wurden. Sehr dekorativ ist auch der Giebel des Kanzleigebäudes zur Mengstraße.

Kirche St. Marien

Die Marienkirche ist ein in jeder Hinsicht bemerkenswertes Gebäude. Die Stadt Lübeck wollte mit ihrem Bau ihre Unabhängigkeit von den Lübecker Bischöfen und deren Unterstützer, Heinrich dem Löwen, demonstrieren. Und schon ihre Lage direkt neben dem Rathaus und dem Markt verdeutlichte, woher diese Macht und die Eigenständigkeit der Hansestadt rührte: von den Kaufleuten, Händlern und Seefahrern. Die Marienkirche übertrumpfte in jeder Hinsicht den etwas früher entstandenen Dom. Sie ist 102 Meter lang, 56,5 Meter breit,

Reich geschmückte Tür im Gerichtssaal

die Gewölbehöhe des Mittelschiffs beträgt 38,5 Meter, die Höhe der Türme 125 Meter.

Bis heute unübertroffen ist aber ihre architektonische Bedeutung, denn sie verbindet die hochaufstrebende Gotik französischer Kathedralen mit der in Nordeuropa beliebten Backsteinbauweise. Die zwischen 1265 und 1351 errichtete Kirche war damit Vorbild und Anleitung für mehr als 70 Kirchen ähnlichen Stils, aber geringerer Größe im Ostseeraum bis hinauf ins Baltikum. Weltweit wurde nirgends in einem Backsteingebäude eine solche Gewölbehöhe erreicht, und wenn man die Kirche betritt, erlebt man denselben himmelstrebenden Raumeindruck wie im Kölner Dom oder der Kathedrale von Reims.

Im Jahr 1251, als eine bescheidenere Kirche schon im Bau war, beschloss der Rat das neue Konzept einer dreischiffigen Basilika mit kurzen Querschiffen,

Die Marienkirche

einer gewaltigen Doppelturmanlage im Westen und einem Umgangschor mit Kapellen im Osten. Die Ausmaße erforderten Strebebögen, die das Gewicht des Gewölbes nach außen ableiten und die man vom Turm der St.-Petri-Kirche sehr gut erkennen kann. Die Dekoration ist zurückhaltend. Es gibt keine Fialen auf den Strebebögen, nur wenige Simse, aber durchaus den Einsatz von Granit, Sand- und Kalkstein etwa an den Mauerecken der Türme, an Portalen und Fenstern.
Etwa 1310 wurde im Südwesten als zweiter Eingang vom Markt die **Briefkapelle** errichtet. Zur Bauzeit war sie wohl der heiligen Anna geweiht, während sich der heutige Name in der Zeit nach der Reformation durchsetzte, weil dort Schreiber tätig waren. Mit ihrem Sterngewölbe ist sie ein Meisterwerk der Hochgotik, das im Winter für Gottesdienste genutzt wird, sonst aber oft verschlossen ist. Nebenan, im **Südturm**, liegen noch die 1942 abgestürzten Glocken, die sich mit Wucht in den Boden gegraben haben.
Neben dem südlichen Querschiff baute der Rat um 1390 die **Bürgermeisterkapelle** an, in der wichtige Amtshandlungen vollzogen und Dokumente aufbewahrt wurden. 1444 schließlich wurde eine **Marienkapelle** an den Chor angebaut, die Marientidenkapelle heißt nach den Stundengebeten, die dort gesungen wurden. Damit war das Bauprogramm beendet.
In der Bombennacht von 1942 wurde die Kirche stark beschädigt und brannte aus. Der größte Teil der Ausstattung, vor allem mittelalterliche Holzskulpturen, Altäre und Gemälde, wurde ein Raub der Flammen. Der Neuaufbau begann 1958/59 und führte die Innenansicht auf die ursprüngliche Schlichtheit zurück. Heute ist das bedeutsamste Stück das **Antwerpener Retabel** (1518) in der Marienkapelle, das 1522 von einem niederländischen Kaufmann gestiftet wurde. Da es im Krieg in der Briefkapelle stand, blieb es von der Zerstörung verschont. Es handelt sich um einen dem Leben Marias gewidmeten Altaraufsatz im ganz klassischen Stil. Ist er geschlossen, so zeigt ein Gemälde eines unbekannten Meisters die Verkündigung. Werden die ersten Flügel geöffnet, sieht der Betrachter acht Szenen aus dem Leben der Maria, wieder in gemalter Form. Wenn das Retabel jedoch ganz geöffnet ist, zeigt sich ein sehr plastisch und detailreich geschnitztes Relief, weitgehend vergoldet, mit weiteren Szenen aus Marias Leben bis hin zu ihrem Tod und der Himmelfahrt.
Im Chor steht das bronzene **Taufbecken** (1337) mit detaillierten Darstellungen von Heiligen, das auf den Schultern dreier Engel ruht. Direkt daneben befindet

▶ Karte S. 102

sich der sehr einfache **Altar** aus Kalkstein, über dem ein Bronzekruzifix von Gerhard Marcks (1889–1981) schwebt. Das nördliche Querschiff beherbergt nun die nach dem Krieg neu erstellte **astronomische Uhr** (1967) des Lübecker Uhrmachermeisters Paul Behrens (1893–1984); die alte stand im Chorumgang und war völlig zerstört. Eine komplizierte Mechanik dreht eine Vielzahl von Scheiben gegeneinander, die das Datum, Sonnen- und Mondstand, die Tierkreiszeichen und die Osterdaten anzeigen. Um zwölf Uhr mittags erklingt das Glockenspiel und Figuren setzen sich in Bewegung.

Diese Kapelle wird auch ›Totentanzkapelle‹ genannt, denn hier befand sich eine mittelalterliche Totentanzdarstellung. Dabei handelte es sich um einen 30 Meter langen und 1,90 Meter hohen Gemäldefries auf Leinwand (wohl 1463/64), der eine Todesgestalt im Tanz mit jeweils einem Vertreter der mittelalterlichen Ständegesellschaft zeigte. Angefangen vom Papst über Kaiser, König, Kardinal, Bischof, Abt und Ritter über Bürgermeister, Arzt und Kaufmann, bis hin zum Bauern, jungem Mann und Kind in der Wiege – niemand entging dem Tanz mit dem Tod. 1701 befand sich das Gemälde in einem sehr schlechten Zustand, so dass man eine Kopie anfertigen ließ, die allerdings einige Veränderungen aufwies. Durch spätere Bauarbeiten wurden Teile zerstört. Und dem Bombenangriff von 1942 entging nicht einmal der kleinste Teil des Kunstwerks. Heute erinnert noch das 1955/56 von Alfred Mahlau (1894–1967) gestaltete Fenster in der Kapelle an das große mittelalterliche Werk.

Ein Teufelchen an der Marienkirche

Dazu passt noch ein kleiner **bronzener Teufel**, der draußen vor der Südwand auf einem großen Stein sitzt. Er erinnert an die Legende, dass der Teufel mit einem Fels die Kirche bei ihrem Bau zerschmettern wollte, was die Bürger verhinderten, indem sie ihm sagten, bei dem Bauwerk handele es sich um ein Wirtshaus. Das gefiel dem Teufel so sehr, dass er beim Bau zur Hand ging. Als er seinen Irrtum bemerkte, wurde er wütend, nahm einen großen Stein auf und schleuderte ihn gegen die Kirche. Doch der Stein landete vor der Mauer, und seitdem sitzt der kleine Teufel dort zu Bronze erstarrt. Er ist eines der beliebtesten Fotomotive der Stadt.

Buddenbrookhaus

Das Haus in der Mengstraße 4 befindet sich in einer herausragenden Lage, direkt neben der Marienkirche. In den Stadtbüchern gibt es Eintragungen über Häuser auf diesem Grundstück, die bis in das Jahr 1289 zurückreichen. Es wechselte mehrfach den Besitzer, blieb aber immer in den Händen hochstehender Familien. Der Handel mit Nowgorod treibende Kaufmann Johann Michael Croll

Das Buddenbrookhaus

(1706–1777) erwarb 1758 das Anwesen und ließ ein neues Haus errichten, das 29 Meter tief in das Grundstück hineinragte und einen Ausgang zur Beckergrube hatte. Neben dem Haupthaus gab es einen Seitenflügel, ein Gartenhaus und einen Speicher. Und die Fassade hielt das Arbeitsmotto fest, denn die Figuren unter dem Giebel symbolisieren ›Zeit‹ und ›Wohlstand‹. Im Vorderhaus wurden die Geschäfte abgewickelt, dahinter lag die Küche, im ersten Stock befand sich der Wohnbereich, im zweiten lagen die Schlafzimmer. Ab 1822 wurde das Haus von dem dänischen Architekten Joseph Christian Lilie (1760–1827) in einem klassizistischen Stil renoviert.

Familie Croll verkaufte das Anwesen im Jahr 1842 an Johann Siegmund Mann Jr. (1797–1863), der ein Speditions- und Handelsgeschäft betrieb. 1882 wurde der Firmensitz in ein neues, nicht erhaltenes Haus in der Beckergrube 52 verlegt; die Mengstraße blieb das Wohnhaus der Großeltern von Thomas Mann. Er selbst, seine Geschwister und seine Eltern haben dort nicht gewohnt, aber sie kannten das Haus natürlich sehr gut von Besuchen bei den Großeltern. Großmutter Elisabeth Mann lebte dort bis zu ihrem Tod am 6. Dezember 1890.

Im Jahr 1891 verkaufte Familie Mann das Haus, in schneller Folge wechselten die Eigentümer, bis 1894 der Staat zugriff, die hinteren Gebäude abriss, wo eine Markthalle entstand, und das Haus vielfältiger Nutzung zuführte: von einer Vorlesehalle über ein Soldatenlager, einen Bierverlag, das Fremdenverkehrsamt, die Polizeikasse bis zu einer Buchhandlung. In der Bombennacht 1942 wurde das Haus weitgehend zerstört, nur die Fassade und der barocke Keller blieben erhalten. Ende der 1950er Jahre erfolgte ein Wiederaufbau, bei dem auf den Seitenflügel verzichtet wurde, das Haus fünf Meter kürzer und die Raumhöhe der oberen Etage verringert wurde und die Zimmeraufteilung keine Rücksicht auf das Vorbild nahm.

Im Jahr 1991 kaufte die Stadt Lübeck das Haus und ließ es zum **Heinrich-und-Thomas-Mann-Zentrum** ausbauen, das Forschungs- und Gedenkstätte zugleich sein sollte. Die Einweihung fand am 6. Mai 1993 statt, 90 Jahre nach Erscheinen des Romans ›Die Buddenbrooks‹. Die Ausstellung geht in zwei Richtungen: die Manns als Schriftstellerfamilie und ›Die Buddenbrooks‹ als Jahrhundertroman. Weiterhin dient das Haus als wissenschaftliche Forschungsstelle für die Familie Mann und ihre Literatur.

Zur Zeit wird das Buddenbrookhaus im großen Stil umgebaut, danach kann auch das Nachbarhaus in die Gesamtnutzung einbezogen werden. Das Buddenbrookhaus ist deshalb wohl bis mindestens in das Jahr 2025 hinein nicht zugänglich. Eine kleine Mann-Ausstellung ist derzeit im Museum Behnhaus/Drägerhaus zu sehen.

▶ Karte S. 102

■ Mengstraße

Die Mengstraße, die hinunter zur Trave führt, weist noch ein relativ geschlossenes Straßenbild auf und vermittelt einen Eindruck davon, wie Lübeck vor dem Weltkrieg ausgesehen hat. Sie gehörte zu einer reichen Gegend von Kaufleuten und Händlern.

Zeugnis davon legt das **Schabbelhaus** (Nr. 48) ab. Es geht auf den Bäckermeister Heinrich Schabbel (1861–1904) zurück, der den ›Hanseaten‹ erfand, einen hälftig mit roter und weißer Glasur überzogenen Keks. Bei seinem Tod vermachte der unverheiratete Bäcker sein Vermögen der Stadt unter der Bedingung, dass davon eine Stiftung mit seinem Namen in einem eigenen Haus mit einer Art Museum entstehen sollte. Dazu wurde das Haus in der Mengstraße 36 erworben, das allerdings 1942 zerstört und nicht wieder aufgebaut wurde. Also siedelte das kleine Museum inklusive Weinschänke in die Nummer 48 über.

Heute gehört das Haus der Lübecker Kaufmannschaft, die hier zweimal im Jahr tagt und ansonsten ein Restaurant (→ S. 125) darin betreibt. Das Haus ist im Stil des 18. Jahrhunderts repräsentativ eingerichtet und gibt so einen Eindruck gehobener bürgerlicher Wohnkultur.

Der Weinhandel spielt seit etwa 1530 eine bedeutende Rolle in der Geschichte des Lübecker Handels. Verschiedene Familien spezialisierten sich darauf, darunter auch die Familie Tesdorpf, die zeitweise auch den Bürgermeister stellte und 1678 das älteste in Deutschland noch bestehende Weinhandelshaus gründete. Dessen Laden befindet sich in der Mengstraße 64, während das Stammhaus die Ecke Mengstraße/Untertrave besetzt. In dieser Zeit geschah etwas außergewöhnliches, denn Franzosen stellten fest, dass der Rotwein in Lübeck besser schmeckte als in Frankreich. Einige Testfässer bestätigten die Qualität des in Frankreich angebauten und gereiften Rotweins, der in Fässern nach Lübeck transportiert und dort abgefüllt wurde. Man machte das milde, etwas salzige Seeklima dafür verantwortlich. Dieser Wein wurde bald auf Plattdeutsch ›Rotspon‹ genannt, wobei ›spon‹ für ›Span‹ stand, also das Holzfass. So wurde Rotspon zu einer Lübecker Spezialität, die bis heute nicht nur in der Hansestadt genossen wird, sondern auch eine Schwester hat, den ›Wittspon‹, also den ›weißen Span‹. Auch Familie Mann kaufte bei Familie Tesdorpf, die in den ›Buddenbrooks‹ als ›Weinhändler Kistenmaker‹ verewigt wurde.

Am Museumshafen

Museumshafen

Im Nordwesten der Stadt, dem Holsteinhafen, bei der denkmalgeschützten **Drehbrücke**, liegen etwa 20 historische Schiffe, von denen einige noch hinaus in die Ostsee fahren. Zu den Schiffen, die man dort bestaunen kann, gehören der Kettenbagger ›Wels‹ und der Motorschlepper ›Titan‹, weiterhin das Feuerschiff ›Fehmarnbelt‹ und der Austernkutter ›Betty‹. Die ›Hansine‹ ist eine 1898 in Dänemark gebaute, 25 Meter lange Gaffelketsch, die im Nordatlantik fischte und erst 1976 außer Dienst gestellt wurde. Sie wurde hervorragend restauriert und nimmt heute an Traditionstreffen teil. Das bekannteste Schiff ist die ›Lisa von Lübeck‹, bei der es sich allerdings um den Nachbau (1999) eines mittelalterlichen Schiffs in Kraweelbauweise handelt. Die Planken stoßen dabei stumpf aneinander (überlappen nicht) und sind zudem kurz, so dass sie nicht die gesamte Länge des Bootes umfassen. Um verlässlich dicht zu sein, muss das Boot kalfatert werden, also mit Werg oder Baumwolle abgedichtet und dann mit Pech oder Teer gestrichen werden. Der Rumpf des Schiffes erhält so eine glatte Oberfläche und ist stabiler und schneller. Der Nachbau durch weitgehend ungelernte Kräfte war ein Jugendprojekt der Lübecker Unternehmerin Lisa Dräger, nach der das Schiff benannt wurde.

Europäisches Hansemuseum

Das 2015 eröffnete Europäische Hansemuseum zeichnet die Hansegeschichte parallel zur Geschichte Lübecks nach. Mit einigen Realien und zahlreichen Fotos, Schautafeln und Tonschnipseln wird der Handel mit dem russischen Nowgorod als östlicher Binnenstadt und Brügge als westlicher Stadt nahe der Nordsee dargestellt.

▲ Karte S. 102

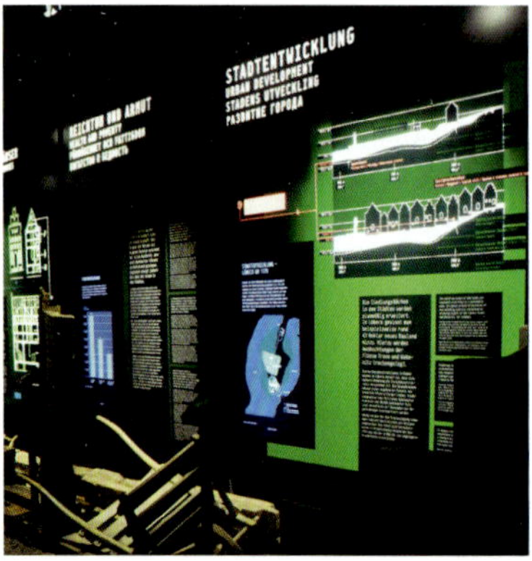

Im modernen Hansemuseum

Ein gewisses Übermaß an zu drückenden Knöpfen, bei denen dann zwei Worte an der Wand aufleuchten, ist nicht zu übersehen. Insgesamt sind die Räumlichkeiten sehr dunkel und eng, ein längeres Verweilen an irgendeiner Stelle ist nicht vorgesehen. Großzügig gestaltet sind nur der Shop und das Café.

Dominikanerkloster

Der neue Museumsbau liegt direkt unterhalb des ehemaligen Dominikanerklosters, das sich wiederum auf dem Gelände der ehemaligen Burg Lübecks befindet. Die erste Burg an dieser leicht erhöhten Stelle hatten die Slawen gebaut, die Schauenburger zerstörten sie und bauten 1143 eine neue Burg. Nach der Eroberung Lübecks durch die Dänen 1201 residierte hier der dänische Statthalter, der durch eine neue Mauer die Burg mit der Stadt verbinden ließ. 1226 befreiten sich die Lübecker von den Dänen und rissen die Burg nieder.
Das Kloster steht zudem noch in Verbindung mit der Schlacht von Bornhöved, bei der die Dänen am 22. Juli 1227, dem Festtag Maria Magdalenas, erneut geschlagen wurden. Man sagt, die Heilige selbst sei auf dem Schlachtfeld erschie-

nen. Ihr zum Dank sollen die Lübecker das Kloster, das nach ihr benannt war, errichtet haben. Das Kloster musste nach dem Stadtbrand 1276 neu aufgebaut werden und erhielt eine backsteingotische Basilika als Klosterkirche. Nach der Reformation wurde es aufgelöst, die Bauwerke teilweise als Armenhaus genutzt. Die Kirche hatte wohl von Anfang an statische Probleme, so dass sie 1589 teilweise einstürzte, nach weiteren Brüchen wurde sie schließlich 1818 abgerissen. Einige Klosterbauten und Kapellen blieben erhalten, Einrichtungsgegenstände befinden sich im Museum St. Annen. Am Ort der Kirche wurde eine Schule gebaut, weitere Umbauten fanden statt, und Räumlichkeiten wurden fortan profan genutzt.

In jahrelangen Sanierungsmaßnahmen ab 1976 wurden einige Räumlichkeiten des Klosters wieder freigelegt und restauriert, wobei großflächige alte Bemalungen auftauchten. Das **Sommerrefektorium**, der **Kapitelsaal**, die **Sakristei** und das **Winterrefektorium** können wieder besucht werden; einige Steinplastiken und Gewölbeabschlusssteine sind zu sehen, Bildschirme geben Informationen.

Das Dominikanerkloster

Im 19. Jahrhundert dienten einige Gebäude als Gefängnis, in einigen wurden Gerichtsverhandlungen abgehalten. Sie erhielten eine neogotische Außenverkleidung, die jetzt mit älteren Bauteilen verglichen werden kann. Die innere Klosterarchitektur blieb jedoch unverändert. Eintrittskarten gibt es im Hansemuseum, Erfrischungen im Café Fräulein Brömse.

■ Burgtor

Das Burgtor vom Anfang des 13. Jahrhunderts sicherte die Stadt nach Norden ab. Es war das innere von insgesamt drei hintereinander liegenden Toren und damit auch das am wenigsten bewehrte. 1441 wurde es erhöht, und seit 1685 trägt es die barocke Schmuckhaube. Das quadratische Ziegelbauwerk weist zahlreiche Blendfenster auf. Zu ihm gehören auch die Nachbarbauwerke, der Marstall (heute Jugendzentrum) und das Zöllnerhaus (1571) mit ihren Terrakottafriesen. Da im 19. Jahrhundert das Tor dem zunehmenden Verkehr im Wege stand, erwog man, es abzureißen, was die Bürgerschaft jedoch ablehnte. Stattdessen fügte man der ursprünglich einen Durchfahrt bis 1928 insgesamt drei weitere hinzu.

■ Heilig-Geist-Hospital

Das 1260 bis 1286 errichtete Heilig-Geist-Hospital, das durch Stiftungen reicher Lübecker möglich wurde und zu den ältesten Einrichtungen dieser Art in Europa zählt, bestand ursprünglich aus der zur Straße gelegenen Kirche und dem sich dahinter anschließenden ›Langhaus‹, einem 88 Meter langen Saal, in dem die Kranken und Alten in freistehenden Betten lagen. Sie konnten also von ihren Betten aus die Messe in der Kirche verfolgen. Getrennt wurden beide Gebäude nur durch den **Lettner**, der um das Jahr 1300 auf sechs Säulen er-

Barmherzigkeit, in Backsteingotik gekleidet: das Heilig-Geist-Hospital

richtet wurde. Auf seiner Brüstung zeigen 23 bemalte Holztafeln Szenen aus dem Leben der heiligen Elisabeth. Seit dem 15. Jahrhundert trennt jedoch eine Mauer Kirche und Langhaus voneinander, geziert von einem Sternenhimmel. 1820 wurden je vier Quadratmeter große hölzerne ›Kabäuschen‹ im Langhaus eingezogen, in denen die Alten lebten. Erst 1970 zogen die letzten Bewohner aus. Ein modernes Altersheim befindet sich heutzutage in den Nebengebäuden. Die ›Kabäuschen‹ werden inzwischen beim Weihnachtsmarkt als Verkaufsstände genutzt.

Die Anlage, die eines der besten Beispiele der Backsteingotik darstellt, ist gekennzeichnet durch ihre markante dreigieblige Westfront mit großen Fenstern, einer **Uhr** und vier wie Bleistifte aufragenden **Türmen**. Über dem Haupteingang hängt ein Glockenspiel mit 18 Glocken, das viermal am Tag erklingt (9.55, 11.55, 15.55 und 17.55 Uhr).

Im Innern der Kirche fallen 13 **Holzfiguren** von Heiligen aus dem 14./15. Jahrhundert auf, dazu zwei großformatige **Wandgemälde** aus dem 14. Jahrhundert. Sie zeigen den Thron des Salomon, darüber Christus und Maria, sowie die ›Herrlichkeit Gottes‹ mit Christus, den Symbolen der Evangelisten und zahlreichen Medaillons von Stiftern.

Kirche St. Jakobi

Seit 1334 ragt die Jakobikirche im Viertel der Fischer und Seefahrer auf, direkt gegenüber ihrem Versammlungshaus, der Schiffergesellschaft. Doch schon vor ihr hat hier eine romanische Kirche gestanden, die 1227 erwähnt wurde und wohl bei einem Brand unterging. Große Probleme gab es auch hier mit dem **Turm**, der zunächst den First nur wenig überragte,

▸ Karte S. 102

1375 in einem Sturm seinen Helm verlor und 1628 zum Teil abgetragen werden musste und nur ein Flachdach erhielt. 1658 wurde nicht nur eine neue Turmspitze aufgesetzt, sondern es kamen auch die vier ungewöhnlichen Kugeln anstelle sonst üblicher Ecktürmchen aufs Dach.
Im 14. Jahrhundert wurden mehrere, von hochgestellten Personen, oft Bürgermeistern, gestiftete **Kapellen** angebaut. Aber auch die Zunft der Brauer sicherte sich eine Kapelle an markanter Position, nämlich unter dem Turm. Daneben befand sich die Wittenkapelle, nach Bürgermeister Heinrich Witte benannt. Sie erinnert mit einem Rettungsboot heute an den Untergang der Viermastbark ›Pamir‹ (1957), bei dem 80 von 86 Seeleuten ertranken (→ S. 134). Offensichtlich war die Kirche im Mittelalter mit Fresken ausgemalt, von denen einige bei einer Renovierung im 19. Jahrhundert wieder freigelegt wurden.
Da St. Jakobi 1942 kaum beschädigt wurde, sind viele barocke Ausstattungsgegenstände erhalten geblieben, so der heutige **Hochaltar** und die **Kanzel**, die beide aus Holz bestehen und deren Marmorierungen nur aufgemalt sind. Ganz anders der etwa 1490 von Bürgermeister Heinrich Brömse gestiftete Altar, der einem westfälischen Bildhauer zugeschrieben wird. Die **Taufe** wurde Mitte des 15. Jahrhunderts gegossen. Beachtenswert sind auch die drei historischen **Orgeln** der Kirche.

Schiffergesellschaft

In der Reformationszeit lösten sich viele religiös geprägte Gruppierungen auf – nicht so die 1401 gegründete Nikolaus-Gesellschaft, die sich mit der St.-Annen-Bruderschaft vereinigte und damit alle Seeleute in Lübeck organisierte. Diese ›Schepern Selschup‹ genannte Standesorganisation kümmerte sich um das Ausstellen von Schiffspässen, die Bewachung des Hafens, die Beilegung von Streitigkeiten sowie die Versorgung von Bedürftigen. 1535 kaufte die Gesellschaft das Haus an der Breite Straße 2 mit seinem markanten Treppengiebel, der 1880 und 1982 ohne genaue Vorlage renoviert wurde. Schon in den ursprünglichen Bau wurde ein großer Versammlungssaal eingebaut, der heute als historische Halle bezeichnet wird. An langen Tischen saßen die Schiffer damals und sitzen die Gäste des heutigen Restaurants auf Bänken mit hohen Rückenlehnen. Gewaltige Balken überspannen die Halle, deren Wände holzgetäfelt sind. Zahlreiche maritime Dekorationsstücke sind zu sehen, wozu auch wunderbare Modellschiffe gehören, die von der Decke hängen.

Engelsgrube

Die Engelsgrube, die neben der Schiffergesellschaft hinunter zur Trave führt, erhielt ihren Namen nicht von himmlischen Flatterwesen, sondern von den Englandfahrern, also den Kaufleuten, die hauptsächlich Handel mit England trieben.

Die Schiffergesellschaft, das vielleicht traditionsreichste Lokal in Lübeck

Gänge

Von der Engelsgrube gehen zahlreiche ›Gänge‹ ab, schmale Wege, die zu kleinen Häusern führen, die sich hinter der imposanteren Straßenbebauung verstecken. Hier wohnten die einfachen Leute, die im Hafen arbeiteten, die Träger und Stapler, die Schiffshandwerker und Küchengehilfen. Heute sind die meisten Häuser restauriert und zu größeren Einheiten zusammengelegt. Besucher flanieren gerne durch dieses ruhige Viertel, was den Bewohnern manchmal zu viel ist. Deshalb finden sich einige Gänge verschlossen. Sehenswert sind etwa der der Spinrademacher-Gang (Haus Nr. 21), der Schlachter-Gang (Nr. 48), der Branntweinbrenner-Gang (Nr. 61) und der Garbereiter-Gang (Nr. 77); Garbereiter meint übrigens Koch. Von der Seitenstraße Engelswisch (Engländerwiese) führen der Hellgrüne Gang (Nr. 28) und der Dunkelgrüne Gang (Nr. 20) in ein idyllisches Viertel mit kleinen Häusern und noch kleineren Gärtchen.

Einzigartig: die Gänge in Lübeck

▲ Karte S. 102

Museum Behnhaus Drägerhaus

Das 1783 erbaute großbürgerliche Haus gehört zu den repräsentativsten in der Königstraße. Anfang des 19. Jahrhunderts wurde es von dem dänischen Architekten Christian Lillie im klassizistischen Stil umgebaut und 1823 von dem Arzt Georg Heinrich Behn erworben. Bis 1920 wohnte die Familie darin. Um das Haus zu erhalten, kaufte der Lübecker Senat es und richtete es als Museum ein. 1981 wurde das nebenanliegende Haus dazugekauft und mit Mitteln der Dräger-Stiftung saniert.

Ausgestellt werden Gemälde und Skulpturen, teilweise im Kontext bürgerlicher Einrichtungen, aus der Zeit der Romantik bis zum Expressionismus. Ein Schwerpunkt sind die Nazarener des 19. Jahrhunderts mit ihren romantisch-religiösen Werken. Es folgt die deutsche Romantik, der Impressionismus mit Liebermann, Corinth und Slevogt, dann der Expressionismus mit mehreren Gemälden Edvard Munchs, von Paula Modersohn-Becker und Ernst Ludwig Kirchner. Hinzu kommen lokale Künstler verschiedener Zeiten.

Bis voraussichtlich 2025 ist wegen Sanierungsarbeiten nur ein Teil der Sammlung zu sehen.

Glockengießerstraße und Umgebung

Die Glockengießerstraße ist gut erhalten und wartet mit einer Vielzahl historischer Giebelhäuser auf. Zwischen die Wohnhäuser schieben sich einige kleine Geschäfte und vor allem zwei der bekanntesten Stiftungshöfe der Stadt. Reiche Bewohner, meistens Kaufleute, ließen vor allem im 17. und 18. Jahrhundert solche kleinen Wohneinheiten errichten, in denen in der Regel verarmte Witwen von Schiffern und Händlern kostenlos wohnen konnten. Die Wohnungen waren bescheiden, meist nur um die 20 Quadratmeter groß, aber immerhin hatten die Frauen hier ein Dach über dem Kopf. Viele der Höfe wurden in den letzten Jahren wieder hergerichtet und werden heute wieder bewohnt, manchmal erneut von sozial benachteiligten Personen, manchmal zu größeren Einheiten zusammengelegt von ganz normalen Familien in oft idyllischer Umgebung.

Der **Füchtingshof** (Nr. 25) gehört mit 21 Wohnungen zu den größten Höfen und wurde 1605 von dem Kaufmann Johann Füchting (1551–1637) gestiftet. Da seine Ehe kinderlos blieb, gab er ein Drittel seines Vermögens für diesen Hof ab. **Glandorps Hof** (1603, Nr. 39–53) hat denselben Hintergrund. Johann Glandorp (1556–1612) war Schonenfahrer und ließ zunächst für 14 arme Witwen einen Hof bauen, der später erweitert wurde.

Ziemlich am Anfang der Straße befindet sich das **Günter-Grass-Haus,** das aus zwei sanierten Altstadthäusern mit einem kleinen Innenhof besteht. Hier befand sich das Archiv des Autors, Zeichners und Bildhauers, dazu sein Büro, in dem er sich häufig aufhielt. Gewohnt hat Grass (1927–2015, → S. 118) in diesem Haus aber nicht, sondern in Behlendorf, etwa 25 Kilometer südlich von Lübeck, wo er auch begraben liegt. Das Museum gibt nur recht grundlegende Informationen über den Nobelpreisträger, zeigt Fotos, einige Dokumente, Skizzen und Zeichnungen, eine Gesamtausgabe der Bücher. Wozu auf diesem engen Raum ein Kolonialwarenladen dient, der an die ›Blechtrommel‹ erinnern soll, bleibt ein Rätsel. Hunderte von Zeichnungen, Lithographien, Aquarellen und Radierungen sowie zahlreiche Manuskripte sind vorhanden, können aber nicht präsentiert werden. Im ersten Stock werden Sonderausstellungen gezeigt. Höhepunkt der Ausstellung sind

Der Füchtingshof

die Skulpturen im Hof, vor allem die Großplastik ›Der Butt im Griff‹.

Gleich um die Ecke, an der Königstraße, befindet sich das **Willy-Brandt-Haus.** Brandt und Grass waren befreundet, und Grass machte lange Zeit Wahlkampf für Brandt. Willy Brandt (→ S. 123) wurde 1913 als Herbert Frahm in Lübeck geboren und wuchs hier auf. Nach der Machtübernahme der Nazis musste er auf einem Fischerboot nach Norwegen fliehen. Das Haus dieses Fischers steht übrigens an der Jahrmarktstraße in Travemünde. Brandt kehrte nach dem Krieg nur kurzzeitig nach Lübeck zurück, stieg schnell in der Politik auf. Die Ausstellung beleuchtet sein gesamtes Leben, Kindheit und Jugend in Lübeck nehmen nur eine untergeordnete Rolle gegenüber seiner Tätigkeit als Bundeskanzler ein.

EXTRA

Günter Grass – Streitbarer Dichter und Grafiker

Am 16. Oktober 1927 wurde Günter Grass in Danzig geboren. Seine Eltern, ein protestantischer Händler und eine katholische Kaschubin, betrieben einen Kolonialwarenhandel in bescheidenen Verhältnissen. Seine Kindheit war katholisch geprägt. Grass meldete sich mit 17 zur Wehrmacht und wurde schließlich 1944 zur Waffen-SS einberufen, wovon er nach dem Krieg lange Zeit nicht redete und was nach Erscheinen seiner Autobiographie *Beim Häuten der Zwiebel* 2006 eine größere Kontroverse auslöste.

Nach dem Krieg begann Grass ein Praktikum als Steinmetz in Düsseldorf und studierte an der dortigen Kunstakademie Grafik und Bildhauerei. Ab 1953 lebte er in Berlin und kurzfristig in Paris. Er heiratete die Ballettstudentin Anna Schwarz, mit der er vier Kinder bekam, weitere Kinder entstammen anderen Beziehungen. In seinem Roman *Die Box* treten sechs leibliche Kinder und zwei Söhne von Ute Grass auf, seiner zweiten Frau

Die schriftstellerische Tätigkeit, parallel zu Ausstellungen von Grafiken und Plastiken, begann 1956, und schon 1959, seinem ersten Roman *Die Blechtrommel,* gelang ihm der Durchbruch. Grass wurde Mitglied der Gruppe 47, in der sich die bedeutendsten Schriftstellerinnen und Schriftsteller der Nachkriegszeit versammelten. Er wohnte jetzt die meiste Zeit in Berlin-Friedenau und wurde in den 1960er Jahren zu einem eminent politischen Schriftsteller und Bürger. Grass trat aus der katholischen Kirche aus, wurde Mitglied der SPD und unterstützte vor allem Willy Brandt, später wandte er sich mehr den Grünen zu. Sein umfangreiches schriftstellerisches Werk beschäftigte sich mit seiner kaschubischen Herkunft, dem Katholizismus, dem Aufstieg aus einfachen Verhältnissen in eine intellektuelle Umgebung, der Bewältigung oder Nichtbewältigung der Nazi-Vergangenheit in Deutschland und vielen anderen politischen Themen. Er kämpfte gegen Atomkraft, für die Roma, gegen den ADAC und die Rechtschreibreform. 1999 erhielt Günter Grass für sein Lebenswerk den Nobelpreis für Literatur. Wegen der vielen Kontroversen, die er vor allem durch seine Schriften ein Leben lang auslöste, blieb oft etwas verborgen, dass Grass eigentlich ein begnadeter Zeichner, Graphiker und Bildhauer war, der nicht nur seine eigenen Werke illustrierte. 1987 suchte er etwas mehr Ruhe und zog in ein Haus im Dorf Behlenberg, etwa 25 Kilometer südlich von Lübeck. Günter Grass starb an den Folgen einer Infektion am 13. April 2015. Er ist in Behlenberg begraben.

Günter Grass bei einer Tagung von Schriftstellern 1982

Figuren an der Westfassade der Katharinenkirche

Katharinenkirche

Das große Franziskanerkloster bestand von 1225 bis zur Reformation 1531, und St. Katharinen war seine Klosterkirche. Als weiteres Werk der Backsteingotik ersetzte sie eine frühere Kirche, doch wegen diverser Streitigkeiten wurde fast das gesamte 14. Jahrhundert an der Kirche gebaut. Sie hat keinen großen Westturm, sondern nur einen kleinen **Vierungsturm**. Nach der Reformation wurde das Kloster zu einer Lateinschule umgebaut, dem Katharineum, das einige bekannte Schüler hatte, so etwa Heinrich und Thomas Mann, Erich Mühsam, Werner von Siemens und Theodor Storm. Später nutzte man weitere Gebäudeteile als Stadtbibliothek. Die französischen Besetzer Lübecks (1806–1813) profanierten die Kirche und nutzten sie als Pferdestall. 1841 begann die Nutzung als Sammelstätte für (meist sakrale) Kunst und später als Museum, während zeitweise die kirchliche Nutzung in einem Teil des Gebäudes fortgesetzt wurde. Seit 1980 ist St. Katharinen endgültig eine Museumskirche im Besitz der Stadt Lübeck.

Nicht übersehen sollte man die **Figuren** in den Nischen der Westfassade, die ab dem Jahr 1929 von Ernst Barlach (1870–1938, → S. 95) und Gerhard Marcks (1889–1981) geschaffen wurden. Ursprünglich sollten 16 Statuen unter dem Titel ›Gemeinschaft der Heiligen‹ entstehen, doch bis 1933 waren lediglich drei fertiggestellt: ›Frau im Wind‹, ›Bettler‹ und ›Singender Klosterschüler‹. Bis 1936 gelang es dem 1933 abgesetzten Museumsleiter Carl Georg Heise, die Skulpturen als Privatbesitz in Berlin zu verstecken; 1947 kehrten sie zurück. Statt des inzwischen verstorbenen Barlach fertigte Gerhard Marcks sechs weitere Figuren an, die 1949 aufgestellt wurden: in der Mitte der ›Schmerzensmann‹, in der Fünfergruppe von links ›Brandstifter‹, ›Jungfrau‹, ›Mutter und Kind‹, ›Kassandra‹ und ›Prophet‹.
In der Kirche hängt das bedeutendste **Gemälde** am Westende des südlichen Seitenschiffs. Es handelt sich um das Werk ›Auferweckung des Lazarus‹, datiert auf 1576 und geschaffen von dem italienischen Maler des Manierismus, Jacopo

Tintoretto (1518–1594). Noch imposanter als das Gemälde ist die doppelte Rahmung, die außen mehrere Wappen enthält, die auf eine ausgedehnte Familie aus Brabant verweisen, die im 16. Jahrhundert vor dem Niederländischen Aufstand nach Lübeck floh und den Tintoretto wohl durch einen venezianischen Teil der Familie erwarb.

Löwen-Apotheke

An der Ecke Königstraße/Julius-Leber-Straße wurde mit der Löwen-Apotheke aus der Zeit um 1230 eines der ältesten Lübecker Bürgerhäuser rekonstruiert. Der hintere Giebel stammte noch aus der Erbauungszeit, doch der vordere Hauptgiebel entfaltete seine Pracht seit Mitte des 14. Jahrhunderts. Das Gebäude brannte in der Bombennacht von 1942 aus, wurde nach dem Krieg aber wieder errichtet und steht seit 1967 unter Denkmalschutz.

Nur wenige Schritte entfernt befinden sich mit der Fleischhauerstraße und der Hüxstraße zwei beliebte Einkaufsstraßen mit vielen kleinen Läden.

Kirche St. Aegidien

Die Kirche St. Aegidien ragt im Südosten der Stadt aus einem relativ gut erhaltenen Wohngebiet rund um die St.-Annen-Straße auf, in dem sich zahlreiche Handwerker angesiedelt hatten. Sie ist dem heiligen Ägidius geweiht, einem griechischen Kaufmann aus dem 7. Jahrhundert, der später Abt in einem südfranzösischen Kloster war. Da sich Stadt und Domkapitel nicht über die Finanzierung der Kirche einigen konnten, blieb sie ganz unter Kontrolle des nahen Doms, bis sie in der Reformation als erste Kirche zur neuen Lehre wechselte.

Die Kirche wurde vermutlich im frühen 13. Jahrhundert als einschiffige Halle im Stil der Backsteingotik errichtet. Später wurden Kapellen angebaut, die schließlich zu einer dreischiffigen Hallenkirche zusammengefügt wurden. Da der Baugrund klein war, wirkt die Kirche etwas gedrungen. Zug um Zug wurde auch der **Turm** bis auf eine Höhe von 86 Metern gebracht. Die **Seitenkapellen** dienten als Begräbniskapellen hochstehender Bürger.

St. Annen: früher Kloster, heute Museum

▲ Karte S. 102

Das Innere der Kirche wurde immer wieder renoviert und verändert, so dass es sich seit dem 17./18. Jahrhundert im Stil des Barock zeigt, was vor allem für den großen **Hochaltar**, die **Taufe**, die **Kanzel**, mehrere **Epitaphe** und die gewaltige **Orgel** (1626) gilt. Zu den älteren Ausstattungsstücken gehören ein spätromanisches **Relief** des segnenden Jesus, der **Lettner** und das **Triumphkreuz**.

■ Museumsquartier St. Annen

Im Jahr 1502 wurde das St.-Annen-Kloster zur Unterbringung unverheirateter Töchter Lübecker Kaufleute gegründet. Es musste jedoch schon nach 17 Jahren, im Zuge der Reformation, wieder schließen, wurde später zeitweise als Armenhaus und Zuchthaus genutzt, bevor es bei einem Brand 1843 weitgehend zerstört wurde. Seit 1915 stehen die wieder aufgebauten Räume als Museum zur Verfügung, in dem sich zahlreiche originale Bau- und Kunstobjekte aus der Stadt befinden, etwa die Statuen der Puppenbrücke, Schätze aus Kirchen oder dem Rathaus sowie aus Wohnhäusern von Kaufleuten. Zu sehen sind weiterhin Gemälde deutscher und niederländischer Maler des 15./16. Jahrhunderts wie Lucas Cranach, Jacob van Utrecht, Hans Memling und Hans Kemmer.

Höhepunkt der Ausstellung sind zweifellos die 28 mittelalterlichen Altarretabel, die aus Kirchen aus Lübeck und Umgebung gerettet wurden und die Vielfalt religiöser Kunst vom 13. bis 16. Jahrhundert belegen, etwa mehrere Reliefs mit ›Marienkrönungen‹.

Im Obergeschoss des ehemaligen Klosters können Besucher einen Blick hinter die Fassaden der Backsteinhäuser werfen, um in 25 inszenierten Räumen zu sehen, wie in der Zeit vom Mittelalter bis ins 19. Jahrhundert Kaufleute und Handwerker, Reiche und Arme lebten, wie sie sich einrichteten, ihre Wohnungen dekorierten, wie sie sich kleideten und was sie aßen.

■ Domfreiheit

Den Dom umgab früher die sogenannte Domfreiheit, ein mit der Stadt ausgehandeltes Areal, in dem die Autorität des Domkapitels und nicht der Stadt galt. Also wohnten hier die meisten kirchlichen Angestellten. In dieses Gebiet führt von Norden eine enge Straße namens ›Fegefeuer‹, von der man in eine noch kleinere Gasse namens ›Hölle‹ abbiegen kann oder geradeaus zum Dom und seiner früheren Eingangshalle namens ›Paradies‹ weitergeht. Vor dem jetzigen Domeingang ragt eine Kopie des berühmten **Braunschweiger Löwen** auf, die auf den Gründer des Doms, Herzog Heinrich der Löwe, verweist.

Südlich des Doms befindet sich weiterhin das **Museum für Natur und Umwelt**, das auch Teile des spätromanischen Kreuzgangs einbezieht.

■ Dom

Heinrich der Löwe legte 1173 den Grundstein zum Dom, nachdem der Bischofssitz von Oldenburg nach Lübeck verlegt worden war. Mit den Domen von Ratzeburg (→ S. 88), Schwerin und Braunschweig gehört der Lübecker Dom damit zu den ›vier Löwendomen‹. 1247 wurde die romanische Basilika geweiht, doch weniger als zehn Jahre später stellte man fest, dass im gotischen Stil viel größer und höher gebaut werden konnte, und so begann der Wettstreit der Machtdemonstration zwischen der Bischofskirche und der Kirche der Kaufleute in der Stadtmitte, St. Marien.

Ab 1254 entstand am nördlichen Querschiff eine ›Paradies‹ genannte Eingangshalle, und ab 1266 verwandelte man den Dom in eine gotische Hallenkirche, indem man die Seitenschiffe anhob und im Osten einen gotischen Chor anbaute. 1341 war die Wandlung weitgehend vollzogen, die Kirche war nun 132 Meter lang, die Türme 115 Meter hoch, wobei der Anbau im Osten durch schlanke, runde Säulen gut von den massigen Pfeilern des romanischen Baus zu unterscheiden ist. Später wurden noch der Kreuzgang sowie zahlreiche Grabkapellen angebaut. In der Bombennacht von 1942 wurde der Dom schwer beschädigt. Das Gewölbe des Hochchores stürzte ein und zerstörte den Hochaltar, der Dachstuhl geriet in Brand, die Turmhelme fielen, der Giebel des Querschiffes verwandelte das Paradies in einen Trümmerhaufen, auch die Orgel wurde zerstört. Einige große Ausstattungsteile wie das Triumphkreuz und mittelalterliche Klappaltäre konnten jedoch gerettet werden. Der Wiederaufbau begann erst in den 1960er Jahren und endete 1982 mit der erneuten Weihung des Paradieses. Inzwischen hat sich herausgestellt, dass die Türme nicht auf sicherem Grund stehen und es an der Qualität der Ziegelsteine mangelt, so dass wohl eine zehn Jahre dauernde Sanierung erforderlich ist.

Die übermäßigen Dimensionen des Doms treten auch in der Ausstattung zutage. 17 Meter hoch ist das **Triumphkreuz** von Bernt Notke (1435–1509), dem wohl bedeutendsten Maler und Bildhauer des Ostseeraums des 15. Jahrhunderts. Es wurde 1477 von Bischof Albert II. gestiftet, der sich ganz unbescheiden selbst darauf verewigen ließ, denn die vier Figuren unter dem Kreuz zeigen stehend Maria und den Jünger Johannes, kniend die verfemte Maria Magdalena mit eleganter Kopfbedeckung und den Bischof mit Stab. Hinter dem Kreuz ragt der **Lettner** auf, dessen Bildschnitzereien ebenfalls von Notke stammen. Die vier Statuen stellen die Patrone des Doms dar: Nikolaus, Maria, Johannes der Täufer und Blasius. An der Uhr aus dem Jahr 1628 schlägt jede Viertelstunde eine Frauengestalt, die den Glauben symbolisiert, die Glocke; zur vollen Stunde erledigt ein Skelett, Symbol des Todes, dasselbe und dreht noch eine Sanduhr um. Bedeutung: Unsere Zeit ist begrenzt, doch noch nicht abgelaufen.

Beim Neuaufbau des Doms wurde hinter dem Lettner ein runder **Taufraum** geschaffen. Ursprünglich stand die Taufe von 1455 am Domeingang, um die Eintretenden zu erinnern, dass jeder getauft ist. Jetzt ist hier ein schöner Platz entstanden, flankiert von einer kleinen italienischen **Barockorgel**, die im Stehen gespielt wird. Im Chor befindet sich die Ruhestätte des Bischofs Heinrich II. Bochholt (1317–1341), der den Umbau vom romanischen zum gotischen Dom veranlasste. Weiterhin entstanden nach der Reformation zahlreiche Grabkapellen, Epitaphe und Grabplatten für Bischöfe, Mitglieder des Domkapitels und des Hochadels.

Zu erwähnen sind noch zwei mittelalterliche **Altäre**, der Altar der kanonischen Tageszeiten (15. Jh.), auf dem die Stationen des Kreuzwegs sieben Tageszeiten zuordnet und in Bildform dargestellt werden, sowie der Stecknitzfahrer-Altar von 1422, der sich mit der Weihnachtsgeschichte beschäftigt.

Zum Schluss lohnt ein Blick auf die **Westfenster**. Alle Fenster des Doms wurden 1942 zerstört, danach wurden nur weiße Scheiben mit Bleiverglasung eingesetzt. Ausnahme sind die drei langen Fensterbahnen im Westen, die der Avantgarde-Maler Lothar Quinte (1923–2000) 1963/64 entwarf. Die Striche verbinden die drei Fenster zu einer Komposition, und wenn am späten Nachmittag die Sonne auf die Fenster fällt, leuchten die Farben in unbeschreiblichem Glanz.

▶ Karte S. 102

Willy Brandt – Der Sozialdemokrat aus dem Norden

Von manchem angefeindet, doch auf der ganzen Welt geschätzt, vom Arbeiterkind zum Bundeskanzler und Nobelpreisträger: Willy Brandt gehört zweifellos zu den herausragenden Persönlichkeiten der Nachkriegszeit.

Am 18. Dezember 1913 wird Herbert Ernst Karl Frahm in der Lübecker Vorstadt St. Lorenz geboren. Seine Mutter ist Martha Frahm (1894–1969), eine Verkäuferin beim Konsum, die bei der Namenseintragung auf dem Standesamt den Namen des Vaters verschweigt. Der Sohn erfährt dessen Identität erst 1947, trifft seinen Vater aber nie. Da Martha Frahm tagsüber arbeitet, übernimmt der Großvater Ludwig Frahm (1875–1935) nach seiner Rückkehr aus dem Ersten Weltkrieg ab 1919 die Erziehung des Kindes, Herbert nennt ihn ›Papa‹, und auf seinem Abiturzeugnis ist er als Vater angegeben. Herbert wohnt bei den Großeltern in einer engen Drei-Zimmer-Wohnung in der Meierstraße 16.

Das Geburtsjahr 1913 ist das Jahr, in dem August Bebel stirbt. Lübeck ist mit 114 000 Einwohnern der kleineste Bundesstaat des Deutschen Reiches. Noch gilt ein undemokratisches Zensuswahlrecht, das die Vorherrschaft der Kaufleute sichert. Doch die Zeiten ändern sich: Lübeck wird von der Industrialisierung ergriffen, eine Fabrik nach der anderen springt längs der Trave aus dem Boden, und Lübeck wird rot. Bei den Reichstagswahlen gilt das allgemeine Wahlrecht, so dass schon 1903 die Sozialdemokraten die Mehrheit erringen und Theodor Schwartz nach Berlin entsenden. Großvater Ludwig Frahm war ursprünglich Landarbeiter im Mecklenburgischen und dort schon als aufmüpfig gegen den Gutsverwalter bekannt. Jetzt ist er LKW-Fahrer bei den Drägerwerken und gibt dem jungen Herbert im zarten Alter von acht Jahren seine erste Lektion in Sachen Arbeiterstolz: Per Zufall hatte Herbert bei einem Streik zwei geschenkte Brote ergattert, die er stolz nach Hause trug, wo er gleich gescholten wurde, dass Arbeiter kein Brot von Streikbrechern annehmen. »Wir wollen unser Recht, keine Geschenke«, sagte der Großvater.

Willy Brandt während einer Wahlkampfrede in den frühen 1970er Jahren

Herbert Frahm wird in einem klassischen Arbeitermilieu sozialisiert. Schon als Kind geht er zum Arbeitersport und in die Mandolinengruppe. Um ihn herum existiert eine vollständige sozialdemokratische Welt, die für Herbert sehr schnell zum Familienersatz wird. Daneben besucht er aber noch ganz ›bürgerliche‹ Schulen: Volks-, Mittel- und Realschule, schließlich noch für vier Jahre als Stipendiat das stadtbekannte Johanneum, ein Reform-Realgymnasium, an dem er im Februar 1932 das Abitur ablegt, mit einem Aufsatz über August Bebel. Der Schüler Herbert Frahm hat sich durch Belesenheit, Diskutierfreude, Widerspruchsgeist und großes Interesse an Politik und Sozialdemokratie ausgezeichnet. Schon früh ziehen die skandinavischen Länder den Jugendlichen an; 1928 nimmt er an einem Schüleraustausch in Dänemark teil, später ist Dänemark Ziel eines Trampurlaubs mit einem Freund. Doch auch als Erwachsener, selbst als Bundeskanzler und Pensionär verbringt er entspannte Sommer im Norden.

Von der Mandolinengruppe ist es nicht weit zur Arbeiterjugend und den Roten Falken; nachts gibt es schon mal eine Schlägerei mit der Hitlerjugend. Im Sommer 1930 tritt Herbert Frahm in die SPD ein, mit einer Sondergenehmigung, denn statt der erforderlichen 18 Jahre zählt er erst 16. Schon seit einiger Zeit betätigt sich der alerte Knabe auch journalistisch. Schreibt er erst über die Ausflüge der Falken, so verfasst er bald politische Artikel für den sozialdemokratischen *Volksboten,* der von Chefredakteur Julius Leber (1891–1945) betreut wird. Doch schon in dieser frühen Zeit wird Frahm in die Grundauseinandersetzung der SPD geworfen: Soll man für Ordnung, Disziplin, Anpassung sein oder doch lieber für die Revolution? Die Lübecker SPD gehört fast vollständig dem reformerischen Flügel an. Frahm und die Parteijugend hingegen zieht es nach links und zur Sozialistischen Arbeiterpartei (SAP), was die junge Partei- und Journalistenkarriere durch den Bruch mit Julius Leber erst einmal beendet. Mit dem Studium wird es auch nichts, so dass Herbert Frahm als Volontär bei der Lübecker Schiffsmaklerfirma F.H. Bertling anheuert.

Letztendlich bleibt die SAP eine Splitterpartei – bei den Reichstagswahlen vom 31. Juli 1932 holt sie 0,2 Prozent der Stimmen –, so dass sie von der Führung am 3. März 1933 aufgelöst wird. Nicht alle akzeptieren das, es kommt zu einem Parteitag in Dresden am 11./12. März, auf dem Herbert Frahm zum ersten Mal seinen ›Kampfnamen‹ Willy Brandt benutzt, den er den Rest seines Lebens verwendet, seit 1949 sogar offiziell. Die Rest-SAP beschließt, Auslandsbüros zu eröffnen, und Willy Brandt soll das Büro in Oslo aufbauen. Da wegen der Verfolgung durch die Nazis keine offizielle Ausreise mehr möglich ist, schmuggelt der Fischer Paul Stooß in der Nacht zum 3. April 1933 den damals 19-Jährigen auf seinem Motorkutter von Travemünde nach Rødbyhavn in Dänemark.

Bis 1945 kämpft Willy Brandt in Norwegen und Schweden gegen das Naziregime. Als er ausgebürgert wird, nimmt er die norwegische Staatsbürgerschaft an – das alles wird ihm noch bis in die 1960er Jahre von rechten Kreisen zum Vorwurf gemacht. Er kehrt als norwegischer Reporter zurück. 1946 tritt er in seiner ›Mutterstadt‹ Lübeck erstmals wieder öffentlich auf. Die SPD bietet ihm an, für das Oberbürgermeisteramt von Lübeck zu kandidieren, doch Brandt lehnt ab: er hat mehr die große Politik im Auge als die kleinen Probleme der Kommunalpolitik, und er sieht keine ausreichende Basis für ihn in der Lübecker Partei.

Der Rest ist bekannt. Willy Brandt war Bundestagsabgeordneter, Regierender Bürgermeister von Berlin, Außenminister, Bundeskanzler, SPD-Vorsitzender, mit seiner Ostpolitik ein Wegbereiter der deutschen Einheit, Friedensnobelpreisträger und Präsident der Sozialistischen Internationalen. Er starb hochgeehrt am 8. Oktober 1992 in Unkel bei Bonn. Sein Ehrengrab befindet sich in Berlin, auf dem Waldfriedhof Zehlendorf.

Lübeck

Tourist Information, Holstentorplatz 1, 23552 Lübeck, Tel. 0451/8899700; Mo–Fr 9.30–18, Sa/So 10–15 Uhr, Sa auch kulinarische Stadtführungen.
www.luebeck-tourismus.de
Die Lübecker **Stadtführer** bieten zahlreiche Themenführungen an: Tel. 0451/20218635, 0176/22381535.
www.luebecker-stadtfuehrer.de

Anno 1216, Alfstr. 38, 23552 Lübeck, Tel. 0451/70739868; DZ ab 160 €. Die frühe Geschichte dieses Ziegelgebäudes an der Ecke Alfstr./Untertrave geht in das frühe 13. Jahrhundert zurück, in dem es vielleicht ein Gildenhaus mit Saal war. Doch es machte viele Metamorphosen durch: Der Keller wurde ausgebaut, das Dach aufgestockt, so dass es sechs Stockwerke umfasst. Jeder Baustil, vor allem Renaissance und Rokoko, hinterließen ihre Spuren, im späten 18. Jahrhundert dann auch der Barock. In den 1980er Jahren war eine große Restaurierung erforderlich, bei der bemalte Wandpaneele zum Vorschein kamen. Ab 2010 begann der Umbau in ein historisches Hotel, das eine schöne Balance zwischen alten Mauern und modernem Design gefunden hat.
www.hotelanno1216.de
Atlantic, Schmiedestr. 9, 23552 Lübeck, Tel. 0451/384790; DZ ab 129 €. Das moderne Vier-Sterne-Superior-Hotel mit 135 Zimmern, Studios und Suiten liegt äußerst günstig in der Altstadt. Sein Restaurant ›Salis‹ ist bekannt für Steaks und Fisch.
www.atlantic-hotels.de/hotel-luebeck
Radisson Blue, Willy-Brandt-Allee 6, Lübeck, Tel. 0451/1420; DZ ab 150 €. Das Fünf-Sterne-Hotel liegt direkt am Ufer der Trave und blickt über den Fluss auf die Altstadt. Die 224 Zimmer sind stilvoll in einem maritimen Ton eingerichtet. Ein kleiner Wellnessbereich umfasst ein Schwimmbad und zwei Saunen. Zwei Restaurants.
www.radissonhotels.com/de-de/hotels/radisson-blu-luebeck
Ringhotel Jensen, An der Obertrave 4, 23552 Lübeck, Tel. 0451/702490; DZ ab 159 €. Das Hotel besteht aus zwei ehemaligen Patrizierhäusern und pflegt einen gediegenen, etwas althergebrachten Stil. Es liegt direkt an der Trave mit Blick auf die Salzspeicher.
www.hotel-jensen-luebeck.de
Klassik, Fischergrube 52, 23552 Lübeck, Tel. 0451/702980; DZ ab 136 €. Persönlich geführtes Boutique-Hotel mit 28 Zimmern und literarischen Ansprüchen in einem 700 Jahre alten Haus. Hervorragend in der nördlichen Altstadt gelegen.
www.klassik-altstadt-hotel.de
Liho, Lindenstr. 1a, 23558 Lübeck, Tel. 0451/872100; DZ ab 88 €. Das Drei-Sterne-Hotel ist weit abseits des Beige-Einheitslooks gestaltet und liegt fünf Minuten Fußweg vom Holstentor entfernt.
www.liho-luebeck.de
Jugendherberge, Mengstr. 33, 23552 Lübeck, Tel. 0451/7020399. Kleine Herberge mit 83 Betten in der Innenstadt.
www.luebeck-altstadt.jugendherberge.de
Jugendherberge vor dem Burgtor, Am Gertrudenkirchhof 4, 23568 Lübeck, Tel. 0451/33433. Moderne Herberge mit 210 Betten nördlich der Altstadt.
www.luebeck.jugendherberge.de

Fangfrisch, An der Untertrave 51, 23552 Lübeck, Tel. 0451/39686609. Hauptsächlich Fischgerichte, auch die Fischsuppe ist empfehlenswert. Alles frisch aus der Region. Auf der anderen Straßenseite, an der Drehbrücke, gibt es Fischbrötchen.
www.fangfrisch-luebeck.de
Potter's, An der Obertrave 9, 23552 Lübeck, Tel. 0451/75102; tgl. 12–22 Uhr. Die Klassiker der norddeutschen Küche kommen hier auf den Tisch.
www.potters-restaurant.de
Schabbelhaus, Mengstr. 48, 23552 Lübeck, Tel. 0451/72011; Di–Sa 18–22 Uhr. Eine beeindruckende Karte gehobener deutscher Küche mit einigen selten gewordenen Gerichten wie Taube, Kalbs-

herz, warme Blutwurst. Alles modern interpretiert und vor Ort hergestellt, auch die Saucen. https://schabbelhaus.de▸

Schiffergesellschaft, Breite Str. 2, 23552 Lübeck, Tel. 0451/76776; Di–So 12–22 Uhr. Gediegenes Restaurant mit norddeutscher Küche in den historischen Räumlichkeiten der Schiffergilde. www.schiffergesellschaft.de

Vai, Hüxstr. 42, 23552 Lübeck, Tel. 0451/4008083. Mediterrane und deutsche Küche auf gehobenem Niveau, auch Menüs. Ausführliche Weinkarte. Bei gutem Wetter auch im Innenhof. www.restaurant-vai.sw

Yachtzimmer, An der Obertrave 4, 23552 Lübeck, Tel. 0451/77282; Di–So 12.30–21 Uhr. Fischlastige Karte mit norddeutscher Küche. Innen historisches Schiffsambiente, außen Blick auf die Salzspeicher. www.yachtzimmer.de

▸ Besondere Kneipe:

Professor Unrat, Blauer Engel Kulturcafé, Clemensstr. 10, 23552 Lübeck, Tel. 0176/23179601; Mi/Do 17.30–2, Fr/Sa 20–3 Uhr. Kulturkneipe, die sich auf ein Bordell im Roman von Heinrich Mann bezieht.

Affenbrot, Kanalstr. 70, 23552 Lübeck, Tel. 0451/72193; So–Do 10–20, Fr/Sa 9–22 Uhr. Vegetarisches Café und Bistro mit konsequentem Bio-Angebot, vorwiegend von einem Demeter-Hof außerhalb der Stadt. www.cafeaffenbrot.de

Fräulein Brömse, Hinter der Burg 2, 23552 Lübeck, Tel. 0157/50775308; tgl. 10–18 Uhr. Kinderfreundliches Café im Garten des ehemaligen Klosters. Mittags Imbisse, nachmittags Kuchen. https://cafe-fraeuleinbroemse.de

Hansehof, Wahmstr. 37, 23552 Lübeck, Tel. 0451/80856121; Sa–Do ab 12 Uhr. Bis 15 Uhr gibt es warme Mittagsimbisse, danach hervorragenden Kuchen, das alles im historischen Ambiente des Hansehofs. www.cafe-hansehof.de

Konvent, St.-Annen-Str. 1, 23552 Lübeck, Tel. 0451/30808300. Von einem jungen Publikum frequentiertes Café nahe dem Annen-Museumskomplex. www.konvent-luebeck.de

Marzipanland, An der Untertrave 98, 23552 Lübeck, Tel. 0451/61303333; Mo–Sa 11–18 Uhr. Café, Kaffeerösterei und Marzipanladen im alten Marzipanspeicher. Weiterer Marzipanladen am Holstentor. www.marzipanland.eu

Niederegger, Breite Str. 89, 23522 Lübeck, Tel. 0451/5301126; Mo–Fr 9–19, Sa 9–18, So 10–18 Uhr. Das 1806 gegründete Café ist eine Institution. Marzipan und die Niederegger-Nusstorte stehen ganz oben an. www.niederegger.de

Stadtgeschichtliches Museum, im Holstentor, Holstentorplatz, 23552 Lübeck, Tel. 0451/1224129; April–Dez. tgl. 10–18, Jan.–März Di–So 11–17 Uhr. Geschichte des Holstentors und der Stadt. https://museum-holstentor.de

St. Petri, Am Petrikirchhof 1; Mo–Do 10–16, Fr 10–18, Sa/So 10–20 Uhr.

Rathaus, Breite Straße 62, 23552 Lübeck, Tel. 0451/1221005; Führungen Mo–Fr 11, 12, 15 Uhr, Sa/So 12 Uhr (falls keine Veranstaltungen stattfinden). Tickets in der Portiersloge des Foyers.

St. Marien, Marienkirchhof; tgl. 10–17 Uhr.

Buddenbrookhaus, Mengstr. 4, 23552 Lübeck, Tel. 0451/1224190. Wegen Umbauarbeiten bis voraussichtlich 2025 geschlossen. https://buddenbrookhaus.de

Europäisches Hansemuseum, An der Untertrave 1, 23552 Lübeck, Tel. 0451/8090990; tgl. 10–18 Uhr. Geschichte der Hanse. www.hansemuseum.eu

Dominikanerkloster, wie Hansemuseum.

Heilig-Geist-Hospital, Koberg 11, 23552 Lübeck, Tel. 0451/7907840; Di–So 10–17 Uhr. Kirche und Hospital/Altenheim. www.luebeck-tourismus.de/altstadt/heiligen-geist-hospital

St. Jakobi, Jakobikirchhof 3; Mo–Sa 10–18, So 11–18 Uhr.

Behnhaus, Drägerhaus, Königstr. 9–11, 23552 Lübeck, Tel. 0451/1224148; Di–

▸ Karte S. 102

So 10–17 Uhr. Bedeutende Sammlung von Gemälden, Grafiken, Fotos und Plastiken des 19. Jahrhunderts und der Klassischen Moderne. https://museum-behnhaus-draegerhaus.de

Günter-Grass-Haus, Glockengießerstr. 21, 23552 Lübeck, Tel. 0451/1224230; tgl. 10–17 Uhr, Jan.–März Mo geschlossen. Leben und Werk von Grass als Schriftsteller, Grafiker und Bildhauer. https://grass-haus.de

Willy-Brandt-Haus, Königstr. 21, 23552 Lübeck, Tel. 0451/1224250; tgl. 11–18 Uhr. Ausstellung über das gesamte Leben Willy Brandts, die Jugend in Lübeck spielt nur eine untergeordnete Rolle. https://willy-brandt.de

St.-Katharinen-Kirche, Königstr. 27; Mi–Sa 12–16, So 12–14 Uhr, im Sommer Sa 12–15 Uhr Mittagskonzert.

St. Aegidien, Aegidienkirchhof 1; Di–Sa 10–16 Uhr.

St.-Annen-Museum, St.-Annen-Str. 15, 23552 Lübeck, Tel. 0451/1224137; Di–So 10–17 Uhr. Gemälde deutscher und niederländischer Meister des 15./16. Jahrhunderts, große Sammlung von Altären und sakraler Kunst, 25 inszenierte Räume über das Leben im historischen Lübeck. https://st-annen-museum.de

Museum für Natur und Umwelt, Musterbahn 8, 23552 Lübeck, Tel. 0451/1224122; Di–So 9–17 Uhr. Naturgeschichte Schleswig-Holsteins, vor allem des Lübecker Raums. Die großen Themen sind Evolution, Ökologie und Biodiversität. Zusätzlich gibt es wechselnde Sonderausstellungen. https://museum-fuer-natur-und-umwelt.de

Dom, Mühlendamm 2; tgl. 10–16 Uhr.

Grenzdokumentations-Stätte Lübeck-Schlutup, Mecklenburger Str. 12, 23568 Lübeck, Tel. 0451/6933990; Fr/Sa 14–17, So 11–17 Uhr. Die Grenze zwischen BRD und DDR verlief direkt an der östlichen Stadtgrenze von Lübeck. Daran erinnert das kleine Museum mit zahlreichen Fotos und Realgegenständen. www.grenze-luebeck.de

Theater Lübeck, Beckergrube 16, 23552 Lübeck, Tel. 0451/399600 (Theaterkasse). Das Theater kam mit Wanderbühnen auf dem Marktplatz nach Lübeck, erstmals schriftlich belegt 1637. Man spielte aber auch in großen Privathäusern, etwa in dem des theaterbegeisterten Zimmermanns Hermann Hinrich Schröder in der Königstraße, Ecke Wahmstraße. 1746 gab es dort die erste Oper, und 1751 erhielt Schröder von der Stadt das Theaterprivileg. Auf der Suche nach einer größeren Spielstätte stieß er auf den leerstehenden Lüneburger Hof in der Beckergrube. Dort eröffnete er 1753 ein einstöckiges Logentheater. Rund 100 Jahre wurde hier – mit regelmäßigen Umbauten – Sing- und Sprechtheater gespielt, dann wollten die reichen Kaufleute etwas repräsentableres und gründeten 1857 die Casino-Gesellschaft, die einen völligen Neubau errichtete. Häufig stand Wagner auf dem Programm. 1908 eröffnete der nächste Neubau, wieder in der Beckergrube und diesmal ganz im damals modernen Jugendstil. Da das Bauwerk in den Kriegen kaum beschädigt wurde und bei jüngeren Renovierungen und technischen Verbesserungen das Jugendstildekor wieder strahlend hervorgeholt wurde, kann man sich auch mehr als 100 Jahre nach der Einweihung an der Theaterkunst erfreuen. www.theaterluebeck.de

Musik- und Kongresshalle (MUK), Willy-Brandt-Allee 10, 23554 Lübeck, Tel. 0451/7904400 (Karten). Das beeindruckende Kongresszentrum wurde 1994 nach Plänen des bekannten Architekten Meinhard von Gerkan erbaut. Sein Herzstück ist die Konzerthalle, die 1900 Gästen Platz bietet. Sie besticht durch ihre moderne Formensprache und zeichnet sich im Innern vor allem durch die warme Holztäfelung aus Schweizer Birnbaum an. Ihre Akustik wird weithin gelobt, so dass zahlreiche Orchester aus dem Norden und andere Musikformationen hier auftreten. www.muk.de

Kolk 17, Figurentheater und Museum. Gelegentlich finden Aufführungen im Hansemuseum statt, Wiedereröffnung des eigenen Hauses voraussichtlich 2024. https://kolk17.de

Boat Now, An der Obertrave, 23552 Lübeck. Verleih von Elektrobooten für bis zu sechs Personen, sie können ab 18 Jahren ohne Führerschein gefahren werden, sind aber recht teuer.
www.boatnow-luebeck.de

▸ Stadt-, Kanal- und Hafenrundfahrten:

City, Wallstr. 17, 23552 Lübeck, Tel. 0170/8174332. Einstündige Rundfahrten mit kleineren Schiffen.
www.cityschifffahrt.de

Quandt, Willy-Brandt-Allee 13, 23554 Lübeck, Tel. 0451/77799. Die meisten Fahrten sind einstündig, einige länger, große Boote.
www.quandt-linie.de

Stühff, An der Obertrave 14, 23552 Lübeck, Tel. 0451/7078222. Einstündige Rundfahrten mit einer Barkasse.
www.luebecker-barkassenfahrt.de

▸ Bootsfahrten zwischen Lübeck und Travemünde:

MS Hansa, Tel. 0163/5475773. Drei Fahrten täglich. www.hanseschifffahrt.de

Quandt, s.o.

geo – die Luftwerker, Hinter den Kirschkaten 10, 23560 Lübeck, Tel. 0451/400850. Lautloses Gleiten über Lübeck, Ratzeburg und Plön im Ballon.
www.geo-ballonfahren.de

Besonders beliebte Einkaufsstraßen mit vielen kleinen Läden sind Fleischhauerstraße und Hüxstraße.

Arte Mani, Fleischhauerstr. 34, 23552 Lübeck, Tel. 0451/4792441; Mo–Fr 10–18, Sa 11–16 Uhr. Handgeschliffene farbige Gläser aus der Lübecker Manufaktur Rotter Glas sowie weitere sehr schöne Design-Objekte. www.artemani.de

Atelier Ina Fenske, Glockengießerstr. 36, 23552 Lübeck, Tel. 0451/98986461; Mi–Fr 11–13, 15–18, Sa 10–14 Uhr. Postkarten, Kalender, kleine Drucke und Gemälde mit Lübecker Motiven. www.inafenske.de

Atelierhaus in der Clemensstraße, Clemensstr. 3, 23552 Lübeck. Im einstigen Rotlichtbezirk wird jetzt in sechs Ateliers moderne Kunst angeboten.
www.atelierhaus-clemensstrasse.de

Tesdorpf, Mengstr. 64, 23552 Lübeck, Tel. 0451/799270. Familie Tesdorpf verkauft seit 1678 feine Weine, u. a. den berühmten Lübecker Rotspon. www.tesdorpf.de

Die beeindruckenden Westtürme des Doms

▸ Karte S. 102

Die Familie Mann

Heinrich Mann, Aufnahme von 1896

Sie gilt als *die* deutsche Familie des 20. Jahrhunderts par excellence, großbürgerlich, konservativ, erfolgreich, eine moralische Instanz. Jedes Mitglied eine herausragende Figur auf seinem Gebiet, Großschriftsteller und Meeresbiologin, Schauspielerin und Historiker. Doch gleichzeitig bettelt Heinrich Mann seinen wohlhabenden Bruder Thomas beständig um Geld an, nimmt sich eine ganze Reihe von Familienmitgliedern das Leben, konsumiert Drogen in großem Stil, verfolgt homosexuelle und vielleicht inzestuöse sexuelle Beziehungen, als dies als moralisch verwerflich und rechtlich verboten gilt.

Die Geschichte der Familie Mann lässt sich bis ins 16. Jahrhundert in der Umgebung von Nürnberg zurückverfolgen. Nach Zwischenstationen in Mecklenburg ist 1790 Lübeck erreicht, als Johann Siegmund Mann (1797–1863) die Spedition seines Vaters übertragen bekommt; er ist der Urgroßvater von Heinrich und Thomas Mann. Deren Vater, Thomas Johann Mann (1840–1891), übernimmt die Firma 1862 und wird zudem 1877 zum Senator für Wirtschaft in der damals noch unabhängigen Hansestadt Lübeck gewählt. Er ist eine dominante Figur in Familie und Geschäft, ein typischer Vertreter der norddeutschen konservativen Kaufmannswelt.

Als ›exotische Beigabe‹ gesellt sich Julia Bruhns (1851–1923) hinzu, die Tochter eines Lübecker Weinhändlers und einer Brasilianerin, die in der Familie als die Vertreterin des ›Südens‹, der Kunst und der Musen bezeichnet wird. Am 27. März 1871 bringt sie den Sohn Heinrich zur Welt, am 6. Juni 1875 den Sohn Thomas. Drei weitere Kinder folgen, Julia, Carla und mit Abstand Viktor. Man wohnt im Haus Beckergrube 52, die Großeltern hingegen im Stammhaus der Familie in der Mengstraße 4 (›Buddenbrookhaus‹), das bis heute erhalten ist, während andere Häuser im Krieg zerstört wurden. Die Bühne ist bereitet: der hanseatische Kaufmann und die exotische Muse. Großes Theater.

Thomas Mann ist ein schlechter Schüler. Wie sein Bruder Heinrich, den er über alle Maßen bewundert, beginnt er früh damit, kleine Texte zu schreiben, von denen einige in Schülerzeitungen veröffentlicht werden. Sie sind ungelenk, konservativ, teilweise antisemitisch. Die Söhne bewundern Bismarck als Mensch der Tat und Reichseiniger, man pflegt die Freundschaft zur Familie Wagner. Die Sommer verbringt man am Strand von Travemünde, damals eine halbe Tagesreise entfernt, und seit dieser Zeit liebt Thomas Mann das Meer.

EXTRA

Thomas Mann im Jahr 1900

Im Jahr 1891 stirbt der Vater, er hat die Firma vor seinem Tod verkauft, weil er seinen Söhnen die Führung nicht zutraut. Die Mutter zieht mit den drei jüngsten Kindern nach München, Thomas bleibt auf dem Lübecker Gymnasium und folgt seiner Mutter 1894. Heinrich hat Lübeck bereits 1889 verlassen und eine Buchhändlerlehre in Dresden begonnen. Doch bald wechselt er zum Verlag S. Fischer in Berlin und begibt sich schließlich in sein Leben als Bohemien und Kunstbetrachter in Frankreich und Italien. Marta Feuchtwanger sagte über ihn: »Heinrich Mann war unnahbar, bescheiden, der letzte große Herr und der erste große Liberale, den ich getroffen habe. Er hatte die feierliche Redeweise des Patriziersohnes aus der Hansestadt. Ich glaube, wenn wir ihn nicht so bewundert hätten, wäre er uns wohl manchmal komisch vorgekommen.«

Für die so typische Lübecker Familie ist der Lübecker Lebensabschnitt beendet. Thomas schreibt in der Schülerzeitschrift ›Frühlingssturm‹: »Unser würdiges Lübeck ist eine gute Stadt. Oh, eine ganz vorzügliche Stadt! Doch will es mich oftmals bedünken, als gliche sie jenem Grasplatz, bedeckt mit Staub, und bedürfe des Frühlingssturms, der kraftvoll das Leben herauswühlt aus der erstickenden Hülle.« Nach dem Tod des Senators und dem Verkauf des Unternehmens hält den musischen Teil der Familie nichts mehr in Lübeck; die später weltberühmten Söhne wollen endlich das tun, was sie immer schon tun wollten: schreiben. Aus der Enge der Handelsstadt und der Doppelmoral des wilhelminischen Zeitalters wollen sie fliehen, aus der Großbürgerlichkeit ins Weltbürgertum. Lübeck ist nur noch die Folie, wahrscheinliches Vorbild für die beiden bekanntesten Romane von Heinrich Mann, ›Professor Unrat‹ und ›Der Untertan‹, und natürlich für das erste Großwerk Thomas Manns, die ›Buddenbrooks‹, für das er 1929 den Nobelpreis für Literatur erhält. Beide haben sich in ihren Werken bei ihrer Familie, bei anderen Persönlichkeiten der Stadt und bei Örtlichkeiten großzügig bedient, und so herrscht bei Erscheinen der Bücher gar keine Freude in der Heimat. Viele fühlen sich ertappt oder verunglimpft und schreien Zeter und Mordio. Auch deshalb kehrt Heinrich Mann nie wieder in seine Geburtsstadt zurück, Thomas Mann erst am 20. Mai 1955, als ihm Lübeck doch noch die Ehrenbürgerwürde verleiht. Heinrich Mann starb am 12. März 1950 im Exil in Santa Monica, Kalifornien, Thomas Mann am 12. August 1955 in seiner neuen Heimat Zürich.

Travemünde

Das heutige Seebad entstand nicht als Erholungsort, sondern als Burg mit Dorf. Denn 1187 errichteten die Schauenburger Grafen an der Mündung der Trave in die Ostsee eine Burg, in deren Schatten sich Fischer ansiedelten. Die wiederum bauten einen Hafen. Den von den Schauenburgern unabhängigen Lübeckern war dies nicht recht, denn sie wollten die Ein- und Ausfahrt ihrer Handelsschiffe gerne selbst kontrollieren. 60 Jahre dauerte der Streit. Er endete damit, dass die Kaufleute den Ort für 1060 Mark Lübecker Geld erwarben.

Travemünde blieb über Jahrhunderte ein kleiner Ort, der sich um die Kirche St. Lorenz duckte. Das änderte sich ab 1802, als es offizielles Seebad wurde und man nicht nur in eine Bahnverbindung nach Lübeck und darüber hinaus nach Hamburg und Berlin investierte, sondern auch in ein Spielkasino (das sich inzwischen in Lübeck befindet) und in Schiffsverbindungen nach Kopenhagen und vor allem Sankt Petersburg, von wo Mitte des 19. Jahrhunderts eine große Zahl von Badegästen und Spielern anreiste. Villen und Hotels im Stil der weißen Bäderarchitektur sprangen aus dem Boden, eine Promenade entstand. Denn ins Wasser stürzte sich fast niemand, erst später kamen die hölzernen Badewagen in Mode, in denen die Damen von Welt ungesehen ins feuchte Nass gelangten. 1912 entstand der neue Kopfbahnhof aus Backsteinen mit Verzierungen im Jugendstil, an dessen Turm die große Anzeige auffällt, die die Abfahrtzeit des nächsten Zuges nach Lübeck bekanntgibt. Sie ist so groß, dass man sie vom Strand aus erkennen und bis zum letzten Moment dort verharren kann.

Heute befindet sich das kleine alte Ortszentrum rund um die Kirche und nördlich des Fischereihafens. Etwas weiter flussaufwärts legen die riesigen Skandinavienfähren an. Flussabwärts säumen die üblichen Strandläden die zur Fußgängerzone erklärte Straße ›Vorderreihe‹, die sich in der Travepromenade fortsetzt. Dort ragt bald der alte Leuchtturm auf, von dem man einen guten Rundumblick hat, auch auf den Viermaster ›Passat‹, der auf der anderen Flussseite an der Halbinsel Priwall festgemacht hat. Richtung Nordermole wird der breite Strand erreicht, bestanden von hunderten von Strandkörben und flankiert von der Strandpromenade, dem Kurpark mit Kurhaus und den weißen Villen in der ersten und in der zweiten Reihe, der Kaiserallee.

Kirche St. Lorenz

Die erste Kirche entstand hier, im Stil der Gotik, Mitte des 13. Jahrhunderts als Filiale der Lübecker Marienkirche. Sie fiel 1522 einem Brand zum Opfer. Ab den 1540er Jahren wurde auf den Fundamenten aus Quadersteinen eine neue Kirche aus Ziegelstein errichtet. Im 17. Jahrhundert wurden eine Sakristei und der Turm angebaut, der unten ein massiges quadratisches Format hat, oben

Travemünde punktet nicht zuletzt mit seinem Strand

aber ein achteckiges Turmgeschoss mit einem hohen Helm aufweist.

Die einschiffige Kirche hat im Innern eine stark angemalte **Balkendecke**. In der Eingangshalle unter dem Turm steht eine **Skulptur** des heiligen Jürgen (Georg) mit dem Drachen aus der Zeit um 1510. Das **Triumphkreuz** ist vom Ende des 15. Jahrhunderts. **Altar** und **Kanzel** zeigen sich im Stil des Barock und stammen aus dem frühen 18. Jahrhundert. In den neuen Fußboden wurden zahlreiche **Grabplatten** eingelassen, die bis ins 15. Jahrhundert zurückreichen, und an den Wänden befinden sich mehrere **Epitaphe**.

Seebadmuseum

Das kleine Museum gegenüber der Kirche zeigt, wie die wirtschaftliche Entwicklung Travemündes vom Tourismus angekurbelt wurde. So geht es um den Flughafen, die Schifffahrt, den Fischfang, das Kasino, die Bademode, aber auch um die nahe Grenze und die aktuelle Entwicklung. Wer sich näher interessiert, kann Filmsequenzen, Tondokumente und Urkunden aufrufen.

Alte Vogtei

Das ganz aus Backsteinen bestehende Doppelgiebelhaus im Stil der Renaissance (Vorderreihe 7) wurde 1551 erbaut und diente dem Vogt, dem obersten Beamten, als Amtsstube und Wohnung. 1599 wurde das kleinere Nebenhaus angebaut. Die Gebäude dienten nach der Auflösung der Vogtei verschiedenen Zwecken und waren von 1938 bis 2002 Polizeistelle. Nach ausgiebiger Renovierung befinden sich in dem Haus heute ein Café, ein Restaurant und Läden.

Halbinsel Priwall

Wie eine große Faust liegt die Halbinsel Priwall zwischen Trave und Ostsee. Seit dem 13. Jahrhundert gehört sie zu Travemünde und damit Lübeck, doch mit der deutschen Teilung wurde sie an der schmalsten Stelle abgesperrt und war auf dem Landweg nicht mehr zu erreichen, sondern nur noch per Fähre vom anderen Traveufer aus. Dies führte dazu, dass in der abgeschiedenen Region ein großes Vogelreservat eingerichtet werden konnte. Der Priwall hat zudem einen schönen, breiten, noch nicht touristisch geordneten, allerdings schattenlosen Strand. Der östliche Teil ist weiterhin ein FKK-Strand. Die Abgelegenheit scheint jetzt doch dem Ende zuzugehen, denn am Priwallhafen entsteht eine Vielzahl neuer Häuser mit Miet- und Ferienwohnungen, teilweise mit exquisitem Blick auf das nördliche Traveufer.

Viermastbark Passat

Die Viermastbark ›Passat‹ wurde 1911 von der Hamburger Werft Blohm & Voss für die Reederei Laeisz gebaut, die sie als Frachtsegler zwischen Europa und Südamerika einsetzte. Die Reederei hat zwischen 1903 und 1926 acht Viermaster gekauft, deren Namen alle mit ›P‹ begannen. Die Schiffe waren sehr ähnlich, doch das einzige echte Schwesterschiff der ›Passat‹ war die ›Peking‹, während die legendäre ›Pamir‹ etwas andere Abmessungen aufwies. Die Zahlen der ›Passat‹ sind eindrucksvoll: Länge 115 Meter, Breite 14,30 Meter, Höhe der Masten 56 Meter, Segelfläche 4600 Quadratmeter. Neben der ›Passat‹ sind von den acht Schiffen nur noch die ›Peking‹ in Hamburg und die ›Padua‹ erhalten, die jetzt als russisches Segelschulschiff ›Kruzenshtern‹ unterwegs ist und gelegentlich bei der Kieler Woche auftaucht. In den 1940er Jahren war die Zeit der

Schmuckstück: die ›Passat‹

Frachtsegler eigentlich vorbei, Dampfschiffe waren größer und schneller. Doch die ›Passat‹ erhielt ein neues Leben als ›frachttragendes Schulschiff‹, das insgesamt 39 Mal das wegen seiner Stürme berühmt-berüchtigte Kap Hoorn umrundete. 1957 sank die ›Pamir‹ in einem Sturm, den nur 8 von 68 Besatzungsmitgliedern überlebten (der Toten wird in der Lübecker Jakobikirche gedacht). Die ›Passat‹ entging im selben Jahr nur knapp diesem Schicksal und wurde daraufhin außer Dienst gestellt.

Der Viermaster machte 1960 an der Halbinsel Priwall fest und dient seitdem als Museum, Jugendherberge und Veranstaltungsort. Die Ausstellung erklärt, wie ein so großes Schiff funktionierte, zeigt den Funkraum und gibt Auskunft über die Geschichte des Schiffs. Und man kann dem Schiffsjungen Herbert Scheuffler bei seinen Abenteuern an Bord folgen.

Alter Leuchtturm

Der Travemünder Leuchtturm wurde bereits 1330 urkundlich erwähnt. Ob er damit der älteste ist, lässt sich aber nicht feststellen. Zumal wurde der dort stehende Turm 1534 zerstört und 1539 als Backsteinbau neu errichtet. 1827 beschädigte ihn ein Blitz, woraufhin seine Spitze und das Dekor klassizistisch verändert wurden. Er ist jetzt 31 Meter hoch. 1972 wurde er außer Dienst gestellt, weil ihn das nebenan entstandene Hotel weit überragt und dafür ein Leuchtfeuer aufs Dach erhielt, in exakt 114,70 Meter Höhe. 136 enge Stufen einer Wendeltreppe führen auf den von einem Geländer bewehrten schmalen Umlauf, von dem aus man einen wunderbaren Rundumblick hat. Auf den einzelnen Etagen sind verschiedene Geräte ausgestellt, die mit der Leuchtfeuertechnik zu tun haben: Seelaternen, Lichtanlagen, Fotos von anderen Leuchttürmen und Modelle von Feuerschiffen.

Travemünde

Welcome Center, Am Leuchtenfeld 10a, 23570 Travemünde, Tel. 0451/8899700; Mo–Fr 9.30–18, Sa/So 10–15 Uhr. www.travemuende-tourismus.de

Die Züge zwischen Lübeck und Travemünde fahren einmal pro Stunde und brauchen 23 Minuten. In Travemünde gibt es drei Bahnhöfe (Skandinavienkai, Hafen, Strand).

Alle 30 Minuten fährt ein Stadtbus ab Hauptbahnhof Lübeck nach Travemünde, Fahrzeit 45 Minuten.

›MS Hanse‹ und ›MS Hansa‹ fahren im Sommer um 10.30, 13 und 17 Uhr vom Hansekai am Hansemuseum in 90 Minuten zur Kaiserbrücke in der Vorderreihe 64a in Travemünde. Von Travemünde nach Lübeck starten die Schiffe um 11, 15 und 17 Uhr.

Von Lübeck folgt man der B 75, ein Tunnel ist mautpflichtig. Bei normalem Verkehr dauert die Fahrt etwa 30 Minuten. Die fluss- und strandnahen Straßen sind vielfach für den Autoverkehr gesperrt, es gibt große, gebührenpflichtige **Parkplätze**. Zur Halbinsel Priwall verkehren eine **Autofähre** vom Fischereihafen sowie eine **Personenfähre** von der Ozeanbrücke an der Travepromenade zur Liegestätte der ›Passat‹.

Atlantic Grand, Kaiserallee 2, 23570 Travemünde, Tel. 04502/3080; DZ ab 149 €. Das klassische Strandhotel liegt etwas zurück und gewährt trotzdem einen tollen Blick auf die Promenade, den Strand und die Ostsee. Die Zimmer sind in drei Stilrichtungen ausgestattet, während das Restaurant die Vielfalt der regionalen Küche präsentiert. www.atlantic-hotels.de/grand-hotel-travemuende

Lili Marleen, Torstr. 34, 23570 Travemün-

▶ Karte S. 132

de, Tel. 04502/8882631; DZ ab 130 €. Maritim-nostalgisch eingerichtetes, familienbetriebenes Hotel mit kleinem Garten im alten Ortszentrum. Dazu gehören auch einige Ferienwohnungen in der Nachbarschaft. www.hotel-lilimarleen.de

Maritim Strandhotel Travemünde, Trelleborgallee 2, 23570 Travemünde, Tel. 04502/890; DZ ab 180 €. Das Hotelhochhaus ist nicht zu übersehen, toller Blick aus den 240 geräumigen Zimmern. Im Wellnessbereich gibt es Pool, Sauna und Fitness-Raum. Weiterhin stehen ein Restaurant und eine Bar offen. www.maritim.de/de/hotels/deutschland/strandhotel-travemuende-ostsee

Villa Wellenrausch, Kaiserallee 5, 23570 Travemünde, Tel. 04502/86110; DZ ab 154 €. Die weiße Villa wurde ganz am Anfang des 20. Jahrhunderts erbaut. Sie bewahrt ein wenig die Atmosphäre der Bäderarchitektur, trotz des modernen skandinavischen Designs in Türkis. Es gibt Hotelzimmer und Ferienwohnungen. https://villa-wellenrausch.de

Alte Vogtei, Vorderreihe 7, 23570 Travemünde, Tel. 04502/770868; tgl. 11-22 Uhr. Fischrestaurant in historischer Umgebung, in dem es aber auch Fleisch, Flammkuchen und einige italienische Gerichte gibt. www.fisch-meer-travemuende.de

Carls, Außenallee 10, 23570 Travemünde, Tel. 04502/3070847; Mi–Fr 17–21.30, Sa 12–15, 17–21.30, So 12–15 Uhr. Französische Küche - Fisch, Fleisch, Vegetarisches - mit saisonalen und regionalen Zutaten in eleganter Umgebung. https://carls-travemuende.de

Luzifer, Auf dem Baggersand 3, 23570 Travemünde, Tel. 04502/307811; Di–So 9–21 Uhr. Relativ großes Restaurant mit Terrasse direkt am Fischereihafen und damit etwas abseits der Touristenströme. Lange, vielfältige Speisekarte. https://luzifer-sylt.de/travemuende

Marina, Trelleborgallee 2a, 23570 Travemünde, Tel. 04502/8896560; im Sommer ab 11 Uhr. Großes Restaurant des Lübecker Yachtclubs an der Trave. Die Speisekarte bietet maritimes, Salate und Pasta. www.marina-travemuende.de

Erlebniscafé Hermannshöhe, Hermannshöhe 1, 23570 Travemünde, Tel. 04502/8885425; Di–Fr 11–18, Sa/So Frühstück 8–11 Uhr. Das Café-Restaurant liegt am Hochufer und veranstaltet viele Events wie Oldtimer-Treffen oder Kindertage mit Zauberer. www.die-hermannshoehe.de

Schiff Ahoi, Vorderreihe 24a, 23570 Travemünde, Tel. 04502/7771663. Café und Bistro mit Blick auf die Trave. Besonders beliebt sind die Kuchen und Torten. Weitere Cafés in der Vorderreihe.

Kirche St. Lorenz, Jahrmarktstr. 14, 23570 Travemünde; Di–So 11–15 Uhr.

Seebadmuseum, Torstr. 1, 23570 Travemünde, Tel. 04502/9998094; März–Dez. Di–So 11–17 Uhr. www.heimatverein-travemuende.de

Sandskulpturen, Travemünder Landstr. 306, 23570 Travemünde; Mai–Okt. tgl. 10–18 Uhr. In einer überdachten Halle werden Motive aus aller Welt aus Spezialsand und Wasser geformt. www.sandskulpturen-travemuende.de

Viermastbark Passat, Passathafen, 23570 Travemünde, Tel. 0451/1225202; tgl. 10–17 Uhr. www.luebeck.de/passat

Ostseestation Travemünde, Priwallpromenade 29, 23570 Travemünde, Tel. 04502/308705; April–Okt. Di–So 10–18 Uhr. Wieso sieht man im Winter keine Quallen? Warum ist die Scholle platt? Haben Seesterne Augen? Diese und ähnliche Fragen werden im Museum und Ostseeaquarium beantwortet. www.ostseestation-travemuende.de

Alter Leuchtturm, Am Leuchtenfeld 1, 23570 Travemünde, Tel. 0451/8891790; Juli/Aug. tgl. 11–16, April–Juni und Sept./Okt. Di, Do, Sa/So 13–16 Uhr. www.leuchtturm-travemuende.de

Lübecker Bucht – Von Travemünde nach Dahme

Wie die Perlen an der sprichwörtlichen Schnur reihen sich die Strandorte der Lübecker Bucht auf. Praktisch alle weisen einen langen Sandstrand mit Promenade und den einschlägigen Geschäften auf, einige auch eine Seebrücke. Was steht dem Familienurlaub noch im Wege?

Niendorf

Im 14. Jahrhundert soll Niendorf als ›Nyendorpe‹ bekannt gewesen sein. Er war lange ein Fischerdorf ohne große Bedeutung, vor allem weil er keinen Hafen besaß. Denn der jetzige Hafen wurde erst 1920 gebaut, als sich der Konflikt zwischen Fischern und Strandgästen wegen Fischgeruchs am Strand zuspitzte. Seit 1855 warb man um Sommergäste, 1895 entstand ein **Kurpark**, danach kamen Wanderwege in der grünen Umgebung hinzu. Niendorf wurde 1954 zum Ostseeheilbad befördert und gewann danach eine Vielzahl von Besuchern, die gerne mehrere Wochen blieben.

Heute gehört Niendorf offiziell zur Gemeinde Timmendorfer Strand. Die beiden Orte sind schon fast zusammengewachsen, aber vom Charakter unterschiedlich, denn Timmendorfer Strand gibt sich eher vornehm. Der zwei Kilometer lange **Strand** aus feinem weißen Sand und der kleine **Hafen**, in dem Fischkutter und Freizeitboote friedlich beieinander liegen, sind die Attraktionen von Niendorf. Alles, was touristisch von Bedeutung ist, reiht sich an der Strandstraße auf, von der aus auch die kleine **Seebrücke** ins Wasser ragt.

Timmendorfer Strand

Der Ort gewann an Bedeutung, als im 19. Jahrhundert Badegäste eintrafen; das erste Hotel wurde 1889 gebaut. Heute besteht der Ort fast vollständig aus Hotels, Ferienapartments und Zweitwohnsitzen. Timmendorfer Strand gilt als das feine, das edle Strandparadies, mit vielen Läden, Boutiquen und Schmuckgeschäften in den Straßen hinter der **Promenade**. Diese verläuft vier Kilometer am feinen weißen Sandstrand entlang, von dem sie durch eine dichte Strauchbepflanzung getrennt ist. Dadurch ist der Zugang zum **Strand** nur an den Übergängen möglich, wo eine Kurkarte gezogen werden muss. Am Strand gibt es zwei **Seebrücken**, die Maritim-Seebrücke, die nach dem gleichnamigen Hotel dahinter benannt ist und an der sich das Denkmal für den Rocker Udo Lindenberg befindet, und die Seeschlösschenbrücke mit japanischem Teehaus.

In Timmendorfer Strand ist im Sommer stets viel los

▶ Karte S. 98

Niendorf und Timmendorfer Strand

Niendorf Tourismus, Strandstr. 121a, 23669 Niendorf, Tel. 04503/357760. Auch ein Pavillon am Hafen. https://niendorf-ostsee.de

Tourist-Service, Timmendorfer Platz 10, 23669 Timmendorfer Strand, Tel. 04503/ 35770. www.timmendorfer-strand.de

▸ Niendorf:

Kleines Strandhotel, Gartenweg 8, 23669 Niendorf, Tel. 04503/5324. Die beiden Niendorfer Attraktionen - Strand und Hafen - sind in Fußwegentfernung. Die kleine Pension bietet ordentliche Zimmer und Apartments, zum Teil mit Meerblick. www.kleines-strandhotel.com

Seaside, Gartenweg 1, 23669 Niendorf, Tel. 0172/4538872; DZ ab 60 €. Das direkt an der Promenade gelegene Hotel bietet aus den meisten seiner 13 Zimmer direkten oder seitlichen Seeblick, das Restaurant den ganzen Tag regionale Küche. https://seaside-strandhotel.de

Yachtclub, Strandstr. 94, 23669 Niendorf, Tel. 04503/8060; DZ ab 95 €. Das Hotel ist nur 100 Meter vom Strand entfernt und hat 60 maritim gestaltete Zimmer und Suiten, ein Restaurant, einen Spa-Bereich und einen Pool. www.hotel-yachtclub.de

Jugendgästehaus, Strandstr. 48, 23669 Niendorf, Tel. 04503/4858. Direkt am Strand gelegenes Haus mit 178 Betten in einfachen Mehrbettzimmern. www.freizeit-am-meer.de/reiseziele/ niendorf

Hafen-Räucherei, Im Hafen, 23669 Niendorf. »Wir haben offen, wenn offen ist«, lautet die Aussage. An diesem großen Imbiss am Hafen mit langem Tisch- und Bankreihen kommt man eh nicht vorbei. Es gibt Fisch und Fritten, Fischbrötchen und ähnliches. Und hungrige Möwen.

Fischkiste, Strandstr. 56, 23669 Niendorf, Tel. 04503/31543; im Sommer Mi–So 12–23 Uhr. Von der Rahmsuppe bis zum Aal, hier ist alles auf Fisch mit hoher Qualität eingestellt. Anspruchsvolle Weinkarte. https://fischkiste.de

Schipper-Stuv, Strandstr. 117, 23669 Niendorf, Tel. 04503/889601; Do–Mo ab 12 Uhr. Traditionelle Speisekarte mit Steak, Schnitzel, Nudeln und Fisch. Vor allem draußen sitzt man sehr schön. www.schipper-stuv.de

▸ Timmendorfer Strand:

The Flamingo, Strandallee 60, 23669 Timmendorfer Strand, Tel. 04503/8090; DZ ab 180 €. Leuchtende Neonfarben, nicht nur flamingopink, setzen bei diesem neuen Hotel, das nur wenige Schritte vom Strand entfernt liegt, die Akzente: Florida-Feeling. Das Restaurant ›Six Zero‹ präsentiert feinstes norddeutsches Lamm, aber auch Iberico-Schwein und Oktopus. Eine Bar und ein Spa-Angebot dürfen nicht fehlen. https://the-flamingo.de

Villa Gropius, Strandallee 50, 23669 Timmendorfer Strand, Tel. 04503/702003; DZ ab 115 €. Die weiße, etwas verwinkelte Villa wurde 1888 erbaut und war bis in die 1930er Jahre im Besitz der Familie Wahllaender/Gropius. Der Architekt Walter Gropius, Mitgründer des Bauhauses, verbrachte mehrere Sommer hier, zu Gast waren auch Wassily Kandinsky und Lyonel Feininger. Das Hotel Garni ist heute etwas altmodisch eingerichtet, doch zum Strand sind es nur wenige Meter. www.villa-gropius.de

Anno 1865, Wohldstr. 25, 23669 Timmendorfer Strand, Tel. 04503/888790. Dieses edle Restaurant befindet sich im ältesten Haus des Ortes, das ein Pastor Gleiss eben im Jahr 1865 errichtet hat, um sich dort zu erholen. Der Untertitel ›Fish & Beef‹ gibt schon die Richtung vor, die Klassiker sind Wiener Schnitzel und Roast Beef. Auf Qualität wird höchster Wert gelegt. www.anno1865.de

Oswalds alte Liebe, Kurpromenade 2, 23669 Timmendorfer Strand, Tel. 04503/898899; tgl. 12–22 Uhr. In diesem rustikalen Traditionslokal gibt es Fleisch, Burger und Flammkuchen. www.oswalds-alteliebe.de

Wolkenlos, auf der Seeschlösschenseebrücke, Tel. 04503/779570; tgl. 12–21 Uhr. Hier zählt vor allem die Location: Das Restaurant befindet sich auf der Seebrücke, der Fußboden besteht teilweise aus Glas, so dass man nach unten aufs Meer schaut. Internationale Küche. www.wolkenlos-timmendorf.de

Atlantic, Strandstr. 119, 23669 Niendorf. Auf der Seeterrasse gibt es hausgemachte Torten, Gebäck und Eisbecher. Auch Strandkorbvermietung. www.hotel-atlantic-niendorf.de

Strandvilla, Grüner Weg 5, 23669 Niendorf, Tel. 04503/31404; tgl. 12–18 Uhr, Nov./Dez. geschlossen. In einer sehr schönen, jetzt etwas knallig dekorierten Gründerzeit-Villa (1890) und auf zwei Terrassen werden Kuchen und Torten sowie kleine Imbisse serviert. www.schipper-stuv.de

Vogelpark, An der Aalbeek, 23669 Niendorf, Tel. 04503/4740; im Sommer tgl. 9–19.30, im Winter 10–16 Uhr. Man wandert durch eine sieben Hektar große Schilflandschaft auf den Spuren der hier lebenden 1000 Vögel, die 250 Arten zugehören. Besonders sehenswert sind die Eulen, die zu einer der weltweit größten Gemeinschaft gehören, aber es gibt auch Tauben, Schwäne, Störche, Pelikane, Reiher und die wunderbaren pinken Flamingos. Kinderspielplatz und Café runden den Ausflug ab. www.vogelpark-niendorf.de

Sealife Center, Kurpromenade 5, 23669 Timmendorfer Strand, Tel. 01806/66690101; tgl. 10–19 Uhr. Großes Aquarium mit den Themen Regenwald, Hafen, Seepferdchen, Felsengrotte, Rochen, tropischer Ozean. Fütterung verschiedener Tiere zu unterschiedlichen Zeiten. www.visitsealife.com/timmendorfer-strand

Scharbeutz und Haffkrug

Der Name Scharbeutz stammt aus dem Slawischen und weist damit auf eine frühe Besiedlung hin. Später gehörte der Ort zu Lübeck, dann zum Herzogtum Oldenburg. Die touristische Nutzung begann wie bei den Nachbarorten Mitte des 19. Jahrhunderts, intensivierte sich aber erst mit dem Anschluss an die Bahn (1923); dann kam auch – als berühmtester Gast – Albert Einstein und verbrachte hier drei Sommer.

Der 6 Kilometer lange und rund 40 Meter breite **Strand** in Scharbeutz ist feinsandig, hell und flach. Geschäfte konzentrieren sich im Ortszentrum, dort gibt es Cafés und Eisdielen, während der Ort selbst fast vollständig aus Ferienimmobilien besteht. Scharbeutz und Haffkrug bilden seit 1974 eine Gemeinde und gehen in der Strandbebauung schon ineinander über. Haffkrug weist noch einige Reetdachhäuser auf und ebenfalls einen kilometerlangen **Sandstrand**.

▸ Karte S. 98

Sierksdorf

Sierksdorf ist ein Ort mit vielen Gesichtern. Der **Strand** ist schmaler und es gibt verschiedene Strecken mit Hochufern. Deshalb sind hier keine Ladenzeilen mit dem üblichen Strandkram zu finden.

Kommt man von Süden, so stößt man zunächst auf einen schmalen Ortsteil mit Einfamilienhäusern, in denen es einzelne

Scharbeutz besitzt einen schier unendlichen Strand

Ferienwohnungen gibt. Der insgesamt recht grüne Ort steigt nach Norden hin an und ändert dann seinen Charakter völlig. Es gibt übergroße Parkplätze für den Hansa-Park und als ›Ferienpark‹ bezeichnete, nicht sehr ansehnliche Hochhäuser. Am nördlichen Ende des Orts beginnt eine **Steilküste** mit sehr schmalem Strand, auf der man oben aber mit dem Fahrrad fahren kann.

Scharbeutz, Haffkrug, Sierksdorf

Tourismus-Service, Strandallee 134, 23683 Scharbeutz, Tel. 04503/7794160; Juni–Aug. Mo–Fr 9–17, Sa 10–15, So 10–14 Uhr. www.scharbeutz.de

Info-Point, in der Agentur Wongel, Bahnhofstr. 4, 23683 Haffkrug, Tel. 04503/7794160; Mai–Sept. Mo und Do 10–14 Uhr.

Tourist-Information, Vogelsang 1, 23730 Sierksdorf, Tel. 04503/7794170; Mai–Sept. Mo–Fr 10–16, Sa/So 10–12 Uhr. www.sierksdorf.de

Bayside, Strandallee 130a, 23683 Scharbeutz, Tel. 045 03/60960; DZ ab 210 €. Das Vier-Sterne-Hotel mit 108 Zimmern und 26 Suiten dominiert schon rein äußerlich die Scharbeutzer Szenerie. Es befindet sich in markanter Lage am Strand und an der Seebrücke, hat unten ein Café und auf dem Dach eine Bar mit grandioser Aussicht. Innen folgt es einem klaren, modernen Design.
www.bayside.de

Jugendherberge, Strandallee 98, 23683 Scharbeutz, Tel. 04503/72090. Die Herberge liegt unweit des Strandes und bietet 187 Betten sowie im Sommer einen Zeltplatz. www.jugendherberge.de/jugendherbergen/scharbeutz-strandallee-672/portraet

Hamptons, Strandallee 142b, 23683 Scharbeutz, Tel. 04503/6666; Mi–So 12–23 Uhr. Edler Strandclub mit Bar, Restaurant und Strandbetten im Sand.
https://hamptons-scharbeutz.de

Herzbergs, Strandallee 129, 23683 Scharbeutz, Tel. 04503/74159; Do–Di 11.30–15, 17–22 Uhr. Das Ambiente im Landhausstil mit maritimem Einschlag produziert Entspannung. Ebenso werden seit 30 Jahren klassische Fisch- und Fleischgerichte zubereitet. Beeindruckende Weinkarte.
www.herzbergs-restaurant.de

Haus am Meer, Strandallee 84, 23683 Haffkrug, Tel. 04563/478884; DZ ab 145 €. Seit fast 100 Jahren werden in diesem kleinen Hotel am Strand von Haffkrug Gäste bewirtet. Nach einer Grundrenovierung sind die Zimmer und Apartments gemütlich eingerichtet. Es gibt eine Bistro-Küche und für Hausgäste eine Bibliothek.
www.haus-am-meer-scharbeutz.de

Seehof, Gartenweg 30, 23730 Sierksdorf, Tel. 04563/47770. Apartments ab 125 € pro Nacht. Im Jahr 1905 erwarb Familie Kallmorgen ein 1855 von einem Italiener erbautes Landhaus an der Steilküste als Sommersitz. Später kam eine Pferdezucht hinzu, die aber nach dem Krieg beendet wurde. Schließlich eröffnete Kallmorgen 1953 das Haupthaus als Hotel, das beständig vergrößert und erneuert wurde. Heute ist das Hotel in vierter Generation in der Hand der Familie und bietet zehn Apartments und ein Ferienhaus an. Ein privater Weg verbindet den grünen Garten mit dem Strand.
www.seehof-sierksdorf.de

Hof Sierksdorf, Am Strande 32, 23730 Sierksdorf, Tel. 04563/8884; DZ ab 115 €. Das Haus liegt direkt am Strand und bietet 18 Apartments sowie ein Café/Restaurant mit holsteinischer Küche, auch mit Terrasse und Meerblick.
www.hofsierksdorf.de

Direkt nebeneinander liegen zwei Campingplätze, die sich weit ins Landesinnere vorschieben:
www.ferienpark-scharbeutz.de
https://camping-neptun.de

Ostseetherme, Strandallee 143, 23683 Scharbeutz, Tel. 04503/35260; So–Do 10–22, Fr/Sa 10–23 Uhr. Mit 14000 qm wirklich sehr große Therme mit verschiedenen Becken, Wasserrutschen, Saunen, Dampfbad und Zugang zum Strand. Dazu gehört ein Fitnessclub auf 600 qm. Mit Bistro. www.ostsee-therme.de

Waldhochseilgarten, 23683 Scharbeutz, Tel. 0152/55187522; in der Hauptsaison tgl. 10–18 Uhr. Mitten im Wald gibt es je nach Erfahrung und Mut drei Parcours bis zu einer maximalen Höhe von 15,50 Metern. www.waldhochseilgarten-scharbeutz.de

Hansa-Park, Am Fahrenkrog 1, 23730 Sierksdorf; im Sommer tgl. 10–18 Uhr. Großer Erlebnispark mit Achterbahn und anderen Karussells, Wasserrutsche und Westernstadt, Jahrmarkt und Kino, Wasserzirkus und Varietéshows. Vom 100 Meter hohen Holstein-Turm hat man eine fantastische Aussicht. www.hansapark.de

Dünengolf-Anlage, Strandallee, 23683 Scharbeutz, Tel. 0172/4298182; April–Okt. tgl. 10–18 oder 10–19 Uhr. Man spielt auf kurze Entfernungen mit richtigen Golfschlägern auf Kunstrasen inmitten der Dünenlandschaft.

Neustadt in Holstein

Nachdem Lübeck die Unabhängigkeit gewonnen hatte, hielten die Grafen von Schauenburg nach einem anderen Ort Ausschau, an dem sie eine Stadt mit Hafen gründen und kontrollieren konnten. Sie stießen dabei auf einen natürlichen Hafen und ein nahes Binnengewässer, zwischen denen sie 1244 den Marktort Neustadt anlegten. Der Marktplatz, nach Heide der zweitgrößte in Schleswig-Holstein, markierte die Mitte des Ortes, daneben steht die Kirche, rechtwinklig gehen Straßen von diesem Zentrum ab. Die mittelalterliche Stadt war mit einer Mauer befestigt, in der sich drei Tore befanden. Erhalten blieb lediglich das Kremper Tor im Norden, abgerissen wurden das Brücktor im Westen, wo sich bis heute das Nadelöhr des Verkehrs befindet, und das Hochtor im Osten. Gehandelt wurde vorwiegend mit Weizen und mit Fisch, vor allem mit in Salz eingelegten Heringen in Fässern. 1474 gründete sich hier die älteste Fischerinnung Deutschlands. Allerdings gehörte Neustadt nicht zur Hanse, so dass mit holländischen und dänischen Schiffen eine Art regionaler Verbund betrieben wurde.

▸ Karte S. 141

Im 17. Jahrhundert entstand mit dem Schiffsbau ein weiteres ökonomisches Standbein. Es gab dichte Wälder im Hinterland, die sich jedoch bald lichteten, denn für ein mittelgroßes dänisches Kriegsschiff wurden 4000 große Eichenstämme gebraucht, und die ›Frederic III.‹, die 1649 als größtes je in Neustadt gebautes Schiff an Dänemark geliefert wurde, war mit 86 Kanonen und 500 Mann Besatzung sicher kein mittelgroßes Schiff. Trotz einer zwischenzeitlichen Besetzung durch schwedische Truppen ging der Schiffbau bis ins 18. Jahrhundert weiter. Und bis in die jüngste Zeit war die Kreuzfahrtreederei Peter Deilmann hier ansässig, deren Flaggschiff ›Deutschland‹ aus der Fernsehserie ›Das Traumschiff‹ bekannt ist.

Neustadt erlebte mehrfach die Pest sowie einige Stadtbrände, zuletzt 1817, als 129 Wohnhäuser und 128 Scheunen abbrannten. Das Stadtbild ist also nicht von einem gleichförmigen mittelalterlichen Charakter geprägt. 100 Jahre später sah die Stadt einen erneuten Aufschwung durch den Getreidehandel, der eine Vergrößerung des Hafens erforderlich machte. Heute geht die Entwicklung in die gegensätzliche Richtung. In den Hafenanlagen südwestlich der Stadt bewegt sich kaum noch etwas. Im ursprünglichen Hafen nahe der Brücke haben einige historische Segler festgemacht, weiter draußen gibt es einen Sportboothafen. Neben dem Tourismus setzt die Stadt auf den Betrieb einiger großer Kliniken, die sich in Strandlage zwischen dem östlichen Stadtrand und dem Ortsteil Pelzerhaken angesiedelt haben.

Über die Brücke zum Markt

Wenn man von Westen in den Ort hineinfährt, liegen rechter Hand der Bahnhof und die modernen Hafengebäude. An der Straße, kurz vor der Brücke, befindet sich das 1344 gegründete **Hospital zum Heiligen Geist,** das Pilger und Arme aufnahm und heute noch bewohnt wird. In einem Raum gibt es einige Informationen zur Geschichte. Daneben liegt der **Hornsche Speicher,** der 1824 erbaut wurde. Die Brücke führt dann über den schmalen Kanal zwischen dem Hafen, der sich weiter südlich Richtung Ostsee öffnet, und dem Neustädter Binnenwasser. Direkt hinter dieser Brücke ragte bis zum Abriss 1846 das Brücktor auf. Stattdessen baute man auf der Westseite ein kleines, weiß gestrichenes Haus, in dem noch bis 1930 der Brückenzoll kassiert wurde. Es heißt deshalb **Brückengeldeinnehmerhaus.**

Am Ostufer hingegen liegt der markante **Pagodenspeicher** (1830) mit einem sechsfach gestuften Walmdach. Er wurde vom Erbauer so genannt, wenngleich für das in Asien geschulte Auge diese Assoziation nicht naheliegt. In der Praxis han-

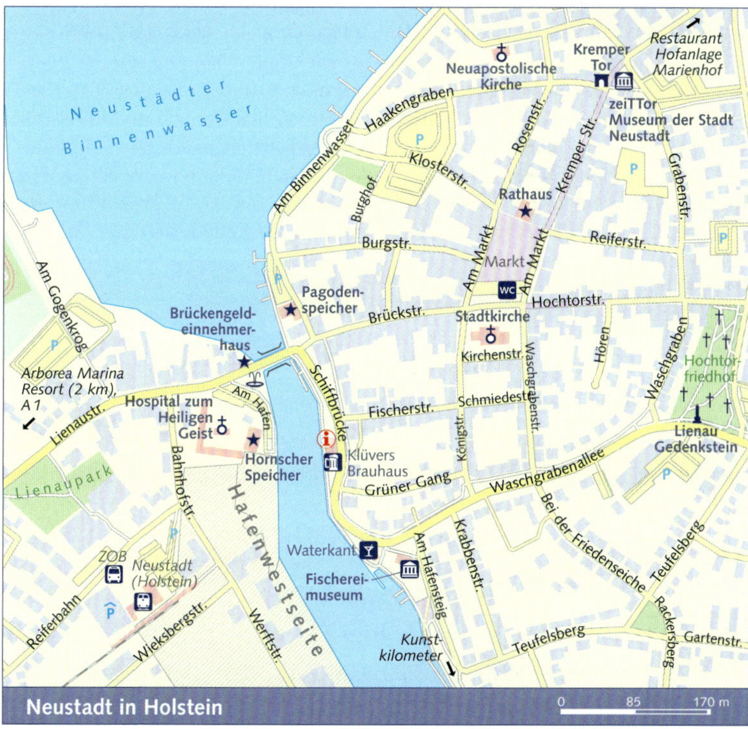

Neustadt in Holstein

delt es sich um Trockenluken, denn der Speicher wurde vor allem zur Lagerung von Getreide verwendet. Heute werden hier, eher banal, Pizzen und Eis gehandelt.
Wendet man sich von der Brücke nach Süden, so gelangt man in den Hafen. Eine lange **Promenade,** die später Unterer Jungfernsteg heißt und an der es einige Cafés und Restaurants gibt, führt an zahlreichen Sportbooten vorbei und hin zum **Kunstkilometer,** der ab 2006 angelegt wurde. Schleswig-Holsteinische Bildhauer können sich hier präsentieren und tun dies meist mit maritimen Motiven wie Möwen und Wellen.
Von der Brücke führt die mit einigen Geschäften bestückte Brückstraße hinauf zum **Marktplatz.** Er ist trotz seiner Größe ein von einigen Bäumen bestandener, angenehmer Ort. Dienstags und freitags wird hier vormittags Markt abgehalten. Rund herum gibt es Geschäfte, Cafés und Restaurants. Vor dem klassizistischen ehemaligen Rathaus von 1820 ist eine **Bronze von zwei Fischern** zu sehen, die eng beieinander, einer mit den Händen in den Taschen, der andere nach vorne weisend, festen Blicks voranschreiten. Die Skulptur wurde 1994 von der Reederei Deilmann gestiftet und von dem in München lebenden Franzosen Serge Mangin (geb. 1947) kreiert. Das **Rathaus** mit seinem Säulenportal dient heute als Standesamt.

Stadtkirche

Von außen wirkt die Kirche am Markt gedrungen, was daran liegt, dass sie sehr kurz, dafür aber recht hoch ist. Das Dach ist weit heruntergezogen, vom quadratischen **Turm** im Westen überragt nur die Spitze den First. Mit dem Bau wurde 1238 begonnen, es entstand eine dreischiffige Basilika aus Backsteinen im Stil der Gotik. Die Fenster befinden sich in Blendarkaden, zudem fallen die hohen Kreuzrippengewölbe auf, das Mittelschiff ist immerhin 17,30 Meter hoch. 100 Jahre später, 1334, wurde mit dem Bau des Turms begonnen. Sein Grundstein ist außen angebracht, aber kaum noch zu entziffern. Ursprünglich war die Kirche intensiv ausgemalt, was später weiß übergestrichen wurde. Seit 1957 werden Teile der Bemalung wieder freigelegt.
Im Innern fällt der barocke **Altaraufsatz** ins Auge, der 1643 geschaffen wurde und die Kernszenen aus der Bibel

Am Neustädter Hafen, im Hintergrund die Stadtkirche

▲ Karte S. 141

illustriert. Die große, rechteckige **Kanzel** mit dem ebenfalls großen Schalldeckel stammt aus dem Jahr 1571. Das **Triumphkreuz** entstand im 15. Jahrhundert, die **Orgel** im 17. Jahrhundert. Ungewöhnlich sind einige **Grabplatten**, die in die Seitenwände der Kirche und des Turms eingemauert sind; zudem gibt es mehrere **Epitaphe** von wohlhabenden Familien.

Kremper Tor

Das aus Backsteinen errichtete Tor im romanischen Stil war Teil der mittelalterlichen Stadtbefestigung und regelte den Zugang von Norden. Es wurde 1907 überarbeitet und erhielt dabei den markanten Stufengiebel. Das Tor ist das einzige erhaltene mittelalterliche Stadttor an der Lübecker Bucht außerhalb Lübecks. Es ist heute Teil des historischen Museums der Stadt.

In einem Anbau befindet sich in zwei Räumen das **Cap-Arcona-Museum,** das über die Katastrophe der beiden Schiffe ›Cap Arcona‹ und ›Thielbeck‹ am 3. Mai 1945 berichtet. Auf den beiden Schiffen befanden sich insgesamt etwa 7400 Häftlinge aus dem KZ Neuengamme. Sie ankerten in der Bucht von Neustadt und waren nicht als Flüchtlingsschiffe kenntlich gemacht. Das Rote Kreuz hatte wohl am 2. Mai eine Nachricht über die Schiffe an die britische Luftwaffe gesendet, die diese vielleicht nicht rechtzeitig erhalten hat. Jedenfalls warfen die Briten am 3. Mai Brandbomben auf die vermeintlichen Truppentransporter, die völlig zerstört wurden; mehr als 7000 Häftlinge kamen ums Leben. Bis heute ist ungeklärt, weshalb die KZ-Insassen sich überhaupt auf den Schiffen befanden und wohin sie wenige Tage vor Kriegsende gebracht werden sollten. Manche gehen davon aus, dass die SS sie auf der Ostsee versenken wollte. Die

Blick auf das Kremper Tor

Leichen trieben in der gesamten Lübecker Bucht und wurden deshalb auf mehreren Friedhöfen begraben, wo sie auf Gedenksteinen geehrt werden.

Pelzerhaken

Pelzerhaken weist den einzigen Südstrand an der Lübecker Bucht auf und ist entsprechend als Stadtstrand von Neustadt bei Wassersportlern und Strandbesuchern beliebt. Der Badebetrieb kam Anfang des 20. Jahrhunderts in Schwung, wurde dann allerdings durch militärische Einrichtungen gebremst. Erst 2006 waren diese alle wieder abgebaut, und der gesamte, zwei Kilometer lange **Strand- und Dünenbereich** wurde durch Anpflanzungen und Holzstege neu gestaltet. Schnell entstanden mehrstöckige Apartmenthäuser und kleinere Feriensiedlungen. Ein richtiges Ortszentrum gibt es nicht, auch die Geschäfte liegen verstreut.

Rettin

Das Bauern- und Fischerdorf gehörte ab 1350 zum Hospital zum Heiligen Geist, danach zu den Gutsherren von Brodau und wurde in den 1920er Jahren ein Stadtteil von Neustadt. Hier gibt

Blick von Nordosten auf Pelzerhaken

es einen flachen, bei Familien mit Kindern beliebten **Badestrand** mit wenigen Strandkörben und einer kurzen **Seebrücke**. Ein Strandcafé und Imbisse stellen die Versorgung sicher.

Rund um Neustadt

Einige nicht so bedeutende Sehenswürdigkeiten sind westlich von Neustadt zu finden, die man allerdings bequem in einem Tagesausflug erkunden kann. Da wäre zunächst der **Gömnitzer Turm**, der gerne ›Major‹ genannt wird. Er wurde 1828 aus Ziegelsteinen gemauert und ersetzte einen großen Baum, der lange Zeit als Seezeichen gedient hatte. Der Turm ist nur 13 Meter hoch und zeigt, wie in einer flachen Landschaft auch kleine Zeichen ihren Dienst versehen können.

Etwas weiter nördlich liegt das kleine Dorf **Altenkrempe,** das ursprünglich als Hafenstadt der Schauenburger vorgesehen war, dann aber verworfen wurde. Stattdessen siedelte man in Nyghe Crempe, wie Neustadt zunächst genannt wurde. Das Dorf verfiel im 14. Jahrhundert und wurde dem **Gut Hasselburg** etwa zwei Kilometer weiter nördlich zugeschlagen. Eine Lindenallee führt zu der barocken Gutsanlage, die mit einem mächtigen, zweistöckigen Tor aufwartet. Vom ausgedehnten Hof fällt die große Scheune auf, die 1761 gebaut wurde. Gegenüber liegt das Kuhhaus; nach einem Brand musste es 1924 neu errichtet werden. Das Gut kann normalerweise nicht besichtigt werden, ist aber regelmäßig Veranstaltungsort des Schleswig-Holstein Musikfestivals.

Nicht weit entfernt ist das **Gut Sierhagen,** das schon im 12. Jahrhundert erwähnt wurde und im 17. Jahrhundert zusammen mit dem Gut Hasselburg geführt wurde. 1730 wurden beide Güter nach Konkurs verkauft. Heute ist es im Besitz der Familie Scheel-Plessen, die einen vollen Gutsbetrieb mit 1500 Hektar Ackerfläche und 280 Hektar Wald unterhält. Zudem werden Feierlichkeiten und Ausstellungen arrangiert. Eine Seltenheit ist der Erhalt der alten Gutsgärtnerei mit einem Küchen-, einem Obst- und einem Rosengarten, die für Besucher zugänglich sind, genau wie das dazugehörige Café.

Im Ort **Hasselburg** selbst sollte man die **Basilika** nicht übersehen, deren Bau vermutlich Anfang des 13. Jahrhunderts begann, wohl bevor der Aufbau von Neustadt beschlossen wurde, denn für das verbliebene Dorf erscheint die Kirche viel zu groß. Sie ist eine dreischiffige Basilika mit halbrunder Apsis im Stil der Romanik.

▶ Karte S. 98

Sie besteht ganz aus Ziegelstein, zeigt jedoch, wie effektiv auch dieses Material zu dekorativen Zwecken eingesetzt werden kann. Einige weiße Blendflächen an den Fenstern und am massigen Turm wurden eingesetzt, und man verwendete auch dunkle Glasurziegel als Kontrast. Dasselbe Prinzip wurde auch im Innern angewandt: verputzte weiße Flächen an den Bögen, Streifen dunkler, glasierter Ziegel, dazu feine Malereien an den gotischen Gewölbebögen. Leider hat man später der Kirche eine barocke Ausstattung gegeben, vor allem der Hauptaltar will so gar nicht mit dem Gebäude harmonieren.

Neustadt in Holstein und Umgebung

Tourist-Info Neustadt-Stadthafen, Schiffbrücke 2, 23730 Neustadt, Tel. 04503/7794290; Mai–Sept. Mo–Fr 10–16, Sa/So 11–14 Uhr.

Tourist-Info Neustadt-Pelzerhaken-Rettin, Dünenweg 7, 23730 Pelzerhaken, Tel. 04503/7794180; Mai–Sept. Mo–Fr 9–17, Sa 10–14, So 10–12 Uhr. www.luebecker-bucht-ostsee.de/pelzerhaken

Arborea Marina Resort, An der Wiek 7–15, 23730 Neustadt, Tel. 0800/7237020193; DZ ab 130 €. Das große Hotel mit 124 Zimmern liegt an einem Sportboothafen am südwestlichen Stadtrand, wo das Hochufer beginnt, das sich bis Sierksdorf zieht. Moderne Einrichtung und Zimmer unterschiedlicher Kategorien.
www.arborea-resorts.com

Strandkind, Pelzerhakener Str. 43, 23730 Neustadt-Pelzerhaken, Tel. 04561/513350; DZ ab 140 €. Zu den Grundideen des Hotels zählen Nachhaltigkeit und Kinderfreundlichkeit; es gibt zahlreiche Angebote für Aktivitäten und Ausflüge. 200 Meter vom Strand werden 41 Zimmer, ein Restaurant und ein Wellnessbereich geboten. www.hotel-strandkind.de

- Im Westen von Pelzerhaken gibt es mehrere, recht große Campingplätze:
www.campingplatz-lotsenhaus.de
www.camping-ostsee.de
https://campingplatz-ostsee.de
www.camping-neustadt.de
- Auch bei Rettin ziehen sich ausgedehnte Campingplätze an der Küste hin:
www.ostseecamping-duene.de
www.ostseecamping-duene.de
www.camping-rettin.de
www.campingplatz-elfenschlucht.de
www.camping-walkyrien.de
www.ostseecamping.de

Klüvers Brauhaus, Schiffbrücke 2, 23730 Neustadt, Tel. 04561/714811; tgl. 11.30–22.30 Uhr. Mischung aus Brauhaus mit eigenem Craft-Bier und Fischlokal am Hafen. Mit separater Fischbrötchen-Station. https://kluevers.com

Marienhof, Rosengarten 50, 23730 Neustadt, Tel. 04561/16010; Mi–Fr 17.30–23, Sa/So 11.30–14, 17.30–23 Uhr (Küche bis 21 Uhr). Der 1871 erbaute Marienhof liegt vor dem nördlichen Stadttor, dem Kremper Tor. Der Hof gelangte 1995 in neue Hände und wurde vorsichtig restauriert. Nun gibt es ein Café und ein Restaurant, das in Fachwerkumgebung frische norddeutsche Kost serviert.
www.restaurant-marienhof.de

Lagune, Strandallee 12, 23730 Neustadt-Pelzerhaken, Tel. 04561/5239070; Fr–Di 12–21 Uhr. Große Fischkarte, unweit des Strands in Pelzerhaken.
www.fischrestaurant-lagune.de

Waterkant, Waschgrabenallee 31, 23730 Neustadt, Tel. 04561/5584380; tgl. ab 9 Uhr. Bar, Café und Bistro direkt am Hafen.
www.waterkant-neustadt.de

Palmenhaus-Café, Gut Sierhagen, Heidberg 1, Tel. 04561/558412; April–Okt.

Di–So 14–18 Uhr. Frische Kuchen und Torten im Palmenhaus der Gärtnerei oder auf der Terrasse. www.palmenhauscafe.de

Stadtkirche, Am Markt; Ostern bis Erntedank tgl. 10–16, Mo 10–13 Uhr.
zeiTTor, Haakengraben 2, 23730 Neustadt, Tel. 04561/619305; Ostern–Okt. Di–Sa 10.30–17, So 14–17 Uhr. ›Mitmachmuseum‹ für Kinder und Jugendliche (die bis 18 Jahre freien Eintritt haben) zu den Themen Steinzeit, Mittelalter und Alltag in der Stadt. Wer möchte nicht mal ein Kettenhemd anprobieren? Hier befindet sich auch das Cap-Arcona-Museum. www.zeittor-neustadt.de und www.stadt-neustadt.de/museum_cap_arcona
Kultur Gut Hasselburg, Allee 4, 23730 Hasselburg, Tel. 04561/5281966. Hotel, Fewos, Kulturveranstaltungen, Feste. www.hasselburg.de
Gut Sierhagen, 23730 Sierhagen, Tel. 04561/2985. www.gut-sierhagen.de
Basilika Altenkrempe, Milchstr. 18, 23730 Altenkrempe; tgl. 9–17 Uhr.

Sail & Surf Pelzerhaken, Auf der Pelzerwiese 24, 23730 Neustadt-Pelzerhaken, Tel. 04561/5248172; tgl. 10–18 Uhr. Kurse und Geräteverleih für Windsurfen, Kitesurfen, SUP und Segeln. www.sailandsurfpelzerhaken.de

Grömitz

Dies ist Ostseeurlaub, wie man ihn sich vorstellt: acht Kilometer feinsandiger, heller Strand, fast vier Kilometer Strandpromenade, 5000 Strandkörbe, Geschäfte in der Fußgängerzone, Hotels, Campingplätze und jede Menge Ferienwohnungen. Im 12. Jahrhundert lag das Bauerndorf noch hinter der südlichen Steilküste. Es erlebte einen Aufschwung, als es die Handelsaktivitäten des Klosters im Hinterland erledigte. Mit der Auflösung des Klosters in der Reformation ging diese Aktivität verloren, zudem verlandete der Hafen. Was blieb, war nur ein kleines Dorf. Aufwärts ging es Ende des 19. Jahrhunderts mit dem Badetourismus, 1912 wurde eine Seebrücke gebaut, an der die großen Bäderschiffe anlegen konnten, die mangels Eisenbahn die Besucher brachten. Doch Grömitz stand immer in Konkurrenz mit (und im Schatten von) den großen Seebädern in Mecklenburg. Nach dem Zweiten Weltkrieg war das vorbei und Grömitz entwickelte sich zum größten westdeutschen Ostseebad.

Wunderbar sind Wanderungen entlang der Steilküste bei Grömitz

▸ Karte S. 98

Sehenswürdigkeiten

Ein Spaziergang beginnt oft im Süden an der **Steilküste**, an der man wunderbar wandern und sich den Wind ins Gesicht wehen lassen kann. Der **Jachthafen** bietet 780 Liegeplätze an und ist damit der größte an der Lübecker Bucht. Über die **Kurpromenade** geht es Richtung **Seebrücke**, wo sich auch die Strandhalle befindet. An der Spitze der 400 Meter langen Seebrücke können sich Besucher mit Hilfe einer **Tauchgondel** einmal unter Wasser umschauen. Zwischen Strand und Kirche liegt der beschauliche **Kurpark**.

Die Mitte des 13. Jahrhunderts in einer Mischung aus Feldsteinen und Ziegeln errichtete **Nikolaikirche** wirkt von außen etwas unproportioniert, was an ihrem massigen Turm liegt, der nach einem Sturm 1663 gekürzt wurde. Im 18. Jahrhundert erfolgte eine Barockisierung, im Innern wurden in jüngerer Zeit einige mittelalterliche Wandmalereien wieder freigelegt.

Etwas weiter am Ortsrand, in der Nähe des Golfplatzes, breitet sich der **Zoo Arche Noah** aus, in dem etwa 300 heimische und exotische Tiere leben – von Schimpansen und Kängurus bis zu Ziegen und Schafen.

i Grömitz

Tourismus-Service, Kurpromenade 56, 23743 Grömitz, Tel. 04562/2560. www.groemitz.de

Strandhotel Grömitz, Uferstr. 1, 23743 Grömitz, Tel. 04562/225500; DZ ab 139 €. Das Vier-Sterne-Hotel mit 39 geräumigen Zimmern befindet sich in herausragender Lage mit vollem Blick auf die Ostsee und nur wenige Schritte vom Jachthafen entfernt. Auch das Restaurant mit vornehmer norddeutscher Küche hat Seeblick. www.strandhotel-groemitz-ostsee.de

Strandidyll, Uferstraße 26, 23743 Grömitz, Tel. 04562/1890; DZ ab 130 €. Direkt am Strand und neben dem Jachthafen liegt das Vier-Sterne-Hotel mit 39 Zimmern. Moderne und zeitgemäße Ausstattung. www.strandidyll.de

Carat, Strandallee 4, 23743 Grömitz, Tel. 04562/3910. Hier verbinden sich 157 Zimmer im Hotel mit Apartments und Studios, in denen auch ein hotelähnlicher Service möglich ist. Das trapezförmige Hochhaus liegt 50 Meter vom Strand, das neue Apartmenthaus dahinter. Moderne Einrichtung und großes Sportangebot. www.hotel-carat.de

Seemöwe, Fischerstr. 3, 23743 Grömitz, Tel. 04562/255390; DZ ab 75 €. Das Gründerzeithaus wurde vor einigen Jahren renoviert und kommt jetzt hell und freundlich daher. Es gibt Doppelzimmer und Suiten. Dazu gehören ein gutes Frühstück und ein Café. Das Haus liegt im Ortszentrum etwa 200 Meter vom Strand entfernt. www.seemoewe.de

Hofhotel Krähenberg, Krähenberg 1, 23743 Grömitz, Tel. 04562/22722; DZ ab 110 €. Am Ortsrand von Grömitz im Grünen gelegen, hier wurde ein ehemaliger Gutshof zum Hotel umgebaut. Es gibt viel Platz mit grünem Rasen und Tennisplatz, dazu Wellnessangebot und ein Restaurant. Die Zimmer sind geräumig und modern eingerichtet. https://hofhotel-ostsee.de

Es gibt zahlreiche Cafés, Restaurants und Imbisse an der vier Kilometer langen Promenade und am Jachthafen.

Friesenstube, Blankwasserweg 21, 23743 Grömitz, Tel. 04562/5398; Fr–Di ab 17 Uhr. Ambiente und Küche sind gutbürgerlich-norddeutsch. www.friesenstube-grömitz.com

Kochpott, Kirchenstr. 21, 23743 Grömitz, Tel. 04562/223940; Fr–Mi ab 17 Uhr. Deftiges und Maritimes aus der norddeutschen Küche. www.restaurant-kochpott.de

Seefahrtsklause, Seestr. 4, 23743 Grömitz, Tel. 04562/220413; Do–Di 12–21 Uhr. Die Eigentümer betreiben einen Fischhandel und können deshalb immer Fisch und Meeresfrüchte frisch anliefern. www.seefahrtsklause.de

Störtebeker, Wichelsdorfstr. 33, 23743 Grömitz, Tel. 04562/8711; Di–Sa ab 17 Uhr, So 11–14 Uhr. Im Restaurant und auf der Terrasse wird eine gute Auswahl an norddeutschen Fisch- und Fleischspeisen geboten. www.stoertebeker-groemitz.de

Nadjas kleiner Kuchen- und Kaffeegarten, Schlesierweg 12, 23743 Grömitz, Tel. 04945/628978; Do–Mo 14–17 Uhr.

Der Name sagt alles. Selbstgemachter Kuchen, frischer Kaffee.
Tork's Coffee, Kurpromenade 8, 23743 Grömitz, Tel. 04562/4747; Do–Mo 13–16.30 Uhr. Kaffeerösterei, Café und Laden an der Promenade. www.torkscoffee.de
Zum Ziegelhof, Ziegelhof 2, 23743 Grömitz, Tel. 04366/8846531; tgl. 13–18 Uhr. Liebevoll, etwas altmodisch gedeckte Tische, dazu passen die gigantischen Kuchen. Auch Hofladen.
www.hof-mougin.de

Tauchgondel; Mi–Sa Juni–Aug. 10–20, Nebensaison 10–18, Winter 11–16 Uhr. Eine Tauchfahrt dauert etwa 30 Minuten. www.tauchgondel.de

Zoo Arche Noah, Mühlenstr. 32, 23739 Grömitz, Tel. 04562/5660; tgl. 9–18 Uhr, im Winter bis zum Einbruch der Dunkelheit. Um 11 und 15.30 Uhr können Besucher die Pfleger auf einer Runde durch den Zoo mit Fütterung begleiten.
www.zoo-arche-noah.de

Kletterpark, Blankwasserweg 120, 23743 Grömitz-Lensterstrand, Tel. 04562/2662940. Es befinden sich 60 Stationen an bis zu 14 Meter hohen Stämmen. Für Leute mit Höhenangst gibt es nebenan einen Minigolfplatz.
www.kraxelmaxel.de/kletterpark-groemitz

Obsthof Schneekloth, 23743 Grömitz-Pappelhof, Tel. 04562/1704. Auf 25 Hektar wird vor allem Obst angebaut, das man ab Ende Juni auch selbst pflücken kann. Das Obst wird zu Konfitüren, Gelees und anderem verarbeitet, auf Torten gelegt und kann im Laden erworben werden. Weiterhin werden Wurst, Honig und Eier angeboten.
www.obsthof-schneekloth.de

Kloster Cismar

Nachdem der Bischofssitz von Oldenburg nach Lübeck verlegt war, wurde dort das Johanniskloster gegründet, ein Benediktiner-Doppelkloster für Nonnen und Mönche. Schon bald nahmen die Klagen über das Verhalten der Insassen überhand, so dass beschlossen wurde, die Mönche nach Cismar umzusiedeln. Hier besaß die Kirche schon Land, das durch Spenden noch erweitert wurde. Der Konvent von Cismar war nie groß, höchstens 10 bis 20 Mönche lebten hier, genaue Zahlen gibt es nicht. Doch das Kloster war immer sehr reich. Die Liegenschaften – bis hin nach Mecklenburg – wurden beständig erweitert, man betrieb Landwirtschaft, zwölf Mühlen, Fischteiche. Bald wurden in dem Kloster zahlreiche Reliquien aufbewahrt, angeblich ein Blutstropfen Christi, ein Dorn aus der Krone, bis zu 800 Objekte sollen es gewesen sein, die zahlreiche Pilger anlockten, an denen das Kloster wiederum gut verdiente.

So konnte man eine rege Bautätigkeit vornehmen. Eine erste Klosterkirche wurde circa 1245 errichtet, doch schon 20 oder 30 Jahre später erweitert. Sie war vollständig aus Ziegeln, besaß im Osten einen polygonalen Chor und einen hallenförmigen Lettner. Einen Turm hatte die Kirche nie. Das wichtigste Ausstattungsstück war der zwischen 1310 und 1320 entstandene, aufwendig geschnitzte und kunsthistorisch bedeutende dreiflügelige Hochaltarschrein. Er zeigt in 15 Feldern Szenen aus dem Leben Jesu, diente aber vor allem der Aufbewahrung von Reliquien. Dieser kunstvoll geschnitzte Altaraufsatz ist der älteste dieser Art überhaupt.

Im Zuge der Reformation erklärte der Lübecker Bischof die Reliquien für nicht

▶ Karte S. 98

Harmonie in Backstein: Kloster Cismar

echt, wodurch das Geschäftsmodell von Cismar zusammenbrach und das Kloster sich bald auflöste. Etwa 1560 wurde es zu einem Schloss umgebaut. Später wurden Zwischendecken in den Westteil der Kirche eingezogen, so dass hier die Wohnung des Amtmanns entstand, der hier jetzt angesiedelt war. Die Ländereien gingen an die Herzöge von Gottorf. Die Klosterbibliothek wurde 1712 nach Kopenhagen abtransportiert, wo sie mit 110 lateinischen Handschriften und 149 Kunabeln den Grundstock für die Königliche Bibliothek bildete.

Nach umfangreichen Renovierungen wird das ehemalige Kloster zunehmend zum Kulturzentrum. In der Wohnung des Amtmanns befindet sich jetzt ein Büro der Schleswig-Holsteinischen Landesmuseen, das bedeutende Ausstellungen und Musikveranstaltungen organisiert.

Haus der Natur

Eine solche Ausstellung ist heute weltweit kaum noch zu sehen: Besucher können im Haus der Natur mehr als 10 000 präparierte Tiere bestaunen, zu denen einige ungewöhnliche Sammlungen und einige rekordverdächtige Stücke gehören. So gibt es hier zahllose Vögel, eine große Eiersammlung inklusive eines Eis des Madagaskar-Riesenstraußes, in dem 180 Hühnereier Platz hätten, eine sehr große Sammlung von Schnecken und Muscheln sowie einige Präparate, die vom Zoll beschlagnahmt wurden.

Cismar

Haus der Natur, Bäderstr. 26, 23743 Cismar, Tel. 04366/1288; tgl. 10–19 Uhr. www.kloster-cismar.de

Kloster Cismar, Bäderstr. 42, 23743 Cismar, Tel. 04366/8846522; Klosterführungen April–Okt. Mi und Sa 17 Uhr, Konzerte und Ausstellungen nach aktuellem Plan.

Klostercafé Cismar, Tel. 04366/888881; Ostern–Okt. Di–So 11–17 Uhr. Aus der Klosterküche kommen Kuchen, Tee, Kaffee, Eis und kleine warme Speisen. www.klostercafe-cismar.de

Hof Klostersee, 23743 Cismar, Tel. 04366/884061; Mo–Fr 9–18, Sa 9–16 Uhr. Der Hof Klostersee wird seit 1987 biologisch-dynamisch bewirtschaftet, dazu gehören eine Milchviehherde, eigenes Getreide für Brote und Kuchen sowie Fleisch von hier gezogenen Tieren. Auch Hofladen. www.klostersee.org

Die Seebrücke, fast so etwas wie das Wahrzeichen Kellenhusens

Kellenhusen

Die Geschichte des einstigen Fischerdorfs Kellenhusen als Seebad begann Ende des 19. Jahrhunderts und gewann an Fahrt, als 1911 eine 420 Meter lange **Seebrücke** errichtet wurden, an der größere Ausflugsdampfer anlegen konnten. Im Winter 1941 wurde die Brücke zerstört; die heutige, 305 Meter lange und etwas moderner gestaltete, wurde 2007 fertig. Kellenhusen ist etwas kleiner als seine Nachbarorte, hat aber immerhin noch vier Kilometer weißen **Sandstrand** in fast südlicher Ausrichtung. Viele Familien, die es gerne etwas ruhiger haben, kommen hierhin.

Dahme

Dahme steht im Schatten der Geschichte des Klosters Cismar. Im 13. Jahrhundert wurden Siedler angelockt, um das nicht christianisierte Volk der Wenden zu verdrängen. Unter den Siedlern waren auch zwei Ritter namens de Dame, von denen sich der Ortsname ableitet. 1460 wurde der Ort dem Kloster zugeschlagen, 1544 fiel er durch die Reformation an Gottorf, 1784 endlich wurde die Leibeigenschaft aufgehoben. Eine große Sturmflut 1872 zerstörte den Ort fast vollständig, danach wurde ein hoher Deich angelegt, der das Strandgebiet vom Ort trennt. Seit 1911 eine Landungsbrücke gebaut wurde, belebte sich das Geschäft mit den Sommergästen. Bis heute ist Dahme ein ruhiges Seebad , in dem aber auch Sport an Land und auf dem Wasser angeboten wird.

Sehenswürdigkeiten

Der achteckige **Leuchtturm** Dahmeshöved wurde 1879 fertiggestellt und ist bis heute in Betrieb. Der Turm selbst ist 28,5 Meter hoch. Da er südlich des Ortes auf der Steilküste steht, erreicht sein Leuchtfeuer eine Höhe von 33 Metern über dem Wasserspiegel. Das Licht ist damit 23 Seemeilen (ca. 42 Kilometer) weit zu sehen. 1939 wurde nebenan ein kleinerer Backsteinturm zur Wetterbeobachtung gebaut.
Das Riesenrad Wheel of Dahme steht auf dem Nystedplatz und dreht sich von Mitte Mai bis Mitte September von 11 bis 22 Uhr.

Kellenhusen und Dahme

Kurverwaltung, Strandpromenade, 23746 Kellenhusen, Tel. 04364/49750. www.kellenhusen.de
Kurbetrieb Dahme, Seestr. 50, 23747 Dahme, Tel. 04364/492028. www.dahme.com
Besichtigung des **Leuchtturms** in Dahme nur mit Führung: April–Okt. So–Do 15, 15.30, 16, 16.30 Uhr.

▲ Karte S. 98

Fehmarn

Fehmarn ist die größte Insel Schleswig-Holsteins und nach Rügen und Usedom die drittgrößte Deutschlands. Sie misst 185 Quadratkilometer und hat 78 Kilometer Küstenlänge. Im Norden besteht die Küste aus Dünen mit Strandseen dahinter, im Osten aus steinigen Steilufern, im Süden und Westen ist die Küste flach und weist zahlreiche Sandstrände auf. Insgesamt ist Fehmarn völlig eben, die höchste Erhebung, der Hinrichsberg, ist ganze 27,20 Meter hoch. Etwa 13 000 Menschen wohnen auf der Insel, davon 6000 im Hauptort Burg, die anderen verteilt auf 42 Ortschaften. Verwaltungstechnisch ist die gesamte Insel eine Stadt mit dem Verwaltungssitz in Burg.

Optisch wird Fehmarn bis heute von der Landwirtschaft bestimmt; es gibt ausgedehnte Getreidefelder, um die sich die Straßen herumwinden. Doch der Tourismus nimmt eine immer stärkere Position ein, schließlich gilt die Insel als einer der regenärmsten und sonnenreichsten Orte Deutschlands. Etwas störend ist manchmal der Wind, der ziemlich kontinuierlich von Westen weht und den Radfahrern, die hier sonst sehr schöne Strecken vorfinden, Schwierigkeiten bereitet. Auf der anderen Seite freuen sich darüber die Windsurfer und Kitesurfer, für die zwölf offizielle Bereiche ausgewiesen wurden. Weitere beliebte Aktivitäten sind Segeln, Angeln, Wracktauchen und Reiten.

Seit 1963 verbindet die Fehmarnsundbrücke, gerne auch als ›Kleiderbügel‹ bezeichnet, die Insel und das Festland. Die Brücke war damals eine technische Sensation. Sie ist knapp 1000 Meter lang, 21 Meter breit und hat eine Durchfahrtshöhe für Schiffe von 23 Metern. Neben Eisenbahngleisen und der Spur für Autos gibt es auch eine für Fußgänger und Radfahrer. Über die Brücke verläuft die gut ausgebaute B 207, die sich auf der Insel dann völlig gerade bis nach Puttgarden und dem Fährhafen Richtung Dänemark zieht. Seit längerer Zeit gibt es Pläne, einen 18 Kilometer langen Tunnel unter dem Fehmarnbelt bis zur dänischen Insel Lolland zu bauen. Die Arbeiten begannen auf dänischer Seite 2020, auf deutscher Seite 2021. Der Tunnel ist recht umstritten, und man wird sehen, wie sich die Diskussion entwickelt. Es ist anzunehmen,

Die markante Fehmarnsundbrücke

dass der Verkehr noch weiter zunimmt (im Sommer muss man jetzt schon mit längeren Staus rechnen), wenn in Puttgarden keine Einschiffung mehr erfolgt, so dass die Fehmarnsundbrücke dann ein echtes Nadelöhr darstellen wird.

Burg

Die kleine Inselhauptstadt ist ein netter Ort mit Kopfsteinpflaster und gut gepflegten älteren Häusern, Lindenalleen, einem lebhaften **Markt** (Mi 7–14 Uhr), an dem auch das **Jugendstil-Rathaus** steht, und kleinen Läden. Früher gab es einen Hafen mitten im Ort, bis etwa zum Marktplatz, der jedoch verlandete, so dass die Hafenanlagen nach Süden verschoben werden mussten, in den Ortsteil Neue Tiefe, in dem es heute aber auch kein Wasser mehr gibt, sondern nur einfache Wohnhäuser. Der Hafen von Burg ist heute das am Burger Binnensee gelegene Burgstaaken. Weiterhin gehört die auf der anderen Seite des Binnensees gelegene Halbinsel Burgtiefe zum Ort. Dort befindet sich die gesamte Strandinfrastruktur mit feinem Sandstrand, Ferienwohnungen in Mengen und Jachthafen; das Gebiet wird meist Südstrand genannt.

Kirche St. Nikolai

Die Nikolaikirche gehört zu den ältesten Gotteshäusern der Insel. Der Bau wurde vermutlich etwa 1230 begonnen, wahrscheinlich im Stil der Romanik, wobei bald Veränderungen in Richtung Gotik vorgenommen wurden. In mehreren Schritten wurde die Kirche bis ins 16. Jahrhundert hinein zu einer dreischiffigen Hallenkirche ausgebaut und mehrfach verlängert, zuletzt 1506. In diesem Jahr wurde zudem im Norden ein Leichenhaus hinzugefügt, das heute als Sakristei dient. Eine entsprechende Kammer auf der Südseite diente zur Aufbewahrung von liturgischen Geräten. Zum Schluss wurde 1523 der **Turm** fertiggestellt, dessen Dach bei einem Sturm 1760 einstürzte und 1763 durch die jetzt noch vorhandene barocke Turmhaube ersetzt wurde. Schon von außen wirkt die Kirche durch die Verwendung verschiedenfarbiger Ziegel sehr dekorativ. Innen sind die Ziegel weiß übertüncht, wobei einige Streifen in verschiedenen Farben erhalten blieben. Die Gewölbebögen werden so markant betont. An verschiedenen Stellen wurden große Ausmalungen wieder freigelegt.

Die ältesten Inventarstücke sind zwei **Taufgefäße**. Die sechseckige Bronzetaufe von 1391 wird von drei Löwen getragen und kam wohl aus Lübeck hierher. Die Steintaufe ist nicht datiert, wirkt aber romanisch und könnte aus ähnlicher Zeit stammen. Der dreiflügelige Hauptaltar aus der zweiten Hälfte des 14. Jahrhunderts zeigt als Flachreliefs Szenen der Passionsgeschichte, allerdings nicht in der korrekten Abfolge. Von ursprünglich acht Seitenaltären blieb allein der **Blasius-Altar** erhalten, der nach Restaurierung in das Jahr 1513 datiert wird. Zentrale Figuren sind der heilige Blasius, der Erzengel Michael und der Evangelist Matthäus, auf den seitlichen Bildern ist Blasius im Kerker und bei seiner Enthauptung zu sehen. Die Legende besagt, dass Blasius ein Arzt war und im 3. Jahrhundert Bischof von Sebaste (Sivas) in der heutigen Türkei. Er soll verschiedene Wunder gewirkt haben, unter anderem einen Jungen von einer Fischgräte im Hals befreit haben. Vor seiner Hinrichtung durch die Römer betete Blasius darum, dass alle, die ein Siechtum an der Kehle haben, geheilt werden, wenn sie sich auf ihn berufen. So wurde dies in der katholischen Kirche überliefert.

Das Inselmuseum im Zentrum von Burg

Hinzuweisen wäre noch auf die barocke **Kanzel** (1667), vier **Holzplastiken** von Heiligen (15./16. Jh.), eine **Strahlenmadonna**, die aus einem nicht mehr vorhandenen Altar stammt, eine ›Strafen Gottes‹ betitelte **Tafel**, die Überflutungen und Krankheiten als Gottes Strafen für des Menschen ungebührliches Verhalten auflistet, mehrere große **Epitaphien** meist von Bürgermeistern und die große **Orgel**.

Fehmarn-Museum

Das direkt neben der Kirche gelegene und sehr schön erhaltene Fachwerkhaus diente einst als Lateinschule und wurde 1897 zum Museum umgewidmet. 1940 wurde das Organistenhaus damit verbunden, so dass dem Museum 20, teilweise aber recht kleine Räume zur Verfügung standen. 1980 kam eine erneute Erweiterung durch den Anschluss des 1581 errichteten Predigerwitwenhaus hinzu. 23 Räume gibt es also hier, und sie sind bis oben gefüllt mit rund 6500 Exponaten, die mit Fehmarn in Zusammenhang

Am Südstrand

stehen: von der Steinsammlung über das Handwerk, die Seefahrt sowie die Jagd, dazu Haushaltsgegenstände, Kleidung, Vereine, Kunst und Kultur. Dabei stehen die Stücke nicht einfach in Glasvitrinen, sondern sind sinnvoll geordnet und erklärt. Und man kann Wunderbares entdecken.

Sehenswürdigkeiten auf der Insel

Bedeutende Sehenswürdigkeiten gibt es auf Fehmarn nicht, doch an vielen Ecken kann man Kleinigkeiten entdecken oder einfach schöne Landschaft, die man nicht verpassen sollte. In einem großen Bogen gegen den Uhrzeigersinn listen wir hier diese Orte auf.

Ganz unten, an der langgestreckten südöstlichen Spitze der Insel, ragt der 23 Meter hohe **Leuchtturm Staberhuk** auf. Er wurde 1903 erbaut, um vor den großen Felsen, die hier unter der Wasseroberfläche lauern, zu warnen. Er ist bis heute in Betrieb, kann aber nicht besichtigt werden. Der Turm ist nur zu Fuß zu erreichen, aber die Landschaft lohnt eine Wanderung. Das dachte sich auch der Maler Ernst Ludwig Kirchner, der hier drei Sommer verbrachte.

Eine Lindenallee führt zu dem ehemaligen **Gut Katharinenhof,** das jetzt aufgeteilt nicht weit von der etwa fünf Meter hohen Steilküste gelegen ist. In einem privaten Museum wurden Gebäude wie eine Räucherkate, ein Backhaus, eine Schmiede sowie eine Remise mit Kutschen und Schlitten wieder aufgebaut. Eine Ausstellung zeigt Spielzeuge, Grammophone und andere kuriose Stücke. Im Sommer werden hier ›mittelalterliche Märkte‹ veranstaltet.

Die **Kirche St. Johannis** in **Bannesdorf** entstand im 13. Jahrhundert größtenteils aus Feldsteinen, wurde aber 1875 mit Backsteinen erneuert und vergrößert. Der Ostgiebel der quadratischen, hellen Apsis ist mit einem Kreuz und einem schmalen Fries verziert. Der Glockenturm wurde 1701 aus Holz erbaut. Im Innern fällt zunächst die alte Balkendecke auf. Sie steht im Kontrast zum Chor, der eingewölbt ist. Die Wände sind weiß gekalkt, während der Chor wiederum in weißen und roten Streifen gehalten ist; hier gibt es einige wieder freigelegte Wandgemälde. Auf jeder Seite wurden im 18. Jahrhundert drei Logen für reiche Bauernfamilien errichtet – Adlige gab es auf Fehmarn nicht. Die Kirche beherbergt eine Taufe aus gotländischem Kalkstein (um 1240) und einen Rokoko-Altaraufsatz mit einer Kreuzigungsszene.

Der Ort **Puttgarden** liegt abseits des Hafens beschaulich da. Er wäre nur ein kleines Fischerdorf, legten hier nicht die gigantischen Fähren ab, die Richtung Dänemark fahren. Von der Mole aus kann man die Einschiffung gut beobachten. Etwa jede halbe Stunde legt eine Fähre nach Rødby ab, und es gibt auch Tagestickets nach Dänemark (www.scandlines.de).

▶ Karte S. 152

Mitten an der Nordküste, an das Naturschutzgebiet Grüner Brink angrenzend, ragt ein einfacher Mast auf, das **Niobe-Denkmal**. Es erinnert an den Untergang des Segelschulschiffs Niobe. Der Viermastgaffelschoner war 1913 in Frederikshavn vom Stapel gelaufen und hatte den Namen Morten Jensen erhalten. Am 21. November 1916 brachte ein deutsches U-Boot das Schiff auf und führte es der deutschen Marine zu, wo es unter dem Namen ›Niobe‹ und dem Kapitän Felix Graf von Luckner segelte. Nach einigen Umwegen wurde der Viermaster nach dem Krieg zum Schulschiff umgebaut. Am 26. Juli 1932 kenterte es im Fehmarnbelt, nachdem es von einer ›Weißen Bö‹ getroffen wurde, einer extrem starken Fallbö mit Sturzregen. Da das Wetter vorher sehr gut gewesen war, waren alle Luken und Bullaugen geöffnet, so dass das Schiff in vier Minuten versank. 69 Besatzungsmitglieder kamen ums Leben, 40 konnten gerettet werden. Niobe ist übrigens eine Gestalt aus der griechischen Mythenwelt, eine Frau, die ihre sieben Söhne und sieben Töchter verliert und vor Kummer zu Stein erstarrt, wie Ovid in seinen *Metamorphosen* berichtet. Und noch eine Anmerkung: Dem Gedenkstein fügten die Nazis im Oktober 1933 eine Tafel mit der menschenverachtenden Inschrift ›Es ist nicht nötig, daß ich lebe, wohl aber, daß ich meine Pflicht tue‹ hinzu.

An der Nordwestecke der Insel ragt der denkmalgeschützte **Leuchtturm Westermarkelsdorf** auf. Er wurde 1881 aus Ziegeln gemauert, bekam einen weißen Anstrich, ist achteckig und 18 Meter hoch. Ihn krönt eine rote Haube. Das Haus des Wärters ist direkt an den Turm angebaut. Im Sommer 2021 wurde ein neuer Turm in etwa 30 Meter Entfernung errichtet, der die modernste technische Einrichtung aufweist, aber optisch nicht so anspricht wie sein Vorgänger.

Hauptort des westlichen Fehmarn ist das langgestreckte **Petersdorf,** dessen 64 Meter hoher Kirchturm weithin sicht-

Der Hafen von Orth

Ostholstein

bar ist. Die **Kirche** wurde wohl im frühen 13. Jahrhundert gebaut, erfuhr aber mehrere unharmonische Umbauten. Heute sind Schiffe und Chor weitgehend aus Ziegelstein, der Turm besteht aus Feldsteinen. Bemerkenswert ist vor allem das klappbare Altarretabel, das optisch drei Register aufweist. In der Mitte ist Maria mit dem Kind zu sehen, sie wird von den zwölf Aposteln flankiert. Die unteren 13 Büsten werden als Heilige interpretiert, wobei es auffällt, dass vor allem Frauengestalten gezeigt werden. Im Chorraum steht noch das 8,70 Meter hohe Sakramentshaus in der Form eines gotischen Turms (nach 1460), die Triumphkreuzgruppe (Ende 15. Jh.) ist zurückhaltend dargestellt, die Taufe (13. Jh.) besteht aus gotländischem Kalkstein und erhielt im 18. Jahrhundert einen achteckigen Deckel.
Die Kirche ist von einem Friedhof und alten Linden umgeben, in der Nähe befindet sich ein Dorfteich. Zum Leben erwacht der Ort alljährlich im Mai, wenn das Rapsblütenfest begangen und die Rapskönigin gekürt wird.
An der Westküste gehören die **Wallnauer Teiche** zu einem 300 Hektar großen **Wasservogelreservat**, das bis an den Strand reicht. Etwa 60 Brutvogelarten und 200 Zugvogelarten kann man auf geführten Wanderungen aus der Distanz und einem zwölf Meter hohen Turm beobachten.
Weiter südlich ragt der **Flügger Leuchtturm** auf. Ein achteckiger, 15,50 Meter hoher gelber Backsteinturm mit roter Laterne wurde 1872 in Betrieb genommen. 44 Jahre später wurde er demontiert und durch einen neuen Turm ersetzt, der sehr ähnlich aussieht, aber mit 37,50 Metern mehr als doppelt so hoch ist. Nach einer Komplettsanierung 2011 wurde der Turm unter Denkmalschutz gestellt und zur Besichtigung freigegeben (162 Stufen).

▸ Karte S. 152

Etwas nördlich vom Turm ist in einen stehenden Stein eine E-Gitarre eingemeißelt. Sie erinnert an **Jimi Hendrix** (1942–1970), der auf dem Love-and-peace-Festival Anfang September 1970 auf Fehmarn zum letzten Mal öffentlich auftrat, bevor er am 18. September in London an einer Überdosis Tabletten verstarb. Der große Erfolg von Woodstock ein Jahr früher sollte hier wiederholt werden, doch die größte Gemeinsamkeit waren das schlechte Wetter und die Matschorgie. Die Veranstalter waren überfordert, durch den Wind war die Musik nur fetzenweise zu hören, es gab weder genug zu essen noch zu trinken, die Rocker sorgten für Ärger. Doch Jimi Hendrix spielte, am 6. September gegen Mittag. Danach war nicht nur seine Geschichte, sondern auch die des Fehmarn-Festivals Legende.
Weit in die Orther Reede hinein, eine von einer Landzunge geschützte Bucht, ragt der **Hafen von Orth,** wo nicht einmal 100 Leute wohnen. Der Hafen wurde erst 1881 angelegt, weil man von hier Getreide exportieren wollte, wovon noch einige Speicher im Ort Zeugnis geben. Kurzzeitig wollte Orth Seebad werden. Man genoss die Sonne auf der Landzunge, die auf den schönen Namen Krummsteert (krummer Schwanz) hört, heute aber Naturschutzgebiet ist und nicht betreten werden darf.
Einige Kilometer weiter liegt mit **Lemkenhafen** ein weiterer Ort an der Reede, der aber bereits seit dem 15. Jahrhundert als Hafen funktionierte. Heute geht das Geschäft zurück, der Hafen ist auch größtenteils nicht zugänglich, so dass die Hauptattraktion das am Ortsrand gelegene **Mühlenmuseum** ist. Hier steht die letzte von einst 17 Windmühlen auf der Insel Fehmarn.
Die Kirche **St. Petri** in **Landkirchen,** im Zentrum der Insel, wirkt von außen ziem-

lich breitschultrig, nicht sehr hoch, eher wie eine Scheune. Auch die Giebel am First und der Firstturm sind eher klein. Etwas abseits steht ein hölzerner Glockenturm (1638). Mit St. Nikolai in Burg ist St. Petri die älteste Kirche der Insel. Sie wurde später gotisiert und im 18. Jahrhundert mit einer barocken Einrichtung versehen (Altar, Kanzel, riesige Epitaphe). Interessanter ist der ›Landesblock‹, eine im 13. Jahrhundert aus einer Eiche geschnittene Truhe, in der bis 1867 wichtige Urkunden und Siegel aufbewahrt wurden. Eisenbänder und drei Schlösser sicherten sie. Im nördlichen Seitenschiff hängen zwei Votivschiffe, je ein Dreimaster aus dem Jahr 1617 und von 1842. Im 18. Jahrhundert wurden die Logen für die reichen Bauern angebracht. Das Volk hingegen kniete auf Betschemeln, von denen 66 in der Kirche aufbewahrt werden und die mit Namen und teilweise Hausmarken versehen sind. Die Hausmarken waren früher statt Hausnummern angebracht und bestanden aus Symbolen, die meist mit dem Beruf der Familie zu tun hatten.

Der **Wulfener Hals** ist eine lange Landnadel, die in den Burger Binnensee ragt. Das Wasser ist hier flach, der Naturstrand eignet sich zum Baden und Surfen. Die Lage macht sich auch ein großer Campingplatz zunutze, während weiter im Land die Golfschläger geschwungen werden. Dass diese Gegend schon lange besiedelt ist, belegt ein großes steinzeitliches Gräberfeld mit einem beträchtlichen Langbettgrab, das aus etwa 100 Findlingen nachgebaut wurde. Wer sich nicht für Hünengräber interessiert, kann den Ausblick über den Binnensee und bis nach Burg genießen.

Fehmarn

Tourismus-Service, Strandpromenade 4, 23769 Burgtiefe (Südstrand), Tel. 04371/506300. www.fehmarn.de

Achtern Diek, Gold 4, 23769 Gold, Tel. 04371/4149; DZ ab 85 €. Das modern eingerichtete kleine Hotel Garni mit Mini-Küchen in den Zimmern liegt nur einige Schritte und einen flachen Deich entfernt vom steinigen Naturstrand. Der Ort besteht aus wenigen Häusern, so dass man hier Ruhe findet. Café.
https://achterndiek-gold-fehmarn.de

Bene, Am Südstrand 17, 23769 Burgtiefe, Tel. 04371/8653; DZ ab 165 €. Einziges Vier-Sterne-Hotel der Insel, an der Strandpromenade des Südstrands mit Zimmern diverser Kategorien. Großes Restaurant mit asiatischen Einflüssen.
www.bene-fehmarn.de

Hafenresidenz Fehmarn, Am Seglerhafen 3, 23769 Lemkenhafen, Tel. 04372/806131. Apartment ab 149 € pro Nacht. Sechs modern eingerichtete Apartments unterschiedlicher Größe mit Hafenblick und Frühstücksservice.
www.hafenresidenz-fehmarn.de

IFA Hotel & Ferien-Centrum, Strandpromenade 1, 23769 Burgtiefe, Tel. 04371/890; DZ ab 140 €. Das Unternehmen betreut das Hotel in den Hochhäusern am Südstrand sowie zahlreiche Ferienwohnungen und Apartments.
www.ifa-fehmarn-hotel.com

Museumshof, Katharinenhof 12, 23769 Katharinenhof, Tel. 04371/888760; DZ ab 94 €. Das Aparthotel liegt in ruhiger Umgebung nahe der östlichen Steilküste, bietet modern eingerichtete Zimmer und einen Wellnessbereich.
www.aparthotel-museumshof.de

Jugendherberge Fehmarn, Mathildenstr. 34, 23769 Burg, Tel. 04371/2150. Standard-Herberge mit 182 Betten am südlichen Burger Stadtrand. www.jugendherberge.de/jugendherbergen/fehmarn-513

Camping- und Ferienpark Wulfener Hals am Burger Binnensee, Tel. 04371/86280.

Parzellierter Stellplatz für Wohnmobile mit Strom-, Wasser- und TV-Anschluss, Ferienwohnungen und -häuser sowie ein Hotel bieten Übernachtungsmöglichkeiten, hinzu kommen viele Sportkurse und der Verleih von Wassersportgeräten.
www.wulfenerhals.de

Camping Flügger Strand, Flügge 2, 23769 Fehmarn, Tel. 04372/991344; April–Okt. Langgezogener Platz direkt hinter der flachen Düne. Man hat es nicht weit bis zum weiten Sandstrand, die Anlage ist aber auch dem Wind ausgesetzt. Moderne sanitäre Einrichtungen.
www.fluegger-strand.de

Camping Strukkamphuk, Strukkamp 83, 23769 Strukkamp, Tel. 04371/2194. Großer Platz im Süden.
https://strukkamphuk.de

Aalkate, Königstr. 20, 23769 Lemkenhafen, Tel. 04372/532; tgl. 10–21 Uhr. Rustikales Selbstbedienungsrestaurant mit geräuchertem und frischem Fisch. Sitzplätze auch draußen am Wasser.
https://aalkate.com

Seeblick, Wulfener-Hals-Weg 100, 23769 Wulfen, Tel. 04371/862858. Großes Restaurant mit Terrasse und traumhaftem Seeblick. Internationale Speisekarte mit vielen Fischgerichten.
www.wulfenerhals.de/restaurant_seeblick

Waldpavillon, Katharinenhof 28, 23769 Katharinenhof, Tel. 04371/879913; Mitte Apr.–Anf. Okt. tgl. warme Küche 12–14.30, 17.30–21 Uhr. Nachmittags selbstgemachter Kuchen, abends die Klassiker der norddeutschen Küche. Das Haus mit Terrasse liegt direkt an der Steilküste und bietet herrliche Ausblicke über die Ostsee. Auch Apartments. www.waldpavillon.de

Zum goldenen Anker, Burgstaaken 63, 23769 Burgstaaken, Tel. 04371/3163; tgl. 11.30–22 Uhr. In dem Traditionslokal direkt am Hafen von Burgstaaken wird frische norddeutsche Küche serviert.
www.goldener-anker-fehmarn.de

Zum Haifisch, Breite Str. 38, 23769 Burg, Tel. 04371/9192; tgl. 11.30–21.30 Uhr. Traditionelles gutbürgerliches Restaurant mit großer Fisch- und Fleischauswahl im Ortszentrum von Burg.
www.haifisch-fehmarn.de

Die Villa, Am Hafen 4, 23769 Orth, Tel. 04372/806288; im Sommer 9–22 Uhr. Etwas alternativ ausgerichtetes Café mit Selbstbedienung im kleinen Gastraum und an einigen Tischen draußen, direkt am Hafen. Kuchen, Getränke, Musik.
https://cafe-dievilla.de

Flora, Altjellingsdorf 1, 23769 Altjellingsdorf, Tel. 04371/879214; April–Okt. tgl. 13–18 Uhr. Mittags Imbiss, danach breite Auswahl an Kuchen, Torten und Gebäck, Spezialität ist der samtige Käsekuchen.
www.flora-cafe-fehmarn.de

Hofcafé Bisdorf, Bisdorf 15, 23769 Bisdorf, Tel. 04371/864133; April–Okt. tgl. 14–18 Uhr. Sagenhafte Kuchenstücke in ländlicher Umgebung im Zentrum der Insel. www.hofcafe-bisdorf.com

St. Nikolai, Breite Str. 47, 23769 Burg; April–Okt. tgl. 10–16 Uhr. Turmbesteigung So nach dem Gottesdienst.

Fehmarn-Museum, Breite Str. 49, 23769 Burg; Di–Sa 11–16 Uhr, Führung: Juli/Aug. Mi 16 Uhr.

▸ Es gibt eine ganze Reihe privater Museen und Ausstellungen, teilweise im Industriegebiet von Burg. Die Eintrittspreise sind oft hoch, und nicht überall wird eine entsprechende Gegenleistung geboten:

Meereszentrum, Gertrudenthaler Str. 12, 23769 Burg; tgl. 10–18, im Winter 10–17 Uhr. Großes Aquarium mit der Wasserwelt der Tropen, beliebt sind die Haie.
https://mega-meereswelten.de

Schmetterlingspark, Mummendorfer Weg 11a, 23769 Burg; tgl. 10–18, im Winter 10–17 Uhr, Ostern–Okt. 10.30–17.30 Uhr. Große Halle, in der Schmetterlinge aus aller Welt zu entdecken sind.
www.schmetterlingspark-fehmarn.de

▸ Karte S. 152

Galileo Wissenswelt, Mummendorfer Weg 11b, 23769 Burg; April–Okt. tgl. 10–17 Uhr, im Winter Sa/So 10–16 Uhr. Naturwissenschaftliche Phänomene werden Kindern nähergebracht.
www.galileo-fehmarn.de
Farmworld Fehmarn, Gertrudenthaler Str. 10, 23769 Burg; April–Sept. Mi–Mo 10–18 Uhr, Juli/Aug. tgl. Landwirtschaft in einer Miniaturlandschaft.
www.farmworld-fehmarn.de
Museum Übersee, Hafenstr. 69, 23769 Burgstaaken, Tel. 04371/879247. Überseeische Kulturen werden durch Realgegenstände und Fotos erklärt.
www.abenteuer-uebersee.de
Dunkelexperiment, Hafenstr. 69, 23769 Burgstaaken, Tel. 04371/879247; Juli/Aug. tgl. 10.30–17.30, in der Nebensaison Mi und Sa/So 10–17 Uhr, im Winter geschlossen. Mit einem Blindenstock und einer Augenmaske begibt man sich auf den Weg zu einem Waldspaziergang, einer Wohnungserkundung und einem Einkauf im Supermarkt. Eine interessante Erfahrung.
www.dunkelexperiment.de
U-Boot-Museum, Burgstaaken 89, 23769 Burgstaaken; März–Okt. tgl. 10–18 Uhr. Das 43 Meter lange U-Boot wurde 1968 in Kiel gebaut und 2005 zum Museum umgewandelt.
www.ostsee-u-boot.de
Seenotrettungsmuseum, Burgstaaken 89, 23769 Burgstaaken, Tel. 04371/8797777; im Sommer tgl. 11–16 Uhr. Ein außer Dienst gestellter Seenotkreuzer und eine kleine Ausstellung an Land erklären die Entwicklung der Seenotrettung in den letzten 150 Jahren.
www.seenotrettungsmuseum-fehmarn.de
Museum Katharinenhof, Tel. 04371/1230. Ausstellung und Mittelaltermarkt.
www.museum-katharinenhof.de
Wasservogelreservat Wallnau, Wallnau 4, 23769 Wallnau, Tel. 04372/1002; März–Okt. tgl. 10–17 Uhr, Führungen 11, 13 und 15 Uhr. www.nabu-wallnau.de
Leuchtturm Flügge, nur zu Fuß zu erreichen. Parkplatz nördlich, am Hof Flügge (gegen Gebühr), und 1,5 km südlich, in Orth (frei), 2,5 km über den Deich; April–Okt. Di–So 10–17 Uhr.
www.leuchtturm-fluegge.de
Mühlenmuseum, Mühlenweg 45, 23769 Lemkenhafen, Tel. 04372/1894; Mai–Okt. tgl. 10–17 Uhr. Die Holländermühle ›Jachen Flünk‹ (eilender Flügel) wurde 1787 in Betrieb genommen und arbeitete bis 1954. Sie fungiert seit 1961 als Museum, verdeutlicht die technischen Details beim Mahlvorgang und die Verarbeitung von Gerste und Weizen.
www.museum-fehmarn.de/muehlenmuseum.html

Silo Climbing, Burgstaaken 50, 23769 Burgstaaken, Tel. 04371/503102; Juni–Aug. tgl. 9.30–18, in der Nebensaison tgl. 9–13 Uhr, im Winter geschlossen. An ehemaligen Getreidesilos sind außen 16 Kletterbahnen angebracht, die bis zu 40 Meter hoch sind. Eine Einweisung erfolgt vor Ort, Kurse werden Do/So angeboten. www.siloclimbing.com

Die wichtigsten Surfspots sind die Orther Reede im Südwesten und der Wulfener Hals im Süden mit etwas geschütztem Terrain. Vollkommen frei liegen der Grüne Brink im Nordosten und die Orte Westermarkelsdorf und Altenteil im Norden.
Makani Kitehouse, Mühlenweg 1c, 23769 Lemkenhafen, Tel. 0152/31382705. Zahlreiche Kurse und Verleih von Ausrüstungen.
https://kitehouse-fehmarn.de
Surfspot Lemkenhafen, Königstr. 10, 23769 Lemkenhafen, Tel. 0176/47071562. Surfschule und Verleihstation in der geschützten Orther Reede. Bei Flaute Stand-Up-Paddeln. Auch Fahrradverleih.
http://surfspot-lemkenhafen.de
Windsurfing Fehmarn, Am Hafen 2, 23769 Orth, Tel. 04372/1052. Zahlreiche Kurse an der Orther Reede, Laden.
https://windsurfing-fehmarn.de

Große Vielfalt ist hier zu erleben: eine Seenlandschaft mit interessanten Kleinstädten wie Eutin und Plön, eine sanft geschwungene, flache Küste mit Sandstränden und kleinen Ferienorten, dann als Kontrast die Hauptstadt Kiel. Dass nicht alle Sehenswürdigkeiten Schleswig-Holsteins an der See liegen, belegt eine Tour durch das Landesinnere, nach Rendsburg, Neumünster, Bad Segeberg und kleineren Orten.

Neukirchen, Kirche St. Johannis

HOLSTEINISCHE SCHWEIZ, KIEL UND BINNENLAND

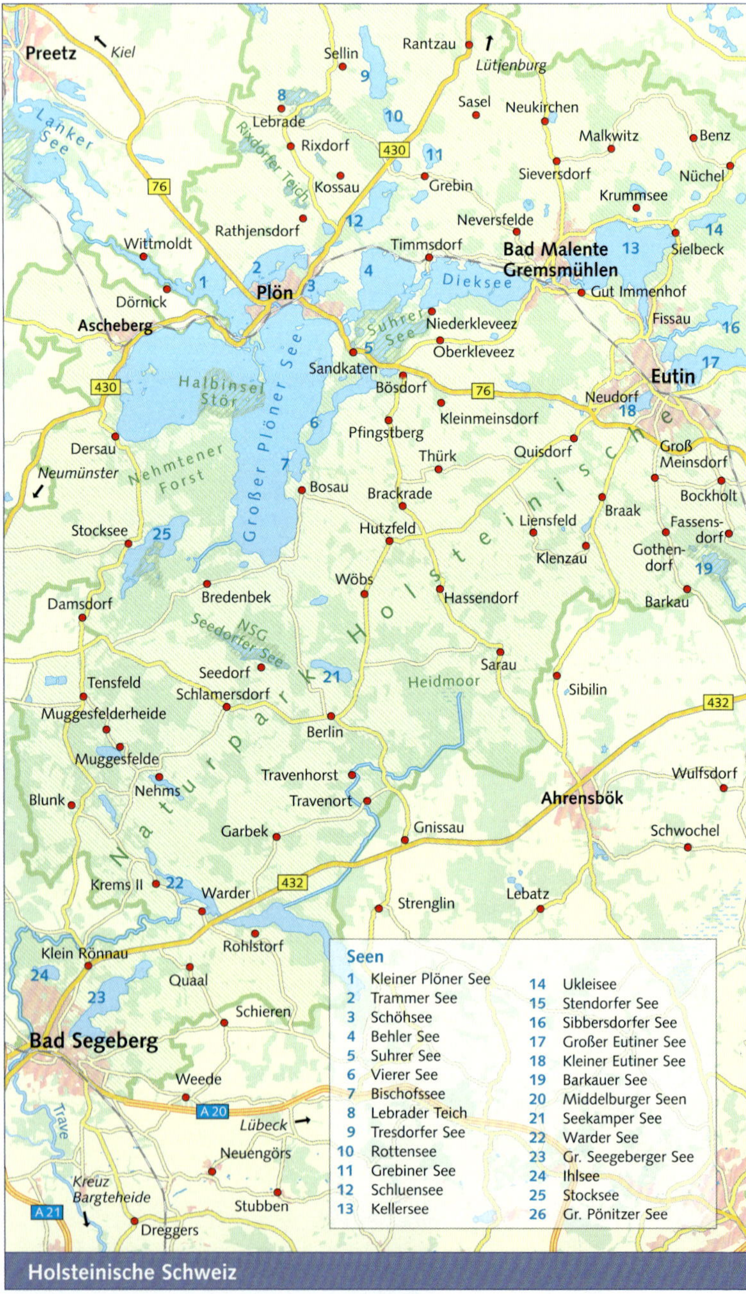

Holsteinische Schweiz

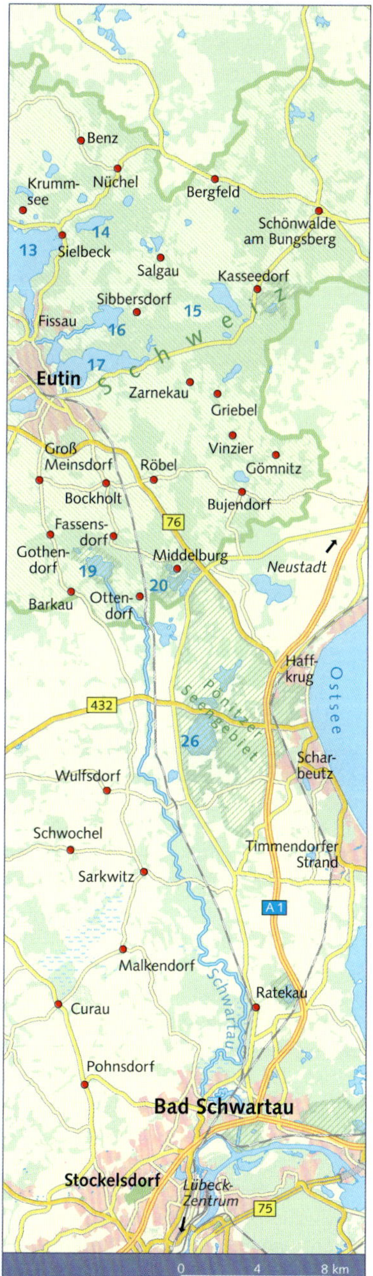

Holsteinische
und Plöner Se

Jede Region darf sic
in Deutschland tun e
biete. Dass man im L
Meeren kein richtiges Gebirge erwarten darf, ist klar, aber immerhin ist die Holsteinische Schweiz ein hügeliges, nach der letzten Eiszeit geformtes Land. Die vorrückenden und sich dann auflösenden Gletscher haben 200 Seen geschaffen, von denen der größte der Große Plöner See ist. 1986 wurde der Naturpark Holsteinische Schweiz begründet, der 600 Quadratkilometer umfasst und in dem 23 Gemeinden mit 60 000 Bewohnern beheimatet sind. Die größten Ansiedlungen sind Eutin und Plön.

Diese Region ist historisches Land. Sie liegt nur 35 Kilometer nördlich von Lübeck und war praktisch das Hinterland der Lübecker Fürstbischöfe. Bedeutende Schlösser zeugen davon. Zugleich ist die wellige Landschaft ein Paradies für Wassersportler, die hier segeln, paddeln, baden, tauchen, Boot fahren und angeln können.

Eutin

Das 12 000 Einwohner beherbergende Eutin liegt zwischen fünf Seen. Seine von schmalen Gassen durchzogene Altstadt erstreckt sich rund um den Marktplatz und wird im Osten vom Schlossgarten begrenzt, der bis an den Großen Eutiner See vorstößt. Am Nordende des Parks erhebt sich das Schloss.

Der Name der Stadt soll sich von einer slawischen Person namens Uta oder Uto ableiten. Die slawischen Abodriten lebten im 7./8. Jahrhundert hier und hatten eine Burg auf der Fasaneninsel vor dem heutigen Schloss. Im 12. Jahrhundert gab Heinrich der Löwe Ostholstein als Lehen an die Grafen von Schauenburg,

die niederländische Siedler zur Einwanderung ermunterten und einen Marktort gründeten. Etwa im Jahr 1300 erlebte Eutin eine weitere Aufwertung, da die Fürstbischöfe von Lübeck hier eine Residenz anlegten, aus der sich das heutige Schloss entwickelte. 1689 brannten Stadt und Schloss, die beide anschließend in neuer Schönheit wieder errichtet wurden. Im 18./19. Jahrhundert erlebte Eutin eine kulturelle Blüte. Bekannte Literaten siedelten sich hier an und gründeten den ›Eutiner Kreis‹, der auch Persönlichkeiten wie Klopstock, Humboldt und Matthias Claudius einlud. Eutin wurde daraufhin gerne als ›Weimar des Nordens‹ bezeichnet.

Ab 1803 gehörte Eutin zum Großherzogtum Oldenburg. 1913 wurde es mit der Verlegung eines Infanterieregiments Garnisonsstadt. Schon sehr früh wandte sich die Stadt dem Nationalsozialismus zu, ab Juli 1933 unterhielt die SA an verschiedenen Standorten ein Konzentrationslager hauptsächlich für politische Gegner. Auch einige Dichter schlossen sich an, der ›Eutiner Dichterkreis‹ verbreitete ab 1936 vor allem Blut-und-Boden-Propaganda und war damit ein Vorbild für ähnliche Gruppen in ganz Deutschland. Von Beschädigungen blieb Eutin im Zweiten Weltkrieg weitgehend verschont, weil es außer der Kaserne keine lohnenden Ziele gab. 1980 begann die Sanierung der Innenstadt. In den 2010er Jahren wurden weite Teile in der größeren Umgebung des Schlosses für die Landesgartenschau 2016 umgestaltet, 2022 wurde auch der Marktplatz völlig umgewidmet. Es entstand zudem ein sehr angenehmes Freizeitgebiet zwischen Stadt und See.

Marktplatz

Eutin erhielt 1156 das Marktrecht und legte in den Jahren danach einen entsprechenden Handelsort an. Auf dem heutigen, neu gestalteten Platz findet mittwochs und samstags ein Wochenmarkt statt. Zahlreiche historische Gebäude umgeben den Markt. Dazu gehört das 1791 eingeweihte **Rathaus** im klassizistischen Stil. Es ist ein Fachwerkhaus, das aber von außen verputzt wurde, was zuvor nicht üblich war, aber dann in Eutin vielfach nachgeahmt wurde. Das **Herzogliche Witwenpalais** entstand 1786 in einem spätbarocken Stil für die Witwe des Fürstbischofs Friedrich August, die allerdings vor Fertigstellung starb. Die **Hofapotheke** war 1635 fertiggestellt und gehört damit zu den ältesten erhaltenen Gebäuden der Stadt.

Die parallel zum Markt verlaufende **Stolbergstraße** ist bekannt für ihre Fachwerkhäuser und Rosenstöcke, die vor den Häusern gehegt und gepflegt werden.

Kirche St. Michaelis

Genaue Daten liegen nicht vor, aber es wird vermutet, dass der Bau der romanischen Ziegelsteinbasilika von etwa 1180 bis nach 1210 gedauert hat. Die Slawen waren zu dieser Zeit bekehrt, und Mitte des 13. Jahrhunderts wurde Eutin Bischofssitz, später war der Bischof sogar Reichsfürst. Bis 1977 blieb das Bischofsamt erhalten. Bischof Burkhard von Serkem musste Anfang des 14. Jahrhunderts aus Lübeck nach Eutin fliehen, gründete dort ein Stift und ließ die Kirche im gotischen Stil umbauen, was vor allem in den Fenstern und im Gewölbe des Chors nachzuvollziehen ist.

Durch die lange undramatische Geschichte blieben zahlreiche Ausstattungsgegenstände erhalten. Zu nennen wären das **Kruzifix** (14. Jh.), der aus Eiche geschnitzte **Marienleuchter** (1322), der große siebenarmige **Leuchter** (1444) mit der Figur des Erzengels Michael, das bronzene

Eutin besitzt ein hübsches historisches Zentrum

Taufbecken (1511), die **Kanzel** (1653) sowie Teile des sogenannten **Cassius-Altars** (1667), nämlich zwei Gemälde des Abendmahls und der Auferstehung. Neueren Datums sind die **Glasfenster** im Chor (1961), die von dem Hamburger Künstler Siegfried Aßmann (1925–2021) entworfen wurden, die **Orgel** und der **Weltkugelleuchter**.

Schloss

Das Schloss von Eutin gehört neben dem Gottorfer Schloss und dem Schloss in Glücksburg zu den bedeutenden Adelssitzen des Landes. Es wurde über die Jahrhunderte von der mittelalterlichen Burg zur Residenz erst für die Lübecker Fürstbischöfe, dann die Herzöge von Oldenburg verändert und dient heute als Museum.

Wahrscheinlich 1156 wurde auf den Ländereien ein erstes Haus errichtet, das in den nächsten 100 Jahren weiter ausgebaut wurde, 1275 dann in beträchtlichem Maße, denn dieses steinerne Gebäude ist bis heute Teil des Ostflügels. Kurz darauf brach eine Fehde zwischen dem Lübecker Bischof Burkhard von Serkem (1236–1317) und der weltlichen Macht in Lübeck aus, mit dem Ergebnis, dass der Bischof sich nach Eutin zurückzog und in den Folgejahren das eher kleine Anwesen zu einer Festung mit Mauern, Wassergraben und Wällen ausbauen ließ. Dass die Anlage immer wieder erweitert wurde, kann man an der Fassade zur Stadtseite gut erkennen: Sie ist uneinheitlich, nicht symmetrisch, vor allem die **Ecktürme** unterscheiden sich, denn sie standen ursprünglich unverbunden zu anderen Gebäuden. Der große Torturm wurde in der zweiten Hälfte des 15. Jahrhunderts errichtet. Erst im 16. Jahrhundert war ein kleines Renaissanceschloss mit immer noch unregelmäßigem Grundriss entstanden.

Mit der Reformation gelangten 1586 die Herzöge von Schleswig-Holstein-Gottorf in den Besitz, was zu ständigen Widersprüchen mit den Dänen führte, die 1705 das Schloss belagerten und schwer beschädigten. Auf den alten Grundmauern wurde es neu errichtet und noch einmal verstärkt. Im 18. Jahrhundert verwandelten die Fürstbischöfe des Hauses Gottorf das Schloss in einen barocken Fürstenhof mit großem Garten im französischen Stil, in dem sich der Hochadel traf und amüsierte. 1773 wurden verschiedene Adelshäuser vereinigt, so dass die Fürstbischöfe den Titel eines Herzogs von Oldenburg erhielten. Kurz darauf wurde das Hochstift von Lübeck zum Fürstentum Lübeck säkularisiert, so dass die Oldenburger Herzöge nun im Oldenburger Schloss residierten und nur im Sommer für einige Zeit nach Eutin kamen. Dennoch ging die Bauentwicklung weiter, so wurde ab 1788 der Barockgarten zu einem Landschaftsgarten umgestaltet.

Ab 1820 wurde der äußere Hof in Richtung Klassizismus verändert, es entstand ein offener Schlossplatz, der von separaten Gebäuden gesäumt wurde, dem Marstall (heute Museum), dem Kavaliershaus (heute Landesbibliothek) und der Remise (heute Kreisbibliothek). Bis 1840 wurde das Schloss auch innen klassizistisch umgestaltet, und 1845 schließlich erhöhte man das Gebäude um ein Stockwerk.

Seit 1918 wird das Schloss nicht mehr bewohnt, es wurde ein Museum eingerichtet. Nach dem Zweiten Weltkrieg wurde das Schloss als Auffanglager für Flüchtlinge genutzt, in dem einige hundert Menschen unter hygienisch bedenklichen Bedingungen wohnten. Dieser Zustand dauerte bis Anfang der 1950er Jahre. Größtenteils dient das Schloss heute als Museum, teils seiner selbst, aber auch zahlreicher Gemälde, von denen viele von dem ›Goethe-Maler‹ Wilhelm

▸ Karte S. 164

Ideell bedeutsam: Schloss Eutin

Tischbein (1751–1829) stammen, der von 1808 bis zu seinem Tod in Eutin lebte. Hinzu kommt eine Sammlung von Schiffsmodellen aus der Werkstatt des russischen Zarenhofs, weiterhin Möbel, Textilien und Geschenke.

Trotz seines unsymmetrischen Grundrisses von rund 70 mal 80 Metern in Trapezform wirkt das Bauwerk von außen recht streng. Der Ziegelbau ist kaum verziert, lediglich die Fenster durchbrechen die glatten Wände. Im **Innenhof** sind die Wände hellgelb getüncht. Dorthin gelangt man durch den **Torturm**, der im 16. Jahrhundert erweitert und 1720 um ein Geschoss erhöht wurde; zu der Zeit erhielt er auch die Laterne. Er gehört zum **Westflügel** des Schlosses, in dem sich die Privatgemächer des Fürstenpaares befanden. Der Schlafsaal der Fürstin wurde ›Europasaal‹ genannt, nach seinem das üppige Leben feiernden Deckengemälde über den Raub der Europa. Früher war der **Nordflügel** der Hauptbau des Schlosses, in dem sich zum Beispiel der fast 40 Meter lange ›Rittersaal‹ befindet. Die Fenster zum Hof wurden vermauert, damit man großformatige Staatsportraits aufhängen konnte. Vom Innenhof betrachtet macht der **Ostflügel** einen aufgelockerten Eindruck, was an den beiden Loggien liegt, die als Verbindungsräume geschaffen wurden. Hier befanden sich die Gästezimmer mit dem ›Gelben Salon‹. Im Gobelinzimmer waren große Wandteppiche aus Versailles aufgehängt. Der **Südflügel** mit seiner kleinen Außenterrasse wendet sich zum Garten und beherbergte private Wohnräume und die doppelstöckige Hauskapelle mit umlaufender Empore.

Schlossgarten

Bereits im Jahr 1500 war südlich und östlich des Schlosses ein Garten vorhanden, der beständig ausgebaut wurde. Fürstbischof Christian August ließ 1713 einen formellen Garten nach französischem Muster anlegen, Alleen und Sichtachsen gliederten ihn, Wasserspiele gaben ihm Leichtigkeit; auf der Fasaneninsel wurde ein kleines Lustschloss errichtet. Mitte des 18. Jahrhunderts entstand auch die eher schlichte Orangerie.

Ab 1788 fand eine radikale Umgestaltung hin zu einem englischen Land-

Endlos zieht sich die Lindenallee

schaftspark statt. Bestimmendes Element war die 330 Meter lange **Lindenallee**, die die Skulptur der Flora, der Göttin des Frühlings, mit dem klassizistischen Sonnentempel verbindet. Gewundene Wege führten nun durch die ungeordnet aussehende, tatsächlich in ihren Ausblicken genau geplante Natur. Der Park steht unter Denkmalschutz, ist aber frei zugänglich.

Küchengarten

Zu jedem Schloss gehört auch ein Küchengarten. Und so wurde 1790 bei der Umgestaltung des barocken Gartens auch ein zwei Hektar großer Nutzgarten mit der Orangerie integriert. Der letzte Eutiner Hofgärtner ging 1927 in den Ruhestand, danach wurden Teile des Gartens verpachtet, doch bald lag dieser brach. 2005 begann die Planung zur Wiederherstellung des Gartens, die zur Landesgartenschau 2016 einen Zwischenstand erreichte und weiter fortgeführt wird. Zu sehen sind neben den Anbauflächen und der Orangerie auch verschiedene Abgrenzungen wie ein ›lebender Gartenzaun‹ oder Mauern, die ein Mikroklima zum Obstanbau erzeugen.

Wasserturm

Um jederzeit hygienisch einwandfreies Wasser zur Verfügung zu haben, wurde 1909 ein Wasserturm aus roten Ziegeln gebaut. Der achteckige Sockel endet in einem Gesims und schließt sich durch ein mit grünen Glasurziegeln gedecktes schmales Dach an den runden Ständerteil an. Während der Ständer sich leicht verjüngt, sitzt oben darauf ein runder Behälter mit wesentlich größerem Durchmesser. Er ist durch verschiedene Blenden verziert und abschließend mit einem ebenfalls grünen Dach gedeckt.
Der Stahltank im Innern fasst 250 Kubikmeter Wasser. Der Turm ist insgesamt 39,20 Meter hoch und steht seit 1985 unter Denkmalschutz. Über 156 Stufen kann man ihn bis zum schmalen Umgang oben erklimmen. Von dort hat man eine schöne Aussicht über die Stadt und die umgebene Landschaft. Im Turm gibt es zudem eine **Ausstellung** mit Fotos aller 63 noch stehenden Wassertürme in Schleswig-Holstein.

Die Umgebung

Der **Ukleisee** liegt zehn Kilometer nördlich von Eutin im dichten Wald von Sielbeck, nicht weit entfernt vom Kellersee. Er hat eine Fläche von 32 Hektar und eine maximale Tiefe von 17 Metern. Bei ihm handelt es sich um einen sogenannten Toteissee, der während der letzten Eiszeit entstanden ist. Ein schattiger, drei Kilometer langer Rundweg führt um den See. Unterwegs trifft man auf ein spätbarockes **Jagdschlösschen**, von dessen Terrasse man einen schönen Blick über den See und seine Umgebung hat.

▶ Karte S. 164

Drei Kilometer weiter nach Nordosten ist das kleine Dorf **Kirchnüchel** erreicht, dessen 1230 erbaute Feldsteinkirche 116 Meter über dem Meeresspiegel liegt und damit am höchsten in ganz Schleswig-Holstein. Diese **Marienkirche** war im Mittelalter als Wallfahrtsort bekannt. Einer nur sieben Zentimeter kleinen Madonnenfigur aus Elfenbein wurden Wunderkräfte zugeschrieben, auch noch nach der Reformation; heute steht die kleine Figur hinter Sicherheitsglas in einem Pfeiler im Chor. Von außen wirkt die Kirche erdgebunden, von innen durch die Fenster moderner, man fühlt sich ein wenig an Marc Chagall erinnert. Eine Gruft nahm die Steinsarkophage einiger Grafen von Brockdorff auf, die sich aber heute auch mit einem Ruheort vor der Kirche begnügen müssen.

Knapp fünf Kilometer weiter östlich erhebt sich der **Bungsberg**, der mit 167,40 Metern der höchste Berg Schleswig-Holsteins ist. Auf dem Gipfel wurde 1864 der 22 Meter hohe **Elisabethturm** als Aussichtsturm errichtet. Er ist ein achteckiger Sandsteinturm mit bunten Fenstern, dessen Ausguck über eine Treppe erreicht werden kann. Doch die Konkurrenz steht gleich nebenan: Der 1977 errichtete Fernmeldeturm ist mit 179 Metern höher als der Bungsberg. Er besitzt eine kostenlos zugängliche Plattform in 40 Meter Höhe, von der aus man bis auf die Ostsee schauen kann. Schon früher nutzte die lokale Bevölkerung den ›Berg‹ im Winter zum Rodeln und Ski fahren, jetzt wurde sogar ein Schlepplift gebaut, damit man bequem hinauf zur 25 Sekunden dauernden Abfahrt gelangen kann.

Am Fuße des Bungsbergs liegt der Ort **Schönwalde**. Er wurde bereits im 12. Jahrhundert urkundlich erwähnt, als er zu den Ländereien des Klosters Cismar gehörte. Durch einen Gebietstausch kam die Gegend 1460 zum nicht mehr existenten Adelsgut Sierhagen und dann zum Bischof von Lübeck. Heute ist Schönwalde ein idyllisches Dorf in grüner Umgebung, die von Wanderwegen und Alleen mit altem Baumbestand geprägt ist. Im Ort gibt es eine **Feldsteinkirche** aus dem Jahr 1240. Im **Dorfmuseum** kann man sich über die Geschichte und das Handwerk der Region informieren.

Am schönen Ukleisee

Eutin und Umgebung

Kur & Touristik, Markt 19, 23701 Eutin, Tel. 04521/70970.
www.holsteinischeschweiz.de/eutin

Seerundfahrt, Anlegestelle Stadtbucht, Bleekergang 4, 23701 Eutin, Tel. 0172/4141136. In einer Stunde bringt das Schiff die Gäste rund um den See; drei Fahrten pro Tag. www.eutiner-seerundfahrt.de

Seeloge, Bleekergang 6, 23701 Eutin, Tel. 04521/8267500; DZ ab 109 €. Direkt am See mit Blick auf das Schloss hat Mitte 2022 ein modernes Hotel mit 44 Zimmern eröffnet. Das Design ist kompromisslos: große Fenster, Holzparkett, hölzerne Sitz-Fensterbänke, klare Linien, komplett schwellenlos. Im Restaurant kann man drinnen und draußen sitzen, und selbst die Sauna hat einen herrlichen Seeblick.
www.seeloge.de

Voßhaus, Voßplatz 6/8, 23701 Eutin, Tel. 04521/7620066; DZ ab 95 €. In einem Haus an diesem Ort hat einst der Übersetzer Johann Heinrich Voß gewohnt. Das ursprüngliche Haus brannte aber vor einigen Jahren vollständig ab, so dass jetzt ein sehr modernes Hotel mit großzügigen Zimmern in Seenähe entstanden ist.
www.vosshaus-eutin.de

Reisemobilpark, Oldenburger Landstr. 21, 23701 Eutin, Tel. 04521/70790; ganzjährig. In Seenähe warten 24 Plätze mit Ver- und Entsorgung.
https://reisemobilpark-eutin.de

Naturpark Prinzenholz, Prinzenholzweg 20, 23701 Eutin, Tel. 04521/5281. Ruhig gelegener, stufenweise angelegter Platz direkt am Kellersee.
www.nc-prinzenholz.de

Schlossküche, Schlossplatz 5, 23701 Eutin, Tel. 04521/8308790; Mi-So ab 11.30 Uhr. Küchenchef Alexander Hedegger hat Köstlichkeiten aus seiner badischen Heimat mit in die elegante Umgebung gebracht, den Innenhof des Schlosses, und mischt sie ein wenig mit der norddeutschen Küche. Gute Weinauswahl.
www.schlosskueche-eutin.de und www.cox-eutin.de

Brauhaus, Markt 11, 23701 Eutin, Tel. 04521/766777; tgl. 11–22 Uhr. Das rustikal eingerichtete Haus am Markt braut eigenes Bier und präsentiert eine lange Speisekarte mit typischer Brauhauskost. Bei gutem Wetter kann man draußen auf dem Marktplatz sitzen. www.brauhaus-eutin.de

Markt17, Markt 17, 23701 Eutin, Tel. 04521/830837; tgl. 9–22 Uhr. Bereits 1897 wurde in diesem Haus eine Schankwirtschaft eröffnet, später war eine Wirtschaft nach der Eigentümerin als ›Tante Fine‹ bekannt. Heute ist das Angebot deutsch und italienisch geprägt.
www.markt17-eutin.de

Fissauer Fährhaus, Leonhard-Boldt-Str. 8, 23701 Eutin, Tel. 04521/2383; Do–Sa 12–20, So 12–19 Uhr. Das Ausflugslokal liegt am Südufer des Kellersees und bietet eine große Speisenauswahl.
www.holsteinischeschweiz.de/gastro/fissauer-faehrhaus

Carl Maria von Weber Café, Lübecker Str. 48, 23701 Eutin, Tel. 04521/7978639; Sa/So 9–13 und 14–17 Uhr. Im Geburtshaus des berühmten Komponisten und Kapellmeisters Carl Maria von Weber befand sich ab 1898 eine Bäckerei, seit den 1960er Jahren ein Café, das jüngst stilvoll renoviert wurde und am Wochenende Frühstück und nachmittags Kuchen- und Gebäckspezialitäten anbietet.
www.weber-cafe.de

Ostholstein-Museum, Schlossplatz 1, 23701 Eutin, Tel. 04521/788520; März–Okt. Di–So 11–17, Nov.–Jan. Di–Fr 14–17, Sa/So 11–17 Uhr. Das im ehemaligen

▶ Karte S. 164

Marstall des Schlosses untergebrachte Museum zeigt moderne Kunst in Form von Malerei, Grafik, Skulptur und Fotografie. Es finden regelmäßige Sonderausstellungen und Veranstaltungen statt.
https://museum.kreis-oh.de
Schloss, Schlossplatz 5, 23701 Eutin, Tel. 04521/70950. Juli/Aug. tgl. 10–18, März–Juni, Sept.–Jan. Di–So 11–17 Uhr. www.schloss-eutin.de
Wasserturm, Wilhelmstr. 12, 23701 Eutin, Tel. 04521/70970. 15. Mai bis 14. Okt., Di–So 11–16 Uhr. Webcam: www.stadtwerke-eutin.de

Eutiner Festspiele, Freilichtbühne im Schlosspark. Im Juli und August finden seit 1951 auf der Bühne am See Konzerte, Opern- und Operettenabende statt, meist Mi–So. Konzertkasse: Tel. 04521/80010. www.eutiner-festspiele.de

Kanu-Vermietung, Sielbecker Landstr. 17, 23701 Eutin-Fissau, Tel. 04521/4201. Verleih von Kanus und Stehpaddel-Brettern. www.bootekeusen.de
Stand up Paddling Station, Heinrich Lüth-Weg, 23701 Eutin. Automatisierte Ausleihstation.
www.kolula.com/sup-standorte/eutin

Angelcenter Holsteinische Schweiz, Weidestr. 33, 23701 Eutin, Tel. 04521/798555. Der Sibbersdorfer See bietet eine große Fischauswahl. Man sollte sich vorher über Genehmigungen erkundigen.

Individuelle Strandkörbe, Lübecker Str. 20, 23701 Eutin, Tel. 04521/7781888; April–Sept. Mi–Sa 11–17, Okt.–März Sa 11–17 Uhr. Ob Terrasse, Balkon oder Garten, ein Strandkorb macht sich immer gut, schützt vor Sonne und Wind. Hier wird er nach individuellen Vorstellungen von Hand gefertigt.
www.individuelle-strandkörbe.de

Bad Malente

Zwischen Kellersee und Dieksee liegt Bad Malente mit seinen knapp 11 000 Einwohnern. Die erste Siedlung wurde um 1150 in der Zeit Heinrichs des Löwen errichtet. Größere Bedeutung gewann der Ort erst im 20. Jahrhundert, nachdem 1905 ein Sanatorium mit Kurhaus errichtet worden war. 1935 wurde der Ort als Kneippheilbad anerkannt, was dem Fremdenverkehr Auftrieb verschaffte. Malente ist seit 1996 heilklimatischer Kurort und trägt offiziell den Namen Bad Malente, was aber eigentlich niemanden stört.

Bekannt in der Sportwelt wurde Malente 1974, als sich die Fußball-Nationalmannschaft in der Sportschule auf die Weltmeisterschaft in Deutschland vorbereitete. Der neu gefundene Mannschaftszusammenhalt wurde als ›Geist von Malente‹ beschworen, der zum Gewinn der WM mit einem legendären Sieg über Holland geführt haben soll. Lange Zeit hielt die Nationalmannschaft traditionell ihr letztes Trainingslager hier ab.

In Tews Kate ist das Bad Malenter Heimatmuseum untergebracht

Kirche Maria Magdalena

Die einschiffige Saalkirche geht auf das 13. Jahrhundert zurück und wurde zunächst als Feldsteinbauwerk errichtet. Spätere Veränderungen und Anbauten, etwa von zwei Sakristeien, wurden mit roten Backsteinen ausgeführt. Zur Kirche gehörte ab 1600 ein hölzerner Kampanile, der 1893 durch den **Backsteinturm** im Westen ersetzt wurde. Zu beachten sind ein achteckiges **Weihwasserbecken**, die **Kanzel** (1629) und der Altar aus dem Jahr 1900.

Kurpark

Malente musste zur Ernennung zum Kneippheilbad 1955 einen Kurpark vorweisen. Der zentral gelegene Brahmberg, der schon als Erholungsort beliebt war, wurde mit der angrenzenden Müllerwiese (Schwentinewiese) ausgewählt. Der Gartenarchitekt Karl Plomin - bekannt durch Gartenschauen 1951 in Hannover und 1953 in Hamburg - erhielt 1958 von der Gemeinde den Auftrag, den Kurpark zu planen. Auf der Schwentinewiese wurden acht kreisförmige **Teiche** angelegt; ein Holzsteg führte über die Feuchtwiese. Sumpfzypressen, Judasblattbäume und Flügelnussbäume wurden als prägende Gehölze gepflanzt. An der Wiesenpromenade entstanden drei **Sonnenterrassen**, die von üppigen Staudenflächen umgeben waren. 1964 bis 1969 kamen die Bauten hinzu, **Liegehalle**, **Musikpavillon** und **Haus des Gastes**. Zudem wurden Rhododendren, Magnolien und Blumenhartriegel gepflanzt. Seit 2003 steht der Kurpark unter Denkmalschutz, 2008 wurde die Sanierung abgeschlossen.

Kirche St. Johannis

▶ Karte S. 162

Etwa 1138 wurde auf Veranlassung der Grafen von Schauenburg in Neukirchen mit dem Bau der Kirche begonnen, die Johannes dem Täufer geweiht wurde. Sie besteht fast vollständig aus Feldsteinen und weist einen romanischen Stil auf. Dabei gliedert sie sich geradezu klassisch in eine halbrunde Apsis, einen kleinen Chor, einen einschiffigen Hauptraum und im Westen einen rund 40 Meter hohen runden Turm, der direkt an das Hauptschiff angebaut ist und ursprünglich auch als Wehrturm gedacht war. Das Gesamtwerk weist sehr gut abgestimmte, harmonische Dimensionen auf.

Die Kirche St. Johannis wurde weitgehend aus Feldsteinen errichtet

Im Innern befindet sich eine teilweise bemalte Balkendecke. Auch an den Wänden sind historische **Malereien** zu sehen, etwa eine Heiligenfigur aus dem 16. Jahrhundert. Die romanische **Taufe** aus Granit weist die Form eines Pokals auf. Im Chorbogen hängt ein gotisches **Triumphkreuz**. Die **Kanzel** wurde 1626 gefertigt. Eine schöne Kirche, die den kleinen Ausflug von Malente lohnt.

Gut Immenhof

Die Geschichte von Gut Immenhof reicht bis in das 14. Jahrhundert zurück. Wirklich bekannt wurde das ausgedehnte Anwesen aber 1955, als der erste von drei ›Immenhof‹-Filmen dort gedreht wurde. Das Gut bot die Kulisse der Abenteuer von Dick und Dalli und Oma Jantzens Ponyhotel. ›Die Mädels von Immenhof‹ (1955), ›Hochzeit auf Immenhof‹ (1956) und ›Ferien auf Immenhof‹ (1957) bedienten die Sehnsucht nach einem Stück Heile Welt.

Danach wurde es still um das Gut, bis es vor einigen Jahren im modernisierten Gewand als Reiterhof und Hotel wieder eröffnete. Die Reitanlage mit 21 Boxen und Außenreitplatz direkt hinter dem Herrenhaus macht das Gut Immenhof zum Paradies für Reitsportfreunde. Speziell für Kinder gibt es Ponyreiten – und natürlich viele weitere Abenteuer zu entdecken. Ein **Museum** stellt die Immenhof-Memorabilien aus, und eine dreistündige Führung lässt die Filme wieder auferstehen.

Bad Malente und Umgebung

Tourist Info, Bahnhofstr. 3, 23714 Bad Malente, Tel. 04523/9842730.
www.tourismus-malente.de und
www.bad-malente.de

Kellerseefahrt: Die Fahrt dauert rund zwei Stunden und geht bis nach Malente und zum Gut Immenhof und zurück.
5-Seen-Fahrt: Die Fahrt geht zwischen Malente und Plön über fünf Seen – Dieksee, Langensee, Behlersee, Höftsee und Edebergsee – und dauert zwei Stunden.
5-Seen-Fahrt & Kellersee-Fahrt, Bahnhofstr. 5, 23714 Malente, Tel. 04523/2201.
www.5-seen-fahrt.de

An der Diekseepromenade und in den Straßen dahinter gibt es eine größere Zahl von Pensionen, einfachen Hotels und Ferienwohnungen, deren Einrichtung ein wenig in die Jahre gekommen ist.
Weisser Hof, Voßstr. 45, 23714 Malente, Tel. 04523/99250; DZ ab 160 €. Von weitem leuchten die weißen Dachziegel. Die 17 Zimmer sind sachlich-modern eingerichtet und blicken ins Grüne. Zum Hotel gehören Pool, Sauna, Fitnessraum. Im Restaurant wird Wert auf saisonale Speisen gelegt. http://www.weisserhof.de
Gut Immenhof, Rothensande 1, 23714 Malente, Tel. 04523/88280; DZ ab 220 €. Das Hotel bietet 54 komfortable Zimmer und Suiten im Landhausstil. Das ›Rodesand‹ und das ›Melkhus‹ sorgen für das leibliche Wohl. Hier sind vor allem Reiter gut aufgehoben.
https://gut-immenhof.de
Bootshaus am Dieksee, Diekseepromenade 4, 23714 Malente, Tel. 04523/3104; Mo–Sa 11.30–22, So 11.30–21 Uhr. Direkt am Wasser befindet sich das Bootshaus mit verschiedenen Stuben und einer großen Terrasse. Geboten wird solide holsteinische Küche.
www.boots-haus.de
Seehütte am Kellersee, Kellerseestr. 52, 23714 Malente, Tel. 04523/988178; im Sommer Mi–So 11.30–18 Uhr. Bekannt für gute Fischbrötchen und Kuchen. Der Vorteil: man kann sich mit dem Fischbrötchen niederlassen und ein Glas Wein oder Ähnliches dazu trinken.
www.fischbroetchen-cafe.de
Villa Colonial, Hindenburgallee 2, 23714 Malente, Tel. 04523/207815; Mo–Fr 12–22, Sa/So 10–22 Uhr. Das Café und Restaurant bietet wirklich den Blick aus der ersten Reihe auf den Dieksee. Auf der Karte findet sich viel Fisch, aber auch Fleisch. www.villa-colonial.de

Gleis III, Bahnhofstr. 5a, 23714 Malente, Tel. 04523/9842772; Di–So 9–18 Uhr. Morgens Frühstück, große Auswahl an

Tees, Schokoladen, Kaffee, mittags Suppen und Eintöpfe, nachmittags hausgemachter Kuchen. Alles am Bahnhof. www.cafegleis3.de

Kännchen, Bahnhofstr. 36, 23714 Malente, Tel. 04523/9524247; Mi–So 9–17 Uhr, im Sommer auch länger. Gigantische Torten mit frischen Zutaten aus der Gegend. www.cafekaennchen-malente.de

Kirche Maria Magdalena, Janusallee, 23714 Malente.

Kurpark, Lindenallee, 23714 Malente; tgl. 9–18 Uhr, im Sommer länger. https://kurpark-malente.de

Tews Kate, Sebastian-Kneipp-Str., 23714 Malente; Karfreitag bis Oktober Fr–So 14–17 Uhr. In der historischen Räucherkate aus dem 17. Jahrhundert präsentiert ein Heimatmuseum den Arbeitsalltag in einer solchen Räucherstube. Direkt gegenüber der Kate liegt ein 12,4 Hektar großes **Wildgehege**, das von Wildschweinen, Damwild und Rotwild bewohnt wird und bei Kindern sehr beliebt ist. Der 32 Meter hohe **Holzbergturm** bietet schöne Aussichten in die Umgebung.

Kirche St. Johannis, Hauptstr. 22, 23714 Malente-Neukirchen; Mo–Fr 8–16 Uhr. Etwa 5 km nördlich von Malente.

Museum Gut Immenhof, Rothenande 1, 23714 Bad Malente; Sa/So 14–17 Uhr. www.immenhofmuseum.de

Kanu- und Kajakverleih, Hindenburgallee 1, 23714 Malente, Tel. 04523/403610. Bootsverleih und geführte Touren. www.kanucenter-malente.de

Stand up Paddling Station, Janusallee 22, 23714 Malente. Automatisierte Ausleihstation. www.kolula.com/sup-standorte/malente

Uwe Seeler Fußballpark, Am Stadion 4, 23714 Malente, Tel. 04523/20224010. Die Sportschule mit dem ›Geist von Malente‹ bietet nach einer Komplettsanierung wieder Fußballlehrgänge an, doch Räumlichkeiten werden auch für Gruppen vermietet, es gibt Einzel- und Doppelzimmer, und man kann die Gastronomie nutzen, vor allem auf der Terrasse mit Überblick über die Sportanlagen. www.usfp-malente.de

Wochenmarkt Mi und Sa.

Petersen, Bahnhofstr. 23, 23714 Malente, Tel. 04523/2296; Di–Sa 7.30–18, So 11–18 Uhr. Malente ist für seine Räuchereien bekannt, die reetgedeckte Räucherkate der Familie Petersen steht bereits seit 1788. Verkauft werden Würste, Schinken und anderes, dazu kann man vor dem Laden einen Imbiss zu sich nehmen. www.schlachterei-petersen.de

Obst- und Weingut Ingenhof, Dorfstr. 19, 23714 Malente-Malkwitz; Pflücken in der Saison tgl. 9–19 Uhr; Café Apr–Sept. tgl. 12–18 Uhr. Weinanbau in Schleswig-Holstein? Tatsächlich. Bei einer Führung sieht man die Rebstöcke, die Kellerei und erlebt eine Verkostung. Außerdem baut der Hof in großem Stil Obst an, das man auch selbst pflücken kann. Im Feldcafé gibt es Kuchen, Waffeln und Eis. www.ingenhof.de

Plön

Am Ufer des Großen Plöner Sees, des größten Binnensees in Schleswig-Holstein, liegt Plön (9000 Einwohner). Insgesamt elf Seen gehören vollständig zum Plöner Stadtgebiet, an fünf weiteren hat Plön einen Anteil.

Die slawischen Abodriten siedelten im 8. Jahrhundert hier und nannten den Ort ›Plune‹, was ›eisfreies Wasser‹ bedeutet. 1075 kam es zu einer Belagerung, und 1139 wurde die slawische Festung zerstört. Graf Adolf II. von Schauenburg ließ 1160 eine neue Festung dort errichten,

▶ Karte S. 175

wo heute das Schloss steht, und förderte so die Entwicklung einer Marktstadt. Von 1561 bis 1761 war Plön Residenz des Herzogtums Schleswig-Holstein-Sonderburg-Plön. So erlebte es eine erhebliche Aufwertung, die sich auch im Bau des Schlosses (1636) ausdrückte. 1761 fiel das Herzogtum zurück an die dänische Krone, wodurch Plön sowohl zum dänischen Staat als auch zum Deutschen Bund gehörte. Mit damals nur 2000 Einwohnern wurde es jedoch nie eine bedeutende Stadt. Ab 1867 gehörte Plön zu Preußen.

Markt

Der heutige Marktplatz umgibt die Kirche St. Nikolai vollständig, was gleich verdächtig erscheint, denn hier gehört eigentlich der Friedhof hin. Und so war es auch bis zum Jahr 1806, als die Toten an den Ortsrand verwiesen wurden. Die Bebauung am Rand des Platzes ist gemischt, sie stammt aus den letzten zwei Jahrhunderten.

Vom Markt gehen auch die berühmten **Twieten** ab, schmale Pfade, meist anderthalb bis zwei Meter breit, teilweise steil und von Treppen unterbrochen. Sie sind die Reste einer eng bebauten Altstadt am Fuße des Schlosses. Der Wochenmarkt findet dienstags und freitags statt.

Kirche St. Nikolai

Hier stand schon seit dem 12. Jahrhundert eine Kirche, ein Holzbau, von Bischof Vicelin veranlasst. 1691 wurde eine Barockkirche eingeweiht, die aber 1864 fast vollständig abbrannte. Daraufhin wurde bis 1868 eine neue Ziegelsteinkirche im neoromanischen Stil erbaut. Im Zweiten Weltkrieg wurde sie beschädigt, aber in den 1980er Jahren umfassend renoviert. Der Turm ist nun 60 Meter hoch.
Der Raumeindruck ist überraschend und ansprechend, was vor allem aus der Kombination von bräunlich-rötlichem Tonnengewölbe und den blauen Sitzbänken resultiert. Auch das Querschiff ist mit ei-

Blick auf Plön und den Großen Plöner See

nem Tonnengewölbe ausgestattet, beide treffen sich in der Vierung. Der Innenraum wirkt dadurch weitläufig und einladend. Die Ausstattung ist schlicht und modern. Die Kirchenfenster gestaltete der Künstler Carl Frey aus Ahrensbök in den 1960er Jahren neu, er thematisierte Motive der Ostergeschichte.

Museum des Kreises Plön

Im 13. Jahrhundert befand sich hier, an der Johannisstraße, ein erstes Adelspalais, das 1636 als Backsteingebäude neu errichtet wurde. Hohe Hofbeamte wohnten in dem Haus, das 1756 vom letzten Herzog noch einen Stucküberzug im Stil des Rokoko erhielt. Der Dänenkönig brachte einige Herzogswitwen und -töchter hier unter, was dem Haus die Namen ›Witwenpalais‹ und ›Prinzessinnenpalais‹ einbrachte. Im 19. Jahrhundert war es Wohnsitz der Plöner Hofapotheker, nach dem Zweiten Weltkrieg lebten Flüchtlinge dort. Seit 1982 ist das Palais Museum; es ist bekannt für seine norddeutsche Glassammlung aus dem 16. bis 18. Jahrhundert, für zahlreiche Werkzeuge und eine Schusterwerkstatt, eine Apotheke sowie eine Sammlung von Silberwaren aus dem 18./19. Jahrhundert.

Schloss

Das Herzogtum Schleswig-Holstein-Sonderburg-Plön, das von 1622 bis 1761 bestand, war ein Teilherzogtum der Herzogtümer Schleswig und Holstein und entfaltete seine Wirkung eigentlich nur durch den Bau des Plöner Schlosses. Dies geschah anlässlich der Hochzeit des ersten Herzogs, Joachim Ernst, mit der Gottorfer Prinzessin Dorothea Augusta, die auch für die Baukosten aufkam. So entstand in exponierter Höhenlage mit weit schweifendem Blick über den See ein gewaltiges dreiflügeliges Bauwerk im Stil der Spätrenaissance. Das Schloss war Residenz der Familie, und der Herzog sammelte dort Messinstrumente und 10000 Bücher. 1671 starb Joachim Ernst, das Schloss erbte sein ältester Sohn, Johann Adolf, der jedoch als Feldmarschall tätig war und die Verwaltung seiner Mutter und seiner Frau überließ. Die Kinder aus der Ehe verstarben früh, so dass 1704 ein Neffe Amt und Schloss übernahm. Nach Familienstreitigkeiten folgten weitere Neffen, bis die Linie 1761 entschwand. Schon vorher war das dänische Königshaus zum Erben bestimmt worden, da es die beträchtlichen Schulden der Herzogfamilie über-

▸ Karte S. 175

nahm. Das Schloss wurde aber nur von einigen entfernten königlichen Verwandten und zeitweise als Sommerresidenz genutzt. Die Dänen ließen jedoch Umbauten nach der Mode der Zeit durchführen, vor allem das Haus von außen weiß streichen, um seine Sichtbarkeit nochmals zu steigern.

Nach dem Ende der Dänenzeit begann eine bewegte Geschichte. Schloss Plön war in preußischem Besitz, Möbel und Dekoration wurden entfernt, das Schloss zur Kaserne umgebaut und zur Kadettenanstalt umfunktioniert, in der auch die sechs Söhne Kaiser Wilhelms ihre Ausbildung erhielten. 1895 wurde das Pförtnerhaus mit Gefängniszelle als Zugangskontrolle errichtet. Die Nazis schlossen nahtlos an und widmeten das Anwesen zur ›Napola‹ (Nationalpolitische Erziehungsanstalt) um, einer Kaderschmiede für zukünftige Führungskräfte der Partei und ihrer Nebenorganisationen.

Die britischen Besatzer genehmigten 1946 die Einrichtung eines Internats, der Rittersaal wurde zum Speisesaal. In den 1990er Jahren war es offensichtlich, dass der Reparaturbedarf der Bauwerke erheblich war. Das Land suchte einen Käufer und schloss die Gebäude 2001. Im Jahr 2002 übernahm das Optikerunternehmen Fielmann die Bauten, sanierte sie und eröffnete eine Akademie für die Aus- und Weiterbildung von Optikern. Das Schloss strahlt wieder in glitzerndem Weiß, von seiner Terrasse, die frei zugänglich ist, hat man einen herrlichen Blick über Plön und den See. Die Bauwerke sind teilweise wieder mit historischen Möbeln eingerichtet, aber nur im Zuge von Führungen zugänglich.

Das Plöner Schloss

Prinzeninsel

Vom Schloss geht man den Weg Schlossberg weiter und dann in einen Weg, der Schlossgebiet heißt. Er führt zunächst vorbei an der **Alten Schlossgärtnerei,** in der heute wieder Kräuter, Obst und Gemüse angebaut und verkauft werden. Weiter geht es zum **Prinzenhaus,** einem kleinen Lustschloss im Stil des Rokoko. Es wurde bis 1751 nach dem Vorbild des Jagdschlosses Falkenlust in Brühl bei Köln erbaut, Ende des 19. Jahrhunderts erweitert. Den Namen erhielt es allerdings erst, als die Kaisersöhne hier zur Ausbildung weilten. Im Ersten Weltkrieg diente es als Lazarett, zu Internatszeiten als Wohnhaus. Heute finden hier häufig Konzerte statt.

Dahinter beginnt der **Schlossgarten**. Wendet man sich nach rechts, so hat man einen guten Ausblick auf den Kleinen Plöner See, nach links auf den Großen Plöner See, den man von einem **Aussichtspavillon** beobachten kann. Von diesem geht der Weg weiter über einen schmalen Damm zur **Prinzeninsel,** die streng genommen eine Halbinsel ist. Gleich rechts befindet sich eine sandige **Badestelle**, ein schattiger Weg führt rund um die Inselspitze. Erfrischen kann man sich in einem Café-Restaurant. Ihren Namen erhielt die zwei Kilometer lange Halbinsel wieder von den Kaisersöhnen, die hier in der Landwirtschaft unterwiesen wurden.

Plön

Tourist Info Großer Plöner See, Bahnhofstr. 5, 24306 Plön, Tel. 04522/50950; Mai–Sept. Mo–Fr 8–18, Sa 10–14 Uhr, Jul./Aug. auch So 10–14 Uhr, Okt.–Apr. Mo–Fr 9–17 Uhr. www.touristinfo-ploen.de; www.holsteinischeschweiz.de/ploen Stadtführungen zu Fuß, per Fahrrad und im Kanu, abends auch mit Fackeln.

Im Stundentakt fährt der **Hop-on-hop-off-Bus** rund um den Großen Plöner See. www.seekieker-bus.de

Plöner Motorschifffahrt, Fegetasche-Strand 1, 24306 Plön, Tel. 04522/6766. Anderthalbstündige Rundfahrten mit Blick auf das Schloss, die Stadt und die umliegende Landschaft. Mi–So vier Abfahrten. www.grosseploenersee-rundfahrt.de

Lake House Plön, Fegetasche 1, 24306 Plön, Tel. 04522/8029790; DZ ab 99 €. Das historische Backsteinhaus der ehemaligen Zollstation wurde aufwendig renoviert und spricht in den 30 Zimmern und Suiten eine deutliche moderne Sprache. Einige Zimmer haben direkten Seeblick. www.lake-house-ploen.de

Parkhotel Seeufer, Prinzenstr. 9, 24306 Plön, Tel. 04522/2015; DZ ab 115 €. Die Villa wurde 1888 für den Gymnasiallehrer der Söhne von Kaiserin Auguste Victoria und Kaiser Wilhelm II. erbaut und 1920 als das erste Hotel Plöns bekannt. Diese ›goldenen Zeiten‹ sollen durch eine Renovierung im Jugendstil wieder aufleben. Zwölf Zimmer und ein Ferienhäuschen sind gediegen, etwas altmodisch eingerichtet. www.hotel-seeufer.de

Jugendherberge, Ascheberger Str. 67, 24306 Plön, Tel. 04522/2576. In Seenähe mit vielen Wassersportmöglichkeiten, 201 Betten. www.jugendherberge.de/jugendherbergen/ploen-543/portraet

Campingpark Gut Ruhleben, Missionsweg 2, 24306 Bösdorf, Tel. 04522/8347; April–Ende Sept. Großer Platz am der Stadt gegenüberliegenden Ufer des Großen Plöner Sees. Stellplätze in verschiedenen Kategorien. www.camp-ruhleben.de

Naturcamping Spitzenort, Ascheberger Str. 76, 24306 Plön, Tel. 04522/2769. Außerhalb der Stadt auf einer Halbinsel gelegen. Keine Abtrennungen, Bäume und Sträucher gliedern den Platz. www.spitzenort.de

Alte Schwimmhalle, Schloßgebiet 1a, 24306 Plön, Tel. 04522/593630; im Sommer tgl. ab 12 Uhr. In der umgebauten alten Schwimmhalle der Prinzen, in der die Reste der Jugendstil-Deko noch zu erkennen sind, befindet sich jetzt ein großes Restaurant mit ausgedehnter Sonnenterrasse sowie langer Speise- und Weinkarte. http://restaurantalteschwimmhalle.de

Eisenpfanne, Lange Str. 47, 24306 Plön, Tel. 04522/2290; tgl. 12–21.30 Uhr. Hier gibt es Pizza, Pasta, Fisch und Fleisch zu günstigen Preisen. Historisches Ambiente in der Plöner Altstadt, einige Plätze in einer schmalen Twiete.

Prinzeninsel, Große Insel 1, 24306 Plön, Tel. 04522/508700; Di–So 12–21 Uhr. Das große Bauernhaus auf der Prinzeninsel diente einst der landwirtschaftlichen Ausbildung der adligen Knaben, heute bietet es regionale Küche mit italienischen und französischen Einsprengseln. Gute Weinauswahl. Tagsüber auch Fischbrötchen, Kuchen und Eis. www.prinzeninsel.de

Seeprinz, Strandweg 1, 24306 Plön, Tel. 04522/7897155; tgl. 10–21 Uhr. Auf einem großen Ponton sitzen die Gäste direkt über dem Seewasser und genießen moderne, innovative Speisen und Getränke. www.seeprinz-ploen.de

Fegetasche, Fegetasche 1, 24306 Plön, Tel. 04522/8029793; tgl. 12–20 Uhr. Ob man im stilvoll eingerichteten Innen-

▶ Karte S. 175

raum an den großen Fernstern sitzt oder draußen auf der Seeterrasse, man wird immer mit einem entspannenden Blick auf den Edebergsee belohnt, einen der kleineren Plöner Seen. Eigener Kuchen und herzhafte Imbisse erwarten die Besucher. www.lake-house-ploen.de

Tarte, Lübecker Str. 10, 24306 Plön, Tel. 04522/7464452; Mo–Do 11–18, Fr/Sa 9–17 Uhr. Tartes und Quiches sind hier am Fluss die Spezialität, dazu wechselnder vegetarischer Mittagstisch sowie Kaffee- und Teespezialitäten. www.tarte-ploen.de

Vis-à-Vis, Lange Str. 9, 24306 Plön, Tel. 04522/4605; Mo–Sa 9–18, So 10–17.30 Uhr, Nov.–März Mi geschlossen. Morgens Frühstück, mittags kleiner Imbiss, nachmittags wirklich ansprechende Kuchen und Torten. Das alles gibt es seit 35 Jahren im Zentrum von Plön. www.visavis-ploen.de

Kirche St. Nikolai, Lange Str., 24306 Plön; tgl. 9–17 Uhr.

Schloss Plön, 24306 Plön. Einstündige Führungen nach Anmeldung an manchen Samstagen und Sonntagen im Juni/Juli, Termine: www.fielmann-akademie.com/schloss-ploen/besichtigung

Alte Schlossgärtnerei, Schlossgebiet 9a, 24306 Plön, Tel. 04522/789818; April–Okt. Do–So 12–18 Uhr. Gärtnerei mit Anbau von Kräutern, Obst und Gemüse, Schaugarten und Café. http://alte-schlossgaertnerei-ploen.de

Prinzenhaus, im Sommer Mi/So 15 Uhr nach Anmeldung in der Tourist-Info. www.prinzenhausploen.de

Naturparkhaus, Schlossgebiet 9, 24306 Plön, Tel. 04522/749380; März–Okt. Di–So 12–17, Feb. und Nov. nur Sa/So 12–17 Uhr. www.naturpark-holsteinische-schweiz.de

Museum des Kreises Plön, Johannisstr. 1, 24306 Plön, Tel. 04522/744391; Di–So 12–17 Uhr. www.kreismuseum-ploen.de

Parnaßturm, Langenbusch 12, 24306 Plön; Ostern–Okt. tgl. 9–19 Uhr. 1888 am nördlichen Stadtrand errichteter Stahlturm, der Besucher auf eine Höhe von 85 Metern über dem Meeresspiegel bringt. Von hier kann man eine hervorragende Rundumsicht genießen.

Wassersportzentrum, Ascheberger Str. 70, 24306 Plön, Tel. 04522/4111; Mai–Okt. Boots-, Kanu-, Kajak und SUP-Vermietung, Surf- und Segelkurse. www.segelschuleploen.de und www.kanuvermietungploen.de

Mit 650 Hektar Fläche und Tauchtiefen von bis zu 58 Metern ist der Große Plöner See ein beliebtes Tauchrevier. Man sieht Fische, Muscheln, Krebse und Schwämme. Die mittlere Sichttiefe beträgt etwa zwölf Meter. Einstiegsstellen sind unter anderem das ehemalige Fischereigelände in der Plöner Stadtbucht (Eutiner Str. 8) oder die Badestelle in Bosau. Eine Genehmigung ist erforderlich. Infos: Tel. 04841/667303.

Fischerei und Räucherei Lasner, an der B 430, 24326 Ascheberg, Tel. 04526/339818; Mai–Okt. tgl. 9–18 Uhr. Die Tradition der Fischerfamilie Lasner lässt sich in das Jahr 1810 zurückverfolgen. Im Hofladen gibt es Brat- und Räucherfisch aus eigener Herstellung. Am Wasser sind einige Tische und Bänke für einen Imbiss aufgestellt. www.fischereilasner.de

Bosau

Am Ostufer des Großen Plöner Sees, gut zehn Kilometer südlich von Plön, liegt das kleine Dorf der großen Vielfalt. Ob Sandstrand oder Anlegestelle der Ausflugsschiffe, ob Dorfkirche, Landgasthof oder Kulturveranstaltung: alles lässt sich hier finden. Beim Spazieren stößt man immer wieder auf eine der sieben roten Bänke; auf jeder Bank erzählt ein

Zeitzeuge eine Geschichte aus der Vergangenheit.

Im 12. Jahrhundert wurde die **St.-Petri-Kirche** vom Missionar und späteren Bischof Vicelin gegründet, und sie war in der Tat von 1150 bis 1156 Sitz des Bistums Oldenburg. Daher wirbt man gerne mit der Bezeichnung ›kleinster Dom der Welt‹. Das romanische Bauwerk besteht aus Feldsteinen, die teilweise weiß getüncht sind. Es ist von Osten nach Westen gegliedert in ein halbrunde Apsis, einen fast quadratischen Chor, die einschiffige Hallenkirche und einen kurzen massigen Turm im Westen, der im 17. Jahrhundert einen freistehenden Rundturm ersetzte. In der Apsis ist eine Wandmalerei mit großflächigem Rankwerk und der Darstellung von Petrus und einem Stifter erhalten. Der Flügelaltar (14. Jh.) zeigt Jesus beim Jüngsten Gericht, ihm zur Seite stehen Maria und Johannes, außen die Apostel. Während die etwas grobe Nordempore den Raumeindruck dominiert, sollte man nicht den Taufstein aus Granit (12./13. Jh.), das große Triumphkreuz (15. Jh.), die barocke Kanzel und die Epitaphien übersehen.

Im Ortszentrum steht die **Dunkersche Kate,** ein Fachwerkhaus mit Reetdach aus dem 17. Jahrhundert, in der heute häufig wechselnde Ausstellungen von Handwerkern und Kunsthandwerkern zu sehen sind. Ein stilechter Bauerngarten mit Buchsbaumhecken und gepflegten Wegen umgibt das Haus, zu dem auch ein historisches Backhaus gehört.

Bosau

Tourist-Info, Bischof-Vicelin-Damm 11, 23715 Bosau, Tel. 04527/97044; Mitte Mai–Mitte Sept. Fr 15–18, Sa 10–13 Uhr, Juli/Aug. auch So 10–13 Uhr. www.holsteinischeschweiz.de/bosau

Strauers, Gerold-Damm 2, 23715 Bosau, Tel. 04527/9940; DZ ab 120 €. Alle 18 Hotelzimmer haben eine Terrasse oder einen Balkon und sind zum See ausgerichtet, an dem sich eine große Liegewiese befindet. Mit Café und Restaurant. https://strauershotel.de

Camping Bosau, Strandweg 16, 23715 Bosau, Tel. 04522/9490. Direkt am See gelegen, kleiner Sportboothafen, modernes Sanitärgebäude. Ergebnis: große Nachfrage. https://camping-bosau.de

St. Petri im Winterlicht

▶ Karte S. 162

Zum Frohsinn, Bischof-Vicelin-Damm 16, 23715 Bosau, Tel. 04527/269; Mo und Mi–Fr 17–21, Sa/So 11.30–21 Uhr. Alteingesessenes Café und Gasthaus mit Biergarten. Moderne deutsche Küche. Auch Übernachtungszimmer. http://zum-frohsinn.de

Brooks Café Achter de Mur, Achter de Mur 2, 23714 Bosau, Tel. 04527/202; März–Okt. Mi–So 12–18 Uhr. Erlesene Tortenträume, Kuchen und Scones sowie Teespezialitäten im Blumengarten, aber auch herzhaftere Imbisse. Mehrfach ausgezeichnet. www.brooks-cafe.de

St.-Petri-Kirche, Bischof-Vicelin-Damm, 23715 Bosau; tgl. 8–18 Uhr.
Dunkersche Kate, Bischof-Vicelin-Damm 11, 23715 Bosau, Tel. 04527/1822; Do–So 11–17 Uhr.
Rote Bänke, www.rote-bänke.de

Im Ort gibt es einen bewachten Badestrand, einen Bouleplatz sowie einen Beachvolleyballplatz, die Schiffe der Seerundfahrt legen auch hier an, man kann segeln, im Trainingsstall Bosau-Oest reiten oder im Gut Waldshagen in Bösdorf Golf spielen.

Preetz

Durch Grabhügel ist belegt, dass es eine vorgeschichtliche Besiedlung der Region gab. Preetz entstand in seiner modernen Form Ende des 12. Jahrhunderts und wurde gleich Ort einer Schlacht zwischen dem dänischen Herzog Christoph und dem Grafen von Schauenburg, bei der die Dänen ihr Einflussgebiet weiter nach Süden vorschieben wollten, was aber nicht gelang. 1210 stand die erste Kirche, im Jahr darauf wurde das Kloster gegründet. Damit ging auch ein wirtschaftlicher Aufschwung einher, denn in Preetz siedelten sich viele Handwerker an, vor allem Schuhmacher, so dass Preetz bis heute als ›Schusterstadt‹ gilt. Um 1850 gab es unter den 4600 Bewohnern 160 selbständige Schuhmachermeister im Ort, von den Hilfskräften ganz zu schweigen. Als dieses Gewerbe zurückging, wurde Preetz zur ›Schlachterstadt‹, und die Preetzer Würste waren sehr bekannt.

Adeliges Kloster Preetz

Im Jahr 1210/11 stiftete Graf Albrecht von Orlamünde, ein Neffe des dänischen Königs, der hier als Statthalter eingesetzt war, ein der Jungfrau Maria und Johannes dem Täufer gewidmetes Benediktinerinnenkloster. Es ist unbekannt, wie umfangreich die Stiftung ursprünglich war, doch der Landbesitz des Klosters erweiterte sich beträchtlich und reichte bis zur Kieler Förde. Die Grafen von Schauenburg übertrugen Graf Albrecht 1226 noch weitere Wald- und Wiesengebiete nordöstlich der Kieler Förde, in der Probstei. In den Folgejahren wurden mindestens 16 Dörfer gegründet, Mühlen und Kirchen gebaut, man bewirtschaftete die Wälder, betrieb Fischerei, Schweinemast und Eigenversorgung. Diese umfangreichen wirtschaftlichen Aktivitäten und Besiedlungen dienten dazu, das Grenzgebiet zu den slawischen Völkern für die christlichen Herrscher zu sichern. Das Kloster war Großgrundbesitzer und erhielt sogar das Patronatsrecht, also die Gerichts- und Polizeihoheit, das es über Jahrhunderte ausübte und behielt, bis es 1867 Preußen zugeordnet wurde. Erst durch die Ablösung der Erbpachtverhältnisse und Bodenreformen verlor das Kloster den größten Teil seines Landbesitzes zugunsten des Staates.
Das dem Lübecker Bischof unterstellte Kloster konnte bis zu 70 Nonnen

aufnehmen und war damit das größte Nonnenkloster der Region. Ab dem 14./15. Jahrhundert wurden fast ausschließlich Töchter des Ritteradels aufgenommen. Bereits mit fünf Jahren kamen sie in das Kloster, mit zehn begannen sie ihre Novizenzeit.

Christian III., ab 1534 König von Dänemark, war ein entschiedener Anhänger des protestantischen Glaubens und setzte ab 1542 die lutherische Reformation konsequent durch. In das Kloster Preetz kam sie trotzdem erst 1566; bis dahin durften die Nonnen der alten oder der neuen Lehre anhängen oder das Kloster verlassen. Dieses wurde dann unter Kontrolle der Ritterschaft in ein Damenstift umgewidmet. Noch strenger wurde geregelt, dass nur aus der Ritterschaft stammende Frauen oder junge Mädchen – manche wurden schon bei Geburt eingeschrieben – aufgenommen werden konnten. Einige Fenster der Klosterkirche wurden 1893/94 mit 78 Wappen der Familien geschmückt, die dem Kloster Töchter zugeführt hatten. Die Zahl der Nonnen ging jedoch ständig zurück, im 16. Jahrhundert waren es 40, heute ist sie auf 15 begrenzt.

Die erste Klosterkirche wurde 1261 errichtet, sie fiel 1307 einem Feuer zum Opfer. 1340 wurde eine neue Kirche geweiht, die mehrfach umgebaut und repariert werden musste. Das größte Problem entstand 1885, das nördliche Seitenschiff war abgesackt und musste vollständig erneuert werden. An das Nordschiff schloss sich der Kreuzgang an, von dem man auch den Kapitelsaal, zwei Schlafsäle, die Bibliothek, den Speisesaal, die Küche und den Keller erreichte. Mitte des 19. Jahrhunderts wurde der Kreuzgang mitsamt der umliegenden Gebäude – bis auf das Refektorium – wegen Baufälligkeit abgerissen. Bei der **Kirche** handelt es sich um eine dreischiffige Basilika im gotischen Stil, die sehr große Fenster aufweist. Im Innern schließt sich an den ebenfalls großen Chor im Osten ein ausgedehnter Nonnenchor im Zentrum des Hauptschiffes an. Weiter im Westen verblieb dann noch ein kleiner Raum für die Laien, die im Kloster arbeiteten. Für die Nonnen standen drei Chorgestühle zur Verfügung. Sie alle sind mit bunten Malereien von Szenen aus der Bibel geschmückt. Zwischen Nonnenchor und Altarraum blieb der gusseiserne Lettner erhalten.

Südlich der Kirche befand sich der Wirtschaftshof mit Kuh- und Pferdestall, Scheune, Ziegelei und Wassermühle. Westlich der Kirche entstand 1474 ein langgestrecktes Priesterhaus, ein Krankenhaus wurde 20 Jahre später ganz im Norden errichtet. Nach der Reformation durften die Stiftsdamen in eigenen Unterkünften oder sogar außerhalb des Klosters wohnen, daraufhin wurde eine größere Zahl von Wohnhäusern erbaut. Sie waren über den ganzen Hof verteilt, befanden sich aber vor allem nördlich der Kirche. Heute sind die **Wohnhäuser** in Privatbesitz oder vermietet.

Als Besucher kann man das ausgedehnte Gelände erkunden, die Kirche ist im Rahmen einer Führung zugänglich.

■ Markt

Das Kloster liegt einen Kilometer nördlich der Innenstadt. Diese befindet sich in der Umgebung des langgestreckten Marktplatzes, an dem es einige Geschäfte und Cafés gibt. Am Parkplatz an der Mühlenstraße ist der größte Holzschuh der Welt zu sehen, der an die Schuhmachertradition des Orts erinnert. Heute gibt es nur noch einen Holzschuhmacher in Preetz, der auch ein kleines **Museum** unterhält.

Östlich der Innenstadt trifft man auf den **Kirchsee**, durch den der Fluss Schwentine

▲ Karte S. 162

fließt, der bei Kiel in die Ostsee mündet. Dies gilt auch für den größeren **Lanker See** südlich der Stadt, an dem es sogar ein kleines **Strandbad** gibt. Der Markt geht über in die Kirchenstraße mit der Webwerkstatt von Marie Kopiske, sie führt hinauf zur Stadtkirche.

Stadtkirche

Wie üblich, gab es auch hier eine Vorgängerkirche aus dem 12. Jahrhundert. Die heutige, teils aus Feldstein, teils aus Ziegel bestehende Kirche geht auf die 1720er Jahre zurück. Der Chor allerdings stammt aus dem 14. Jahrhundert; er wurde im 20. Jahrhundert abgetrennt und dient heute als ›Kleine Kirche‹ dem stillen Gebet und als Winterkirche.

In der **Kleinen Kirche** fallen die Buntglasfenster auf, die von der Münchner Künstlerin Ina Hoßfeld (1881–1943) entworfen und 1940 eingebaut wurden; sie stellen Schöpfung, Erlösung und Auferstehung dar. **Taufengel** waren lange aus den Kirchen verschwunden. Der hiesige hängt seit den 1980er Jahren wieder und stammt aus dem frühen 18. Jahrhundert. Zum Taufen wird er heruntergelassen und die Schale, die er trägt, mit Wasser gefüllt.

Preetz

Verein Schusterstadt Preetz, Mühlenstr. 9, 24211 Preetz, Tel. 04342/7280420. www.schusterstadt-preetz.de

Gästehaus Preetz, Lange Brückstr. 1, 24211 Preetz, Tel. 04342/2513; DZ ab 70 €. In ruhiger Innenstadtlage befindet sich dieses historische Stadthaus aus dem Jahr 1840. Es bietet in freundlicher Umgebung Zimmer und Apartments zu vernünftigen Preisen an.
www.bedandbreakfast-preetz.de

Landhaus Schellhorn, Am Berg, 24211 Preetz-Schellhorn, Tel. 04342/888660; DZ ab 92 €. Am Stadtrand gelegenes Fachwerkhotel mit 29 einfachen Zimmern. Das Restaurant bietet gutbürgerliche Küche.
www.landhaus-schellhorn.de

Caféstuben, Lange Brückstr. 22, 24211 Preetz, Tel. 04342/9821; Di–Sa 9–18, So 10–18 Uhr. Nettes Café in einem historischen Fachwerkhaus mit Garten direkt am Fluss Schwentine. Mittags Suppen und Salate, nachmittags Kuchen.
www.preetzer-cafestuben.de

Adeliges Kloster Preetz, Klosterhof 5, 24211 Preetz, Tel. 04342/86829. Die Außenanlagen sind frei zugänglich, die Kirche nur im Rahmen von Führungen: Mai–Okt. Di/Mi und Sa 15 Uhr.
https://klosterpreetz.de

Stadtkirche Preetz, Kirchplatz 8, 24211 Preetz; meistens tagsüber geöffnet.

Museum Preetz, Mühlenstr. 14, 24211 Preetz, Tel. 04342/1888; Sa/So 15–17 Uhr. Das kleine Museum stellt die Geschichte von Preetz von der Frühzeit bis zum Schusterhandwerk dar. Außergewöhnlich ist die Sammlung von Papiertheatern, bis zu 150 Jahre alten Modellen von Guckkastenbühnen, auf denen Figuren geführt und Theaterstücke nachgespielt werden konnten.
www.museum-preetz.de

Handweberei Marie Kopiske, Kirchenstr. 54, 24211 Preetz, Tel. 0171/1125747; Mo–Fr 9–13, 15–18, Sa 9–13 Uhr. Vor allem Schals, Geschirrhandtücher und Wolldecken in schönen Farben.
https://handweberei-kopiske.de

Holzschuhmuseum, Wakendorfer Str. 17, 24211 Preetz; Mo–Sa 10–13 Uhr. Hier wird die Geschichte der Holzschuhherstellung erklärt, es werden Schuhe gefertigt, und sie können gekauft werden.
www.preetzer-holzschuhe.de

Hohwachter Bucht und Probstei

Die Hohwachter Bucht reicht von Heiligenhafen bis Hohwacht. Sie ist fast vollständig von einem rund 100 Meter breiten weißen Sandstrand gerahmt. Nur wenige Orte liegen direkt an der Küste, denn hier gibt es bis auf den in Heiligenhafen keine kommerziell betriebenen Häfen - die Landwirtschaft dominiert. Mit ihr direkt verbunden sind die großen Güter, von denen einige noch bewirtschaftet werden, andere sich als stille Residenzen verstecken und wieder andere eine neue Betätigung gefunden haben. Auch die beiden größeren Markt- und Handelsorte, Oldenburg in Holstein und Lütjenburg, halten einige Kilometer Abstand zur Küste. Der Tourismus ist ein relativ neuer Wirtschaftszweig für diese Region, so dass einige Buchten und Strandabschnitte selbst mit dem Fahrrad schwer zu erreichen sind. An anderen Stellen haben sich schon neue Orte oder große Ferienresorts direkt am Strand etabliert.

Die Probstei besteht eigentlich aus den 20 Dörfern zwischen Stakendorf und Laboe, die sich ab dem 13. Jahrhundert im Besitz des Klosters Preetz (→ S. 181) befanden und vom Probst des Klosters verwaltet wurden; daher der Name. Für sie gilt im Prinzip dasselbe wie für die Hohwachter Bucht, nur sind hier die Küsten flach und leicht zugänglich. Wer ruhige Tage am Strand sucht, gleich ob im Ferienhaus, Hotel oder auf dem Campingplatz, ohne einen Strandrummel, ist hier gut aufgehoben. Das Hinterland lässt sich durch Ausflüge und Radtouren erkunden.

Heiligenhafen

Mitte des 13. Jahrhunderts wurde die Hafenstadt gegründet, die durch Fischerei, den Seehandel vor allem mit Getreide und das Recht auf zollfreie Ausfuhr reich wurde. Große Rückschläge erlebte sie im Dreißigjährigen Krieg und im Zweiten Weltkrieg. Der wirtschaftliche Niedergang hatte aber schon mit dem Bau der Eisenbahn (1898) begonnen, die dem Hafen jede Menge Geschäft wegnahm. Die Stadt suchte einen Ausweg im Bädertourismus und baute eine Wandelhalle im heutigen Vogelschutzgebiet Graswarder. Nach dem Krieg ging die Entwicklung weiter, 1974 wurde Heiligenhafen als Ostseeheilbad anerkannt.

Mastenwald in Heiligenhafen

▲ Karte S. 162

Der Marktplaz in Heiligenhafen

Die jüngste Entwicklung zeigt vielleicht die Zukunft des Strandtourismus an vielen Stellen der Ostsee. Der Ort konzentriert sich auf wenige Straßenzüge, teils verkehrsberuhigt, rund um den Markt, während draußen auf den beiden großen Nehrungen Steinwarder und Graswarder ein großer Jachthafen mit insgesamt über 1000 Liegeplätzen sowie ausgedehnte Freizeitresorts entstanden. Für Segler ist Heiligenhafen Ausgangspunkt für Törns nach Süddänemark. Der Ostsee-Ferienpark ist das Resort der 1970er Jahre, das von den luxuriösen neuen Resorts längst in den Schatten gestellt wurde. Zu beachten ist noch der Fischereihafen, denn hier ist eine der größten Fischfangflotten Deutschlands beheimatet, bei der Fischfang kein Hobby, sondern höchst professionelle industrielle Verarbeitung ist.

Kirche

Im Jahr 1250 wurde die Kirche aus Ziegelsteinen in einem Stil erbaut, den man gerne Romano-Gotik nennt. Er behält die Bauweise der Romanik bei, verwendet aber gotische dekorative Elemente. Dazu gehören Blendarkaden, Friese, vor allem solche mit Rundbögen, und runde Fenster (Okuli), die mit Augen assoziiert wurden. Am Chor sind solche Verzierungen noch zu erkennen. Denn später gab es größere Umbauten, vor allem eine Gotisierung des Innenraumes, und 1637 ersetzte der ziemlich massige Kirchturm mit seinem markanten Treppengiebel seinen kleineren Vorgänger. Im Innern ist der Schifferstuhl zu beachten, der vordere Teil einer Empore, auf der die Seefahrer Platz nehmen konnten, wenn sie ihren Sitz durch eine ›Spende‹ erworben hatten – Prestige gegen Bezahlung.

Das älteste Ausstattungsstück ist eine **Statue des heiligen Christophorus**. Auch hier wird er als Riese mit Stab dargestellt, der das Jesuskind auf der Schulter über ein Gewässer trägt. Zwei weitere Statuen, die vielleicht vom dänischen König gestiftet wurden, stellen Adam und Eva dar. Drei Schiffsmodelle hängen vom Gewölbe herab, jenes der ›Samson‹ wurde bereits 1636 gestiftet, die anderen beiden 1989.

Seebrücke

Seebrücken wurden eigentlich angelegt, damit die Ausflugsdampfer, wenn es kein Hafenbecken gab, anlegen konnten – je flacher der Strand, desto länger die Seebrücke. Dann stellte sich heraus, dass die Besucher auch gerne einfach auf dem Holzsteg flanierten, ein bisschen

Hohwachter Bucht und Kieler Förde

Wind genossen und den Ausblick zurück aufs Land.

Die 435 Meter lange Seebrücke in Heiligenhafen geht noch einen Schritt weiter, zunächst durch die extravagante Form. Denn sie besteht aus drei Stücken, die im Winkel zueinander liegen. Und es gibt noch einen **Wasserspielplatz** für Kinder und ein **Kaffee-Fahrrad** für Erwachsene sowie **Sitz- und Liegemöbel**. Es ist eine echte Flaniermeile auf dem Meer.

Bollbrügge

Außerhalb von Heiligenhafen, auf halber Strecke nach Oldenburg, in Bollbrügge (Gem. Gremersdorf), steht die einzige in

Schleswig-Holstein noch erhaltene **Rundscheune**. Sie wurde 1831 aus gestampftem Lehm errichtet und hat ein kegelförmiges Reetdach. Die Mauern sind einen knappen Meter dick und 3,15 Meter hoch, der innere Durchmesser des Gebäudes erreicht 21,30 Meter. Solche Scheunen gibt es auf der ganzen Welt, in Deutschland etwa im benachbarten Mecklenburg. Eine besondere Funktion wurde ihnen bisher kaum zugeschrieben, allenfalls als Dreschscheune für Raps, der von Pferden ›ausgeritten‹ wurde. Wirklich belegt ist das nicht, vielleicht waren die runden Scheunen einfach ein architektonisches Spiel.

Heiligenhafen

Tourismus-Service, Bergstr. 43, 23774 Heiligenhafen, Tel. 04362/90720. www.heiligenhafen.de

Beach Motel, Seebrückenpromenade 3, 23774 Heiligenhafen, Tel. 04362/50030; DZ ab 85 €. Zwischen Strandpromenade, Jachthafen und Binnensee hat 2016 das Beach Motel eröffnet – mit 115 Zimmern und Suiten, in bester Strandlage, die meisten mit Wasserblick, dazu mit Wellnessbereich und Gastronomie. Man produziert Lifestyle mit amerikanischem Küstenflair und wendet sich an ein junges, lässiges Publikum. Die quietschbunte ›Flamingo Bar‹ sorgt für die klassischen Cocktails. www.beachmotel-hhf.de

Bretterbude, Seebrückenpromenade 4, 23774 Heiligenhafen, Tel. 04362/50040; DZ ab 49 €. Schon der Name ist natürlich Understatement pur, die Zimmer heißen ›Butzen‹, alles mega-cool. Sport steht im Mittelpunkt, ob zu Wasser oder zu Lande, der Strand ist direkt vor der Tür. www.bretterbude-hhf.de

Meereszeiten, Am Jachthafen 2, 23774 Heiligenhafen, Tel. 04362/500500; DZ ab 94 €. Das große Hotel garni mit 86 Zimmern befindet sich direkt im Hafengebiet. Es bietet moderne, recht geräumige Zimmer und einen etwas klein dimensionierten Spa-Bereich mit Bio-Sauna und Fitnessraum. www.hafenhotel-meereszeiten.de

Reisemobilstellplatz, Eichholzweg 26, 23774 Heiligenhafen, Tel. 04362/503420. Auf dem Platz direkt am Binnensee gibt es 99 Standplätze unterschiedlicher Kategorien. Das zentrale Sanitärgebäude ist gut ausgestattet. www.reisemobilstellplatz-heiligenhafen.de

Anno 1800, Lauritz-Maßmann-Str. 30, 23774 Heiligenhafen, Tel. 04362/7913; tgl. 16–23 Uhr. Das Fachwerkhaus steht am Binnensee und bietet innen und auf der Terrasse lokale Küche; alles wird frisch zubereitet. Es gibt Fisch, Steaks und vegetarische Speisen. Große Weinkarte. www.anno1800.de

Fischhalle, Am Hafen, 23774 Heiligenhafen, Tel. 04362/5064723; Mi–Mo 11–20 Uhr. Das Selbstbedienungslokal macht seinem Namen alle Ehre: Es befindet sich in einer großen, neuen Halle direkt am alten Teil des Hafens und bietet Fisch satt. Vormittags wird auch frischer Fisch verkauft. www.treffpunkt-fischhalle.de

Seeteufel, Thulboden 10, 23774 Heiligenhafen, Tel. 04362/506887; Do–Mo 17–22 Uhr. Innovative Küche, hauptsächlich Fisch, aber auch Fleisch und Burger. Gute Weinauswahl. www.seeteufel.eu

Sunset Strandbar, Am Seepark 23, 23774 Heiligenhafen, Tel. 04362/506558; Di–So 15–22 Uhr. Ein feiner Sonnenuntergang gehört zum Urlaub auf jeden Fall dazu, und die direkt am Strand gelegene Bar ist dazu ein hervorragend geeigneter Ort. Es gibt die klassischen Cocktails und eine kleine Speisekarte. www.sunset-strandbar.de

Stadtkirche, Kirchenstr. 5, 23774 Heiligenhafen; Mi/Do 11–13, 14.30–16.30 Uhr.

Heimatmuseum, Thulboden 11A, 23774 Heiligenhafen, Tel. 04362/3876; im Sommer Di–Fr und So 15–17 Uhr, im Winter unregelmäßig. Das Museum stellt die Stadtgeschichte, Seefahrt, Kunst und Literatur der Region aus. www.heimatmuseumheiligenhafen.de

Ostseeerlebniswelt, Bäderstr. 6a, 23775 Klaustorf, Tel. 04371/4416; im Sommer tgl. 10–18, im Winter 10–16 Uhr. Großes Aquarium, in dem die Flora und Fauna der Ostsee vorgestellt wird. Nebenan steht ein 80 Meter hoher Turm, der in Zeiten des Kalten Krieges ein Horchturm war und heute beste Aussichten über Heiligenhafen und die Ostsee bietet. www.mega-meereswelten.de

Rundscheune, An der Rundscheune, 23758 Gremersdorf.

▶ Karte S. 186

Oldenburg in Holstein

Oldenburg blickt auf eine lange Geschichte zurück. Hier befand sich die Mitte des Reichs der slawischen Wagrier, die um das Jahr 700 eine Burg bauten, sie später vergrößerten und mit hohen Wällen befestigten. Sie nannten den Ort Starigard, was ›alte Burg‹ bedeutet, woraus wiederum der heutige Name resultiert. So konnten die Wagrier den christlichen Angriffen und Belagerungen lange standhalten, erst 1149 wurde die Region christianisiert.

Zentrum des Orts ist der im 12. Jahrhundert angelegte große Marktplatz (Markt mittwochs und samstags), der wiederum vom 1834 erbauten Rathaus dominiert wird. Schuhstraße und Kuhtorstraße südlich des Marktes wurden zu Fußgängerzonen gemacht, nordwestlich, nahe dem historischen Wall, liegt die Johanniskirche.

Johanniskirche

Die Johanniskirche ist vor allem historisch und architektonisch interessant. Sie wurde 1160 als romanische Basilika in Ziegelbauweise fertiggestellt, gilt damit als eine der ältesten Ziegelkirchen Nordeuropas und als schönes Beispiel für den romanischen Stil im Backstein. Tatsächlich war die Kirche bei ihrer Weihe ein Dom, denn der eifrige Missionar Vicelin hatte Oldenburg zur Bischofsstadt erkoren, in der Bischof Gerold ansässig war. Allerdings wurde bereits 1163 das Bistum in die neu gegründete Stadt Lübeck verlegt, wodurch die Johannes dem Täufer geweihte Kirche an Bedeutung verlor. Sie war 1230 fertig, besaß aber noch keinen Turm. 100 Jahre später vergrößerte man den Chorraum und gestaltete ihn gotisch um: mit spitzbogigen Fenstern und Kreuzrippengewölbe. Wieder 200 Jahre später kam die Reformation in Oldenburg an, aber nur langsam, denn noch bis 1575 amtierten auch katholische Priester in St. Johannis. Der Stadtbrand von 1773 zerstörte praktisch die gesamte Inneneinrichtung. Das Innere wurde nach dem Wiederaufbau barock gestaltet, vor allem der Altar und die Kanzel. Erhalten blieben der Taufengel und zwei Sarkophage im nördlichen Seitenschiff.

Ringwall

Ende des 7. Jahrhunderts begannen die Slawen mit dem Bau des Burgwalles, der damit zu den ältesten Deutschlands gehört. Zunächst wurde der westliche Teil

Der Ringwall

angelegt, im Osten befand sich eine Befestigung. Nach 750 wurde diese Vorburg mit der Hauptburg verbunden und zum Fürstensitz. Dies blieb 400 Jahre bestehen, bis die Dänen 1149 die Burg eroberten und zerstörten. Nach 1200 baute der dänische König Waldemar II. eine neue Burg, die aus einem nördlichen und einem südlichen Teil bestand, die durch Brücken miteinander verbunden waren. 1227 fiel die Burg an die Schauenburger Grafen, 1261 wurde sie wieder von den Dänen belagert und zerstört. Danach wurde auf dem Gelände nichts mehr gebaut, vielmehr ebnete man 1833 große Teile des Walles ein.

Nach archäologischen Untersuchungen wurden die Wälle 1987 teilweise rekonstruiert. Sie maßen 220 Meter in der Länge und 100 Meter in der Breite. Außen überragten sie die Umgebung um bis zu 18 Meter, innen jedoch nur um wenige Meter. Die Funde dieses bedeutenden archäologischen Denkmals, vor allem Waffen und Alltagsgegenstände, werden im Wallmuseum ausgestellt.

Oldenburg in Holstein

Tourist-Information, Schauenburger Platz 2, 23758 Oldenburg, Tel. 04361/5083913.
www.oldenburg-holstein.de

Zur Eule, Hopfenmarkt 1, 23758 Oldenburg, Tel. 04361/49970; DZ ab 120 €. Am Hopfenmarkt stand schon seit Hunderten von Jahren ein Gasthof mit Brauerei und Brennerei, der heutige befindet sich immerhin seit 250 Jahren im Besitz der Familie Garleff. Zu ihm gehört heute ein Gästehaus, so dass jetzt 22 Zimmer zur Verfügung stehen.
www.hotelzureule.de

Wohnmobilstellplatz am Wallmuseum, Prof.-Struve-Weg 1, 23758 Oldenburg, Tel. 0170/9298726. Acht Stellplätze nahe der Altstadt, keine Sanitäranlagen.

Landlord, Göhler Str. 44, 23758 Oldenburg, Tel. 04361/8230; tgl. ab 18 Uhr. Kneipe mit preiswerten Speisen.
www.landlord-oldenburg.de

Stadtcafé, Markt 8, 23758 Oldenburg, Tel. 04361/623164; tgl. 9–17 Uhr. In einem historischen Backsteinhaus und auf zwei Sonnenterrassen werden hier Frühstück, Kleinigkeiten zum Mittag und wirklich eindrucksvolle Kuchenstücke serviert.
https://stadtcafe-oldenburg.de

Wallmuseum, Prof.-Struve-Weg 1, 23758 Oldenburg, Tel. 04361/623142; April–Okt. Di–So 10–17 Uhr. »Wie ging es zu im alten Starigard?« Das Museum möchte das Alltagsleben der Slawen wieder lebendig erscheinen lassen, und bei einigen Aktivitäten können Besucher auch mitwirken. Das Gildemuseum im Hauptgebäude erschließt die 800-jährige Geschichte der Toten- und Schützengilde St. Johannis, die sich nicht nur dem Schützenfest und dem Beistand für Hinterbliebene widmete, sondern auch Traditions- und Sprachpflege betrieb.
www.oldenburger-wallmuseum.de

Um den Johannestag (24. Juni) findet das **Gildefest** des Schützenvereins statt. Rund 600 Mitglieder ziehen dann im schwarzen Anzug mit Zylinder und Wanderstock durch die fahnengeschmückte Stadt zum Schützenplatz. Keine Angst, der Vogel, der geschossen wird, besteht aus Holz. Das Fest mit Musik und Tanz dauert drei Tage. Im August werden historische Darstellungen beim **Wallfest** im Museumshof geboten.

▶ Karte S. 186

Weissenhäuser Strand

Am langen sandigen Weissenhäuser Strand befindet sich ein ausgedehnter **Ferienpark** mit 4000 Betten in Ferienwohnungen, Häusern und einem Strandhotel. Das Konzept richtet sich ganz auf Familien mit Kindern aus, die sich im Schwimmbad mit 214 Meter langer Wasserrutsche, unterschiedlich hohen Wellen, beim Fußball und Fußballgolf, im Streichelzoo und der Reitschule amüsieren.

■ Resort Weissenhaus

Den Gegenpol zum Ferienpark stellt das Resort Weissenhaus am Meer dar. Das ehemalige Gut war verfallen, ehe es bis 2014 in ein edles, weitläufiges Hotel mit Spa und mehreren ausgezeichneten Restaurants umgewandelt wurde. Hier genießen Gäste in herrlicher Strandumgebung Luxus und Entspannung.

■ Von Weissenhaus nach Hohwacht

Westlich von Weissenhaus folgt eine Steilküste mit einem steinigen schmalen Strand davor. Wer oben bleibt, gelangt zu einem **Wangels Steilküste** genannten Aussichtsturm, von dem man einen schönen Blick über die Küste hat. Dann fällt das Land wieder ein paar Meter und ordnet sich in einer schön geschwungenen Bucht, die bis nach Hohwacht reicht.

Die Steilküste bei Weissenhaus

Der zentrale Abschnitt dieser Bucht wird Sehlendorfer Strand genannt, nach dem Ort Sehlendorf, der rund zwei Kilometer vom Strand entfernt liegt und zahlreiche Ferienwohnungen anbietet.

Direkt westlich der Campingplätze beginnt ein 100 Meter hinter dem Strand gelegener Binnensee. Durch ihn fließt die Nessendorfer Mühlenau, die am Strand in die Ostsee mündet; die Mündung kann auf einem befestigten Weg umgangen werden. Der See gehört zum **Naturschutzgebiet Sehlendorfer Binnensee**, in dem sich seltene Vögel wie Seeadler und Singschwäne verstecken. Man darf das Schutzgebiet betreten, und direkt am See gibt es eine **Aussichtsplattform**.

i Weissenhaus, Weissenhäuser Strand

Weissenhäuser Strand, Seestr. 1, 23758 Weissenhäuser Strand, Tel. 04361/550. www.weissenhaeuserstrand.de

Weissenhaus Grand Village Resort & Spa am Meer, Parkallee 1, 23758 Weissenhaus, Tel. 04382/92620; Zimmer ab 500 €. www.weissenhaus.de

Nördlich der Campingplätze gibt es zwei Fischrestaurants:

Taverna Zeus, Strandstr. 32, 24327 Blekendorf, Tel. 0176/86758969; im Sommer tgl. 12–23 Uhr. Griechische Variante.

Fischbar, Strandstr. 28, 24327 Blekendorf, Tel. 0170/3869820; im Sommer Do–So 12.30–18 Uhr. Legere Variante, eher Richtung Imbiss.
www.fischbar-kiel.de

Vier **Campingplätze** grenzen am Strand direkt aneinander:
https://campingplatz-platen.de
www.ostseecamping-schoening.de
https://campingplatz-jipp.de
www.campingplatz-schwab.de

Hohwacht

Hohwacht war über Jahrhunderte ein winziges Fischerdorf mit gerade mal zehn Katen. Im 17. Jahrhundert gab es einmal Pläne, Ort und Hafen zu vergrößern, doch die scheiterten, weil es schon genügend Häfen in der Gegend gab. Mit dem Anschluss an die Eisenbahn 1871 war die Idee völlig vom Tisch, allerdings kamen mit dem Zug plötzlich Badegäste an. Ab dem Jahr 1900 vollzog sich eine Wandlung zum Ostseebad, allerdings nicht in dem Tempo, mit dem andere Orte voranschritten.

Die moderne Seebrücke in Hohwacht

So hat sich der Ort Hohwacht bis heute flächenmäßig zwar beträchtlich ausgedehnt, doch es gibt keine großen Bettenburgen oder Hochhäuser. Der kilometerlange, von weißem Sand bedeckte Strand wird von einer Promenade für Fußgänger und Radfahrer gesäumt. Im Süden ragt eine eher kleine **Seebrücke** ins Meer, im Norden die ›Flunder‹, eine Seebrücke modernerer Art, bei der sich die Aussichtsplattformen fächerartig ausbreiten. Aber auch weiter entfernt vom Strand ist der Ort angenehm, grün und bietet Gelegenheit zum Flanieren.

Drei Kilometer nördlich von Hohwacht, wo der Fluss Kossau in die Ostsee mündet, liegt der kleine **Hafen Lippe** mit Fischer- und Freizeitbooten; das Restaurant Klabautermann serviert frisch zubereiteten Fisch.

Noch fünf Kilometer weiter steht der 1916 erbaute, 40 Meter hohe **Leuchtturm Neuland**. Er ist achteckig und aus Ziegeln errichtet und wird von einer zweistöckigen grauen Laterne gekrönt. Der Turm dient nicht der Schifffahrt, sondern wird von der Bundeswehr betrieben, die vor dem etwas weiter nördlich gelegenen Schießplatz Todendorf warnt. Nur an zwei Tagen der offenen Tür im Jahr ist er zugänglich.

Hohwacht und Umgebung

Touristinformation, Berliner Platz 1, 24321 Hohwacht, Tel. 04381/90550; Mo–Fr 9–17, Sa 10–14 Uhr.
www.hohwachterbucht.de

Tourist-Info, Strandkrabbe, Strandstr. 3, 24257 Hohenfelde, Tel. 04385/8779950; Sa/So 14–17 Uhr.
www.hohenfelde.de und
www.naturerleben-hohenfelde.de

Genueser Schiff, Seestr. 18, 24321 Hohwacht, Tel. 04381/7533; DZ ab 100 €. Das Hotel, das aus drei separaten Gebäuden in grüner Umgebung besteht, liegt 500 Meter nordwestlich des Orts in Alleinlage direkt am Strand, der hier aber schon etwas dünner ist. Insgesamt stehen 26 Zimmer, 9 Apartments und 3 Ferienwohnungen zur Verfügung, die unterschiedlich gestaltet sind. Seit über zehn Jahren findet jeweils im September eine Literaturwoche mit täglicher Lesung statt. Mit Restaurant und Café.
www.genueser-schiff.de

Haus am Meer, Dünenweg 1, 24321 Hohwacht, Tel. 04381/40740; DZ ab 135 €. Das direkt am Strand gelegene Hotel und Apartmenthaus bietet 23 modern eingerichtete Zimmer sowie 39 geräumige Apartments mit Meerblick. Mit

▶ Karte S. 186

Schwimmbad und Sauna, Restaurant und Café. www.hotel-hausammeer.de

Hohe Wacht, Ostseering 5, 24321 Hohwacht, Tel. 04381/90080; DZ ab 150 €. Das große, seit langem bestehende Vier-Sterne-Hotel liegt 200 Meter vom Strand entfernt neben dem Kurpark und bietet modern eingerichtete Zimmer, Suiten und Apartments.
www.hohe-wacht.de

Camping Lippe, 24321 Waterneverstorff, Tel. 0174/1685810. Nördlich von Hohwacht an einem kleinen Hafen gelegen.
www.gut-waldersee.de/campingplatz.html

Basalt, Nixenweg 1, 24321 Hohwacht, Tel. 04381/2084898; Di–Sa 17.30–20.30 Uhr. In interessanter Umgebung innovative deutsche und internationale Küche mit exotischen Noten. Sushi auf Vorbestellung.
www.basalt-hohwacht.de

Fisch Gourmet, Strandstr. 15, 24321 Hohwacht, Tel. 0152/21997026; Di–So 11–19 Uhr. Traditionelle Suppen, Fischgerichte und Fischbrötchen. Terrasse mit Meerblick.
https://alt-hohwachter-fisch-gourmet.metro.rest

Moin Fritz, Seestr. 16, 24321 Hohwacht. Am Strandrand steht Jan Ole mit seinem Bauwagen und verkauft Fischbrötchen und Fish & Chips; die Gäste sitzen auf Bierbänken und essen.
www.instagram.com/moin_fritz

Seaside, Seestr. 14, 24321 Hohwacht, Tel. 04381/414860; tgl. 10–21 Uhr. Traditionelle Steaks, Burger, etwas Fisch, Backkartoffeln, Bratkartoffeln.
www.seaside-hohwacht.de

Klabautermann, Lippe 3, 24321 Lippe/Behrensdorf, Tel. 04381/8250, 0171/3140499; ganzjährig tgl. 12–20 Uhr. Umfangreiche Fischgerichte in legerer Atmosphäre, im Sommer auch auf Bänken am Strand.
https://restaurant-klabautermann.de

Strandlächeln, Strandstr. 23, 24257 Hohenfelde, Tel. 04385/2169970; Mi–So 17–21 Uhr. Direkt am einsamen Strand von Hohenfelde befindet sich in einem Rundbau das anspruchsvolle Restaurant mit einer Sand- und Strandbar vor der Tür. Vom Obergeschoss bieten sich herrliche Blicke über die Ostsee. Deshalb ist eine Tischreservierung dringend angeraten.
www.strandlaecheln.de

Straußenfarm Ostseeblick, Ostseering 11, 24257 Hohenfelde, Tel. 04385/907; März–Okt. tgl. 10–18, Nov./Dez. Fr–So 10–16 Uhr. Besucher können die großen Vögel und die Brutaufzucht beobachten, im hofeigenen Bistro das gesunde Fleisch verspeisen sowie im Laden einkaufen.
www.straussenfarm-ostseeblick.de

Lütjenburg

Lütjenburg, rund zehn Kilometer hinter der Küste von Hohwacht, ist eine sehr angenehme Kleinstadt mit etwa 5200 Einwohnern. Fast alle Häuser sind aus Backstein erbaut, selbst viele Gehwege sind damit bedeckt. Der Ort gruppiert sich um einen mit historischen Gebäuden umsäumten Marktplatz, auf dem mittwochs und samstags von 7 bis 13 Uhr ein Wochenmarkt stattfindet.

Die Gegend ist schon lange besiedelt, das belegen Funde von Steinzeitgräbern und alten Burgbefestigungen. Auch hier wurde im 12. Jahrhundert eine Siedlung mit Kirche angelegt, die die Slawen verdrängte. 100 Jahre später war die ›kleine Burg‹ eine Handelsstadt nach lübischem Recht, allerdings keine sehr erfolgreiche, und nach der Pest Mitte des 14. Jahrhunderts blieb von dem Ort wenig übrig. Es kamen jetzt die großen Güter auf, deren Herren direkt mit den Großhändlern verhandelten und ihre Produkte nicht mehr auf den Markt brachten. Im 15. Jahrhundert war Lütjenburg pleite und wurde an die Ritter von Rantzau verpachtet. 1642 machte der dänische König Christian IV.

Das Färberhaus

dies wieder rückgängig, doch Lütjenburg blieb eine kleine Handwerkerstadt. Lediglich das Brennen von Korn verwies noch auf den mittelalterlichen Handel, doch selbst dieses hochprozentige Produkt wird heute hier nicht mehr hergestellt, sondern nur verkostet.

St. Michael

Mitte des 12. Jahrhunderts begann man mit dem Bau einer Backsteinkirche im romanischen Stil. Mitte des 13. Jahrhunderts wurde der Chor verlängert und leicht gotisiert. Der Turm wurde als letztes gebaut. Im späten 15. Jahrhundert wurden seitlich noch Kapellen angefügt. Der Chor ist schmaler als das Hauptschiff und wirkt wesentlich heller. Getrennt sind beide Kirchenteile durch das spätgotische Triumphkreuz, von dem die beiden Figuren von Adam und Eva sowie die eines Engels verloren gingen. Der geschnitzte Altaraufsatz stammt aus dem Jahr 1467, wurde allerdings 1866 verändert, vor allem durch das Entfernen der Farbe von den geschnitzten Figuren. Diese stellen in der Mitte die Kreuzigungsszene mit sehr viel Personal im unteren Bereich dar, an den Seiten die Weihnachtslegende.

Sehr auffallend ist der **Sarkophag** der Familie Reventlow in der nördlichen Seitenkapelle, der 1608 noch zu Lebzeiten Otto von Reventlows in Auftrag gegeben und von dem flämischen Bildhauer Robert Coppens (ca. 1550–ca. 1618) ausgeführt wurde. Er zeigt den Stifter mit Gattin und vier Kindern als Alabasterfiguren unter dem Kreuz kniend. Das Sandsteinrelief stellt den Jüngsten Tag dar. Im Sockel sind zwischen Säulen stehend Allegorien der christlichen Tugenden Glaube, Liebe, Hoffnung und der heidnischen Tugenden Gerechtigkeit, Stärke und Klugheit zu sehen. Die Familie Reventlow gehört zu den Uradelsgeschlechtern Schleswig-Holsteins und Mecklenburgs, die schon im 13. Jahrhundert in Dokumenten erwähnt wurde, die zahlreiche Güter besaß und hohe Ämter in Politik und Verwaltung bekleidete.

Ein schönes Detail ist das schmiedeeiserne **Gitter**, das jetzt in der Turmhalle steht und früher die südliche Kapelle verschloss. Es zeigt zahlreiche vergoldete Füllhörner und Wassergeister. Zu erwähnen sind noch der **Granit-Taufstein** wohl aus der Bauzeit der Kirche, der über ihm schwebende, sehr lebhaft dargestellte **Taufengel** (18. Jh.), die **Kanzel** mit großem Deckel, die **Adelsstühle** aus dem 17./18. Jahrhundert sowie die wieder freigelegten romanischen Malereien.

Sehenswürdigkeiten

Der **Markt** ist fast vollständig von historischen Häusern umgeben. Auf der Ostseite stehen vier Backsteinhäuser direkt

▸ Karte S. 186

nebeneinander, von rechts nach links (Nr. 1 bis 4) eine 1680 erbaute Apotheke, daneben ein Haus von 1820, in dem sich zeitweise eine Arztpraxis befand, dann folgt das jüngste Haus aus dem Jahr 1900 und schließlich die ehemalige Schmiede, die 1780 errichtet wurde und bis 1964 in Betrieb war. Heute residiert hier unter anderem die Touristen-Information.

Auf der gegenüberliegenden Seite des Platzes ragt das prächtige **Färberhaus** auf, das wahrscheinlich älteste Wohnhaus der Stadt von 1576, ein Fünf-Ständer-Fachwerkhaus mit vorkragendem Giebel. Dass das Haus selbst ein Färberhaus war, ist eher unwahrscheinlich, der Name stammt vielleicht von einer Straße, die zu den Färbern führte. Heute befindet sich darin das Standesamt. Vor dem Haus überragt die **Figur des Hein Lüth** einen Brunnen. Ende des 18. Jahrhunderts war Lüth Stadtausrufer, aber auch Schuhmacher, Schuldiener, Nachtwächter und Gendarm. Seine Uniform aus weißer Hose und Pickelhaube entstammt der Fantasie und ein wenig dem deutsch-französischen Krieg.

Wenn man auf der anderen Seite des Markts die Oberstraße ein Stück hinaufgeht, gelangt man zur **Kornbrennerei Hinrich Boll**. Die Familie betreibt die Brennerei seit 1824, 1831 entstand das backsteinerne Geschäftshaus, das später um eine Brauerei und eine Hefefabrik erweitert wurde. Heute kann man hier noch die bekannten ›Lütjenburger Kornspezialitäten‹ verkosten, produziert wird jedoch anderswo.

Ein paar Schritte weiter hoch und dann nach rechts geht es zum 1790 errichteten **Rathaus**, das nur eingeschossig ist, aber ein ausgedehntes Dachgeschoss besitzt; seine Autorität beweist der Mittelrisalit mit einem geschweiften Ziergiebel mit Uhr. Eine Freitreppe führt hinauf zur Rokoko-Haustür mit rundbogigem Oberlicht. Weiter die Oberstraße hinauf steht das Bäckerhaus, ebenfalls eingeschossig mit Mansardendach und schöner Rokoko-Tür; sogar das Baujahr 1790 entspricht dem des Rathauses. Den Amakermarkt entlang läuft man auf den **Alten Posthof** zu, ein 1777 gebautes zweistöckiges Fachwerkhaus, das einst Station der Postkutschen nach Plön, Kiel, Heiligenhafen und Oldenburg war. 1880 wurde der Posthof an den Markt verlegt.

Außerhalb des Ortes ist noch die Turmhügelburg zu sehen, eine Rekonstruktion einer Burganlage mit Ringwall und Wassergraben. Verschiedene Funktionsgebäude wie Schmiede, Kornspeicher, Backhaus, Brunnen und Gesindehaus wurden ebenfalls nachempfunden.

Von der Pankerstraße kann man 60 Meter zum **Bismarckturm** hochsteigen, von dem aus man einen schönen Blick über Stadt und Umgebung hat.

Erinnerung an den früheren Stadtausrufer Hein Lüth

Lütjenburg

Tourist-Information, Markt 4, 24321 Lütjenburg, Tel. 04381/419941. www.stadt-luetjenburg.de

Lüttje Burg, Markt 20, 24321 Lütjenburg, Tel. 04381/4050; DZ ab 89 €. Direkt am Markt stehen 37 modern und geschmackvoll eingerichtete Zimmer zur Verfügung. Im Restaurant weiß eingedeckte Tische und lokale Gerichte mit starkem Fleischanteil. www.hotel-luettjeburg.de

Pur, Neuwerkstr. 9, 24321 Lütjenburg, Tel. 04381/404147; Mi–Sa 17–22, Fr/Sa auch 12–14 Uhr. Bistro-Küche aus der Region mit kleiner, aber variationsreicher Karte, hoher Bio-Anteil bei Speisen und Weinen. Im Sommer sitzt man auch schön im Garten. Reservierung empfohlen. Zum Bistro gehört zudem ein Feinkostladen, der denselben Prinzipien folgt. www.einfachpurgeniessen.de

Zeitlos, Oberstr. 5a, 24321 Lütjenburg, Tel. 04381/418065; Di–Sa 17–21 Uhr. Die Küche passt zum Ambiente: Sie ist zeitlos modern mit nordischen Anklängen. www.zeitlos-luetjenburg.de

Turmhügelburg, Plöner Str. 73, 24321 Lütjenburg, Tel. 0162/4238167; April–Okt. Di–So 11–17 Uhr, Führungen Mi und Sa/So 15 Uhr. Zwischen dem 10. und 12. Jahrhundert sollten die Slawen aus dieser Gegend christianisiert oder vertrieben werden. Dazu diente auch eine große Zahl von kleinen Burgen, von denen eine mit Nebengebäuden hier rekonstruiert wurde. Zahlreiche ›mittelalterliche‹ Aktivitäten. www.turmhuegelburg.de

Eiszeitmuseum, Nienthal 7, 24321 Lütjenburg, Tel. 04381/415210; Mai–Sept. tgl. 10–18, Okt.–Apr. Di–So 11–17 Uhr. Die Landschaft der Holsteinischen Schweiz wurde vor 20000 Jahren von einer Eiszeit geschaffen. Das Museum zeigt Fossilien und Steine und erklärt die Entwicklung. www.eiszeitmuseum.de

Valtakunta + **Art**, Kurze Twiete 6, 24321 Lütjenburg, Tel. 0171/5634461. Wunderbare Postkarten, Bilder, Designobjekte, Möbel. Dazu Huckleberry Gin und Gin Knopf. www.valtakunta.de

Gut Panker

Seit Ende des 14. Jahrhunderts ist der Besitz der Ländereien und des Gutes in der Familie Rantzau bezeugt, die zum Uradel Holsteins gehört. Im Jahr 1650 errichtete sie das heutige Herrenhaus. Doch 1739 erwarb König Friedrich I. von Schweden das Gut sowie weitere Ländereien und Anwesen in der Nachbarschaft. Er stammte aus der Linie Hessen-Kassel des Hauses Hessen und benötigte das Gut zur Unterbringung seiner unehelichen Kinder mit Hedwig Gräfin Taube von Odenkat, der Tochter des schwedischen Reichsadmirals. Seitdem ist das Gut im Eigentum der Hessischen Adelsfamilie, die hier die meiste Zeit einen Gutsbetrieb unterhielt und das Herrenhaus unterschiedlich intensiv nutzte. Nach dem Zweiten Weltkrieg wurde eine bedeutende Trakehnerzucht gegründet, das Herrenhaus, das nicht zugänglich ist, umfassend renoviert.

Das **Herrenhaus** ist jetzt eine barocke Dreiflügelanlage mit dreistöckigen Wohntürmen; außen wurde das Bauwerk leicht klassizistisch gearbeitet. Der frühere barocke Garten wurde im 19. Jahrhundert zu einem **englischen Landschaftsgarten** umgestaltet, in dem sich neben Wasserläufen, Brücken und Teichen auch Tempelchen und die Gutskapelle befinden. Das große **Torhaus** riegelte einst den Zugang zu den Wirtschaftsgebäuden ab. Es ist zweistöckig mit Mansardendach und 17 Achsen, also ein stattliches Bauwerk.

▶ Karte S. 186

Überraschend groß: das Torhaus des Gutes

Die **Gutskapelle** entstand 1890 in einem historisierenden Stil und wird heute nur noch für Trauungen genutzt.

Das **Gutsdorf**, in dem die auf dem Gut Arbeitenden lebten, ist seit dem 19. Jahrhundert weitgehend unverändert. Nach einer halbstündigen Wanderung auf 128 Meter Höhe kann man vom 17 Meter hohen **Aussichtsturm Hessenstein** einen hinreißenden Rundumblick genießen.

Die Häuser sind alle in einem hervorragend renovierten Zustand und werden – wie auch das Torhaus – fast alle zumindest teilweise als Läden genutzt. Verkauft werden Antiquitäten, Kunstwerke, Kunsthandwerk, Kleidung, Einrichtungs- und Dekogegenstände, Schmuck und anderes. Das Restaurant ›Ole Liese‹ ist über die Region hinaus bekannt.

Gut Waterneverstorf

Hell und breit markiert das klassizistisch gestaltete Herrenhaus seinen Platz an der Stelle, wo im 15. Jahrhundert noch eine kleine Wasserburg aufragte. 1852 wurde es umgebaut, die Backsteine sind weiß getüncht. Das große Anwesen mit landwirtschaftlicher Nutzung gehört den Grafen von Waldersee. Sie traten in das Scheinwerferlicht der Geschichte, als Alfred von Waldersee (1832–1904), preußischer Feldmarschall in Hannover, im Jahr 1900 von Kaiser Wilhelm II. zum Oberbefehlshaber der europäischen Interventionstruppen im Kaiserreich China ernannt wurde. Er sollte den sogenannten Boxeraufstand niederschlagen, eine aus dunklen Quellen gespeiste Erhebung von in traditionellen Kampfkünsten ausgebildeten Aufständischen gegen den europäischen, amerikanischen und japanischen Kolonialismus. Als Waldersee in Peking eintraf, war der Aufstand schon zu Ende, doch die Kolonialtruppen ergingen sich noch in einigen brutalen ›Strafaktionen‹, wie Kaiser Wilhelm dies in seiner ›Hunnenrede‹ gefordert hatte. Ein Teil der Gebäude auf dem Gut wurde zu eleganten Ferienwohnungen umgebaut. Im nahen Örtchen **Stöfs** befindet sich der Privatfriedhof der Familie mit einem Denkmal für den Feldmarschall.

i Gut Panker, Gut Waterneverstorf

Gut Panker. Alle Adressen, Telefonnummern, Öffnungszeiten und Veranstaltungen auf www.gutpanker.de

Gut Waterneverstorf: www.gut-waldersee.de

Führungen: Daniela Schoel, Tel. 0171/7089868. Gut eine Stunde dauert die Führung über das gesamte Gut mit historischen Informationen. www.flora-magica.de

Ole Liese, Panker 4, 24321 Panker, Tel. 04381/90690; April–Dez. Mi–Sa ab 18.30 Uhr. Im historischen Gasthaus gibt es einen rustikalen Schankraum sowie das Restaurant ›1797‹, das moderne deutsche Küche mit einem Michelin-Stern präsentiert. Ins Hotel laden 23 Zimmer im Landhausstil. www.ole-liese.de

Forsthaus Hessenstein, neben dem Aussichtsturm, Tel. 04381/9416; Mi–So 17–21 Uhr. Im alten Forsthaus wird gehobene deutsche Küche serviert. www.forsthaus-hessenstein.com

Schönberg

Mit 6300 Einwohnern ist Schönberg der größte Ort der Gegend; er liegt etwa zehn Kilometer von der Küste entfernt. 1226 ging der Grund und Boden in das Eigentum des Klosters Preetz (→ S. 181) über, 1250 wurde der Ort Schönberg gegründet. Er ist heute eine lebhafte Einkaufsstadt, die nur in der Umgebung der Kirche etwas historischen Charme bewahren konnte. Das touristische Geschehen spielt sich vollständig am zwölf Kilometer langen Sandstrand ab, der schnurgerade nach Nordwesten verläuft, mit einem gut ausgebauten breiten Weg für Fahrradfahrer, Skater und Fußgänger. Streckenweise gibt es eine schmale Fahrstraße hinter dem Deich, doch diese Region beherrschen Cafés, Imbisse und Ferienhäuser.

In **Schönberger Strand** gibt es eine 260 Meter lange Seebrücke und einige kleinere Läden. Ansonsten besteht der Ort fast vollständig aus Ferienhäusern und Ferienanlagen, von denen viele an Hamburger dauervermietet sind.

Brasilien und Kalifornien

Radelt man nach Nordwesten, so gelangt man bald nach Brasilien, dann nach Kalifornien, beides Ortsteile von Schönberg. Die Geschichte dazu besagt, dass 1735 in einem Sturm die Segelbark ›California‹ vor der Küste sank, immer eine gute Gelegenheit, mal nachzusehen, was denn so angeschwemmt worden ist. Ein Fischer baute sich aus den Wrackteilen eine Hütte und nagelte zum Schluss den Schiffsnamen über die Tür. Weitere Hütten kamen hinzu, und so entstand ein Ort, der den Namen ›Kalifornien‹ erhielt. Das wollten andere Siedler etwas weiter südlich noch übertrumpfen, indem sie das exotische ›Brasilien‹ dagegensetzten. Immerhin ist die Gegend bei Surfern sehr beliebt.

▶ Karte S. 186

Lang zieht sich der Schönberger Strand

Von Kalifornien nach Laboe

Von Kalifornien geht der gut ausgebaute Deichweg für Radfahrer und Fußgänger weiter, vorbei am von Buhnen befestigten Strand. Hinter einem großen Campingplatz wird **Heidkate** erreicht. Hier gibt es zahlreiche Ferienhäuser und das Café Deichterrassen. Einige hundert Meter weiter ragt das **Leuchtfeuer Heidkate** auf, kein richtiger Leuchtturm, sondern ein Warnhinweis auf die Schießgebiete Putlos und Todendorf.

Der Weg biegt nun nach Westen ab und führt in die Kieler Förde in Richtung der Landeshauptstadt. Hinter einem weiteren großen Campingplatz liegt die **Marina Wendtorf**, ein großer, moderner Segelhafen, der durch drei markante Hochhäuser auffällt. Der Hafen liegt in geschützter Position hinter einer Halbinsel, auf der sich jetzt das **Naturschutzgebiet Bottsand** befindet, das sich der Vogelbeobachtung widmet.

Während in Wendtorf alles modern ist, ist der benachbarte Ort **Stein** eher beschaulich; hier sitzt man gerne im Café Kaffeeklatsch und genießt die ordentlich portionierten Tortenstücke.

Schönberg und Umgebung

Tourist-Service Schönberg, Käptn's Gang 1, 24217 Schönberger Strand, Tel. 04344/41410.

Tourist-Service Kalifornien, An der Kuhbrücksau 2, 24217 Kalifornien, Tel. 04344/1838.

Beide Mai–Sept. tgl. 9–16 Uhr. www.schoenberg.de

Fischerwiege am Passader See, An de Laak 11, 24253 Passade, Tel. 04344/4138616; DZ ab 120 €. Zehn Kilometer westlich von Schönberg liegt das kleine Landhotel in einer historischen Hofanlage am Nordufer des Sees. Modernes, klares Design beherrscht die Szene. www.fischerwiege-passade.de

Strandvilla Seelust, Promenade 8, 24217 Schönberger Strand, Tel. 04344/410527; DZ ab 136 €. Die im Jahr 1906 erbaute und jüngst völlig renovierte Strandvilla steht direkt am Strand und hat zwölf Zimmer, davon acht mit Seeblick. Das Restaurant ›Barkasse‹ bereitet innovative nördliche Küche. www.strandvilla-seelust.de

Beach Hotel California, Deichweg 3, 24217 Schönberg-Kalifornien, Tel. 04344/4137070; DZ ab 149 €. Das klare, strenge Design mit Anspielungen auf den amerikanischen Sonnenstaat passt hier gut zur Lage direkt an Deich und Strand. Restaurant, Bar, alles ergänzt sich gut. www.beach-hotel-california.de

Stellplatz Mittelstrand, 24217 Schönberger Strand, Tel. 04344/9215; April–Okt. Auf drei Wiesen am Strand finden etwa 50 Wohnmobile Platz. Neue sanitäre Anlagen und Imbiss. www.stellplatz-mittelstrand.de

▸ Campingplätze der Umgebung:
Campingplatz Grasbleek,
www.felsenburg.de
www.campingplatz-hasselkrug.de
www.camping-california.de
www.camping-heidkoppel.de

Barkasse, Promenade 8, 24217 Schönberger Strand, Tel. 04344/4100966; Do–Mo 15–21.30 Uhr, Feb. geschlossen. Die norddeutsche Küche wird hier modern interpretiert und mit einigen französischen und exotischen Anmerkungen versehen. Exzellent in Zusammenstellung und Zubereitung. Dazu passt auch das helle Design inklusive der historischen Fotos. Weitere Tische in einem überdachten Pavillon auf dem Deich. Sehr empfehlenswert, Reservierung notwendig. https://start.restaurant-barkasse.de

Meer & Mehr, Promenade 25, 24217 Schönberger Strand, Tel. 04344/8129735; im Sommer Di–So 15–21 Uhr. Burger, Fisch und Chips kommen aus der jungen Küche an der Promenade. www.meerundmehr.info

Filou, Promenade 18, 24217 Schönberger Strand, Tel. 04344/414848; Di–Fr 17–21.30, Sa/So 12–21.30 Uhr. Der ›Filou‹ strahlt jetzt in pink. Blick aufs Wasser, auf der Speisekarte stehen norddeutsche und italienische Gerichte. www.filou-ostsee.de

Achtern Diek, Große Heide 6, 24217 Schönberg-Kalifornien, Tel. 0178/2132633; Di–So 16–22 Uhr. Hinterm Deich gibt es nachmittags Eis, Kaffee und Kuchen, abends norddeutsche Küche im Biergarten, auf der Terrasse und im Restaurant. www.achtern-diek-kalifornien.de

Oma's Kaffeestuuv, Promenade 15, 24217 Schönberger Strand, Tel. 04344/415104; im Sommer tgl. 12–18 Uhr. Die reetgedeckte Fischerkate aus dem 17. Jahrhundert diente von 1860 bis 1872 als Kneipe, in der nach Erzählungen der Köm (Kümmelschnaps) in Fünf-Liter-Krügen ausgeschenkt wurde. Heute begnügt man sich mit kleinen Gläsern, großen Kuchen, Tee und Kaffee. www.omas-kaffeestuuv.de

Deichterrassen, Alte Heidkate 20, 24217 Wisch, Tel. 0162/9551362; Sa/So 11.30–

18 Uhr. Großes Café und Bistro mit Fördeblick. https://deichterrassen-heidkate.net
Kaffeeklatsch, Dorfring 24, 24235 Stein, Tel. 04343/494910; Do–So 12–18 Uhr. Café und Bistro unweit des Strandes.

Kindheitsmuseum, Knüllgasse 16, 24217 Schönberg, Tel. 04344/6865; Juni–Okt. Di–So 14–17, Do auch 10–12 Uhr. An die Geschichte der Kindheit seit 1890 erinnern eine Puppensammlung, Puppenhäuser, ein Klassenzimmer aus dem Jahr 1900 und die Diskussion um die geschlechtsspezifische Erziehung.
www.kindheitsmuseum.de
Probstei-Museum, Ostseestr. 8, 24217 Schönberg, Tel. 04344/3174; Juni–Okt. Di–So 14–17, Do auch 10–12 Uhr. In einem grünen Garten gewährt die restaurierte Hofanlage Einblicke in die bäuerlichen Wohn- und Lebensverhältnisse des 19. und frühen 20. Jahrhunderts. Spezielle Führungen für Kinder.
www.probstei-museum.de
Museumsbahnhof, Am Schierbek 1, 24217 Schönberger Strand, Tel. 04344/2323; Fahrbetrieb Pfingsten–Mitte Sept. Sa/So, bis Okt. nur So. Im Depot werden Loks, Waggons, Triebwagen und Straßenbahnen repariert und aufgearbeitet. Am Wochenende Ausflüge nach Schönberg und Umgebung. www.vvm-museumsbahn.de
Krokauer Mühle, 24217 Krokau (nordwestlich des Ortes an der B502), Tel. 04344/1039; Führungen Pfingsten bis Mitte Sept. So 14–17 Uhr. Der Kellerholländer wurde 1872 erbaut. 1922 wurde ein Elektromotor eingesetzt, 1926 bekam die Mühle neue Flügel. Bis 1969 war sie in vier Generationen im Besitz der Familie Petersen. Seit 1986 steht sie unter Denkmalschutz und wird von einem Verein betreut.
www.muehle-krokau.de

Surfschule Heidkate, Tel. 0160/1636460; im Sommer tgl. 10–18, in der Nebensaison Sa/So 10–18 Uhr.
www.surfschule-heidkate.de

Marina Wendtorf, Tel. 04343/9090; April–Okt., etwa 850 Liegeplätze.
www.yachthafen-wendtorf.de

Laboe

Um 1240 wurde Laboe als Dorf gegründet, doch gab es schon vorher hier eine slawische Siedlung. Darauf verweist der Name, der von ›Lubodne‹ abgeleitet sein soll, was ›Schwanendorf‹ bedeutet. Im Hinterland gab es damals sehr viel Wald, so dass man hier von der Landwirtschaft lebte, nicht vom Meer. Der Fischfang wurde erst im frühen 19. Jahrhundert beliebt, als eine Landungsbrücke und ein Hafen gebaut wurden. Im 20. Jahrhundert setzte der Tourismus ein, und der Hafen wurde mehrfach vergrößert, auch zu den Segelwettbewerben der Olympischen Spiele 1936 und 1972. Heute weist der Ort (5300 Einwohner) einen Hafen und einen schönen Stadtstrand auf.

Marinedenkmal

Am Strand ragt unübersehbar das 72 Meter hohe Marinedenkmal auf. Mit dem Bau als Gedenkstätte für die im Ersten Weltkrieg ums Leben gekommenen 34836 Marinesoldaten wurde 1927 begonnen, zwei Jahre später musste er wegen Geldmangels eingestellt werden. Mit der Machtergreifung der Nationalsozialisten 1933 wurde der Bau fortgeführt und das Denkmal am 30. Mai 1936 in Anwesenheit des ›Führers‹ mit einer großen Flottenparade eingeweiht. Neben dem Turm befindet sich eine Gedenkhalle, deren Inschrift lautete: »Für deutsche Seemannsehr' / Für Deutschlands schwimmende Wehr / Für beider Wiederkehr«. Kein Wort darüber, wer für

▸ Karte S. 186

den Angriffskrieg ab 1914 und damit die toten Soldaten verantwortlich war, statt dessen eine hintergründige Ablehnung des Versailler Vertrags und die Forderung nach Wiederaufbau der Marine für den bereits in Planung befindlichen neuen Angriffskrieg. Ganz zu schweigen von der optischen Zumutung des Bauwerks. So verwundert es auch nicht, dass nach dem Zweiten Weltkrieg nicht nach einer angemessenen Lösung gesucht, sondern dem Marinebund 1954 die Anlage zurückgegeben wurde. Sie war nun ›Dem Gedenken aller toten deutschen Seefahrer beider Weltkriege und unserer toten Gegner‹ gewidmet. 1996 fand eine erneute Umwidmung statt, nun zur ›Gedenkstätte für die auf See Gebliebenen aller Nationen / Mahnmal für eine friedliche Seefahrt auf freien Meeren‹. Doch die Marineführung bestand darauf, eine separate Gedenkstätte nur für die Toten der Marine zu erhalten. Ein Teil der Anlage besitzt nun einen musealen Charakter,

Ästhetisch fragwürdig: das Marinedenkmal

Torpedo im U-Boot 995

es wird sogar zart auf die Massenmorde deutscher Marinesoldaten an den Herero und Nama hingewiesen, auf die enge Verzahnung zwischen Marine und Naziregime. Aber es werden auch Kolonial-, Hakenkreuz- und DDR-Fahnen gezeigt; dieses nationalistische Gesumse scheint einfach nicht vergehen zu wollen.

■ U-Boot 995

Das U-Boot 995 wurde 1943 auf der Hamburger Werft Blohm & Voss gebaut; bis zum Kriegsende wurden 693 Boote allein dieses Typs hergestellt. Zum Vergleich: heute besteht die gesamte U-Boot-Flotte der Marine aus sechs Booten. U 995 fuhr im Nordmeer und begleitete Konvois. 1947 wurde es von der norwegischen Marine übernommen und nach seiner Außerdienststellung 1965 der Bundesmarine geschenkt. Seit 1972 steht es als aufgeräumtes Museum an Land und kann besichtigt werden.

■ Heikendorf

Heikendorf ist heute quasi ein Vorort von Kiel. Hier ist die Förde etwas enger, so dass Besucher die gigantischen Pötte, die in großer Zahl vorbeiziehen, aus eindrucksvoller Nähe betrachten können. Beiderseits des pompösen, 1930 eingeweihten **U-Boot-Ehrenmals** gibt es jeweils einen einfachen **Strand**. An den Möltenorter Strand schließt sich der **Hafen** an, in dem man morgens noch Fisch vom Kutter kaufen oder nachmittags im Café Roehrskroog sitzen kann. Bald wird auch das **Fischereimuseum** ausgebaut.

Im Jahr 1923 zogen der Maler Heinrich Blunck und seine Frau Käte in ein 1865 erbautes Haus in Heikendorf, dem sie 1928 einen zweistöckigen Atelieranbau hinzufügten. Blunck starb 1963, seine Frau 1991. Danach wurde eine Stiftung gegründet, um Nachlass und Haus zu erhalten. Der Ausstellungsbereich konnte inzwischen erweitert werden, und so finden sich hier zahlreiche Werke von Malern des norddeutschen Impressionismus bis zum späten Expressionismus. Die Künstler malten vor allem stimmungsvolle Landschaften, das Meer mit seinen Licht- und Farbenspielen sowie abstrakte Bilder. Zum Haus gehört ein großer Garten, in dem Bronzen und Reliefs von Karin Hertz (1921–2017) zu sehen sind.

Laboe, Heikendorf

Tourist Information, Börn 2, 24235 Laboe, Tel. 04343/427550; April–Aug. Mo–Fr 10–16, Sa/So 10–14 Uhr, Sept./Okt. tgl. 10–14 Uhr. www.laboe.de

Touristeninformation, Strandweg 2, 24226 Heikendorf, Tel. 0431/679100; im Sommer: Mo–Fr 10–13, 14.45–17.45, im Winter nur Sa 13–16 Uhr.
www.amt-schrevenborn.de

Landhaus Arp, Oberdorf 6, 24235 Laboe, Tel. 04343/8178; DZ ab 74 €. Das Haus aus dem Jahr 1777 liegt in ruhiger Lage im alten Ortskern von Laboe, ist aber nur rund zehn Minuten Fußweg vom Hafen und Strand entfernt. Ein bisschen altmodisch eingerichtet. https://landhaus-arp.de

Seeterrassen, Strandstr. 88, 24235 Laboe, Tel. 04343/6070; DZ ab 106 €. Das Hotel liegt an der Uferstraße, so dass die Zimmer mit Seeblick natürlich einen großen Vorteil verbuchen können. Kleiner Wellnessbereich, Parkplätze, Fahrradraum. Das Restaurant serviert lokale Küche.
www.seeterrassen-laboe.de/hotel

Buena Vista, Strandstr. 9a, 24235 Laboe, Tel. 04343/421321. Junges, ›dynamisches‹ Restaurant direkt am Strand.
http://buenavista-laboe.de

Fischküche, Hafenplatz 1, 24235 Laboe, Tel. 04343/429303; tgl. 11.30–20.30 Uhr. Fischrestaurant unmittelbar am Hafen. www.fischkueche-laboe.de

Ocean Eleven, Hafenplatz 11, 24235 Laboe, Tel. 04343/4946464; Mo–Sa 12–21, So ab 9.30 Uhr. Deutsche und italienische Küche. Man sitzt drinnen, auf der Terrasse oder auf dem Strand.
https://ocean-eleven.de

Meeresbiologische Station, Strand 1, 24235 Laboe, Tel. 04343/429321; Di–So 11–18 Uhr. Nach einer sehr informativen Einführung über die Ostsee, ihren Salzgehalt und dessen Bedeutung für die dort lebenden Tiere wie etwa Fische, Garnelen und Muscheln werden auch die Bewohner der Becken vorgeführt, zu denen neben Seesternen auch ein agiler Hummer und zwei kleine Tigerhaie gehören. Sehr interessant.
www.meeresbiologie-laboe.de

Marine-Ehrenmal und U 995, Strandstr. 92, 24234 Laboe, Tel. 04343/4948490; April–Okt. tgl. 9–18, Nov.–März tgl. 10–16 Uhr.
www.deutscher-marinebund.de

Künstlermuseum Heikendorf, Teichtor 9, 24226 Heikendorf, Tel. 0431/248093; Do–Sa 14–17, So 11–17 Uhr.
http://kuenstlermuseumheikendorf.eu

Fischereimuseum, Strandweg 2, 24226 Heikendorf, Tel. 0431/241177. Bisher nur ein Infopavillon, soll hier bald ein Museum über die Fischerei in Heikendorf entstehen.
www.fischereimuseum-heikendorf.de

▶ Karte S. 186

Kieler Woche – Die Welt unter Segeln

Eine Regatta von 20 Jachten am 23. Juli 1882 soll der Startschuss gewesen sein. Zwei Jahre später fanden schon mehrere Wettfahrten innerhalb einer Woche statt, und durch einen Pressebericht wurde der Name ›Kieler Woche‹ geboren. Der Kaiser durfte natürlich nicht fehlen, Wilhelm II. trat 1889 erstmals auf; er beförderte den Segelsport beträchtlich. 1905 nahmen noch Motorboote teil. Nach dem Attentat in Sarajevo 1914 wurden die Rennen abgebrochen; in den beiden Weltkriegen fand die Kieler Woche nicht statt. Ab 1949 wuchs die Veranstaltung beständig. Einen neuen Schub gaben die Olympischen Spiele 1972 mit dem Bau des Segelzentrums in Schilksee, in diesem Jahr fand auch zum ersten Mal die Windjammerparade statt. Und seit 1974 gibt es auf der Promenade Kiellinie die ›Spiellinie‹ mit Kulturprogramm, Jugend- und Volksfest.

Seitdem ist die Kieler Woche beides: eine gigantische Sportveranstaltung mit mehr als 5000 Seglern aus 50 Ländern, mit 2000 Booten, die 400 Regatten segeln, und ein noch größeres Volksfest mit rund drei Millionen Besuchern, mit 300 Konzerten auf 16 Bühnen und rund 2100 Veranstaltungen, mit Hunderten Verpflegungs- und Verkaufsständen in der gesamten Innenstadt und vor allem auf der Kiellinie entlang der Förde.

Der Segelsport hat einen Nachteil: an Land sieht man recht wenig davon. Doch es gibt immer mehr Beteiligung des Publikums. Vor allem in Schilksee, wo die meisten Regatten starten, kann man das Geschehen auf Großbildschirmen verfolgen, und Begleitboote nehmen Passagiere mit auf die Förde. Der Höhepunkt der Kieler Woche Ende Juni jedoch ist die Windjammerparade am letzten Samstag, bei der inzwischen rund 100 Großsegler, historische Dampfschiffe sowie hunderte Segelschiffe durch die Förde paradieren. Eine bessere Werbung kann es für den Segelsport gar nicht geben, also: Leinen los!

Alle **Infos**: www.kieler-woche.de

Die Windjammerparade ist der Höhepunkt der Kieler Woche

Kiel

Kiel ist die Hauptstadt des Bundeslandes Schleswig-Holstein und mit knapp 250000 Einwohnern die bevölkerungsreichste Stadt des Landes. Sie liegt am Ende der Kieler Förde, also eines Meerarmes der Ostsee, in die auch der Nord-Ostsee-Kanal mündet. Daher ist die Förde eine der meistbefahrenen Wasserstraßen der Welt. Im 20. Jahrhundert war Kiel stark mit der Schifffahrt verbunden, die Werftindustrie der bei weitem größte Arbeitgeber, und die Stadt war ein herausgehobener Marinestandort. Damit verbunden ist der Matrosenaufstand von 1918, der letztlich zum Sturz der Monarchie führte. Im Zweiten Weltkrieg wurde Kiel stark bombardiert, so dass die Stadt heute ganz anders aussieht als vor dem Krieg. Noch immer werden in Kiel Militärschiffe gebaut, doch die Schifffahrt ist heute vor allem auf die Freizeit ausgerichtet. Mit der Kieler Woche jeweils Ende Juni, die jährlich drei Millionen Besucher anzieht (→ S. 204), richtet die Stadt das größte Wassersportereignis der Welt aus. Doch auch das ganze Jahr über gehen die Kieler in verschiedenen Segelrevieren entlang beider Ufer der Förde ihrem Sport und ihrer Entspannung auf dem Wasser nach.

Kiel ist heute Sitz der Ministerien und eines großen Teils der Landesbehörden, aber auch eine Universitäts- und Kulturstadt. Mehrere bedeutende Museen sind hier angesiedelt, das Institut für Weltwirtschaft, Theater und Oper. Auch an Land gibt man sich dem Sport hin, beim Fußball und vor allem natürlich beim Handball.

Geschichte

Die Stadt wurde Mitte des 13. Jahrhunderts von Adolf IV. von Schauenburg gegründet. Die Förde bot eine hervorragende Möglichkeit, einen Hafen anzulegen, der zwischen Schleswig (und damit Dänemark) und dem slawischen Gebiet hinter Lübeck lag. Doch so richtig kam der Handel nicht in Gang, selbst als Kiel 1284 Mitglied der Hanse wurde. Denn die dominante Macht war und blieb Lübeck, an das Kiel vorübergehend sogar verpachtet war und das dafür sorgte, dass der nördliche Rivale 1554 aus der Hanse ausgeschlossen wurde. Kiel gehörte dann zu Schleswig-Holstein-Gottorf,

Dieses Denkmal erinnert an den Matrosenaufstand 1918

▲ Karte: hintere Umschlagklappe

war jedoch nicht Residenzstadt und sank weiter in der Bedeutung. 1526 begann die Reformation in Kiel, und es kam zu heftigen Auseinandersetzungen zwischen gemäßigten und radikalen Reformern.

Ein wichtiges Ereignis in der Entwicklung Kiels war die Gründung der Universität 1665 durch Herzog Christian Albrecht von Gottorf, auf die natürlich auch Lübeck spekuliert hatte. Nachdem die Gottorfer Herzöge 1721 ihre Besitzungen in Schleswig verloren hatten, verwalteten sie die Reste von Kiel aus und bauten die kleine mittelalterliche Burg zur Residenz um, in der 1728 der spätere russische Zar Peter III. (1728–1762) zur Welt kam. Seine Witwe, die Zarin Katharina die Große, überließ ihre Anteile an Gottorf dem dänischen König, wodurch Kiel wieder näher an Dänemark rückte.

Im frühen 19. Jahrhundert wechselte die Oberhoheit zwischen Deutschland, Dänemark und Schweden. Nach der Eroberung Schleswig-Holsteins durch die Preußen 1864 klärte sich die Lage, denn der preußische König verlegte seine Marinestation von Danzig nach Kiel und begründete damit die Zukunft der Stadt mit Schiffsbau und Marine. Die erste Kieler Woche fand 1882 statt, der Kaiser-Wilhelm-Kanal (heute Nord-Ostsee-Kanal) nahm 1895 seinen Betrieb auf.

Doch letztendlich scheiterten die Expansionsgelüste des wilhelminischen Militärstaates, und der Konflikt zwischen der reaktionären Monarchie und der verarmten Bevölkerung entlud sich mit dem Kieler Matrosenaufstand vom 3. November 1918, der die Monarchie hinwegfegte und die Weimarer Republik begründete. Die Nationalsozialisten waren in der Stadt, der Verwaltung und der Universität gut verankert, 1933 kam es sehr schnell zur Deportation von Juden, Kommunisten und Sozialdemokraten. Angesichts der umfangreichen Marinepräsenz in Kiel wundert es nicht, dass die Stadt häufig bombardiert und zu 80 Prozent zerstört wurde. 350 Schiffe wurden in der Förde versenkt.

Nach dem Krieg waren die Briten Besatzungsmacht und schufen das Bundesland Schleswig-Holstein mit der Landeshauptstadt Kiel. Die Stadt wurde nach ›modernen‹ Gesichtspunkten wieder aufgebaut, was vor allem hieß, dass noch vorhandene historische Kerne beseitigt und autogerechte Strukturen errichtet wurden, die heute teilweise wieder zurückgebaut werden.

Sehenswürdigkeiten

Die Landeshauptstadt weist keine überragenden Sehenswürdigkeiten auf, doch bei einem Spaziergang von Süden nach Norden sind einige interessante Ecken zu entdecken. Die Museen befinden sich nördlich des Zentrums, und von dort erlaubt die Kiellinie, wie die breite Promenade direkt am Wasser heißt, einen Spaziergang mit Ausblick.

■ Bahnhof

Der Bahnhof liegt direkt neben einem Hafenbecken und ist ein guter Ausgangspunkt für einen Rundgang durch die Stadt. Wie in vielen anderen Gegenden Deutschlands wurde Ende des 19. Jahrhunderts die Infrastruktur stark ausgebaut, vor allem die der Eisenbahn. Und so entstand auch dieser mit sechs Gleisen bestückte Kopfbahnhof ab dem Jahr 1895 im schönsten Neobarock. Nach einer großen Renovierung 2006 kommt er heute wesentlich schlichter, aber funktional und hell daher.

■ An der Hörnbrücke

Direkt östlich des Bahnhofs befindet sich die **Hörnbrücke**, eine 1997 fertiggestellte Klappbrücke von 26 Meter Länge und 5 Meter Breite, die einmal in der Stunde

Die Hörnbrücke, hochgeklappt

hochgeklappt wird. Sie gibt damit den Weg frei in den **Germania-Hafen**. Der gehörte zur 1867 gegründeten Germania-Werft, die legendäre Schiffe wie die Kaiserjacht ›Hohenzollern‹ (1876) und das erste deutsche U-Boot ›Forelle‹ (1902) baute. Ab 1935 produzierte sie U-Boote in großer Zahl für Hitlers Kriegsmarine. Im Krieg wurde die Werft durch Bomben stark zerstört und danach von den Briten demontiert. Auf der einstigen Industriebrache entstand seit den 1990er Jahren ein ehrgeiziges Stadtentwicklungsprojekt mit dem **Hörn-Campus**, einem futuristischen Gebäude von 2001, und verschiedenen Bürohochhäusern.

Von der Brücke aus hat man auch einen guten Blick auf einige der Fähranleger. Rechts zeigt der **Norwegenkai** sein 100 Meter langes gläsernes Terminal. Im Sommer machen hier neben den Fähren auch Kreuzfahrtschiffe fest. Auf der linken Seite befindet sich der **Schwedenkai**. Das davor allein aufragende fünfstöckige Ziegelbauwerk aus dem Jahr 1925 ist der **Eckmannspeicher**, der unter Denkmalschutz steht, sonst wäre er längst abgerissen worden. Die Hörn ist die Spitze oder das Ende der Kieler Förde mitten in der Stadt.

▸ Karte: hintere Umschlagklappe

■ Neues Rathaus

In den 1950er Jahren sollte am Stresemannplatz ein neues Hauptpostamt errichtet werden. Es gewann ein Entwurf, der eine breite gläserne Halle von zwei Verwaltungsbauten unterschiedlicher Höhe flankieren ließ. Heute findet man diese Bauweise als nicht sehr ästhetisch. Und die Hauptpost ist hier auch nicht mehr, sondern unter anderem das **Welcome Center der Touristeninformation** und in einem anderen Gebäudeflügel das Neue Rathaus sowie die **Stadtgalerie** (→ S. 211), ein Museum für moderne europäische Kunst.

■ Europaplatz

Obwohl es um Wasser und Wellen geht, wirkt der in den frühen 1980er Jahren gestaltete Europaplatz etwas grau und staubig. Aber hier liegt ein wichtiges Bauwerk für Kieler Sportfans, die 1951 eingeweihte **Ostseehalle**, in der die beste Handballmannschaft Deutschlands, der THW Kiel, seine Heimspiele austrägt. Hier finden aber auch andere Sportveranstaltungen statt, bis hin zu Boxkämpfen, dazu Fernsehshows und Musikveranstaltungen und ab und zu auch politische Versammlungen.

■ Rathausplatz

Der Rathausplatz war schon im 19. Jahrhundert als Freifläche geplant. 1912 wurde der **Schwertträgerbrunnen** mit der Skulptur von Adolf Brütt eingeweiht, der im Krieg zerstört und 1972 wiederhergestellt wurde. Etwas weniger martialisch kommt der **Gute Geist des Hauses** daher, eine Skulptur des estnischen Bildhauers Tauno Kangro (1893–1954) in Form eines kleinen nackten Mannes mit übergroßen Händen und Füßen, die sich am Eingang zum Opernhaus befindet. Seit 1987 heißt die Grünanlage am Rande des Rathausplatzes **Hiroshima-Park**.

Beachtenswert ist auch das Gebäude der **Deutschen Bank**, ein klassizistischer Ziegelbau von 1927.

Dominierendes Gebäude am Rathausplatz ist sicherlich das **Rathaus**. Nachdem Kiel Hauptstadt der preußischen Provinz Schleswig-Holstein und wichtigster Marinestützpunkt geworden war, zogen Ende des 19. Jahrhunderts immer mehr Menschen in die Stadt, so dass auch mehr Verwaltungsbauten erforderlich waren. Ein neues Rathaus musste her, es konnte im November 1911 eingeweiht wurden. Der Bau zeigt sich als großes Ensemble von Bauwerken und Innenhöfen, den ein 106 Meter hoher Turm überragt, der sich einige Anspielungen an den Campanile in Venedig leistet. Die Fassade ist asymmetrisch und entfernt sich in der Dekoration vom Jugendstil zu einer sachlich-klareren Sprache. Dieses Prinzip setzt sich auch im Innern fort, wobei einiges an Opulenz hinzukommt, etwa die Marmorböden, vergoldeter Stuck, farbige Glasfenster, Edelhölzer bei Vertäfelungen und Möbeln. Das Rathaus wurde im Zweiten Weltkrieg durch Bomben beschädigt, aber schnell wieder aufgebaut.

Zu einem Rundgang gelangt man über breite Treppen in ein Vestibül. Zwei Wandbilder von Ludwig Dettmann (1865–1944) aus den Jahren 1913/14 repräsentieren Hochbau und Tiefbau. Im Kontrast dazu steht eine zarte kleine bronzene Brunnennymphe des Bildhauers Hermann Föry (1879–1930), die ganz dem Jugendstil folgt. Auf dem Weg zur Haupttreppe rechts stößt der Besucher auf zwei Plastiken des Bildhauers Ernst Barlach (→ S. 95), ›Der Sinnende‹ (1934) und die ›Frierende Alte‹ (1937); beide sind Nachgüsse. In der Ehrenhalle für die Opfer des NS-Regimes findet sich noch eine Zeichnung Barlachs, ›Die Schmerzensmutter‹ (1919). In der Rotunde sieht man die ›Schwerttänzerin‹ (1896) von Adolf Brütt (1855–1939) sowie eine Büste des Nachkriegsbürgermeisters Andreas Gayk (1893–1954). Die Gänge und Sitzungssäle schmücken zahllose Porträts von Königen und Herzögen, Bürgermeistern und hohen Beamten. Wenn keine Sitzung stattfindet, kann man auch den Ratssaal anschauen. Zudem lohnt es sich, mit dem Aufzug auf die Aussichtsplattform des Glockenturms

Der Rathausplatz mit Rathaus und Oper (rechts)

zu fahren, die sich in 67 Metern Höhe befindet. Vor allem bei gutem Wetter hat man einen sehr schönen Rundumblick. Direkt neben dem Rathaus steht ein weiterer repräsentativer Ziegelsteinbau, das **Opernhaus.** Es gab im 19. Jahrhundert mehrere kleinere Theater in Kiel, doch in der Hauptstadt musste sich auch die Kultur präsentieren. Von 1905 bis 1907 wurde das Haus in einem Mischstil von niederländischer Renaissance und Jugendstil erbaut. Die Oper wurde im Zweiten Weltkrieg stark beschädigt und danach in einer etwas einfacheren und sachlicheren Form neu errichtet..

■ Holstenstraße und Alter Markt

Die Holstenstraße war bereits im 19. Jahrhundert eine wichtige Einkaufsstraße. Sie wurde im Krieg stark beschädigt und im Stil der 1950er Jahre wieder aufgebaut, 1957 für den Verkehr gesperrt. Damit ist sie eine der ersten Fußgängerzonen Deutschlands.

Die Straße führt mitten in die Altstadt Kiels, die bis zum Krieg noch von mittelalterlichen Häusern geprägt war, nach den Zerstörungen jedoch stark modernisiert wurde. Darunter litt auch der Alte Markt, der sich einst an der höchstgelegenen Stelle der Stadt befand. 1971

Die Innenstadt zeigt sich weitgehend im Nachkriegslook

▲ Karte: hintere Umschlagklappe

wurde der Platz verkleinert, in der Mitte abgesenkt und mit sechseckigen Pavillons bestückt. Zwar findet hier noch ein kleiner Markt statt, doch ist der Platz eher für seine Kneipen bekannt. Dem arbeitet am Alten Markt 11 die 1642 eröffnete **Hofapotheke** entgegen.

Der Alte Markt war auch immer das Zentrum des ›Kieler Umschlags‹, eines seit 1469 begangenen Volksfestes und mittelalterlichen Freimarkts. Dieser wird am frühen Morgen an einem der letzten Februartage durch das feierliche Wecken der Symbolfiguren des Kieler Umschlags eröffnet, des Bürgermeisters Asmus Bremer und seiner Frau. Er dauert vier Tage.

■ Kirche St. Nikolai

Mit dem Bau der ersten Kirche an dieser Stelle wurde vermutlich im Jahr 1242 begonnen, doch sie brannte 1486 ab und wurde neu errichtet. Im 16. Jahrhundert gab es weitere Umbauten, bei denen auch der Turm durch den Anbau neuer Kapellen in die Westfassade integriert wurde. Ein Blitz traf das Bauwerk 1771, gelegentlich brannte es. Eine wesentliche Veränderung geschah von 1877 bis 1884 mit einer neugotischen Umgestaltung: Die Fassade wurde mit maschinell gefertigten Ziegeln verblendet, Begräbniskapellen am Chor wurden entfernt, innen zudem der Lettner, Emporen und Gestühle; weiterhin wurde eine Ausmalung vorgenommen. Im Zweiten Weltkrieg wurde die Kirche stark beschädigt, der Turm und ein Teil der Chormauern mussten wegen Einsturzgefahr abgetragen werden. Der Turmhelm hatte das Dach durchschlagen, so dass ab 1950 eigentlich ein Neubau entstand, bei dem auch Beton zur Verwendung gelangte. Da die Ausstattung bereits 1940 ausgelagert worden war, blieb sie erhalten und kontrastiert heute auf interessante Weise mit den jetzt recht schlichten Mauer-

Die Pommernkapelle mit dem Taufbecken

formen. Geht man von der Turmhalle in die jetzt sogenannte Pommernkapelle, so kann man im Durchgang noch Reste von **Fresken** aus dem 14. Jahrhundert erkennen, die die Legende der Auffindung des Kreuzes durch die Kaiserin Helena darstellen. Die **Pommernkapelle** erinnert an die Übernahme des Patronats für die aus der Heimat vertriebenen Pommern ab 1954 durch das Land Schleswig-Holstein. Mosaike der Gestalt Pommerns und Wappen seiner Städte wurden in den Fußboden eingelassen, während ein Wandteppich (1961) die Verbindung zwischen König Christian III., dem Herzog von Schleswig und Holstein, und dem Reformator Johannes Bugenhagen, der aus Pommern stammte, heraufbeschwört. In der Mitte des Raums steht das älteste Kunstdenkmal der Kirche, das 1344 geschaffene bronzene **Taufbecken**, das der bedeutende Erzgießer Hans Apengeter schuf. Die Reliefs zeigen Szenen aus dem Alten und Neuen Testament, während das Becken von vier putzigen Löwen gehalten wird, die wie Menschen auf dem Boden sitzen.

Auf dem Weg zum Altar passiert man die **Barockkanzel** (1705) mit Schalldeckel, beides mit üppigen Schnitzereien versehen, die vor allem die Apostel darstellen. Es ist allerdings Moses, der lebensgroß die Kanzel mit seiner Schulter stützt. Das sehr große **Triumphkreuz** (1490) ist an den Enden mit den Symbolen der vier Evangelisten versehen. In Kontrast zu ihm steht das schlichte **Nagelkreuz** an der nördlichen Chorwand, das an die Bombardierung der Kathedrale im englischen Coventry 1940 erinnert und inzwischen auch an die Gegenschläge der britischen Luftwaffe auf deutsche Städte wie Kiel.

Der prächtige **Schnitzaltar** aus dem Jahr 1460 wird ›Erzväteraltar‹ genannt. Er befand sich ursprünglich im Kieler Franziskanerkloster und wurde in St. Nikolai eingebaut, als das Kloster in der Reformation aufgelöst wurde. Im Zentrum steht die Kreuzigungsszene, in die sich die adligen Stifter der Familie Ahlefeldt in größerer Zahl eingeschmuggelt haben. Zahlreiche Szenen aus dem Leben und Sterben Christi werden mit lebendigen und plastischen Figuren dargestellt. Den Namen bekommen solche Altäre durch die Darstellung der ›Erzväter‹ wie Abraham, Isaak und Jakob; hier finden sich zudem die Josephsgeschichte, bedeutende Franziskaner und Propheten. Ein weiterer, wesentlich kleinerer **Flügelalter** (um 1490) befindet sich im **Raum der Stille**. Er zeigt im Zentrum ein Relief der Taufe im Jordan, die Gemälde auf den Flügeln stellen die vier Evangelisten dar. Vor der Kirche steht die umstrittene Figur, die jetzt allgemein **Geistkämpfer** genannt wird. Ernst Barlach (→ S. 95) schuf sie. Sie stellt einen Engel mit einem hoch aufragenden Schwert auf dem

Der ›Geistkämpfer‹ von Ernst Barlach

Rücken eines schwer zu identifizierenden Tieres dar, vielleicht eines Wolfes. Dies soll ein Symbol für die Erhabenheit und den Sieg des Geistes über das Böse sein. Die Nationalsozialisten empfanden dies natürlich nicht so und entfernten die Plastik 1937 als ›entartete Kunst‹. Doch vor dem Einschmelzen gelang es einem Freund Barlachs, die Figur zu verstecken. 1954 kaufte die Stadt Kiel sie zurück und stellte sie wieder vor der Nikolaikirche auf..

Kloster

Durch die Dänische Straße, eine der ältesten der Stadt, die zudem noch ein wenig Altstadtflair aufzuweisen hat, gelangt man von St. Nikolai zum Kieler Kloster. Es wurde 1227 mit der Stadt von Graf Adolf IV. von Schauenburg gegründet, der zudem bis zu seinem Lebensende 1261 im Kloster wohnte. In der Reformation wurde das Franziskanerkloster aufgelöst, die Gebäude erhielt die Stadt, die dort ein Krankenhaus und Altenheim unterbrachte. Später sah das ehemalige Kloster viele Verwendungen und Umbauten, zur Lateinschule, zum Gästehaus, zur Universität. Nach den starken Beschädigungen im Zweiten Weltkrieg wurden Teile der Gebäude wieder aufgebaut und zu einem Theologischen Studienhaus. In den 1990er Jahren wurde die mittelalterliche Bausubstanz im Kreuzgang und Refektorium wieder freigelegt; später erneuerte man auch die Außenanlagen. Jetzt werden die Räumlichkeiten für Ausstellungen und Veranstaltungen genutzt.

Doch das Kloster hat heute etwas Besonderes in seinem Turm: ein **Carillon**, ein großes Glockenspiel mit 50 Glocken. Es spielt täglich um 12, 15 und 18 Uhr wechselnde Melodien, vor allem aber an verschiedenen Tagen, im Sommer mindestens einmal die Woche, ein richtiges Konzert, dem Besucher im Garten lauschen können (Termine: https://kielerkloster.de).

Geht man die Dänische Straße weiter nach Osten, gelangt man zum **Warleberger Hof**, eine Adelsresidenz aus dem 16. Jahrhundert, die später viele Umbauten erlebte und heute das Stadtmuseum beherbergt (s.u.).

Kieler Schloss

Manche Besucher erkennen das Kieler Schloss nicht, selbst wenn sie direkt davor stehen. Das liegt daran, dass das Schloss zwar so heißt, aber nicht so aussieht.

Im 13. Jahrhundert stand an dieser Stelle eine kleine Festung, die die Verbindung des Kleinen Kiel mit der Förde bewachen sollte. Denn die ursprüngliche Ansiedlung Kiel lag genau zwischen diesem Kleinen Kiel und der Förde, war also durch Wasser geschützt und dazu durch eine Mauer mit dem Holstentor im Süden und dem Dänischen Tor im Norden. All das gibt

▸ Karte: hintere Umschlagklappe

es nicht mehr. Spätere Herrscher, ob dänische Herzöge oder russische Zarinnen, ließen die kleine Festung immer weiter ausbauen und mit Luxus ausstatten. Auch die Preußen residierten hier, machten die Bauwerke schließlich zum Museum. Doch am 4. Januar 1944 trafen Bomben die Gebäude, die fast vollständig ausbrannten.

Der Wiederaufbau fand von 1961 bis 1965 statt, und man entschied sich gegen jegliche Historisierung. So steht in Hanglage zur Förde jetzt auf einem hohen Granitunterbau ein kubusförmiger Ziegelbau mit regelmäßig angeordneten Fensterreihen und einem Flachdach. Den Südflügel ersetzt ein mit Marmor verkleideter Hallenbau mit Glasfoyer und Vortragssälen. Hier sollte Kultur stattfinden. 2003 verkaufte das Land das ›Schloss‹, in dem nun ein privater Träger rund 300 Veranstaltungen pro Jahr durchführt.

Ratsdienergarten

Der Ratsdienergarten verbindet das ›Schloss‹ mit dem Kleinen Kiel. Seinen Namen soll er erhalten haben, weil hier die Ratsdiener kleine Gärten anlegen durften. Heute ist er ein idyllischer öffentlicher Park. Eine **Skulptur** aus Granitsäulen von 1982 erinnert an den Kieler Matrosenaufstand von 1918. Seit 1912 steht hier auch ein **Denkmal** für den norddeutschen Mundartdichter Klaus Groth (→ S. 443). Eine Statue in Bronze zeigt den Dichter auf einem Sockel stehend, umgeben von Reliefs, die Bezug zu seinem Hauptwerk ›Quickborn‹ haben. Die Bronze wurde 1943 für Kriegszwecke demontiert, aber dann doch nicht eingeschmolzen. Nach dem Krieg wurde sie in Hamburg auf einem Schrottplatz entdeckt. Sie hatte die Bezeichnung ›Unbekannter alter Mann, großer Zivilist‹ im Gegensatz zu all den uniformierten Größen auf dem Schrottplatz. Die Stadt Kiel kaufte die Statue zum Schrottpreis von 801,90 DM zurück. Im Juni 1949 wurde sie feierlich an ihrem alten Platz enthüllt.

Dieses Gebäude ist auf den ersten Blick nicht als Schloss erkennbar

Schlossgarten

Der Schlossgarten war ursprünglich nur eine recht kleine Anlage, bis Friederike Amalie von Gottorf ihn 1695 zu einem prächtigen Barockgarten umgestalten ließ. Der Garten verwilderte später jedoch und wurde erst in jüngerer Zeit in einen Landschaftsgarten verwandelt. Durch ihn gelangt man zu drei Museen: der Medizin- und Pharmaziehistorischen Sammlung, dem Zoologischen Museum und der sehr gut ausgestatteten Kunsthalle.

Interessante Museen

Die 1988 gegründete **Stadtgalerie** zeigt in den Räumlichkeiten der ehemaligen Oberpostdirektion wechselnde Ausstellungen vor allem zeitgenössischer und internationaler Kunst zum Ostseeraum. Ständig präsent sind hingegen die Bilder des in Kiel geborenen expressionistischen Malers Heinrich Ehmsen (1886–1964). Der Galerie angeschlossen ist die ›Stadtbilderei‹, in der man gegen eine geringe Gebühr Kunstwerke ausleihen kann.

Das Schifffahrtsmuseum

Das **Stadtmuseum Warleberger Hof** ist in einem der ältesten noch bestehenden Gebäude Kiels untergebracht, einem ehemaligen Adelshof aus dem Jahr 1616, der später jedoch mehrfach umgebaut wurde. Hier werden Kunst, Kultur und Geschichte der Stadt im 19. und 20. Jahrhundert in Wechselausstellungen vorgestellt. In dem noch original vorhandenen Gewölbekeller, in dem eine Zisterne und ein mittelalterlicher Herd erhalten blieben, wird eine ständige Ausstellung zur Archäologie der Stadt gezeigt.

Kaum eine Stadt in Deutschland ist so eng mit der Schifffahrt verbunden wie Kiel. In modernen Präsentationen zeigt das **Schifffahrtsmuseum** nicht nur Schiffsmodelle, nautisches Gerät und Marinemalerei, sondern widmet sich auch Themen wie Kolonialgeschichte, Kreuzfahrttourismus und dem Nord-Ostsee-Kanal. Das Museum befindet sich in der 1910 eröffneten Fischmarkthalle, die den Verkauf von Fisch unter freiem Himmel unterbinden sollte. Das direkt an der Förde gelegene Gebäude besteht aus Ziegelstein, der mit dekorativen Sandsteineinlagen kontrastiert wird. Innen besitzt es ein eindrucksvolles Tonnengewölbe.

▲ Karte: hintere Umschlagklappe

Draußen befindet sich neben dem Museum die **Museumsbrücke**, an der **drei historische Schiffe** festgemacht haben. Der Tonnenleger ›Bussard‹ wurde 1906 auf der Meyer-Werft in Papenburg gebaut und mit einer 540-PS-Maschine ausgerüstet. Er diente der Wartung von Seezeichen und war lange Start- und Zielschiff bei der Kieler Woche. 1941 begann das Feuerlöschboot ›Kiel‹ seinen Dienst, und noch drei Jahre jünger ist der Seenotrettungskreuzer ›Hindenburg‹ der Deutschen Gesellschaft zur Rettung Schiffbrüchiger, die 1865 in Kiel gegründet wurde.

Der Schleswig-Holsteinische Kunstverein gründete sich bereits 1843 und begann eine Sammlung, die ab 1857 in der **Kunsthalle** gezeigt wurde. 1909 wurde ein Neubau eröffnet, wie vielfach in Kiel in einem Mischstil, hier verbanden sich Jugendstil und Barock. Nach starken Beschädigungen im Zweiten Weltkrieg wurde das Bauwerk in schlichterer Form wieder aufgebaut und 1986 mit einem Anbau versehen. Die Sammlung umfasst 1200 Gemälde, 300 Skulpturen sowie mehr als 30 000 grafische Werke, Fotografien und Videos. Zu den Schwerpunkten gehören der Expressionismus, eine große Zahl von Werken der Brücke-Künstler (Pechstein, Schmidt-Rottluff, Kirchner, Heckel), dazu Emil Nolde (→ S. 332) und internationale Werke der Nachkriegszeit. Die Zeichnungen reichen von Dürer bis heute.

Die **Antikensammlung**, die 1843 eröffnete Ausstellung von Antiken des Mittelmeerraumes, besteht zu einem erheblichen Teil aus Abgüssen, die allerdings heutzutage auch ihren Wert haben. Denn sie zeigen Skulpturen, wie sie vor 100 Jahren ohne Umwelteinflüsse aussahen. Original sind hingegen die Tongefäße aus dem 6. bis 4. Jahrhundert v. Chr. mit ihren lebendigen Bemalungen von griechischen Helden und Göttern.

Das **Zoologische Museum,** ein gelbroter Ziegelbau, wurde von 1878 bis 1880 nach Plänen von Martin Gropius (1824–1880) errichtet. Sein Zentrum ist die Wal-Halle, in der zwölf Original-Skelette von Walen von bis zu 14 Metern Länge gezeigt werden. Weiterer Schwerpunkt ist die Tiefsee mit einem Riesen-Tintenfisch, aber natürlich sind auch zahllose Präparate aus dem 19. Jahrhundert bis heute zu sehen. Vögel und Schmetterlinge sind reichlich vertreten.
Auch das Gebäude der **Medizin- und Pharmaziehistorischen Sammlung** mit seinen verwinkelten Gängen und engen Zimmern wurde von Martin Gropius entworfen. Es stellt medizinische und pharmazeutische Geräte aus der Zeit von den Römern bis ins 20. Jahrhundert vor, so die 1929 von einem amerikanischen Ingenieur entwickelte ›eiserne Lunge‹. Zu sehen sind auch ein vollständiger Sektionsraum mit rund 500 in Flüssigkeit eingelegten Präparaten krankhafter Deformationen, Arztpraxen aus der Zeit von 1890 bis 1960 sowie zwei vollständige Apotheken aus Schiffbek und Lübeck.

Am Rand von Kiel

Am südwestlichen Stadtrand der Landeshauptstadt zeigt das Museum Molfsee die Vielfalt ländlicher Bauten. Nach Norden hinaus folgt ein weiterer Weg weitgehend der Küste der Kieler Förde, wo Strand und Wassersport eine Rolle spielen. Das Schwedeneck liegt schon an der Eckernförder Bucht, wird aber gerne von Rentnern aus Kiel bevölkert.

■ Freilichtmuseum Molfsee

Auf dem 40 Hektar großen Freigelände zehn Kilometer südwestlich von Kiel wurden **60 Gebäude**, die an ihren Originalstandorten abgebaut worden waren, wieder aufgestellt: Bauernhäuser, Scheunen, Werkstätten, kleine Katen. Mobiliar, Hausrat und Arbeitsgeräte vermitteln einen Eindruck davon, wie die Gebäude aus dem 16. bis 20. Jahrhundert ausgesehen haben. Hinzu kommen drei Windmühlen und eine Wassermühle, eine Meierei und zwei Armenhäuser sowie ein kleiner historischer Jahrmarkt mit Karussells und Schiffschaukel.
In einem modernen Museum, inspiriert von alter Architektur, zeigt und erklärt das ›Jahr100Haus‹ 350 Alltagsobjekte aus dem 20. Jahrhundert und lädt zu einem Blick in die jüngste Vergangenheit ein. Zudem gibt es Wechselausstellungen.

■ Kiellinie und Nord-Ostsee-Kanal

Schräg gegenüber der Kunsthalle beginnt die Kiellinie, eine für den Autoverkehr gesperrte Flaniermeile direkt an der Förde, auf der bei gutem Wetter immer

Betrieb an der Schleuse Holtenau

lebhafter Betrieb herrscht. Spaziergänger und Radfahrer treffen sich hier, aus den Ruder-, Kanu- und Segelklubs werden Boote zum Wasser getragen oder geschoben, und von den Stegen springen Unerschrockene ins Nass. Es gibt einige Imbissbuden, Kaffee- und Eisstände, mehrere Wassersportvereine betreiben Cafés oder Restaurants.

Landeinwärts befinden sich die wichtigsten Gebäude der Universität und der Landesregierung, an der Förde stößt man zwischen den Sportboothäfen Reventlou und Blücherbrücke auf das Finanzministerium, den Landtag, das Wirtschafts- und das Innenministerium. Zwischen einigen prächtigen Villen hat auch das renommierte Kieler Institut für Weltwirtschaft seinen Sitz.

Hinter dem Sportboothafen Wik wendet sich die Kiellinie landeinwärts und endet bald, denn an der Tirpitzmole beginnt das militärische Gelände, das weiträumig umfahren werden muss. Hier befindet sich auch der Liegeplatz des Segelschulschiffs der Bundesmarine Gorch Fock, das man gelegentlich von weitem erspähen kann, wenn es nicht gerade unterwegs ist. Die 1958 in Dienst gestellte und von 2015 bis 2021 zu immens hohen Kosten überarbeitete Bark ist ein Schwesterschiff der 1933 gebauten ersten Gorch Fock. Benannt wurde sie nach dem Schriftsteller Gorch Fock (1880–1916, eigentlich Johann Wilhelm Kinau), der als Sohn eines Hochseefischers in Finkenwerder geboren wurde und schon früh auf Plattdeutsch Gedichte über das Meer und die Seefahrt veröffentlichte. 1913 erschien der Roman ›Seefahrt ist not!‹ auf Hochdeutsch mit plattdeutschen Dialogen. Im Ersten Weltkrieg schrieb er nationalistische Gedichte gegen den Kriegsgegner England, 1916 ging er als eingezogener Matrose in der Schlacht am Skagerrak auf einem Kreuzer unter. Die Nationalsozialisten und Teile der Familie vereinnahmten Namen und Werke; es ist dennoch unverständlich, dass auch das zweite Schulschiff der Bundeswehr nach ihm benannt wurde.

Am Olympiazentrum Schilksee

Das Marinegebiet endet an der **Schleuse Kiel-Holtenau**. Hier mündet der Nord-Ostsee-Kanal (→ S. 459) in die Förde. In den Schleusen, auf die man von einer Aussichtsplattform einen guten Blick hat, wird der unterschiedliche Wasserstand zwischen Nord- und Ostsee ausgeglichen. Am Südufer befindet sich neben dem Wohnmobilstellplatz das **50er Jahre Museum Kiel**. Wer weiter nach Norden will, kann die kostenlose Personen- und Fahrradfähre Kiel-Holtenau nutzen, mit dem Auto muss man über die Hochbrücke fahren.

■ An der Förde

Am Nordufer des Nord-Ostsee-Kanals ragt der 24 Meter hohe, in den 1890er Jahren aus Ziegelsteinen erbaute **Leuchtturm Holtenau** in grüner Umgebung auf. Gleich daneben kann man bei Speis und Trank den Fördeblick genießen, dann folgt die **Seebadeanstalt Holtenau**.

Die Förde öffnet sich nun und weist einen dünnen Sandstrand auf, der sich an manchen Stellen erweitert, so etwa

▲ Karte: hintere Umschlagklappe

am Falckensteiner Strand, in Schilksee und in Strande. Das **Olympiazentrum Schilksee** wurde 1972 eröffnet, als hier die Segelwettbewerbe der Münchner Olympiade ausgetragen wurden. Neben einem riesigen Jachthafen mit 850 Liegeplätzen entstanden Unterkünfte für die Segler sowie ein Einkaufszentrum. Entsprechend der damaligen Zeit ist die Architektur ein wenig betonlastig, aber von den umliegenden Segelklubs werden die technischen Anlagen durchaus gelobt. Es gibt Fischbrötchen.

Der nächste Ort ist **Strande,** recht bekannt für ebenjenen Strand, an dem auch Strandkörbe verliehen werden. Es gibt schönere Strände in der Umgebung, der Ort kann jedoch Ausgangspunkt für Wanderungen und Fahrradausflüge am Meer und im Hinterland sein. Zudem bemüht man sich um ein Kulturprogramm für die Sommergäste.

Der **Leuchtturm Bülk** markiert die Grenze zwischen der Förde und der offenen Ostsee. Bereits 1807 befand sich hier ein dänisches Lotsen- und Leuchthaus, nach Zerstörungen durch Blitzschlag entstand 1844 ein 16 Meter hoher Turm. Die Dänen begannen 1862, den heutigen Turm zu bauen, der 1865 durch die Preußen fertiggestellt wurde. Vor allem die lichtgebende Optik wurde danach mehrfach modernisiert. Seit 1970 ist kein Leuchtturmwärter mehr im Dienst, wird das Leuchtfeuer aus Travemünde ferngesteuert. Der 25,60 Meter hohe Turm mit einem schwarzen Ring kann besichtigt und bestiegen werden, und in den Nebengebäuden gibt es ein Café und Restaurant.

Schwedeneck

Die Landschaft zwischen der Nordecke der Kieler Förde und der Südküste der Eckernförder Bucht wird Schwedeneck genannt, nach Erzählungen, weil im Nordischen Krieg zwischen Dänemark und Schweden schwedische Truppen hier an Land gegangen sind, aber schwere Verluste erlitten, so dass für sie ein Friedhof in Dänisch-Nienhof angelegt wurde. Von ihm leitet sich der Name für die Gegend ab.

Heute ist die hügelige Gegend, die mehr als 16 Kilometer Sandstrand aufweist, als Alterswohnsitz für Rentner aus Kiel und Eckernförde beliebt. Doch auch Besucher, vor allem Radfahrer, erfreuen sich an Feldern und Wäldern. Kleine Ansiedlungen mit Dorfkirchen wie Jellenbek, Krusendorf und Dänisch-Nienhof, die alle zur Gemeinde Schwedeneck gehören, unterbrechen die Touren. Eine wunderbare Strand-Location mit herrlichem Sandstrand und gastronomischem Angebot ist der Surendorfer Strand.

i Kiel

Tourist-Information, Stresemannplatz 1–3, 24103 Kiel, Tel. 0431/679100; Mo–Fr 10–18, Sa 10–15 Uhr. Im Welcome Center gibt es neben Beratung eine virtuelle Fahrt auf der Förde, einen Souvenirshop und ein Café. www.kiel-sailing-city.de

Tourist-Information, Strandstr. 12, 24229 Strande, Tel. 04349/290. www.strande.de

Sporthafen Kiel-Schilksee, www.sporthafen-kiel.de/sporthaefen/olympiahafen-schilksee

Schwedeneck Touristik, Zum Kurstrand 5, 24229 Schwedeneck, Tel. 04308/331. www.schwedeneck.de

Hafenrundfahrt: Von Mai bis Oktober fahren die Fördeschiffe ab/bis Kiel sowie von Kiel nach Laboe und zurück. Man sieht die historischen Schiffe und Kreuzfahrtschiffe, die gerade zu Besuch sind, und schaut in die Werften hinein. www.kiel-sailing-city.de/angebote/schiffstouren/hafenrundfahrt.html

Fahrten in den Nord-Ostsee-Kanal von Kiel nach Rendsburg und zurück mit dem 115 Jahre alten historischen Raddampfer ›Freya‹. www.adler-schiffe.de/fluesse-kanaele/nok.php

Atlantic, Raiffeisenstr. 2, 24103 Kiel, Tel. 0431/374990; DZ ab 119 €. Sehr zentral gelegen, gegenüber dem Bahnhof und direkt an der Förde, was sich beim Blick aus vielen Zimmern, dem Restaurant und vor allem der Dachterrassenbar ›Deck 8‹ bezahlt macht. Die Zimmer haben unterschiedliche Ausmaße und sind modern eingerichtet.
www.atlantic-hotels.de/hotel-kiel

Kieler Kaufmann, Niemannsweg 102, 24105 Kiel, Tel. 0431/88110; DZ ab 135 €. Das Romantik-Hotel liegt etwas nördlich des Zentrums mit Blick auf die Förde. Das Haupthaus war einst eine Bankiersvilla; eine gewisse Gediegenheit ist überall zu finden, obwohl die Zimmer der Anbauten modern eingerichtet sind. Zwei Restaurants, eines davon mit Michelin-Stern, das andere mit Burgern, Steaks und Fisch sowie eine Bar sorgen für das leibliche Wohl. www.kieler-kaufmann.de

Birke, Martenshofweg 2–8, 24109 Kiel-Hasseldieksdamm, Tel. 0431/5331300; DZ ab 136 €. Am westlichen Stadtrand gelegen, bietet das Vier-Sterne-Hotel 94 unterschiedlich große und ausgestattete Zimmer. Gutes Fischrestaurant.
www.hotel-birke.de

Strandhotel, Strandstr. 21, 24229 Strande, Tel. 04349/9179310; DZ ab 118 €. Familiengeführtes Hotel mit 29 Zimmern, einige mit direktem Meerblick, genau hinterm Strand gelegen. Restaurant mit Produkten aus Schleswig-Holstein und Fisch aus Strande. www.strandhotel.de

Wohnmobilstellplatz, Mecklenburger Str. 58, 24106 Kiel, Tel. 0431/38908515, 30 Plätze direkt am Ufer des Nord-Ostsee-Kanals. www.bella-vista-kiel.de

Campingplatz Surendorf, Zum Kurstrand, 24229 Schwedeneck, Tel. 04308/331. Sehr schön gelegener großer Platz am Strand, aber am Service kann noch gearbeitet werden. www.schwedeneck.de/campingplatz-surendorf

Bootshaus 1862, Düsternbrooker Weg 16, 24105 Kiel, Tel. 0431/2108585; Küche Di–Sa 12–21 Uhr. Unten ist der Ruderklub, oben das Restaurant mit Außenterrasse direkt an der Förde. Eine nicht sehr umfangreiche, aber anspruchsvolle Karte verzeichnet vor allem Fischgerichte.
www.bootshaus-kiel.de

Längengrad, Schwedenkai 1, 24103 Kiel, Tel. 0431/99048777; Di–Sa 18–24 Uhr. Von Deck 4 des Schwedenkais hat man eine ausgezeichnete Sicht auf die Förde. Das Restaurant mit 140 Sitzplätzen innen und 200 außen sowie einer Bar bietet deutsche und mediterrane Küche.
www.laengengrad-kiel.de

Moby, Kiellinie 61a, 24105 Kiel; tgl. 10–20 Uhr (wetterabhängig). Ein Container steht am Strand, neben dem Segelcamp, umgeben von Liegestühlen. In lockerer Atmosphäre gibt es Fischbrötchen und Snacks wie Fisch & Chips, aber alles mit hohen Qualitätsansprüchen und aus lokalen Quellen. www.mobykiel.de

Forstbaumschule, Düvelsbeker Weg 46, 24105 Kiel, Tel. 0431/333496; tgl. 10–23 Uhr. Ein schöner Biergarten im Grünen und im bayerischen Stil mitten in Norddeutschland. Sportereignisse werden auf eine Großbildleinwand übertragen, und es gibt Konzerte und Lesungen. Günstiger Mittagstisch und durchaus sehenswerte Karte. https://forstbaumschule.de

Kieler Brauerei, Alter Markt 9, 24103 Kiel, Tel. 0431/906290; Mo–Sa ab 10.30, So ab 11.30 Uhr. Seit 1988 befindet sich die Brauerei am Alten Markt. Typisches Ambiente mit Sudkessel, typische Karte mit Brauhausspeisen. https://kieler-brauerei.de Weitere ähnliche Lokale rund um den Alten Markt.

▸ Karte: hintere Umschlagklappe

Luzifer Fördeblick, Kanalstr. 85, 24159 Kiel, Tel. 0431/32097424; tgl. 10–21 Uhr. Vom Frühstück bis zum Abendessen legen die Betreiber Wert auf frische Zutaten aus der Region. Bekannt sind die Ackerkartoffeln in vielen Variationen, Fisch- und Fleischgerichte sowie Luzifers ›süße Sünden‹. https://luzifer-sylt.de/kiel

Blauer Seestern, Zum Kurstrand 7, 24229 Surendorf, Tel. 04308/189188; Bistro tgl. ab 12, Restaurant tgl. bis 21 Uhr warme Küche. Deutsche und mediterrane Auswahl, 40 Sorten Eis.
https://blauerseestern.eatbu.com

Blossom Beach, Zum Kurstrand 16, 24229 Surendorf, Tel. 04308/1899605; Mi–Sa 17–23, So 12–23 Uhr. Kleine Karte mit italienischem Einschlag.
www.blossom-beach.de

Nordstern, Zum Kurstrand 4, 24229 Schwedeneck, Tel. 04308/1895908; tgl. 11–22 Uhr. Deutsche Küche mit hervorragendem Ausblick von der Terrasse.

Leuchtturm-Pavillon, Leuchtfeuer Bülk 0, 24229 Strande-Bülk, Tel. 04349/9264; Di–So 10–19 Uhr. Vom Frühstück über Kaffee und Kuchen bis zum Cocktail und Speisen am frühen Abend reicht das Angebot. www.leuchtturm-buelk.de

Stadtgalerie, Andreas-Gayk-Str. 31, 24103 Kiel, Tel. 0431/9013400; Di–So 10–17 Uhr. www.kiel.de/de/kultur_freizeit/stadtgalerie/index.php

Stadtmuseum Warleberger Hof, Dänische Str. 19, 24103 Kiel, Tel. 0431/9013425; Di–So 10–18 Uhr.
www.kiel.de/de/kultur_freizeit/museum/stadtmuseum_warleberger_hof.php

Schifffahrtsmuseum, Wall 65, 24103 Kiel, Tel. 0431/9013428; Di–So 10–18 Uhr. www.kiel.de/de/kultur_freizeit/museum/schifffahrtsmuseum_fischhalle.php

Kunsthalle, Düsternbrooker Weg 1, 24105 Kiel, Tel. 0431/8805756; Di–So 10–18 Uhr. www.kunsthalle-kiel.de

Antikensammlung, wie Kunsthalle.
www.antikensammlung-kiel.de

Zoologisches Museum, Hegewischstr. 3, 24105 Kiel, Tel. 0431/8805170; Di–Sa 9–17, So 12–16 Uhr.
www.zoologisches-museum.uni-kiel.de

Medizin- und Pharmaziehistorische Sammlung, Brunswiker Str. 2, 24105 Kiel, Tel. 0431/8805721; Di–Fr 10–16, So 12–16 Uhr. www.med-hist.uni-kiel.de

Freilichtmuseum Molfsee, Hamburger Landstr. 97, 24113 Molfsee, Tel. 0431/6596622; Di–So 9–18 Uhr.
www.freilichtmuseum-sh.de

50er Jahre Museum Kiel, Mecklenburger Str. 58, 24106 Kiel, Tel. 0431/3890850; tgl. 10–18 Uhr. Große Sammlung von Gegenständen aus der Zeit, einmal im Monat findet ein Oldtimer-Treffen statt.
www.50er-jahre-museum-kiel.de

Literaturhaus Schleswig-Holstein, Schwanenweg 13, 24105 Kiel, Tel. 0431/5796840. Lesungen und Ausstellungen rund um das Thema Literatur.
https://literaturhaus-sh.de

Aquarium Geomar, Düsternbrooker Weg 20, 24105 Kiel, Tel. 0431/6001637. Das direkt an der Förde gelegene Aquarium stellt die Flora und Fauna von Ostsee, Nordsee, Mittelmeer und tropischer Gegenden vor. Dabei sind vor allem Fische, Krebse, Korallen und Quallen zu beobachten. Im Außengelände leben einige Seehunde, die tgl. außer Fr um 10 und 14.30 Uhr gefüttert werden. www.aquarium-geomar.de

Botanischer Garten, Am Botanischen Garten 1–9, 24118 Kiel; im Sommer 9–18, im Winter 9–15 Uhr. Sehr schöner, acht Hektar großer und mit 14 000 Pflanzen aus aller Welt bestückter Garten. Der Rundweg führt durch Moor, Heide und Dünenlandschaften, aber auch einen amerikanischen und einen chinesischen Wald. In manchen Gewächshäusern ist es wüstenhaft warm.
www.botanischer-garten.uni-kiel.de/de

Rendsburg, Neumünster, Bad Segeberg

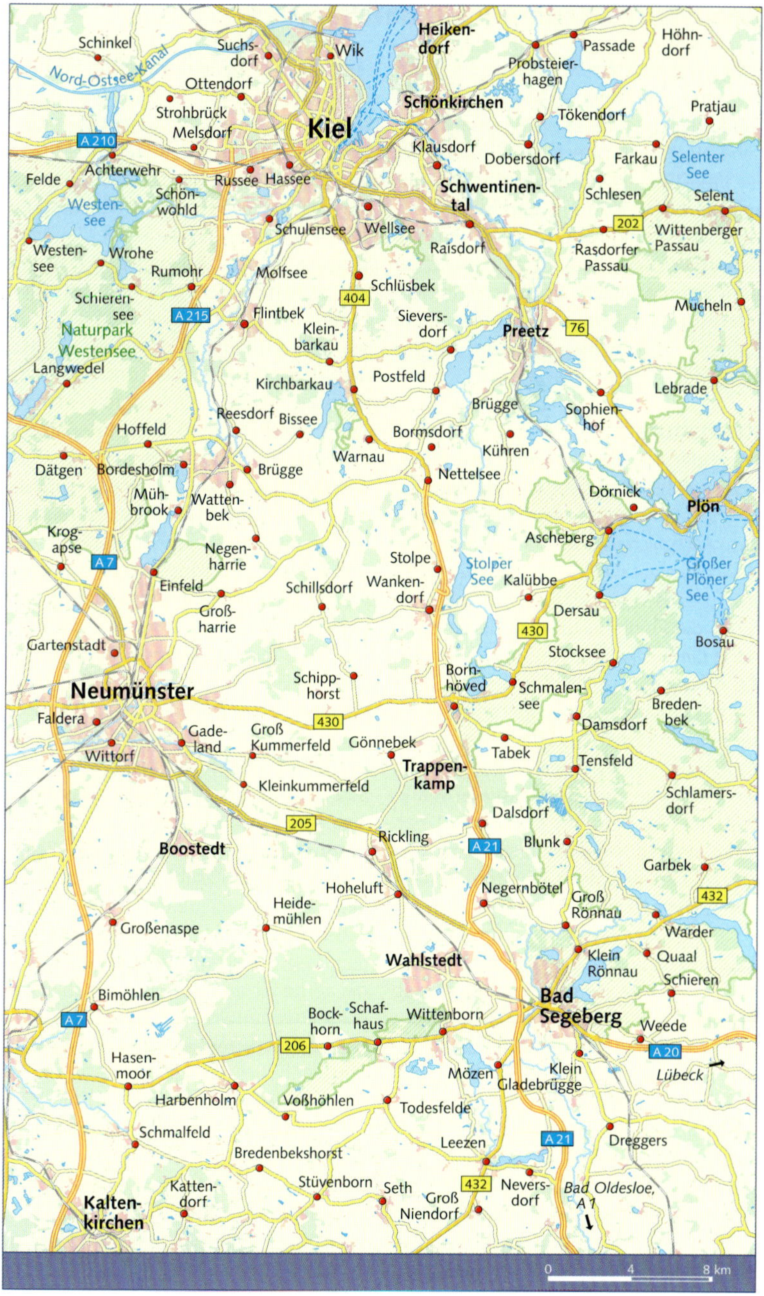
Schinkel
Suchs-
dorf
Wik
Heiken-
dorf
Passade
Höhn-
dorf
Nord-Ostsee-Kanal
Ottendorf
Probsteier-
hagen
Strohbrück
Schönkirchen
Tökendorf
Pratjau
Melsdorf
Kiel
A 210
Klausdorf
Dobersdorf
Farkau
Selenter
See
Achterwehr
Felde
Russee
Hassee
Schwentinen-
tal
Schlesen
Selent
Schön-
wohld
Westen-
see
Schulensee
Wellsee
202
Wittenberger
Passau
Westen-
see
Wrohe
Raisdorf
Rasdorfer
Passau
Rumohr
Molfsee
Schlüsbek
Schieren-
see
404
Mucheln
Flintbek
Sievers-
dorf
A 215
Naturpark
Westensee
Klein-
barkau
Preetz
76
Langwedel
Postfeld
Kirchbarkau
Lebrade
Brügge
Sophien-
hof
Reesdorf
Bissee
Hoffeld
Bormsdorf
Kühren
Warnau
Dätgen
Bordesholm
Brügge
Nettelsee
Müh-
brook
Watten-
bek
Dörnick
Plön
Ascheberg
Krog-
apse
Negen-
harrie
Stolpe
A 7
Stolper
See
Großer
Plöner
See
Einfeld
Wanken-
dorf
Kalübbe
Schillsdorf
Dersau
Groß-
harrie
430
Gartenstadt
Stocksee
Bosau
Schipp-
horst
Born-
höved
Schmalen-
see
Neumünster
Breden-
bek
Faldera
430
Gade-
land
Groß
Kummerfeld
Damsdorf
Gönnebek
Wittorf
Tabek
Trappen-
kamp
Tensfeld
Kleinkummerfeld
Schlamers-
dorf
205
Dalsdorf
Rickling
Blunk
Boostedt
A 21
Garbek
Hoheluft
Negernbötel
Heide-
mühlen
Groß
Rönnau
432
Großenaspe
Warder
Wahlstedt
Klein
Rönnau
Quaal
Schieren
Bimöhlen
Bad
Segeberg
Bock-
horn
Schaf-
haus
Wittenborn
Weede
A 7
206
A 20
Hasen-
moor
Mözen
Klein
Gladebrügge
Lübeck
Harbenholm
Voßhöhlen
Todesfelde
Schmalfeld
Dreggers
Leezen
A 21
Bredenbekshorst
Stüvenborn
Seth
432
Nevers-
dorf
Bad Oldesloe,
A 1
Katten-
dorf
Groß
Niendorf
Kalten-
kirchen
0
4
8 km

Rendsburg, Neumünster, Bad Segeberg

Schleswig-Holstein wird gerne als ›Land zwischen den Meeren‹ bezeichnet, und tatsächlich besteht es nicht nur aus Ostseeküste und Nordseeküste. Dazwischen ist das Land vielleicht ›normaler‹, mit mittelgroßen Städten, Landwirtschaft und diverser Industrie. Die ganz großen Sehenswürdigkeiten mögen zwischen den Meeren fehlen, doch es gibt viele interessante Ecken und kulturelle Highlights – vom ›wilden Westen‹ bis zur zeitgenössischen Kunst.

Rendsburg

Die Eider war immer eine tatsächliche oder gefühlte Grenze zwischen dem dänischen Einfluss aus dem Norden und dem sächsischen oder fränkischen oder slawischen aus dem Süden. Auf der Eiderinsel gab es Verhandlungen und etwa ab 1100 die Reinholdsburg, in deren Nähe dann die Siedlung entstand, aus der sich Rendsburg entwickelte. Die Zugehörigkeit war oft umstritten, doch mehrheitlich lag sie bei den Dänen und dem Herzogtum Schleswig. Der Kern der Siedlung lag da, wo sich heute noch der Altstädter Markt befindet. Ab dem 13. Jahrhundert hatte Rendsburg wie viele mittelalterlichen Städte eine sehr dicht bebaute Altstadt mit Kirche und an der Eider eine Festung. Im Dreißigjährigen Krieg wurde Rendsburg von schwedischen Truppen belagert, aber nicht eingenommen, so dass es ab 1660 zur Garnisonsstadt wurde. Wälle wurden aufgeworfen, Befestigungsanlagen mit zwei Garnisonen gebaut. Südlich der Altstadt und in völligem Kontrast zu ihrer architektonischen Enge wurde ein riesiger Paradeplatz angelegt, umgeben von einem neuen Stadtteil, dem Neuwerk, und mit einer eigenen Garnisons- und Pfarrkirche, der Christkirche. Anfang des 18. Jahrhunderts war Rendsburg die wichtigste militärische Festung Dänemarks. Zahlreiche Handwerker und Händler, davon ein großes jüdisches Kontingent, siedelten sich in der Umgebung der Kasernen an, und mit der Rendsburgischen Fayance-Fabrique entstand 1765 ein erstes Industrieunternehmen. Wichtig für den Ausbau des Handels war zudem die Fertigstellung des Eiderkanals 1784, der von Kiel an der Ostsee bis nach Rendsburg verlief, von wo die Schiffe die Eider bis Tönning an der Nordsee nutzten. Sein Nachfolger ist der 1895 eröffnete Nord-Ostsee-Kanal, der heute im Süden der Stadt verläuft. 1827 entstand die Carlshütte, eine Eisenhütte mit Gießerei im nördlichen Vorort Büdelsdorf und damals der größte eisenverarbeitende Betrieb Norddeutschlands. 1845 wurde die Eisenbahnverbindung von Rendsburg nach Neumünster eröffnet. Im 19. Jahrhundert war Rendsburgs Zeit als Garnison vorbei, Wälle, Mauern und Festungswerke verschwanden. Doch die industrielle Entwicklung ging weiter. Mit dem Kanal verband sich der Bau der Rendsburger Hochbrücke, eine gigantische Stahlkonstruktion, die zum Wahrzeichen Rendsburgs wurde. Gleichzeitig verschwand sehr viel Kaufkraft aus der Stadt, da nach dem Ersten Weltkrieg 90 Prozent der Soldaten abgezogen wurden. Eine Wirtschaftskrise war die Folge, die gerne für den schnellen Aufstieg der NSDAP verantwortlich gemacht wird.

Nach dem Krieg, in dem Rendsburg nur wenig beschädigt wurde, setzte eine Zeit der ›Modernisierung‹ ein. Die Stadt wurde autofreundlich gestaltet, es entstanden viele Neubauten. Seit 2006 versucht man mit einem neuen Stadtentwurf einiges davon zurückzubauen. Heute wohnen etwa 29 000 Menschen in Rendsburg.

▸ Karte S. 221

Altstädter Markt mit Altem Rathaus und Marienkirche

Rendsburg liegt auf einem Geestrücken am Fluss Eider, der lange Zeit als Grenze zwischen deutschem und dänischem Einfluss gesehen wurde. Zudem führte der Ochsenweg, ein historischer Handels- und Heerweg über den Rücken der Halbinsel Jütland, durch die Stadt. Die Altstadt befand sich ursprünglich auf einer Eiderinsel, doch verschiedene Flussarme und Kanäle wurden immer wieder umgeleitet, um mit der Ausdehnung der Stadt Schritt zu halten. Zentrum der mittelalterlichen Stadt war der Marktplatz mit dem jetzt Alten Rathaus, der sich in einem Gewirr von engen Straßen befand. Nebenan ragte die Marienkirche auf.

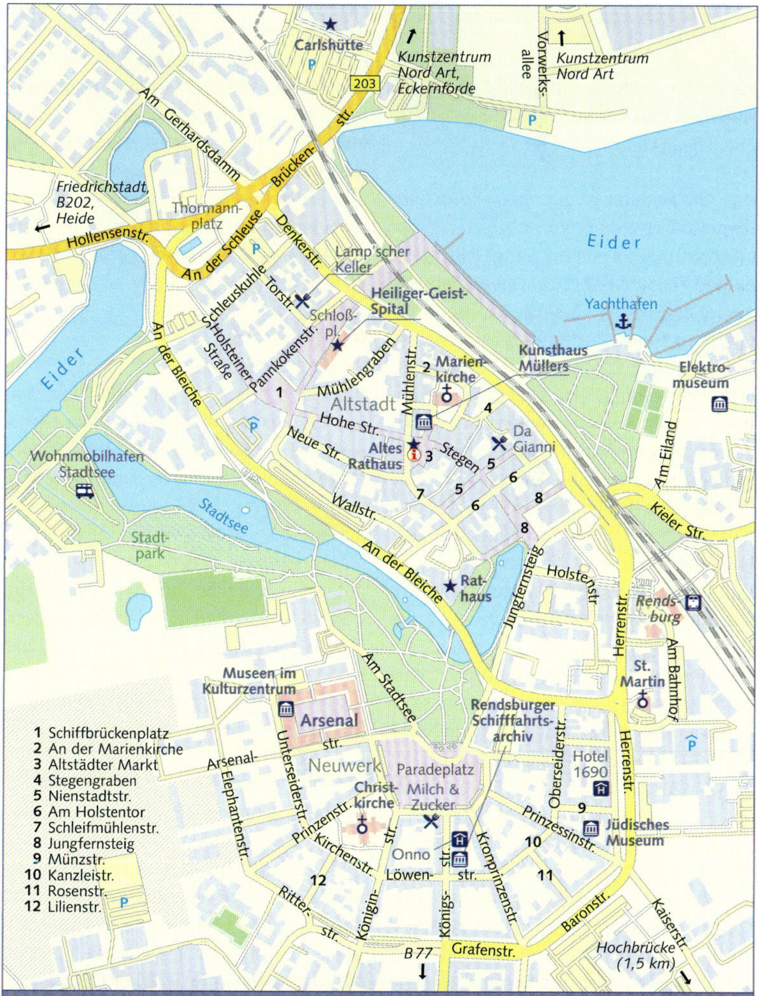

Rendsburg

Das Alte Rathaus

Das **Alte Rathaus** ist ein zweigeschossiger Ziegelbau mit einer komplizierten Doppelkonstruktion. Auf der Längsseite weist er eine Tordurchfahrt auf. Zwei Treppengiebel zieren die Fassade; in einen der Giebel ist ein modernes Glockenspiel eingearbeitet, das alle zwei Stunden ab zehn Uhr erklingt. Im Obergeschoss befindet sich das Bürgermeisterzimmer. Es ist vertäfelt und mit Rendsburger Stadtansichten aus dem 18. Jahrhundert ausgemalt. Das Rathaus wurde 1973 durch einen Brand stark beschädigt, danach teilweise verändert. Es dient heute als Repräsentationsbau und Hochzeitszimmer. Durch einen Seiteneingang ist die **Touristeninformation** zu erreichen. Im Rahmen einer Führung ist das Rathaus zu besichtigen.

Die **Marienkirche,** nur wenige Schritte entfernt, wurde nach dem Brand einer Vorgängerkirche ab 1287 in etwa 50 Jahren aus Ziegeln errichtet, der Turm entstand erst Mitte des 15. Jahrhunderts. 1848/49 wurde das gesamte Bauwerk im Stil der Neogotik verändert: Man verschloss die Eingänge im Norden und Süden, schuf stattdessen ein Portal im Turm, entfernte den Lettner und zog Emporen ein. Der älteste Teil der Ausstattung ist ein Taufbecken aus der Mitte des 14. Jahrhunderts. Der Altar wurde von dem Dithmarscher Holzschnitzer Henning Claussen (um 1590–nach 1656) wohl 1649 geschaffen. Die Predella aus Alabaster zeigt das Abendmahl sowie zwei Speisungswunder bei der Wüstenwanderung des Volkes Israel, die Bildtafel darüber die Kreuzigung Christi zwischen Johannes dem Täufer und Moses. Oben demonstrieren freistehende Figuren von Aposteln und Evangelisten mit Bibeln in den Händen die protestantische Ausrichtung des Altars. Das obere Medaillon verweist auf das Jüngste Gericht. Die Kanzel stammt aus dem Jahr 1621. Neben ihr befinden sich moderne Fenster der vier Evangelisten, die die Flensburger Malerin Käte Lassen (1880–1956) 1948 entwarf.

Schlossplatz

Weiter nördlich stößt man auf die Eisenbahn und die Eider mit einem Jachthafen. Der **Schlossplatz** wirkt heute etwas verlassen, war früher aber Standort der mittelalterlichen Residenz der Schauenburger Grafen. 1199 wurde diese Reinholdsburg erstmals erwähnt, die bis 1718 stand und dann wegen Baufälligkeit abgerissen wurde. Schon 1663 waren die Befestigungswälle geschleift worden. Heute säumt das 1760 entstandene **Heilig-Geist-Spital** den Platz. An seinem Rand befindet sich zudem der tabernakelförmige neogotische **Gerhardsbrunnen,** der 1881 in der Carlshütte aus Gusseisen gefertigt wurde. Er zeigt einen Schauenburger Grafen, der Rendsburg 1339 das Große Stadtprivileg verlieh.

Etwas munterer geht es auf dem nur wenig entfernten **Schiffsbrückenplatz** zu. Dort gibt es Läden, Cafés und Imbisse, von hier geht auch die Fußgängerzone, die Hohe Straße, zurück zum Altstädter Markt.

▶ Karte S. 221

Carlshütte

Die nördlich der Eider angesiedelte Eisengießerei der Carlshütte, die 1827 gegründet und 1997 stillgelegt wurde, ist mit ihren gewaltigen Hallen und dem weitläufigen Parkgelände ein beeindruckendes Industriedenkmal und ein herausforderndes Ambiente für moderne Kunst. Seit 1999 findet dort jedes Jahr in den Sommermonaten eine große Ausstellung internationaler zeitgenössischer Kunst statt, die **Nord Art**. Mehr als 200 Künstler sind mit Werken beteiligt, mit Gemälden, Skulpturen, Fotografien, Videos und Installationen, die immer auch die Auseinandersetzung mit der Umgebung aus Industriearchitektur und Natur suchen.

Jedes Jahr gibt es regionale und inhaltliche Schwerpunkte und Sonderprojekte. Zudem entstand eine Zusammenarbeit mit dem Schleswig-Holstein Musik Festival, dessen Orchester einen Konzertraum auf dem Gelände nutzt und auch Konzerte inmitten der Kunstwerke gibt.

Paradeplatz

Der zwei Hektar umfassende Paradeplatz lag einst im Zentrum des militärischen Gebiets. Breite, luftige Straßen führen strahlenförmig auf ihn zu, sie sind nach der Sitzordnung an der dänischen Königstafel benannt, also Prinzenstraße, Königinstraße, Königstraße, Kronprinzenstraße und so weiter. Markante Gebäude umgeben den Platz wie etwa das **Arsenal**, das **Provianthaus**, die **Kommandantur**; später kamen Wohnhäuser aus dem 18. und 19. Jahrhundert hinzu. Auch als Rendsburg nicht mehr dänische Garnisonsstadt war, marschierten hier immer wieder Truppen auf, aus Spanien und Frankreich, aus Russland und Sachsen. Heute findet mittwochs und samstags ein Wochenmarkt statt, und man nutzt dem Platz für Volksfeste. in dem Park nördlich des Platzes gibt es zahlreiche **Skulpturen** unterschiedlicher Künstler, und nur wenige Schritte nach Südwesten ragt die Christkirche auf.

In den Seitenstraßen befinden sich das Kulturzentrum und das **Jüdische Museum**. Im **Kulturzentrum** wurden mehrere Museen zusammengefügt: Das **Historische Museum** präsentiert die Stadt- und Garnisonsgeschichte Rendsburgs vor allem anhand fünf historischer Stadtmodelle, beleuchtet den Festungsbau, die preußische Herrschaft sowie die Nachkriegsgeschichte mit dem Einzug der

Am weitläufigen Paradeplatz

Bundeswehr. Weiterer Schwerpunkt ist die Geschichte des Nord-Ostsee-Kanals. Hinzu kommt die Industrialisierung mit der Carlshütte und der Fayence-Fabrik. Das vor 50 Jahren entstandene **Druckmuseum** nimmt die rasante technische und soziale Entwicklung in der Druckindustrie der letzten 200 Jahre in den Fokus. Die ausgestellten Maschinen sind voll funktionsbereit und werden gelegentlich in Betrieb gesetzt. Ein weiterer Raum ist Sonderausstellungen vorbehalten.

Die berühmte Hochbrücke

Christkirche

Für den neuen Stadtteil brauchte man eine Garnisonskirche für die Soldaten und eine Pfarrkirche für die Zivilisten. In der im Jahr 1700 eingeweihten Christkirche erreichte man beides in einem Gebäude, indem man Hauptschiff und Querschiff in Form eines griechischen Kreuzes gleich lang gestaltete. Das Hauptschiff gilt als Kirche der Gemeinde, das Querschiff als Garnisonskirche.

Betritt man das Gebäude, so ist der Raumeindruck überwältigend: eine große, breite, hohe Kirche, hell und markant dekoriert. Sie folgt der Holmenskirke in Kopenhagen und erreicht diesen Raumeindruck durch ihre beiden gewaltigen Tonnengewölbe, die sich in der Vierung treffen: helles Holz, leicht cremefarbig gestrichen. Durch die Tonnengewölbe ist auch die enorme Breite des Bauwerks möglich, alles ohne Säulen, Pfeiler und Strebewerk. Die Fenster bestehen bewusst nur aus Klarglas und lassen so ein helles Licht auf die weißen Wände und hellgrauen Bänke fallen.

Der **Altar** entstand 1662 und war eigentlich für die Kirche in Glückstadt bestimmt, wurde jedoch von der Gemeinde gekauft und hier eingebaut. Er zeigt in der Predella das Letzte Abendmahl, darüber die Kreuzigung und in einem runden Medaillon die Himmelfahrt. Neben dem Altar steht das hölzerne **Taufbecken** (1700) mit Akanthusblättern, Engeln und Johannes dem Täufer. An der Nordecke des Chors befindet sich die barocke **Kanzel** mit prächtiger Treppe und großem Schalldeckel; eine Statue des Moses trägt die Kanzel auf dem Kopf. Auf der gegenüberliegenden Südecke des Chors ist der sogenannte **Königsstuhl** zu sehen, der 1708 eingebaut wurde. Engel halten die Insignien des Herrschers Friedrich IV. (reg. 1699–1730), König von Dänemark und Norwegen, Island, Gotland und Grönland, und seiner Frau Luise, einer Prinzessin von Mecklenburg-Güstrow. Auffallend ist, dass der Königstuhl wesentlich höher angebracht ist als die Kanzel, ein deutlicher Hinweis darauf, dass die weltliche Macht in Dänemark über der kirchlichen steht. Um ein optisches Gleichgewicht zu erreichen, hat man diesen gewaltigen Vorhang aus Stuck hinter der Kanzel aufgebracht und in einer orange-braunen Farbe gestrichen.

Hochbrücke

Die Hochbrücke wurde von 1911 bis 1913 von 350 Arbeitern in Tag- und Nachtarbeit errichtet. Sie besteht aus

▸ Karte S. 221

Eisen und ist insgesamt 18 000 Tonnen schwer, 3,2 Millionen Nieten halten sie zusammen. Inklusive der Auffahrtrampen ist sie 2,5 Kilometer lang, während der Kanal, der zu überwinden ist, nur 137 Meter breit ist. Wozu bedurfte es dieses aufwendigen Bauwerks?

Die Vorgabe für den Kanal war einerseits, dass alle Brücken eine lichte Höhe von 42 Metern zwischen Brückenunterkante und Wasserspiegel einzuhalten hatten, damit Schiffe einer Höhe von bis zu 40 Metern den Kanal passieren können. Andererseits kann eine Eisenbahnstrecke nur einen bestimmten Neigungswinkel haben, und 40 Meter sind eine beträchtliche Höhe für eine Gleisstrecke. Südlich des Kanals war dies kein Problem, da dort weites, unbewohntes Land vorherrscht, durch das die Gleise auf einem Damm ansteigen konnten. Die Stadt Rendsburg hingegen liegt direkt nördlich des Kanals, so dass hier eine riesige Schleife durch ein Wohngebiet gebaut werden musste, um die Höhe anzugleichen.

Die mit der Brücke erbaute **Schwebefähre** hängt an Stahlseilen unter der Brücke. Elektrisch betrieben läuft der Oberwagen auf Schienen und zieht die kleine schwebende ›Fähre‹ hin und her. Sie kann vier PKW und 100 Personen, insgesamt eine Nutzlast von 20 Tonnen befördern. Am 8. Januar 2016 kollidierte die Schwebefähre mit einem Frachter und konnte nicht mehr repariert werden, so dass 2020 eine neue Fähre nach altem Vorbild in Betrieb genommen wurde.

An der Brücke gibt es, wie in Wedel (→ S. 475), eine **Schiffsbegrüßungsanlage**. Vorbeifahrende große Schiffe werden per Lautsprecher begrüßt, die Nationalhymne ihrer Flagge erklingt, während die deutsche Flagge ›gedippt‹ wird, also zuerst herunter-, dann wieder hochgezogen wird. Der diensttuende ›Kapitän‹ hat auf seinen Karteikarten zahlreiche Informationen über das Schiff notiert, die er nun dem Publikum erklärt. Dieses hält sich mehrheitlich im Lokal ›Brückenterrassen‹ auf.

Etwa zwei Kilometer westlich der Brücke, am Kanalufer, finden auf der 575,75 Meter langen und damit **längsten Bank der Welt** viele Besucher Platz.

i Rendsburg

Tourist-Information, Altes Rathaus, Altstädter Markt, 24768 Rendsburg, Tel. 04331/21120; Mo–Fr 10–17, Sa 10–14 Uhr. www.rendsburg.de und www.mittelholstein.de

Am Alten Rathaus beginnt eine 3,2 Kilometer lange blaue Linie, die auf den Boden gemalt ist und Besucher zu 30 historischen Orten der Stadt führt. Ein Faltblatt gibt sehr kurze Erklärungen.

Hotel 1690, Herrenstr. 6, 24768 Rendsburg, Tel. 04331/770290; DZ ab 69 €. Das Designhotel mit 16 Zimmern und einem Garten liegt günstig unweit des Paradeplatzes. www.hotel-1690.de/de

Onno, Königstr. 4, 24768 Rendsburg, Tel. 04331/58910; DZ ab 75 €. Mit Stil eingerichtete 36 Zimmer und 12 Apartments südlich des Paradeplatzes. https://onnohotel.com

Wohnmobilhafen NOK, Am Kreishafen 30, 24768 Rendsburg, Tel. 0171/4147046. Direkt neben der Hochbrücke stehen 35 Plätze mit Ver- und Entsorgung zur Verfügung. www.wohnmobilhafen-nok.de

Wohnmobilhafen Stadtsee, An der Untereider 9, 24768 Rendsburg, Tel. 04331/4349491. Am Rande der Altstadt, zwischen Eider und Stadtsee, finden 40 Wohnmobile Platz. www.wohnmobil-hafen.de

Da Gianni, Nienstadtstr. 12, 24768 Rendsburg, Tel. 04331/7702345; Mi–Mo 17–23 Uhr. In einem denkmalgeschützten Kellergewölbe in der Altstadt wird die gesamte Breite der italienischen Küche angeboten.
https://gianni-rd.de

Lamp'scher Keller, Torstr. 16, 24768 Rendsburg, Tel. 04331/22096; Mo/Di 18–23, Do–Sa 12–14 und 18–23 Uhr. Historischer Keller des Weinhändlers Lamp, in dem sich im 19. Jahrhundert 28 Kaufleute trafen, um die politische Lage zu erörtern. Heute ein elegantes Lokal mit kleiner, anspruchsvoller Speisekarte und guter Weinauswahl.
www.lampscher-keller.de

Milch & Zucker, Königstr. 26, 24768 Rendsburg, Tel. 04331/3398814; tgl. 10–18 Uhr. Mit Blick auf den Paradeplatz kann man Kaffee- und Teespezialitäten genießen, dazu ausgezeichneten selbstgemachten Kuchen.
www.cafemuz.de

Brückenterrassen, Am Kreishafen 36, 24768 Rendsburg, Tel. 04331/22002; April–Okt. tgl. 9–20 Uhr, Nov.–März Di–So 9–19 Uhr. Gutbürgerliche Küche von Frühstück bis Abendessen, Kaffee und Kuchen an der Hochbrücke und Schiffsbegrüßungsanlage.
www.brueckenterrassen.de

Museen im Kulturzentrum, Arsenalstr. 2–10, 24768 Rendsburg, Tel. 04331/331336; Di–Fr 10–18, Sa/So 10–17 Uhr.
www.museen-rendsburg.de

Jüdisches Museum, Prinzessinstr. 7, 24768 Rendsburg, Tel. 04331/440430; Di–So 12–17 Uhr. Das Museum befindet sich in der ältesten erhaltenen Synagoge Rendsburgs und beleuchtet einerseits die Geschichte und Kultur der Juden im Norden, andererseits die jüdische Religion und Identität. https://jmrd.de

Marienkirche, An der Marienkirche 21, 24768 Rendsburg; im Sommer Mo–Sa 11–17 Uhr, im Winter 10–13 Uhr.

Nord Art, Vorwerksallee, 24782 Büdelsdorf, Tel. 04331/354695; Juni–Okt. Di–So 11–19 Uhr.
www.nordart.de

Christkirche, Prinzenstr., 24768 Rendsburg; Mo–Fr 13–17, Sa 11–13 Uhr.

Schiffsbegrüßungsanlage, Am Kreishafen 36, 24768 Rendsburg; tgl. 10–18 Uhr.

Kunsthaus Müllers, An der Marienkirche 4, 24768 Rendsburg, Tel. 04331/22805; Mi–Fr 10–13, 15–18, Sa/So 10–14 Uhr. Gleich neben der Marienkirche bietet die Galerie zeitgenössische Malerei, Druckgrafik, Keramik und Skulpturen an. Das Schwergewicht liegt bei den norddeutschen Realisten.
www.kunsthaus-muellers.de

Nortorf

Bereits im 10. Jahrhundert wurde Nortorf urkundlich erwähnt, es besaß damals schon eine Kapelle. Im 19. Jahrhundert entwickelte sich der kleine Ort an der Wilster Au zur Industriestadt, es gab Lederfabriken, eine Brauerei, ein Sägewerk und eine Fleischfabrik. Berühmt wurde Nortorf nach dem Zweiten Weltkrieg mit der Ansiedlung des Schallplattenpresswerks der Firma Teldec. Heute hat Nortorf noch 7000 Einwohner und ist Einkaufszentrum für die ländliche Umgebung.

▶ Karte S. 218

■ Kirche St. Martin

Angeblich soll es Reliquien des heiligen Martin in Nortorf gegeben haben, für die eine Kapelle und im 12. Jahrhundert eine Kirche errichtet wurden. Es gab mehrere Nachfolgebauten, die immer wieder durch Kriege, Brände und Blitzeinschläge beschädigt wurden. Die heutige neogotische dreischiffige Hallenkirche aus Ziegelsteinen wurde 1872 eingeweiht. Der **Turm** ist 52 Meter hoch und besteht zu zwei Dritteln aus Granitquadern. Der **Altar** (1857) und die **Taufe** (1589) wurden aus der alten Kirche übernommen.

Die Kirche liegt am zentralen **Marktplatz**, der mit einem schmalen Wasserkanal aufgewertet wurde. Darin befindet sich auch ein lustiger Schwimmer, und am Rande gibt's Eis und Kuchen.

Schallplattenmuseum

Die Firma Teldec (Telefunken-Decca) hat in Nortorf mehr als 750 Millionen Schallplatten produziert. Seit den 1920er Jahren erlebte die Plattenindustrie einen großen Aufschwung, und ab 1948 profitierte auch Nortorf davon, als eine ehemalige Lederfabrik zum Presswerk umgebaut wurde. Es gab mehrere Eigentümerwechsel, und zuletzt gehörte Teldec zum Medienkonzern Time-Warner. Der wollte 1997 das Werk schließen, durch einen Management-Buyout konnte es jedoch weitergeführt werden. Doch 2009 war endgültig Schluss, die Hallen dämmerten vor sich hin. Heute belegt ein Supermarkt den größten Teil des Werksgeländes. Einige Bauten am Rand konnten gerettet werden, wurden in den letzten Jahren saniert und neuen Verwendungen zugeführt.

Das ehemalige Kesselhaus ist seit Herbst 2022 das Schallplattenmuseum. Schon seit 1989 hatte sich ein Verein ehemaliger Teldec-Mitarbeiter für plattenmuseum eingesetzt u Wohnung betrieben. Jetzt konnen au beträchtlicher Fläche nicht nur Platten und Cover ausgestellt werden, sondern die Maschinen wurden größtenteils wieder in Gang gesetzt und können den Besuchern vorgeführt werden. Vielleicht kann man wieder pressen?

Skulpturenpark

Mitte der 1950er Jahre wurde am südöstlichen Rand des Ortes ein großer Landschaftspark mit einer Vielzahl von verschiedenen Bäumen angelegt. 1987 wurden dann die ersten 11 Skulpturen aufgestellt, heute sind es insgesamt 22 von 21 Künstlern – ein guter Ort für einen beschaulichen Spaziergang, der Park an der Parkstraße/Timm-Kröger-Straße ist stets frei zugänglich.

Geographischer Mittelpunkt von Schleswig-Holstein

Der geographische Mittelpunkt von Schleswig-Holstein befindet sich etwa fünf Kilometer vom Ortszentrum entfernt in nordwestlicher Richtung abseits der Rendsburger Straße. Wer aus Rendsburg über die Landstraße kommt, passiert den

Kunstwerke in gepflegtem Grün: der Skulpturenpark

Punkt (Hinweisschild). 100 Meter von der Straße entfernt ist ein Stein in den Boden eingelassen. Das Gelände ist frei zugänglich.

Bordesholm

Verschiedene stein- und bronzezeitliche Gräber belegen eine frühe Besiedlung der Gegend. In jüngerer Zeit soll das Wachsen des Orts mit der Klostergründung auf einer Insel im Eiderstädter See durch Bischof Vicelin im 12. Jahrhundert in Zusammenhang stehen. Das Kloster wurde mit der Reformation aufgelöst, seine wertvollen Besitztümer wurden an andere Orte gebracht, die Lateinschule und die Bibliothek nach Kiel, der berühmte Brüggemann-Altar nach Schleswig. Kirche und Wirtschaftsgebäude befanden sich nun im Besitz der Herzöge von Gottorf und verfielen. Die moderne Gemeinde, die heute 7700 Einwohner zählt, entstand Ende des 19. Jahrhunderts.

Die Bordesholmer Klosterkirche, ein gotisches Kleinod

▲ Karte S. 218

Klosterkirche

Die Kirchen der Region, ob Bordesholm, Neumünster, Segeberg oder andere, waren Standorte der Mission der weiter östlich lebenden Slawen. Die wehrten sich heftig dagegen und zerstörten bei einem Aufstand 1138 mehrere Kirchen, weshalb auch mehrere der kleinen Mönchsgemeinden immer wieder umzogen. So gelangte der Augustinerstift von Neumünster nach Bordesholm und errichtete eine neue Kirche auf einer Insel im See, die allerdings von drei Dämmen zum Ufer angebunden wurde und heute eine Halbinsel ist.

Die Kirche wurde häufig um- und angebaut und hatte bis Anfang des 16. Jahrhunderts beträchtlich an Bedeutung gewonnen. Zu dieser Zeit befand sich der berühmte Brüggemann-Altar in ihrem Chor, der von Herzog Friedrich von Holstein-Gottorf gestiftet worden war, für die Kirche, die er für seine Grablege erkoren hatte. Allerdings wurde das Kloster Bordesholm 1566 aufgelöst, und Friedrich wählte den Schleswiger Dom zur neuen Grabeskirche, wohin auch das gewaltige geschnitzte Altarretabel gebracht wurde (→ S. 265).

Die Klosterkirche ist ein langgestreckter gotischer Backsteinbau, eine Hallenkirche mit Kreuzrippengewölbe und Fünfachtelchor mit sehr großen weißen Fenstern. Später wurde im Süden ein Anbau für Grüfte hinzugefügt. An einzelnen Stellen sind Bemalungen erhalten. Das **Chorgestühl** (1509) besteht aus 30 Klappsitzen. Der heutige **Altar** stammt aus dem Jahr 1727, zeigt das Abendmahl und darüber die Taufe. Im Norden steht ein sogenannter **Kirchenväter-Altar** (um 1510), der im Mittelfeld Augustinus und Ambrosius darstellt, seitlich Gregorius und Hieronymus.

Nicht nur Friedrich hatte sich Bordesholm als Grablege ausgesucht, sondern zahl-

Wächst wieder: die Linde

reiche adlige oder wohlhabende Familien stifteten große Summen, um in der Kirche selbst begraben zu werden. Man schätzt, dass mindestens 300, eher 500 Personen unter den Kacheln ruhen, ohne dass diese im einzelnen auszumachen sind. Am auffälligsten ist der **Kenotaph** (Scheinsarg) des Herzogspaares im Mittelgang. Die Liegefiguren stellen Herzog Friedrich, den späteren König Friedrich I. von Dänemark, und seine Gattin Anna von Brandenburg (1487–1514) dar. Anna ist allerdings im Grabgewölbe beigesetzt, Friedrich im Schleswiger Dom. Ein solches Scheingrab ist für norddeutsche Kirchen äußerst ungewöhnlich.

Auch die sogenannte **Russische Kapelle**, ursprünglich die Sakristei, erinnert an fürstliche Verstorbene, nämlich an Herzog Carl Friedrich (1700–1739). Er war mit Anna Petrowna verheiratet, der Tochter des Zaren Peter I. (›der Große‹), und bekam mit ihr den Sohn Peter, den späteren Zaren Peter III.

Bordesholmer Linde

Nach einer Chronik soll die 100 Meter vom Eingang der Klosterkirche entfernte Linde 1580 gepflanzt worden sein. Im 19. Jahrhundert wurde unter ihr Recht gesprochen. In den 2010er Jahren war der Baum etwa 18 Meter hoch, die Krone hatte einen Durchmesser von 30 Metern. Einige Äste mussten entfernt oder abgestützt werden. Dann kam noch ein Brandkrustenpilzbefall hinzu, und ein großer Ast brach ab. Es bestand die Gefahr, dass der Baum umkippen würde. Also wurde er 2018 auf einer Höhe von 2,5 Metern gekappt, ein Jahr später durch einen Schwelbrand beschädigt. Inzwischen ist er gut nachgewachsen und weist wieder grüne Triebe auf. Auch eine Bank umrundet ihn wieder.

Bordesholmer See

Der Bordesholmer See bildete sich vor etwa 15 000 Jahren beim Abschmelzen der Eiskappen in der letzten Eiszeit. Es entstand eine ausgedehnte Wasser- und Sumpflandschaft. Vor etwa 7000 Jahren wurden Menschen am See ansässig. E weist kaum Zuflüsse auf, so dass er vom Grundwasser und Niederschlag gespeist wird. Heute dient er als Freizeitgebiet, auf einem Wanderweg kann man ihn in gut einer Stunde umrunden. An der Ostseite befindet sich eine **Badeanstalt** mit kleinem Sandstrand und einer 52 Meter langen **Seebrücke**.

i Nortorf und Bordesholm

Tourismusverein, Rathaus, Niedernstr. 6, 24589 Nortorf, Tel. 04392/89620; Mo/Di und Do/Fr 9–12 Uhr.

Touristeninformation, Galerie Göldner, Holstenstr. 69, 24582 Bordesholm, Tel. 0700/24582001; Mo–Fr 10–13, 15–18.30, Sa 10–13.30 Uhr. www.bordesholmer-land.de

Emma's, Mühlenstr. 5, 24582 Bordesholm, Tel. 04322/8896680; Mi–Sa 17.30–21, So 12–14.30, 17.30–21 Uhr. Auch im Zentrum des beschaulichen Bordesholm kann man frische, selbstgemachte Küche aus der Region genießen. Neben dem Gastraum steht eine gemütliche Lounge mit Kamin zur Verfügung. www.restaurant-emmas.de

Antikhof Bissee, Eiderstr. 13, 24582 Bissee, Tel. 04322/2500; Restaurant Mi–Fr 17–23, Sa/So 12–23 Uhr. Ein historischer Bauernhof in ländlicher Umgebung beherbergt nun ein Restaurant mit anspruchsvoller, lokal orientierter Speisekarte. Gute Weinauswahl. Im ehemaligen Kornspeicher stehen neuerdings zehn stilvoll eingerichtete Doppelzimmer zur Verfügung. www.antikhof-bissee.de

Kirche St. Martin, Marktplatz, Nortorf; tgl. 11–17 Uhr.

Schallplattenmuseum, Kesselhaus, Niedernstr. 7b, 24589 Nortorf, Tel. 04392/408589; Di–So 10–17 Uhr. https://museum-nortorf.de

Museum auf der Klosterinsel, Lindenplatz 11, 24582 Bordesholm, Tel. 04322/9824; Sa/So 14–17 Uhr. Kleines Heimatmuseum über Brauchtum und Kultur, im Gewölbekeller wird die Geschichte des Klosters präsentiert. www.kvbl.de/museum

Skulptur in Bissee, Eiderstr. 13, 24582 Bissee, Tel. 04322/3360. Es ist sehr selten, dass großformatige zeitgenössische Skulpturen im ländlichen Raum aufgestellt werden. Hier kümmert sich eine engagierte Gruppe um Skulpturen, Künstler und Kunst. www.skulptur-in-bissee.de

Klosterkirche; tgl. 9–17 Uhr.

Neumünster

Mit 80 000 Einwohnern ist Neumünster an der Schwale die fünftgrößte Stadt Schleswig-Holsteins. Gegründet im 12. Jahrhundert als Augustinerstift, entwickelte sie sich zu einem Zentrum der Leder- und Textilindustrie, was bis heute sowohl an historischen Fabrikanlagen als auch an großen Fabrikantenvillen zu erkennen ist. Durch seine zentrale Lage war Neumünster immer ein wichtiger Verkehrsknotenpunkt; heute stehen Maschinenbau, Elektronik, Chemiefasern und die Druckindustrie im Vordergrund. In jüngerer Zeit hat man durch die Neugestaltung des Marktplatzes (Großflecken) und einiger Grünanlagen die Innenstadt attraktiver gestaltet.

Rathaus

Am Marktplatz Großflecken ragt das verschnörkelte und mit Türmchen versehene neugotische Rathaus auf. Es wurde im Jahr 1900 aus Ziegeln errichtet und sticht durch seine Höhe und überreiche Gliederung aus der umliegenden Bebauung heraus. Backstein sorgt eigentlich für eine gewisse Gleichförmigkeit im Erscheinungsbild, doch hier wurden – im Verbund mit anderen Materialien – alle Möglichkeiten ausgeschöpft: glasierte und unglasierte Steine wechseln sich ab, es gibt verschiedene Formate, Buntfenster und Mosaike setzen optische Akzente. Die Mosaike über der Eingangsloggia zeigen Symbole von Industrie, Handel und Landwirtschaft.

Vicelin-Kirche

Der Name der Kirche bezieht sich auf den Missionar Vicelin (1090–1154), der versuchte, die Slawen in Ostholstein zu missionieren. Er kam 1127 in das heutige Neumünster und gründete dort ein Augustinerstift. Der Ortsname geht auf dieses ›novum monasterium‹ (neues Kloster) zurück. 1330 zog der Orden nach Bordesholm um. Und die Slawen wehrten sich noch einige Zeit sehr erfolgreich gegen die Missionierung.

Auf den Grundmauern einer Kirche aus dem 12. Jahrhundert errichtete der dänische Oberbaudirektor Christian Friedrich Hansen bis 1834 eine dreischiffige Kirche aus gelben Ziegeln im Stil des Klassizismus. Weit heruntergezogen sind die Dä-

▸ Karte S. 218

cher, im Westen ragt ein massiger quadratischer **Turm** bis auf 40 Meter Höhe auf. Die klare Sprache des an der Antike orientierten Klassizismus fällt sofort ins Auge: zwei Reihen von Pfeilern und Säulen, zwei auch im Chor umlaufende Emporen, eine helle Kassettendecke; nach der neuesten Renovierung herrscht ein hellbeiges bis hellblaues Farbkonzept vor. Die Ausstattung ist zurückhaltend. Mitten in der Kirche steht die hölzerne **Taufe**, die aus Kopenhagen kam, ein vergoldetes rundes Becken auf einer weißen kannelierten Säule. Der **Altar** ist ein moderner Tisch, darüber ein gerahmtes Gemälde, das die Fußwaschung zeigt, ein Akt der Demut und des Dienens. Darüber, auf der Höhe der ersten Empore, befindet sich die **Kanzel**, eine protestantische Demonstration, dass das Wort über dem Altar steht. Andere Einrichtungsgegenstände, wie etwa der Kerzenleuchter, wurden um die Jahrtausendwende vom lokalen Architekten Reinhold Wuttke in einer betont modernen Sprache entworfen.

Bemerkenswert ist noch das alabasterne **Flachrelief** des Bildhauers Bertel Thorvaldsen (1770–1844), das sich heute in der Turmhalle befindet. Es zeigt die biblische Szene, in der Jesus, gegen den Willen seiner Jünger, die Kinder segnet.

■ Kirche St. Maria-St. Vicelin

Im Jahr 1888 gab es einen großen Weberstreik, von dem Neumünster stark betroffen war. Um diesen zu umgehen, schickten die Fabrikbesitzer Agenten nach Schlesien und ins Eichsfeld, um Streikbrecher anzuwerben. So gelangten über 500 Katholiken ins sonst vollständig protestantische Neumünster, für sie wurde eigens eine neue Kirche gebaut. Sie wurde 1893 eingeweiht und ist ein dreischiffiger Backsteinbau in einem neoromanischen Stil. Ursprünglich war sie innen ausgemalt und stark verziert, was bei einer Renovierung 1966 zurückgebaut wurde. In den Chor wurden drei neue Fenster des Niederländers Frans Griesenbrock (1916–2010) integriert. Sie zeigen die Geburt Christi, die Auferstehung und die Aussendung des Heiligen Geistes.

Der neogotische **Klappaltar** zeigt fünf Jesusmotive. Im modernen Stil heben

Die Vicelin-Kirche

Im sehenswerten Textilmuseum

sich der vorgesetzte neue **Altar**, der **Ambo**, der **Taufstein** sowie der **Tabernakel** ab. Die Bildhauer und Brüder Christoph und Michael Winkelmann schufen moderne Formen aus Gelbsandstein und versahen sie mit Reliefs, die Szenen des Alten und Neuen Testaments darstellen. Interessant ist eine **Heiligendarstellung** an einer Säule, die Maria als junges Mädchen und ihre Mutter Anna darstellt, die das Jesuskind auf dem Arm trägt: Vergangenheit und Zukunft gleichzeitig, man könnte es Anachronismus nennen.

Textilmuseum Tuch + Technik

Anhand von im Museum aufgestellten funktionstüchtigen Maschinen wird der gesamte Herstellungsprozess von der Baum- oder Schafwolle über das Spinnen des Fadens, das Weben bis zum fertigen Tuch erklärt und gelegentlich auch an den laufenden Maschinen demonstriert. Wenn nicht, kann man das Ganze auf einem Bildschirm betrachten. Die im Haus gefertigten Produkte werden in einem Shop verkauft.

Skulpturenpark

In einem ausgedehnten Landschaftspark, 1925 von Harry Maasz entworfen, mit zwei historischen Industriellenvillen, widmet man sich heute der ständig wachsenden Sammlung internationaler zeitgenössischer plastischer Kunst. In der Galerie werden Ausstellungen präsentiert, ein elegantes Café rundet das Kunsterlebnis ab.

Naturpark Aukrug

Der Ort Aukrug liegt etwa zehn Kilometer westlich von Neumünster. Südlich davon erstreckt sich eine hügelige Landschaft aus Wald, Mooren, Heide und Gewässern. Mit 76 Metern ist der **Boxberg** seine höchste natürliche Erhebung, doch auch vom 64 Meter hohen **Glasberg** hat man eine gute Rundumsicht. Etwa 20 ausgeschilderte **Rundwanderwege** führen durch das Wald- und Heidegebiet oder auf die Anhöhen. Im Ortsteil Bünzen erklären die Eigentümer in einem Haus aus dem frühen 18. Jahrhundert (Dat ole Hus) das Leben der lokalen Bevölkerung.

i Neumünster

Tourist-Information, Großflecken 34 a, 24534 Neumünster, Tel. 04321/43280. www.neumuenster.de/kultur-freizeit/tourismus

Die Stadt Neumünster bietet **Rundgänge** mit ausgebildeten Führern an, die sich zu einem großen Teil auf die industrielle Vergangenheit beziehen; alte Fabrikgebäude sind zu sehen und die Wohnhäuser von Industriellenfamilien. Die meisten gut erhaltenen Bauwerke haben heute eine andere Verwendung und können in der Regel nur von außen betrachtet werden. Mit Hilfe von zwei **Broschüren** kann man sich auch individuell auf den Weg machen: ›Stadtpunkte: Ein Rundgang durch Neumünster‹ und ›Route der Industriekultur‹.

Altes Stahlwerk, Rendsburger Str. 81, 24537 Neumünster, Tel. 04321/55600;

▸ Karte S. 218

DZ ab 92 €. Umgeben von Industriearchitektur des 1926 gegründeten Stahlwerks, entstanden 100 ›Lifestyle-Zimmer‹, dazu zwei Restaurants und eine Terrasse im Innenhof. Besonders das kleinere ›Gustavs‹ ist zu empfehlen.
www.altes-stahlwerk.com

Jugendherberge, Gartenstr. 32, 24534 Neumünster, Tel. 04321/419960. Die Herberge hat 200 Betten und liegt in grüner Umgebung im Süden der Stadt.
www.jugendherberge.de/jugendherbergen/neumuenster-539

Blechnapf, Gartenstr. 10, 24534 Neumünster, Tel. 04321/44011; Di–Fr 11.30–14.30 und ab 17, Sa nur ab 17 Uhr. Das große Restaurant in der alten Papierfabrik bietet neben dem Industrieambiente außen wie innen norddeutsche und mediterrane Küche, auch mit einer guten vegetarischen Auswahl.
www.restaurant-blechnapf.de

Café am Kleinflecken, Kleinflecken 27, 24534 Neumünster, Tel. 04321/3343618; tgl. 9–18 Uhr. Frühstück bis 13 Uhr, Suppen und kleine Speisen sowie ein hervorragendes Kuchenangebot gibt es in diesem zentral gelegenen Café.
www.cafeamkleinflecken.de

Café Oldehus, Großflecken 66, 24534 Neumünster, Tel. 04321/2042834; Di–So 12–18 Uhr. Das Fachwerkhaus stammt aus dem Jahr 1781. Lange Zeit war es eine Gastwirtschaft, dann Bäckerei, und seit Ende des Ersten Weltkriegs ist es ein Café, das die Witwe des Bäckers betrieb. Heute gibt es frischen Kaffee und frischen Kuchen, das Haus ist immer noch in Familienbesitz.

Café Harry Maasz (→ Skulpturenpark). Elegantes Café in der Villa des Skulpturenparks.
https://gerisch-stiftung.de/harry-maasz-cafe

Textilmuseum Tuch + Technik, Kleinflecken 1, 24534 Neumünster, Tel. 04321/559580; Di–Fr 9–17, Sa/So 10–17 Uhr.
www.tuchundtechnik.de

Skulpturenpark, Herbert-Gerisch-Stiftung, Brachenfelder Str. 69, 24536 Neumünster, Tel. 04321/555120; Mi–So 12–18 Uhr.
https://gerisch-stiftung.de

Vicelinkirche, Hinter der Kirche, Di–So 10–17 Uhr.

Kirche St. Maria St. Vicelin (katholisch), Bahnhofstr. 25.

Bad Bramstedt

Diverse Grabfunde belegen, dass die Region um Bad Bramstedt bereits seit rund 10 000 Jahren besiedelt ist. Nachdem im 5. Jahrhundert die Angeln und ein Teil der Sachsen nach England gezogen und weite Teile Holsteins nur noch sehr dünn besiedelt waren, gründeten Gruppen vom Stamm der Sachsen neue Siedlungen. Deren Namen enden häufig auf ›stede‹ (Ort), so auch Bramstede, wobei ›bram‹ wahrscheinlich ›Ginster‹ bedeutet. Im 13./14. Jahrhundert nahm der Ort einen ersten Aufschwung, entlang des Ochsenwegs wurde Handel getrieben, eine Kirche wurde gebaut, ein Roland geschnitzt. Im 16. Jahrhundert entstand das Bramstedter Gut, auf dem ein Gutshof errichtet wurde, von dem heute nur das Torhaus erhalten ist. Der Dreißigjährige Krieg und die Zeit danach führten zum Abschwung. Nachdem ein Junge vom Fieber geheilt wurde, machte man dafür das Quellwasser verantwortlich, das er getrunken hatte. Und so strömten ab 1761 viele Heilungssuchende nach Bramstedt, in dem immer mehr Kurbetriebe aufblühten. Aber erst 1910 wurde der Ort offiziell zum ›Bad‹ ernannt. Ein Kurhaus öffnete 1931, man entwickelte die Rheumaheilkunde weiter, nach dem Krieg sorgten auch der Bundesgrenzschutz und ein Fleischbetrieb für neue Arbeitsplätze. Heute hat die Stadt 15 000 Einwohner, von denen viele eine enge Bindung zu Hamburg haben.

Marktplatz

Der Marktplatz, der Auf dem Bleeck heißt, ist der Mittelpunkt des Ortes. Schon seit dem Mittelalter wurde hier, auf dem Ochsenweg, Handel getrieben. Nachdem der Platz lange Zeit nur ein Parkplatz war, wurde er in den letzten Jahren begrünt und optisch verschönert. Jeden Samstag von 7 bis 13 Uhr findet hier wieder ein Markt statt. Im Norden des Platzes steht der Roland, seitlich davon das **Torhaus**.

Auch Bad Bramstedt hat einen Roland

▸ Karte S. 218

Der **Roland**, der auf einen Gefolgsmann Karls des Großen zurückgehen soll, ist das Standbild eines Ritters, der in der Rechten das bloße Schwert in die Höhe hält. Dieses Richtschwert steht für das Recht auf eigene Gerichtsbarkeit und das Marktrecht von Orten. Die Roland-Figuren sind deshalb meist auf dem Marktplatz oder vor dem Rathaus anzutreffen. In Norddeutschland gibt es eine ganze Reihe davon, sie sind aber auch in anderen Ländern bekannt.
Der Roland von Bad Bramstedt wurde erstmals 1569 in einer Urkunde erwähnt, die diese Figur für das Jahr 1532 belegt. Die ursprüngliche Figur bestand aus Holz und musste deshalb mehrfach ausgetauscht werden. Der jetzige Roland wurde 1693 enthüllt und ist haltbarer, weil er aus Sandstein gemeißelt wurde. In den Kriegswehen des Winters 1813/14 stürzte der Roland um, er wurde erst 1827 restauriert und wieder aufgestellt. Die letzte Restaurierung fand 1965 statt.

Torhaus Gut Bramstedt

Zu Beginn des 16. Jahrhunderts erhielt ein lokaler Adliger vom dänischen König das Recht, ein Gut zu gründen, als Dank für geleistete Kriegsunterstützung. Da dieser Adlige aber keine zusammenhängenden große Landflächen besaß, florierte das Gut nicht besonders und wechselte über die Jahrhunderte vielfach den Besitzer. Mitte des 17. Jahrhunderts wurden mehrere Gutsgebäude abgerissen, und die Eigentümer zogen in das umgebaute imposante Torhaus, das dann zunehmend als ›Schloss‹ bezeichnet wurde. Es handelt sich um einen breiten Backsteinbau, der etwa 1647 im Stil der Renaissance errichtet worden war. Er diente ursprünglich landwirtschaftlichen Tätigkeiten, wurde beim Umbau außen weitgehend belassen, während das Innere im Stil des Rokoko reich de-

Das Ortsmuseum beleuchtet die lange Keramiktradition Kellinghusens

koriert wurde. Im 19. Jahrhundert lösten wieder andere Eigentümer das Gut auf, parzellierten und verkauften das Eigentum an Boden, die restlichen Gebäude verschwanden. Nur das heutige Torhaus/ Schloss blieb erhalten. Teilweise ist es vermietet, teilweise nutzt es die Stadt als Kulturzentrum und Musikschule.

Maria-Magdalena-Kirche

Die Maria-Magdalena-Kirche steht, umgeben von Linden, in einem weiten Grün, das bis 1856 der Friedhof war. Sie entstand im späten 13., frühen 14. Jahrhundert im gotischen Stil und aus Ziegeln. Im 17. Jahrhundert wurde das Hauptschiff nach Westen verlängert und mit einem hohen **Turm** versehen. Dieser stürzte nur gut zehn Jahre später nach einem Blitzschlag teilweise ein, wurde zwar repariert, weist aber seitdem konstruktive Schwächen auf. Später gab es weitere Änderungen.

Im Innern fallen die **Holzemporen** auf, die mit Szenen aus den Evangelien geschmückt sind. Markant vor dem Altar steht das bronzene **Taufbecken** (13. Jh.), das von drei Figuren getragen wird und Reliefs von Christus und Evangelisten zeigt. Der **Altar** besteht aus mehreren Teilen, die zu unterschiedlichen Zeiten gefertigt wurden. Sie zeigen Christus thronend, Heilige sowie Passionsszenen. Zu verweisen ist noch auf die **Kanzel** (1625), die große **Kreuzigungsgruppe** (15. Jh.) sowie die **Holzfigur** der Patronin, Maria Magdalena, aus dem 16. Jahrhundert.

Kirchenbleeck; im Sommer 8–18, im Winter 8–16 Uhr.

Kellinghusen

Kellinghusen wurde im 18. Jahrhundert als Keramik-Stadt bekannt. In der Umgebung gab es jede Menge Ton sowie Wälder, mit deren Holz die Brennöfen betrieben werden konnten. Meist wurden Fayencen hergestellt, eine Tonware mit weißgrundiger Glasur, die Porzellan imitierte; so galten Fayencen als ›Porzellan der Armen‹. Zunächst wurde die Alltagskeramik nach Dänemark verkauft, später auch in ganz Norddeutschland. Mitte des 19. Jahrhunderts kam die Industrie weitgehend zum Erliegen.

Die Feldsteinkirche Stellau ist unbedingt einen Abstecher wert

Museum Kellinghusen

Das kleine Museum beleuchtet die Keramiktradition des Ortes, vor allem die Fayencen des 18. und 19. Jahrhunderts. Fayencen werden aus gelblich-grauem oder rötlichem Ton geformt, bei 800 bis 900 Grad gebrannt. Auf den porösen Ton wird dann die Glasur gemalt oder aufgetragen, die dann bei einem zweiten Brand bei etwa 1100 Grad aufgeschmolzen wird. In dem kleinen Ort Kellinghusen gab es zwischen 1764 und 1860 sechs Fayence-Fabriken, die vor allem Alltagsware wie Essgeschirre, Vasen und Töpfe herstellten, oft von hoher Qualität, wie ein Teetisch vom Ende des 18. Jahrhunderts belegt. Ein herausragendes Stück ist ein Kachelofen aus der Zeit um 1870. Mitte 2023 zieht das Museum in das historische Rathaus um, Am Markt 9. Dort steht für die Ausstellung mehr Platz zur Verfügung. Außerdem wird dort eine Ausstellung von Tasteninstrumenten zu sehen sein. www.kellinghusen.de/museum

St.-Cyriakis-Kirche

Glaubt man einem Stein in der Grundmauer des Turms, so wurde die Kirche 1154 errichtet und Cyriacus geweiht. Bauherren sollen Mönche aus dem von Vicelin gegründeten Kloster aus Neumünster gewesen sein. Der Namenspatron war nach der Legende ein christlicher Priester aus dem 3. Jahrhundert, der in Rom zur Zeit der Christenverfolgung den Märtyrertod erlitt.

Die Kirche brannte 1686 nach Blitzschlag aus und wurde zunächst ohne Turm wieder aufgebaut. 1727 fand ein Umbau statt: Das Kirchenschiff wurde verlängert, der Turm wieder errichtet, eine neue Kanzel und ein neuer Altar wurden eingebaut. Allerdings ist davon nichts mehr zu sehen, denn 1929 brannte die Kirche erneut, und 1974 fand eine umfassende Renovierung statt, bei der der gesamte Innenraum mit einer betont modernen Farb- und Formenstruktur belegt wurde.

Feldsteinkirche Stellau

Ein nicht leicht zu findendes architektonisches Kleinod befindet sich außerhalb von Stellau, das zur Gemeinde Wrist gehört: eine kleine Feldsteinkirche mit Strebewerk aus Ziegeln inmitten eines alten Friedhofs. Sie soll ursprünglich im

▶ Karte S. 218

Jahr 1201 erbaut worden sein und weist sowohl romanische Elemente wie die Fensterbögen als auch gotische wie den später zugemauerten Chorbogen auf. Das Satteldach besteht heute aus roten Dachziegeln, einen Turm gibt es nicht. Eine Glocke aber schon; sie befindet sich in einem seitlichen Holzverschlag.
Der **Altar** (Mitte 17. Jh.) zeigt in der Predella das Abendmahl (Öl auf Holz), im Hauptbild (Öl auf Leinwand) die Eherne Schlange an einem Kreuz. Sie geht auf eine Geschichte des Alten Testaments zurück, als Gott Schlangen unter die Israeliten sandte, die sich ungeduldig über die schwierige Auswanderung aus Ägypten zeigten. Moses bat Gott um Erlösung, woraufhin dieser Moses befahl, eine eherne Schlange herzustellen und hoch aufzurichten. Wer von einer Schlange gebissen würde, sollte die eherne Schlange anschauen und würde leben. Auf dem Bild werden die Israeliten von vielen Schlangen angegriffen, und Moses weist mit einem Zeigestock auf die eherne Schlange am Kreuz.
Das **Taufbecken** aus Sandstein wurde 1593 gestiftet. In der Nähe des Altars sind noch zwei **Bischofsfiguren**, die die Missionare Vicelin und Ansgar darstellen, sowie eine **Kreuzgruppe** vom Ende des 15. Jahrhunderts zu sehen. Die enge **Kanzel** stammt aus dem Jahr 1560 und zeigt die vier Evangelisten.

Kellinghusen

Tourist-Info, Hauptstr. 18, 25548 Kellinghusen, Tel. 04822/376230.
www.kellinghusen.de/tourist-info

St.-Cyriakis-Kirche, Lindenstr. 2; oft geschlossen.
Museum Kellinghusen, im Rathaus, Hauptstr. 18, 25548 Kellinghusen, Tel. 04822/376230; Do–So 14–17 Uhr.
www.kellinghusen.de/museum

Bad Segeberg

Der Name Segeberg leitet sich von der ›Siegesburg‹ ab, die im 12. Jahrhundert auf dem Kalkberg – eigentlich ein Gipsberg – von den Unterstützern des Missionars Vicelin im Kampf gegen die ›ungläubigen‹ Wenden errichtet wurde. Die Anlage wurde im 15. Jahrhundert ausgebaut und gelangte in dänischen Besitz, dann in die Hände der Adelsfamilie Rantzau und der Schweden; der Ort am Fuß des Berges wurde dabei immer wieder zerstört.
Der Kalkberg war einst 120 Meter hoch, heute misst er noch 91 Meter. Zudem bohrte man 152 Meter in die Tiefe, um ein Steinsalzlager auszubeuten, aus dem ein Solebad versorgt wurde. 1885 entstand ein pompöses Kurhaus, und 1924 erhielt Segeberg den Titel Bad; bis heute gibt es zahlreiche medizinische Einrichtungen im Ort. Zudem ist die Stadt ein Verkehrs- und Einkaufszentrum mit dem größten Möbelhaus Norddeutschlands.

Marienkirche

Während in Oldenburg eine flachgedeckte dreischiffige Kirche entstand, baute man ab den 1160er Jahren in Segeberg eine Gewölbebasilika, die man sonst nur im Sachsenreich, an der mittleren Weser und in Westfalen findet. Etwa um das Jahr 1199 wurde die fast fertige Kirche der heiligen Maria geweiht; sie war gleichzeitig Klosterkirche und Pfarrkirche des kleinen Orts Segeberg, der nach dem Ende der Kriegswirren entstanden war. Die äußere Gestalt der heutigen Kirche sieht derjenigen aus dem späten 12. Jahrhundert noch sehr ähnlich: Es fehlt die unbekannterweise verloren gegangene halbrunde Apsis, die Querhäuser wurden einmal bis auf die Fundamente abgerissen, die Fenster sind jetzt etwas größer. Tatsächlich wurde aber fast die gesamte Außenhaut im Laufe der Zeit erneuert,

Blickfang: der Schnitzaltar in der Marienkirche

auch im Innern wurden die meisten Säulen neu aufgemauert. Abgesehen von den harmonischen Rundbögen sind diese **Säulen** die markantesten Bauelemente der Kirche. Sie sind nicht sehr hoch und weisen dafür aber gewaltige, individuell verzierte Kapitelle aus Granit auf - sächsische Kirchen standen dafür Modell.

Im 13. Jahrhundert wurde ein massiger quadratischer **Turm** im Westen angebaut, später die Apsis entfernt, der Raum nach Osten erweitert und durch eine gerade Wand abgeschlossen. Zahlreiche kleinere Umbauten fanden statt und wurden teilweise wieder rückgängig gemacht. Nach der Reformation wurde das Kloster geschlossen, die Gebäude verfielen, die Kirche blieb aber, jetzt als protestantische Pfarrkirche. Im Zuge des Historismus des 19. Jahrhunderts wurden einige vorher eingefügte gotische Elemente zurückgebaut, Ende des 19. Jahrhunderts wurden alle Gewölbe erneuert, Anfang des 20. Jahrhunderts das Innere völlig restauriert.

Bei der Ausstattung fällt das Auge sofort auf den weitgehend im Original erhaltenen großen **Schnitzaltar** aus dem frühen 16. Jahrhundert, der mit einer Vielzahl sehr lebhafter Figuren Szenen aus der Passion Jesu darstellt. Hoch über ihm, im Chorbogen, hängt ein spätgotisches **Kruzifix**. Die hölzerne **Kanzel** am Nordwestpfeiler der Vierung stammt aus dem Jahr 1612. Sehr apart ist das bronzene **Taufbecken** mit vier Heiligengestalten als Füßen und weiteren Heiligen im Relief auf dem Becken selbst. Es wurde 1447 vom Bremer Meister Gert Klinge gefertigt.

Bad Segeberg

Tourist-Information, Oldesloer Str. 20, 23795 Bad Segeberg, Tel. 4551/96490; Mo/Di und Do/Fr 9–16, Mi 9–14, Sa 10–13 Uhr. www.badsegeberg-tourismus.de

Wasserturm, Am Kalkberg 8a, 23795 Bad Segeberg, Tel. 04551/9995540; DZ ab 129 €. In den alten Wasserturm, Wahrzeichen der Stadt, sind sechs elegante und sehr gemütliche Hotelzimmer eingebaut worden. Hinzu kommen zehn Apartments in drei historischen Häusern in unmittelbarer Nähe zum Turm. Fertig ist ein ungewöhnlicher, aber sehr ansprechender Übernachtungsort. www.wasserturm-segeberg.de

Marienkirche, Kirchplatz 5; tgl. 9–16 Uhr.

Karl-May-Spiele Bad Segeberg, Karl-May-Platz, 23795 Bad Segeberg; Spielzeit Ende Juni–Anfang September, gewöhnlich Do/Fr/Sa 15 und 20 Uhr, So 15 Uhr. www.karl-may-spiele.de

▶ Karte S. 218

Der Staub der Prärie

Der Autor bekennt: Das erste Buch, das er jemals besessen hat, war Karl Mays ›Der Schatz im Silbersee‹, und es sollten noch viele Bände dieses Autors folgen. Sie beflügelten die Fantasie, ließen die weiten Ebenen Nordamerikas vor dem geistigen Auge entstehen, die hölzernen Häuser, Saloons und Pferdeställe, die engen Schluchten des Balkans, die Waffen und Pferde – und die Charaktere: den edlen Winnetou und seinen praktischen Freund Old Shatterhand, Böse mit schwarzen Hüten und komische Käuze wie Sam Hawkins und Hadschi Halef Omar undsoweiter. Klischees, natürlich, was sonst? Karl May war zu seiner Zeit als Autor nie in Amerika, auf dem Balkan oder in Arabien. Er hatte Quellen, Bücher, Reisebeschreibungen – und jede Menge Fantasie. Ein literarisches Werk ist keine soziologische Abhandlung, und ohne Klischees und Vorurteile (als bereits bestehende Urteile) können wir uns gar keine neuen Erkenntnisse aneignen. Sollen Kinder also Karl May lesen? Unbedingt.

In Bad Segeberg wird diese Vorstellung vom Wilden Westen noch weiter getrieben. In einer Felslandschaft stehen Häuser und Hütten und Saloons. Unter lautem Geknall und Feuerschein reiten die Schauspieler ein, liefern sich Wort- und Pistolenduelle, wälzen sich im Staub, springen auf Dächer und Pferde. Seit der Gründung der Karl-May-Spiele in Bad Segeberg im Jahr 1952 gehören Stunts und Feuerzauber, Romantik und Spaß zu jeder Aufführung vor bis zu 7500 Zuschauern in dem Freilufttheater dazu. Und vielleicht regt die Knallerei auch dazu an, mal nachzusehen, wie es denn wirklich war im wilden Wilden Westen.

Die Karl-May-Spiele finden vor traumhafter Kulisse statt

Die wichtigste Residenz der dänischen Herzöge war Schloss Gottorf bei Schleswig, doch schon vorher war die Gegend ein wichtiger Handelsort der Wikinger. Verantwortlich war in beiden Fällen auch die Schlei, ein 42 Kilometer langer Fjord der Ostsee, der bis heute eine wunderbare Wasserlandschaft darstellt. Das Erholungsgebiet reicht von der Eckernförder Bucht bis hinauf zur Flensburger Förde.

Reetdachhaus in Schwansen

DER NORDOSTEN

DÄNEMARK
Egernsund
Sønderborg
Broager
Kegnæs
Holnis
Flensburger Förde
Smedeby
Kupfermühle
Glücksburg
Bockholm
Langballigholz
Bov
Wassersleben
Ostseebad
Harrislee
Wees
Langballig
Neukirchen
NSG Geltinger Birk
Norgaardholz
Flensburg
Öxbüll
Maasbüll
Leck
199
Handewitt
200
A 7
Weseby
Husby
Streichmühle
199
Nübelfeld
Steinbergkirche
Geltinger Bucht
Nieby
Pommerby
Hüllerup
Jarplund
Hürup
Husbyholz
Schwensby
Dingholz
Westerholm
Niesgrau
Gelting
Haurup
Baderup
Freienwill
Sörup
Sterup
Bruns-holm
Stenderup
Schwackenberg
200
Großsolt
Ahneby
Wanderup
Förup
Obdrup
Satrup
Kleinrüde
Rabel
Oersberg
Sandbek
Rüde
Husum
Tarp
Hostrup
Jarrishoe
Südersschmedeby
Angeln
Saustrup
Scheggerott
Kappeln
Böel
Langeby
Stenderup
Uelsby
Süderbrarup
201
Nottfeld
Faulück
Arnis
Loit
Schlei
Winnemark
Langstedt
Stolk
Böklund
Lindaunis
Kleinjörl
Idstedt
Naturpark
Sieseby
Thumby
Tolk
Sollerup
Gammellund
Scholderup
Ulsnis
Jübek
Soll-brück
Berend
Schlei
Friedrichsau
Schaalby
Rieseby
Schwansen
Söby
Moldenit
Brodersby
203
Gut Ludwigsburg
Füsing
Husum
201
Schleswig
Schlei
Missunde
Loose
Treia
Schuby
Gut Hohenstein
Silberstedt
76
Stexwig
Kosel
Hünenbett von Karlsminde
Husby
Haithabu
Danewerk
Güby
Dannewerk
Götheby-Holm
Eckernförde
Hollingstedt
Klein Rheide
Niederselk
Groß Rheide
Jagel
Osterby
Schnellmark
Bünge
77
Ascheffel
Goosefeld
Dörpstedt
Brekendorf
Röthenstein
76
Damendorf
Wohlde
Kropp
Norby
203
Haby
Holtsee
Börm
Klein Bennebek
Ramsdorf
Wittensee
Revensdorf
Alt Bennebek
Sehstedt
Schinkel
Meggersdorf
Tetenhusen
Alt-Duvenstedt
Borgstedt
Sehstedt-Süd
Friedrichstadt
Borgstedt
Bredenbek
Christiansholm
Bovenau
Erfde
Büdelsdorf
Rendsburg
A 210
Grevenhorst
202
Achterwehr
Naturpark Westensee
Eider
Hohn
Oehe
203
Westensee
Heide
Itzehoe
Hamburg
Pahlen
Westermühlen
77

Eckernförde

Nicht alle sind sich einig, aber viele glauben doch, dass der Stadtname Eckernförde auf Bucheckern verweist. Denn dort, wo sich der 22000-Einwohner-Ort heute ausbreitet, soll sich einst ein geschlossenes Waldgebiet von Rotbuchen befunden haben. Wie sonst soll das muntere rote Eichhörnchen in das Wappen von Eckernförde gelangt sein? Einige meinen auch, das Eichhörnchen selbst sei namensgebend gewesen, denn auf Dänisch heißt es ›egern‹.

Das Eichhörnchen war auch Namensgeber für eine Burg, die Ende des 12. Jahrhunderts von den Dänen am Ende der Eckernförder Bucht errichtet wurde. Da stand die Kirche von Borby bereits und die dem heiligen Nikolaus geweihte Kaufmannskirche befand sich im Bau. Im späten Mittelalter tat sich hier wenig, doch im 18. Jahrhundert nahm die Stadt als Fischereihafen und Industriestandort einen beträchtlichen Aufschwung; seitdem sind die Eckernförder Fayencen weithin bekannt. Die Fischerei blieb bis ins 20. Jahrhundert von Bedeutung, man fing Sprotten – für die das Marketing in Kiel offensichtlich besser gelang – und betrieb vor allem zahlreiche Räuchereien. Nachdem 1831 das Seebad Borby gegründet worden war, entwickelte sich der Tourismus zu einem weiteren Wirtschaftsfaktor. Großen Schaden erlitt Eckernförde beim Sturm vom 13. November 1872; tagelang stand das Stadtgebiet unter Wasser, 78 Häuser wurden zerstört, doppelt so viele beschädigt, und 112 Familien waren obdachlos.

1945 kamen zahlreiche Flüchtlinge nach Eckernförde, zwischenzeitlich wuchs die Einwohnerzahl von 10000 auf mehr als 60000, bis sie sich auf etwa 20000 einpendelte. Es wurden einige Gewerbebetriebe hier angesiedelt, doch inzwischen ist Eckernförde vor allem ein touristisches Zentrum an der Ostsee mit einem attraktiven Hafen und drei Kilometer langem Stadtstrand geworden.

Sehenswürdigkeiten

Die Kieler Straße, die streckenweise Fußgängerzone ist, führt vom lebhaften Hafen bis zum weiten Marktplatz. Genauso gut kann man aber am Strand promenieren und einige moderne Kunstwerke erspähen.

Nicolai-Kirche

In der ersten Hälfte des 13. Jahrhunderts entstand die Nicolai-Kirche als einschiffiger Ziegelbau im Stil der Romanik. 100 Jahre später wurde im Westen ein erster Turm angebaut, der einen Meter hoch aus Granitsteinen gemauert wurde und dann im wesentlichen aus einer Holzkonstruktion bestand. Etwa 1490 ersetzte ein Ziegelturm den Holzturm. Bei einem großen Umbau in den Jahren von 1521 bis 1530 wurde die Fläche der Kirche ungefähr verdoppelt und ihre Struktur in eine dreischiffige spätgotische

Schmucke Altstadtgassen bestimmen das Ortsbild Eckernfördes

▸ Karte S. 245

verwandelt. Im 17. Jahrhundert musste der Turm nach einem Schaden verkleinert werden, dafür setzte man einen spitzen Dachreiter auf den First.

Der auffällige Barockaltar wurde etwa 1640 von dem lokalen und in der gesamten Region sehr angesehenen Schnitzer Hans Gudewerdt d. J. (ca. 1600–1671) erstellt. Das **Eichenretabel** zeigt in der Mitte Jesus am Kreuz, darunter Maria und Johannes und – sehr ungewöhnlich – recht lebhaft unter dem Kreuz sitzend Maria Magdalena, die nach vielen frühen Berichten die Ehefrau Jesus' war. In einem Brief stellte Gudewerdt klar, dass die Figur erst nachträglich und auf Wunsch des Rats der Stadt hinzugefügt wurde. Zahlreiche berankte Säulen, oft gehalten von niedlichen Putten, unterteilen das Bild, in dem noch die Evangelisten Markus und Matthäus stehen. Die Figuren im oberen Bereich stellen die Allegorie der Caritas (›Mitleid‹), links Moses mit den Gesetzestafeln, rechts Johannes den Täufer sowie die beiden anderen Evangelisten dar, Lukas und Johannes.

Zu beachten sind noch die barocke **Kanzel**, der **Taufkessel** (1588) in der Form einer umgedrehten Glocke, die großen **Epitaphe**, das fein geschnitzte **Kirchengestühl** (1578) sowie ein zwei Meter großes **Modellschiff**, das eine Fregatte namens David darstellt, für die es aber kein historisches Vorbild gibt. So wird spekuliert, dass der Spender vielleicht darauf hoffte, dass David bald den Goliath Dänemark besiegen würde.

Marktplatz und Umgebung

Zwei Durchgänge neben dem alten Rathaus führen von der Kirche auf den mittelalterlichen Marktplatz, auf dem – wie auf dem Kirchplatz – heute noch jeden Mittwoch und Samstag ein Wochenmarkt abgehalten wird. In klassischer Manier ist der große Platz von Wohn- und

Der Nordosten

Zweimaster im historischen Hafen

Geschäftsgebäuden umgeben. Prominent fällt der Blick auf das Gebäude der 1851 gegründeten **Eckernförder Zeitung**, die schon im Vorgängerbau des Jugendstilhauses residierte. Zwei Büsten ehren den Erfinder des Buchdrucks, Johannes Gutenberg (ca. 1400–ca. 1468), sowie den Erfinder der Linotype-Setzmaschine, Ottmar Mergenthaler (1854–1899). Im Kontrast dazu steht das moderne **Rathaus**. An dessen Fassade hängt ein Glockenspiel, das täglich um 12.15 und 17.15 Uhr erklingt.

Die Nordseite des Platzes nimmt das alte Rathaus ein, das heutige **Museum Eckernförde,** dessen Eingang sich im historischen Stadtbauamt direkt links vom Rathaus befindet. Daneben kann man sich im alteingesessenen Kaffeehaus Heldt bei einem Getränk erfrischen. Der breite Ziegelbau am Rathausmarkt mit den zwei Fensterreihen und der markanten Treppe vom Platz direkt in die Beletage war zuerst Zeughaus, dann Rathaus und ist jetzt **Heimatmuseum**. In der Mitte des 15. Jahrhunderts entstand das Zeughaus zunächst als Fachwerkhaus, danach wurde mehrfach umgebaut, wobei 1588 im Obergeschoss ein mehr als 200 Quadratmeter großer Saal entstand, der das gesamte Geschoss einnahm. Hier tagten die handwerklichen Zünfte, der Rat der Stadt, das Gericht, selbst die Bürger konnten hier Hochzeit feiern. Obwohl man in der Stadt schon lange gerne ein Museum gehabt hätte, gelang dies erst 1987, nachdem die Verwaltung aus dem alten Rathaus ausgezogen und die Bausubstanz umfassend renoviert war.

Die Sammlung vermittelt ein lebendiges Bild vom Leben der Menschen in der Stadt und am Wasser. So geht es um die Fischerei, und Besucher schauen in eine Küche und einen Kaufmannsladen. Man widmet sich der Geschichte, vor allem dem Gefecht von Eckernförde am 5. April 1849, bei dem dänische Kriegsschiffe von Landbatterien beschossen wurden. Die Gemäldegalerie zeigt Werke von Eckernförder Künstlern des 19. und 20. Jahrhunderts zwischen Stillleben, Portrait und Landschaft. Als i-Punkt obendrauf sieht man eine Sammlung alter elektrischer Geräte und eine Modellbahnanlage aus dem Jahr 1951.

Alte Fischräucherei

Ende des 18. Jahrhunderts muss es in Eckernförde recht intensiv gequalmt haben, denn man zählte mindestens 60 Fischräuchereien im Stadtgebiet. 1925 waren es noch 37 und 1999 nur noch eine. Um die Erinnerung an das früher für die Stadt so bedeutsame Gewerbe zu erhalten, erwarb ein Museumsverein die Immobilie der Familie Hopp, die von 1912 bis 1961 am Jungfernstieg 41 gewohnt und in einem benachbarten Gebäude von 1920 in der Gudewerdtstraße 71 eine Räucherei betrieben hatte. Weitere Bauwerke enthielten eine Waschküche, ein Kohlenlager, Aufenthaltsräume und sanitäre Anlagen. Besonders wertvoll war die Anlage, weil sich hier noch Altonaer Öfen befanden. Das sind Räucheröfen, in denen in traditioneller Weise über offenem Holzfeuer geräuchert wird. Für die goldgelbe Färbung und einen besonders delikaten Geschmack werden die Fische zunächst über Buchenholz geräuchert, dann folgt das Räuchern über Erlenholz. Solche Öfen dürfen heute wegen Umweltauflagen nicht mehr betrieben werden, geräuchert wird meist über Gasfeuer. Hier aber sind die alten Öfen zumindest noch zu sehen.

Hafen

Der Hafen, der bis weit in die Stadt hineinragt, erlebte im 19. Jahrhundert seine Blütezeit. Vor allem Fischer nutzten

Im Stadtmuseum

ihn, und bis heute kann man am frühen Morgen Fisch frisch vom Kutter kaufen. Ebenfalls interessant war der Hafen für Kaufleute aus Rendsburg, die ihre Waren im Ostseegebiet absetzen wollten. Seit seiner Umgestaltung 2007 dient der Hafen mit seinen breiten Flanierwegen vor allem touristischen Zielen. Ein paar historische Kutter haben festgemacht, dazu jeweils rund 100 Segelboote im Binnenhafen und im Stadthafen. Mehrere kleine Werftbetriebe arbeiten hier noch. An Imbissständen gibt es die obligatorischen Fischbrötchen, dazu locken Cafés und Kneipen Spaziergänger an.

In Sichtweite stehen zwei Leuchttürme. Der **Alte Leuchtturm** wurde 1907 am Stadthafen errichtet; er trägt heute die Farben Blau und Gelb. Der **neue Turm** musste wegen der Bebauung des Hafens und mit der Einrichtung des Jachthafens eine andere Position haben. Er wurde 1981 auf der Mole des Jachthafens erbaut. Der 10,50 Meter hohe Turm ist pflegeleicht, denn er besteht nicht aus Eisen, sondern aus glasfaserverstärktem Kunststoff. Seine Lichtquelle ist übrigens eine 40-Watt-Glühlampe hinter einer speziellen Linse, die das Licht bei optimalem Wetter auch in einer Entfernung von sechs Seemeilen (rund elf Kilometer) noch erkennbar macht.

Höher als die Leuchttürme ist das 1931/32 errichtete **Rundsilo,** ein gigantischer Getreidespeicher aus Backsteinen im Stil der Neuen Sachlichkeit. Er hat eine Kapazität von 3500 Tonnen Getreide und wurde bis 1986 genutzt.

Der nicht weit entfernte **Siemsen-Speicher** entstand etwa 1870 als Salzspeicher. Nachdem die Firma Siemsen ihn 1919 übernommen hatte, wurde er als Getreidespeicher genutzt. Die Transporte fanden per Schiff und per Bahn statt, denn die Gleise lagen direkt vor dem Haus.

Die **hölzerne Klappbrücke** im Hafen entstand nach der großen Sturmflut von 1872, um die Verbindung zwischen der Stadt und dem damals noch unabhängigen Ort Borby wiederherzustellen. Sie wurde seitdem zwar mehrfach überarbeitet, hat ihren Charakter aber erhalten.

Im äußeren Bereich des Hafens, im Stadtteil Louisenberg, befindet sich ein Marinestützpunkt, in dem die deutsche U-Boot-Flotte, die derzeit aus sechs Booten besteht, stationiert ist. Bei einer Tiefe von bis zu 17,5 Metern ist dies der einzige Tiefwasserhafen der Marine an der Ostsee.

▶ Karte S. 245

Stadtteil Borby

Der Ort Borby und seine Feldsteinkirche wurden in der ersten Hälfte des 12. Jahrhunderts erbaut. Zeitweise gehörten Teile des Ortes dem Schleswiger Domkapitel, während andere gemeinsam mit Eckernförde verwaltet wurden. Bekannt wurde Borby ab 1831 mit der Eröffnung einer Seebadeanstalt mit Warmbad. 1833 durfte sich Borby offiziell ›Seebad‹ nennen. Es wurden dann auch hölzerne Badewagen mit großen Rädern angeschafft. In diese stiegen vor allem weibliche Gäste von vorne ein, zogen sich im Wagen in ganzkörperbedeckende Badekleidung um, der Wagen wurde ins Wasser geschoben, so dass die Damen auf der Seeseite des Wagens ungesehen ins kühle Nass steigen konnten.

Weniger lustig ging es 100 Jahre später zu. Bei der Reichstagswahl im März 1933 gewann die NSDAP eine Mehrheit in Eckernförde, nicht aber in Borby. Um das ›rote Nest‹ auszuräuchern, ließ der NSDAP-Bürgermeister Helmut Lemke seinen Borbyer SPD-Kollegen ins KZ deportieren und gemeindete Borby nach Eckernförde ein. Seitdem trägt Eckernförde den offiziellen Titel ›Ostseebad‹. Interessante Geschichtsbewältigung: Nach dem Krieg legte Lemke eine beispielhafte politische Karriere in der CDU hin, die ihn in zahlreiche Ämter bis hin zum Ministerpräsidenten von Schleswig Holstein (1963–1971) führte.

Feldsteinkirche Borby

Auf dem Petersberg befand sich ursprünglich eine kleine Burganlage, von der noch geringe Reste in Form von Wällen und Mauern zu erkennen sind. Ab 1150 begann man mit dem Bau der Kirche aus hier zahlreich vorhandenen Feldsteinen; Fenster und Türen wurden durch Backsteine eingefasst. Das ehemalige **Südportal** blieb weitgehend erhalten: Zwei rötliche Granitsäulen stützen den romanischen Rundbogen, im Tympanon aus hellem Sandstein ist ein bärtiger Bischof zu erkennen. Im 13. Jahrhundert wurde die Kirche erweitert und mit gotischen Elementen versehen. Eine weitere Verlängerung des Schiffs stand im 15. Jahrhundert an, und man begann mit dem Bau des Westturms. 1595 wurde dieser vom Blitz zerstört und erst 50 Jahre später wieder aufgebaut; bis heute ist der **Turm** statisch nicht sicher.

Das bedeutendste Ausstattungsstück der Kirche ist der vielleicht Ende des 12. Jahrhunderts in Schweden aus gotländischem Kalkstein gefertigte **Taufstein**, der in Reliefs Szenen von der Geburt Jesus zeigt. Das Becken ist heute innen mit Kupfer belegt.

Der barocke **Hochaltar** wurde 1686 von Ritter Henning Reventlow gestiftet und von einem unbekannten Meister der Eckernförder Bildschnitzerschule angefertigt. Er zeigt, umgeben von ausgeprägten floralen Motiven von Weintrauben und Blättern, Szenen aus dem Leben Jesu

Die Feldsteinkirche in Borby

vom Abendmahl bis zur Auferstehung. Auf der linken Seite hält ein Engel eine Leiter und einen Hammer, die Werkzeuge, um Jesus ans Kreuz zu nageln. Die **Kanzel** stammt aus derselben Zeit und passt sich dem Altar stilistisch an. Die Schnitzereien zeigen den segnenden Jesus und die vier Evangelisten. An der Nordwand hängt ein spätgotisches **Triumphkreuz** mit Blätterverzierung. Ein Gemälde zeigt Jesus als Weltenrichter vor einem Regenbogen.

Strand und Umgebung

Wer sich von der Hafengegend nach Süden wendet, gelangt bald an den drei Kilometer langen sandigen Stadtstrand, an dessen Ende es nach einer Unterbrechung noch den 500 Meter langen Südstrand gibt. Direkt am Anfang erfreut sich das **Ostsee Info-Center** vor allem bei Kindern großer Beliebtheit, die dort sehen und fühlen können, wer und was so alles in der Ostsee unter Wasser lebt. Von hier führt die **Promenade** zwischen Strand und Grünstreifen hindurch, der sich später zum **Kurpark** erweitert. An der Promenade und im Kurpark selbst wurden in den letzten Jahren zahlreiche Kunstwerke zeitgenössischer Künstler aufgestellt. Nicht alle haben eine so markante Position wie die vier Meter hohe Zinnskulptur der **Meerjungfrau Mareminde** von Eckhard Kowalke (geb. 1952), die nach ihrer Enthüllung 1997 ob ihrer üppigen Formen kontrovers diskutiert wurde; inzwischen ist sie ein beliebtes Fotomotiv. Nach der Sage war Mareminde die Tochter eines Meeresgottes, der die Aufgabe zugewiesen wurde, auf die Seelen der Verstorbenen aufzupassen. Sie vernachlässigte jedoch ihre Pflichten, woraufhin sie am Meeresgrund angekettet wurde. Doch bald sprengte sie die Ketten und erhob sich in das Licht der Sonne. Ein Faltblatt der Touristeninformation gibt Auskunft über die diversen Kunstwerke.

Eckernförde

Tourist-Information, Am Exer 1, 24340 Eckernförde, Tel. 04351/71790; im Sommer Mo–Fr 9–17, Sa/So 10–13, 14–17 Uhr. www.ostseebad-eckernfoerde.de und www.eckernfoerde.de

Das Tourismusamt bietet zahlreiche **Stadtführungen** an, auch nach Themen und auf Platt. Termine bei der Tourist-Information. Wer die **Ostseecard** besitzt, kann in Eckernförde gratis mit dem Stadtbus fahren, nicht nur in der Innenstadt, sondern auch nach Borby und ans Windebyer Noor. www.ostseecard.de

Hafenmeisterei, Schiffbrücke, 24340 Eckernförde, Tel. 04351/720211; April–Sept. 7.30–11 und 15.30–19 Uhr, Okt.–März 8–10 und 15–16 Uhr.

▸ In der Stadt:

Hotel Siegfried-Werft, Vogelsang 12, 24340 Eckernförde, Tel. 04351/75770; DZ ab 115 €. Direkt an der hölzernen Klappbrücke und mitten im Hafenleben liegt das Hotel mit zehn Zimmern und Apartments. Auch großes Restaurant mit Terrasse draußen und regionalen Speisen. www.hotel-siegfried-werft.de

Zum Seepferdchen, Fischerstr. 33, 24340 Eckernförde, Tel. 04351/72740; DZ ab 85 €. Das einfache Drei-Sterne-Hotel garni bietet in einem 1829 erbauten Haus sieben Zimmer. Es liegt nur wenige Schritte vom Hafen und der Innenstadt entfernt. http://www.hotelseepferdchen.de

▸ Am Strand:

Alte Fischereischule, Sehestedter Str. 77, 24340 Eckernförde, Tel. 04351/71660; DZ ab 108 €. Unweit des Strandes bietet die alte Schule 18 einfach eingerichtete Zimmer, von denen die mit Blick auf die Bucht besonders erholsam sind. Der Inklusionsbetrieb hat auch Zimmer mit barrierearmem Zugang. www.hotel-alte-fischereischule.de

▸ Karte S. 245

BeachSide, Berliner Str. 71–73, 24340 Eckernförde, Tel. 04351/666640; DZ ab 125 €. Eine alte Villa mit 17 Zimmern und ein moderner Neubau mit jugendlichem Flair und 31 Zimmern verbinden sich zum Strandhotel. www.beachside.de

Seelust, Preußerstr. 3, 24340 Eckernförde, Tel. 04351/72790; DZ ab 110 €. Verlässt man das Drei-Sterne-Hotel Garni, so steht man direkt auf dem Sandstrand. 4 Einzelzimmer, 28 Doppelzimmer. Bei gutem Wetter kann man auf der Hotelterrasse am Strand frühstücken. http://www.seelust-hotel.de

Stadthotel, Am Exer 3, 24340 Eckernförde, Tel. 04351/72780; DZ ab 125 €. Das Vier-Sterne-Hotel garni liegt direkt am Stadtstrand, gleichzeitig nicht weit von der Innenstadt entfernt. Es verfügt über 65 moderne Zimmer und Suiten in fünf Preiskategorien. www.stadthotel-eckernfoerde.de

Jugendherberge, Sehestedter Str. 27, 24340 Eckernförde, Tel. 04351/2154. Nur fünf Minuten vom Strand entfernt liegt das moderne Haus mit 162 Betten, meist in Vierbett- und Sechsbettzimmern. Auf dem Außengelände kann man Fußball, Volleyball, Basketball und Tischtennis spielen, grillen und ein Lagerfeuer anzünden. https://nordmark.jugendherberge.de/jugendherbergen/eckernfoerde-516/portraet

Wohnmobilstellplatz am Noor, Kakabellenweg, 24340 Eckernförde, Tel. 04351/9050. Auf dem barrierefreien Platz können 49 Wohnmobile parken. W-Lan und sanitäre Einrichtungen. Keine Reservierungen möglich. www.stadtwerke-eckernfoerde.de/index.php/ueber-den-platz.html

Fischdeel, Kattsund 22, 24340 Eckernförde, Tel. 04351/5651. Torsten Schott bereitet hier exquisite, moderne Fischgerichte zu. https://fischdeel.de

Fischzeit, Kieler Str. 67, Tel. 04351/7344031; Mo, Mi–Sa 11.30–18, So 12–17 Uhr. Im Bistro und von der Theke frisch zubereitete Fischbrötchen mit hochwertigen Brötchen und Saucen nach Wunsch. Weiterhin gibt es die beliebte Eckernförder Fischsoljanka. www.fischzeit.com

Jever-Stübchen, Ottestr. 13, 24340 Eckernförde, Tel. 04351/2071. Die Altstadtkneipe mit dem herben friesischen Bier ist eine Institution. Aus der Küche kommen Currywürste und schwergewichtige Steaks, gelegentlich auch ein Fisch. Im Sommer mit Terrasse draußen. www.jever-stuebchen.de

La Taverna al Porto, Frau-Clara-Straße 15, 24340 Eckernförde, Tel. 04351/8890912. Holzdielen, Stuckdecken, Kronleuchter, unter Denkmalschutz stehende Vertäfelungen, eine elegante Umgebung also für original italienische Küche wie Lammrücken, Fisch und Meeresfrüchte. Große Weinauswahl. http://la-taverna-al-porto.de

Miral, Schiffbrücke 11, 24340 Eckernförde, Tel. 04351/8921520. Hier sitzt man mitten im Hafen, genießt frischen Wein und etwas von der sehr maritim orientierten Speisekarte. http://restaurant-eckernfoerde.de

Ratskeller, Rathausmarkt 8, 24340 Eckernförde, Tel. 04351/2412. Der Ratskeller gehört seit dem 15. Jahrhundert zum Rathaus, kommt aber heute von der Einrichtung und der Speisekarte wesentlich moderner daher. Großes Restaurant, im Sommer mit Terrasse draußen und norddeutscher Küche. www.ratskeller-eckernförde.de

Treib Gut, Kiekut 1, 24340 Altenhof, Tel. 04351/8895613; Mi/Do ab 17 Uhr, Fr–So ab 11.30 Uhr. Helle Wände und Fenster und dunkle Möbel auf einem schönen Plankenfußboden, dazu der Blick in die Eckernförder Bucht stellen das Ambiente dar für eine anspruchsvolle regionale Küche. www.restaurant-treibgut.de

Adele, Hafenspitze 2, 24340 Eckernförde, Tel. 04351/8920570. In dem hellen Café an der Hafenspitze gibt es Frühstück, vor allem aber hausgemachte Kuchen und Torten aus der Glastheke.

Eckernförder Kaffeerösterei, Langebrückstr. 20, Tel. 04351/476446; Mo–Fr 9–18, Sa 9–14 Uhr. Man kann hier zwischen 26 Sorten Kaffee aus aller Welt und vielen Zubereitungsformen wählen oder frisch gemahlenen Kaffee mit nach Hause nehmen. www.eckernfoerder-kaffeeroesterei.de

Kaffeehaus & Konditorei Heldt, Sankt-Nicolai-Str. 1, 24340 Eckernförde, Tel. 04351/2731; Mi–Mo 8.30–17.30 Uhr. Kleine Speisen und Frühstück, Torten und Gebäck, Tee- und Kaffeespezialitäten, Schokoladen und Konfekt aus eigener Herstellung. Eine Institution. www.heldt-eckernfoerde.de

Museum Eckernförde, Rathausmarkt 8, 24340 Eckernförde, Tel. 04351/712547; April–Okt. Di–Fr 10–12.30 und 14.30–17, Sa/So 11–17 Uhr, Nov.–März Di–Fr 14.30–17, Sa/So 11–17 Uhr. www.museum-eckernfoerde.de

Museum Alte Fischräucherei, Gudewerdtstr. 71, 24340 Eckernförde, Tel. 04351/8804833; Fr/Sa 11–15 Uhr. Wie wurden früher die Fische geräuchert, von denen Eckernförde lebte? www.alte-fischraeucherei.de

Feldsteinkirche Borby, Bergstr. 38; tgl. 15–17 Uhr.

Ostsee Info-Center, Jungfernstieg 110, 24340 Eckernförde, Tel. 04351/726266; tgl. 11–16 Uhr. Hier kann man die Ostsee ganz aus der Nähe entdecken. Aquarien zeigen ihre Bewohner und deren Lebensraum. Man kann Dinge erfühlen, virtuell auf dem Meeresboden spazieren gehen, Filme sehen, durch Mikroskope schauen, die Unterwasserwelt mit neuester Technik erleben. www.ostseeinfocenter.de

Figurenmuseum, Atelierhaus, Carlshöhe 60, 24340 Eckernförde, Tel. 0179/7206391. Ein Blick in die Werkstatt eines Puppen- und Marionettenmachers, auch Führungen und Workshops.

CarlsArt 78, Carlshöhe 78, 24340 Eckernförde, Tel. 04351/8846049; Mi, Sa/So 14–18 Uhr. Auf den 600 Quadratmetern Ausstellungsfläche werden meist thematische Sammelausstellungen gezeigt. www.carlsart-78.de

Kunsthaus Eckernförde, Amselweg 3, 24340 Eckernförde, Tel. 04351/83655. Der Buchbinder, Rahmenbauer und Galerist Uwe Svensson präsentiert in seiner Galerie etwa 400 Werke von rund 70 Künstlern. www.kunsthaus-eckernförde.de

Jedes Jahr im Juni nehmen mehr als 200 Jachten an der **Aalregatta** von Eckernförde nach Kiel teil, die Auftakt zur Kieler Woche ist. Auch an Land ist dann einiges los im Hafen. www.aalregatta.de

Meerwasser-Wellenbad, Preußerstr. 1, 24340 Eckernförde, Tel. 04351/905400. Wenn das Wetter mal schlecht ist, holt man das Meer einfach nach drinnen oder geht in die Sauna. www.meerwasser-wellenbad.de

Eckernförde vom Wasser aus erleben kann man bei Ausflügen auf historischen Segel- und Motorbooten zum Segeln, Fischen und Sonnenuntergangschauen. Infos: www.ostseebad-eckernfoerde.de/schiffe-ausfahrten

Segelclub Eckernförde, Am Ort 2, 24340 Eckernförde, Tel. 04351/486103. Mit 700 Mitgliedern zählt der Club zu den größten der Ostsee. Sein Hafen befindet sich am Nordufer der Bucht neben der Marinebasis. www.segelclub-eckernfoerde.de

Segelschule Eckernförde, Am Stadthafen, Schiffbrücke, 24340 Eckernförde, Tel. 04351/752141. Das breite Angebot umfasst Segelkurse aller Art, auch

Karte S. 245

mit Prüfung, Vermietung von Jollen und Motorbooten sowie Vermittlung von Mitsegelgelegenheiten.
www.segelschule-eckernfoerde.de

Ostseegolf, Preußerstr. (bei DLRG-Wache), 24340 Eckernförde, Tel. 04352/911834; Juli/Aug. tgl. 8–21 Uhr, März–Juni tgl. 10–19 Uhr. Es ist fast wie beim richtigen Golf: unterschiedliche Rasenlängen, Roughs und Semi-Roughs, dazu Höhen, Senken und Sandbunker, denn hier herrscht Kunstrasen statt Beton. In direkter Strandlage mit schönen Blicken aufs Wasser.
www.ostseegolf-eckernfoerde.com

Hochseilgarten Altenhof, Am Bahnhof 14, 24340 Altenhof, Tel. 04351/735224; April–Okt. Der Kletterpark teilt sich in 14 abwechslungsreiche Parcours mit unterschiedlichen Schwierigkeitsstufen und Höhen, bis 25 Meter. So kann jeder sein eigenes Tempo finden und Spaß in der Natur erleben. Für das Erklettern der Anlage benötigt man zwei bis drei Stunden.
www.hochseilgarten-eckernfoerde.de

Noorfischerei Mahrt, Flensburger Str. 14, 24340 Eckernförde, Tel. 04351/6353; Di–Fr 9–16, Sa/So 9–15 Uhr. Der seit Generationen bestehende Familienbetrieb fischt im Windebyer Noor, räuchert die Fische selbst und verkauft sie in ihrem kleinen Fischladen.
www.noorfischerei.de

Kompass '98, Kolm 10, Tel. 04351/716910. Souvenirs und kleine, nützliche Dinge mit einer Verbindung zu Eckernförde werden in der Werkstatt für behinderte Menschen gefertigt und verkauft.
www.kompass98.de, www.foerde-shop.de

Kunst & Handwerk, Ochsenkopf 9, Tel. 04351/7264850. Das Sortiment reicht von Postkarten über Schmuck bis hin zu nachhaltiger Bekleidung aus biologischen Materialien wie Baumwolle, Yak- und Schurwolle, dazu Kunsthandwerk und Wohnaccessoires.

Jeden ersten Sonntag im Monat (außer im August, da am zweiten Sonntag) findet in der verkaufsoffenen Innenstadt und am Hafen der beliebte **Fischmarkt** statt. Neben Fisch gibt's auch Fischer in traditioneller Kleidung zu sehen und zu hören.

Am weitläufigen Strand in Eckernförde

Eckernförder Bucht und Halbinsel Schwansen

Die Halbinsel Schwansen befindet sich zwischen der Schlei im Norden und der Eckernförder Bucht im Süden. Sie ist geprägt von kleinen Orten, in denen die Landwirtschaft im Vordergrund steht, sowie langen Sandstränden an der Bucht mit touristischer Infrastruktur.

Waabs und Karlsminde

Die 1382 erstmals urkundlich erwähnte Gemeinde Waabs wurde 1928 mit anderen Gemeinden und Gütern zusammengelegt. Ihr Zentrum ist der Ort Kleinwaabs, hinzu kommen Großwaabs und der Strandort Langholz. Landwirtschaft und Fremdenverkehr sind ihre wichtigsten Wirtschaftszweige.

Marienkirche

Der markante, vom Ende des 16. Jahrhunderts stammende **Westturm** beherrscht das Bild der Dorfkirche in Kleinwaabs (Kirchstraße). Wie auch die Kirche gründet er auf Natursteinen, auf denen der Ziegelbau errichtet wurde. Durch seine Breite und die sechs schmalen Friese wirkt er besonders wuchtig. 1608 wurden auch im Innern Veränderungen vorgenommen, die flache Holzdecke wurde durch ein Kreuzrippengewölbe ersetzt. Für die Honoratioren der Familie Rantzau wurde ein **Gestühl** mit Schnitzereien eingebaut und eine **Kanzel** des Bildschnitzmeisters Jürgen Koberch, der der Eckernförder Bildschnitzschule zuzurechnen ist. Verschiedene **Holzskulpturen** können von einem Marienaltar aus dem 15. Jahrhundert stammen, der heutige **Altar** ist aus dem 17. Jahrhundert. Neben dem hölzernen **Taufbecken** (1674) gibt es ein frühgotisches aus gotländischem Kalkstein. Bemerkenswert sind auch die **Fresken**, die einerseits die zwölf Apostel, andererseits das Jüngste Gericht zeigen. Sie haben sehr gelitten, denn sie wurden um 1900 unsachgemäß restauriert, 1968 übergeweißt und erst 2011 teilweise wieder freigelegt.

▸ Karte S. 242

Gut Ludwigsburg

Im 14. Jahrhundert ließ die alteingesessene Familie Sehestedt hier ein Gut errichten, das aus einem Wirtschaftshof und einer kleinen Wasserburg bestand. Der Name des Guts lautete Kohøved, was ›Kuhkopf‹ bedeutet. 1564 gelangte es durch Vererbung in die aus Plön stammende Familie Rantzau, die auch die ›Ritterburg‹ in Eckernförde bewohnte. Paul Rantzau (1527–1579) ließ die Wasserburg abreißen – man sieht heute noch Reste von Wällen – und ein neues Haupthaus errichten. Im 17. und 18. Jahrhundert wechselte der Besitz vielfach, bis 1729 der dänische Diplomat und spätere Statthalter der Herzogtümer Schleswig und Holstein, Friedrich Ludwig Graf von Dehn (1697–1771), das Anwesen erwarb, das heutige Herrenhaus erbaute und 1768 den Namen änderte. Nach seinem Tod wechselten die Eigentümer wieder häufiger, heute ist die Familie Carl Besitzer.

Einer der Bewohner von Gut Ludwigsburg

Das aus zwei repräsentativen und zwei niedrigeren Etagen bestehende **Herrenhaus** ist aus Ziegeln errichtet, obwohl es noch einige Dekorationen aus Sandstein aus den Vorgängerbauten präsentiert. Ein imposantes Mansardendach mit einem kleinen Giebel bedeckt es. Die Innenräume sind weitgehend im Stil des Barock erhalten, einige der Wandpaneele wurden allerdings bei einem Brand zerstört. Bekanntester Raum ist die ›Bunte Kammer‹ (17. Jh.), die mit 145 Holzbildnissen, Emblemen und Sinnsprüchen geschmückt ist, wobei viele der kleinformatigen Malereien die Sinnsprüche illustrieren oder die Vorgängerbauten zeigen.
Vor dem Herrenhaus erstreckt sich ein moderner großer **Wirtschaftshof**, der 1967 mit dem Abriss des Krummhauses entstand, einem halbkreisförmigen Wirtschaftsgebäude des 18. Jahrhunderts, das mit dem Herrenhaus ein architektonisches Ensemble im Stil des Barock bildete. Noch erhalten ist das alte **Torhaus** aus dem 16. Jahrhundert, das allerdings mehrfach umgebaut wurde. Ein heute asymmetrischer Torbogen, neun Sandsteinreliefs mit den Wappen früherer Eigentümerfamilien und ein barockes Türmchen zieren dieses Gebäude.
Die heutigen Eigentümer betreiben Landwirtschaft, züchten Pferde, bieten Reitunterricht und Ausflüge auf Ponys oder in Planwagen an. Es gibt Ferienwohnungen, im Hof befinden sich ein Café und ein Hofladen. Das Herrenhaus kann nach Voranmeldung besichtigt werden.

Hünenbett von Karlsminde

Rund 5000 Jahre alt ist die zwischen den Gütern Hohenstein und Ludwigsburg gelegene Grabanlage, das Hünenbett von Karlsminde. Und mit einer Länge von 57 Metern und einer Breite von 5,30 Metern gehört sie zu den mittleren Größen. Sie ist auf einer Ost-West-Achse ausge-

Am Hünenbett von Karlsminde

richtet und wird von 108 großen Findlingen eingefasst. Bei einer Restaurierung 1976/78 wurden einige Steine auf der Südseite noch in situ vorgefunden. Die meisten waren jedoch nach außen umgekippt, während die Fundamente fehlender Steine noch gut zu erkennen waren. Die Steine waren bis zu 2,50 Meter hoch und wogen bis zu 2,5 Tonnen. Im Grab gab es drei Dolmen quer zum Langbett mit Zugängen jeweils im Süden. Beim mittleren Dolmen konnte man feststellen, dass er einst unter einem Rundhügel gelegen hatte und später zu der langgestreckten Anlage umgebaut wurde.
In den Grabkammern wurden Pfeilspitzen, ein Feuersteinmesser, Scherben eines Tongefäßes sowie ein Fragment einer Bernsteinperle gefunden, außerhalb der Grabkammern Reste von Werkzeugen und Mahlsteinen. Außerdem fanden sich Scherben einer Urne und von anderen Gefäßen aus sehr unterschiedlichen Zeitaltern, die darauf hinweisen, dass dieses Grab über lange Zeiten genutzt wurde.
Das Steinzeitgrab liegt, eingerahmt von einigen Bäumen, frei zugänglich neben der Straße auf einem Acker an der Straße ›Karlsminde‹, von Gut Karlsminde etwa 800 Meter Richtung Norden.

Waabs und Karlsminde

Touristeninformation, Mühlenstr. 1, 24369 Kleinwaabs, Tel. 04352/9548468. www.touristikverein-waabs.de
Auf seiner Website bietet der Touristikverein Ferienwohnungen und -häuser in Waabs an.
Gut Ludwigsburg, 24369 Waabs, Tel. 04358/98818. www.gut-ludwigsburg.de

Landgasthof Waabs Mühle, Mühlenstr. 26, 24369 Kleinwaabs, Tel. 04352/2266; DZ ab 90 €. In der flügelgestutzten Mühle und einem modernen Anbau befinden sich zwölf eher kleine, aber ganz gemütlich eingerichtete Zimmer. Das aus mehreren Räumen bestehende Restaurant bietet lokale Küche. https://waabs-muehle.de
Strandrestaurant Karlsminde, Karlsminde 14, 24369 Waabs, Tel. 04358/999799. Innen wie außen wartet man mit Fördeblick auf die regionalen und saisonalen Spezialitäten, die Küchenmeister Michael Stöcken mit viel Handarbeit zubereitet. Die Zutaten kommen aus Nord- und Ostsee sowie dem Karlsminder Forst.
https://strandrestaurant-karlsminde.de

Phonomuseum, Alte Schule, Seeholz 40, 24364 Holzdorf, Ortsteil Seeholz, Tel. 04352/9117848; Mai–Sept. Do–So 14–18 Uhr. Wer auf uralte Trichtergrammophone, Röhrenradios, Phonographenwalzen aus dem Jahr 1900, Radiosendungen ab 1923, Plattenspieler und ähnliches steht, kommt hier voll auf seine Kosten. Natürlich ist auch das Café schön altmodisch eingerichtet.
https://phonomuseumseeholz.de

12 km **Naturstrand**, sandig mit Steinen, teilweise etwa fünf Meter hohe Steilküste.

Surfschule Localwindheroes, Campingplatz Fam. Heide, Strandweg 31, 24369 Kleinwaabs, Tel. 0174/6789624; Juni–Sept. tgl. 10–18 Uhr (nach Vereinbarung länger). Hier kann man Surfen und Stand-up-Paddling lernen. Tretbootverleih.
www.localwindheroes.de

Reiterhof Seeberg, Seeberg 1, 24369 Langholz, Tel. 04352/2540, 0173/8579414. Reitunterricht für Kinder und Erwachsene, Ausflüge entlang der Steilküste oder zum Pferdestrand. Auch 14 Ferienwohnungen.
www.ostsee-seeberg.de

Damp

Bereits 1968 verabschiedete der Rat der Gemeinde Damp einen Entschluss, in direkter Strandlage ein großes Ferienzentrum zu bauen. Ambitionierter Name: Damp 2000, der Mitte der 1980er Jahre in Ostseebad Damp und 2011 in **ostsee resort dampland** geändert wurde. Auch das Konzept änderte sich, von der reinen touristischen Nutzung zu einem großen Anteil von medizinischen Anwendungen. Das Zentrum wurde 1973 eröffnet und rief sofort konträre Reaktionen hervor. Die einen verurteilten es als Betonburg, die anderen freuten sich über ein reichhaltiges Wohn- und Freizeitangebot auf kompaktem Raum zu erschwinglichen Preisen. Und so ist es bis heute.

Das Ferien-Resort bietet auf 64 Hektar Fläche und an 4 Kilometer Strand 409 Hotelzimmer und 207 Ferienhäuser unterschiedlicher Größe, darunter die legendären Nurdachhäuser. Es gibt drei Restaurants, mehrere Bars und Kneipen, einen Supermarkt und diverse andere Läden. Kinder können betreut werden und freuen sich auf vier Spielplätze, Spaßbad und Spaßpark mit Sport und Spiel. Man kann Stand-up-Paddeln lernen oder Wasserski und sich beim Wikingergolf vergnügen. Am Strand werden Strandkörbe vermietet, im Jachthafen Sportboote.

▶ Karte S. 242

Gut Damp

Das Gut Damp liegt etwa zwei Kilometer vom Strand entfernt. Seine Ländereien gehörten im 15. Jahrhundert den Bischöfen von Schleswig. Sie verpachteten sie ab 1438, zunächst an einen Eler Schmidt, dem zur Auflage gemacht wurde, Wald zu roden und ein Haus zum Empfang bischöflicher Jagdgäste zu bauen. 1517 wurden Teile der Ländereien verkauft, und in dieser Urkunde taucht erstmals der Name Damp auf.

Gut Damp

Das heutige **Herrenhaus** entstand bis 1597 inmitten eines künstlichen Wassergrabens als zweigeschossiger Zentralbau mit vier Ecktürmen, dem im frühen 18. Jahrhundert ein Anbau beigefügt wurde. Es beeindruckt mit einer zehn Meter hohen Empfangshalle, von der aus zwei Freitreppen auf eine Galerie führen. Über diese gelangen Besucher auch zu der großen Orgel aus dem Jahr 1699; etwa aus derselben Zeit stammen bis heute erhaltene recht plastische Stuckarbeiten. Die größeren **Wirtschaftsbauten** entstanden ab 1640, darunter auch das ›Kuhhaus‹, die Gerstenscheune und wahrscheinlich das Torhaus. In den 1720er Jahren kamen weitere Scheunen hinzu. Der einstige Barockgarten wurde Anfang des 19. Jahrhunderts in einen **Landschaftsgarten** verwandelt.

Seit den 1890er Jahren sind die Grafen zu Reventlow Eigentümer des Guts, die neben der Landwirtschaft moderne Einkommensquellen erschließt. So diente das Gut vielfach als Filmkulisse, und man kann Räumlichkeiten für Hochzeiten und Veranstaltungen mieten. Weithin bekannt ist das Restaurant ›kuh haus‹.

Damp

Dampland, Seeuferweg 10, 24351 Ostseebad Damp, Tel. 04352/80666. www.dampland.de

VAMED Rehaklinik Damp, Seute-Deern-Ring 30, 24351 Ostseebad Damp, Tel. 04352/808303. www.vamed-gesundheit.de/reha/damp-rehaklinik

Gut Damp, 24351 Damp, Tel. 04352/2203. https://gut-damp.de

Fischerhaus, Schubystrand, 24398 Dörphof, Tel. 04644/9707818. Gemütliches Restaurant, im Sommer auch mit Biergarten auf der Terrasse. Meerlastige Speisekarte mit Fisch vom Holzkohlengrill oder Paella. www.fischerhaus-schubystrand.de

Achter't Holt, Schau, 24351 Damp, Tel. 04352/5431, 0162/2486255; April–Okt. Fr–Mi 11.30–20 Uhr. Anspruchsvolle regionale Küche, alles frisch zubereitet, sehr schöne Desserts. Auch selbstgemachte Kuchen, große Auswahl an Tee und Kaffee. Idyllisch mit großem Garten in ländlicher Umgebung gelegen. www.achtertholt.de

kuh haus, Gut Damp, Tel. 04352/9549036; Mi/Do ab 17, Fr–So ab 14, warme Küche ab 17 Uhr. Das Restaurant in einer reetgedeckten Fachwerkscheune bietet 90 Plätze. Der neue Küchenchef Jan Block hat das Motto ›bodenständig, rustikal und lecker‹ ausgegeben und bringt vor allem fangfrischen Fisch aus Ostsee und Schlei sowie Wild aus der eigenen Jagd auf den Tisch. Am Wochenende gibt es Kaffee und Kuchen, bei gutem Wetter auch draußen. https://gut-damp.de

Wikinger – Wilde Männer und Händler

Man stellt sich oft wilde rothaarige Kerle mit gewaltigen Bärten vor, bekleidet mit Fellen und gehörnten Helmen, die auf schnellen, flachen Ruderbooten unterwegs sind, bewaffnet mit Schwertern und Keulen, Angst und Schrecken verbreitend, denn sie sind auf Raub und Mord aus. Die Wikinger umgeben Mythen und Klischees, die in jüngerer Zeit von äußerst schlichten Action-Filmen und Computerspielen noch verstärkt werden. Das Problem: Die meisten Klischees sind grundlegend falsch.

Richtig ist, dass die Wikingerzeit etwa von 790 bis 1070 dauerte. Richtig ist auch, dass die Wikinger aus dem südlichen Skandinavien kamen, und richtig ist weiterhin, dass sie auf Raub und Plünderung aus waren. Aber die Wikinger waren kein Volk oder auch nur eine Volksgruppe, sondern sie waren meist junge Männer, die ihre Heimat verließen, um Abenteuer, Reichtum und Ruhm in Raubzügen in der Ferne zu suchen. Dabei blieben die Gruppen jahrelang unterwegs, überwinterten in festen Siedlungen und zogen weiter, wenn das Wetter es zuließ. Der Überfall auf das Kloster St. Cuthbert auf der nordenglischen Insel Lindisfarne am 8. Juni 793 gilt als ihr erster großer Raubzugs, im 9. Jahrhundert fielen sie in das Rheinland ein, später in Frankreich, und Leif Eriksson (ca. 970–1020) gilt gar als Entdecker von Amerika, 500 Jahre vor Kolumbus, denn er reiste über Grönland bis nach Nova Scotia und Neufundland.

Unterwegs ließen sich die Wikinger gerne auf Inseln nieder, von den Orkneys bis zur Isle of Man, von der Loire-Mündung bis zu Inseln in der Camargue. Dies ist gut durch archäologische Funde belegt.

Die Boote der Wikinger waren offensichtlich von recht unterschiedlicher Größe und kombinierten die in einem Rahsegel aufgefangene Windkraft mit der Bizepskraft der Ruderer. Die kleinsten Schiffe sollen 13 Ruderer gehabt haben, die größeren 25 bis 50. Sie blieben meist in kleinen Flotten zusammen. Nantes hingegen soll 843 von 67 Schiffen angegriffen worden sein, und die Flotte, die über die Seine nach Paris vorrückte, soll sogar 120 Schiffe umfasst haben, so dass man auf Kampfverbände von bis zu 6000 Kriegern kommt.

Diese waren schwer bewaffnet. In Gräbern fand man Äxte, Pfeile und Bögen, Schwerter, Speere, Lanzen, dazu auch Zaumzeug. Es ist aber kaum denkbar, dass die Wikinger auf ihren vergleichsweise kleinen, flachen Booten Pferde mitgenommen haben. Natürlich trugen die Kämpfer auch Helme, doch Hörner hatten diese nicht. Sie kämpften zudem nicht auf Teufel komm' heraus, sondern wandten dieselben Taktiken wie andere Krieger des Mittelalters an: Überraschungsangriffe, Belagerung, Flankenattacken, Rückzug zu den gesicherten Schiffen. Gerne hinterließen sie wohl verbrannte Erde, zündeten Häuser und Hütten an, bevor sie weiterzogen.

Das Ende der Wikingerzeit steht im Zusammenhang mit der Schlacht von Hastings im Süden Englands, wo 1066 die Normannen über das Reich der Angelsachsen siegten. Gleichzeitig wurden die Slawen aus der Region zwischen Elbe und Oder vertrieben, so dass die Christianisierung weiter nach Norden verschoben werden konnte. Die Raubzüge hatten jedoch schon früher aufgehört, in England gegen 918, in Frankreich nach 1007. Offensichtlich verpufften die Überraschungsfeldzüge, die Gegner wurden wachsamer, den Wikingern fehlte der kampfbereite Nachwuchs. Lieber ließen sie sich als Bauern und Händler nieder, nicht zuletzt in Haithabu.

Schleswig

In Schleswig wurde Geschichte gemacht. Die ganz am westlichen Ende des Ostseefjords Schlei gelegene Kleinstadt war mit Schloss Gottorf Sitz der Herzöge, die das Land im Norden regierten; heute ist Gottorf ein Museum – genau wie die Relikte des Handelsortes Haithabu, in dem schon Wikinger lebten, und der Grenzwall Danewerk. Beide zusammen gehören zum UNESCO-Welterbe. Das Städtchen hingegen lädt zum Bummeln ein: vom Hafen zum Dom und zur Fischersiedlung Holm.

Geschichte

Der Name Schleswig stammt aus dem Altnordischen und bedeutet einfach ›Schleibucht‹. Im Jahr 804 wurde der Ort erstmals als ›Sliasthorp‹ erwähnt, die Bezeichnung als ›Dorf‹ verweist darauf, dass es sich nicht um eine bedeutende Siedlung handelte. Weiterhin ist unklar, ob es sich dabei um die heute als Haithabu bekannte Wikingersiedlung handelte, es eine weitere Siedlung nördlich der Schlei gab oder ob der Vorläufer des heutigen Schleswig erst nach der Zerstörung von Haithabu entstand. Der Handelsplatz der Wikinger wurde 1066 von slawischen Kriegern dem Untergang geweiht. Im 10. Jahrhundert war die Gegend jedenfalls zwischen Wikingern (Harald Blauzahn), Slawen und christlichen Franken (Knut I.) umstritten.

Der Bericht eines Chronisten aus dem Jahr 1076 zeigt, dass Schleswig und Umgebung zu dieser Zeit christlich sind, da dort eine Synode von Bischöfen aus ganz Nordeuropa abgehalten wurde. 1134 wurde erstmals der Dom erwähnt, 1161 eine Burg als Residenz der Bischöfe an der Stelle, an der sich heute Schloss Gottorf befindet. Schleswig hatte längst die Rolle Haithabus als regionales Handelszentrum übernommen, verlor diese jedoch im 13. Jahrhundert zunehmend an Lübeck, das direkt an der Ostsee lag und durch Kanäle gut mit den Flüssen verbunden war, sowie an Flensburg weiter im Norden und damit näher am Dänenreich.

Im 16. Jahrhundert erschienen die ersten Adelspaläste im Stadtbild, denn der Adel hatte die Verwaltung übernommen. Dies steigerte sich noch nach 1544, als die Stadt Residenz der Herzöge von

Schleswig besitzt in Teilen ein anheimelndes Gesicht

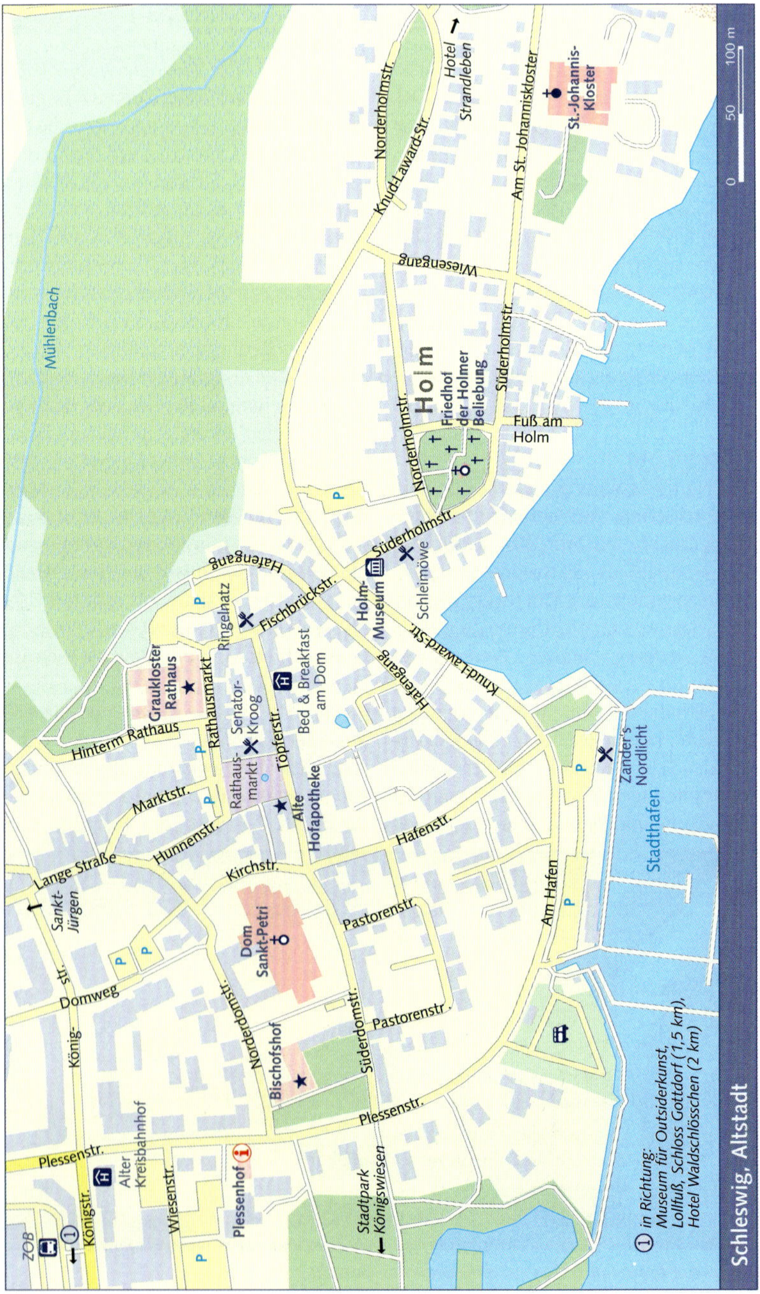
Schleswig, Altstadt
0
50
100 m
Mühlenbach
Holm
Hotel Strandleben
St.-Johannis-Kloster
Am St. Johanniskloster
Norderholmstr.
Knud-Laward-Str.
Wiesengang
Süderholmstr.
Friedhof der Holmer Beliebung
Fuß am Holm
Hafengang
Fischbrückstr.
Holm-Museum
Schleimöwe
Ringelnatz
Graukloster Rathaus
Rathausmarkt
Hinterm Rathaus
Senator-Kroog
Rathaus-markt
Töpferstr.
Bed & Breakfast am Dom
Alte Hofapotheke
Marktstr.
Hunnenstr.
Lange Straße
Kirchstr.
Hafenstr.
Zander's Nordlicht
Stadthafen
Am Hafen
Sankt-Jürgen
Dom Sankt-Petri
Pastorenstr.
Domweg
König-str.
Norderdomstr.
Süderdomstr.
Bischofshof
Plessenstr.
Alter Kreisbahnhof
Königstr.
Wiesenstr.
Plessenhof
Stadtpark Königswiesen
ZOB
① in Richtung: Museum für Outsiderkunst, Lollfuß, Schloss Gottdorf (1,5 km), Hotel Waldschlösschen (2 km)

Schleswig-Holstein-Gottorf wurde. Die enge Verbindung nach Dänemark blieb bestehen.
Herzog Friedrich III. (1597–1659) beherrschte die erste Hälfte des 17. Jahrhunderts und nahm am Dreißigjährigen Krieg teil. Mit schwedischer Hilfe trennte er sich von Dänemark. Schleswig erlebte daraufhin eine Blüte unter Kanzler von Kielmannsegg und war als Standort einer Universität im Gespräch, die dann aber in Kiel angesiedelt wurde. 1711 wurden umliegende Orte eingemeindet, und man ernannte erstmals einen Bürgermeister für die Gesamtstadt. Doch nach dem Nordischen Krieg (1700–1721) fiel Gottorf wieder an Dänemark, war Schleswig nicht länger Residenzstadt.
Nach dem Deutsch-Dänischen Krieg von 1864 gelangten die Herzogtümer Schleswig und Holstein unter preußische Herrschaft und Schleswig war bis 1945 Hauptstadt der preußischen Provinz Schleswig-Holstein. In dieser Zeit machten die Preußen die Stadt an der Schlei auch zur Garnisonsstadt, verlegten diverse Einheiten hierher und ließen Kasernen errichten. In der Nazizeit fand die NSDAP starke Unterstützung, schon bei den Wahlen im Juli 1932 errang sie mehr als die Hälfte der Stimmen. Sie war vor allem im ländlichen Umfeld erfolgreich und wurde von den traditionsreichen *Schleswiger Nachrichten* unterstützt, die sich zum Sprachrohr der Nazipartei entwickelten. Weitere Militäranlagen wurden installiert, doch im Zweiten Weltkrieg wurde Schleswig kaum getroffen. Nachdem die britische Besatzungsmacht die Schaffung des Bundeslandes Schleswig-Holstein mit der Hauptstadt Kiel vorantrieb, verlor Schleswig wieder an Bedeutung. Dieser Verlust wurde durch die Ansiedlung von Oberen Gerichten und des Landesmuseums nur teilweise ausgeglichen.

Sehenswürdigkeiten

In Schleswig gibt es zahlreiche Adelspalais und herrschaftliche Villen zu sehen, einen bedeutenden Dom und vielfältige Ziegelbauten. Als Stadt an einem großen See, dem Ende des Ostseefjordes Schlei, locken auch der große Hafen und die Fischersiedlung Holm.

Friedrichsberg

Nachdem der Adel die Verwaltung des Herzogtums übernommen hatte, entstand südlich des Schlosses ein ganz neuer Stadtteil namens Friedrichsberg, der weitgehend von hohen und teilweise sehr reichen Beamten bewohnt wurde. Einige der **Palais**, die vom 16. bis 18. Jahrhundert errichtet wurden, sind noch erhalten oder wurden restauriert. Der Stadtteil dehnte sich in späteren Zeiten weiter aus und wurde auch von ganz normalen Bürgern bewohnt, die hier mehr Platz vorfanden als in der engen Altstadt.
Konsequenterweise baute man hier einen neuen **Bahnhof,** der 1919 im Stil der Heimatschutzarchitektur fertiggestellt wurde. Für den neuen Stadtteil wurde Mitte des 17. Jahrhunderts auch eine neue Kirche

Etwas versteckt liegender Schatz: die Dreifaltigkeitskirche

gebraucht, die schlichte **Dreifaltigkeitskirche,** ein sehr schöner Saalbau aus gelbem Backstein mit polygonaler Apsis und Barockportal. Der Glockenturm wurde 1826 angebaut und 1872 erhöht. Nur wenige Schritte entfernt ragt das dritte Backsteinbauwerk auf, die 1928 eröffnete dreigeschossige **Bugenhagenschule** mit ihren markanten Firsttürmchen. Auch sie gilt als herausragendes Beispiel der Heimatschutzarchitektur, die als Gegensatz zur manchmal üppigen Architektur der Gründerzeit mit Erkern, Türmchen und Stuck auf lokale Materialien und schlichte Formen setzte. Für den Norden bedeutete dies: Ziegelstein und Sprossenfenster.

Stadtmuseum

Das Stadtmuseum befindet sich im Günderothschen Hof, einem Herrenhaus aus dem 17. Jahrhundert, das später zu einem Ensemble ausgebaut wurde. Das dreistöckige, blutrot gestrichene **Haupthaus** ließ Herzog Friedrich III. (1597–1659) 1634 als Gästehaus erbauen. Es gelangte 1675 in den Besitz des herzoglichen Oberstallmeisters Friedrich von Günderoth, unter dessen Namen es bekannt wurde. 1761 wurde der zweistöckige **Torbau** mit den flachen, einstöckigen Seitengebäuden aus Backstein an der Straße hinzugefügt. Er besteht aus Sandstein und weist eine hohe, von einem Rundbogen geprägte Durchfahrt auf, die rechts und links von Pilastern und über dem Bogen von einem von Löwen gehaltenen Wappen geschmückt wird. Zu einer von allen vier Seiten umbauten Anlage wurde der Hof im 18. Jahrhundert, als seitlich im rechten Winkel zwei unterschiedlich dimensionierte **Fachwerkhäuser** hinzugefügt wurden.
Die Stadt Schleswig erwarb das Gebäudeensemble 1851 und richtete 1932 nach Haithabu-Funden eine erste stadtgeschichtliche Sammlung ein. Heutzutage findet sich im Haupthaus eine Darstellung der Stadtgeschichte Schleswigs mit der dänischen Vergangenheit, als preußische Provinzhauptstadt, in der Nazizeit und in der Nachkriegszeit. Besonderes Augenmerk erfahren Schleswiger Fayencen, die Fischersiedlung Holm und ein Schleswiger Zimmer aus dem 19. Jahrhundert. Im Dachgeschoss gibt es eine umfangreiche Spielzeugsammlung. Eines der Fachwerkhäuser, die einst als Getreidespeicher und Stall fungierten, präsentiert eine Privatsammlung historischer Teddybären, während das andere eine Ausstellung zur

Das Prinzenpalais

Karte S. 260

Geschichte der Fotografie und Wechselausstellungen zeigt. Im Teddybär-Haus gibt es ein Café (tgl. 10.30–16.30 Uhr).

Prinzenpalais

Einst stand an dieser Stelle das fürstliche Amtshaus, doch um das Jahr 1700 ließ die Geheimrätin von Buchwaldt – ein sehr altes holsteinisches, später auch mecklenburgisches Adelsgeschlecht – ein repräsentatives Haus errichten, das sie allerdings kurze Zeit später an Georg Heinrich von Görtz (ca. 1675–1719) verkaufte, den Hofmarschall von Gottorf, der wiederum die beiden Seitenflügel anbauen ließ. So entstand ein dreiflügeliges barockes Herrenhaus, das später eine klassizistische Fassade erhielt. Den Namen Prinzenpalais bekam das Haus von einem späteren Bewohner, dem Prinzen Friedrich Emil August (1800–1865) aus der Augustenburger Linie des Hauses Schleswig-Holstein-Sonderburg. Er war später als Prinz von Noer bekannt und Kriegsminister der provisorischen schleswig-holsteinischen Regierung, bevor er 1851 ins Exil gehen musste.

Im Jahr 1867 begann man hier mit der Lagerung von Archivmaterial, später diente das Haus Verwaltungstätigkeiten, bis es schließlich ab 1979 entkernt wurde und nach 13-jähriger Bauzeit 1991 als **Landesarchiv Schleswig-Holstein** seinen Dienst aufnahm.

Gericht

Das massig wirkende vierstöckige Backsteingebäude wurde zwischen 1876 und 1878 als Amtssitz der preußischen Provinzregierung und ihres Oberpräsidenten erbaut. Die Straßenfassade wird von einem Mittel- und zwei Eckrisaliten (Vorsprüngen) gegliedert und von Sandsteinpartien verziert. Trotzdem wird das schwergewichtige Bauwerk im Volksmund ›roter Elefant‹ genannt. Es beherbergt heute das Landessozialgericht und die Generalstaatsanwaltschaft.

Vor dem Gerichtsgebäude wurde 1993 die **Bronzeskulptur Der Gehenkte** von Waldemar Otto (1929–2020) aufgestellt, die an die Opfer der nationalsozialistischen Willkürjustiz erinnert.

Südlich des Schlosses Gottorf

Südlich des Schlosses wohnten nicht nur die hohen Beamten in ihren Herrenhäusern, hier siedelten sich auch Wirtschaftseinrichtungen des täglichen Gebrauchs an. So war die heutige Pension ›Zum Weißen Schwan‹ (Gottorfstr. 1) einst die **Poststation**, und Straßennamen wie ›Herrenstall‹ und ›Alter Garten‹ verweisen auf **Reitställe** sowie **Küchengärten** des Schlosses; ein eingeschossiges Haus war früher das Gefängnis. Einige Bauwerke weisen Hochwassermarken auf. Allerdings veränderte die Umgebung im 20. Jahrhundert deutlich ihr Aussehen. 1906 wurde der Mühlenteich zugeschüttet, von ihm blieb nur ein kleiner Park mit einem Springbrunnen. Auch zur Anlage der Bundesstraße und zum Bau des Wikingturms griff man heftig in die Landschaft ein.

Der **Wikingturm** ist ein 90 Meter hohes Apartmenthaus mit 29 Geschossen und 241 Wohnungen. Der Baubeginn war 1970, und das als Hotel geplante Gebäude war und ist sehr umstritten. Es war technisch kompliziert, galt und gilt den meisten Schleswigern als hässlich, wurde allerdings von der damaligen Landesregierung durchgepeitscht, selbst als der Investor Bankrott ging. Es war zu den Olympischen Spielen 1972 nicht fertig, sondern erst 1977, dann schon mit neuem Konzept als Apartmenthaus. Schon bald mussten die ganze Umgebung und Teile des Bauwerks saniert werden, da sie von Giftstoffen kontaminiert waren.

Michaelisallee

Nördlich der Schlei zieht sich ein kleiner, langgestreckter Hügelrücken dahin. Nicht zu Unrecht dachten die Bewohner, dass sich hier ein Promenadenweg einrichten ließe. Und nach einer großen Spendenaktion wurde 1825 tatsächlich eine Allee von der damaligen Michaeliskirche bis zum Schneckenberg angelegt, die im Volksmund ›Balkon von Schleswig‹ heißt. Mitte des 19. Jahrhunderts kochte die Nationalitätenfrage auch im Herzogtum Schleswig wieder einmal hoch. So wurde 1844 das Schleswiger Sängerfest einberufen. Mehr als 12 000 Menschen versammelten sich am 24. Juli auf der Hesterberger Festwiese und erlebten die Uraufführung des Schleswig-Holstein-Liedes, das die Zusammengehörigkeit der beiden Herzogtümer beschwor. Den Text der heute noch gesungenen Landeshymne ›Schleswig-Holstein meerumschlungen‹ hatte der Jurist Matthäus Friedrich Chemnitz (1815–1870) geschrieben, die Melodie der Schleswiger

Das Chemnitz-Bellmann-Denkmal

▲ Karte S. 260

Kantor Carl Gottlieb Bellmann (1772–1861) komponiert, vielleicht auf der Orgel in Johannis-Kloster, in dem er auch begraben liegt (→ S. 272).

An beide erinnert das von dem Bildhauer Paul Peterich (1864–1937) entworfene, 1896 an der Schützenkoppel errichtete **Chemnitz-Bellmann-Denkmal**. Es zeigt einen von einem Lorbeerkranz bekrönten Jüngling, der in der rechten Hand ein Schwert als Zeichen des Sieges und in der linken Hand eine Leier als Symbol des Sängerfestes trägt. Der Jüngling blickt nach Süden, in Richtung Deutschland.

Bellmann-Viertel

Die Michaelisallee blickt auch auf das nördlich des Parks gelegene Bellmann-Viertel, das 1925 von Julius Petersen als Beamtensiedlung im Stil der Heimatschutzarchitektur geplant wurde. Petersen (1883–1969) stammte, wie er selbst sagte, aus einer seit 1599 belegten Bauernfamilie im Kreis Schleswig. Er widmete sich Zeit seines Lebens der Erforschung von Bauernhäusern sowie der Konservierung und Nutzbarmachung solcher nur selten gewürdigter Baudenkmäler. Die Heimatschutzarchitektur kam ihm dabei gerade recht, und er vertrat dieses Konzept auch in städtischer Umgebung und auch in seiner ›konservativen‹ Variante. Die wichtigsten Bauten in der Beamtensiedlung waren die frühere **Landwirtschaftsschule** mit ihrer reich gegliederten Fassade (Bellmannstr. 26) und die **Bellmann-Turnhalle** mit Arkadengang (Bellmannstr. 30). Zudem passten sich auch viele private Bauherren diesem Stil von roten Ziegeln und Sprossenfenstern an, einige davon entwarf Julius Petersen auch nebenher. Sein eigenes Haus errichtete er 1927 (Chemnitzstr. 55/57), ein großer zweistöckiger Bau mit zwei Ecktürmen mit kegelförmigen Dächern.

Plessenhof und Bischofshof

Der Plessenhof ist ein sehr großes Bürgerhaus von 1798, in dem der erzkonservative Landrat Baron Hugo von Plessen (1818–1904) seinen Amtssitz hatte. Heute findet sich hier die **Touristeninformation**.

Gegenüber, zwischen Plessenhof und Dom, liegt seit Mitte des 15. Jahrhunderts das Veraltungsgebäude der Bischöfe und des Doms, der Bischofshof. Auf einem kleinen Mäuerchen davor befindet sich eine **Bronzeskulptur** des Steinbildhauers und Bronzegießers Carl Constantin Weber (geb. 1966). Die 2016 angebrachte Figur heißt ›Fischer‹ und stellt den Apostel Petrus dar, der für Jesus einen Fisch aus dem See holt; der Fisch hat eine Münze im Maul, mit der Petrus Steuern bezahlt (Mat. 17, 24–27). Dies ist die zweite Skulptur Webers, die in Schleswig öffentlich ausgestellt wird, schon seit 2008 lässt sich die ›Schleswigerin‹ an der Hafenpromenade (Schleistraße) vom Wind den Rock hochwirbeln.

Von Weitem ist der Turm des Doms auszumachen

Dom St. Petri

Die Christianisierung kam im 9. Jahrhundert in dieser Gegend an, und erste einfache Kirchen wurden errichtet. Dennoch blieb der Einfluss der nichtchristlichen Slawen groß, bis im 12. Jahrhundert die Dänen im Herzogtum Schleswig für Sicherheit sorgen konnten. Die Existenz einer Kirche an der Stelle des heutigen Doms ist für das Jahr 1134 bezeugt. Von diesen Anfängen entwickelte sich der Petri-Dom zum Bischofssitz, zur Hauskirche der Herzöge und zahlreicher Adliger (belegt durch Grüfte und zahllose Epitaphe), zum Großgrundbesitzer, zur lutherischen Pfarrkirche, zum architektonischen Juwel und jetzt wieder zum Bischofssitz.

Die Kirche des 12. Jahrhunderts war eine romanische dreischiffige Basilika, etwa so breit wie die heutige Kirche, aber um ein Joch kürzer. Sie war aus Feldsteinen, Granit und Tuff aus dem Rheinland errichtet worden. Später erhielt sie ein Querhaus mit dem heute noch erhaltenen Petri-Portal im Süden. Um das Jahr 1180 wurde das nördliche Querhaus errichtet, wobei erstmals Backsteine verwendet wurden (→ Extra Backsteingotik, S. 49), die das Erscheinungsbild des Doms noch heute prägen. Der Einsturz von zwei Türmen, die wohl neben dem Chor gestanden hatten, im Jahr 1275 war das Signal dafür, eine neue, größere Kirche zu erbauen. Das romanische Bauwerk wurde abgetragen, und ein gotischer Backsteindom in Form einer dreischiffigen Hallenkirche entstand. Zunächst errichtete man den Chor, Anfang des 15. Jahrhunderts folgte das Langhaus. Bis 1320 wurde auf der Nordseite ein Kreuzgang angefügt, der hier Schwahl (dänisch für ›kalter Gang‹) genannt wird.

Separat stand noch ein kleinerer Glockenturm, der 1893 abgerissen wurde. Danach wurden nur kleinere Bauteile angefügt, wie etwa 1480 eine Sakristei (heute Fürstengruft), oder Umgestaltungen durchgeführt, etwa beim Dach. Selbst die Reformation bedingte kaum bauliche Veränderungen, auch der Lettner blieb an seinem Platz stehen. Allerdings entwickelte sich die Kirche nun zur Ruhestätte des Adels, von dänischen Königen über Gottorfer Herzöge und adlige Beamtenschaft bis zur Geistlichkeit des Herzogtums.

Die nächste große Veränderung war Folge der Einverleibung Schleswig-Holsteins durch Preußen nach 1866. Preußen wollte vor allem in seinen Randgebieten seine Macht unter Beweis stellen und errichtete große militärische und religiöse Anlagen, zum Beispiel durch das Hinzufügen von sehr hohen Kirchtürmen an mittelalterliche Kirchen. Dies gilt für das Ulmer Münster, die Fertigstellung des Kölner Doms nach seinen ganz alten hochgotischen Plänen mit zwei Westtürmen von 157 Metern Höhe und eben auch für den Schleswiger Dom. Der Leiter der Abteilung Kirchenbau im preußischen Ministerium für Öffentliche Arbeiten, Prof. Friedrich Adler, persönlich übernahm die Planung, gebaut wurde der Turm von 1888 bis 1894, eingeweiht durch die Kaiserin Auguste Viktoria, die Hunderte von Kirchen eröffnete. Allerdings gab es von Anfang an und gibt es bis heute Probleme mit dem 112 Meter hohen **Turm**, es musste mit Stahlbeton nachgeholfen und ständig renoviert werden.

Bevor man den Dom durch das Westportal im Turm betritt, sollte man außen einen Blick in die sogenannte **Löwengrube** nördlich des Chors werfen. Hier wurden einige Steine zusammengetragen, die mit Löwendarstellungen verziert sind; wo sie sich früher befanden und ob sie mehr als eine dekorative Funktion hatten, ist nicht klar.

Auf keinen Fall versäumen sollte man aber das **Petri-Portal** im südlichen Querschiff. Auf beiden Seiten flankieren das perfekte Rundbogenportal aus dem Jahr 1180 jeweils drei versetzt angeordnete Säulen mit Würfelkapitellen. Der Türsturz ist wohl nicht original, das Tympanon darüber besteht aus dänischem Sandstein. Es trägt ein Relief, das in der Mitte Jesus auf einem Thron zeigt, der mit der rechten Hand den Schlüssel an Petrus übergibt und mit der linken ein Banner mit der Aufforderung zur Mission an einen anderen Apostel, wahrscheinlich Paulus. Am linken Rand steht der Stifter, eine gekrönte Person, vermutlich der dänische König Waldemar der Große (1131–1182), der das Modell einer Kirche mit zwei Türmen nebeneinander in der Hand hält. Diese Türme besaß der Dom aber nie.

Die Kirche strahlt sofort eine warme, farbige Atmosphäre aus. Es herrschen Rot- und Brauntöne vor, die von den Ziegeln stammen, aber auch von der Malerei, den zahlreichen Holzelementen und von den Buntglasfenstern. Die Säulenbündel sind durch verschiedenfarbige und wechselweise glasierte und unglasierte Ziegel lebhaft gestaltet. Die Ziegelrippen in den Gewölben werden durch zarte gemalte Ranken und anderes besonders betont, und auch die Flächen in den Rundbögen sind durch geometrische und florale Malerei verziert.

Am besten hält man sich in der Kirche rechts und geht nach vorne Richtung Querschiff. Dort trifft man zunächst auf die große **Christophorus-Statue** (16. Jh.) von Brüggemann und dahinter auf eine Gruppe von **vier Skulpturen**, die Maria mit dem Kind sowie die Heiligen Drei Könige zeigt, einschließlich des Holzbal-

▲ Karte S. 260

dachins Ende des 13. Jahrhunderts entstanden und 1894 lebhaft restauriert wurden. Weiter geradeaus geht es zur **Ahrenstorf-Gruft**. Das prächtige Portal stiftete Dänenkönig Christian V. seinem 1676 gefallenen Reitergeneral Carl von Ahrenstorf.

Von der Vierung aus blickt man in den Chor und somit zunächst auf den **Lettner**, der die Form einer fünfbogigen Empore aufweist, die früher auch Musikanten als Spielort diente. Er war im 19. Jahrhundert vorübergehend in zwei Teilen in den Querschiffen aufgestellt, wurde jedoch 1939/40 restauriert und ohne die vorher vorhandene Rückwand an die alte Stelle zurückgebracht. Heute versperrt ein prächtig verziertes Gitter den Zugang zum Chor. Die **Triumphkreuzgruppe** mit Jesus, Maria und Johannes entstand um das Jahr 1500.

Der Chor wirkt durch seine seitlichen Mauern wie ein eigener hochgotischer Kirchenraum. Seine reiche **Ausmalung** entstand im 13./14. Jahrhundert. Sie zeigt unter anderem Szenen aus dem Leben des Namenspatrons des Doms, des heiligen Petrus. In zwei Reihen steht das **Chorgestühl** seit 1512 hier; die Abschlusswangen im Osten zeigen die Apostel Petrus und Paulus. Die **Bronzetaufe** wurde 1480 in der Werkstatt von Hinrick Klinghe in Bremen hergestellt und ist rundum mit Reliefs des gekreuzigten Jesus und von elf Aposteln bedeckt. Die bronzenen Putten, die den Kessel tragen, wurden erst 1666 hinzugefügt.

Über dem Altar erhebt sich das Prunkstück der Domausstattung, der sogenannte **Bordesholmer Altar**. Nach alten Berichten vollendete ihn nach siebenjähriger Arbeit der Kunstschnitzer Hans Brüggemann (um 1480–etwa 1540) mit seinen Assistenten im Jahr 1521. In Auftrag gegeben hatte das Werk der Gottorfer Herzog Friedrich, der spätere König Friedrich I., für seine Grablege. Diese war im Chorherrenstift der Augustiner in Bordesholm (→ S. 228) geplant. Allerdings wurde dieses Stift 1566 aufgelöst, woraufhin Herzog Christian Albrecht das Retabel in seine eigene Hof-

Das Petri-Portal

kirche, nämlich den Schleswiger Dom, transportieren ließ. Und das 12,60 Meter hohe und 7,14 Meter breite Retabel passt perfekt in den Domchor. Der Altaraufbau besteht aus einem niedrigen Unterbau (Predella), in dem in der Mitte das Sakrament aufbewahrt wurde. Die vier Bildfelder zeigen von links Abraham und Melchisedek (ein mythischer alttestamentarischer König und Priester), die Fußwaschung beim Letzten Abendmahl, das Abendmahl der Urkirche sowie das Passahmahl der Israeliten und verbinden so das Alte und das Neue Testament. Der Hauptteil ganz oben stellt das Jüngste Gericht dar, darunter Maria, etwas tiefer seitlich Adam und Eva sowie außen die Himmelfahrt und Pfingsten. Darunter befinden sich in zwei Registern jeweils sieben Bilder über den Leidensweg Jesu, allerdings nicht in chronologischer Reihenfolge; die größeren Tafeln in der Mitte zeigen unten die Kreuztragung und oben die Kreuzigung. Das Retabel zeichnet sich durch eine beeindruckende Vielfalt an Figuren aus, die realistisch und detailreich, lebhaft und in Bewegung dargestellt werden. Durch die Anordnung der Figuren

Petrus, der Fischer, in Bronze

▲ Karte S. 260

und den seitlichen Lichteinfall wird eine ungeheure Tiefe in den Reliefs erreicht, die eine große Wirkung entfaltet, auch wenn die Reliefs nie bemalt waren.

Vom Hochchor geht links die **Fürstengruft** ab, in der sich steinerne und hölzerne Särge von Gottorfer Herzögen und ihren Verwandten aus dem 17. bis 19. Jahrhundert befinden. Gestaltet wurden das Marmorportal und der Raum von dem flämischen Bildhauer Artus Quellinus d. Ä. (1609–1668), der auch einige der Büsten der Herzöge schuf.

Im nördlichen Nebenchor stößt man auf eine **symbolische Grabstätte** für König Friedrich I. von Dänemark (1471–1533), der von dem Antwerpener Bildhauer Cornelis Floris (1514–1575) entworfen und in wertvollem Marmor und Alabaster in verschiedenen Farben erstellt wurde. Der König liegt mit gefalteten Händen auf einem Bett, das von Karyatiden (Figurenpfeilern) getragen wird, die die königlichen Tugenden Glaube, Hoffnung, Liebe, Stärke, Klugheit und Gerechtigkeit verkörpern.

Dahinter ist ein **Altarretabel** aufgehängt, das von der Familie des Gottorfer Kanzlers von Kielmannsegg gestiftet wurde und ›den Sieg des Christentums über die Finsternis‹ zeigt. Sein Maler Jürgen Ovens (1623–1678) gehört zu den bedeutendsten Barockmalern der niederländischen Schule in Schleswig-Holstein.

Im nördlichen Querschiff findet sich eine weitere **Figurengruppe**, die nach 1440 entstand. Diese ›Kreuztragungsgruppe‹ zeigt Jesus mit dem Kreuz, dem der etwas klein geratene Simon zu Hilfe eilt, sowie Maria und Johannes.

Im Langhaus ist noch die **Renaissancekanzel** von 1560 zu erwähnen. Die Reliefs werden durch reich verzierte Doppelsäulen getrennt und stellen in lutherischer Tradition ›Moses mit den Gesetzestafeln‹, die ›Aufrichtung der Schlange als alttestamentliches Erlösungszeichen‹, die Kreuzigung, Auferstehung und Himmelfahrt Christi, das Pfingstwunder sowie die ›Predigt Petri im Haus des Cornelius‹ dar. Zwei Joche weiter westlich hängt am Säulenbündel das Gemälde ›Heilige Familie mit Johannesknaben‹, meist ›Blaue Madonna‹ genannt, von Jürgen Ovens. Es fällt auf, dass Maria und das Jesuskind vom Licht hell beschienen sind, Johannes, der wie ein älterer Bruder von Jesus wirkt, schon weniger, während Joseph am rechten Bildrand in der Dunkelheit abtaucht.

Überall im Dom hängen **Epitaphe** an den Wänden, die Familien des lokalen Adels oder Beamte des Gottorfer Hofes gestiftet haben. In der Nordwestecke des Doms befindet sich der Eingang zum zwischen 1310 und 1320 an die Kirche angebauten **Kreuzgang** (›Schwahl‹), durch den das Domkapitel in die Kirche einzog. Der Dom war damals noch romanisch, während der Kreuzgang dem gotischen Stil folgt. Er ist mit zahlreichen Kalkmalereien an Wänden, Pfeilern und Gewölben geschmückt, die neben Tierbildern Szenen aus dem Leben Jesus zeigen. Das bekannteste und am besten erhaltene Bild im Ostflügel zeigt den Tod Mariens.

■ Graukloster

Herzog Abel (1218–1252) von Schleswig und später König von Dänemark schenkte dem 1210 gegründeten Franziskanerorden ein Grundstück, damit der Orden dort ab 1234 ein Kloster erbauen konnte. Das Kloster war eigentlich dem heiligen Paulus geweiht, war im Volksmund aber wegen des grauen Habits der Mönche als ›Graukloster‹ bekannt. Während es zunächst sehr erfolgreich war und zu den größten Franziskanerklöstern in Dänemark zählte, lebten Ende des 15. Jahrhunderts nur noch wenige Brüder dort. Mit der Reformation löste Herzog

Klare Formensprache: das Rathaus

Friedrich I. 1528/29 das Kloster auf. Sein Sohn Christian – der spätere König Christian III. – versammelte noch einmal eine große Zahl von Würdenträgern im Kloster und schloss sich nach einem Treffen mit Martin Luther der Reformation an. Die Klostergebäude gingen an die Stadt über, die die Kirche zum Rathaus umbauen ließ. Das Gebäude erwies sich 1793 als baufällig, wurde abgerissen und durch einen klassizistischen Neubau ersetzt. Andere Bauten verwaltete ein Armenstift, der bis 1980 22 Menschen unterbrachte. Heute befinden sich Büros der Stadtverwaltung hier.

Von der ehemaligen Klosteranlage sind noch große Teile der Klausur vorhanden, die verdeutlichen, wie groß die Anlage einst gewesen ist. Dieser dreiflügelige Bau umschloss einen zentralen Hof. Durch Anbauten im Norden entstand dort ein zweiter, nach Norden offener Hof. Bei einer Restauration zwischen 1980 und 1984 wurden Teile der ursprünglichen Bausubstanz wieder freigelegt. Im nordöstlichen Anbau ist der ›gotische Saal‹ mit seinen Fresken zu finden. Eine Kreuzigungsszene wird auf das Jahr 1280 datiert, die meisten anderen Wandgemälde auf die Mitte des 14. Jahrhunderts.

Das heutige **Rathaus** besitzt ungefähr das Format der früheren Klosterkirche, die eine einschiffige Saalkirche mit einer flachen polygonalen Apsis war. Von ihrem Turm im Westen blieb nichts erhalten. Die klaren Winkel, die Fensterreihung und das kleine Vordach vor dem Haupteingang, das von vier toskanischen Säulen getragen wird, bestimmen den klassizistischen Eindruck des Rathauses.

Stadthafen und Möweninsel

Der Stadthafen liegt sehr zentral nur wenige Schritte von der Innenstadt entfernt und lädt zum Flanieren und Sonnen ein; es gibt Cafés und Imbisse. Wenn man weiter nach Westen geht oder radelt, gelangt man zu den Königswiesen und dem Strandclub Luisenbad mit einem kleinen Sandstrand. Es folgt der Schlei-Segel-Club. Das nächste Stück Promenade, das bis zum Schloss Gottorf reicht, heißt Schleistraße. An ihr steht die anlässlich der Landesgartenschau gespendete **Skulptur Schleswigerin** (2008) von Carl Constatin Weber, die lebensgroß eine Frau zeigt, die in tänzelnden Schritten von Sockel zu Sockel und vielleicht ans Wasser zu hüpfen scheint.

Vom Hafen aus sieht man auch die 250 Meter entfernte **Möweninsel,** die heute ein Vogelschutzgebiet ist und nur im Winter über das Eis betreten werden darf; in den meisten Wintern ist das Eis jedoch nicht fest genug. Im frühen 12. Jahrhundert baute Knud Lavard, der letzte Herrscher des westslawischen Stammes der Abodriten, eine Burg auf der 2,3 Hektar großen und sich 5 Meter aus dem Wasser erhebenden Insel. Diese Burg wurde Juriansburg, Jürgensburg oder auch Möwenburg genannt. Allerdings gibt es davon keine Überreste mehr. Hingegen fanden Fischer im Jahr 2000 Teile eines Schiffs, das auf das Jahr 1163 datiert wurde und rund 15 Meter lang und 4 Meter breit war.

Schon im 18. Jahrhundert wurden große Kolonien von Möwen auf der zeitweise durch eine Holzbrücke mit dem Festland verbundenen Insel angetroffen.

Am Stadthafen

Karte S. 260

Damals galten die Eier der Möwen als Delikatesse, so dass ihre Verwendung behördlich geregelt wurde: Ab 1834 wurde ein ›Möwenkönig‹ bestimmt, der gegen eine Pachtzahlung befugt war, die Eier an Läden und Restaurants zu verkaufen und auch dem Kaiser in Berlin einen Korb voll zu schenken. Zudem wurde bei einem Volksfest durch das Möwenschießen die Zahl der Tiere, die kaum natürliche Feinde hatten, reduziert. Dies alles gibt es heute nicht mehr. Die preußische Regierung verbot das Möwenschießen 1867, die schleswig-holsteinische Regierung verbot den Verkauf und Verzehr von Möweneiern, nicht um die Möwen zu schützen, sondern weil die Eier in hohem Maße von Schadstoffen belastet sind. Nur den Möwenkönig gibt es immer noch, derzeit den siebten seit 1834, aber seine Aufgabe besteht vor allem darin, Kanu- oder Tretbootfahrer von der Möweninsel fernzuhalten.

Fischerviertel Holm

Der Name Holm bedeutet ›kleine Insel‹. Auf dieser kleinen Insel vor Schleswig, die durch eine Brücke mit dem Festland verbunden war, entstand um das Jahr 1000 eine Siedlung, die hauptsächlich von Fischern, aber auch von Handwerkern und Händlern bewohnt war. In Urkunden aus dem 12. Jahrhundert werden den Holmer Fischern Privilegien des freien Fischfangs zugestanden, die auch der Dänenkönig Christian I. im ›Schleibrief‹ von 1480 noch einmal bekräftigte. Anfang des 20. Jahrhunderts lebten noch rund 100 Holmer Familien vom lokalen Fischfang, in den 1950er Jahren waren es noch 60, heute sind es nur noch einzelne. 1933 gab es Landaufschüttungen, so dass Holm seitdem keine Insel mehr ist. Die heutige Bebauung stammt aus dem 18. und 19. Jahrhundert. Meist reihen sich ein- und zweistöckige Fischerkaten

Im pittoresken Viertel Holm

aneinander, die sehr proper und gepflegt sind; Rosensträucher zieren die Hausfassaden oder winzigen Vorgärten – ein Viertel für einen gemütlichen Bummel. Im Jahr 1992 wurde das **Holm-Museum** als Abteilung des Stadtmuseums eröffnet, in dem eine Ausstellung von historischen Fotos der Bewohner des Holm präsentiert wird. Zudem gibt es eine viel frequentierte Toilettenanlage.

Nach dem Ende des Dreißigjährigen Kriegs (1648) waren die Zustände auch in Schleswig sehr schwierig: Truppen und Haufen von Soldaten zogen durch die Gegend, zudem brachen Seuchen aus, die die hygienischen Zustände noch einmal verschlechterten. Mehrere Pestepidemien rafften die Menschen dahin. Die Toten mussten schnell begraben werden. Die meisten erhielten nicht das, was man sich unter einem ›christlichen Begräbnis‹ vorstellte, sondern wurden einfach nachts verscharrt. In dieser Situation taten sich auf dem Holm – und anderswo – Menschen ›aus freiem Belieben‹, also nicht auf Druck der Obrigkeit, zusammen, um sich gegenseitig zu helfen und vor allem den Toten ein ordentliches Begräbnis zu ermöglichen. Seit 1650 ist die **Holmer Beliebung** also ein ›kleiner Versicherungsverein auf Gegenseitigkeit‹: Junge und Alte helfen einander und pflegen den fast kreisförmigen ›Friedhof der Holmer Beliebung‹ mit seiner kleinen **Kapelle** von 1876.

St.-Johannis-Kloster

Schon vor der Klostergründung stand auf dem Holm eine Pfarrkirche, deren Bau vor 1170 begonnen worden war; sie wurde später als Klosterkirche integriert. Das nach Johannes dem Täufer benannte Kloster entstand nach und nach ab 1194 und war für acht bis zehn Benediktinerinnen als Nonnenkloster geplant. Ein frühgotisches Kirchengestühl (etwa 1420) bietet denn auch nur zehn Sitzplätze an. In einer Urkunde aus dem Jahr 1251 bestätigt der dänische König Abel dem Kloster zahlreiche Privilegien, darunter die Steuerfreiheit sowie die Befreiung von Abgaben oder Stellung von Soldaten im Kriegsfall. 1299 und 1487 zerstörten größere Brände Teile des Klosters, 1372 ein Unwetter und 1357 kriegerische Wirren, doch in allen Fällen wurde es wieder aufgebaut. Nach der Reformation mussten die Nonnen ausziehen, die Klosterbauten gingen an

Die Kirche des Johannisklosters

▲ Karte S. 260

die Schleswig-Holsteinische Ritterschaft über, die die Anlage 1542 zu einem Stift für evangelische unverheiratete höhere Töchter umbaute. Mitte des 18. Jahrhunderts begann der Verkauf der sehr umfangreichen Ländereien, die das Kloster unterhalten hatten. Heute sind die Wohnungen vermietet, und in das Probstenhaus ist das Bibelzentrum der Nordelbischen Kirche eingezogen.

Die **Klosterkirche** ist ein einschiffiger romanischer Raum aus der Zeit zwischen 1200 und 1230. In der Nordwand sind Reste von Tuffsteinmauerwerk des Vorgängergebäudes zu sehen. Chor und Langhaus befinden sich unter einem gemeinsamen Dach, einen Turm gibt es nicht, sondern nur einen kleinen spitzen Dachreiter. Im Innern fällt an der Westseite die heutige Orgelempore ins Auge, die früher die Empore der Nonnen war, während das Volk unten stand. Die Brüstung der Empore ist mit zwölf bemalten Holztafeln versehen, die um 1690 angebracht wurden. Sie zeigen bildlich und mit Texten und Bannern in deutlicher Symbolik ›das menschliche Verlangen nach Gott‹, ›Gottes Barmherzigkeit gegenüber dem reuigen Sünder‹ und ›Gottes Wohltaten am Menschen durch die Kreuzigung‹.

Auffälliger Schatz der Kirche sind die durchaus unüblichen Wappenschilde der verstorbenen Stiftbewohnerinnen; 74 davon befinden sich in der Kirche und 59 im Remter. Das älteste Schild stammt aus dem Jahr 1681. Die Holz- und Metalltafeln zeigen die Hauswappen der adligen Bewohnerinnen.

Verlässt man die Kirche durch das Nordportal, so steht man im **Kreuzgang** aus dem 14. Jahrhundert und gelangt zum **Kapitelsaal**, einem Versammlungs- und Empfangsraum im gotischen Stil. Heute werden hier die Klosterschätze aufbewahrt, neben Dokumenten sind dies ein Tafelsilber, das aus dem Haus von

Überraschend klein: die Bellmann-Orgel

Johann Wolfgang Goethe stammen soll, und eine aus Eichenholz geschnitzte Johannisschüssel (um 1400). Sie zeigt das in der Schüssel liegende abgetrennte Haupt des Johannes mit dem Gesicht nach oben. Diese mittelalterliche Darstellung erinnert an das Martyrium des Täufers unter dem König Herodes, sie wurde nach dem vierten Kreuzzug bei Pilgern vor allem in Nordfrankreich beliebt. Schließlich ist eine sehr gut erhaltene historische Bibel zu sehen.

In der Nordwestecke der Anlage befindet sich der **Remter**, der Speisesaal des Klosters. Der Saal wurde nach dem Brand von 1487 errichtet und 1899 in einen Neubau integriert. In diesem Raum befindet sich heute das zehnsitzige Chorgestühl der Nonnen aus dem Jahr 1240, dessen Seitenwangen mit freiplastischen Schnitzereien von Rankwerk und einem Pelikan verziert sind. Weiterhin steht dort eine kleine Orgel aus der zweiten Hälfte des 18. Jahrhunderts, die **Bellmann-Orgel** genannt wird. Carl Gottlieb Bellmann (1772–1861) wurde 1811 Kantor und Organist im Kloster. Er soll auf dieser Orgel das Schleswig-Holstein-Lied komponiert haben.

Schloss Gottorf

Die Burginsel ganz am … Schlei war immer scho… strategischer Ort zur Ko… enge zwischen Schlei und Treene. Deshalb gab es hier schon Burgen, bevor Bischof Occo um das Jahr 1161 eine Fluchtburg für die geistlichen Herren aus Schleswig errichten ließ. 1268 wurden die Grafen von Schauenburg Eigentümer, 1459 die dänische Krone, da die Schauenburger keinen Nachwuchs hatten. 1530 ließ Dänenkönig Friedrich I. ein Schloss errichten, das keine militärische Funktion mehr hatte. Der heutige Westflügel entstand als erstes Renaissancegebäude nördlich der Elbe. Offensichtlich gefiel Friedrich das von zwei Türmen geprägte Bauwerk, so dass er sich fast ständig dort aufhielt. 1544 fügten die Dänen verschiedene Gebiete zum Herzogtum Schleswig-Holstein-Gottorf zusammen, machten Adolf zum ersten Herzog und Schloss Gottorf zur Hauptresidenz.

Ein Brand zerstörte das Schloss 1564 weitgehend, doch Adolf nutzte dies, um eine große, vierflügelige Festungsanlage zu bauen, in der sein etwa 400 Personen umfassender Hofstaat wirkte. Im 17. Jahrhundert wurde Gottorf zum Zentrum von Kultur und Wissenschaft, der große Globus wurde gebaut, Bibliothek und Kunstsammlung waren berühmt, neue Handelskontakte bis nach Persien wurden geknüpft. Ende des 17. Jahrhunderts plante Herzog Friedrich IV. eine barocke Erweiterung und Umgestaltung des Schlosses. Diese wurde nur zum Teil umgesetzt, da das Herzogtum im Großen Nordischen Krieg auf Seiten der Schweden stand und sich von Dänemark lösen wollte. Dies gelang aber nicht, ganz im Gegenteil, die Dänen entmachteten die Herzöge und übernahmen ihre Ländereien.

3. Jahrhundert war Gottorf Sitz der nischen Verwalter, der Königshof interessierte sich kaum für die zwar große, aber jetzt unbedeutende Immobilie, zumal aus der Kunstsammlung und von den Einrichtungen beträchtliche Teile nach Kopenhagen geschafft wurden. Der Hofstaat bestand jetzt nur noch aus rund 100 Personen. Auch im 19. und 20. Jahrhundert verfiel das Schloss weiter, wurde in Kriegszeiten als Kaserne und Lazarett genutzt, nach dem Zweiten Weltkrieg als Flüchtlingslager. Seit 1948 ist es Landesmuseum.

Die einstige Pracht des Schlosses ist heute nicht mehr sichtbar, da sämtliche Bauteile im Laufe der Jahrhunderte vereinfacht oder zurückgebaut wurden; Stuck und andere Dekorationen wurden außen wie innen entfernt, vor allem in der Zeit als Kaserne. Der älteste noch sichtbare Baubestand ist der etwa 1538 vollendete **Westflügel**. Nur wenig später entstand der **Wehrturm** zwischen West- und Nordflügel. Letzterer steht auf den Fundamenten der ursprünglichen Burg und wurde Ende des 16. Jahrhunderts von Adolf I. erbaut. Im Innern des **Nordflügels** haben sich einige Räume sehr gut erhalten, vor allem der weiße und der blaue Saal. Hier befindet sich auch die prächtige und geräumige **Kapelle**. Der **Ostflügel** aus dem 16. Jahrhundert verbindet Süd- und Nordflügel, im Hof steht noch der Treppenturm (1664), während die Arkaden eingemauert wurden.

Der **Südflügel** ist heute das ›Gesicht‹ des Gottorfer Schlosses. Er entstand ab 1697 unter Herzog Friedrich IV. und ist fast doppelt so groß wie sein Vorgängerbau, was leicht daran zu erkennen ist, dass der jetzige Mittelturm einst ein Eckturm des Gebäudes war. Das Bauwerk ist jetzt vier Stockwerke hoch, wobei die Etage, die sich hinter den runden Fenstern verbirgt, als Verwaltungs- und Bedienstetenetage eine beträchtlich verringerte Raumhöhe aufweist. Die Prachträume befinden sich im Stockwerk darüber.

Rund um das Schloss, das heute die Form eines großen P hat, stehen weiterhin zahlreiche **Nebengebäude**, wie Ställe und Remisen für die einst 100 Pferde und die Kutschen des Hofes, dazu gab es ein Ballhaus und ein Bärengehege.

▲ Karte S. 260

■ Barockgarten

Der nach aufwendiger Restaurierung wiederhergestellte **Garten** einige hundert Meter nördlich des Schlosses entstand ursprünglich im 17. Jahrhundert als erster barocker Terrassengarten nördlich der Alpen. Seine Herzstücke sind jetzt wieder die abgezirkelten Beete und Buchsbaumhecken, der Spiegelteich mit der rekonstruierten Herkulesfigur, die Kleine Kaskade und das neue Globushaus.

■ Gottorfer Globus

Bei seiner Entstehung vor 350 Jahren galt der Globus als astronomisches Wunderwerk: Herzog Friedrich III. beauftragte den Hofmathematiker Adam Olearius (1599–1671) mit der Erstellung eines großen Globus, der sowohl die Erde als auch den Himmel darstellen sollte. Es entstand eine begehbare Kugel von drei Meter Durchmesser, in der bis zu zwölf Personen sitzen und den Lauf der Sterne nachvollziehen konnten. Als Gottorf nach dem Nordischen Krieg auf der Verliererseite stand, erbat sich der zu den Gewinnern gehörende Zar Peter der Große (1672–1725) 1713 den Globus als Geschenk, so dass dieser auf einer dreijährigen Reise nach Sankt Petersburg transportiert wurde. Zunächst auf einem Schiff, das ausgerechnet ›Der halbe Mond‹ hieß. Der Globus wurde 1942 von der deutschen Wehrmacht in Leningrad sichergestellt und nach Neustadt an der Ostsee gebracht, 1947 aber als

Schloss Gottorf, Innenhof

Der berühmte Globus

Kriegsbeute an die Sowjetunion zurückgegeben. Durch diese Transporte, durch Feuer und andere Kriegseinwirkungen stark beschädigt, befindet sich der Globus heute noch in Sankt Petersburg.
Doch Gottorf wollte auch einen Globus, und so beschloss man 1999, das Erd- und Himmelsbild nachzubauen. Zuerst entstand ein demonstrativ modernes Globushaus im Garten. Doch mangels genauer Darstellungen war eine völlig originalgetreue Rekonstruktion des Globus nicht möglich. Man trug zusammen, welche Karten damals bekannt waren und wie Himmel und Erde bei Olearius ausgesehen haben könnten – mit Kalifornien als Insel vor dem amerikanischen Kontinent.

Museen

Im Schloss befinden sich heute das Archäologische Landesmuseum, das die Geschichte Nordeuropas von der Steinzeit bis ins Hochmittelalter zeigt, und das Landesmuseum für Kunst und Kulturgeschichte mit Sammlungen vom Mittelalter über die Moderne bis zur Gegenwart.
Archäologisches Landesmuseum: Von den zehn Millionen Funden, über die das Museum verfügt, kann nur ein kleiner Teil ausgestellt werden. Sie decken 80 000 Jahre Menschheitsgeschichte in Nordeuropa ab, von der Steinzeit bis ins Mittelalter. So sind aus der Zeit der Neandertaler Faustkeile, Schaber und Feuersteine zu sehen. Nach der letzten Eiszeit vor 14 000 Jahren wanderten Herden von Rentieren und Wildpferden umher, gefolgt vom Homo sapiens, geblieben sind neben Knochen und Geweihen Waffen, Fischfanggeräte und Gefäße aus Ton; in der Jungsteinzeit wurden die ersten Gruppen sesshaft. Dann taucht das Zeitalter der Metalle auf, dokumentiert durch verbesserte Waffen, Schmuck und Grabbeigaben. Die Eisenzeit begann im 6. Jahrhundert vor unserer Zeitrechnung. Aus dieser Periode stammen auch die Moorleichen, von denen das Kind von Windeby die bekannteste ist. Im 3. und 4. Jahrhundert unserer Zeit kam es in der Region zu erbitterten Kämpfen, nach denen es üblich war, Waffen und Ausrüstungen der Unterlegenen in einem Opfersee zu versenken. Zu den größten und besterhaltenen Funden aus einem Opfersee gehört das 23 Meter lange, im Jahr 320 erbaute Nydamboot

Einzigartig: das Nydamboot im Archäologischen Landesmuseum

▶ Karte S. 260

aus Eichenholz, das 1863 in Sønderborg gefunden wurde und dessen Geschichte ausführlich erklärt wird. Zu den thematischen Sammlungen gehört die Beschäftigung mit dem Tod und dem Jenseits über die Jahrhunderte sowie die von Familie Guldager gestiftete Sammlung von afrikanischen Kult- und Kulturgegenständen.
Landesmuseum für Kunst und Kulturgeschichte: Die Sammlung zeichnet sich durch ihre Vielfalt aus. Zu den berühmtesten Werken der Kunst vom Mittelalter bis zur Neuzeit gehören die Fayencen aus dem Ostseeraum vom Tafelgeschirr bis zum Miniatursegelschiff, die Gemälde von Lucas Cranach d.Ä. und seiner Werkstatt sowie die rund 450 Werke umfassende Sammlung von Expressionisten und Brücke-Malern der Stiftung Rolf Horn.
Schloss Gottorf und seine Ausstellungen werden in den nächsten Jahren umfassend renoviert und neu angelegt. Große Teile des Schlosses werden dann für Besucher über einen längeren Zeitraum nicht zugänglich sein. Die genauen Daten stehen noch nicht fest.

Haithabu

Der Ort Haithabu wurde um das Jahr 770 von Dänen und Schweden als Umschlagstelle für den Handel zwischen Skandinavien, Westeuropa sowie dem Ostseeraum einerseits und dem Nordseeraum andererseits gegründet. Seine strategische Lage wurde durch die Landenge zwischen dem Westende der Schlei bestimmt, die zur Ostsee führt, und der Treene, die die Verbindung zur Nordsee darstellt. Über diese Enge führte der damals bedeutendste Handelsweg Nordeuropas, der Ochsenweg, weiter über die Halbinsel Jütland nach Norden.
Bis ins 9. Jahrhundert gehörte die gesamte Region zum Reich der Dänen, die von Süden vordringenden Franken sahen den

Haithabu

weiter südlich verlaufenden Fluss Eider als Grenze an. Im Jahr 808 zerstörte zudem der dänische König Gudfred die slawische Handelssiedlung Rerik in der Nähe des heutigen Wismar und siedelte alle dänischen Händler nach Haithabu um, was den Ort zu einer der größten Handelssiedlungen zwischen Nord- und Ostsee machte. In dieser Zeit lebten etwa 1000 Menschen ständig in Haithabu. Nicht ganz geklärt ist das Verhältnis zwischen ansässigen Händlern und Wikingern, die hier wohl Handel trieben, aber die Region auch als Ausgangspunkt für ihre Raubzüge nutzten.
Im Jahr 934 besiegte der ostfränkische König Heinrich die Dänen in der Schlacht von Haithabu und eroberte die Stadt. Noch dreimal wechselte im 10. Jahrhundert die Kontrolle über Haithabu. Ebenfalls in dieser Zeit drang das Christentum nach Norden vor. 948 sorgte Heinrichs Sohn Otto dafür, das Haithabu eine Kirche bekam und gleich Bischofssitz wurde. Der Ort hatte jetzt mehr als 1500 Einwohner. Sie waren seit 950 durch einen halbkreisförmigen Wall geschützt, der in Verbindung zum nahe gelegenen Wallsystem des Danewerks gehörte. Nach-

dem der dänische König Harald Blauzahn oder sein Sohn Sven Gabelbart die Kontrolle übernommen hatten, scheinen sie ein Arrangement mit dem deutschen Kaiser getroffen zu haben: Sie erkannten seine Oberhoheit an, und er kümmerte sich nicht weiter um die Region.

Im Jahr 1050 nahte dann das Ende von Haithabu in Person des norwegischen Königs Harald, der den Ort weitgehend zerstörte. Er wurde zwar noch einmal aufgebaut, doch bereits 1066 erfolgte ein neuer Angriff, diesmal von den Slawen, die die Stadt plünderten und in Brand steckten. Die Einwohner flohen und siedelten sich nördlich der Schlei im heutigen Schleswig an. Und mit Haithabu endete auch die Zeit der Wikinger, die schon seit einigen Jahrzehnten schwere Niederlagen hatten hinnehmen müssen.

Ausgrabungen

Da der Wasserstand in Ostsee und Schlei anstieg, verfielen die Reste der Siedlung recht schnell. Bei Grabungen Anfang des 20. Jahrhunderts war der Wall noch gut auszumachen, die Feuchtigkeit des Bodens hatte vieles konserviert, und die ganze Gegend am Haddebyer Noor war nie überbaut worden. Ab Sommer 1949 wurden die Hafenbefestigungen Zug um Zug gesichert, man fand Reste von Wikingerschiffen, persönlichen Schmuck und anderes Kleingerät. Ab 2002 wurde unter Anwendung von magnetischer, geophysikalischer Prospektion, also der Vermessung der oberen Erdschichten, eine Art Stadtplan von Haithabu erstellt, auf dessen Grundlage von 2005 bis 2010 gezielt wieder gegraben wurde. Im Sommer 2017 untersuchte man ein bereits bekanntes Gräberfeld. Die Funde werden jetzt in einem modernen Museum der Öffentlichkeit zugänglich gemacht. Zusammen mit dem Danewerk steht Haithabu seit 2018 auf der Liste des UNESCO-Welterbes.

Wikinger Museum Haithabu

Das Wikinger Museum Haithabu gehört zu den bedeutendsten archäologischen Museen Deutschlands. Es präsentiert Funde aus einer Handelsstadt vor 1000 Jahren. Ein **Stadtmodell** veranschaulicht, wie sich Haithabu am Ende der Schlei entwickelte, welche Produkte gehandelt wurden und mit welchen Werkzeugen die Menschen umgingen.

Im Wikinger Museum Haithabu

▲ Karte S. 242

Eine Ziegelmauer verstärkt den Wall des Danewerks

Besonders herausgegriffen wurde ein Geweihschnitzer, der Kämme und Nadeln, aber auch Spielsteine aus Knochen und Geweihen fertigte. Andererseits hinterließen auch Könige hier ihre Spuren, zum Beispiel in Form von Runensteinen, die für gefallene Krieger aufgerichtet und beschrieben wurden. Doch die Gräber bargen auch wertvollen Schmuck, fein ziseliert aus Gold und Edelsteinen. Einer der Höhepunkte der Ausstellung ist das **Wrack** eines königlichen Kriegsschiffes. Mit über 60 Mann Besatzung zählte es zu den schnellsten auf der Ostsee. Zwei Filme, davon einer für Kinder, erklären das Alltagsleben der Menschen der damaligen Zeit.

Im etwa einen Kilometer entfernten Außenbereich wurden **sieben Häuser** wieder aufgebaut, fünf von Händlern und Handwerkern, dazu eine Herberge und ein Versammlungshaus. Sie sind eine frühe Form des Fachwerkhauses mit einer Holzbalkenkonstruktion und einer Verfüllung der Wandflächen mit geflochtenen Ästen und Lehm. Die Dächer waren mit Reet oder Stroh gedeckt. Nach Schätzungen haben diese Häuser nur etwa zehn Jahre gehalten. Länger standen die Bohlenhäuser, bei denen Bretter nebeneinander senkrecht in den Boden geschlagen wurden. Die Zwischenräume wurden durch Moos abgedichtet. Das ›Haus des Fischers‹ bestand ebenfalls vollständig aus Holz, doch hier sind Kanthölzer waagerecht aufeinander gestapelt und an den Ecken verkämmt, wie man dies von Blockhäusern aus anderen Regionen kennt. Über unebene hölzerne Planken gehen Besucher durch das kleine Dorf und hinunter zum **Hafen** am Noor.

Danewerk

Die Wallanlage Danewerk befindet sich an der engsten Stelle der Halbinsel Jütland, zwischen der Schlei im Osten und der Treene im Westen. Auch wenn es letztlich keine Beweise gibt, wer welchen Teil der insgesamt 20 Kilometer langen Wälle gebaut hat, so ging es doch offensichtlich um die Kontrolle des bedeutenden Handelsweges auf Jütland, des in Nord-Süd-Richtung verlaufenden Ochsenwegs, und um eine Kontrolle der Bewegungen zwischen den Dänen im Norden und den Franken im Süden. Die ersten **Wälle** wurden etwa in den Jahren 450 bis 500 errichtet; sie bestanden aus Erde und Soden, viereckig ausgestochenen, mit Gras oder Heide bewachsenen Erdlappen. Der Hauptwall war in dieser Form etwa 2 Meter hoch, 7

Durch den Wall sollten vorrückende Armeen aus dem Süden aufgehalten werden

bis 8 Meter breit und 4 Kilometer lang. Zug um Zug wurden danach die Wälle verlängert und vergrößert, im 6./7. Jahrhundert waren es schon 4 Meter Höhe und 15 Meter Breite. Um das Jahr 740 herum, also zu Beginn der Wikingerzeit, beschleunigte sich der Bau. Im Wasser der Schlei kam eine etwa 1,6 Kilometer lange Seesperre hinzu, die aus sandgefüllten Holzkisten bestand.

Seit dem 9. Jahrhundert gab es Berichte, dass sich ein einziges Tor im Wall befand, das tatsächlich erst 2010 gefundene Wieglesdor. Untersuchungen von verbautem Holz bestätigten nochmals die frühe Bauzeit sowie die Tatsache, dass dieser sechs Meter breite Durchlass rund 700 Jahre in Betrieb war. Wie er genau aussah, ob es Holztore und Gebäude gab, ist weiterhin unklar.

Dass Wallsystem schützte auch die Handelsstadt Haithabu. Etwa im Jahr 950 umgab man die Hafenstadt mit einem 1,3 Kilometer langen, halbkreisförmigen Wall, der später mit dem Hauptwall am Dannewerker See verbunden wurde. Um das Jahr 985 errichtete König Harald Blauzahn oder sein Sohn Sven Gabelbart mit dem 6,5 Kilometer langen Kograben den letzten Teil der Wallanlage, nachdem die Franken unter Heinrich I. und Otto II. Haithabu vorübergehend okkupiert hatten. Er ist ein schnurgerader und äußerst präzise erbauter Wall mit Palisade und v-förmigem Wallgraben. Wirklich gebraucht wurde er schließlich nicht mehr, denn die Franken zogen wieder ab, und nach zwei Angriffen der Norweger (1050) und der Slawen (1066) gaben die Dänen Haithabu auf und zogen sich an das Nordufer der Schlei zurück.

Direkt am Kograben befinden sich die **Twebargen**, zwei große Grabhügel aus der Bronzezeit, die in der dänischen Mythologie eine große Rolle spielen. Denn in der Gründungssage gab es in der Eisenzeit einen mythischen König Dan, nach dem das Volk und das Land benannt sind. Er soll, so weiter die Legende, unter einem der Hügel begraben worden sein, nachdem er in einem Gefecht in dieser Gegend gefallen war.

100 Jahre lang geschah fast nichts an der Wallanlage, dann ließ König Waldemar vier Kilometer des Hauptwalles mit einer fünf bis sieben Meter hohen Ziegelwand verstärken. Dies war eine technische wie architektonische Revo-

▸ Karte S. 242

lution, denn im 12. Jahrhundert gab es in Skandinavien zwar einige kleine Kirchen, aber keinerlei profane Bauwerke aus gebrannten Ziegeln.
Mitte des 13. Jahrhunderts verfielen die Befestigungswälle, die Ziegelmauer diente als Steinbruch. Bis heute findet sich das wertvolle Baumaterial zum Beispiel in Schloss Gottorf, in Kirchen in Schleswig und Husum sowie in zahllosen Bauernhäusern und Scheunen der Umgebung. So ist heute nur noch ein 80 Meter langes und zwei bis drei Meter hohes Relikt zu sehen, wenngleich sich weitere Mauerteile unter dem grasbewachsenen Wall verbergen.
Rund 600 Jahre passierte nicht viel am Danewerk, dann geriet das Bauwerk in den Ersten Schleswigschen Krieg (1848–1850) und wurde mit zahlreichen Kanonenschanzen versehen, die mittlerweile bis auf eine Ausnahme geschleift wurden. Die **Kanonenschanze 14** hingegen wurde 2014 von deutschen und dänischen Pionieren wiederhergestellt. Auch im Zweiten Weltkrieg wurde das historische Bauwerk wieder rekrutiert und sollte als Panzersperre dienen. Dabei wurden große Zerstörungen angerichtet, die jedoch weitgehend repariert sind. Nach 1945 wurden sämtliche Ausbauten der Wehrmacht beseitigt. Gelegentlich gibt es Bestrebungen, den direkt benachbarten Militärflughafen Jagel auszubauen, was bisher aber verhindert werden konnte.
Neben der Geschichte des Danewerks befindet sich im **Museum** eine Ausstellung über das Verhältnis von Dänen und Deutschen in jüngerer Zeit.
In den nächsten Jahren wird am Danewerk ein völlig neues Museum gebaut, das die Ausstellungen besser präsentieren kann. Zudem werden neue Wege angelegt, die Spaziergänge auf Rundwegen entlang der Wälle ermöglichen.

i Schleswig, Haithabu, Danewerk

Tourist-Information, Plessenstr. 7, 24837 Schleswig, Tel. 04621/850056; Juni–Aug. Mo–Fr 10–18, Sa/So/Fei 10–14 Uhr, Sept. Mo–Fr 10–17, Sa/So/Fei 10–14 Uhr, Apr., Mai, Okt. Mo–Fr 10–17, Sa 10–14 Uhr, Nov.–März Mo–Fr 10–16 Uhr. www.ostseefjordschlei.de und www.schleswig.de

Alter Kreisbahnhof, Königstr. 9, 24837 Schleswig, Tel. 04621/30200; DZ ab 144 €. Der alte Schleswiger Bahnhof von 1904 wurde in ein Drei-Sterne-Hotel mit 31 Zimmern verwandelt, in dem Behinderte und Nichtbehinderte die Gäste erwarten. Zentral in der Nähe der Altstadt gelegen, ansprechendes Restaurant mit lokaler Küche. www.hotel-alter-kreisbahnhof.de

Bed and Breakfast am Dom, Töpferstr. 9, 24837 Schleswig, Tel. 04621/485991; DZ ab 130 €. Das 200 Jahre alte Stadthaus liegt im Zentrum der Altstadt, aber trotzdem ruhig, vor allem im wunderbar grünen Stadtgarten. Individuell eingerichtete Zimmer, gutes Frühstück mit regionalen Bioprodukten. www.bb-schleswig.de

Strandhalle, Strandweg 2, 24837 Schleswig, Tel. 04621/9090; DZ ab 120 €. Die direkte Wasserlage an der Königswiese ist nicht zu überbieten. Die 30 Zimmer sind recht geräumig und ein bisschen altmodisch. Ordentliches Restaurant. www.hotel-strandhalle.de

Strandleben, Schleibogen 6, 24837 Schleswig, Tel. 04621/3969965; DZ ab 99 €. An dieser Stelle, die ›Kap der Freiheit‹ genannt wird, stand einst eine Kaserne, und das heutige Hotel war das Offizierskasino. Jetzt ist es modern und geschmackvoll eingerichtet; zum Wasser sind es nur ein paar Schritte. Das anspruchsvolle Restaurant bietet frische Produkte aus der Region. www.strandleben-schleswig.de

Waldschlösschen, Kolonnenweg 152, 24837 Schleswig, Tel. 04621/3830; DZ ab 159 €. 1906 eröffnete ein Apotheker direkt am Pöhler Wildgehege am Stadtrand ein Ausflugslokal, um Mineralwasser aus einer hiesigen Quelle anzubieten. Seit die Familie Behmer 1955 das Haus übernahm, ist nicht nur die Getränkeauswahl eindeutig größer; 100 Zimmer stehen zur Verfügung. Im Garten wurde ein Spa-Bereich mit Saunen, Eisbrunnen und Schwimmbad eingerichtet. Die beiden Restaurants ›Olearius‹ und ›Fasanerie‹ bieten regionale Küche auf hohem Niveau, letzteres ist auf Wildgerichte spezialisiert. www.hotel-waldschloesschen.de

Wohnmobilstellplatz, Am Hafen 5, 24837 Schleswig, Tel. 04621/801450, 0172/4387335; März–Nov. 48 Plätze mit sanitären Anlagen, direkt am Schleihafen. www.womoplatz-schleswig.de

Altes Fährhaus, Dorfstr. 47, 24857 Fahrdorf, Tel. 04621/3929751. Manchmal ist es von Vorteil, etwas abseits gelegen zu sein, denn vom am Südufer der Schlei gelegenen Alten Fährhaus hat man einen hervorragenden Blick auf das Wasser, den Hafen und den Domturm. Bereits seit 1692 wird im Alten Fährhaus ein Gasthof betrieben, heute mit modernen, frischen, regionalen Gerichten. Auch Café. www.altes-faehrhaus-fahrdorf.de

Fischrestaurant Zur Schleimöwe, Süderholmstr. 8, 24837 Schleswig, Tel. 04621/24309. Seit mehr als 20 Jahren bringt das kleine Fischrestaurant in der Fischersiedlung Holm lokale und regionale Fischspezialitäten auf den Tisch. www.schleimoewe.de

Marienbad, Strandweg 1a, 24866 Busdorf, Tel. 04621/305033. Der Strand mit Rasen und Sand verbreitet Ausflugsatmosphäre, doch gleichzeitig ist die Küche in diesem Café und Restaurant recht anspruchsvoll, so dass es oft für Events gebucht wird. Legendär sind die Fischsuppen und Fischeintöpfe. www.strandrestaurant-marienbad.de

Odins Haddeby, Haddebyer Chaussee 13, 24866 Busdorf, Tel. 04621/850500. Das historische Gasthaus aus dem Jahr 1828 bietet innovative lokale Küche in kleiner, aber feiner Auswahl mit Wikinger-Einschlag (Wikinger-Pizza!). Biergarten mit Schleiblick, Hofladen. www.odins-haddeby.de

Senator-Kroog, Rathausmarkt 9–10, 24837 Schleswig, Tel. 04621/22290. 1884 wurde das Gasthaus in der Altstadt erstmals erwähnt, 100 Jahre später wurde es vorsichtig modernisiert, doch immer noch verteilen sich die Tische auf fünf Stuben. Fisch und Fleisch aus der Region bestimmen die Speisekarte. www.senatorkroog.de

Wikingerschänke, Am Margarethenwall 2, 24866 Busdorf, Tel. 04621/32190. Rustikale Umgebung, rustikales Programm (Axtwerfen) und rustikale Speisen – hier kann man sich fast als Wikinger fühlen. Gut als Gruppenerlebnis mit vierstündigem Programm an Odins Tafel. www.wikingerschaenke.de

Wikingturm, Wikingeck 5, 24837 Schleswig, Tel. 04621/33040. Café und Restaurant auf dem einzigen Hochhaus weit und breit, natürlich mit bester Aussicht. https://wikingturm-restaurant.de

Zander's Nordlicht, Am Hafen 2, 24837 Schleswig, Tel. 04621/290207; tgl. 11–21 Uhr. Fischbrötchen mit Hafenblick, aber auch Currywurst. www.zanders-nordlicht.de

Im Stadtteil Holm gibt es mehrere Cafés in der Umgebung des historischen Friedhofs.

Dreifaltigkeitskirche, Husumer Baum 86, 24837 Schleswig.

Bugenhagenschule, Friedrichstr. 103, 24837 Schleswig.

Stadtmuseum Schleswig, Friedrichstr. 9–11, 24837 Schleswig, Tel. 04621/936820; Di–So 10–17 Uhr. www.stadtmuseum-schleswig.de

▸ Karte S. 260

Teddy Bär Haus im Stadtmuseum. www.stadtmuseum-schleswig.de/teddy-baer-haus

Holm-Museum, Süderholmstr. 2, 24837 Schleswig, Tel. 04621/936820; tgl. 10–18 Uhr. www.stadtmuseum-schleswig.de

St.-Johannis-Kloster, Am St. Johanniskloster 14, 24837 Schleswig. Die Klosteranlage ist frei zugänglich, auch in den Schwahl gelangt man durch zwei Türen. Kirche, Kapitelsaal und Rempter können aber nur im Rahmen einer Führung betreten werden. Dies geht bei jenen Stadtführungen, die das Kloster ausführlich berücksichtigen oder über die Geschäftsführerin Josephine Hubalek (Tel. 0152/53678931). https://www.st-johannis-kloster.de

Museum für Outsiderkunst, Stadtweg 57 (Präsidentenkloster), 24837 Schleswig, Tel. 04621/850839; Mi–Fr 14.30–17.30 Uhr. 1656 errichtete der Gottorfer Kanzler Johann Adolph Kielmann von Kielmannsegg das Gebäude als Armenhaus. Zehn Personen sowie zwei pflegebedürftige Bedienstete der Familie Kielmannsegg zogen ein. Die Stadt Schleswig übernahm das Stift 1932 und baute das Gebäude um: Das Museum für Outsiderkunst widmet sich in Zusammenarbeit mit der Fachklinik Schleswig der künstlerischen Kreativität von Menschen, die am Rande der Gesellschaft stehen. Seit 2005 erlaubt eine deutschlandweit einmalige Artothek einen ausführlicheren Blick auf solche Kunstwerke. www.museen-sh.de/museum/DE-MUS-920216

Schloss Gottorf (Landesmuseum), Schlossinsel 1, 24837 Schleswig, Tel. 04621/813222; April–Okt. Mo–Fr 10–17, Sa/So 10–18 Uhr, Nov.–März Di–Fr 10–16, Sa/So 10–17 Uhr. https://schloss-gottorf.de

Museum für Archäologie, Schloss Gottorf (Landesmuseen), Schlossinsel 1, 24837 Schleswig, Tel. 04621 813222; Di–Fr 10–16, Sa/So 10–17 Uhr. https://museum-fuer-archaeologie.de

Im Garten: **Gottorfer Globus** und **Barockgarten** mit separatem Eintritt; April–Okt. Mo–Fr 10–17, Sa/So 10–18 Uhr. https://gottorfer-globus.de

Wikinger Museum Haithabu, Am Haddebyer Noor 3, 24866 Busdorf bei Schleswig, Tel. 04621/813122; April–Okt. tgl. 9–18, Nov.–März Di–So 10–16 Uhr. www.haithabu.de und https://haithabu-danewerk.de

Danewerk, Ochsenweg 5, 24867 Danewerk, Tel. 04621/37814; März/Apr. Di–So 10–16 Uhr, Mai–Sept. Mo–Fr 9–17, Sa/So 10–16, Okt./Nov. Di–So 10–16 Uhr; Dez.–Feb. geschlossen. www.danevirkemuseum.de und https://haithabu-danewerk.de www.unesco.de/kultur-und-natur/welterbe/welterbe-deutschland/archaeologischer-grenzkomplex-haithabu-und-danewerk

Im Mai findet der **Stadtlauf** auf den Königswiesen statt, im Juni ein **Radmarathon** und ein **Triathlon**, im September der **Treppenlauf** über 1000 Stufen an der Lollfußtreppe. Im Herbst wird die Ernte mit den **Kohltagen**, den **Rübentagen** und dem **Grünkohlfest** gefeiert. Musikalisch werden viele Wochenenden im Sommer begangen, von der **Maisause** über den **Schleswiger Musiksommer** rund um den Kornmarkt und **Schleswig swingt** bis zum **Hafenfest**. Rockfans stehen auf das **Baltic Open Air** in Haddeby. Im Mai findet am Schloss der **Gottorfer Landmarkt** statt, zu Pfingsten die schottischen **Highland Games**. Im August übernehmen die Wikinger (www.wikingertage.de) kurzzeitig wieder die Macht. Buchhandlungen und die Stadtbücherei organisieren Lesungen für Kinder und Erwachsene, während im November die **Märchentage** stattfinden. Auf dem **Norden Festival** (www.norden-festival.com) im August/September präsentiert sich Skandinavien von Kunsthandwerk über Design bis zur Kulinarik. Das Schleswig-Holsteinische Landestheater und die Puppenbühne in der Trauminsel präsentieren sich. Im November und Dezember finden **Weihnachts- und Kunsthandwerkmärkte** statt; am stimmungsvollsten ist der **Schwahlmarkt** (www.schwahlmarkt.de) im Kreuzgang des Doms.

Stadthafen, Am Hafen 5, 24837 Schleswig, Tel. 04621/801450, 0172/4387335; März–Nov. tgl. 8–10 Uhr, im Sommer auch tgl. 14.30–16.30 Uhr. Sehr zentral zur Altstadt und in Fußwegentfernung zum Fischerdorf Holm, 185 Liegeplätze mit Strom- und Wasseranschluss sowie neue Sanitäranlagen. www.hafen-schleswig.de
Schlei-Segel-Club e. V., Am Luisenbad 4, 24837 Schleswig, Tel. 04621/23510, Hafenmeister (für Platzreservierungen): 04621/484930. www.schlei-segel-club.de
Der zweite Hafen der Stadt ist der **Wiking Yachthafen** rund um das Hochhaus Wikingturm. Wikingeck 11, 24837 Schleswig, Tel. 04621/35666. 350 Liegeplätze für Sportboote, Strom- und Wasseranschluss, Tankstelle, Kran und Slipbahn sowie einen Motorservice.
www.wiking-yachthafen.de
Fünf Schiffe verkehren von Schleswig aus auf der Schlei. Die kürzeste Strecke bewältigt mehrfach am Tag die Hamburger Barkasse ›Hein Haddeby‹, die vom Stadthafen zum Anleger Haithabu und zurück fährt. So gelangt man nicht nur bequem in 15 Minuten zum Museum, sondern vermeidet auch die Fahrt durch die Stadt, wenn man zum Beispiel einen Fahrradausflug in die Region südlich der Schlei unternehmen will. www.hein-haddeby.de
Der Dampfer **Wappen von Schleswig** ist fast 100 Jahre alt und verkehrt im Sommer zu verschiedenen Anlegern entlang der Schlei, auf manchen Fahrten auch bis Schleimünde und von dort zurück nach Kappeln. www.schleischifffahrt.de
Die **Nordlicht** und der Raddampfer **Schlei Princess** bedienen mehrere Orte an beiden Ufern der Schlei, einige Fahrten gehen auch bis Schleimünde.
www.schleiraddampfer.de
Das moderne Schiff **Stadt Kappeln** erleichtert den Zutritt für Behinderte und Radfahrer und verkehrt ebenfalls im Sommer zwischen Schleswig, Schleimünde und Kappeln.
www.schlei-ausflugsfahrten.de

Fjordarium, Friedrich-Ebert-Str. 1, 24837 Schleswig, Tel. 04621/801180. Großes Hallenbad mit 25-Meter-Bahnen, Sprungtürmen und Nichtschwimmerbereich. Im Wellnessbereich finden sich eine finnische Salzkristallsauna, ein Sanarium, ein Dampfbad sowie Infrarotkabinen. Ganz neu ist die zweite finnische Sauna im Garten.
www.fjordarium.de

Giftbude, Stadtweg 86, 24837 Schleswig, Tel. 04621/5304498. Jede Menge hochwertige Souvenirs mit Schleibezug, die meist von den Schleswiger Werkstätten hergestellt wurden.
www.schlei-shop.de
Keramikstube, Rathausmarkt 14, 24837 Schleswig, Tel. 04621/24757; Mo–Fr 9.30–18, Sa 9.30–16 Uhr. In einem historischen Haus aus dem Jahr 1517, in dem sich einst die Hofapotheke befand, wird jetzt Kunsthandwerk verkauft, vor allem Keramik, aber auch Textilien und anderes aus Skandinavien. Café im Haus.
www.keramikstube-schleswig.de
Thors Schmiede, Stadtweg 34, 24837 Schleswig, Tel. 04621/9911060. Wer sich mal als Wikinger fühlen möchte, findet hier die komplette Ausstattung vom Schwert bis zum Zelt.
www.thorsschmiede.de
Bunde Wischen, Biohof, Königswiller Weg 13, 24837 Schleswig, Tel. 04621/984080; Di–Fr 9–18, Sa 9–13 Uhr. Die Genossenschaft hält rund 1000 Galloway-Rinder artgerecht auf Naturschutzflächen. Neben dem Galloway-Fleisch gibt es im Hofladen Wurstwaren und Fertiggerichte aus eigener Produktion.
www.bundewischen.de

Karte S. 260

Die Schlei – Schwansen und Angeln

Die Schlei ist kein Fluss, denn ein Fluss hat eine Quelle, und die Schlei hat keine. Sie ist vielmehr ein Fjord, also ein Meeresarm. Dieser entstand zum Ende der letzten Eiszeit, der sogenannten Weichsel-Eiszeit (vor ca. 115 000–10 000 Jahren), als die bis zu 300 Meter dicken Gletscher anfingen zu schmelzen und das Schmelzwasser mit großem Druck einen Weg zum Ende des Gletschers suchte. Das ablaufende Wasser grub sich eine tiefe Rinne in die Erde – die heutige Schlei.

Sie ist etwa 42 Kilometer lang und reicht von Schleimünde an der offenen Ostsee bis nach Schleswig, wo sie in einem großen See endet. Der Fjord zeichnet sich durch einen Wechsel von seeartigen Bereichen, den ›Breiten‹, und flussförmigen Abschnitten, den ›Engen‹, aus. An der Großen Breite beträgt die Entfernung vom Süd- zum Nordufer 4000 Meter; nur wenig davon entfernt, an der Missunder Enge, sind es dagegen nur 153 Meter. Im Durchschnitt ist die Schlei etwa 1300 Meter breit. Auch die Wassertiefe wechselt stark. An den meisten Stellen beträgt sie nicht mehr als drei Meter. Die Noore sind besonders flach, zudem drohen die Ufer zu verlanden. Weil die Schlei nicht sehr tief und die Schleimündung mit 90 Metern sehr schmal ist, führt sie vor allem Brackwasser, eine Mischung aus Salzwasser und Süßwasser. Der Salzgehalt nimmt von Schleimünde (1,8 Prozent) bis Schleswig (0,4–0,8 Prozent) ab.

Die Region eignet sich sehr gut für Aktivitäten: Segeln und Kanu fahren auf dem Wasser, Radeln und Wandern auf dem Land. So kommt man an einigen großen Gütern vorbei und trifft auf gut erhaltene Dörfer, in denen die Fachwerkhäuser noch reetgedeckte Dächer tragen. Die Schlei trennt die beiden Landschaften Angeln im Norden und Schwansen im Süden, die sich in der Geschichte auch oft nicht grün waren. Der Fjord lässt sich nur an vier Stellen überqueren: mit der Autofähre Brodersby–Missunde, auf der Brücke in Lindaunis (die wegen Bauarbeiten bis 2024 oft geschlossen ist), mit der Autofähre Arnis/Winnemark (nur im Sommer) und über die Brücke in Kappeln. 15 Minuten vor jeder vollen Stunde werden die Brücken hochgeklappt, um Schiffe durchzulassen.

Schwansen

Schwansen ist die Landschaft südlich der Schlei. Sie ist landwirtschaftlich geprägt, hier liegen einige der großen Güter, aber auch kleine Dörfer mit wunderbar renovierten Reetdachhäusern. Es ist eine hervorragende Gegend zum Wandern und Radeln und für Aktivitäten auf dem Wasser.

An der Marina Hülsen

Gemeinde Kosel

Als 1977 die Dörfer Kosel, Bohnert, Hülsen, Missunde, Lundshof, Weseby und Ornum vereinigt wurden, entstand die Gemeinde Kosel in ihrer heutigen Form; sie hat knapp 1400 Einwohner. Die Region ist bereits seit der Jungsteinzeit gesiedelt; auch die Wikinger hinterließen die Reste von zwei Siedlungen, einem Friedhof und des Osterwalls, der Teil des Befestigungswerks Danewerk war. Im Mittelalter gehörte die Gegend zum Bistum Schleswig, im 15. Jahrhundert war das Schleswiger Domkapitel direkt Eigentümer von Grund und Boden. Nach der Reformation ging das Eigentum von der Kirche jedoch auf den König über, der damit wenig anfing. So blieb **Kosel** ein Bauerndorf, während sich im Rest von Schwansen die Gutsbewirtschaftung durchsetzte, die oft dazu führte, dass die Bauern als Leibeigene behandelt wurden.

Der erstmals 1115 erwähnte Fährort **Missunde** befindet sich an der engsten Stelle der Schlei und war deshalb oft Schauplatz von Auseinandersetzungen und Kämpfen. Schon gegen die Wenden, die östlich von Kiel siedelten, wurde am Nordufer ein Wall und in Brodersby eine Burg gebaut. König Karl X. Gustav von Schweden zog 1656 nach seinem Sieg über die polnische Armee durch Missunde und richtete große Verwüstungen an. Im Februar 1864 kam es im Deutsch-Dänischen Krieg zum Gefecht von Missunde, bei dem die preußische Armee versuchte, Missunde in einer Blitzattacke zu nehmen, um hier die Schlei überqueren zu können. Dies misslang, weil die Dänen trotz zahlenmäßiger Unterlegenheit die Angreifer zurückschlugen. Drei Tage später konnten die Dänen ihre Linie aber nicht mehr halten und zogen ab, wodurch das mittelalterliche Danewerk insgesamt als Verteidigungslinie ausgedient hatte.

Hundert Meter südlich des Ortes Missunde befindet sich die **Gedenkstätte** für die Gefallenen des Gefechts von Missunde. Auf ihrem Gelände ist zudem ein etwa 4800 bis 5500 Jahre altes **Ganggrab** zu sehen. Es hat einen trapezförmigen Grundriss und war einst von einem kreisförmigen Erdhügel von 30 bis 35 Metern Durchmesser und drei Metern Höhe bedeckt. Elf Steine standen im Grab

Schlicht zeigt sich St. Laurentius im Innern

Karte S. 242

aufrecht und trugen vier Deckenplatten für die etwa 1,30 Meter hohe Kammer, die 5,25 Meter lang und auf der einen Seite 1,68 Meter, auf der anderen 2,20 Meter breit war. Ein 65 Zentimeter breiter Gang führte hinein. 1842 wurde die Kammer ausgeräumt: Es fanden sich verzierte Tongefäße, Bernsteinperlen, Feuersteine und stark verweste Knochenreste. 1961 wurde das Grab erneut freigelegt und restauriert.

Kirche St. Laurentius

Im 12. Jahrhundert unterstützte der dänische König finanziell die Umwandlung von Holzkirchen in Feldsteinkirchen, mit großer Sicherheit auch hier bei der Laurentius-Kirche in Kosel. Aus unterschiedlich großen, weitgehend unbearbeiteten Felssteinen entstand eine kleine, einschiffige Kirche mit einem Kastenchor im Osten, der aussah wie ein angebautes Zimmer. Abseits wurde damit begonnen, einen runden Turm aus Feldsteinen zu mauern. Erst später wurde der Turm aus Ziegeln weiter aufgemauert und mit dem Kirchenbau verbunden. Auch die Apsis wurde erhöht und verlängert, so dass sie von außen wie eine verkleinerte Kopie des Kirchenschiffs wirkt. Innen ist sie jedoch mit einem Kreuzrippengewölbe versehen, das Mitte des 17. Jahrhunderts mit biblischen Szenen ausgemalt wurde. In der Kirche findet man ein steinernes **Taufbecken** (12. Jh.) und einen **Altaraufbau** (1669) mit einer Kreuzigungsgruppe früheren Datums. Sie stellt Jesus am Kreuz dar, aber zu seinen Füßen stehen nicht wie sonst üblich Maria und Johannes, sondern Katharina von Alexandrien und der heilige Laurentius. Katharina galt als eine der vier großen Jungfrauen, wird aber inzwischen als erfundene Person angesehen. Laurentius soll im 3. Jahrhundert als Diakon dem Papst gedient haben.

Interessant ist das aus dem Jahr 1683 stammende **Gemälde** neben der Kanzel, das die ersten acht Pastoren der Kirche nach der Reformation zeigt. Auf dem Boden liegen Rosenkranz und Mitra, Symbole des Papstes, die ihre Bedeutung verloren haben.

Die kleine Kirche wurde 1863 erneut umgebaut. Die Wände wurden um einen Meter erhöht, drei große Fenster in die Südwand eingebaut, während die kleinen Fenster in der Nordwand bestehen blieben, vor die eine hölzerne Empore gesetzt wurde. Das Dach wurde mit britischem Schiefer gedeckt, die Gruft unter dem Altarraum zugemauert. Eine weitere umfassende Renovierung erfolgte 1968, als die Gewölbemalereien wieder freigelegt und die Grabplatten aus dem Mittelgang entfernt wurden. Sie lehnen jetzt von außen an die Apsis der Kirche.

Rieseby

Der Ortsname Rieseby stammt – wie fast alle in der Region – aus dem Altdänischen und bedeutet ›Dorf am Wald‹. 1352 wurde er erstmals in einem Register erwähnt, wahrscheinlich ist er jedoch um einiges älter. Rieseby, einige Kilometer südlich der Schlei gelegen, zählte zu den wichtigsten Siedlungen der Halbinsel Schwansen.

Kirche S. Petri

Hauptsehenswürdigkeit in Rieseby ist die Kirche St. Petri. Um das Jahr 1220 wurde neben einem bronzezeitlichen Hügelgrab eine eher schlichte spätromanische Kirche errichtet, ein einschiffiger Backsteinbau mit einem Kastenchor im Osten, an den sich noch eine halbkreisförmige Apsis anschloss. Die Decke war zunächst flach, wurde aber wohl zum Ende des 13. Jahrhunderts gewölbt und ausgemalt. Diese Ausmalungen wurden später weiß überstrichen, bei einer Renovierung aber teilweise wieder freigelegt. Auch die farbigen Fenster kamen erst sehr spät in die Kirche.

Bei der Ausstattung fällt der **Taufstein** aus Granit ins Auge, den ein Lebensbaum schmückt. Die große **Triumphkreuzgruppe** stammt aus der Mitte des 13. Jahrhunderts; die heutige Bemalung wurde erst 1913 aufgebracht. Die Enden des Kreuzes sind mit den Symbolen der beiden Evangelisten Lukas und Markus versehen, das Fußende des Kreuzes zeigt hingegen den Stammvater Adam an einem offenen Grab, was die Überwindung des Tods durch Jesus symbolisiert. Auch das Kreuz selbst ist mit Blättern versehen und stellt einen Lebensbaum dar.

Der **Altar** stammt aus dem 17. Jahrhundert, allerdings ist der Tisch vorne mit einem bemalten Schmuckbrett aus Eichenholz aus dem späten 13. Jahrhundert versehen. Die Verzierungen aus Farbe auf vergoldetem Grund sind kaum noch zu erkennen, aber es handelt sich wohl um Darstellungen der Apostel mit Spruchbändern, die Jesus als Weltenrichter umgeben.

Mühle Anna

Die 1911 erbaute hölzerne Mühle Anna steht auf einem dreistöckigen quaderförmigen gemauerten Unterbau. Ihre Kappe mit den Mühlenflügeln ist nach dem Wind ausrichtbar. Am Fuß der Holzkonstruktion befindet sich eine umlaufende Galerie. Die Mühle hatte einen Vorgängerbau, der 1910 abbrannte. Der Müller begann sofort mit einem Neubau, weil er Teile der Mühle ›Anna‹ in Westerhever auf der Halbinsel Eiderstedt erwerben konnte. Da ›Anna‹ allerdings ein ›Erdholländer‹ war, musste zunächst ein Unterbau errichtet werden. Dieser ist recht groß ausgefallen und durch eine Galerie direkt mit dem Fachwerkhaus des Müllers verbunden.

▶ Karte S. 242

Die Mühle war bis 1978 in Betrieb, doch 1994 stark verfallen, so dass die Gemeinde Rieseby sie erwarb, gründlich restaurieren ließ und seit 1997 nutzt, im Erdgeschoss für kulturelle Veranstaltungen, in den oberen Geschossen als **Heimatmuseum** mit rund 2000 Ausstellungsstücken.

Im **Mühlenhaus** befindet sich ein Künstleratelier, im Garten werden kleinere Sammlungen von Spielzeug und Werkzeugen ausgestellt.

Sieseby

Das direkt an der Schlei gelegene Dorf Sieseby sowie das benachbarte Gut Bienebek gehörten einst dem Hamburger Kaufmann Gustav Anton Schäffer. Der ließ ab 1839 für die Gutsarbeiter gemauerte, weiß gestrichene und reetgedeckte Häuser errichten, die heute herausragend renoviert und noch mit den Initialen GAS versehen sind. 1887 allerdings verkaufte der Hamburger Ort und Gut für 615 000 Reichstaler an die herzogliche Familie Schleswig-Holstein-Sonderburg-Glücksburg, die auf Schloss Glücksburg

Mit Heimatmuseum: die Mühle Anna

Sieseby nimmt mit hübschen Reetdachhäusern für sich ein

residierte und heute noch Eigentümerin ist. Das gesamte Dorf steht seit 2000 unter Denkmalschutz.

Kirche

Im 12. Jahrhundert stand hier vermutlich eine kleine Kapelle aus Feldsteinen, bevor dann 100 Jahre später eine neue, größere Kirche errichtet wurde, einschiffig und im romanischen Stil. Um 1350 wurde der Chorraum nach Osten verlängert, das Flachdach ausgebaut und ein Kreuzrippengewölbe eingesetzt. In noch späterer, nicht bekannter Zeit wurde im Westen der Turm aus gebrannten Ziegeln auf bestehendes Mauerwerk aufgesetzt. Er wirkt durch seine geringe Höhe und große Breite massiv, wie ein Gebäuderiegel. Die eingebrachten Eisen lassen die Jahreszahl 1819 erkennen; dies ist jedoch nicht die Bauzeit, sondern in diesem Jahr fand eine große Renovierung statt. Das strenge Format der ursprünglichen Kirche wurde über die Jahrhunderte durch Anbauten verändert. Diese dienten als Sakristei (heute Soldatengedenken), als Grabkammer des lokalen Adels, als Schuppen (heute Andachtsraum mit einem von Studenten der Muthesius-Hochschule in Kiel gestalteten Engel) und als Grabkammer der Familie von Ahlefeldt, erkennbar an den Initialen und dem Familienwappen.

Bei der Ausstattung im Innern der Kirche fällt zunächst das **Kreuz** ins Auge. Der Kruzifixus stammt aus dem 12. Jahrhundert, das Kreuz aus späterer Zeit; es trug einst auch Bemalungen an den Enden und ragt zwischen den Orgelpfeifen auf. Die **Kanzel** (1592) ist von zahlreichen Reliefs geschmückt, die Szenen aus dem Alten und Neuen Testament, Verkörperungen der Tugenden und Verse darstellen. Es gibt zwei **Taufsteine**, der ältere aus Granit steht jetzt draußen vor dem Portal der Kirche. Der andere besteht aus Holz (ca. 1820); er ist im Stil des Klassizismus gestaltet und nimmt bei einer Taufe eine 1685 gestiftete Messingschüssel auf. Die **Deckenmalereien** haben früher wohl die gesamte Kirche geschmückt und stammen aus dem 15. Jahrhundert. Über der Kanzel erkennt man die Anbetung des Jesuskinds durch die Hirten, am Mittelgewölbe verschiedene bibli-

Die Kirche in Sieseby

Der weitläufige Weidefelder Strand

sche Szenen. Besonders anmutend sind die **Kronleuchter** (1811). Sie bestehen aus einem weidenartigen Flechtholz, das dann dunkel angemalt wurde, um den Eindruck zu vermitteln, die Leuchter bestünden aus Bronze.

Auf dem **Friedhof** befindet sich das Grab des Schriftstellers und Drehbuchautors Jurek Becker (1937–1997), der vor allem durch seinen Roman *Jakob der Lügner* bekannt wurde. Im Alter von zwei Jahren wurde er mit seinem Vater in das Ghetto von Lodz deportiert, nach dem Krieg ließen sie sich in Ost-Berlin nieder. Ab 1960 arbeitete Jurek Becker bei der DEFA, der Filmgesellschaft der DDR, zehn Jahre später schrieb er Romane. Er geriet zunehmend in Opposition zur DDR-Kulturpolitik und lebte für längere Zeit im Westen. Ab 1987 schrieb er die Drehbücher für die Fernsehserie ›Liebling Kreuzberg‹, in der sein Freund Manfred Krug den Anwalt Liebling verkörperte. Becker lebte viele Jahre mit seiner Frau in einem Fachwerkhaus in Sieseby.

Ein wunderbares Bild der geordneten Natur zeigt sich auf der 105 Meter langen, leicht gebogenen **Lindenallee** auf dem Friedhof. Nach dem Baumregister sind die Winterlinden *(Tilia cordata)* etwa 250 Jahre alt und 28 Meter hoch und nach Einschätzung des Autors eine Wohltat fürs Auge.

Olpenitz

Der Ort Olpenitz wurde erstmals 1285 erwähnt. Der Name stammt aus dem Dänischen und bezieht sich auf einen Landvorsprung und den Vogel Regenpfeifer, der vielleicht auf diesem Landvorsprung heimisch war. Bis zum Deutsch-Dänischen Krieg 1864 gehörte Olpenitz zu Dänemark, danach war es Teil des Orts Karby, seit 1970 ist es ein Stadtteil von Kappeln am Südufer der Schleimünde. Der historische Ort besteht aus krummen Straßen und individuellen Häusern und weist keine Besonderheiten auf. Ganz anders sieht es jedoch außerhalb aus.

Von 1964 bis 2006 war Olpenitz nämlich ein großer Stützpunkt der Bundesmarine, auf dem bis zu 1850 Soldaten und 450 Zivilisten beschäftigt waren. Als der Stützpunkt geschlossen war, interessierten sich Investoren für die 169 Hektar große Anlage. Bis 2012 soll-

▲ Karte S. 242

ten mehrere Hotels, 1000 Ferienhäuser und 2500 Liegeplätze für Freizeitboote geschaffen werden. 2011 meldete der Investor Insolvenz an. Inzwischen wurde das Gelände unter mehreren Investoren aufgeteilt, und die Bebauung in kleinerem Maßstab geht unter dem Namen Ostseeresort Olpenitz weiter.

Weidefelder Strand

Der Weidefelder Strand bietet zwei Kilometer makellosen Sandstrand mit guter Badewasserqualität. Er ist mit Toiletten, Duschen und Umkleideräumen ausgestattet; es gibt einen Surf- und Kitestrand, einen FKK-Strand, einen Hundestrand, Spielgeräte für Kinder sowie Imbisse und das Restaurant Lobster. Und das alles ohne Kurtaxe.

Brodersby, Nordhagen und Schönhagen

Mehrere Dörfer und Gutshöfe wurden zur Gemeinde Brodersby zusammengefasst. Das Dorf Schönhagen selbst, ein Teil der Gemeinde, weist als größte Ansiedlung der Gegend nicht mehr als 300 Einwohner auf. Zu ihm gehört auch das aus dem 17. Jahrhundert stammende Rittergut **Schloss Schönhagen**, das über Jahrhunderte von Hand zu Hand ging und heute als Reha-Klinik für Besucher nicht zugängig ist.

Bemerkenswert ist das Steilufer, vor dem sich ein schmaler Strand mit Felsen befindet und das sich mit flachem, weitem Sandstrand abwechselt. Vor allem im Strandort Schönhagen gibt es zahlreiche Ferienwohnungen und -häuser.

i Schwansen

Touristeninformation Schwansen, Mühlenstr. 1, 24369 Kleinwaabs, Tel. 04352/9548468. www.touristikverein-waabs.de

Touristeninformation Schönhagen, Strandstr. 13, 24398 Schönhagen, Tel. 04644/7091000; Mo–Fr 9–16 Uhr. www.schoenhagen-ostsee.de

Marina Hülsen, Hülsen 6, 24354 Kosel, Tel. 04355/8999000; Ferienhäuser für vier Personen ab 900 € pro Woche. Die kleine Ferienanlage direkt an der Schlei bietet 23 unterschiedlich große, hochwertige Ferienhäuser im skandinavischen Stil, einen Hafen mit 60 Bootsliegeplätzen und ein Hafencafé mit hausgemachten Kuchen, Flammkuchen, Räucherfisch und feinen Weinen. Von der Straße zwischen Kosel und Rieseby biegt man in Bohnert ab, folgt der Hauptstraße und später der Beschilderung. www.marina-huelsen.de

Schleimünde, Olpenitzer Dorfstr. 29, 24376 Kappeln-Olpenitz, Tel. 04642/81647; DZ ab 74 €. Familiäres Hotel mit 18 Zimmern und Apartments, manche mit Schleiblick. Restaurant (tgl. 17–20 Uhr) mit der üblichen Auswahl an Fleisch- und Fischgerichten, auch einige vegetarische Speisen. www.hotel-schleimuende.de

Hof Schwansen, Schlossstr. 8, 24398 Schönhagen, Tel. 04644/9704288, 01520/8450833; Ferienwohnung für zwei Personen ab 90 € pro Tag. Der moderne Hof im maritim-nordischen Stil bietet drei Ferienwohnungen und ein großes Café, das auf Frühstück sowie selbstgebackene Kuchen und Torten spezialisiert ist. Der Strand ist nicht fern. www.hof-schwansen.de

Gasthof Alt Sieseby, Dorfstr. 24, 24351 Sieseby, Tel. 04352/9569933; Mi–So 12–23 Uhr. Hier passt alles zusammen: eine sehr geschmackvolle Einrichtung und eine anspruchsvolle Küche. Chefin Maria von Randow betont, dass alles frisch zubereitet wird und sie fast nur Zutaten von Betrieben der näheren Umgebung nimmt, die sie seit Jahren kennt. Tischreservierung empfehlenswert. Im Hotel stehen sechs Zimmer zur Verfügung. www.gasthof-alt-sieseby.de

Schliehuus 54, Dorfstr. 19, 24351 Sieseby, Tel. 04352/9548176; im Sommer Di–So 12–17, Fr/Sa 12–19 Uhr. Die jungen Betreiber der Strandhalle 54 in Arnis haben das Dorfgasthaus übernommen und in ein elegantes Landhaus-Bistro mit modernen Speisen und Selbstbedienung verwandelt. Hinzu kommt ein ›Genuss-Shop‹. https://sh54.de/schliehuus-54

Gasthof Victoria, Dorfstr. 3, 24398 Winnemark, Tel. 04644/860. Der über Generationen in Familienbesitz gehaltene traditionelle Gasthof verwöhnt mit einer soliden Karte und regionalen Fleisch- und Fischgerichten. www.gasthof-victoria.de

Strandrestaurant Lobster, Weidefelder Strand 1, 24376 Kappeln, Tel. 04642/8444; Mo–Fr 11–21, Sa/So 12–20 Uhr. Modernes Haus direkt am Strand mit großem Außenbereich. Nachmittags gibt es Kaffee und Kuchen. Die Speisekarte ist natürlich durch die Nähe zum Meer geprägt. www.lobster-kappeln.de

Laurentius-Kirche, An der Kirche, Ortsausgang Richtung Missunde; tgl. 8–18 Uhr.

Kirche St. Petri, Rieseby, Dorfstraße, Ecke Petriring.

Mühle Anna, Heimatmuseum, Möhlnbarg 5, 24354 Rieseby, Tel. 0151/18000097 (Mühle), 04355/989981 (Atelier Heidi Schröder); Museum Sa/So 14–17 Uhr, Außengelände frei zugänglich. www.muehle-anna.de

Eventnature, Mühlenberg 4, 24398 Sundsacker, Tel. 04644/9737170. Hier werden – vor allem für Jugendliche – viele Erlebnisse in der Natur geboten, auch Übernachtungen in Zelten, Hütten und Fewos, Kanuvermietung und Segelkurse. https://eventnature.de

Adventuregolf Olpenitz, Hafenpromenade 22, 24376 Kappeln-Olpenitz, Tel. 0151/19494949; Juni–Aug. tgl. 10–18 Uhr, sonst nach Wetterlage. Im Prinzip funktioniert es wie Minigolf: Man muss mit möglichst wenig Schlägen den Ball an Hindernissen vorbei oder hindurch ins Loch rollen. Hier spielt man vielfach auf Rasen wie beim richtigen Golf, und die Hindernisse sind Miniaturnachbauten bekannter Sehenswürdigkeiten aus der Schleiregion. www.adventuregolf-olpenitz.de

Campingplatz Wees, An de Wees 16, 24354 Missunde, Tel. 04354/98430. Freundlicher Familienbetrieb, nicht zu groß, in landwirtschaftlicher Umgebung direkt am Ufer des Missunder Noors. Kanuverleih. www.camping-schlei.de

Obsthof Gut Stubbe, Lindaunisbrücke 1a, 24354 Rieseby, Tel. Hofladen 04355/1458, Café 04355/8379117; Hofladen Mi–So 9–17, Café 10–16 Uhr. Obst in großer Vielfalt wird hier angebaut, verarbeitet und verkauft, Selbstpflücken ist möglich. Im Laden gibt es neben Obst auch Säfte, Marmeladen, Honig, Öle, Essige, Fleisch- und Wurstprodukte aus der Region. www.gut-stubbe.de

Schulhaus-Apotheke, Sigrun Kramer, Dorfstr. 29, 24354 Rieseby, Tel. 04355/1333. In der Apotheke wird ein medizinischer Magenbitter nach einem aus Bayern überlieferten Rezept hergestellt. Zu den Ingredienzien gehören Fenchel, Kümmel, Ingwer, Pfefferminze und 32 Prozent Alkohol. www.schulhaus-apotheke.de

Kunsthuset, Dorfstr. 24, 24351 Sieseby, Tel. 04352/956307; im Sommer Mi–So 11–18 Uhr, im Winter Sa/So 11–17 Uhr, Jan./Feb. geschlossen. Fünf Künstlerinnen fertigen und verkaufen hier ihre Unikate, vor allem Keramik, Textilien, Handgewebtes und Schmuck. www.martina-koenig-unikate.de

Hof Ahmen, Wacholderweg 1, 24376 Kappeln-Kopperby, Tel. 04644/571; April–Okt. Mo–Sa 8–18 Uhr. Luise und Andreas Sunder-Plassmann schicken seit 1982 ihre Schafe auf die Weide und erzeugen aus Schafsrohmilch Bioschafskäse, den man im Hofladen gleich erwerben kann. https://bioschafskaese.de

▶ Karte S. 242

Die Jakobuskirche stammt aus dem 12. Jahrhundert

Angeln – von Schleswig nach Maasholm

Eine wellige Landschaft mit weiten Feldern – im Frühjahr oft gelb vom blühenden Raps, durchbrochen von den Knicks – und kleinen, meist properen Dörfern, in denen vielfach noch traditionelle reetgedeckte Dächer vorherrschen, und dann das Wasser, blau und braun und kühl, vom Wind gekräuselt: so zeigt sich Angeln, das Land nördlich der Schlei.

Idstedt

Nördlich der Schleidörfer-Straße in Idstedt, an der Straße Arenholzfeld, findet sich ein gut erhaltenes, etwa 6000 Jahre altes **Großsteingrab,** das die Anwohner Räuber- oder Riesenhöhle nennen. Die Kammer besteht aus neun Tragsteinen und drei großen Decksteinen, ist rund 4 Meter lang und 1,5 Meter breit und unter den großen Quadern noch vorhanden. Drinnen fanden die Archäologen allerdings nichts mehr. Kein Parkplatz für Autos!

Am Ortsrand dokumentiert die **Idstedt-Gedächtnishalle** die schleswig-holsteinische Erhebung von 1848/1851 gegen Pläne des dänischen Königs, Schleswig unter die direkte Herrschaft Kopenhagens zu stellen. Auch der Schlacht bei Idstedt am 25. Juli 1850 gegen die dänischen Truppen wird gedacht. Rund 6500 Menschen starben hier oder wurden verletzt, das Dorf Idstedt brannte fast vollständig nieder. Die Ausstellung zeigt Dokumente, Gemälde, Bilder und Illustrationen zur politischen und militärischen Geschichte sowie Waffen und Ausrüstungsgegenstände der dänischen und Schleswiger Truppen. An einer Multi-Media-Station können sich Besucher Briefe deutscher und dänischer Soldaten anhören.

Moldenit

Eine traditionelle Feldsteinkirche aus dem 12. Jahrhundert prägt das Dorf Moldenit. Die **St.-Jakobus-Kirche** wurde in der Zeit der Ausbreitung des Christentums als Kapelle gegründet. Mit ihr und ihrer schwarzen Tür verbindet sich eine Sage, in der der Teufel und ein schönes Mädchen aus der Umgebung eine Rolle spielen: Nicht weit von der Kirche liegt ein altes Hünengrab, das Teufelsberg genannt wird. Von diesem Berg warf einst der Teufel eine schwere eiserne Kette nach einer Braut, als diese mit ihrem Bräutigam zur Trauung in die Kirche schritt. Der Zorn des Teufels war nicht ganz unverständlich, denn die junge Dame hatte ursprünglich von ihrem Verehrer nichts wissen wollen und erklärt, sie werde sich lieber mit dem Teufel einlassen. Als sie ihre Meinung änderte, wollte der Teufel die Hochzeit verhindern. Ein altes Weib warnte das Paar auf dem Weg zur Kirche, es sollte sich beeilen, in die Kirche zu kommen, denn der Teufel lauere auf sie. Kurz bevor sie in das Gotteshaus eintreten konnten, schleudert der Eifersüchtige eine schwere Eisenkette nach ihnen, traf aber nur die hölzerne Tür. Wer die Geschichte nicht glaubt, sollte sich die Tür anschauen: Da ist der Abdruck der Kette noch deutlich zu sehen.

Die schöne ruhige Füsinger Au

Füsing

Im 7. Jahrhundert haben auf dem Gebiet des heutigen Füsing **Wikinger** gelebt. Ihre Siedlung war recht groß, denn in der Tiefe von Füsing fanden Experten Spuren von rund 100 Gebäuden, die vermutlich bis um das Jahr 1000 bewohnt waren. Zudem tauchten Schmuckstücke aus Gold, Silber und Blei aus der Erde auf. Die Füsinger Siedlung ist damit älter als Haithabu (→ S. 277). Leider ist von der Fundstelle nichts mehr zu sehen. Füsing ist guter Ausgangspunkt für Wander- und Fahrradtouren. So bietet die **Halbinsel Reesholm** einen wunderbaren Blick auf die Schlei und auf Schleswig. Der Naturschutzbund NABU betreut die Halbinsel, auf der zahlreiche Wasservögel nisten.

Die **Füsinger Au** wird auch Loiter Au genannt und zeigt sich als romantisches Gewässer in der hügeligen Landschaft, auf dem es sich wunderbar paddeln lässt. Die Au mündet bei Winning in die Kleine Breite der Schlei. Bis 1972 verkehrte eine kleine Fähre zwischen Füsing und Winning. Früher soll sie vor allem von den Schlachtern benutzt worden sein, die mit ihrem Vieh von Kappeln nach Schleswig und weiter nach Husum zogen. Im Volksmund hieß sie ›Dreilingsfähre‹, weil die Überfahrt einen ›Dreiling‹ (zwei Pfennige) kostete. Später stieg der Preis auf 15 Pfennig, was für beträchtlichen Unmut bei den Passagieren gesorgt haben soll. Inzwischen haben Pioniere der Bundeswehr eine Brücke über die Au gebaut, die Fähre ist Vergangenheit. Eine Schautafel erinnert an alte Zeiten.

Zwischen Reesholm und der Füsinger Au gibt es einen **Badestrand.**

Brodersby

Der kleine Ort Brodersby bietet sich als Ausgangspunkt für Wanderungen und Fahrradtouren an. Das **Museum von Brodersby-Goltoft** zeigt eine große Sammlung alter Geräte aus Haus- und Landwirtschaft aus dem 19./20. Jahrhundert. Auch eine historische Zahnarztpraxis, ein alter Friseurladen, ein früheres Klassenzimmer sowie eine ehemalige Schusterwerkstatt sind zu sehen. Wandtafeln, Bilder und Schriften informieren über die Geschichte der Region. Dabei stehen die drei Schlachten an der nahe

An der Schlei bei Brodersby

▲ Karte S. 242

gelegenen Missunder Enge ganz im Mittelpunkt. Auch eine Dokumentation der deutsch-dänischen Volksabstimmung von 1920 ist einzusehen.
Ein Schalenstein aus vorgeschichtlicher Zeit an der Nordwand im Kirchenschiff zeugt von einer frühen Kult- und Begräbnisstätte auf dem hoch über der Schlei gelegenen Friedhof. Die **St.-Andreas-Kirche** dürfte Ende des 12. Jahrhunderts errichtet worden sein. Aus frühen Zeiten ist die mächtige romanische Granittaufe erhalten. An der Südwand der Kirche hängt jetzt als einziges spätmittelalterliches Kunstwerk ein um 1470 geschnitztes Triumphkreuz. Den Kanzelkorb von 1728 umstehen vier derb geschnitzte Apostelfiguren. Die Kanzel trägt noch eine alte Sanduhr. So konnte die Gemeinde kontrollieren, dass der Pastor nicht zu lange predigte.

■ Ulsnis und Umgebung

Die **St.-Willhadi-Kirche** liegt etwas abseits auf einer Anhöhe. Der Heilige Wilhad (Vilhadus) war ein angelsächsischer Priester, der im 8. Jahrhundert die Friesen missionierte und später erster Bischof von Bremen wurde. Wie viele Dorfkirchen in Angeln und Schwansen entstand auch die in Ulsnis zwischen 1150 und 1200 aus Feld- und Tuffsteinen. Der hölzerne **Glockenturm** aus dem 16. Jahrhundert steht auf einem Grabhügel aus der Bronzezeit. Den Eingang zur Kirche flankieren zwei Löwen. Der eine, gekrümmt über einem Menschen, verschont sein Opfer, der andere frisst einen Menschen, der ihm ein Schwert in den Leib stößt. Der **Taufstein** gilt als einer der ältesten im Lande, er wurde im 12. Jahrhundert aus Granit gefertigt. Lange Jahre nutzten ihn ein Schmied und ein Bauer, 1930 kam er in die Kirche zurück, ebenso wie der Sockel, der in einer Treppe verbaut war.

An der Kirche sind noch weitere spannende Motive zu sehen, sogar erotische. An der südöstlichen Ecke befindet sich ein kleiner Stein. Eine Frau mit lang herabfallendem Haar und ein bärtiger Mann in einer Tunika umarmen sich innig. Manche nennen sie das schönste Liebespaar Angelns.
Auf der Kirchenseite gegenüber ist auf einem Eckquader eine unbekleidete Frau mit schwingendem Haar zu erkennen, die mit der linken Hand ihr Fußgelenk festhält. Auf der anderen Seite des Steins biegt sich eine Frau akrobatisch nach hinten, so dass ihr Haar den Boden berührt. Die Steine stammen wohl aus dem 12. Jahrhundert und lassen Experten seit langem rätseln. Womöglich wollten die Kirchenleute vor der Sünde warnen – Tanz und offene Haare galten damals wohl als anrüchig. Die sich nach hinten biegende Figur könnte Salome, die Tochter des Herodes sein, die vor den Gästen tanzt und sich wünscht, Johannes den Täufer zu enthaupten.
Bei dem Liebespaar hingegen könnte es sich um Adam und Eva nach der Vertreibung aus dem Paradies handeln, vielleicht sind es aber auch die Eltern von Maria, Anna und Joachim. Wissenschaftler spekulieren, dass das liebende Paar und die Tänzerinnen einen Gegensatz bilden sollen – hier die Liebe, dort die Sünde.
Im Zentrum von Ulsnis an der Schleidörfer Straße steht eine fünf Meter hohe, seltsame Skulptur, geschaffen von dem lokalen Künstler Andi Feldmann: der **Riese von Ulsnis.** Die Figur erinnert an eine Comic-Figur aus *Wallace & Gromit*. Der Bruder des Künstlers, Rötger, zeichnete übrigens die ›Werner‹-Comics. Der Sage nach kam es hier einst zu einem heftigen Vater-Sohn-Konflikt: In der Nähe wohnte ein riesiger Mann. Sein Sohn, noch größer und kräftiger, war über die Schlei nach Schwansen gezogen. Der Ab-

stand half nicht. Sie beschimpften sich, bewarfen sich mit großen Felsbrocken und stritten darüber, wer die schönere und größere Kirche bauen könnte. Es kam, wie es kommen musste: Sie erschlugen einander mit den riesigen Felsbrocken. Der Kopf des Alten fiel in die Schlei, so entstand die Halbinsel Nes am Gunnebyer Noor. Den Wohnort des Jungen benannte man nach ihm: Rieseby.

Lindaunis und Umgebung

Lindaunis liegt malerisch an der Schlei. Geprägt wird der kleine Ort vor allem durch die Landwirtschaft, was einen Urlaub in entspannt-ländlichem Ambiente ermöglicht. Lohnend sind Spaziergänge um das Noor oder durch die Felder Richtung Boren.

Bekannt ist Lindaunis vor allem durch den am Lindauer Noor gelegenen **Lindauhof.** Hier war einst der ›Landarzt‹ aus der gleichnamigen TV-Serie mit seiner Praxis beheimatet. Das Gebäude hat trotz einiger An- und Umbauten im Wesentlichen seinen ursprünglichen Charakter erhalten – ein Kleinod in Schleswig-Holstein. Es gilt als das älteste Herrenhaus Angelns. Der einstöckige Backsteinbau entstand zwischen 1415 und 1464 auf einem hohen Feldsteinkeller, mit strohgedecktem Satteldach und Fachwerkgiebel. Damals wurde er ›Wasserburg tho de Lindow‹ genannt.

Zunächst lebte dort das Geschlecht Ratlow. Bertram Ratlow wurde berühmt, als er den Altarleuchter aus der Meldorfer Kirche stahl und ihn 1559 ›zur Ehre Gottes‹ der Kirche in Boren übergab. Dort hatte er zwei Jahre zuvor zehn Hexen verbrennen lassen. Später kaufte Christian Albrecht Brockdorf das Anwesen. Seine Initialen sind noch an der Ostseite des Hauses (›HCAB Herr Christian August Brockdorf, 1699‹) zu sehen. 1799 übernahm König Christian VII. von Dä-

Der Riese von Ulsnis

nemark und Norwegen, der auch Herzog von Schleswig und Holstein war, das Haus. Der dänischen Zeit verdanken der Hof und auch das Dorf ihren Namen: Aus ehemals ›Lindow‹ wurde der heutige Name ›Lindau‹. Ein Obelisk im Garten soll an die Abschaffung der Leibeigenschaft erinnern. Seit 1981 ist das Anwesen Gut Lindauhof als historisches Denkmal klassifiziert. Heute befindet sich in dem Haus ein gemütliches Café mit Garten. Gut erhalten sind die Balkendecke und die Kaminräume, in denen einst die Ritter tafelten.

Boren ist die Großgemeinde, zu der die Nachbarorte wie Lindaunis und Ekenis gehören. Von weitem sichtbar ist die **Marienkirche**. Sie stammt aus dem ersten Drittel des 13. Jahrhunderts. Der einschiffige, flachgedeckte Backsteinbau wurde von 1938 bis 1950 renoviert. Der Stil der Kirche aus der Bauzeit blieb erhalten, da alle barocken Einbauten, darunter die Loge der Gutsherren von Gut Lindau, entfernt wurden. Im Kircheninne-

Karte S. 242

ren ist die pokalförmige Granittaufe aus der Ursprungszeit der Kirche vor einem Relief des Ritters Ratlow besonders sehenswert. Der Ausgang führt durch ein spätgotisches ›Vabenhaus‹ mit Nischen, in denen die Männer früher ihre Waffen ablegen mussten. Der hölzerne Turm von 1693 steht etwas abseits.

Besonderer Blickfang: Auf dem Vorplatz der Kirche neben dem Friedhof steht das alte reetgedeckte **Küsterhaus** von 1793. Später war es Dorfschule, eines der wenigen erhaltenen ganz alten Schulhäuser an der Schlei.

Am Ortsrand von **Süderbrarup** liegt ein kleiner See: das frühere **Thorsberger Moor,** einst umgeben von Grabhügeln. Hier, im Schlamm und Morast, fanden sich früher beim Torfstechen goldene, kunstvoll verzierte Ringe, wertvolle Schilde, Helme, Schwerter, eine vergoldete silberne Gesichtsmaske, Sättel und Pferdegeschirr, Gefäße aus Ton und Holz, Schmuck und Münzen. Viele der uralten Schätze waren verbogen, zerhackt, zerstückelt: alles Kriegsbeute der Germanen, die sie von ihren Feinden erobert und hier versenkt hatten. Weshalb die Germanen diese Schätze versenkten, ist bis heute unbekannt, vielleicht um ihre Gegner zu erniedrigen, vielleicht als Opfergabe. Zu besichtigen sind einige der Fundstücke in der Nydam-Halle des Archäologischen Landesmuseums Schloss Gottorf in Schleswig (→ S. 259).

Schon seit 1593 feiern die Süderbraruper alljährlich ›nach Jacobi‹ (im Juli) ein großes Fest, den **Brarup Markt.** Den ernsthaften Teil machten die Bauern aus, die hierher kamen, um ihre Pferde, Schweine, Rinder und Schafe zu verkaufen und sich mit Haus- und Ackergeräten einzudecken. Inzwischen ist ›Brarup Markt‹ ein großer Rummel mit Karussells, Riesenrad, Achterbahn, Schießbuden, Festzelten, Bratwurst, gerösteten Mandeln, Zuckerwatte und dem traditionellen ›Angler Muck‹, einem hochprozentigen Gebräu. Die Angelner nennen dieses Ereignis, das jährlich mehr als 300 000 Besucher anzieht, die ›fünfte Jahreszeit‹.

Arnis

Rund 300 Einwohner und dennoch eine Stadt – das ist Arnis, mit 0,45 Quadratkilometern die kleinste Stadt Deutschlands und von den Einwohnern stolz ›Perle der Schlei‹ genannt. Tatsächlich: Wer durch die wenigen Straßen mit den niedrigen Häusern schlendert, fühlt sich in vergangene Zeiten versetzt. Arnis strahlt Ruhe und Behaglichkeit aus.

Steinkreis im Thorsberger Moor

Doch die moderne Welt ist nicht zu übersehen: An den Werften werden Segelschiffe und andere Boote gebaut. Sogar Hochsee-Schubschiffe, deren Brücken hoch aufragen, werden hier gewartet und repariert. Was die dörflich wirkende Idylle auf den ersten Blick nicht verrät: Arnis ist eine Stadt der Rebellion, entstanden Mitte des 17. Jahrhunderts, als sich die Einwohner des nahen Kappeln gegen die drohende Leibeigenschaft unter dem örtlichen Gerichts- und Kirchenherren Detlev von Rumohr wehrten. Dem gehörte das nahe gelegene Gut Roest, zugleich war er Generalmajor in dänischen Diensten. Als Rumohr den Untertaneneid der Kappelner erzwingen wollte, baten 64 Familien den Herzog von Schleswig, Christian Albrecht, um Hilfe. Denn die Leibeigenschaft bedeutete völlige Unfreiheit. Der Herzog von Schleswig hatte Mitleid mit den Rebellen und sprach ihnen eine Insel in der Schlei zu.

So entstand 1667 die Fischer- und Schiffersiedlung Arnis. Diese erhielt das Privileg, eine Fähre über die Schlei zu betreiben. Dieses Recht nutzten die Arnisser zunächst noch nicht, sondern sie ruderten selbst die 200 Meter auf die Schwansener Seite nach Sundsacker.

Beschaulichkeit in der Arniser Hauptstraße

▲ Karte S. 242

Im 18. Jahrhundert entwickelte sich Arnis zum wichtigen Handelsplatz. Von seinem geschäftigen Hafen aus brachten etwa 70 Frachtsegler regelmäßig Vieh und Getreide, Butter, Käse, Speck und Heringe über die Ostsee bis nach Skandinavien.

Der Napoleonische Krieg, der von 1792 bis 1815 tobte, verschonte allerdings auch diesen Ort nicht, französische Truppen besetzten Arnis. 1776 entstand mit dem Alten Damm eine Verbindung nach Grödersby, später kam der Neue Damm dazu, zwischen beiden wurde Land aufgeschüttet. Damit lag Arnis wieder auf einer Landzunge wie schon bis zum 15. Jahrhundert. 1864 setzten im Krieg gegen die Dänen preußische Truppen über die Schlei-Enge. 1872 überschwemmte das Wasser bei starkem Ostwind große Teile des Ortes.

■ Sehenswürdigkeiten

Arnis besteht heute aus wenigen Straßen mit alten **Fachwerkhäusern**, liebevoll restauriert, mit typischen ›Utluchten‹ – Fenstervorsprüngen – und Rosenstöcken geschmückt. Das Städtchen lebt vor allem vom Bootsbau und dem Tourismus. Die von Linden gesäumte ›Lange Straße‹ reicht von einem bis zum anderen Ende des Ortes. Außen herum führt ein Rundweg, vorbei an den Werften, der Fähre und Anlegeplätzen.

Am Ufer der Schlei gab es einst eine Wasserquelle. Darin hat, so will es die Sage, Offa, der König der Angeln, im 5. Jahrhundert gebadet. Offa war blind, stumm, gelähmt, seine Glieder waren krumm. Das Wasser aus der Quelle besaß, so meinten die Anwohner, große Heilkraft, allerdings nur alle sieben Jahre, im Banne des Sirius bei Vollmond. Offa jedenfalls wurde auf diese Weise ein gesunder, tapferer und erfolgreicher Krieger, der alsbald mit einem magischen

Schwert einen sächsischen Hünen erschlagen haben soll.

Das Gebäude in der Langen Straße 17 ist das ursprünglich vom Reeder Hinrich Klinck 1805 für 5600 Reichstaler erbaute ›Klinckenhus‹. Hier schlug der spätere König von Schweden, Karl XIV. Johann, wenige Jahre später kurz sein Quartier auf, als er noch Generalfeldmarschall der französischen Armee war. Später erwarb der königlich-preußische Kommerzienrat Matthias Hübsch das Gebäude. Nach seinem Tod vermachte es seine Witwe Maria der Stadt, unter der Bedingung, dass eine Tafel über dem Eingang angebracht werde: ›Matthias-Maria Hübsch Stiftung‹. Unten dient es als **Rathaus**, in den oberen Stockwerken wohnen bis heute Mieter.

Einst überwachten die Wikinger vom Kirchhügel aus die Engstelle der Schlei, um die freie Zufahrt nach Haithabu zu sichern. Als die rebellierenden Kappelner sich hier niederließen, entstand 1673 das älteste Bauwerk von Arnis – die **Schifferkirche.** Ursprünglich sollte sie ein Backsteinbau werden, doch ein nach Gotland entsandtes Schiff, das Baumaterial heranschaffen wollte, kam nie an. Also entstand ein Fachwerkbau, die Nordseite besteht noch aus dem alten Material. 1825 errichteten die Anwohner einen neuen hölzernen Glockenturm.

Die Kanzel der Schifferkirche ist älter als das Gebäude selbst. Sie stammt aus dem Jahr 1573, vermutlich aus einer anderen Kirche, die in den Fluten der Nordsee untergegangen war. Das Gemälde ›Die Kreuzaufrichtung‹ ist aus dem späten 17. Jahrhundert, das Kruzifix aus dem Jahr 1670. Wie in vielen Gotteshäusern in der Region hängen auch in Arnis von der Decke vier prachtvolle Schiffsmodelle. Das älteste Modell baumelt rechts vor dem Altar. Arnisser Seefahrer haben es aus Dankbarkeit für ihre glückliche Heimkehr gestiftet. Die ›Privilegia‹ wurde allerdings 1971 gestohlen, die ›Ansul Arnis‹ vom Anfang des 18. Jahrhunderts ist im Landesmuseum in Schleswig zu bewundern.

Die Schifferkirche macht ihrem Namen alle Ehre

Kappeln

›Viertel vor‹ ist ein wichtiges Wort in Kappeln. Immer um 15 Minuten vor der vollen Stunde klappt die **Brücke** über der Schlei nach oben – zumindest in der Segelsaison. Dann lässt der Brückenwärter die Schiffe passieren. Autos, Fahrradfahrer und Fußgänger müssen 15 Minuten warten, bis sie von Angeln nach Schwansen und umgekehrt passieren können.

Kappeln ist mit über 8000 Einwohnern größte Stadt der Landschaft Angeln. Das einstige beschauliche Fischerdorf wurde 1357 zum ersten Mal in einer Urkunde erwähnt, zusammen mit der Kapelle St. Nikolaus (›Dörp tho Cappel‹). Kappeln ist also nach seinem Gotteshaus benannt worden, das ursprünglich wohl von Seefahrern aus Dankbarkeit für ihre glückliche Heimkehr errichtet worden ist. Im 16. Jahrhundert gehörte Kappeln zur Herrschaft des nahen Gutes Roest, dessen Chef Detlef von Rumohr die Einwohner in die Leibeigenschaft zwang. Der dänische Statthalter, Karl von Hessen-Kassel, gab den Bürgern 1799 die persönliche Freiheit wieder, acht Jahre später kaufte der dänische König Christian VII. kurzerhand die Region, Kappeln wurde dänisch. 1846 erhielt Kappeln den Status eines ›Fleckens‹ und damit ein Gericht. Nachdem die Preußen Schleswig-Holstein besetzt hatten, wurden die Anwohner Angehörige des preußischen Staates, Kappeln bekam das Stadtrecht. Im 19. Jahrhundert wurde das Städtchen besonders wichtig für Schifffahrt, Fischerei und Handel, regelmäßig segelten Frachter von Kappeln nach Kopenhagen.

Sehenswürdigkeiten

Heute wirkt die Stadt an vielen Stellen etwas verträumt, etwa in der **Prinzenstraße**, die 1801 als eine Nebenstraße gebaut wurde. Der **Dehnthof**, die Straße, die Hafen und Stadtmitte verbindet, gehört zu den ältesten Straßen des Ortes. Von alten Zeiten zeugt der denkmalgeschützte **Heringszaun,** der von der Brücke aus gut zu sehen ist.

Die stattliche **Nikolaikirche** hoch über der Schlei prägt das Bild des Ortes. Sie entstand im 18. Jahrhundert, als die wohlhabenden Kappelner ihre alte Kapelle zu klein fanden und sie 1789 abrissen. Vier Jahre lang bauten die Handwerker an dem neuen Gotteshaus – dem letzten spätbarocken Kirchenbau in Angeln. Sie errichteten ihn mit großen Quadern, die von den Steingräbern der Umgebung stammten. An der Ostseite befindet sich ein Niedergang zur Gruft der Familie des Kirchenpatrons Hans Adolph von Rumohr von Gut Roest.

Die Ausstattung der Kirche stammt teilweise noch aus der alten Kapelle. Dazu zählt der vom bekannten Bildschnitzer der Region, Hans Gudewerdt d. J. aus Eckernförde, erstellte Altaraufsatz aus dem Jahr 1641. Dieser wurde von 1792 bis 1793 umgestaltet und angemalt. Die Abendmahlszene gilt als ein Hauptwerk des Hochbarocks in Schleswig-Holstein. Der Innenraum von St. Nikolai ist in Weiß-, Grau- und Blautönen gehalten. Das hölzerne Kruzifix mit einem Jesus ohne Hände stammt aus der zweiten Hälfte des 13. Jahrhunderts.

Die ›Frederike von Altona‹, die ›Hermine‹, die ›Else von Sletten‹ – sie alle sind im **Museumshafen** zu besichtigen, wenn sie nicht gerade auf der Ostsee segeln.

Die wichtige Klappbrücke

▶ Karte S. 242

Manche der kleinen und großen ehemaligen Frachter und Fischerboote sind über 100 Jahre alt. Hätten sie nicht Hobby-Restaurateure und Seeleute oft in jahrelanger mühevoller Arbeit repariert, restauriert oder nachgebaut, dann wären die Kulturdenkmäler des Meeres längst verrottet oder versunken.

Die **Mühle Amanda** wurde 1888 für 80 000 Goldmark erbaut und ist die älteste und mit 30 Metern höchste Mühle in Schleswig-Holstein, ihre Flügel messen 23 Meter. Benannt wurde sie nach der Ehefrau des ersten Eigentümers, Peter Thomsen. Bis 1964 funktionierte sie noch als kombinierte Mahl- und Sägemühle, seitdem steht sie unter Denkmalschutz. Der ehemalige Müller, Friedrich Hadenfeldt, der 1900 die Mühle gekauft hatte, gab seinem Sohn und Nachfolger auf dem Sterbebett den Auftrag: »Erhalte mir die Mühle!« Im zweiten von insgesamt neun Stockwerken beherbergt sie die Touristeninformation Kappeln. Von der Galerie haben Besucher einen schönen Ausblick auf die Stadt. Angeschlossen ist ein historisches Sägewerk, das inzwischen Museum ist.

Wer Eisenbahnromantik erleben will, kann dies mit der **Angelner Dampfeisenbahn** tun, die von der Nähe des Museumshafens nach Süderbrarup und Lindaunis abfährt. Die Fahrzeuge stammen fast alle aus Skandinavien – etwa die Dampflok S1 1916 oder die Diesellok 1 mit dem schönen Spitznamen ›Zuckersusi‹. Die Passagierwaggons wurden in den 1920er und 1930er Jahren gebaut, die Loks in den 1950er und 1960er Jahren.

Maasholm

›Ein idyllisches Kleinod zwischen Schlei und Ostsee.‹ So nennen die Maasholmer ihren winzigen Ort selbst. Tatsächlich ist Maasholm ein feines, sehenswertes Fischerdorf in Sichtweite der Schleimündung. Es ist geprägt durch einen Fischerei- und einen großen Jachthafen. Rund 700 Menschen leben hier. Mit seinen niedrigen Häusern an den zwei Straßen des Ortes hat sich Maasholm seine Ursprünglichkeit bewahrt. Vor rund 300 Jahren gründeten Seefahrer und Fischer auf einer kleinen Anhöhe diese Siedlung, nachdem sie ihren ursprünglichen Heimatort ›Maas‹ aufgeben mussten, der immer wieder von der Ostsee überflutet wurde. Einst eine Insel, ist Maasholm nun durch einen Damm mit dem Festland verbunden.

Von der Hochzeit der Fischerei zeugen die denkmalgeschützten sogenannten **Kahnstellen.** Sie sind schmale Liegestellen für kleine Fischerboote. Schautafeln mit historischen Fotos am Wegesrand gewähren einen Einblick in die Vergangenheit des Ortes.

Fischkisten in allen Farben prägen den Kai des **Hafens.** Die 1918 errichtete backsteinerne Seenotrettungsstation überragt alle anderen Gebäude. An der nach einem ehemaligen Bürgermeister benannten Schumacher-Brücke aus dem Jahr 1936 liegt häufig ein Seenotrettungskreuzer, einige Boote bieten Touren zum Hochseeangeln an.

Obwohl erst 1999 aufgestellt, gilt die **Bronzeplastik Peter Aal** bereits als Wahrzeichen des Fischerdorfs. Sie stellt einen Aalstecher dar. Die vom Künstler Bernd Maro (geb. 1949) gestaltete Figur fängt mit einer Sägezahngabel einen Aal, eine Methode, die heute verboten ist.

Die kleine **St.-Petri-Kirche** ist 1952 erbaut worden und damit eine der wenigen ›jungen‹ Kirchen an der Schlei. Pläne, im 19. Jahrhundert ein Gotteshaus zu errichten, hatten sich immer wieder zerschlagen, so kamen die Maasholmer bis dahin in der Hauptschule zu Gottesdiensten zusammen. Wie in allen Schifferkirchen an der Schlei hängt auch hier ein sogenanntes Votivschiff, die ›Mayflower‹ – jenes Schiff, mit dem die Pilgerväter 1620 vom englischen Plymouth nach Amerika aufbrachen.

Schleimündung

Ganz in der Nähe des Seevogelschutzgebiets Oehe-Schleimünde liegt das **Naturerlebniszentrum Maasholm.** Ein zwei Kilometer langer Rad- und Wanderweg zwischen Maasholm und Maasholm-Bad führt durch die Küstenlandschaft zum Zentrum. Am Wegesrand stehen Informationstafeln über hier nistende Vögel. Bemerkenswert: Bis 1997 war das Gelände ein Flugabwehr-Raketenstützpunkt der Bundeswehr. Einige Gebäudeteile wurden in Ausstellungs- und Tagungsräume und eine Jugendherberge umgewandelt. Gäste sollen ›auf ansprechende und unterhaltsame Weise‹ über die Natur der Küstenregion informiert werden. Dazu dienen auch ein Obst- und Jahreszeitengarten sowie ein Findlingsgarten. Eine Anhöhe vor dem Zentrum bietet einen wunderbaren Blick auf Ostsee und Schlei. Auf dem ehemaligen Radarhügel steht eine Skulptur aus Baustahl des Schmiedemeisters und Künstlers Heinz Raudies, die dem Gemälde ›Der Schrei‹ des norwegischen Malers Edward Munch nachempfunden ist.

Eine der Boxen am Alten Hafen

Am Leuchtturm bei Falshöft

Schon von weitem ist der grün-weiße Leuchtturm von **Schleimünde** zu sehen – das Wahrzeichen für die Einfahrt in die Schlei. Wer sich von der Ostsee her nähert, sucht nach diesem Orientierungspunkt – und der berühmten einsamen Baumgruppe auf der schmalen Landzunge, die von der Lotseninsel nach Norden führt. Diese heißt zwar so, ist aber längst keine Insel mehr. Denn die Schleimündung war und ist eine Landschaft im Wandel. Vor über 200 Jahren war sie so flach geworden, dass die Schiffe immer wieder aufzulaufen drohten. Deshalb schufen die Anwohner 1780 einen künstlichen Durchbruch, die heutige Schleimündung. Im Laufe der Jahre versandete die alte, nördlicher gelegene Mündung immer stärker, bis sie sich in den 1960er Jahren dauerhaft verschloss. Damit war die Lotseninsel nach Norden ans Festland angebunden und das Gebiet Oehe-Schleimünde hatte sich zu einer Halbinsel gebildet. Die neue Schleimündung ist seitdem die einzige Öffnung der Schlei zur Ostsee.

Der Leuchtturm prägt den kleinen Hafen mit dem ehemaligen **Lotsenhaus** und

▲ Karte S. 242

dem Restaurant ›Giftbude‹. Das wird so genannt, weil es ›da wat gift‹, nämlich Brötchen, Pommes, Bratkartoffeln und Fisch. Das Lotsenhaus wurde 1873 erbaut und diente bis 1980 den Lotsen als Unterkunft, das Restaurant mit dem kleinen Kiosk stammt aus den 1920er Jahren. Besucher gelangen ausschließlich übers Wasser zu dem kleinen Hafen, entweder im Boot oder auf einem der Schlei-Dampfer, die von Kappeln und Maasholm kommen.

Das alte **Adelsgut Oehe** liegt direkt an der Ostsee. Der kriegerische dänische König Christian IV. (1577–1648) hat hier ein Jagdrevier besessen. Erst um 1588 entstand eine eigene Hofwirtschaft, 1707 wurde das eindrucksvolle Herrenhaus errichtet. Das schön gelegene Ensemble ist in Privatbesitz, aber frei zugänglich. Es wird vor allem touristisch genutzt. In alten Gutsgebäuden entstanden Ferienwohnungen, es gibt ein Café und Bistro.

Gelting und Geltinger Birk

Die Landspitze, die den Süden der Einfahrt in die Flensburger Förde markiert, ist ein großes Naturschutzgebiet in der verstreuten Gemeinde Nieby. In dem flachen, wasserreichen Gebiet sind zahllose Vogelkolonien beheimatet, die Orte sind klein und teils recht idyllisch. Wanderer und Radfahrer können sich an dieser Landschaft erfreuen.

Direkt an der Küste zieht sich **Falshöft** hin, in dem fast jedes Haus mit Reet gedeckt ist. Besucher lieben diesen Ort, so dass sich in vielen Häusern Ferienwohnungen befinden. Es reizt der nahe lange Sandstrand samt seinem historischen **Leuchtturm**. Dieser ging nach zweijähriger Bauzeit im Jahr 1910 in Betrieb. Zuletzt diente er nur noch als ›Quermarkenfeuer‹ und wies auf die Untiefen vor Kalkgrund und dem Bredgrund hin. Seit 2002 leuchtet Falshöft nicht mehr. Neben einem Trauzimmer gibt es im Erdgeschoss ein kleines Museum.

Im Zentrum von **Gelting** liegt die **St.-Katharinen-Kirche,** erbaut um 1300. Das Vorhaus mit dem Südportal stammt noch aus dieser Zeit. Der hölzerne Glockenturm steht wie so oft abseits. Sehenswert sind ein Triumphkreuz und eine geschnitzte Taufe aus der Eckernförder Werkstatt des Hans Gudewerdt aus dem 17. Jahrhundert. An einer Außenwand

Das Gutshaus von Gut Oehe liegt direkt hinter dem Ostseedeich

In der Katharinenkirche

der Kirche öffnet sich der Blick in die ›Ruhmorsche Gruft‹ mit drei Sarkophagen aus dem 18. Jahrhundert für Mitglieder des einst mächtigen Adelsgeschlechts von Ahlefeldt. Mittlerweile sind die Steinsärge leer, die Leichen wurden in der Nähe der Kirche bestattet.

Neben der Kirche befindet sich das Gemeindehaus. Dunkle Balken, rote Ziegel und ein Reetdach – das Haus macht was her. 1733 wurde es im Stil eines Altangler Bauernhauses errichtet. Bis 1823 lebte der Pastor hier. Eigentlich sollte das arg verfallene Gebäude vor dem Ersten Weltkrieg abgerissen werden, zum Glück wurde es jedoch immer wieder restauriert.

Am Rande des Ortes umgibt ein Wassergraben **Schloss Gelting.** Das Ensemble mit seinen holländischen Schiebefenstern wurde 1231 zum ersten Mal erwähnt. Der Ostflügel von 1470 hat einen runden Eckturm. Erster Eigentümer war der dänische König. Es galt, die Festungsanlage mit Gräben, Wällen, Kanonenbastionen und Palisaden gegen Angreifer zu verteidigen. Im 18. Jahrhundert wechselte das Gut mehrmals den Besitzer. Schließlich erwarb es der Kaufmann Seneca Ingwersen, der in der Holländischen Ostindien-Kompanie zu Geld gekommen war und sich bald ›Baron von Geltingen‹ nannte. Es wird ihm zu Gute gehalten, dass er kurz vor der französischen Revolution die Leibeigenschaft abschaffte. Ein Gedenkstein dazu steht neben der Katharinenkirche. Das Schloss ist im Privatbesitz, nicht für die Öffentlichkeit zugänglich und von der Straße aus kaum zu erkennen.

Die **Geltinger Birk** entstand 1821 durch Eindeichung des Großen Noores, einer Nebenbucht der Ostsee. Um Oberflächenwasser aus den trockengelegten Niederungen der Birk zu pumpen, ließ 1826 der damalige Geltinger Rittmeister von Hobe die **Mühle Charlotte** auf dem Goldhöftberg erbauen. Dabei handelte es sich um einen Erdholländer, dessen Flügel einst Segel trugen und der als kombinierte Schöpf- und Kornmühle agierte. Bis 1971 diente er vor allem der Entwässerung der Birk, seither reguliert ein Pumpwerk den Wasserstand.

Die Mühle Charlotte

▲ Karte S. 242

Bis 1938 wurde in der Mühle auch Korn gemahlen. Die Mühle ist im Privatbesitz und kann nicht besichtigt werden, steht aber direkt am Wegesrand.
Nur Radfahrer und Fußgänger sind in dem 773 Hektar großen **Naturschutzgebiet** erlaubt. Die Wege sind meist Rundwege unterschiedlicher Länge und mit Tiersymbolen wie ›Eule‹ (drei Kilometer), ›Konik‹ (6,2 Kilometer), ›Hochlandrind‹ (10,4 Kilometer) oder ›Möwe‹ (13,3 Kilometer) gekennzeichnet. Ausgangspunkte sind Falshöft oder Mühle Charlotte.
Eine Besonderheit ist der sogenannte **Gespensterwald** bei Beveroe (›Biberinsel‹). Er besteht aus vielen vom Wind verkrümmten und zum Teil verschlungen gewachsenen Bäumen. Die Buchen und Eichen sind größtenteils fast 400 Jahre alt. In den Monaten Juli und August umgeben die leuchtend roten Blüten des Blutroten Storchschnabels die Bäume.

i Angeln

Touristeninformation Schleidörfer, Königstr. 3, 24392 Süderbrarup, Tel. 04641/2047.
Touristeninformation Kappeln, Mühle Amanda, Schleswiger Str. 1, 24376 Kappeln, Tel. 04642/4027.
www.ostseefjordschlei.de
Touristikverein Kappeln/Schlei-Ostsee e.V., Mühlenstr. 24, 24376 Kappeln, Tel. 04642/920930. Der Verein vermittelt Ferienwohnungen und -häuser in der Region und gibt Urlaubstipps.
www.touristikverein-kappeln.de und https://maasholm.de/urlaub-in-maasholm/touristinformation.html
Touristeninformation Kieholm, An der B 199/Kreuzung Kieholm, Tel. 04642/6228.
www.sh-tourismus.de/a-hasselberg-kielholm-tourist-information
Touristeninformation Gelting, An der B 199, 24395 Gelting, Tel. 04643/777.

Integrierte Station Geltinger Birk, Falshöft 11, Tel. 04643/1862348. Vielfältige Informationen bietet die Station in Nieby, in der nicht nur die Gemeindeverwaltung, sondern auch der NABU Schleswig-Holstein-Ostangeln und die Stiftung Naturschutz-Schleswig-Holstein arbeiten.
www.geltinger-birk.de
NABU-Infohütte, am Nordweststrand vom Beveroe, Tel. 04643/189474; März–Okt. Führungen Mi 10 und So 14.30 Uhr (Dauer ca. 1,5 Std.), Treffpunkt am Birk-Kiosk ›Birklein‹, Parkplatz nahe der Mühle Charlotte. Dort gibt es auch öffentliche Toiletten.
https://schleswig-holstein.nabu.de/natur-und-landschaft/naturzentren-naturstationen-infos/geltinger-birk/index.html
Nabu, Schutzgebiet Reesholm.
www.schleswig-holstein.nabu.de/natur-und-landschaft/nabu-schutzgebiete/reesholm-schlei/02866.html
Naturerlebniszentrum, Exhöft-Seeberg 1, 24404 Maasholm; Ostern–Okt. tgl. 9–18 Uhr.
www.nez-maasholm.de

Angelner Dampfeisenbahn, Nestléweg, 24376 Kappeln, Tel. 04642/9251653.
www.angelner-dampfeisenbahn.de

Natur Nah Hotel, Dorfstr. 11, 24864 Goltoft, Tel. 0175/2043836. Etwas ganz Besonderes: Übernachtung in zwei Zirkuswagen plus einem Zustellwagen für Kinder.
www.naturnah-hotel.de
Pierspeicher, Am Hafen 19c, 24374 Kappeln, Tel. 04642/925027; DZ ab 104 €. Boutique-Hotel mit 17 geräumigen Zimmern im denkmalgeschützen Ambiente eines früheren Getreidespeichers. Das Restaurant präsentiert regionale Küche mit einem modernen Anspruch.
https://pierspeicher.de
Nordlicht, Uferweg 1a, 24376 Kappeln, Tel. 04642/98400; DZ ab 105 €. 200 Meter von der Schlei entfernt, auf der Schwansener Seite, findet man 15 geräu-

mige und modern eingerichtete Zimmer. Vom Restaurant aus sieht man die Boote auf der Schlei vorbeiziehen und kostet regionale Küche, aber auch Speisen aus ferneren Regionen wie Rösti und Steaks. www.nordlicht.sh

Hotel am Schleieck, Schmiedestr. 140, 24404 Maasholm, Tel. 04642/6016; DZ ab 90 €. Zimmer mit Ausblick auf die Schlei. www.schleieck-maasholm.de

Gut Oehe 1, Tel. 04642/6029; Fewo 80–230 € pro Nacht. In den Nebengebäuden des direkt an der Ostsee gelegenen Guts entstanden 16 gehobene Ferienwohnungen. www.gut-oehe.de

Natur-Camping Hellör, Hellör 1, 24864 Brodersby-Goltoft, Tel. 04622/533. 110 Stellplätze; vor der Badestelle links abbiegen. www.camping-helloer.de

Ostseecamping Gut Oehe, Drecht 6, 24376 Hasselberg, Tel. 04642/6124. Der sonnige Platz liegt direkt an der Ostsee. www.camping-oehe.de

Campingplatz Hasselberg, Drecht 7, 24376 Hasselberg, Tel. 04642/6383. Gegenüber dem Campingplatz Gut Oehe. www.camping-hasselberg.de

Wohnmobilstellplatz, Am Yachthafen, 24404 Maasholm Tel. 04642/965068. An der Marina und in Schleinähe liegt dieser Platz für 40 Fahrzeuge. www.maasholm.de/urlaub-in-maasholm/wohnmobilstellplatz.html

Fährhaus Missunde, Missunder Fährstr. 33, 24864 Brodersby, Tel. 04622/626. Restaurant und Hotel, schöne Terrasse mit Blick auf Jachthafen und die Fähre, gute Auswahl an Fischgerichten. www.faehrhaus-missunde.de

Tonne 98, Margarethenwall 1, 24864 Brodersby, Tel. 04622/1894564. Gaststätte etwas oberhalb der Marina Brodersby, zünftiges Segleressen.

Lindauhof 4, 24392 Boren, Tel. 04641/3710; Nov./Dez, Feb. Sa/So 9–19 Uhr, März–Okt. Mo–Fr 11–19, Sa–So 9–19 Uhr. www.lindauhof.de

Zur Schleibrücke, Schleistr. 3, 24392 Lindaunis, Tel. 04641/9862788; Di–So 11–21 Uhr. Das Restaurant befindet sich im alten Bahnhof Lindaunis und bietet Fischgerichte und Hausmannskost. 4 DZ. Direkt an der Brücke. www.zurschleibruecke.de

Zur Schleikate, Am Noor 6, 24392 Lindaunis, Tel. 04641/9862628; Mo 17.30–21, Do–So 17.30–21 Uhr, So 14–17 Uhr auch Kaffee und Kuchen. Urige Reetdachkate mit kleinem Garten, guter regionaler Küche und einigen Gästezimmern. www.schleikate.de

Mühlenkrug, Mühlenholz 21, 24392 Boren-Lindau, Tel. 04641/3433. Bietet typische norddeutsche Hausmannskost und liegt gegenüber der Mühle Lindaumühlenholz, die 1837 gebaut wurde, bis 1989 in Betrieb war und nun als Ferienhaus vermietet wird.

Epsen's Kaffeehaus, Bahnhofstr. 15, 24392 Süderbrarup, Tel. 04641/9898388. Im Bahnhof Süderbrarup, der auch in der TV-Serie ›Der Landarzt‹ als Bahnhof ›Deekelsen‹ eine wichtige Rolle spielt, findet sich jetzt ein liebevoll eingerichtetes Café mit Frühstücksbuffet. http://epsenskaffeehaus.de

Fährhaus, Lange Str. 21, 24399 Arnis, Tel. 04642/3050. Das traditionelle Fährhaus liegt bei der Fähre und hat einen kleinen Garten. Gäste schwärmen von den Fischgerichten, auch bei den Einheimischen ist es beliebt.

Schleiperle, Strandweg 126, 24399 Arnis, Tel. 04642/20 85. Das blaue Hafenrestaurant, gelegen auf einem Steg, ist bekannt für köstliche Kuchen. www.schleiperle-arnis.de

Strandhalle 54, Strandweg 123, 24399 Arnis, Tel. 04642/9279928. Hübsch renoviertes Haus, am Wasser gleich neben dem Kirchhof. Moderne und junge Küche. www.sh54.de

Hafenkantine, Strandweg 124, 24399 Arnis, Tel. 04642/925178. Hier gibt es Fischbrötchen und die beste Pizza ›west-

▸ Karte S. 242

lich von Peking‹, wie eine Arnisserin sagt. In der dazugehörenden Rumhökerei wird Arnisser Rum und Kräuterlikör gebrannt. www.arnisser.de/hafenkantine.

Tauwerk, Am Südhafen 4, 24376 Kappeln, Tel. 04642/2158. Restaurant, Biergarten und Terrasse direkt am Segelhafen; gute Küche.

Schunta, Hauptstr. 38, 24404 Maasholm, Tel. 04642/96560. Das urgemütliche Restaurant ist das älteste in Maasholm, es besteht seit 1831. Im Sommer kann man auch auf der Terrasse Platz nehmen, um Fisch und Fleisch aus der Region zu genießen.
www.restaurant-schunta.de

Giftbude, auf der Lotseninsel, Tel. 04642/6004; Mai–Aug. tgl.
www.lotseninsel.de/Giftbude.html

Gut Oehe 1, Tel. 04642/6029. Landhaus-Café und Bistro mit Gartenterrasse. www.landhaus.restaurant.de

Dat Strandhuus, Strandweg 1, 24395 Gelting-Wackerballig, Tel. 04643/690. Warme Küche 11.30–14.30, 17.30–21, Zwischenkarte 14.30–17.30 Uhr. Fischrestaurant direkt an der Geltinger Bucht mit Blick auf die Ostsee.
www.strandhuus-wackerballig.de

Der Arnisser, Lange Str. 85, 24399 Arnis, Tel. 04642/9279857. Im Café mit Gartenterrasse gibt es Kuchen und kleine Speisen. www.derarnisser.de

Kuchenhaus, Missunder Fährstr. 24, 24864 Brodersby, Tel. 04622/9839323; April-Sept. tgl. 12–18 Uhr, Okt. tgl. 13–17 Uhr, Nov.-Apr. Sa/So 13–17 Uhr. Das Café mit Gartenterrasse ist ein beliebter Stopp für Fahrradfahrer.
www.das-kuchenhaus.de

Lindauhof 4, 24392 Boren, Tel. 04641/3710; Nov.-Feb. Sa/So 9–19 Uhr, Jan. geschlossen, März-Okt. Mo-Fr 11–19, Sa-So 9–19 Uhr. Café in Haus und Garten des TV-›Landarztes‹. www.lindauhof.de

Lichthof, Falshöft 29, 24395 Nieby, Tel. 04643/1354; Mi-Sa 14–18, So 12–18 Uhr. Stubencafé in hübschem Bauerngarten. www.lichthof-angeln.de

Idstedt-Gedächtnishalle, Idstedtkirche 3, 24879 Idstedt, Tel. 04625/402, 04625/430; Fr-So 11–17 Uhr, Nov.-März geschlossen.
www.museen-sh.de/museum/DE-MUS-069118

Kirche Moldenit, An der Kirche 2, 24882 Schaalby.

St.-Andreas-Kirche, an der L 189 in 24864 Brodersby.

Museum Brodersby-Goltoft, Missunder Fährstr. 4, 24864 Brodersby; April/Mai Sa 14–17 Uhr, Juni–Aug. Sa 10–17 Uhr; Sept.-Okt. Sa 14–17 Uhr.

Bauerngarten, Hestoft 24, 24897 Ulsnis, Tel. 04622/180010. Das private Museum befindet sich in einem sehr fein restaurierten Fachhallenhaus aus dem Jahr 1756, das von einem Bauerngarten umgeben ist.

Dorfmuseum Ulsnis, Strandweg, 24897 Ulsnis, Tel. 04622/2673; Ostern–Okt. So 14–17 Uhr und nach Vereinbarung. Alte Haushaltsgeräte, Kleidung, Bilder und Bücher in einem alten Stall.
www.ulsnis.de/dorfmuseum.

St.-Willhadi-Kirche, Schleidörfer-Str. 33, 24897 Ulsnis.

Mühle Amanda, Schleswiger Str. 1, 24376 Kappeln, Tel. 04642/920102, 04642/9144363; Mo–Do 9–17, Sa 9–14 Uhr. Historisches Sägewerk.

Kunsthaus Kappeln, Poststraße 5, 24376 Kappeln, Tel. 04642/9643431; Mi–So 11–18 Uhr. Engagiertes Kunstmuseum mit wechselnden Ausstellungen, meist Malerei und Grafik. www.kunsthaus-kappeln.de

Galerie Heide Klencke, Meiereiweg 1, 24882 Füsing, Tel. 04622/180095; Öffnungszeiten nach Vereinbarung. Malerei und Kunstkurse, bietet auch therapeutische Begleitung an.
www.malerei-klencke.de

Unikate, Mario Enke, Schleistr. 9, 24392 Lindaunis, Tel. 04641/9868727. Die Galerie stellt Malerei und Keramik von Mario

Enke aus. www.marioenke.de
Leuchtturm Falshöft, Sibbeskjär, Tel. 04643/777. www.leuchtturm-falshoeft.de

Tolk-Schau, 24894 Tolk, Tel. 04622/922. Freizeitpark für Familien mit Kindern, mit Rodelbahn, Achterbahn und Eisenbahn. Man kann Grillplätze mieten.
www.tolk-schau.de

Barfußpark Hasselberg-Schwackendorf, Schwackendorf 37, 24376 Hasselberg, Tel. 04642/965178; Mo–Fr 10–18, Sa/So 10–19 Uhr. Es ist ein interessantes Gefühl, übers Moor, durch Torf und sogar über Glasscherben zu gehen. Außerdem gibt es einen Streichelzoo, eine Minigolfanlage und ein Café.
www.barfusspark-schwackendorf.de

Eine Dampferfahrt auf der Schlei ist bei gutem Wetter höchst angenehm. Die bekanntesten **Ausflugsdampfer** heißen ›Stadt Kappeln‹, ›Schlei Princess‹ und ›Nordlicht‹. Die ›Stadt Kappeln‹ fährt regelmäßig zwischen Kappeln, Maasholm und Schleimünde, mit Landgang. Kinder dürfen in Schleimünde einen Wikinger-Schatz suchen. Länger dauert die Tour zwischen Kappeln und Schleswig, je nach Fahrplan mit Stopp in Sieseby, Lindaunis und Missunde.
www.schleiraddampfer.de
www.schlei-ausflugsfahrten.de

Ostsee-Segelschule Hornich, Uleweg 36, 24404 Maasholm, Tel. 04642/6771. Segelunterricht für Erwachsene, Opti-Kurse für Kinder und Tipps für Einsteiger.
www.ostsee-segelschule.de
Surfschule Maasholm, Ortseingang, 24404 Maasholm, Tel. 0160/7938979. Die Surfschule liegt am Noor und bietet Surf-, Wingfoil- und Kite-Surfkurse.
www.surfcenter-maasholm.de

Kleine Boote können am Südhafen 4, 24374 Kappeln, Tel. 0152/3850 7325, gemietet werden. Rund 150 Meter von der Brücke entfernt, vor dem Restaurant Tauwerk.
www.kappeln-bootsvermietung.de

Hof Südensöhl, Dorfstr. 16, 24882 Schaalby, Tel. 04621/52661. Bietet auch Kunsthandwerk.
Hofladen Uck's, Mühlenstr. 11, 24882 Schaalby, Tel. 04622/550; Di, Do, Fr 8.30–13, 14–18, Mi, Sa 8.30–13 Uhr.
www.ucks-muehlenhof.de
Hofladen Bluschke, Missunder Fährstr. 8, 24864 Brodersby, Tel. 04622/420; Mo–Do 16–18, Fr 16–19 Uhr.
www.hof-bluschke.de
Leah's Snoopkram, Dorfstr. 10, 24864 Goltoft, Tel. 0175/2043836; 7.30–13.30 Uhr. Hofladen mit Galerie der Handwerkskunst. www.leahs-snoopkram.de/hofladen
Handweberei Kathrin Schoppmeier, Teichstr. 1, 24864 Goltoft, Tel. 04622/422; Mo–Fr 10 –13, Do 10–12 Uhr und nach dem Motto ›Wenn op is, is op – und nu is op‹. Fertigt u.a. Teppiche, Pullover, Schals und Handtücher.
www.handweberei-goltoft.de
Atelier Brigitte Wollert, Lange Str. 27, 24399 Arnis, Tel. 0175/3406431. Atelier für freie Malerei und chinesische Kunst. Nicht immer geöffnet, ratsam ist es, vor einem Besuch anzurufen.
www.brigitte-wollert.de
Schlei-arts, Uleweg 16, 24404 Maasholm, Tel. 04642/925620. Schleiansichten, Seemotive, Leuchtturm-Türschilder und mehr.
www.schlei-arts.de
Handwerkerhuus Maasholm, Hauptstr. 69, 24404 Maasholm, Tel. 04642/6037; Ostern–Okt. Mo–Do 15–18, Fr–So 12–18 Uhr, Juni–Mitte Sept. tgl. 12–18 Uhr. Das Haus ist der aus Backsteinen gebaute, ehemalige Stall des denkmalgeschützten Rathauses. Es bietet Schmuck, Keramik, Handweberei und Leder.
www.handwerkerhuus-maasholm.de

▶ Karte S. 242

Flensburger Förde

Ähnlich wie in Kiel ragt eine – hier schon an Dänemark angrenzende – spitz zulaufende Bucht in das Land hinein und bildet so einen großen geschützten Hafen. Am Ufer steht mit Glücksburg eines der bedeutenden Schlösser des Landes, während sich Flensburg besonders im Rumhandel hervortat und bis heute daher zahlreiche Handelshöfe im Stadtbild aufweist.

Glücksburg

Glücksburg mit seinen 6200 Einwohnern ist die nördlichste Stadt Deutschlands. Sie bezog ihre Bedeutung immer vom Adelssitz, dem Wasserschloss Glücksburg, und ein wenig vom Tourismus an den umliegenden Stränden. Seit dem Jahr 1900 besitzt Glücksburg das Stadtrecht, doch die Diskussionen um eine Eingemeindung nach Flensburg wollen nicht verstummen.

Schloss Glücksburg

Wer von adligem Stand ist und 23 Kinder mit zwei Frauen zeugt, so wie Johann, kreiert dann auch schon einmal eine Linie Schleswig-Holstein-Sonderburg-Glücksburg. Doch das wunderbare, architektonisch eindrucksvolle Wasserschloss, Sitz der Linie, hat einen ganz anderen Ursprung. Als nämlich 1192 das Kloster St. Michael in Schleswig aufgelöst wurde, zogen die Mönche nach Glücksburg und gründeten das neue Zisterzienserkloster Rüde. Es bestand bis 1538, als es im Zuge der Reformation aufgelöst wurde. Die Mauern gerieten in Besitz des dänischen Königshauses; Friedrich II. schenkte es 1582 seinem Bruder Johann, der bereits beträchtlichen Besitz in der weiteren Umgebung sein Eigen nannte und noch weitere Schlösser errichten ließ, etwa Reinfeld und Ahrensbök. Beide existieren nicht mehr. In Glücksburg ließ er das Kloster abtragen und mit dem Baumaterial ein schönes Wasserschloss als Wohnsitz seiner Familie errichten. Neben repräsentativen Schlössern braucht der Adel auch eine kluge Heiratspolitik, und da hatte Johann mit seinen 23 Kindern, von denen bei seinem Tod 1622 noch 13 lebten, allerbeste Trümpfe in der Hand. Mit welchem eu-

Neubauten am Ostufer der Förde

Der Nordosten

Schloss Glücksburg

ropäischen Königshaus auch immer, von Griechenland bis Norwegen, von England bis Russland – die Glücksburger Linie ist mit allen verwandt.

Das half auch nach dem Zweiten Weltkrieg. Residierte Dönitz in der Kaserne in Flensburg-Mürwitz, so machte sich Rüstungsminister Albert Speer im Schloss breit, wo er am 23. Mai 1945 von den Briten verhaftet wurde; mehr als 200 Wehrmachtsoffiziere wurden hier festgesetzt. Die britischen Truppen plünderten auch das Schloss, doch auf Anordnung des verwandten Königshauses musste das meiste zurückgegeben werden. Seit 1922 gehört das Schloss einer von der herzoglichen Familie gegründeten Stiftung, die Teile als Museum gestaltete und andere wirtschaftliche Aktivitäten forcierte.

Das dreistöckige Schloss erscheint zunächst, als wären drei Häuser direkt aneinander gebaut, doch tatsächlich hat es einen quadratischen Grundriss mit einer Kantenlänge von knapp 30 Metern und jeweils einem achteckigen **Turm** von sieben Meter Durchmesser an den Ecken des Quadrats. Direkt aus dem Wasser erhebt sich ein 2,5 Meter hoher Granitsockel, auf dem die Mauern in Ziegelbauweise, verputzt und weiß gestrichen, aufragen. Die Räume sind in Nord-Süd-Richtung angeordnet, lediglich die Kapelle im Erdgeschoss folgt der traditionellen Ost-West-Ausrichtung. Der mittlere Bauzug weist die großen öffentlichen Empfangsräume auf, während die äußeren Züge als Wohnungen ausgebaut sind. Die Dekoration folgte zunächst dem Stil der Renaissance, später wurden einige Elemente Richtung Klassizismus verändert. Im Kellergeschoss befanden sich Küche, Vorratsräume und ein Gefängnis. Über die **Schlossbrücke** gelangt man in das Vestibül im Erdgeschoss, das ›Grüne Diele‹ genannt wurde. Hier befindet sich auch die **Kapelle**, die in der Höhe teilweise mehr als ein Stockwerk einnimmt. Sie wird bis heute benutzt, zum Beispiel für Trauungen. In der Gruft wurden 38 Familienmitglieder beigesetzt, allerdings seit 1811 niemand mehr.

Das erste Obergeschoss war der eigentliche Wohnbereich der herzoglichen Fa-

▸ Karte S. 242

milie, in dessen Zentrum der nach den Tapeten benannte Rote Saal liegt. Von diesem Wohn- und Empfangsraum gehen die Türen in die jeweiligen Wohnungen und die Turmzimmer ab. Im zweiten Obergeschoss wiederholte sich die Raumanordnung, die frühe Nutzung ist allerdings unbekannt, denn erst ab dem 18. Jahrhundert wurden einige Gästezimmer eingebaut, später auch Wohnungen für die älteren Kinder. Im Weißen Saal finden häufig Konzerte statt.

Die Ausstattung des Schlosses ist nicht mehr original, die meisten Möbel stammen aus dem 19. Jahrhundert und wurden aus Schleswig und Kiel hierher gebracht. Bedeutend ist eine Sammlung von Gobelins, die um das Jahr 1740 entstanden.

Um zum Schloss zu kommen, passiert man den **Wirtschaftshof**, der eine Art Vorburg darstellt, in dem früher Waren abgeliefert und die Speisezubereitung vorbereitet wurden. Es gab neben Ställen und der Remise ein Back- und ein Brauhaus, die bei einem Brand 1717 weitgehend zerstört wurden. Heute befinden sich hier die Kasse, ein Laden und ein Café. Vom Torhaus aus überwand eine Zugbrücke den Wassergraben, die bei Gefahr hochgeklappt werden konnte.

Schon zum Kloster gehörte ein Kräutergarten, doch abgesehen von einem Küchengarten erhielt das Schloss erst im frühen 18. Jahrhundert eine größere **Parkanlage**. Dazu gehörte auch die 1743 gebaute Orangerie. In der ersten Hälfte des 19. Jahrhunderts ließ Herzogin Anna Carolina den Garten zu einem englischen Landschaftspark umgestalten, wobei die Wege erhalten blieben, die Grünflächen ihre weit ausholende Form erhielten und die Orangerie umgestaltet wurde.

Auf dem Gelände der früheren Schlossgärtnerei am Eingangsbereich entstand 1991 das **Glücksburger Rosarium**, das auf knapp einem Hektar Fläche mehr als 500 historische Kletter- und Wildrosen kultiviert (privat, separater Eintritt).

Museen

Das **Landschaftsmuseum Unewatt** besticht durch ein neues Konzept, nach dem die Häuser nicht eng beieinander stehen, sondern in fünf ›Museumsinseln‹, die im Dorf Unewatt verstreut sind. Es gibt das Marxen-Bauernhaus aus dem Jahr 1626, eine Fischräucherei, eine Buttermühle, eine Windmühle und die große Christensen-Scheune, die heute als Ausstellungshalle genutzt wird. So entdecken Besucher gleichzeitig die historischen Häuser und das heutige Dorf.

Ungewöhnlich ist das **Obstmuseum Pomarium Anglicum** in Sörup-Winderatt. Meinolf Hammerschmidt begann 1987 damit, alte Obstsorten zu sammeln – es fing mit einem Angelner Herrenapfel an, der neu aufgepfropft und damit erhalten wurde. Inzwischen sind viele Äpfel und Birnen mit eleganten und lustigen Namen hinzugekommen, mehr als 700 Sorten sind zu bewundern. Es gibt auch die Möglichkeit, hier Urlaub zu machen.

Halbinsel Holnis

Der Ortsname Holnis ist seit dem 15. Jahrhundert dokumentiert. Damals handelte es sich um eine Insel in der Außenförde, die später durch einen Damm ans Festland angeschlossen wurde und 1929 durch Eindeichungen und ein Schöpfwerk bei Schausende den Inselcharakter völlig verlor. Heute ist Holnis das beliebteste Naherholungsgebiet für Glücksburg, denn die Halbinsel bietet Wander- und Radfahrmöglichkeiten durch Naturschutzgebiete, **Strände** bei Schausende und Drei, eine **Steilküste** im Nordwesten, eine **Salzwiese**, die Brutkolonie für Seevögel ist, und einen **Leuchtturm** am Ortsrand von Schausende.

Glücksburg

Touristeninformation, Schinderdam 5, 24960 Glücksburg, Tel. 04631/451100; Mo–Fr 9–12.30 und 13.30–18, Sa/So 10–14 Uhr.
www.flensburger-foerde.de/gluecksburg

Alter Meierhof, Uferstr. 1, 24960 Glücksburg, Tel. 04631/61990; DZ ab 280 €. Edles Hotel im Grünen und direkt an der Förde gelegen. Die 54 Zimmer sind geräumig und klassisch-elegant eingerichtet. Das Restaurant ›Meierei‹ von Dirk Luther verschreibt sich der französischen Küche und trägt Michelin-Sterne. Großes Wellness-Angebot.
www.alter-meierhof.de

Knurrhahn, Sandwigstr. 21, 24960 Glücksburg, Tel. 04631/5644640; DZ ab 70 €. Nur 200 Meter von der Ostsee entfernt steht dieses familiär geführte und individuell, teilweise etwas rustikal eingerichtete Hotel. Es gibt auch Zimmer mit Selbstverpflegung.
www.hotel-knurrhahn.de

Smucke Steed, Paulinenallee 5, 24960 Glücksburg, Tel. 04631/4445161; DZ ab 132 €. Im gelb geklinkerten früheren Mädchenpensionat, 1898 in Betrieb genommen, dürfen nun auch Männer nächtigen, und zwar in großzügigen, modern mit Holz eingerichteten Zimmern, 16 an der Zahl, und mit Blick auf die Förde. Die Terrasse ist der ideale Frühstücksort, im Garten steht ein kleines Saunahaus.
www.smucke-steed.de

Strandhotel, Kirstenstr. 6, 24960 Glücksburg, Tel. 04631/61410; DZ ab 119 €. Das 1872 erbaute Hotel liegt direkt am flachen Sandstrand der Flensburger Förde, auf dem die Strandkörbe in Reih und Glied stehen und von dem ein Steg ins Wasser ragt. Die 33 Zimmer sind in maritim-skandinavischem Design gestaltet. Ein großes Wellness-Angebot steht zur Verfügung. Edle Küche findet sich im Restaurant ›Felix‹.
www.strandhotel-gluecksburg.de

Glückselig, Schwennaustr. 41, 24960 Glücksburg, Tel. 04631/44435222. In einer kleinen Bucht an der Förde überschaut ein betont modernes Gebäude die aufgereihten Strandkörbe. Das Essen passt perfekt dazu: modern, innovativ, das Wesentliche betonend. Bei gutem Wetter auch auf der Terrasse.
www.glueckselig.de

Bock 19, Bockholmwik 19, 24960 Munkbrarup, Tel. 04631/4420247; Mo, Di, Do, Fr 15–21.30, Sa/So 12–21.30 Uhr. Das beliebte Café und Restaurant liegt am Campingplatz mit direktem Fördeblick, vor allem von der großen Terrasse. Hier wird ordentlich gekocht, mit Fleisch und Fisch, Suppe und Eis.
www.bock19.de

Ostseecamp Holnis, An der Promenade 1, 24960 Glücksburg, Tel. 04631/622071. Der Campingplatz liegt direkt am Strand der Halbinsel Holnis nördlich von Glücksburg. Es werden auch Wohnwagen vermietet.
www.ostseecamp-holnis.de

Schloss Glücksburg, 24960 Glücksburg, Tel. 04631/442330; tgl. 11–18 Uhr.
www.schloss-gluecksburg.de

Landschaftsmuseum Unewatt, Unewatter Str. 1a, 24977 Langballig, Tel. 04636/1021; Mai–Sept. Di–So 10–17, Apr., Okt. Fr–So 10–17 Uhr.
www.museum-unewatt.de

Obstmuseum Pomarium Anglicum, Waldweg 2, 24966 Sörup-Winderatt, Tel. 04635/2745.
www.alte-obstsorten.de,
www.pomarium-anglicum.de

Flensburger Segel-Club e.V., Quellental, 24960 Glücksburg, Tel. 04631/3233. Der 1890 gegründete Segelclub hat seinen Hafen heute in Glücksburg.
www.fsc.de

▶ Karte S. 242

Hanseatische Yachtschule, Philosophenweg 1, 24960 Glücksburg, Tel. 04631/60000. Der Deutsche Hochseesportverband Hansa gehört zu den traditionsreichsten Segelvereinen Deutschlands und bietet eine sehr solide Ausbildung an. www.dhh.de

Fördeland-Therme, Sandwigstr. 1 a, 24960 Glücksburg, Tel. 04631/444070; tgl. 10–20 Uhr. Badespaß im bis zu 32 Grad warmen Wasser, in fünf Saunen und im Ruhebereich drinnen und draußen. Viele Einrichtungen für Kinder. www.foerdelandtherme.de

Förde-Golfclub, Bockholmwik, 24960 Glücksburg, Tel. 04631/2547. Der 1972 begründete Platz liegt direkt an der Förde östlich von Glücksburg. Er weist leicht hügelige Fairways mit altem Baumbestand auf und steht ständig unter Windeinfluss. Par 72 mit 4988 m (Damen) und 5877 m (Herren). www.foerdegolfclub.de

Flensburg

Flensburg ist für die punktesammelnde ›Verkehrssünderkartei‹ bekannt, als früherer Sitz des Erotikhandels von Beate Uhse, für eine Biermarke und den zweitbesten Handballverein Deutschlands. Früher stand es auch noch für Rum, Sklavenhandel, Walfang, Marine und den Sitz der letzten Reichsregierung unter Großadmiral Dönitz. Heute ist die Stadt mit rund 90 000 Einwohnern die größte im deutsch-dänischen Grenzgebiet.

Geschichte

Zwar gab es schon vorher eine weit gestreute Besiedlung in der Region, doch wurden von der Mitte des 12. bis Ende des 13. Jahrhunderts die meisten Orte an der Förde jeweils rund um eine Kirche gegründet. Die Region gehörte zu dieser Zeit zu Dänemark. Die kleinen Siedlungen waren im Handel erfolgreich, weil sie nahe zum Ochsenweg lagen, der Handelsstraße, die schon seit dem 6. Jahrhundert in Nord-Süd-Richtung durch das gesamte Jütland verlief, und weil der Seehandel sicherer wurde und in dem fjordartigen Hafen besonders gute Bedingungen vorfand. Die Siedlungen wuchsen zusammen und erhielten 1284 vom dänischen König das Stadtrecht; 1345 begann man, eine Stadtmauer zu errichten. Bedeutendstes Handelsgut waren damals in Salz eingelegte Heringe.

Flensburg wurde in die Kriege des Mittelalters gezogen, die große Zerstörungen anrichteten. 1529 kam es zur Flensburger Disputation, einem Religionsgespräch, nach dem die lutherische Reformation in Dänemark und in den Herzogtümern Schleswig und Holstein eingeführt wurde. Obwohl es nicht der Hanse angehörte, war Flensburg im 16. Jahrhundert eine wohlhabende Handelsstadt, die sich mit Heringen, Zucker und Öl aus dem Walfang beschäftigte. Erst der Dreißigjährige Krieg und die dänisch-schwedischen Kriege beendeten dies.

Eine neue wirtschaftliche Blüte erlebte Flensburg im 18. und 19. Jahrhundert durch einen speziellen Dreieckshandel, bei dem Sklaven von Afrika in die Karibik transportiert wurden, Rum und Zucker von dort nach Flensburg, wo der Rum verschnitten und veredelt, der Zucker raffiniert und alles weiter ins Landesinnere verkauft wurde. Mehr als 20 große Rumhäuser mit weithin bekannten Namen wie Hansen, Pott, Asmussen, Johannsen und Detleffsen agierten hier. Dies war auch die Zeit der Handelshöfe, die sich an der wichtigsten Straße – heute: Norderstraße, Große Straße, Holm – aufreihten und ihre imposanten

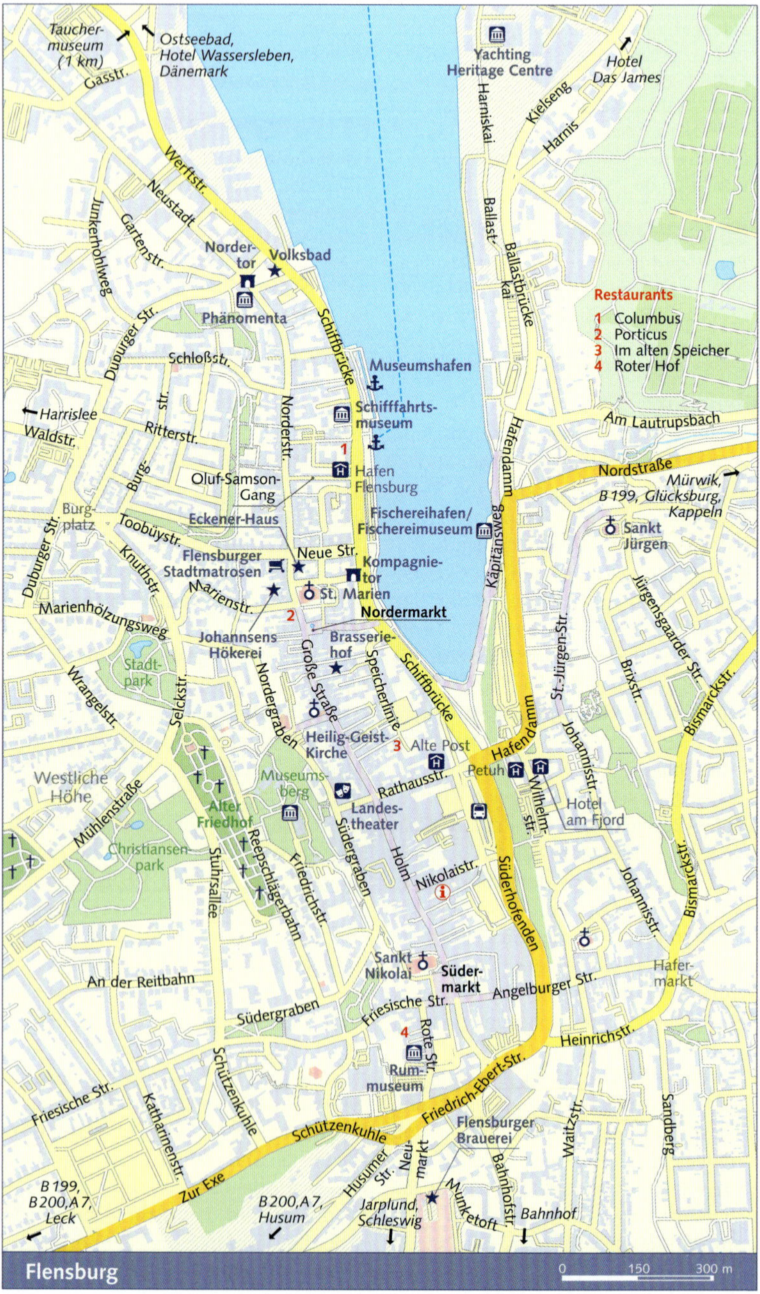
Flensburg
Restaurants
1 Columbus
2 Porticus
3 Im alten Speicher
4 Roter Hof
Taucher-museum (1 km)
Ostseebad, Hotel Wassersleben, Dänemark
Yachting Heritage Centre
Hotel Das James
Norder-tor
Volksbad
Phänomenta
Museumshafen
Schifffahrts-museum
Hafen Flensburg
Oluf-Samson-Gang
Eckener-Haus
Fischereihafen/ Fischereimuseum
Sankt Jürgen
Flensburger Stadtmatrosen
Kompagnie-tor
St. Marien
Nordermarkt
Johannsens Hökerei
Brasserie-hof
Heilig-Geist-Kirche
Alte Post
Petuh
Hotel am Fjord
Museums-berg
Landes-theater
Westliche Höhe
Alter Friedhof
Christiansen-park
Stadt-park
Burg-platz
Sankt Nikolai
Süder-markt
Hafer-markt
Rum-museum
Flensburger Brauerei
Mürwik, B 199, Glücksburg, Kappeln
Harrislee
B 199, B 200, A 7, Leck
B 200, A 7, Husum
Jarplund, Schleswig
Bahnhof
0 150 300 m

Fassaden mit Treppengiebeln zeigten. Jeweils zwei Häuser teilten sich einen Hof, indem die Seitengebäude Rücken an Rücken mit den anderen Nachbarn errichtet wurden. So gab es mehr Platz und Bewegungsfreiheit in den Höfen.

Nach dem Deutsch-Dänischen Krieg von 1864 kam die Stadt zu Preußen. Bei der Volksabstimmung 1920 votierte Flensburg mit Dreiviertelmehrheit für Deutschland und wurde so zur Grenzstadt. Nach 1933 war die Stadt fest in der Hand der Nationalsozialisten und gewann durch die Marineanlagen an Bedeutung. Dennoch hielten sich die Zerstörungen mit 41 Bombentreffern in Grenzen. Nach dem Tod Hitlers führte Großadmiral Dönitz die Reichsregierung im militärischen Bereich des Stadtteils Mürwik weiter und nahm zahlreiche NS-Funktionäre auf, die aus Skandinavien flohen, um der Verhaftung durch die Alliierten zu entgehen. Zu ihnen gehörte auch Rudolf Höß, der Lagerkommandant von Auschwitz.

Nach Gründung der Bundesrepublik wurden größere Marineanlagen in der Förde errichtet, die nach 1989 vielfach nach Osten verlegt wurden. Ehemalige Hafenanlagen der Bundesmarine werden heute als Marina Sonwik von Sportbooten genutzt. Und der deutsch-dänische Grenzhandel blühte dank Steuerunterschieden wieder auf. Die wirtschaftliche Situation Flensburgs ist nicht blendend, ein kleiner Aufschwung ist jedoch im Stadtbild zu erkennen.

Sehenswürdigkeiten

Der Kern der Stadt befindet sich westlich der Förde und lässt sich durch einen Spaziergang von Nord nach Süd erkunden. Das **Nordertor** wurde Ende des 16. Jahrhunderts als nördliches Stadttor errichtet und begrenzte 200 Jahre lang die Stadt. Über dem Torbogen trägt es außen das Wappen des dänischen Königs Christian IV. sowie das Stadtwappen: zwei blaue Löwen neben einem roten Turm und über schräg fließendem Wasser.

Direkt neben dem Tor steht das im Jahr 1900 eingeweihte **Volksbad,** das der Bevölkerung eine bessere Körperpflege ermöglichen sollte. Allerdings kam es etwas spät, denn mit der Industrialisierung und Stadtmodernisierung erhielten immer mehr Häuser eigene Bäder. Heute ist das Haus ein Sozial- und Kulturzentrum. Auf der anderen Seite neben dem

Am Museumshafen

Das Nordertor, Entrée ins Zentrum

Tor befindet sich das Wissenschaftsmuseum **Phänomenta,** in dem Kinder spielerisch an naturwissenschaftliche Fragen herangeführt werden.

An der Norderstr. 86 liegt ein typischer großer **Kaufmannshof** des 18. Jahrhunderts. Im Vorderhaus mit seiner Treppenfassade befanden sich die Wohnräume der Kaufmannsfamilie und die Kontore, in Richtung Hafen wurde die Anlage von einem Querspeicher begrenzt, in dem die Waren gelagert wurden. In den Seitenhäusern wohnte das Gesinde, wurde Vieh gehalten, wurden Arbeiten ausgeführt und das Wasser aus dem Brunnen geschöpft.

Die Norderfischerstraße geht hinunter zur Förde und dem **Museumshafen.** Die Promenade am Ufer führt vorbei am markanten Holzkran zu den historischen Schiffen, die hier vorübergehend festgemacht haben oder repariert werden. Das Spektrum reicht von eleganten Holzjachten bis zu Schleppern und Frachtschiffen. Das Wissen über die Schifffahrt lässt sich auf der anderen Straßenseite im **Schifffahrtsmuseum** und im **Rummuseum** weiter vertiefen. Zahlreiche Ausstellungsstücke werden hier vorgeführt und erklärt.

Etwas südlich vom Hotel Hafen Flensburg führt eine romantische schmale Gasse wieder hinauf zur Norderstraße. Sie heißt **Oluf-Samson-Gang.** Der Name verweist auf einen Kaufmann dieses Namens, der ab 1582 zu großem Wohlstand gelangte. Er besaß die Grundstücke zu beiden Seiten der Gasse, doch statt eines großen Kaufmannshofs ließ er hier kleinere Häuschen für Fischerfamilien errichten. Ab 1610 litt auch Samson unter der Wirtschaftskrise und musste fast alle Immobilien verkaufen, so dass ihm nur noch zwei kleine Häuser hier blieben. Ab 1617 ist der Name des Ganges bezeugt, ein Jahr später starb Samson völlig verarmt. Die heutigen Häuser stammen allerdings nicht aus seiner Zeit, sondern aus dem 18. Jahrhundert, denn diese Gegend war im Dreißigjährigen Krieg stark zerstört worden. Ab 1918 wurden hier die ersten Prostituierten nachgewiesen,

▶ Karte S. 314

bis 1929 hatten sich die umliegenden Straßen zu einem veritablen Nachtclub- und Rotlichtviertel entwickelt, das unter Seeleuten weltweit bekannt war und St. Pauli in Hamburg in nichts nachstand. Im Jahr 2015 war dann Schluss damit.

Zurück auf der Norderstraße finden sich auf beiden Seiten unterschiedlich erhaltene und genutzte **Kaufmannshöfe** aus dem 17. und 18. Jahrhundert. Mit zunehmendem Wohlstand wurden die Höfe immer wieder umgebaut, und gerne verschönerte und vergrößerte man die straßenseitige Fassade. So gibt es in der nach Westen abzweigenden Toosbüystraße und der parallelen Am Burgfried sowie in der weiter südlich gelegenen Nikolaistraße mehrere Häuser mit **Jugendstilfassaden** aus der Zeit nach 1900.

An der Norderstr. 8 steht das sogenannte **Eckener-Haus,** mit dessen Bau im 16. Jahrhundert begonnen wurde. Die heute sichtbare Fassade ist spätbarock und stammt aus der Mitte des 18. Jahrhunderts. Der aus Bremen stammende Kaufmann Johann Eckener heiratete 1867 die Schuhmachertochter Anna Lange und eröffnete mit ihr in dem Haus einen Tabak- und Gewürzhandel. Ihre beiden Söhne wurden berühmt, und so gilt das Haus heute als deren ›Geburtshaus‹. Hugo Eckener (1868–1954) besuchte das Gymnasium, studierte und wurde Schriftsteller und Journalist bei den liberal-konservativen *Flensburger Nachrichten*. Er berichtete häufig über die Luftfahrt, vor allem über die neuen Zeppeline. Aus der Diskussion mit Ferdinand Graf von Zeppelin ergab sich eine Zusammenarbeit, und schließlich etablierte Eckener als Nachfolger Zeppelins einen regelmäßigen Luftschiffverkehr über diverse Ozeane. Sein jüngerer Bruder Alexander (1870–1944) studierte an der Akademie der Bildenden Künste in München und schloss sich dann der Künstlerkolonie Ekensund außerhalb von Flensburg an. Später war er in Paris und Stuttgart tätig, suchte seine Motive aber immer wieder in der Heimat. Er fertigte vor allem Radierungen an, die gelungensten zierten Theodor Storms Novelle ›Der Schimmelreiter‹.

Die Neue Straße führt noch einmal hinunter zur Schiffbrücke, an der sich das **Kompanietor** befindet, ein 1602 erbautes Gemeinschaftshaus der Flensburger Schiffer und Kaufleute. Der Giebel zeigt neben dem Stadtwappen auch das Wappen des dänischen Königs Christian IV. und seiner Frau Anna Katharina. Die Hochwassermarken zeugen von feuchten Katastrophen der Vergangenheit.

Zurück auf der Großen Straße: Die **Kirche St. Marien** wurde 1284 erstmals erwähnt. Sie ist eine der größten Kirchen der Stadt, wurde allerdings häufig umgebaut, so dass sie keinen einheitlichen Stil aufweist. Um 1400 wurde sie um zwei Joche erweitert, 1598, nach der Reformation, entfernte man die Altäre und zahlreiche Bilder, der neue Hochaltar gilt als wichtiges Beispiel der norddeutschen Spätrenaissance. 1730/31 entstand ein von einer Barockhaube gekrönter Turm, der 1880 durch einen neugotischen mit Spitzhelm ersetzt wurde. Am Ende des Krieges wurden durch eine Explosion einige Fenster beschädigt, so dass in den 1950er Jahren mehrere neue Fenster eingefügt wurden.

Schräg gegenüber der Kirche steht mit dem **Porticus** das älteste Gasthaus der Stadt – es stammt aus dem Jahr 1740 –, das auch heute noch eine beliebte Kneipe ist. Weiter die Marienstraße hoch geht es auch um Alkohol, denn hier präsentiert sich **Johannsens Hökerei** als ältestes Rumhaus der Stadt; Verkostungen sind möglich.

Der **Nordermarkt** ist einer der historischsten Orte der Stadt, denn hier befand sich bereits zur Gründerzeit (1170) ein Marktplatz. In einem Arkadengang, Schrangen genannt, verkauften Metzger und Bäcker ihre Waren. Hier befand sich auch der Pranger, an dem Übertäter angekettet und zur Schau gestellt wurden; die Halterung ist an der Giebelseite des Schrangen noch zu sehen. Der Platz mit dem **Neptunbrunnen** (1758) ist heute kein Marktplatz mehr, sondern wird für die Außengastronomie genutzt: Bis zum späten Nachmittag liegt er in der Sonne. Der **Brasseriehof** (Große Straße 42–44) ist der Handlungsort der Novelle ›Im Nachbarhaus links‹ von Theodor Storm. Dazu passend wird der Hof heute für kulturelle Veranstaltungen genutzt.

Die **Heilig-Geist-Kirche,** eine gotische zweischiffige Hallenkirche, gehörte zum Hospital zum Heiligen Geist, wurde aber nach der Reformation zur Stätte dänischsprachiger Gottesdienste; seit 1997 gehört das Bauwerk der Dänischen Kirche. Die Form ist etwas ungewöhnlich, da die Kirche zwei Schiffe besitzt, wobei das südliche fast doppelt so breit ist wie das nördliche. Bemerkenswert sind auch die aus dem 14. Jahrhundert stammenden Fresken, die das Jüngste Gericht darstellen. Der Taufstein ist aus Granit und stammt aus dem Mittelalter, zudem hängen zwei schöne Votivschiffe aus dem 19. Jahrhundert von der Decke.

Durch den Heiliggeistgang und den Christiansensgang kann man den **Museumsberg** erklimmen, um die beiden großen Museen der Stadt zu besuchen. Auf dem **Alten Friedhof,** auf dem es zahlreiche imposante Grabstätten wohlhabender Familien zu sehen gibt, ragt seit 2011 wieder der steinerne Idstedt-Löwe hervor, der 1862 als Erinnerung an die Schlacht von Idstedt (→ S. 36) enthüllt wurde, sich aber zwischenzeitlich in Berlin und Kopenhagen aufgehalten hatte.

Die gotische **Kirche St. Nikolai** wurde ab 1390 erbaut. Unmittelbar ins Auge fallen die gewaltigen runden Ziegelpfeiler, die die Seitenschiffe abtrennen und das Dach stützen, dessen First auf 40 Meter Höhe liegt. Der Turm ist mit 90 Metern einer der größten in Schleswig-Holstein; er erhielt 1878 eine neue Spitze, nachdem die alte von einem Blitz beschädigt worden war.

Von der Ausstattung fällt der 1749 gestiftete Altar ins Auge, der die Auferstehung zeigt, darunter das Abendmahl. Die Tugenden Glaube und Hoffnung sowie etwas überdimensionierte gedrehte Säulen flankieren die Darstellungen. Dreht man sich um, so fällt der Blick auf die prächtige Orgel, die eigentlich – weltweit einmalig – aus zwei Instrumenten besteht; im historischen Gehäuse befindet sich eine Schnitger-Orgel, die auf das 17. Jahrhundert zurückgeht, dahinter eine Symphonische Orgel. Beide Instrumente wurden Anfang des 21. Jahrhunderts von dem Marburger Orgelbauer Gerald Woehl restauriert.

Das Kirchspiel St. Nikolai wurde etwa im Jahr 1200 gegründet; kurz darauf wurde auch der **Südermarkt** direkt vor der Kirche angelegt. Neben Lebensmitteln wurden auch Pferde hier gehandelt, so dass es bis ins 19. Jahrhundert hinein eine Pferdetränke in Form eines Brunnenkastens mit vier Abflussrohren gab. Von der historischen Bebauung ist nicht viel erhalten, das älteste Haus ist die heutige Nikolai-Apotheke aus dem Jahr 1490.

Etwas weiter westlich führt die **Rote Straße** weiter nach Süden. Auch hier gab es mehrere Kaufmannshöfe, die heute alle saniert sind und denen neues Leben eingehaucht wurde. Hier finden sich Läden mit allem möglichen Krimskrams, Kunstgalerien, Cafés und Restaurants – eine kurze Straße, die zu einem längeren Aufenthalt einlädt.

▲ Karte S. 314

Der Oluf-Samson-Gang, eine der anmutigen Gassen in Flensburg

Harrislee

Die 12 000 Bewohner umfassende Gemeinde Harrislee westlich von Flensburg liegt nahe der dänischen Grenze, zwischen Vorgeest und Förde. Drei Großsteingräber weisen auf eine frühe Besiedlung hin. Im 14. Jahrhundert wurde das Dorf als ›Haringslof‹ (Erbe des Hari) erwähnt. In der Blütezeit befanden sich in dieser Gegend nahe der Förde rund 70 Ziegeleien, die letzte verschwand 1970. Im 20. Jahrhundert gab es zahlreiche Gebietsverschiebungen, heute ist die Gemeinde der Stadt Flensburg direkt benachbart und fast mit ihr zusammengewachsen.

Sehenswert sind die **Steingräber** an der Straße nach Ellund und an der Umgehungsstraße nach Wassersleben, die **Kupfermühle** und die **Zollsiedlung**.

In der Ortsmitte steht die evangelische **Versöhnungskirche** (1928). In moderner Gestaltung hat die Flensburger Künstlerin Käte Lassen (1880–1956) drei Buntglasfenster in der Apsis sowie zwei Obergadenfenster geschaffen.

Am Fluss Krusau wurde schon Anfang des 17. Jahrhunderts ein Hammerwerk zur Bearbeitung von Kupfer- und Messingblechen errichtet. Bis 1962 war es in Betrieb, jetzt zeigt das **Industriemuseum Kupfermühle** den Maschinenantrieb durch ein Wasserrad, eine 700-PS-Dampfmaschine sowie druckluftbetriebene Maschinen. Zahlreiche Produkte, die auf diese Art hergestellt wurden, sind zu sehen. Dazu kommen eine Arbeitersiedlung und die Erklärung der Architektur des Ortes. Kinder können vieles ausprobieren.

Im Ortsteil **Wassersleben,** der direkt an der Förde liegt, lockt ein 600 Meter langer bewachter **Sandstrand** mit sanitären Anlagen, Spielplatz und Sportmöglichkeiten, etwa einem großen Minigolfplatz und einem **Jachthafen**. In der Umgebung gibt es Wander- und Radwege, zum Beispiel zum idyllischen Niehuuser See.

Flensburg und Harrislee

Touristinformation, Nikolaistr. 8, 24937 Flensburg, Tel. 0461/9090920; Mo–Fr 9–18, Sa 10–14 Uhr. www.flensburger-foerde.de

MS Viking, Schiffbrücke, 24937 Flensburg, Tel. 0461/25520. Ausflugsfahrt von Flensburg, vorbei an den zu Dänemark gehörenden Ochseninseln nach Sandwig, dem Strand von Glücksburg, und zurück. Im Sommer viermal täglich. www.viking-schifffahrt.de

MS Flora II, Hafenspitze. Die kleine Fähre, ein ehemaliges Verkehrsboot der Bundesmarine, verkehrt zwischen der Hafenspitze und dem ehemaligen Marinestandort Sonwik. Der Kapitän erzählt, so dass die Tour wie eine Hafenrundfahrt ist. www.flensburger-faehr-betrieb.de

Salondampfer Alexandra, Schiffbrücke 37, 24937 Flensburg, Tel. 0461/18291805. Der 1908 gebaute Dampfer ist so etwas wie das Emblem der Stadt. Er ist bei allen Festen dabei und fährt auch an manchen Wochenenden im Sommer hinaus in die Förde. www.dampfer-alexandra.de

Wasserflugzeug, Fly Sail, Fördepromenade 1A, 24944 Flensburg, Tel. 0461/150550. Rundflüge über Flensburg, Glücksburg und die Förde mit einem Wasserflugzeug. Die Firma bietet auch Bootsverleih und andere Wassersportaktivitäten an. www.flysail.de

Das James, Fördepromenade 30, 24944 Flensburg, Tel. 0461/1672360; DZ ab 190 €. 81 Zimmer und Suiten, direkt am Jachthafen Sonwik. Farbenfrohes Ambiente. www.dasjames.com

Alte Post, Rathausstr. 2, 24937 Flensburg, Tel. 0461/8070810; DZ ab 120 €. Das

▶ Karte S. 314

Gebäude wurde Ende des 19. Jahrhunderts tatsächlich im neoklassizistischen Stil als Postamt errichtet und bis 1988 auch so genutzt. Nun bietet eine dänische Investorengruppe 77 Zimmer mit geradlinig-skandinavischem Design an. Darunter sind auch vier mit Partnerunternehmen konzipierte Themenzimmer, die sich auf Handball, Orion, Nord-Schrott und die Flensburger Brauerei beziehen.
www.ap-hotel-flensburg.de

Petuh, Wilhelmstr. 4, 24937 Flensburg, Tel. 0461/80707280; DZ ab 148 €. In einer über 100 alten, denkmalgeschützten Ziegelei entstand nahe der Hafenspitze ein stilvolles Boutique-Hotel mit 20 eleganten Zimmern. www.petuh.de

Hafen Flensburg, Schiffbrücke 33, 24939 Flensburg, Tel. 0461/160680; DZ ab 115 €. Die 69 Zimmer befinden sich in mehreren Gebäuden, historischen und neuen, zum Hafen und zum Hof hin, in unterschiedlichen Größen und Ausstattungen. Beliebt sind auch das Restaurant ›Columbus‹, der Hofgarten und die Bar.
www.hotel-hafen-flensburg.de

Hotel am Fjord, Wilhelmstr. 1, 24937 Flensburg, Tel. 0461/86080; DZ ab 113 €. Funktionales, modern eingerichtetes Haus in der Innenstadt.
www.hotelamfjord.de

Wassersleben, Wassersleben 4, 24955 Harrislee, Tel. 0461/77420; DZ ab 140 €. Etwas außerhalb von Flensburg, aber dafür direkt am Ostseestrand gelegen, bietet das Vier-Sterne-Hotel 25 Zimmer im skandinavischen Design mit Wasserblick, teilweise auch mit Balkon. Zwei Restaurants – ›Der Steinort‹ mit hoher Tafelkultur und das legerere ›Wassersleben Vier‹ mit französischem Einschlag – sorgen bestens für die Kulinarik. Auch die Kuchen und Torten im Strandpavillon sind beliebt.
www.hotel-wassersleben.de

Jugendherberge Flensburg, Fichtestr. 16, 24943 Flensburg, Tel. 0461/37742. Die modern eingerichtete Herberge mit 178 Zimmern liegt etwas entfernt vom Zentrum, im Stadtteil Mürwik.
www.jugendherberge.de/jugendherbergen/flensburg-518/portraet

Columbus, Schiffbrücke 33, 24939 Flensburg, Tel. 0461/160680; tgl. 17.30–22 Uhr. Hotel-Restaurant mit gediegenem Ambiente und nicht sehr umfangreicher, aber breit gestreuter Karte. Auch die Bar hat einiges zu bieten.
www.hotel-hafen-flensburg.de

Piet Henningsen, Schiffbrücke 20, 24939 Flensburg, Tel. 0461/24576; tgl. 17–23 Uhr. Großes, seit 1886 bestehendes Restaurant mit Terrasse am Hafen, das eine gute Auswahl an Fischen bietet, auch solchen, die auf Standardkarten nicht zu finden sind. Berühmt ist die hiesige Fischsuppe.
www.restaurant-piet-henningsen.de

Im alten Speicher, Speicherlinie 44, 24939 Flensburg, Tel. 0461/12018; Di–So 12–14, 17–22 Uhr. Das Haus hat mehrere Räumlichkeiten auf drei Etagen (ohne Lift) und eine Terrasse. Das Schwergewicht liegt bei Steaks und anderen Fleischgerichten, es gibt aber auch ein Angebot an Fisch und vegetarischen Speisen.
www.restaurant-im-alten-speicher.de

Alte Post, Rathausstr. 2, 24937 Flensburg, Tel. 0461/8070810; tgl. 17–21 Uhr. Steaks, Burger, Pasta, Fisch, für jeden etwas im Traditionslokal im Stadtzentrum.
https://restaurant-altepost.de

Roter Hof, Rote Str. 14, 24937 Flensburg, Tel. 0461/5052370; Mo–Sa 10–23 Uhr. In dem wohl schönsten Hof an der Roten Straße im Süden der Stadt werden drinnen und draußen je nach Tageszeit Frühstück, Kaffee und Kuchen oder kleine Speisen wie zum Beispiel die beliebte Currywurst serviert. https://roterhof.de

Unewatt by Hendrik, Unewatter Str. 8, 24977 Langballig, Tel. 04636/9776668; Mi–So 12–23 Uhr. Der Eigentümer bringt beste Erfahrungen aus Sylt mit und bietet nun außerhalb von Flensburg regionale frische Kost nach den Ideen von Feinheimisch an. www.restaurant-unewatt.de

Museumsberg, Museumsberg 1, 24937 Flensburg, Tel. 0461/852956; Di–So 10–17 Uhr. Auf dem Museumsberg befinden sich zwei große Ausstellungsgebäude. Das **Museum für Kunst- und Kulturgeschichte** zeigt vor allem eine große Möbelsammlung vom Mittelalter bis zum 19. Jahrhundert mit zahlreichen originalen Bauernstuben. Das benachbarte **Hans-Christiansen-Haus** präsentiert Kunst des 19. bis 21. Jahrhunderts mit Schwergewicht Jugendstil, Expressionismus und der zeitgenössischen Kunst des Nordens. Auch Wechselausstellungen.
www.museumsberg-flensburg.de

Schifffahrtsmuseum, Schiffbrücke 39, 24393 Flensburg, Tel. 0461/852970; Di–So 10–17 Uhr. In einer aufgeräumten Ausstellung geht es um die Themen ›Hafen und Höfe‹, ›Fördeschifffahrt‹, ›Werft‹, ›Schiffstechnik‹, ›Tauwerke & Takelage‹ sowie ›Rum‹, wobei letzteres Thema auch in Zusammenhang mit Zucker und Sklaverei gesehen wird.
www.schifffahrtsmuseum.flensburg.de

Yachting Heritage Centre, Harniskai 13, 24937 Flensburg, Tel. 0461/31803063; Di–Fr 11–17, Sa/So 12–18 Uhr. Direkt neben der Werft Robbe & Berking, die Jachten herstellt, sind in deren Heritage Centre wunderbar herausgeputzte historische Jachten zu sehen.
www.classic-yachts.de

Tauchermuseum, Fahrensodde 20, 24944 Flensburg, Tel. 0461/63552; Do 15–19 Uhr und nach tel. Absprache. Das kleine Museum am Ostufer der Förde ist bis oben hin vollgestopft mit Ausrüstungsgegenständen von Tauchern, von alten Helmen über neue Anzüge, vielfältige Flossen bis zu Rettungswesten und Tiefenmessern.
www.tauchermuseum-flensburg.de

Fischereimuseum, Hafendamm, 24937 Flensburg, Tel. 0162/9093186; April–Okt. tgl. 9–19 Uhr. Die vielen Werkzeuge und Hilfsmittel der Küstenfischer in der Region sind hier ausgestellt: Angeln, Netze, Netznadeln, Aalstecher, Ankerleuchten und vieles mehr. Infotafeln erklären die lokalen Fische.
www.fischerleben-schleswig-holstein.de/fisch-erleben/museen-und-museumshaefen/das-flensburger-fischereimuseum

Science Center Phänomenta, Norderstr. 157, 24939 Flensburg, Tel. 0461/144490; im Sommer Di–Fr 9–17, Sa/So 12–18 Uhr, im Winter Di–Do 9–16, Fr–So 11–18 Uhr. An 170 interaktiven Stationen können Kinder die Welt von Naturwissenschaft und Technik spielerisch erkunden, Zusammenhänge erkennen und Experimente durchführen.
www.phaenomenta-flensburg.de

Flensburger Brauerei, Munketoft 12, 24937 Flensburg, Tel. 0461/8630. Seit 1888 produziert die Brauerei Bier und andere Getränke. Sie ist stolz darauf, Produkte aus der Region zu verwenden, etwa die Küstengerste oder das Wasser aus dem eigenen Brunnen. Abgefüllt wird in Flaschen mit Bügelverschluss, die sich mit dem klassischen ›Plop‹ öffnen. Brauereibesichtigungen mit Verkostung: Mo–Fr 10, 14, 18 Uhr, Mai–Sept. auch Sa 10 Uhr, Anmeldung empfehlenswert; Shop: Mo–Fr 12–17 Uhr. www.flens.de

Industriemuseum Kupfermühle, Messinghof 3, 24955 Harrislee, Tel. 0461/4077125; Mai–Okt. Mi–So 13–17, Nov.–Apr. Sa/So 13–17 Uhr.
www.industriemuseum-kupfermuehle.de

Früher fand das **Folkfestival Folk Baltica** immer im Frühling statt, in den Coronajahren mussten die Veranstalter in den Herbst ausweichen. Jedenfalls kommen bei dieser deutsch-dänischen Veranstaltung zahlreiche Musiker vor allem aus Nordeuropa zusammen.
www.folkbaltica.de

Alljährlich am Wochenende nach Himmelfahrt findet seit 1980 die vom Museumshafen veranstaltete **Rum-Regatta** statt, an der zuletzt 120 Schiffe teilnahmen – das größte Gaffelseglertreffen in Nordeuropa. Wer in der Regatta Zweiter wird, erhält

▶ Karte S. 314

eine große Buddel Rum, der Erste wird verhöhnt. Auch an Land geht es munter zu bei Essen, Trinken und Musik. www.rumregatta.de

Mitte Juli jedes ungeraden Jahres findet das **Dampf rundum** genannte Fest historischer Dampfschiffe auf der Westseite des Hafens statt. Wenn die Schiffe am Pier liegen, kann man sie besichtigen, aber sie fahren auch durch den Hafen, und an Land gibt es jede Menge Imbisse und ein Musikprogramm von Rock bis Shanty. www.dampfrundum.de

Im August findet das **Drachenbootrennen** statt.

Im November und Dezember gibt es zwischen Nordermarkt und Südermarkt einen **Weihnachtsmarkt** mit allerhand lustigen Veranstaltungen wie der Punschrallye.

Schleswig-Holsteinisches Landestheater, Rathausstr. 22, 24937 Flensburg, Tel. 0461/23388. Das Landestheater bietet ein vielfältiges Programm aus den Sparten Schauspiel, Musiktheater, Ballett, Puppentheater, Konzerte und junges Theater und tritt nicht nur in Flensburg, sondern in mehreren anderen Orten des Landes auf. www.sh-landestheater.de

Volksbad, Schiffbrücke 67, 24939 Flensburg, Tel. 0461/20478. Im ehemaligen öffentlichen Badehaus finden jetzt Diskussionsabende, Filmvorführungen, Konzerte, Partys und Tanzabende statt. https://volxbad.de

Braasch Rummanufaktur, Rote Straße 26, 24937 Flensburg, Tel. 0461/141600; Mo–Fr 10–18, Sa 10–16 Uhr. Nicht nur das eigene breite Angebot an Rum wird angeboten, sondern auch weitere lokale Spirituosen und Weine aus aller Welt. Kleines Rummuseum. www.braasch.sh

Johannsens Hökerei, Marienstr. 8, 24937 Flensburg, Tel. 0461/25200; Mo–Fr 10–18, Sa 10–15 Uhr. Traditionelle, 1878 gegründete Rummanufaktur, die auch Führungen und ein breites Sortiment an Rum und anderen Spirituosen anbietet. www.johannsen-rum.de

Flensburger Stadtmatrosen, Norderstr. 19, 24939 Flensburg, Tel. 0461/97886731; Mo–Fr 10–18, Sa 11–16 Uhr. Jede Menge maritime und Flensburger Souvenirs; Spezialität: bedruckte T-Shirts. www.stadtmatrosen-shop.de

Lebensmittel- und Blumenmarkt Mi und Sa 7–13 Uhr auf dem Südermarkt.

Im Schifffahrtsmuseum

Die Nordseeküste ist flach, windig und rau. Wer hier lebt, hat die meiste Zeit mit dem Wetter und der Natur zu kämpfen. Dies gilt für die Inseln und Halligen vor der Küste, im sumpfigen Wattenmeer umso mehr. Andererseits locken die herrlichen Sandstrände auf Sylt und Amrum sowie weiter südlich auf der Halbinsel Eiderstedt in Sankt Peter-Ording jeden Sommer zahllose Besucher an, die einfach nur Sonne, Strand und Fisch genießen wollen.

Am Strand auf Amrum

NORDFRIESLAND UND EIDERSTEDT

Das Wattenmeer

Das Wattenmeer reicht an der Nordsee von Skallingen in Dänemark über die deutsche Westküste sowie die ostfriesische Küste bis nach Den Helder in den Niederlanden. Es ist damit rund 500 Kilometer lang und bis zu 40 Kilometer breit. Mit einer Fläche von etwa 11500 Quadratkilometern ist es das größte Wattenmeer der Welt. Das Watt liegt im Einflussbereich der Gezeiten. Man bezeichnet damit jene Fläche, die bei Niedrigwasser freigelegt wird. Niedrigwasser ist der *Zeitpunkt,* an dem sich das Wasser am weitesten zurückgezogen hat, darauf folgt die Flut, womit der *Zeitraum* gemeint ist, in dem das Wasser aufläuft, also höher steigt. Dieser dauert etwa sechs Stunden und zwölf Minuten, dann ist das Hochwasser erreicht. Anschließend folgt die Ebbe, in der sich das Wasser zurückzieht, bis wieder das Niedrigwasser erreicht ist.

Zweimal am Tag wird das Watt also überflutet und zweimal am Tag fällt es trocken. Das Wasser strömt vor allem durch teils mehrere Meter tiefe Einschnitte im Sand ab, die Priele genannt werden. Diese können sich innerhalb von Minuten füllen oder leeren, was für Wattwanderer lebensgefährlich sein kann. Deshalb empfiehlt es sich, Wattwanderungen nur mit sach- und ortskundiger Führung in Angriff zu nehmen.

Das Wattenmeer ist vor etwa 7500 Jahren entstanden. Es weist im Landbereich große Salzwiesen auf, in denen spezialisierte Gräser und Blumen gedeihen; am bekanntesten sind Queller und Schlickgras. Auch zahlreiche Algen leben im Salzwasser. Insgesamt etwa 250 Tierarten sind im Watt endemisch, vor allem Plattwürmer, Muscheln und Krebse, aber auch Vögel und Fische. Neben den brütenden Vögeln nutzen gigantische Zugvogelschwärme im Frühjahr und Herbst das Wattenmeer zur Rast, da es in seinen flachen Gewässern keine Raubfische gibt, und zur Auffrischung der Nahrungsreserven.

Das Wattenmeer bedarf dringend des Schutzes. Gefährdet ist es durch Wasserverschmutzung aller Art, vor allem von Öl und Plastik des Schiffsverkehrs in der Nordsee, aber auch von Land. Einige Tier- und Pflanzenarten sind bereits vom Aussterben bedroht. Der deutsche und der niederländische Teil des Wattenmeers wurden 1991 von der UNESCO als Biosphärenreservat anerkannt und gehören seit 2009 zum UNESCO-Welterbe; seit 2014 auch das dänische Wattenmeer.

Bei Ebbe ist die Existenz der Wattwürmer deutlich auszumachen

Kegelrobbenkolonie vor Amrum

Kleine Küstenkunde

Geest Vor der Eiszeit durch Sedimente, hauptsächlich Sandablagerungen, entstandenes Land, höher gelegen und deshalb oft als ›Geestrücken‹ bezeichnet. Es ist weniger fruchtbar als das Marschland, weshalb sich hier auch größere Siedlungen befinden können, damit das Marschland ganz der landwirtschaftlichen Nutzung überlassen bleibt.

Marsch Nach der Eiszeit aus Sedimenten entstandenes flaches Schwemmland, ohne natürliche Erhebungen, das auf der Höhe des Meeresspiegels liegt, zwischen Salzwiesen und Geest.

Fenne Weide oder Wiese der Marsch.

Lahnung Uferschutzanlage, die Wellen vor allem in Stürmen brechen soll. Es werden zwei Reihen von Pfählen in den Boden geschlagen, der Zwischenraum wird mit Astwerk verdichtet.

Koog An der Grenze zwischen Wasser und Land wird eine Fläche durch Deichbau dem Meereseinfluss entzogen. Nachdem sie völlig eingedeicht ist, wird sie durch Kanäle und Gräben entwässert; dabei werden Schöpfwerke und Wasserpumpen eingesetzt, die früher auch von Windmühlen angetrieben wurden. An der schleswig-holsteinischen Westküste sollen die ersten Köge bereits im 11. Jahrhundert in Eiderstedt angelegt worden sein. Heute gibt es mehr als 230 Köge.

Warft/Warf/Wurft Eine Warft ist eine aus Erde aufgeschüttete, einige Meter hohe ebene Fläche, auf der in der Regel Häuser und Ställe für Mensch und Vieh errichtet werden, die so vor Sturmfluten und Hochwassern geschützt sein sollen. Meist liegt nur ein einzelner Hof auf einer Warft, es gibt aber auch große Warften mit Dörfern darauf.

Nordfriesland und Eiderstedt

Nordfriesland

»Er [Hauke Haien] lief weiter und weiter, bis er einsam in der Öde stand, wo nur die Winde über den Deich wehten, wo nichts war als die klagenden Stimmen der großen Vögel, die rasch vorüberschossen; zu seiner Linken, die leere weite Marsch, zur andern Seite der unabsehbare Strand mit seiner jetzt vom Eise schimmernden Fläche der Watten; es war, als liege die ganze Welt in weißem Tod.« (→ S. 384).
Der große nordische Dichter und Novellenschreiber Theodor Storm fängt die Landschaft ganz im Nordwesten Schleswig-Holsteins in seiner Novelle *Der Schimmelreiter* recht präzise ein: eine weite, flache, leere Landschaft, durch riesige Köge, dem Meer seit Jahrhunderten abgerungenes eingedeichtes Land, noch erweitert, Schafe auf den Deichen, Kühe und einige Pferde auf den Weiden, im Sommer wogende Getreidefelder. Heute ergänzen, vor allem im Friedrich-Wilhelm-Lübke-Koog zu bewundern, Wälder von surrenden Windrädern die Szenerie. Das Siedlungsgebiet der Friesen, die in zwei Wellen, um 800 und um 1100, in diese Gegend einwanderten, reichte von ungefähr der heutigen deutsch-dänischen Grenze entlang der Küste bis zur Halbinsel Eiderstedt und umfasste auch die vor der Küste gelegenen Inseln und Halligen. Der heutige, 1970 geformte Landkreis Nordfriesland bezieht auch weiter von der Küste entfernte Gebiete mit ein und ist ungefähr doppelt so groß wie das Siedlungsgebiet.
Das Land ist abhängig vom Meer. Die ständige Bewegung der Nordsee, Stürme und Sturmfluten verändern die Küste und können große Landmassen verschieben. Alle Inseln und Halligen vor der Küste waren vor Jahrhunderten Teil des Festlandes. Dieser Kraft des Meeres setzen die Menschen ebenfalls seit Jahrhunderten

ihre Kraft und Ingenieurskunst entgegen: Durch Eindeichungen und Entwässerungen entstanden mehr als 170 Köge nach dem berühmten Motto ›Gott schuf das Land, der Friese die Küste‹. Schutz vor Überschwemmungen und Gewinnung von fruchtbarem Marschland für die Landwirtschaft waren das Ziel. Heute sind nicht mehr alle Köge besiedelt, manche wurden in Naturschutzgebiete umgewandelt. Große Sehenswürdigkeiten gibt es hier nicht, die Dörfer haben ihre Kirchen und Gasthöfe. Im Grenzgebiet gibt es merkwürdige Supermärkte, die nur Süßigkeiten und Alkohol anzubieten scheinen, die in Autos mit dänischen Kennzeichen kistenweise abgeschleppt werden: Das Preisgefälle zwischen den Regionen diesseits und jenseits der Grenze ist steiler, als man es in dieser flachen Landschaft vermuten würde. Besucher geben sich der Entspannung hin und radeln tapfer gegen den Westwind an. Gruppenweise suchen sie im Watt nach Würmern, beobachten Vögel und beschäftigen sich in Seebüll mit der Person und dem malerischen Werk von Emil Nolde. Ausflüge führen klassischerweise zu den Halligen und den großen Inseln Sylt, Föhr und Amrum.

Das Grenzland

Die Kleinstadt **Leck** (7900 Einwohner) existierte schon im 11. Jahrhundert; Reste einer kleinen Burg wurden nachgewiesen. Sie hatte zu dieser Zeit noch einen Hafen, der durch die Eindeichungen der Köge später verlandete. Zurück blieben Gewässer wie die Lecker Au, die man heute per Kanu erkunden kann. Handel konnte danach nur noch auf dem Landweg getrieben werden, doch war Leck eine Station auf dem berühmten Ochsenweg, der sich in Nord-Süd-Richtung die gesamte Halbinsel Jütland hinaufzog. Heute ist Leck das Einkaufszentrum der Umgebung (Markt freitags); bedeutendster Arbeitgeber ist eine der größten Druckereien Deutschlands.

Im Ort fällt die **St.-Willehad-Kirche** durch ihre großen Granitplatten auf. Sie stammt aus dem 12. Jahrhundert, der Turm wurde jedoch erst 1872 hinzugefügt. Innen wurde im Jahr 1700 an der Nordwand eine Empore eingebaut, die mit zahlreichen Bildern mit Bibelszenen geschmückt ist. Zu beachten sind noch der Altar mit vergoldeten Reliefs (1520), der Taufstein (12. Jh.) und die Kanzel (1599).

Östlich des Ortes **Süderlügum** haben sich weit entfernt von der Küste und ohne geologischen Zusammenhang zum Ende der letzten Eiszeit Binnendünen gebildet. Sie entstanden bei abfließendem Wasser durch Flugsände, die auch heute noch die Landschaft langsam verändern. Ein kleines Naturschutzgebiet erhält sie; über Wanderwege gelangt man zu einer **Aussichtsplattform**, von der aus man das Gebiet überschauen kann. Im Ort steht die **Marienkirche** aus dem 13. Jahrhundert, die später erweitert wurde. Sehr gut erhalten ist das Torhaus zum Friedhof.

Nur einen Kilometer von der dänischen Grenze entfernt liegt eine Warft, die der Maler Emil Nolde 1926 erwarb. Er nannte sie in **Seebüll** um und ließ sie mit einem modernen Atelier- und Wohnhaus, umgeben von einem Garten, bebauen. Heute ist dies alles **Museum**, in dem mehr als 100 Ölbilder und Aquarelle zu sehen sind.

i Das Grenzland

Nordfriesland-Tourismus, Nordseestr. 1, 25899 Dagebüll, Tel. 04667/981036. www.nordfrieslandtourismus.de**Tourist-Infozentrum Wiedingharde**, Toft 1, 25924 Klanxbüll, Tel. 04668/313; Mo–Fr 9–13 Uhr. www.wiedingharder-infozentrum.de

Info Leck, Hauptstr. 31, 25917 Leck, Tel. 04662/775000; Mo–Fr 10–12 Uhr. www.urlaub-in-leck.de

▸ Karte S. 328

Berger's, Dorfstraße 28, 25917 Enge-Sande, Tel. 04662/3190. 14 modern in Holz gestaltete, helle Zimmer erwarten die Gäste, manche haben Terrassen und Zugang zum Garten. Das Restaurant (tgl. ab 17.30 Uhr) legt Wert auf frische, lokale Speisen und empfängt bei gutem Wetter Gäste auch im Garten.
www.bergers-landgasthof.de

Klanxbüller Stuben, Klanxbüller Str. 85, 25927 Neukirchen, Tel. 04664/503; DZ ab 95 €. Relativ einfache Zimmer in diesem Haus in Alleinlage mit Restaurant, in dem solide norddeutsche Küche sowie Pasta und Pizza serviert werden.
www.klanxbueller-stuben.de

Tetens Gasthof, Hauptstr. 24, 25923 Süderlügum, Tel. 04663/18580; DZ ab 84 €. Reetgedeckter historischer Gasthof mit sehr unterschiedlichen, jüngst renovierten Zimmern. Die im Erdgeschoss nach hinten heraus haben eine kleine Terrasse mit Strandkorb, die in den Seitenflügeln variieren in der Größe. Mit Restaurant.
https://im-tetens.de

Villa Ulmenhof, Tondernsche Str. 4, 25821 Bredstedt, Tel. 04671/91810; DZ ab 79 €. Die Villa mit Garten, in dem ein Badehaus ein Wellness-Angebot bereithält, wurde 1903 von einem Tierarzt im Jugendstil errichtet und bietet heute gemütliche Zimmer und ein Restaurant.
https://ulmenhof.de

Landgasthof Fegetasch, Osterdeich 65, 25927 Neukirchen, Tel. 04664/202; Mo-Mi 17.30–21, Do–So 11:30–14, 17.30–21 Uhr, Okt.-März So Abend geschlossen; DZ ab 85 €. Der in der Ortsdurchfahrt von Neukirchen gelegene Gasthof wird seit 1924 von der Familie Andresen betrieben und bietet traditionelle regionale Küche, bei gutem Wetter auch im Biergarten. www.fegetasch.de

Nolde-Stiftung Seebüll, Seebüll 31, 25927 Neukirchen, Tel. 04664/983930; März–Okt. tgl. 10–18 Uhr. www.nolde-stiftung.de

Wohnmobilstellplatz, Am Stadion 3, 25917 Leck. Hinter dem Erlebnisbad finden sich 20 Stellplätze.
www.reisemobilhafen-leck.de

Draisine, Büllsbüller Chaussee 1a, 25917 Leck, Tel. 04662/881636. Auf einer stillgelegten Bahnstrecke kann man von Leck 20 Kilometer durch Wald und Feld nach Osten bis in den Ort Unaften fahren. Vier Personen finden auf einer Draisine Platz, zwei können/müssen treten. Unterwegs gibt es Möglichkeiten zur Einkehr. 9.30–12 Uhr kann die Strecke von Leck nach Osten befahren werden, nachmittags ab 14 Uhr in umgekehrter Richtung.
www.draisine-nordfriesland.de

Das Touristenbüro in Leck (s.o.) hat 16 Fahrradrouten durch die abwechslungsreiche Landschaft der Geest und der Marschen zwischen Küste und Binnenland erkundet. Die Routen, 14 bis 43 km lang, sind untereinander kombinierbar. Eine weitere Route führt durch die Süderlügumer Binnendünen. Außerdem gibt es Radtouren und Wanderungen entlang des historischen Ochsenwegs.

Kanuservice Südtondern, 25899 Waygaard, Tel. 04674/865. Verleih von Kanus und Kanadiern für Touren auf der Lecker Au und der Soholmer Au.
www.kanu-service.de

Wattwanderungen mit den zertifizierten Führerinnen und Führern:
Birgit Andresen und Dr. Walther Petersen-Andresen, Tel. 04667/466.
www.wattwanderung.eu
Regina Matthiesen.
www.wattwandererlebnis.de
Marion Wick, Tel. 04665/9838269.
http://the-fairies-garden.de

Emil Nolde – Maler im Blumengarten

Hans Emil Hansen wurde am 7. August 1867 im Ort Nolde, Kreis Tondern, geboren. Er war das vierte von fünf Kindern einer Bauernfamilie. Auf Drängen des Vaters besuchte er die Kunstgewerbeschule in Flensburg, um Zeichner und Schnitzer zu werden. Er verließ ohne Abschluss die Schule und arbeitete in verschiedenen Möbelfabriken in München, Karlsruhe und Berlin. Von 1892 bis 1898 wirkte er als Zeichenlehrer am Gewerbemuseum in St. Gallen. Zu dieser Zeit fertigte er kleine Aquarelle von mit Gesichtern versehenen Bergen an, die er auf Postkarten gedruckt verkaufte, wodurch er erstmals als freier Künstler leben konnte. Einige Jahre führte er ein unruhiges Leben in einer Malschule in Dachau, mit Aufenthalten in Amsterdam und Paris, einem Atelier in Kopenhagen und schließlich 1902 mit der Heirat der dänischen Schauspielerin Ada Vilstrup (1879–1946). Bei der Hochzeit legte das Paar seine Geburtsnamen ab und nannte sich Ada und Emil Nolde, nach seinem Geburtsort.

Die Noldes wohnten die meiste Zeit in Berlin, verbrachten aber die Sommer in einem Fischerhaus bei Guderup in Dänemark. Emil Nolde entwickelte sich zu einem farbbetonten expressionistischen Maler mit großen Blumen- und Gartenbildern. Er war kurzzeitig Mitglied der Künstlergruppe ›Die Brücke‹ sowie der Berliner Secession, wo er auf jüngere Maler wie Kirchner, Heckel und Schmidt-Rotluff traf. Ab 1910 entstanden zahlreiche religiös inspirierte Bilder Noldes, darunter auch sein Großwerk, das neunteilige *Das Leben Christi.* Sein Interesse galt zudem den kolonialisierten Völkern vor allem der Südsee; so fertigte er im Berliner Museum für Völkerkunde zahlreiche Skizzen an und nahm 1913/14 als Zeichner an einer einjährigen Exkursion des Reichskolonialamtes nach Deutsch-Neuguinea teil. Zu dieser Zeit war Nolde bereits einer der arriviertesten Künstler Deutschlands.

In seiner Heimat, dem deutsch-dänischen Grenzgebiet, standen mit der Volksabstimmung von 1920 Veränderungen an, sein Kindheitsort lag nun in Dänemark. Nolde beantragte die dänische Staatsbürgerschaft, obwohl er sich zeitlebens als

Farbenfroh: Noldes Garten in Seebüll

Deutscher verstand.

Während in Berlin in der Tauentzienstraße 8 und später in der Bayernallee 10–11 ein bedeutendes Werk vor allem von Aquarellen entstand, suchte Nolde im dänisch-deutschen Grenzgebiet ein Sommerhaus. 1926 erwarb er eine leere Warft in der Gemeinde Neukirchen, benannte sie in Seebüll um und ließ darauf nach eigenen Plänen ein Atelier- und Wohnhaus aus Backstein errichten, das stilistisch ein wenig an das Bauhaus erinnert. Es ist zweigeschossig mit einem Flachdach, später wurden allerdings noch Räume angebaut. Ganz bewusst wollte Nolde nicht eine Reetdachkate oder ein Bauernhaus kopieren. Beim Haus befindet sich ein großer Blumengarten mit Wegen in Form von A und E, den Anfangsbuchstaben der Namen des Ehepaars. Beide sind in diesem Garten begraben.

Nolde war ein exzellenter Zeichner und expressionistischer Maler, er selbst hielt sich für einen der besten. Doch schon auf seiner Neuguinea-Reise machte er deutlich, dass er die Südseevölker für ›Wilde‹ und ›minderwertig‹ hielt, und noch bevor die Nationalsozialisten ihre Judenkampagnen starteten, verfasste Nolde rassistische und antisemitische Schriften. Er äußerte sich negativ über den jüdischen Kunsthändler Paul Cassirer, den Maler Max Liebermann und denunzierte Max Pechstein wahrheitswidrig als Juden. 1934 trat er in diverse Nazi-Parteiorganisationen in Schleswig-Holstein ein. Aus eigenem Antrieb lieferte er einen ›Entjudungsplan‹ ab, mit dem Ziel, alle Juden aus dem Deutschen Reich auszusiedeln.

Zunächst unterstützten Nazi-Größen wie Joseph Goebbels und Albert Speer Noldes Malerei, doch der Postkartenmaler Hitler persönlich lehnte den Expressionismus als Kunstform rundweg ab. Und so fanden sich mehrere Werke Noldes in der Ausstellung ›Entartete Kunst‹ (1937), weitere wurden beschlagnahmt oder ins Ausland verkauft. Nolde traute seinen Augen nicht, bezeichnete sich selbst als ›fast einzigen deutschen Künstler‹ und schrieb schleimige Briefe an Goebbels. Der erreichte, dass Noldes Bilder nicht mehr in der Ausstellung ›Entartete Kunst‹ gezeigt wurden, als diese von München durch Deutschland tourte. Dabei blieb Nolde bestens im Geschäft, verkaufte Aquarelle für 20 000 Reichsmark das Stück, während über 90 Prozent der Künstler im Reich weniger als 1000 Reichsmark im Jahr verdienten. Erst 1941 belangten die Nazis ihren Volksgenossen stärker, indem sie ihn aus der Reichskammer der bildenden Künste ausschlossen. Dies bedeutete jedoch kein ›Malverbot‹, wie später häufig kolportiert wurde, sondern Nolde konnte sich nicht mehr mit Künstlerbedarf (Farben, Pinsel etc.) versorgen und hätte bei Ausstellungen und Verkäufen jedes einzelne Werk dem ›Ausschuss zur Begutachtung minderwertiger Kunsterzeugnisse‹ vorlegen müssen. Doch Freunde verhalfen ihm zu seinen Materialien, und Nolde zog sich aus Berlin nach Seebüll zurück und malte grummelnd vor sich hin. Am 15. Februar 1944 wurde seine Berliner Wohnung bei einem Bombenangriff zerstört und mit ihr zahlreiche seiner eigenen Werke sowie seiner Kunstsammlung.

Nolde sah sich beständig als Opfer der Kleingeistigkeit der NSDAP und ihrer hinterwälderischen Kunstauffassung. Er war davon überzeugt, dass er doch am besten die nordischen Ideale der Nazis in Kunst umgesetzt hatte und verwies auf die großen, kräftigen, blonden Personen in seinen Gemälden. Nach dem Krieg fügte er seiner Inszenierung als verkanntes Genie noch die Mär des Verfolgten unter den Nazis hinzu. Dazu erfanden er und seine ihn wie immer tatkräftig unterstützende Frau die ›ungemalten Bilder‹, eine Serie von kleinen Aquarellen, die Nolde angeblich während der Kriegszeit heimlich – wegen ›Malverbot‹ – im stillen Kämmerchen von Seebüll gemalt hatte, weil er angeblich keine Ölgemälde erstellen konnte. Tatsächlich befanden sich unter den ›ungemalten Bildern‹ auch solche, die vor dem Krieg entstanden waren, und tatsächlich malte Nolde auch während des Krieges ganz offen in Seebüll in Öl. Einige der Bilder wurden in den folgenden Jahren als Ölbilder ausgeführt, nach dem Motto »Jetzt kann ich sie ja malen, aber unter den Nazis wurde ich ja verfolgt«. Die Selbststilisierung als Opfer ging jahrelang weiter.

Am 2. November 1946 verstarb Ada Nolde. Ihr Mann heiratete zwei Jahre später Jolanthe Erdmann (1921–2010) und malte noch mehr als 100 Bilder. Emil Nolde starb am 13. April 1956 in Seebüll. Testamentarisch hatten Ada und Emil Nolde verfügt, dass das Haus mit Garten sowie seine Werke in eine Stiftung einzubringen und der Öffentlichkeit zur Verfügung zu stellen seien.

Das war nobel und eine bessere Art, mit dem Nachlass umzugehen, als ihn in Archiven oder bei Verwandten zu verstecken. Doch leider bestimmte Nolde seinen langjährigen Vertrauten Joachim von Lepel zum Direktor der Stiftung. Der setzte alles daran, Noldes Rolle im Nationalsozialismus zu verschleiern und das Opfernarrativ zu forcieren. Dazu diente zum Beispiel eine Nolde-Biografie (1967) des Kunsthistorikers Werner Haftmann, die auch den Mythos der ›ungemalten Bilder‹ nochmals verstärkte. So blieb das Ausmaß der Verwicklung Noldes in den Nationalsozialismus verdrängt, und Nolde wurde vielfach geehrt und verklärt. Dies änderte sich erst, als 2013 der Kunsthistoriker Christian Ring (geb. 1976) Direktor der Stiftung wurde und 2019 mit der Ausstellung ›Emil Nolde – eine deutsche Legende‹ genau diese Legende des Malers sowie der Stiftung zum Einsturz brachte und der Öffentlichkeit versprach, er wolle in Zukunft Nolde und seine Kunst frei von Mythen und Legenden und mit allen Widersprüchen präsentieren.

Im selben Jahr (2019) veröffentlichte der Regisseur Christian Schwochow allerdings eine Neuverfilmung des Romans *Deutschstunde* von Siegfried Lenz, der 1968 erschienen war. Die Geschichte ähnelt sehr stark der Lebensgeschichte Noldes, zumal der Maler in Roman und Film Nansen heißt, ähnlich dem Geburtsnamen Noldes. Der Film folgt dem Buch relativ eng, beide beruhen aber auf der Nolde-Legende Haftmanns von 1967. Nach der Veröffentlichung des Films schlugen die Wellen der Empörung hoch. Das wäre nicht nötig gewesen, hätte man bedacht, dass weder Film noch Roman Biographien Noldes sein wollten oder waren, sondern eigenständige Kunstwerke. Sie nehmen Anleihen an Noldes Leben und seine Zeit, um bestimmte Konflikte zu thematisieren, etwa die Beziehung zwischen den Schulfreunden Nansen (Maler) und Jepsen (Dorfpolizist) oder die Entwicklung von Jepsens Sohn Jens, der zwischen seinem Vater und dem Maler hin und her gerissen ist. Außerdem war es reizvoll, sich mit den Auswirkungen des Nationalsozialismus in einem sehr entlegenen Küstendorf in Nordfriesland zu beschäftigen. Man darf es sich nur nicht zu einfach machen: Der Maler in Lenz' *Deutschstunde* ist *nicht* Emil Nolde und auch *nicht* der Maler in Schwochows Film. Man muss sich – möglichst gut informiert – mit jedem einzeln befassen, dann liest man mit sehr viel Interesse die *Deutschstunde* von Siegfried Lenz, sieht den Film von Christian Schwochow und betrachtet die Nolde-Bilder in Seebüll.

Niebüll

Bekannt ist Niebüll vor allem als Verladestation für die Autozüge nach Westerland auf Sylt, doch die Kleinstadt mit rund 10 000 Einwohnern im Hinterland der Westküste ist auch an sich ganz ansehnlich. Über die Jahrhunderte hatten sich immer wieder kleine Ortschaften um die Kirchen versammelt, manche mussten nach großen Fluten aufgegeben werden. Vor allem das 17. Jahrhundert war eine schwere Zeit in der Region, mit der Buchardiflut 1634 und dem Dreißigjährigen Krieg, als hier zunächst kaiserliche Truppen lagen, die von den Dänen vertrieben wurden. Danach gerieten die Menschen noch in den Dänisch-Schwedischen Krieg von 1658 bis 1660 und später in den großen Nordischen Krieg (1713). Rund um die Christuskirche lebten damals etwa 1500 Niebüller in einer dörflich anmutenden Siedlung.

Dies änderte sich mit der Eröffnung der Marschbahn 1887, die Hamburg an die Westküste anband. Im Sommer trafen nun Badetouristen ein, Niebüll entwickelte sich zum Verkehrsknotenpunkt, der auch Händler dazu bewog, Läden zu eröffnen. 1927 wurde Sylt durch den Hindenburgdamm ans Festland angebunden, und nach dem Krieg entwickelte sich diese Struktur schnell weiter. Die Autoverladung findet außerhalb des Ortes statt, dessen historischer Kern verkehrsmäßig beruhigt wurde. Die lange Hauptstraße, an der sich die Geschäfte aufreihen, ist Fußgängerzone. Sehenswert sind neben der Christuskirche vor allem die Museen des Ortes.

Christuskirche

Für die Christuskirche (Kirchenstr. 6) wurde 1728 der Grundstein gelegt. Die roten Ziegel stammen vom Vorgängerbau, die gelben wurden hinzugekauft. Der Baustil ist schlicht, folgt jedoch keiner großen Richtung, denn die Fenster wirken romanisch, während das gesamte Schiff ein Tonnengewölbe überspannt, dass allerdings mit einigen Balken unterstützt werden muss.

Die Ausstattung blieb weitgehend aus dem Vorgängerbau erhalten. Ein **Taufstein** stammt aus dem 13. Jahrhundert. Der barocke **Hochaltar** entstand 1730 (neuer Altartisch von 1970), daneben werden Teile von alten **Abendmahlsbänken** aufbewahrt. Die **Kanzel** wurde etwa 1630 geschaffen und erhielt 100 Jahre später einen Schalldeckel. 22 **Gemälde** schmücken die Empore, hingen früher jedoch wohl an der Nordwand. Bemerkenswert ist zudem das Portrait Martin Luthers, das der lokale Maler Carl Ludwig Jessen (1833 – 1917) 1883 der Kirchengemeinde zu ihrem 400-jährigen Bestehen schenkte. Beeindruckend ist zudem die **Plastik Mutter** nordwestlich der Kirche auf dem ehemaligen Friedhof, die als Mahnmal gegen den Krieg zu verstehen ist. Diese Statue aus Muschelkalkstein schuf der Kieler Bildhauer Walter Rössler (1904 – 1996).

Die Skulptur Mutter an der Christuskirche

Das Friesische Museum hat seinen angemessenen Sitz in einem Langhaus gefunden

Richard-Haizmann-Museum

Das 1928 in Ziegelbauweise im Stil der Heimatschutzarchitektur errichtete Rathaus beherbergt heute ein Museum für moderne Kunst, das vor allem den lokalen Bildhauer und Maler Richard Haizmann (1895–1963) vorstellt.

Haizmann wuchs in einer Handwerkerfamilie im Schwarzwald auf und meldete sich 1914 an die Front, wo er an Typhus erkrankte und in französische Kriegsgefangenschaft geriet. Er wandte sich nach der Entlassung den Künsten zu und eröffnete eine Galerie in Hamburg, bevor er 1924 als Autodidakt künstlerisch zu arbeiten begann. Er fühlte sich dem Expressionismus und der Idee einer Verbindung von Leben und Kunst verpflichtet, auch der Anthroposoph Rudolf Steiner beeinflusste ihn. Haizmann wurde durch seine Tierplastiken bekannt, aber er schuf auch Ölbilder, Grafiken, Schmuck und Keramik. Die Nationalsozialisten erklärten seine Werke zu entarteter Kunst und zerstörten viele seiner Skulpturen. Um weiteren Angriffen zu entgehen, siedelte Haizmann zeitgleich mit seinem Berliner Freund Walter Bamberger nach Niebüll um, wo Bamberger als Kunsterzieher am Gymnasium arbeitete. Bis zu seinem Tod 1963 führte Haizmann ein zurückgezogenes Leben. Sein spätes Werk ist von religiöser Sehnsucht und Romantik geprägt. Eine öffentliche Stiftung erwarb 1980 seinen Nachlass und stellt ihn im renovierten alten Rathaus aus. Zusätzlich werden hier Wechselausstellungen zur modernen Malerei gezeigt.

Naturkundemuseum

Das Naturkundemuseum präsentiert Natur und Landschaft in der deutsch-dänischen Grenzregion vor allem für Kinder. Es gibt sehr viele ausgestopfte Tiere, die aber in moderner Umgebung gezeigt werden. Dazu geht es um Steine, Salzwiesen, Heide- und Moorlandschaften und die Honigbiene. Das Museum veranstaltet auch Wanderungen und Führungen in umliegenden Naturschutzgebieten.

Friesisches Museum

Das Gebäude selbst ist schon Teil des Museums, denn es handelt sich um ein 27,40 Meter langes und 8,70 Meter breites sogenanntes uthlandfriesisches Langhaus, das für seine landwirtschaftliche Nutzung typisch ist. Das etwa aus

▶ Karte S. 328

dem Jahr 1700 stammende Haus ist in Ost-West-Richtung erbaut. Der Eingang befindet sich auf der Längsseite in der Mitte, im Westen lebten die Menschen, im Osten die Tiere. Das gigantische Reetdach ruht auf massiven Eichenbalken, so dass diese Ständerkonstruktion stehen bleiben soll, selbst wenn die Wände durch eine Flut weggespült werden sollten. Ausprobieren will man's nicht. Im Wohnbereich wurden Inneneinrichtungen aus dem 16. bis 20. Jahrhundert gesammelt, nicht nur Möbel, sondern auch Küchengeräte und Werkzeuge zur Textilbearbeitung. Im Wirtschaftsteil findet sich bäuerliches Arbeitsgerät.

Niebüll

Tourismusverein Niebüll, Bahnhofstr. 6, Tel. 04661/941015; Mo–Fr 8–16.30, Sa 9–16.30 Uhr.
https://nordsee-tourist.de

Landhafen, Deezbüller Str. 70, 25899 Niebüll, Tel. 04661/7089270. Der Name erklärt sich daraus, dass vor den Landgewinnungen hier ein kleiner Hafen lag. Heute ist das historische Haus zu einem modernen Hotel mit 45 Zimmern inmitten eines großen Obstgartens umgebaut. Es gibt Wellness- und Ausflugsangebote. www.landhafen.com

Jugendherberge, Mühlenstr. 65, 25899 Niebüll, Tel. 04661/937890. Etwas außerhalb des Ortes, in der Nähe eines Badesees, liegt die moderne Herberge, deren Häuser sich wie in einem Dorf im Kreis anordnen. 128 Zimmer.
www.jugendherberge.de/jugendherbergen/niebuell-639/portraet

Richard-Haizmann-Museum, Rathausplatz 2, 25899 Niebüll, Tel. 04661/1010; Di–Fr 11–16.30, Sa 11–13, So 14–17 Uhr. www.haizmann-museum.de

Naturkundemuseum, Hauptstr. 108, 25899 Niebüll, Tel. 04661/5691; April–Okt. Di–So 14–17.30 Uhr, Jun.–Aug. auch Mo. www.nkm-niebuell.de

Friesisches Museum, Osterweg 76, 25899 Niebüll, Tel. 0175/4146185; Jun.–Sept. tgl. 14–16 Uhr.
www.friesisches-museum.de

Nordfriesland strahlt eine gewisse Ruhe und Gelassenheit aus

Sylt

Keine Frage: Deutschlands nördlichste Insel bewegt leicht Emotionen. Die einen lehnen sie als Insel der Reichen, der Gentrifizierung und der Verdrängung der einheimischen Bevölkerung ab, die anderen bewundern die herrliche Landschaft, das gute Essen und das leichte Leben. Über manches kann man streiten, über die herrliche Landschaft aber nicht: 40 Kilometer breiter, heller Sandstrand mit 139 nummerierten Strandzugängen, bis zu 50 Meter hohe Wanderdünen, das faszinierende Wattenmeer mit seinen Sandbänken, auf denen sich die Robben sonnen, Naturschutzgebiete, die Wanderern und Radfahrern entspannte Ausflüge gönnen, bildschöne Dörfer mit alten und frischen Reetdächern, Cafés und Kneipen allerorten und vielerorts unglaubliche Sonnenuntergänge. Und so haben viele eine Meinung über Sylt, und viele kommen wegen dieser Schönheit immer wieder.

Die gesamte Insel Sylt ist eine Gemeinde mit dem geschäftigen Zentrum in Westerland, wo die Züge ankommen, die Flugzeuge landen, die Busse losfahren. Westerland ist der größte und am dichtesten besiedelte Ortsteil. Fährt man von hier nach Norden, so gelangt man nach Wenningstedt, Braderup, Kampen und List. Auf dem Haken nach Osten befinden sich die Ortsteile Tinnum, Keitum, Archsum und Morsum. Auf der langen, schmalen Zunge nach Süden liegen Rantum und Hörnum.

Sylt von Norden nach Süden

Ganz im Norden weist eine Landzunge nach Osten, die im Volksmund **Ellenbogen** genannt wird. Sie ist in Privatbesitz, so dass Autofahrer Maut zahlen müssen. Radler und Fußgänger dürfen aber frei passieren. Hier gibt es nur Dünen, Sand und Meer, zwei Leuchttürme, einen Skulpturenpark und ein Schild, das den nördlichsten Punkt Deutschlands markiert.

Westlich von List erstreckt sich ein großes Dünengebiet, in dem die unter Naturschutz stehenden **Wanderdünen** tatsächlich ständig unterwegs sind und sich jährlich um bis zu zehn Meter verschieben. Am nordwestlichen Ortsrand von

▲ Karte S. 328

In den Dünen bei Wenningstedt

List befindet sich eine **Aussichtsplattform**, von der aus man einen herrlichen Weitblick über die Dünen hat.
Der Ort **List** weist sowohl die traditionelle Bebauung mit Reetdachhäusern als auch moderne Gebiete auf. Im kleinen Hafen, der früher ein Marinestützpunkt war, landet die Fähre zur Insel Rømø in Dänemark, und einige Ausflugsboote machen sich von hier auf den Weg. Die gesamte Umgebung des Hafens wurde für Touristen ausgebaut, es finden sich zahlreiche Restaurants und Imbissbuden – darunter das ursprüngliche Restaurant der Kette ›Gosch‹ – sowie Souvenirläden. Nördlich des Hafens steht unübersehbar das **Erlebniszentrum Naturgewalten,** in dem insbesondere Kinder und Jugendliche sich mit den Kräften der Nordsee wie Sturm und Wellen beschäftigen können. **Kampen** gilt als die Heimat der Schönen und Reichen, die hier ihre schönen und teuren Autos ausführen. Zahlreiche Galerien, Läden und Boutiquen prägen den Ort, der an der Ostküste liegt und einen breiten Dünenstreifen zum Sandstrand im Westen hat. In diesem ragt auch die **Uwe-Düne** auf, die mit 52,50 Metern der höchste Punkt der Insel ist; von einer **Aussichtsplattform** hat man einen schönen Blick.
Etwas weiter südlich befindet sich das fünf Kilometer lange **Rote Kliff** (Strandabgang 33), eine Steilküste von bis zu 30 Metern Höhe, die vor allem am späten Nachmittag, wenn die Sonne untergeht, intensiv leuchtet. Andere Kliffs auf der Insel sind das Morsumkliff, an dem man (bei einer geologischen Führung) zehn Millionen Jahre Erdentwicklung erkennen kann, das Weiße Kliff zwischen Braderup und Munkmarsch sowie das Grüne Kliff in Keitum.
Zwischen Kampen und dem kleinen Ort Braderup erblüht im Herbst die Besenheide *(Calluna vulgaris)* auf rund

Leuchtturm bei Kampen

140 Hektar. Die **Braderuper Heide** bietet 2500 Tierarten Lebensraum und macht alleine schon die Hälfte der Heidelandschaften in ganz Schleswig-Holstein aus. Die Naturschutzgemeinschaft Sylt bietet Führungen an.
Eine lange **Promenade** führt an **Westerland** vorbei. Etwa in der Mitte steht ein Informationspavillon und ganz in der Nähe das Schwimmbad Sylter Welle. Etwas weiter südlich folgt das **Sylt-Aquarium.** In 25 Becken schwimmen hier Bewohner der Nordsee, sieben weitere bieten Korallen und tropischen Fischen eine neue Heimat. Im großen Tunnel schaut auch mal ein Hai oder Stechrochen vorbei.
Schon in den 1930er Jahren war Sylt als Urlaubsort beliebt. Und so baute man 1936/37 einen fünf Kilometer langen Damm zwischen Tinnum und Rantum, um dort einen Wasserflugplatz anzulegen, der allerdings kaum genutzt wurde. Also gab man das Projekt auf, stellte das **Rantumbecken** 1962 unter Naturschutz, wodurch sich das flache Wasser und seine Umgebung zu einem artenreichen Brut- und Rastgebiet für Vögel entwickelte, das wiederum bei Wande-

Am Lister Hafen ist stets viel Betrieb

rern und Radlern beliebt ist, die es auf einer Strecke von acht Kilometern umrunden können.

An dem kleinen Ort **Rantum** beginnt die elf Kilometer lange und nur einen Kilometer breite, relativ flache Landzunge, die sich nach Süden richtet. Nach 2,5 km ist die berühmte **Sansibar** erreicht, die von dem schwäbischen Koch Herbert Seckler gegründet wurde, der 1974 im Alter von 22 Jahren in Sylt ankam. Er arbeitete in der Gastronomie und kaufte dann einen Kiosk am Strand, der 1982 abbrannte und durch ein größeres Restaurant ersetzt wurde. Heute weist die Sansibar 160 Innen- und 250 Außenplätze auf und gehört mit ihren gekreuzten Piratenschwertern als Marke zu Gastronomieprodukten, Wein und Klamotten. Den so erfolgreichen Namen hat Seckler übrigens nicht erfunden, er ist vielmehr ein Relikt aus der deutschen Kolonialzeit, denn in den 1930er Jahren wurden drei FKK-Strände nach exotischen Kolonialgebieten benannt, bei Wenningstedt liegt ›Abessinien‹, ein Kilometer südlich von Rantum ›Samoa‹ und noch anderthalb Kilometer weiter eben ›Sansibar‹.

Am Ende der langen Halbinsel verteilt sich **Hörnum** zwischen den Dünen, die Landspitze mit der weißen Düne heißt Hörnum Odde. In etwa einer Stunde kann man bei Niedrigwasser diese Spitze umrunden und so die unterschiedliche Natur von offener Nordsee im Westen und Wattenmeer im Osten erleben. Vor 15 Jahren dauerte die Umrundung noch drei Stunden, woraus sich leicht erkennen lässt, dass hier Wind und Wellen am meisten Sand wegnehmen. Über die Natur der See und der Watten informiert auch die Schutzstation **Arche Wattenmeer** in der ehemaligen katholischen Kirche von Hörnum.

Der Ort **Keitum** ist geprägt von alten Bäumen an Kopfsteinpflasterstraßen, reetgedeckten Häusern in großen Gärten, von denen viele von Kapitänen bewohnt wurden, und einer gepflegten Aufgeräumtheit. In zwei direkt nebeneinander liegenden **Museen**, dem Altfriesischen Haus und dem Syltmuseum, wird das Alltagsleben der Sylter im 19. Jahrhundert gezeigt. Vom parkähnlichen Garten des Hauses hat man einen wunderbaren Blick auf die Küste.

Außerhalb des Ortes ragt die nach einem Kölner Bischof aus dem 4. Jahrhundert benannte **Kirche St. Severin** auf, deren älteste Teile aus dem frühen 13. Jahrhun-

▶ Karte S. 328

dert stammen, die aber einen Vorgängerbau gehabt hat. Die fünf Gebäudeteile sind durch Größenunterschiede klar gegliedert. An das Hauptschiff schließt sich im Osten ein schmalerer und niedrigerer Chor an, davor eine halbrunde Apsis. Diese Bauten bestehen im unteren Bereich aus Granitquadern und rheinischem Tuffstein, darüber liegen Ziegelsteine, die verputzt und weiß gestrichen sind. Der Turm wurde um 1450 angefügt. Neben seiner Funktion als Glockenturm diente er auch Schiffern als Landmarke und bei Gefahr als Zufluchtsort. An der Südseite ist noch ein kleines Gebäude angebaut, das ursprünglich eine Fasten- und Bußhütte war, danach Gefängnis, seit 1979 ist es die Sakristei. Im Innenraum fällt sofort die große Nordempore (1724) auf, die die Orgelempore (1699) noch überragt. Der Taufstein stammt wohl aus dem 13. Jahrhundert. Der dreiteilige Flügelaltar (um 1480) in der Apsis zeigt in der Mitte den auferstandenen Christus, daneben Maria mit Kind und der Bischof Severin, außen die Apostel, auf der Predella das Abendmahl. Bemerkenswert ist noch die Bemalung der hölzernen Flachdecke mit floralen Motiven.

Die Kirche umgibt ein großer Friedhof, auf dem bereits in vorchristlicher Zeit, als hier ein Kulthaus der Göttin Freya stand, Menschen bestattet wurden. Gesammelt wurde eine große Zahl von historischen Grabsteinen wieder aufgestellt, von denen die ältesten aus dem 17. Jahrhundert stammen. Einige erzählen Geschichten von Kapitänen oder reichen Keitumer Bürgern. Auch bekannte Persönlichkeiten jüngeren Datums sind hier begraben, etwa der Journalist Rudolf Augstein (1923–2002), der Verleger Peter Suhrkamp (1891–1959) und der CDU-Politiker Gerhard Schröder (1910–1989). Teilweise etwas versteckt im Grün finden sich mehrere zeitgenössische Kunstwerke, die sich meist mit Tod und Trauer auseinandersetzen.

Das mit 300 Einwohnern kleinste Dorf der Insel heißt **Archsum;** es liegt, umgeben von grünen Wiesen, vom Wattenmeer flankiert. Einzelne alte Höfe thronen auf Warften, Salzwiesen erstrecken sich entlang der Deiche. Der östlichste Ort hingegen ist das ländliche **Morsum** mit seinem spektakulären Kliff, dem Morsumer Wäldchen und den grünen Badestellen.

i Sylt

Sylt Marketing, Stephanstr. 6, 25980 Westerland, Tel. 04651/82020. www.sylt.de

Die wichtigsten **Touristeninformationen**:
www.insel-sylt.de (auch für die Orte Rantum, Keitum, Morsum und Tinnum)
www.list-sylt.de, www.kampen.de
www.wenningstedt.de
www.hoernum.de

Täglich werden **Inselrundfahrten** per Bus angeboten. Die kleine Rundfahrt, die Westerland und den Norden abdeckt, dauert von 11 bis 13 Uhr, die große Rundfahrt berücksichtigt auch den Süden und dauert von 14 bis 17.15 Uhr. Buchung im Pavillon auf dem Bahnhofsvorplatz, im ZOB und an vielen anderen Stellen.

Nach Sylt gelangt man per Bahn, die über den Damm bis nach Westerland verkehrt. Es gibt verschiedene Züge, vom Regionalexpress über den IC bis zum ICE; Ausgangsbahnhof ist meist Hamburg-Altona, dann folgen die Züge der Westküste, viele halten auf Sylt auch in Morsum und Keitum. Der letzte Halt auf dem Festland ist Klanxbüll, wo es am Bahnhof und etwas außerhalb des Ortes große Parkplätze gibt, auf denen man für einen Tagesausflug oder länger das Auto abstellen kann. Wer sein Auto auf die Insel mitnehmen will, kann dies mit dem Autozug tun. Die Verladestation befindet sich am Bahnhof in Niebüll, auf Sylt in Westerland. Die gut

35 Minuten Fahrzeit bleibt man im Auto sitzen. Es gibt zwei Anbieter von Autozügen, trotzdem ist die Überfahrt nicht gerade preiswert.
Deutsche Bahn, Tel. 0800/8228383. https://ticket.syltshuttle.de, www.bahn.de/syltshuttle
Der blaue Autozug, Tel. 01806/258258. Privatanbieter aus Westerland. www.autozug-sylt.de

Mitten auf der Insel gibt es einen Flughafen, auf dem neben vielen Privatmaschinen je nach Saison bis zu zehn Linienflugzeuge pro Tag starten und landen. So gibt es Flüge von Berlin, Düsseldorf, Frankfurt, Kassel, Mannheim, München, Paderborn, Stuttgart und Zürich.
Flughafen Sylt, Tel. 04651/920612. www.flughafen-sylt.de

Von Nord nach Süd hat Sylt eine Ausdehnung von etwa 40 Kilometern. Im Zentrum, also Westerland und Umgebung, und zur Saison ist mit recht viel Verkehr und sogar Staus zu rechnen. Alle großen (und ein paar kleine) **Autoverleiher** haben Stationen vor Ort, meist in der Umgebung des Bahnhofs, Fahrzeuge müssen aber vorbestellt sein.
In Westerland gibt es drei **Rund-Busstrecken**. Auch zu den Orten im Norden, Süden und Osten verkehren Linienbusse, die teilweise auch Fahrräder mitnehmen. Der Zentrale Omnibus-Bahnhof (ZOB) befindet sich direkt neben dem Bahnhof. www.svg-busreisen.de
Das beste Verkehrsmittel für eine Inselerkundung ist das **Fahrrad**. Allerdings sollte man die Strecken nicht unterschätzen, die Dünen weisen einige durchaus spürbare und langgestreckte Anstiege auf, auch der Wind ist noch deutlicher stärker als auf dem Festland. Ein E-Bike sollte also durchaus in Erwägung gezogen werden. In der Umgebung des Bahnhofs, aber auch in jedem einzelnen Ort bieten Verleiher ihre Dienste an; ein E-Bike sollte nicht mehr als 25 Euro pro Tag kosten, ein normales Rad maximal 12 Euro.
Insgesamt weist die Insel über 200 Kilometer **Fahrradwege** auf. Mit 36 Kilometern ist die Route der ehemaligen Inselbahn zwischen List im Norden und Hörnum im Süden die längste Verbindung. Beliebt ist auch die Ostküste zwischen Kampen und Morsumkliff mit 15 Kilometern.

Schiffsfahrten:
- zu anderen Inseln und Halligen von List und Hörnum;
- Austernbank-Tour mit Kostprobe auf dem roten Kutter ›Rosa Paluka‹ ab Hafen List;
- Piratenfahrt mit Verkleidung und Abenteuern an Bord der ›Gret Palucca‹ für Kinder ab Hafen List;
- Zu den Seehundbänken ab List und Hörnum, im Sommer tgl.

www.adler-schiffe.de

Benen-Diken-Hof, Keitumer Süderstr. 3, 25980 Keitum, Tel. 04651/93830; DZ ab 232 €. Großzügig angelegtes Hotel, 1841 als Hof gegründet und 1973 als Hotel eröffnet, dessen heutige 48 Zimmer, Suiten und Apartments sich auf neun Häuser verteilen. Luxuriöser Spa-Bereich und anspruchsvolles Restaurant. www.benen-diken-hof.de
Fährhaus, Bi Heef 1, 25980 Munkmarsch, Tel. 04651/93970. Einsam am kleinen Jachthafen gelegen, warten hinter dem klassizistischen Hauptgebäude 42 exklusive Zimmer und Suiten auf den Gast. Zwei Restaurants und kleines Spa. www.faehrhaus-sylt.de
Rungholt, Kurhausstr. 35, 25999 Kampen, Tel. 04651/4480; DZ ab 235 €. Das Hotel mit 85 Jahren Geschichte liegt spektakulär am Roten Kliff und in Sichtweite der Uwe-Düne, von Nordsee und Watten. Es gibt 65 individuell eingerichtete Zimmer und Suiten, ein Restaurant und die bekannte

▸ Karte S. 328

Reiterbar sowie einen gemütlichen Spa-Bereich. www.hotel-rungholt.de

Ahnenhof, Kurhausstr. 8, 25999 Kampen, Tel. 04651/42645; DZ an 211 €. Das Gästehaus wurde 1936 gegründet und entstand nach dem Krieg neu. Es liegt an der Grenze zwischen dem Ort Kampen und der Dünenlandschaft beim Roten Kliff. Die 14 Zimmer sind traditionell eingerichtet, ein großer Garten umgibt das Anwesen. www.ahnenhof.de

Sylter Hahn, Robbenweg 3, 25980 Westerland, Tel. 04651/92820; DZ ab 160 €. Im Süden von Westerland liegt dieses Hotel mit modern eingerichteten Doppelzimmern, Apartments und Ferienwohnungen. www.sylter-hahn.de

Sylter Zollhaus, Boysenstr. 16, 25980 Westerland, Tel. 04651/6695; DZ ab 290 €. Wer ein Stadthotel bevorzugt, findet hier gemütliche, exotische und phantasievoll eingerichtete Zimmer und Apartments. Es werden auch Ferienwohnungen auf der gesamten Insel angeboten. https://hoepershof-sylt.de

Wyn, Brandenburger Str. 13, 25980 Westerland, Tel. 04651/8310; DZ ab 230 €. Modernes Hotel mit 72 Zimmern und Meerblick an der Promenade von Westerland. https://wyn-sylt.de

Jugendherberge List, Mövenberg, 25992 List, Tel. 04651/870397. Außerhalb von List, an der großen Wanderdüne, liegt diese mit 397 Betten recht große Herberge, die über einen eigenen Strand verfügt. Im Winter geschlossen. www.jugendherberge.de/jugendherbergen/list-moevenberg-534

Jugendherberge Westerland, Dikjen Deel, Lorens-de-Hahn-Str. 44, 25980 Westerland, Tel. 04651/8357825. Die Jugendherberge mit 114 Betten und einem Jugendcampingplatz nebenan liegt zwei Kilometer südlich von Westerland direkt am Strand.

Jugendherberge Hörnum, Friesenplatz 2, 25997 Hörnum, Tel. 04651/880294. Nördlich des Orts, inmitten der Dünen, liegt die Herberge mit 168 Betten. https://www.jugendherberge.de/jugend herbergen/hoernum/portraet/

Von Nord nach Süd:

Weststrandhalle, Ellenbogen 3, 25992 List, Tel. 04651/870266; Mi–So 12–16, 17–21 Uhr. Bistro und Bar am Strandaufgang; es werden nur Zutaten aus der Region verwendet. www.wonnemeyer.de/weststrandhalle

Sylter Eismanufaktur, Dünenstr. 3, 25992 List; tgl. 11–18 Uhr. Aus lokaler Milch, ohne Aroma- und Farbstoffe, jeden Tag frisch und in ungewöhnlichen Geschmackskombinationen (Quark-Meersalz-Karamell-Eis!) kommt das Eis auf den Tisch oder in die Waffel. Ableger: Braderuper Weg 3, Kampen, Am Campingplatz 3, Hörnum. www.sylter-eismanufaktur.de

Kupferkanne, Stapelhooger Wai 7, 25999 Kampen, Tel. 04651/41010. Das Künstleratelier wurde 1950 zum Künstlercafé und bietet vom Kaffeegarten mit seinen Kiefern einen schönen Blick über das Wattenmeer. www.kupferkanne-kampen.de

Vogelkoje, Lister Str. 100, 25999 Kampen, Tel. 04651/95250; tgl. 10–22 Uhr. Die Vogelkoje, in der noch bis 1921 Enten gefangen wurden, ist seit langem ein beliebtes Ausflugsziel. Zu ihm gehört dieses traditionelle Restaurant mit Terrasse, das morgens ab 10 Uhr ein Champagner-Frühstück auffahren kann. Der kulinarische Tag geht mit der Mittagskarte weiter, ab 18 Uhr übernimmt die Abendkarte. Teuer. www.vogelkoje.de

Amici, Christian-Peter-Hansen-Allee 1, 25980 Keitum, Tel. 04651/9570947; Mo–Sa 12–22 Uhr. Freundliches Restaurant, das auf italienische Küche mit friesischem Einschlag setzt, wie z.B. bei gebratenem Seeteufel mit Queller. https://amici-sylt.de

Brot & Bier, Gurtstig 1, 25980 Keitum. Tel. 04651/9363743; Di–Sa 13–21 Uhr. Hier wird die ›Stulle‹, also eine Scheibe Brot, neu inszeniert. Dazu trinkt man Bier aus Bayern und aller Welt. www.brot-und-bier.de

Pius Weinbar, Am Kliff 5, 25980 Keitum, Tel. 04651/8891438; tgl. ab 17 Uhr. Etwa 35 Weine werden offen ausgeschenkt, dazu gibt es Snacks und Flammkuchen. https://pius-keitum.de

Alte Schule, Dorfstr. 6, 25980 Archsum, Tel. 04651/891508; Do–Di 17–21 Uhr. Fein und frisch zubereitet werden hier vor allem die Klassiker Suppe, Fisch, Salat, Steak sowie einige Nudelgerichte. www.alteschule-sylt.de

Sansibar, Hörnumer Str. 80, 25980 Rantum, Tel. 04651/964646; tgl. ab 12 Uhr. Das berühmteste Lokal der Insel. www.sansibar.de

Breizh, Rantumer Str. 23a, 25997 Hörnum, Tel. 04651/4608188. Unprätentiöse französische Küche mit wechselnden Tagesgerichten und guter Weinauswahl. Liegt schön in den Dünen.

Möllers Anker, Blankes Tälchen 8, 25997 Hörnum, Tel. 04651/881050; Di–Sa 12–14.30, 17.30–22, Sa 17–22 Uhr. Modern interpretierte Fisch- und Fleischgerichte, aber auch eine Auswahl an vegetarischen und veganen Speisen. Ordentliche Weinauswahl. www.moellers-anker.de

Naturgewalten, Hafenstr. 37, 25992 List, Tel. 04651/836190; tgl. 10 –18 Uhr. Mit viel Technik widmet sich die Ausstellung der Entstehung der Insel Sylt und dem Küstenschutz. Tiere und Pflanzen werden vorgestellt, es geht um die Kräfte des Windes, der die Wanderdünen voranschiebt, per Webcam stehen die Seehunde vor List unter Beobachtung. www.naturgewalten-sylt.de

Sylt-Aquarium, Gaadt 33, 25980 Westerland, Tel. 04651/8362522; tgl. 10–17 Uhr. 25 Becken für Nordseebewohner, 7 Becken für tropische Fische und Korallen. www.syltaquarium.de

Arche Wattenmeer, Rantumer Str. 33, 25997 Hörnum, Tel. 04651/8862229; Di–So 10–17 Uhr. Ausstellung zur offenen Nordsee und zum Wattenmeer, zahlreiche geführte Wanderungen und einige Schiffsausflüge. www.schutzstation-wattenmeer.de

Altfriesisches Haus, Am Kliff 13, 25980 Keitum, Tel. 04651/31101; April–Okt. Mo–Fr 10–17, Sa/So 11–17 Uhr, Nov.–März Do–So 11–15 Uhr, Führung tgl. 13 Uhr. Das Haus aus dem Jahr 1640 ist eingerichtet wie im 18./19. Jahrhundert und lässt so erkennen, wie die Leute gelebt, gearbeitet, geschlafen, gekocht und gegessen haben. http://soelring-museen.de/altfriesisches-haus

Sylt Museum, Am Kliff 19, 25980 Keitum, Tel. 04651/31669; April–Okt. Mo–Fr 10–17, Sa/So 11–17 Uhr, Nov.–März Do–So 11–15 Uhr. Die große Ausstellung zeigt Fundstücke aus dem Alltagsleben der Sylter und der Seefahrer, beschäftigt sich mit der lokalen Sprache und zeigt die Kunst der letzten Jahrhunderte. Regelmäßige Wechselausstellungen. http://soelring-museen.de/syltmuseum

Kursaal³, Strandstr. 25, 25996 Wenningstedt, Tel. 04651/44770. Von Februar bis Dezember gibt es ein buntes Programm von Konzerten, Comedy, Lesungen und lokalen Veranstaltungen. www.wenningstedt.de

Der Tourismusverband bietet auf der gesamten Insel **Ortsführungen sowie Wanderungen an Land und im Wattenmeer** an. Tourismuszentrum ›Alte Post‹, Stephanstr. 6, 25980 Westerland, Tel. 04651/8358524. www.fvv-westerland.de

Führung durch die Braderuper Heide, Mai–Sept. Di, Do 11 Uhr. Naturschutzgemeinschaft Sylt, Buchholz-Stich 10 a, 25996 Braderup, Tel. 04651/44421. www.naturschutz-sylt.de

Geologische Wanderung am Morsumkliff, Di 11–13 Uhr vom Parkplatz Nösse. Tel. 04651/835531. www.geotourssylt.de

Tölkes Kutsch- und Planwagenfahrten, Tel. 0175/2074300; im Sommer Mi und So 11, 12, 13 und 14 Uhr am Großpark-

Karte S. 328

platz in Keitum. Zu anderen Zeiten sind auch individuelle Buchungen möglich. https://syltkutschfahrten.jimdofree.com Ponyclub, Reitschulen, Strandritte, Kutschfahrten: www.sylt.de

Jachthäfen sind Hörnum, Rantum und Munkmarsch. Die **Surfer** treffen sich am Ellenbogen, südlich von Rantum und am Parkplatz K4 nördlich von Hörnum. Es gibt eine ganze Reihe von **Segel- und Surfschulen**: www.sylter-yachtclub.de www.sylter-catamaran-club.de www.nfsv-rantum.de, www.syltsurfing.de www.suedkap-surfing.de www.campone-sylt.de www.sunsetbeach.de (auch Kajaks) www.kiteschule-sylt.de

Sylter Welle, Strandstr. 32, Westerland, Tel. 04651/998111; tgl. 10–22 Uhr. Das in den Dünen gelegene Schwimmbad weist mehrere mit Nordseewasser gefüllte Becken auf, davon auch eins mit drei langen Rutschen für Kinder. Mehrere Saunas, Ruhebereiche drinnen und draußen sowie ein Bistro runden das Angebot ab. www.sylterwelle.de

Dagebüll

Der 900 Einwohner zählende Ort liegt drei Kilometer vom Hafen entfernt, er war früher eine Hallig namens Westermarsch. Anfang des 18. Jahrhunderts baute man zum Schutz der Häuser einige Deiche, wodurch immer mehr Schwemmland entstand, das sich schließlich mit der Küste verband. Während es bis zur Eindeichung auf der Hallig nur eine Kapelle gab, wurde 1731 die auf einer Warft errichtete **Kirche St. Dionysius** geweiht. Sie ist im Stil des Barock gestaltet, was vor allem an den Deckengemälden sichtbar ist, die die Leidensgeschichte Jesu zeigen, aber auch in Altar, Kanzel und Taufbecken. Erst im Jahr 1909 ersetzte der Westturm einen früheren hölzernen Glockenturm. Der **Hafen** ist bestens organisiert und schafft es auch, den sommerlichen Ansturm von Besuchern richtig zu lenken, denn hier legen die Fähren für Fußgänger, Rad- und Autofahrer nach Amrum und Föhr ab. Einige Fähren verkehren in 90 Minuten direkt nach Amrum, andere legen einen Zwischenhalt in Föhr ein und brauchen dann insgesamt zwei Stunden. Für Autofahrer, die ihr Fahrzeug nicht mitnehmen wollen, gibt es mehrere gebührenpflichtige Parkplätze in der Umgebung des Hafens. Wer mit dem Zug anreist, kann bis zur Haltestelle Dagebüll Mole fahren und nach wenigen Schritten das Schiff betreten.

Dagebüll

Nordfriesland-Tourismus, Nordseestr. 1, 25899 Dagebüll, Tel. 04667/981036. www.nordfrieslandtourismus.de

Fähradressen: → Amrum (S. 351).

Einige Hotels, ein Campingplatz und zahlreiche Ferienwohnungen. Buchung z. B. über www.nordfrieslandtourismus.de **Womoankerplatz**, Fährhafenstr. 2, 25899 Dagebüll, Tel. 04681/80239. Großer Platz mit 142 Stellplätzen und modernen Einrichtungen. www.womoankerplatz.de

Louisas Heimatküche, Nordseestr. 10, 25899 Dagebüll, Tel. 04667/2779935; Di–Sa 17–22 Uhr. Alle Zutaten nur aus der Region, so lautet der hohe Qualitätsanspruch des jungen Küchenteams um Louisa Boysen. Moderne norddeutsche Küche. www.louisas-heimatkueche.de Cafés und einige einfache Restaurants haben sich vor allem an der **Nordseestraße** zwischen Hafen und Ort angesiedelt.

Amrum

Die Insel Amrum misst 20 Quadratkilometer. Hinzu kommen zehn Quadratkilometer Kniepsand, eine Sandbank, die früher vor der Insel lag, sich aber inzwischen mit ihr vereint hat und weiter sowohl nach Norden als auch nach Süden um die Insel herum wandert. 15 Kilometer misst Amrum in der Länge von Nord nach Süd und nur 2,5 Kilometer an der breitesten Stelle. Hinter dem langen Strand halten die Dünen die vorherrschenden Westwinde ab, dasselbe macht auch der acht Kilometer lange und damit erstaunlich große Wald, den es in diesem Ausmaß auf den anderen Nordseeinseln nicht gibt. Alle Orte, in denen zusammen etwa 2300 ständige Bewohner leben, liegen im Osten der Insel: ganz im Süden die Hafenstadt Wittdün, dann an der Küste Steenodde und im Innern Süddorf, etwa in der Mitte und ebenfalls an der Küste Nebel, der wohl schönste Ort der Insel, und im Norden schließlich Norddorf. Zwischen Insel und Festland erstreckt sich das Wattenmeer.

Wittdün

Der Ortsname Wittdün bedeutet ›weiße Düne‹ und beschreibt ziemlich genau, wie es hier bis Ende der 1880er Jahre aussah. Erst 1889 erwarb der Süddorfer Kapitän Quedens einige Hektar Dünenland und baute aus Wellblech schlichte Unterkünfte mit 29 Zimmern für sommerliche Badegäste. Nicht alle Amrumer waren davon begeistert, einige fürchteten, die ›schlechten Sitten‹ der Besucher würden die alten friesischen Traditionen verderben. Doch es half nichts: Bald folgte ein Strandhotel, am Südstrand eine Promenade und die Inselbahn, die schon 1895 rund 2600 Gäste transportierte. Ein wilhelminischer Badeort war geboren, dessen Strukturen jedoch mit den Kriegen schnell einbrachen.

In den verbliebenen Herbergen wurden nach 1945 Flüchtlinge untergebracht, einige zu Kinderheimen umgebaut. Erst in den 1970er Jahren wandelte sich das Gesicht von Wittdün grundlegend, der Ort wurde modernisiert und man verschrieb

Trotz der Gräser wandern die Dünen auch auf Amrum

▲ Karte S. 328

Der größte Leuchtturm der Insel erhebt sich zwischen Wittdün und Süddorf

sich wieder dem Tourismus. Jährlich werden in dem Hafenort, in dem die Fähren anlegen, etwa 350 000 Übernachtungen gezählt. Wittdün ist ein offizielles Seeheilbad mit **Thalasso-Zentrum** und einem **Meerwasserwellenbad**. Der **Südstrand** ist kilometerlang und sehr breit.

Leuchtturm

Zwischen Wittdün und Süddorf ragt auf einer 25 Meter hohen Düne der 41,80 Meter hohe, rot-weiß gestrichene Leuchtturm auf, der am 1. Januar 1875 in Betrieb genommen wurde und der derzeit der höchste Leuchtturm an der deutschen Nordseeküste ist. 197 Stufen musste der Leuchtturmwärter bis zu seinem Arbeitsplatz steigen, davon 172 im Turm. Das aber ist seit 1984 nicht mehr nötig, da seitdem das Leuchtfeuer automatisch betrieben wird. Dafür dürfen jetzt Besucher hochsteigen – zumindest im Sommer.

Wesentlich kleinere Leuchttürme befinden sich in den Dünen von Norddorf – dieser Turm stammt aus dem Jahr 1906 – sowie, fast baugleich, in Nebel und Wittdün. Die beiden letzten Türme wurden 1981 bzw. 1977 errichtet. Keiner von ihnen ist zugänglich.

Süddorf

Die **Windmühle Bertha** wurde einst aus dem benachbarten Sylt importiert. Sie war bis 1942 in Betrieb, die Mahlwerke wurden später ausgebaut. Heute befindet sich in der Mühle eine Wohnung.

Nebel

Hier herrscht klare Sicht, denn ›Nebel‹ bedeutet ›neue Siedlung‹. Und diese geriet recht idyllisch, traditionelle Reetdachhäuser beherrschen die Szenerie.

Windmühle

Am südlichen Ortsrand ragt die namenlose Windmühle von Nebel auf. Sie wurde 1771 in Holland erworben, hier aufgestellt und von verschiedenen Müllerfamilien bis 1964 betrieben. Dann übernahm ein rühriger Verein die Mühle, erneuerte die Reetbedeckung, erhielt die technische Einrichtung, baute sanitäre Anlagen für Besucher ein und eröffnete ein kleines Museum. 2012/13 wurde die Mühle nach einem Sturmschaden wieder instandgesetzt, wobei man durch Holzanalysen feststellte, dass als Baujahr der Mühle ungefähr 1670 angenommen werden kann. Somit war die Mühle bereits 100 Jahre alt, als sie nach Amrum kam.

Öömrang Hüs

Das denkmalgeschützte Haus entstand wohl im frühen 17. Jahrhundert, es werden aber auch andere Zahlen genannt. Es gehörte drei verschiedenen Familien jeweils über mehrere Generationen, zuerst Familie Wögens, die einen Lastensegler entlang der Küste betrieb, dann Familie Korsemann, die ein ›K‹ über der Tür hinterließ und im internationalen Seehandel tätig war, und schließlich bis 1992 der Hamburger Familie Landmann, die durch den Verkauf an den lokalen Heimat- und Kulturverein den Erhalt des Hauses ermöglichte. Der ungewöhnliche Name folgt dem auf der Insel gesprochenen Dialekt des Friesischen und bedeutet einfach ›Amrumer Haus‹.

Das Haus ist auf Holzständern errichtet und wurde im Laufe der Zeit mehrfach erweitert. Es vermittelt einen guten Eindruck davon, wie eine durchaus wohlsituierte Familie in einem traditionellen Haus lebte. Man tritt zunächst in das **Empfangszimmer**, das auch ›Kapitänszimmer‹ genannt wurde und in dem alle Geschäfte und praktischen Dinge abgewickelt wurden. Dementsprechend präsentieren die Besitzer hier auch ihren Wohlstand, zum Beispiel durch von handbemalten Kacheln bedeckte Wände. Ein Tableau von Kacheln zeigt den Küstensegler der Familie Wögens. Auch auf dem Balken in der niedrigen Stube konnte man etwas ablegen, zum Beispiel Geld ›auf der hohen Kante‹. Ein Prachtstück ist zudem der ›Bilegger-Ofen‹ aus dem Jahr 1681; auf Hochdeutsch Beileger-Ofen genannt, was verdeutlicht, dass solche Öfen kontinuierlich mit Brennmaterial versorgt wurden. Dieses konnte Holz, Torf und getrockneter Kuhdung sein. Der Ofen stand meist in der Wand zwischen guter Stube und Küche, wurde von der Küche aus bedient, und der Rauch zog durch den Küchenschornstein ab.

Einblicke in frühere Zeiten vermittelt das Öömrang Hüs

▶ Karte S. 328

Direkt anschließend befindet sich der **Alkoven**, ein eingebautes Bett, in dem zwei Personen schliefen, und wenn es sein musste noch ein Kind, die sich gegenseitig warm hielten. Aus der Kürze des Alkoven kann leicht geschlossen werden, dass die Leute früher sitzend schliefen. Die anderen Zimmer zeigen einige Sammelstücke wie Möbel, Werkzeuge, Amrumer Tracht und den Silberschmuck dazu sowie ein in neuerer Zeit eingerichtetes Gästezimmer.

Theodor Storm beschrieb ein solches Empfangszimmer in einem friesischen Haus an anderem Ort in seiner bekanntesten Novelle, dem ›Schimmelreiter‹: »Am andern Tage trat Tede Haien mit seinem Sohne in das geräumige Zimmer des Deichgrafen; die Wände waren mit glasurten Kacheln bekleidet, auf denen hier ein Schiff mit vollen Segeln oder ein Angler an einem Uferplatz, dort ein Rind, das kauernd vor einem Bauernhause lag, den Beschauer vergnügen konnte; unterbrochen war diese dauerhafte Tapete durch ein mächtiges Wandbett mit jetzt zugeschobenen Türen und einen Wandschrank, der durch seine beiden Glastüren allerlei Porzellan- und Silbergeschirr erblicken ließ; neben der Tür zum anstoßenden Pesel war hinter einer Glasscheibe eine holländische Schlaguhr in die Wand gelassen.« (→ S. 384)

Kirche St. Clemens

Es wird berichtet, dass sich die Bewohner von Norddorf und Süddorf nicht einigen konnten, in welchem Ort ihre Kirche errichtet werden sollte, und so baute man sie um 1236 in die Mitte zwischen den beiden Dörfern. Sie war zunächst ein flacher Holzbau, dann entstand sie neu aus Feld- und Backsteinen, die verputzt und weiß gestrichen wurden, das Dach wurde mit Reet gedeckt, alles im Stil der Romanik. Das Dorf Nebel (›Neues Dorf‹), in dem die Kirche steht, wuchs erst nach dem Kirchenbau, und erst 1908 fügte man den 36 Meter hohen **Turm** mit Kupferhaube und Glocke hinzu. Die Ausstattung stammt aus der Zeit nach der Reformation (1524): die **Kanzel** 1623, der **Flügelaltar** (1634) nach einer großen Flut, zwei **Messingleuchter** im späten 17. Jahrhundert. Auch die Emporen wurden im späten 17., frühen 18. Jahrhundert eingebaut. Besonders ins Auge fällt die frühgotische **Apostelgruppe**, die ›das himmlische Abendmahl‹ genannt wird und angeblich bei einer Sturmflut übers Meer angeschwemmt wurde. Einige Apostel sind an ihren Accessoires deutlich zu erkennen, etwa Petrus an seinem großen Schlüssel. Der ungewöhnliche **Sakramentsschrank** aus dem 15. Jahrhundert weist auf der Innenseite seiner Tür das Gemälde eines ›Schmerzensmanns‹ auf, die Darstellung eines sich selbst geißelnden Jesus mit

Einer der ›sprechenden Grabsteine‹

Dornenkrone, der zudem auch noch die Nagelmale an Händen und Füßen trägt – aber auch einen Heiligenschein. Die Kirche umgibt ein großer **Friedhof**, in dessen Nordwestecke etwa 150 Grabsteine aus der Zeit von 1670 bis 1830 gesammelt, gereinigt und in Reih und Glied aufgestellt wurden. Sie werden als ›sprechende Grabsteine von Amrum‹ bezeichnet, weil sie größere Reliefs und vor allem lange Inschriften aufweisen, in denen das Leben der Toten teilweise ausführlich beschrieben wird. Die meisten Verstorbenen waren Seeleute, die in dieser Zeit wohl recht wohlhabend waren, denn ein solcher Sandstein, teilweise mit Hochreliefs beschriftet, war nicht billig. Nicht alle Inschriften sind leicht zu entziffern, bei manchen Steinen sind aber QR-Codes angebracht, mit deren Hilfe man sich die Beschreibungen aufs Handy laden kann.

Reetgedeckte Ziegelhäuser bestimmen das Bild auf Amrum

Vogelkoje Meeram

Der Name Vogelkoje Meeram hört sich erst einmal ganz gemütlich an, doch dieser künstlich angelegte Teich südlich von Norddorf diente dem Fang von Wildenten: 400 000 Enten sollen zwischen 1866 und 1936 auf Amrum gefangen worden sein. Über die am Rand des Teichs stehenden Pfeiler wurde ein Netz gespannt, gezähmte Enten lockten ihre wilden Artgenossen durch seitliche Öffnungen in den Teich, in dem sie gefangen und getötet wurden. Diese Fangmethode wurde im 16. Jahrhundert in den Niederlanden entwickelt und ab dem 18. Jahrhundert außer auf Amrum auch auf Föhr, Sylt, Nordstrand und Pellworm angewandt. Auf einem barrierefreien Bohlenweg können Besucher die Umgebung erkunden, zu der auch Dünen, Heide, Wald und Feuchtgebiete gehören.

Eisenzeitliches Haus

Zwischen dem südlichen Ortsrand von Norddorf und der Vogelkoje wird seit vielen Jahren archäologisch gegraben, wobei bislang Reste von Häusern und Hütten sowie von Bäumen zum Vorschein kamen. Die Gegend befindet sich auf einem Geestrücken, vor 2000 Jahren lag der Meeresspiegel noch mehrere Meter tiefer als heute, es gab Eichen- und Birkenwälder, während der heute vorherrschende Sand wohl erst im Mittelalter angeweht wurde.

Mehr als zehn Häuser lagen hier in einer Siedlung zusammen, hinzu kamen einige Hütten. Eines dieser Häuser wurde nun nachgebaut, ein sogenanntes **Wohnstallhaus**, in dem Menschen und Tiere, vor allem Rinder, unter einem Dach wohnten. Die Struktur des 15 Meter langen, 5,50 Meter breiten und 4,30 Meter hohen Hauses besteht aus Eichenstämmen, die Wände bauen sich aus lehmverschmiertem Holzgeflecht oder aus Gras- oder Heidesoden auf, das Dach war mit Gras oder Reet gedeckt. Das Haus ist in Ost-West-Richtung ausgerichtet, so dass der vorherrschende Westwind auf seine Schmalseite trifft; Eingänge befanden sich im Norden und im Süden.

▶ Karte S. 328

Norddorf

Der Norden der Insel ist das älteste Siedlungsgebiet. Hier lebten Fischer und Händler, deren Küstensegler Waren entlang des Ufers transportierten. Zwischen den Dünen und dem damals noch entfernten Kniepsand gab es einen nicht mehr existenten Hafen. Der Tourismus kam erst Anfang des 20. Jahrhunderts hierher, nachdem die Strecke der Inselbahn verlängert worden war. 1925 brannte ein Großteil des Dorfes ab, so dass heute nur wenige **Reetdachhäuser** im Ort zu finden sind.

Norddorf ist umgeben vom Kniepsand, der zu einem riesigen **Badestrand** geworden ist, auf dem auch gerne Burgen und phantasievolle Holzhütten gebaut werden, und den unter Naturschutz stehenden **Dünen**. Weiter nach Norden bietet sich eine Wanderung zur Amrumer Odde an, der nördlichen Landspitze, die Vogelschutzgebiet ist und an der zahlreiche Seevögel brüten und überwintern.

Amrum

Touristeninformationen:
Wittdün, Inselstr. 14, Tel. 04682/94030; Nebel, Meeskwai 1 a, Tel. 04682/94300; Norddorf, Ual Saarepswai 7, Tel. 04682/94700.
www.amrum.de

Dark Blome, staatlich anerkannter Nationalpark-Wattführer, geht das ganze Jahr über mit Gruppen auf verschiedenen Routen hinaus in die Watten. Dauer ca. drei Stunden, Durchführung hängt von den Wetterbedingungen ab, deshalb ist eine Anmeldung erforderlich.
www.der-inselläufer.de

Naturzentrum/Maritur, Strunwai 31, 25946 Norddorf, Tel. 04682/1635; Ostern–Okt. Fr–Mi 10–17 Uhr, Nov.–Ostern Mi, Fr–So 12–16 Uhr. Das Naturzentrum bietet Wanderungen sowie Natur- und Tierbeobachtungen an. Im Kulturzentrum Maritur, das sich im alten Schwimmbad befindet, informieren zwei Ausstellungen über das Leben im ›alten Amrum‹.
www.naturzentrum-amrum.de

Die Insel ist nur per Schiff zu erreichen, der wichtigste Hafen auf dem Festland ist Dagebüll, von wo zahlreiche **Autofähren** (Anzahl nach Saison unterschiedlich) nach Amrum direkt oder mit kurzem Zwischenhalt in Föhr verkehren. Die Überfahrt dauert direkt 90 Minuten, mit Halt zwei Stunden, zuzüglich Verladung. Die Fähren nehmen Autos, Radfahrer und Fußgänger mit.

Für Autofahrer, die ihr Fahrzeug auf dem Festland lassen wollen, stehen am Hafen in Dagebüll größere **Parkplätze** zur Verfügung. Wer nicht mit Auto oder Fahrrad unterwegs ist, kann mit Regionalbussen oder mit der Bundesbahn bis Dagebüll-Mole anreisen.

Im Sommer sind die Fähren schnell ausgelastet, vor allem für Autos, so dass es sich dringend empfiehlt, rechtzeitig vorher zu buchen.

WDR (Wyker Dampfschiffs-Reederei Föhr-Amrum), Tel. 04681/800.
www.faehre.de

Adler-Schiffe, Tel. 04651/9870888.
www.adler-schiffe.de

Vom Hafen Strucklahnungshörn auf der Halbinsel Nordstrand fährt zweimal täglich ein Schiff nach Amrum, allerdings ohne Autobeförderung.

Letj Briis, Degelk 7, 25946 Norddorf, Tel. 04682/9983401; DZ ab 110 €. Familienhotel und Ferienwohnungen mit großem Garten an den Dünen.
https://letj-briis.de

Pidder Lyng, Bideelen 5, 25946 Norddorf, Tel. 04682/94440; DZ ab 159 €. Ein weiter Weg vom Gästehaus mit Zimmern neben dem Kuhstall, 1926 errich-

tet, zum Vier-Sterne-Hotel. Ein properes Backsteinhaus beherbergt jetzt sehr unterschiedliche Zimmer, Suiten und Apartments, die teilweise einen schönen Meerblick ermöglichen. Vom Restaurant toller Blick ins Grüne.
https://pidderlyng.de

Seeblick, Strunwai 13, 25946 Norddorf, Tel. 04682/9210; DZ ab 165 €. Die 48 in maritim-blau und sand-beige gestalteten Zimmer, die Suiten und die 14 Ferienwohnungen bieten moderne, klare Gemütlichkeit bei gutem Platzangebot. Großes Spa und Restaurant mit lokalen Spezialitäten.
www.seeblicker.de/seeblick

Jugendherberge, Mittelstr. 1, 25946 Wittdün, Tel. 04682/2010. Die Herberge liegt direkt am Strand und nicht weit vom Hafen und hat 180 Betten. www.jugendherberge.de/jugendherbergen/wittduen-556/portraet

Heidekate, Inselstr. 66, 25946 Wittdün, Tel. 04682/968581; Di-So 17-23 Uhr. Das moderne und schön eingedeckte Restaurant bietet lokale Fischgerichte und italienische Küche. Reservierung erbeten.
www.heidekate-amrum.de

Likedeeler, Stianoodswai 29 a, 25946 Steenodde, Tel. 04682/777; Mi-Mo 17-23 Uhr. Umgeben von einem großen Garten, steht ein altes weißes Haus an der Küste bei Steenodde und schaut aufs Wattenmeer, was die Gäste, die draußen sitzen, ebenfalls tun können. Drinnen wird anspruchsvoll gekocht, meist die bekannten Fisch- und Fleischgerichte, aber nicht nur. Reservierung erforderlich.
https://likedeeler-amrum.de

Seekiste, Smääljaat 2, 25946 Nebel, Tel. 04682/640; Di-So 16.30-22 Uhr. Fischlastige Karte im Zentrum von Nebel.

Klar Kimming, Strunwai 20, 25946 Nebel, Tel. 04682/739; Mo, Mi, Do, Fr 17.30-22 Uhr. Zum Pfälzer Wein kann man hier Flammkuchen und Tapas genießen. An kalten Abenden wird der Kamin angezündet. www.klar-kimming-amrum.de

Ual Öömrang Wiatshüs, Bräätlun 4, 25946 Norddorf; Mi-Mo ab 17.30 Uhr. Elegante historische Gaststube mit alten Kacheln an den Wänden und maritimer Dekoration. Gekocht wird nach den Prinzipien des Slow Food. Großer Garten, auch Hotel.
www.uoew.de/restaurant

Muschelsucher, Strunwai 9, 25946 Norddorf; Di-So 12-21 Uhr. Eines der wenigen Restaurants (und Cafés), das auch mittags geöffnet hat. Die Kinderfreundlichkeit wird hervorgehoben, bunte Karte. In Norddorfs Fußgängerzone.

Café Schult, Ual Saarepswai 9, 25946 Norddorf, Tel. 04682/2234; tgl. 11-18 Uhr. Café in fünfter Generation, Butterkuchen, die berühmte Friesentorte und andere Sahnetorten.

Leuchtturm, in den Dünen zwischen Wittdün und Süddorf; im Sommer Mo-Fr 8.30-12.30, im Winter Mi 9-12.30 Uhr.

Windmühle, Waasterstigh, 25946 Nebel, Tel. 0151/51266634; April-Okt. tgl. 10.30-13, 14.30-17 Uhr. In der 1771 aufgebauten, hervorragend restaurierten Mühle befinden sich auch ein **Heimatmuseum** und Raum für wechselnde Ausstellungen.
www.amrumer-windmuehle.com

Öömrang Hüs, Waaswai 1, 25946 Nebel, Tel. 04682/2118; im Sommer Mo-Fr 11-13, 15-17, Sa 15-17 Uhr, im Winter Mo-Fr 15-17 Uhr. Historisches Kapitänshaus.
www.oeoemrang-hues.de

Vogelkoje, im Wald zwischen Nebel und Norddorf.

Amrum Badeland, Am Schwimmbad 1, 25946 Wittdün, Tel. 04682/943431; die Öffnungszeiten variieren stark. Das Meerwasserwellenbad bietet neben dem Becken und dem Kinderbecken auch eine große Saunalandschaft.
www.amrum-badeland.de

▶ Karte S. 328

Föhr

Die gut 80 Quadratkilometer große und von 8300 Menschen bewohnte Insel Föhr liegt, umringt von Sylt, Amrum und der Hallig Langeneß, nur wenige Kilometer vor der Küste. Mit 12,5 Kilometer Länge und 8,5 Kilometer Breite ist sie die fünftgrößte deutsche Insel. Durch ihre geschützte Lage kann sich die Vegetation gut entwickeln, so dass Föhr oft als ›grüne Insel‹ bezeichnet wird. Hauptort ist der Fährhafen Wyk an der Südostecke, von dem aus sich ein 15 Kilometer langer Sandstrand an der Südküste entlangzieht. Wyk ist ein geschäftiger Ort mit vielen Läden, aber keine besondere Schönheit. Da haben die 16 Inseldörfer, die sich auf 11 Gemeinden verteilen, optisch weitaus mehr zu bieten.

Man fand Zeugnisse einer nordischen Besiedlung aus dem 2. bis 5. Jahrhundert; im 7. Jahrhundert wanderten Friesen ein. Im 13. Jahrhundert gab es zwei nordische Harden auf der Insel, später unterstand ein Teil direkt der dänischen Krone, ein anderer dem Herzogtum Schleswig. Im 17. und 18. Jahrhundert herrschte die Seefahrt vor, an Land wurden Matrosen und Kapitäne ausgebildet, die Schiffe liefen aus zu Handelsfahrten und auf Walfang. Mitte des 19. Jahrhunderts wurde Föhr zudem zum Kurort, in dem selbst dänische Könige, Schriftsteller wie Hans Christian Andersen oder Musiker wie Artur Rubinstein die Sommer verbrachten. Nach dem Deutsch-Dänischen Krieg von 1864 übernahmen die Preußen das Kommando. Heute ist der Tourismus die wichtigste Erwerbsquelle, aber es gibt auch noch Landwirtschaft und Fischerei, darunter den Fang von Krabben und Miesmuscheln.

Eiskalter Manhattan: Föhrer Spezialität

Ende des 19. Jahrhunderts wanderten viele Föhrer nach Amerika aus: der Goldrausch lockte oder vielleicht doch nur ein Job als Holzfäller in Kalifornien. Manche blieben auch als Barkeeper oder Eigentümer von Delikatessengeschäften in New York hängen, und dort entwickelten sie einen Cocktail, der mit Rückkehrern den Weg auf die Insel Föhr fand. Während die Amerikaner den Manhattan aus 4 cl

Am Strand bei Wyk

Rye Whiskey oder Bourbon, 2 cl rotem Wermut und 2 Spritzern Angosturabitter mischen, nehmen die Föhrer gleiche Teile Whiskey, roten und weißen Wermut, was den Cocktail wesentlich süßer macht. Auf jeden Fall muss er eiskalt in einem kalten Glas serviert werden, aber ohne Eis im Glas.

Friesenmuseum

Mit einer großen Anzahl von sehr unterschiedlichen Fundstücken widmet sich das Museum der Geschichte Föhrs von der Steinzeit bis heute. Das älteste gefundene Gerät ist eine Knochenharpune, die vermutlich etwa 9000 Jahre alt ist. Flintsteinbeile und Mahlsteine stammen aus frühen Siedlungen, in denen Ackerbau und Viehzucht betrieben wurden. Um das Jahr 700 wanderten Friesen ein, die wohl mit den bereits hier lebenden Dänen ein gutes Auskommen pflegten. Dargestellt wird die Jagd nach Meerestieren, auch nach Walen und Seevögeln. Im 19. Jahrhundert entwickelte sich Föhr zum Seebad, während gleichzeitig viele lokale Familien nach Amerika auswanderten. Das Brauchtum der Friesen wird anhand von Fotos präsentiert, und dekorative Elemente des Hausbaus blieben erhalten.

Im Friesenmuseum

Sehenswert ist das Haus Olesen, das vermutlich 1617 in Alkersum errichtet wurde und damit das älteste Haus der Insel wäre. In ihm lebten Mensch und Tier unter einem Dach. Der Wohnbereich ist traditionell mit Holzpaneelen und blau-weißen Kacheln bedeckt und beherbergt Einrichtungsgegenstände aus unterschiedlichen Zeiten.

Im **Außengelände** sind zwei Grabkammern und einige Sandsteinsärge zu sehen, dazu beeindruckend große Walfischknochen, eine kleine Bockwindmühle aus den 1930er Jahren und die hier wieder errichtete Midlumer Scheune aus dem 18. Jahrhundert.

St. Johannis in Nieblum

Die größte und älteste Kirche der Insel, St. Johannis, wurde im 13. Jahrhundert erbaut, zunächst das Langhaus und das südliche Querschiff im Stil der Romanik, später das nördliche Querschiff im Stil der Gotik, wobei das südliche Querschiff dem neuen Stil angepasst wurde. Die in der Romanik übliche hölzerne Flachdecke blieb allerdings erhalten. Auch der 32 Meter hohe **Turm** wurde im 13. Jahrhundert begonnen und mehrfach umgebaut. Seine Mauern bestehen aus Tuffstein, sind allerdings mit Ziegeln verkleidet. Die Ausmaße der Kirche sprechen für ihre Bedeutung, weshalb sie auch gerne ›Friesendom‹ genannt wird (www.friesendom.de).

Im Innern dominiert die weiße **Wandbemalung**, an einigen Gewölberippen sind noch Farbreste einer bunten Bemalung zu erkennen. Auch die großen Holzemporen drängen sich auf, sie wurden um

▲ Karte S. 328

Der auffällige Marienaltar in der Kirche St. Johannis

1660 auf Eisenstützen erstellt. 1772 wurde eine bemalte Loge im südlichen Langhaus hinzugefügt. Der spätgotische fünfflügelige **Marienaltar** zeigt auf den Außenseiten Gemälde mit Szenen aus dem Leben Johannes des Täufers, des Patrons der Kirche, mit 16 Figuren, Maria, Jesus und Johannes in der Mitte, weiter außen stehen Apostel und Päpste. Daraus lässt sich schließen, dass der Altar in der Zeit vor der Reformation entstand. Im Jahr 1618 erhielt die Kirche eine neue **Renaissancekanzel** mit reicher Schnitzarbeit. Bemerkenswert ist der **Taufstein** aus der Zeit um 1200, der aus einem Granitfindling herausgearbeitet wurde und außen den Kampf eines Ritters gegen ein Mischwesen aus Löwe und Schlange darstellt, das einen weiteren Menschen schon halb verschlungen hat: Gut und Böse kämpfen hier um die Menschenseele. Auf der gegenüberliegenden Seite greifen zwei Löwen einen Menschen an. In der Südostecke des Chors steht eine überlebensgroße **Holzstatue** des Täufers (15. Jh.), wobei Johannes mit Bibel und Lamm predigt und dabei auf dem Rücken eines kleinen Mannes steht. Dieser stellt König Herodes dar, der wiederum für die Hinrichtung des Johannes verantwortlich war. Sieben weitere **Figuren** (etwa 1520) sind in zwei Gruppen aufgeteilt und stellen Heilige dar.

Der **Friedhof** umgibt die an der höchsten Stelle Nieblums errichtete Kirche vollständig. Auch hier finden sich etwa 250 ›sprechende Grabsteine‹, die auf Deutsch, Friesisch oder Latein die Lebensgeschichten der Verstorbenen berichten (→ Amrum, S. 349).

■ Weitere Sehenswürdigkeiten

Es gibt auf Föhr sechs **Vogelkojen**, in denen früher Wildenten gefangen wurden (→ Amrum, S. 350), und fünf **Windmühlen**: zwei in Wyk, je eine in Wrixum, Witsum und Oldsum. Fast 200 Kilometer **Fahrradwege** deuten an, mit welchem Verkehrsmittel sich die Besucher am liebsten fortbewegen.

Föhr

Wyk auf Föhr Touristik, Tel. 04681/300. www.foehr.de
Infostellen:
- Reedereigebäude im Hafen, Am Fähranleger 1, 25938 Wyk;
- Im Aquaföhr, Stockmannsweg 1, 25938 Wyk;
- Im Dörpshus, Poststrat 2, 25938 Nieblum;
- Im Haus des Gastes, Klaf 2, 25938 Utersum.

Schutzstation Wattenmeer, Badestr. 111, 25938 Wyk, Tel. 04681/1313. www.schutzstation-wattenmeer.de/unsere-stationen/foehr

Nationalparkhaus Föhr, Hafenstr. 23, 25938 Wyk, Tel. 04681/4290. Ausstellungen und naturkundliche Wanderungen. www.nph-foehr.nationalparkservice.de

Fähre ab Dagebüll → S. 351.

Inselhotel Arfsten, Ohl Dörp 64, 25938 Wyk, Tel. 04681/2331; DZ ab 70 €. Das Hotel liegt im Grünen am nördlichen Ortsrand und bietet Zimmer, Apartments, Suiten und Ferienwohnungen mit Frühstück im Hotel. Das traditionelle Ziegelhaus ist mit Reet gedeckt und präsentiert sich im rustikal-maritimen Design. www.arfsten.de

Midlumer Krog, Dörpstraat 50, 25938 Midlum, Tel. 04681/2764; DZ ab 65 €. Vor 170 Jahren war der Krog Gaststätte und Bäckerei, heute verbindet er Restaurant, Hotel und Gästehaus. Etwas rustikaler Stil, aber man kann zwischen verschiedenen Zimmern in zwei Häusern mit Garten wählen. https://midlumer-krog.de

Landliebe, Nieblumweg 26, 25938 Alkersum, Tel. 04681/9759689; DZ ab 210 €. Das Familienhotel in grüner Umgebung bietet viel Spielplatz für Kinder. Die Zimmer sind modern und gemütlich eingerichtet. www.hotel-landliebe.de

Friesenhof, Jens-Jacob-Eschel-Str. 2, 25938 Nieblum, Tel. 04681/746748; DZ ab 99 €. Das Hotel mit großem grünem Garten bietet gut ausgestattete Zimmer recht unterschiedlicher Größe. www.friesenhof-foehr.de

Waastwinj, Jaardenhuug 2, 25938 Utersum, Tel. 04683/963330; DZ ab 144 €. In der Ortsmitte, etwa einen Kilometer vom Strand entfernt, liegt dieses betont moderne Hotel mit schnurgeradem Design. Zum Hotel gehört auch das Restaurant ›Hennigs‹ (s.u.). www.waastwinj.de

Jugendherberge Wyk, Fehrstieg 41, 25938 Wyk, Tel. 04681/2355; Nov.–Feb. geschlossen. Die Herberge hat 168 Betten, ist recht traditionell, liegt aber nur ein paar Minuten Fußweg vom Südstrand entfernt. www.jugendherberge.de/jugendherbergen/wyk-auf-foehr-557/portraet

Wohnmobilstellplatz, Strunwai 14, 25938 Utersum, Tel. 05683/214. An der Westküste der Insel können 62 Wohnmobile parken. Gute sanitäre Anlagen. https://wohnmobile.business.site

Klein Helgoland, Achtern Diek 14, 25938 Wyk, Tel. 04681/7471673. Im Winter geschlossen. Das Café und Bistro am Sportboothafen ist bekannt für Kuchen und Torten mit Kaffee- und Teespezialitäten. Tagsüber gibt es zudem kräftige Bistro-Küche und abends eine kleine Karte mit lokalen Spezialitäten. www.cafe-klein-helgoland.de

Altes Landhaus, Bi de Süd 22, 25938 Nieblum, Tel. 04681/2572; tgl. 12–14, 18–22 Uhr, im Nov./Dez. längere Zeit geschlossen. Ein günstiger Mittagstisch und eine bodenständige Küche zeichnen dieses Traditionsgasthaus aus. https://alteslandhaus-foehr.de

Namine Witt, Alkersumer Stieg 4, 25938 Nieblum, Tel. 04681/9643523; im Som-

▸ Karte S. 328

mer Mi–So 17.30–23 Uhr, in der Hochsaison auch länger. Witts Gasthof gibt es seit mehr als 150 Jahren, doch heute kommt er optisch und in der Auswahl und Zubereitung der Speisen sehr modern daher. Auch das Bistro zeigt klare Linien und bietet kleine Speisen, Kuchen und Weine; zudem funktioniert es als Feinkostladen. Hier dreht sich alles um hochwertige Speisen.
www.naminewitt.de

Grethjens Gasthof, Hauptstr. 1, 25938 Alkersum, Tel. 04681/7474045; Di–So 10–17, Küche Di–So 12–15.30 Uhr. Der Gasthof im Kunstmuseum ist neu entstanden und bietet feine Kuchen sowie elegante regionale Küche.
www.grethjens-gasthof.de

Letj Lembeck's, Malnstich 5, 25938 Borgsum, Tel. 04683/369. Café, Kneipe und Biergarten – so stellt sich das kleine Lokal vor, und so ist es auch.
www.lembecks.de

Hennigs, Jaardenhuug 2, 25938 Utersum, Tel. 04683/963330; Do–Di 18–22 Uhr. Im Hotel ›Waastwinj‹ bereitet man die friesische Küche mit saisonalen Produkten der Region zu und hält dazu Überraschungen wie Föhrer Wein und Föhrer Käse bereit.
www.hennigs-restaurant.de

Café im Apfelgarten, Haus 86, 25938 Oldsum, Tel. 04683/898; April–Okt. So–Fr 12.30–18, Jul./Aug. 12.30–20.30 Uhr. Unter dem roten Apfel gibt es nicht nur hervorragende Kuchen, sondern auch Suppen, Salate, Käse- und Fischteller. Und das alles öko.
http://imapfelgarten.de

Friesenmuseum, Rebbelstieg 34, 25938 Wyk, Tel. 04681/2571; März–Okt. Di–So 10–17 (Juli/Aug. auch Mo), Nov.–Feb. Di–So 14–17 Uhr.
www.friesen-museum.de

Museum Kunst der Westküste (MKdW), Hauptstr. 1, 25938 Alkersum, Tel. 04681/747400; Di–So 10–17 Uhr. Das Museum wurde 2009 von einem lokalen Unternehmer gestiftet, der damit an die Tradition von ›Grethjens Gasthof‹ anknüpfen wollte, in dem sich bereits im 19. Jahrhundert Künstler aus Deutschland und Dänemark sowie Insulaner trafen. Wie es naheliegt, beschäftigt sich das Museum vor allem mit den Themen Meer und Küste in der Kunst der Niederlande, Deutschlands, Dänemarks und Norwegens.
www.mkdw.de

Winterwanderung: Die Märchen- und Fackelwanderung der Schutzstation Wattenmeer auf Föhr ist im Winter ein ganz besonderes Erlebnis. Mit Einbruch der Dunkelheit, beim Schein von Fackeln und Sternen, gibt es Sagen, Märchen und das Rauschen der Nordsee zu hören. Es geht um die Entstehung von Ebbe und Flut und legendäre Seefahrer. Natürlich auch um die Föhrer Oterbaankin, kleine Kobolde, die gerne ihren Schabernack mit den Menschen treiben. Im Winter werden auch inselkundliche Wanderungen angeboten.

Aquaföhr, Stockmannsweg 1, 25938 Wyk, Tel. 04681/300; tgl. 10–17 Uhr (Welle nur nachmittags). Wellnesszentrum mit Wellenbad, Sauna, Fitnesszentrum, Café und Bistro.
www.aquafoehr.de

Bauernmarkt, im Sommer Mi, Sa 9–12 Uhr. Rathausplatz Wyk.

Fischmarkt; April–Okt. So 11–15 Uhr. Am Binnenhafen Wyk.

Dorfmarkt, im Sommer, Do 10–12.30 Uhr. In Oevenum.

Föhrer Wildnis, Waldstraße 2a, 25938 Wyk, Tel. 0152/04451533. Hier gibt es von Hand produziertes Kräutersalz.

Inselkäse, Hauptstr. 9, 25938 Alkersum, Tel. 04681/2492. In der Käserei wird Kuhmilch verarbeitet, im Hofladen gibt es noch zahlreiche andere Produkte.

Die Halligen

Halligen sind kleine, nur wenige Meter hohe Inseln im Marschgebiet vor der nordfriesischen Küste. Bei Hochwasser und Sturmfluten werden sie überschwemmt, weshalb alle Gebäude sich auf Warften befinden, künstlich aufgeschütteten Hügeln. Im Gegensatz zu Inseln verfügen die Halligen über keine eigenen Süßwasserquellen, so dass das Regenwasser aufgefangen werden muss. Die Flora und Fauna der Halligen hat sich entsprechend angepasst und salzresistente Formen entwickelt. Das gilt für die Salzwiesen genauso wie für die Schafe. Da die Halligen in der Regel auch keine Uferbefestigung haben, verändert sich ihre Form regelmäßig. Sie sind sowieso erdgeschichtlich sehr junge Gebilde, können auch wieder verschwinden, oder es können über Jahre neue Halligen entstehen. An der nordfriesischen Küste gibt es derzeit zehn, die rund um die Insel Pellworm liegen.

Auf den Halligen, die zusammen eine Fläche von etwa 23 Quadratkilometern aufweisen, befinden sich insgesamt 43 Warften, auf denen etwa 270 Menschen leben. Die meisten betreiben etwas Landwirtschaft, einige haben offizielle Aufgaben im Küstenschutz, viele leben vom Tourismus, den Besuchern, die bei Tagesausflügen etwas über das Leben auf der Hallig erfahren möchten. Auf Hooge, Langeneß, Oland, Nordstrandischmoor und Gröde gibt es kleine Kirchen mit Friedhöfen. Auf den größeren Halligen werden die kleinsten Schulen Deutschlands unterhalten, manchmal kommt eine Lehrkraft auf nur drei oder vier Schüler. Weiterführende Schulen gibt es nur auf dem Festland.

▲ Karte S. 328

Die fünf kleinen Halligen – Habel, Hamburger Hallig, Norderoog, Süderoog und Südfall – sind Vogelschutzgebiete und höchstens von Vogelwarten bewohnt; sie können nur durch geführte Wattwanderungen erreicht werden.

Die anderen Halligen sind sehr klein, nur von wenigen Menschen bewohnt und teilweise gar nicht oder nur im Sommer auf komplizierte Weise zu erreichen. Manche werden gelegentlich von Ausflugsschiffen angefahren, manche sind mit Dämmen verbunden, auf denen die Bewohner mit ihren Loren fahren und gelegentlich Besucher mitnehmen, manche sind Ziel geführter Wattwanderungen. Meist bleibt nur sehr kurze Zeit für einen Aufenthalt.

Weiter westlich liegen drei große Sandbänke, von Nord nach Süd Japsand, Norderoogsand und Süderoogsand. Einige der Ausflugschiffe fahren dorthin, die Sandbänke dürfen jedoch nicht betreten werden, denn sie dienen den Robben und Seehunden als Ruheplätze.

Schlüttsiel

Schlüttsiel, das zur Gemeinde Ockholm gehört, ist kein gewachsener Ort, sondern wurde 1959 im Zuge des Ausbaus des Hauke-Haien-Koogs als Hafen angelegt. Dieser 1250 Hektar große Koog wurde von 1958 bis 1960 durch Eindeichung gewonnen. Der nach dem Protagonisten in Theodor Storms Novelle *Der Schimmelreiter* benannte Koog diente erstmals nicht allein der landwirtschaftlichen Nutzung, sondern teilweise auch als Speicherbecken und Vogelschutzgebiet, nämlich als Brutplatz vor allem für Seeschwalben, Sandregenpfeifer und Säbelschnäbler.

Der Ort Schlüttsiel besteht vor allem aus dem Hafen und dem Abfertigungsterminal für die Fähren, die zu den Halligen verkehren. Zudem gibt es ein Informationszentrum und einen engagierten Gastronomiebetrieb.

Schlüttsiel

Infozentrum des Vereins Jordsand, Schlüttsiel 2, 25842 Ockholm, Tel. 04674/848. Außer Informationen zum Schutzgebiet und dem Ausblick vom Hafen bietet der Verein das ganze Jahr über vogelkundliche Führungen. www.jordsand.eu/hauke-haien-koog

Von Schlüttsiel bieten vier Reedereien Ausflüge zu den Halligen, den Seehundbänken und zu verschiedenen Inseln an. Diese dauern meistens mehrere Stunden, teilweise erlauben sie auch einen Landgang. Fahrtdauer und Abfahrtszeiten hängen jedoch sehr stark von den Wetterbedingungen und Tiden ab, so dass Besucher sich kurz vor dem gewünschten Ausflugstag erkundigen sollten. www.wattenmeerfahrten.de www.seeadler-hooge.de, www.faehre.de www.halligmeerfahrten.de

Siel 59, Schlüttsiel 1, 25842 Ockholm, Tel. 04674/9622940; DZ ab 68 €; Restaurant Mo, Do, Fr 17–21, Sa/So 12–21Uhr. Das ehemalige Fährhaus direkt am Schlüttsieler Hafen, das seinen Namen vom Entstehungsjahr des Hafens ableitet, wird von den Einheimischen ob seines markanten Auftritts gerne ›Klotz am Meer‹ genannt. Der junge Koch Carsten Hansen hat zumindest innen eine gemütliche moderne Herberge mit elf Zimmern und ein erstklassiges Restaurant in Holz und Blau daraus gemacht. Und der Blick nach draußen fällt rundum aufs Meer. In der Küche achtet Hansen vor allem auf die saisonale Verfügbarkeit von Gemüse, Fisch und Fleisch – norddeutsche Bodenständigkeit, die auch optisch ein Genuss ist.
www.siel59.de

Pellworm

Pellworm ist eine Insel, die etwa sechs mal sieben Kilometer groß ist und von rund 1200 Menschen bewohnt wird. Sie bildete sich 1634 bei der tödlichen Burchardi-Flut aus dem Westteil der auseinandergebrochenen Insel Strand. Pellworm liegt etwa einen Meter unter dem Meeresspiegel und wird deshalb von einem 8 Meter hohen und 25 Kilometer langen Deich geschützt – also keine Chance auf einen Sandstrand, nur Grünstrände. Dennoch lebt die Insel vom Tourismus, auch die Landwirtschaft und der Bau von Windparks spielen eine wirtschaftliche Rolle.

Bauliche Eleganz auf Pellworm

Leuchtturm

Der 1907 erbaute, 41,50 Meter hohe Leuchtturm im Südosten der Insel ist weiterhin in Betrieb. Ein solch schweres Bauwerk auf einem derart unsicheren Untergrund zu errichten, ist eine echte Herausforderung, die mit 127 Eichenstämmen von 13,50 Meter Länge als Fundament im Morast gelöst wurde. Nach Voranmeldung beim Tourismusservice kann man die 140 Stufen bis zur Aussichtsplattform in 37 Metern Höhe erklimmen.

Alte Kirche St. Salvator

Die Pellwormer Kirche St. Salvator gehört zu den ältesten Nordfrieslands; sie stammt aus dem 12. Jahrhundert, doch es gab einen kleinen Vorgängerbau. Schon zur Gründungszeit erhielt sie einen rund 50 Meter hohen **Ziegelturm**, der höchste zur damaligen Zeit, der jedoch 1611 einstürzte und zur Hälfte abbrach, so wie er heute noch zu sehen ist; man nennt ihn gern ›Finger Gottes‹.

Der spätgotische **Flügelaltar** (1460) zeigt auf der einen Seite 7 Reliefs aus der Passionsgeschichte, auf der anderen 16 Gemälde aus dem Leben Marias. Vor dem Altar steht eine **Bronzetaufe** (1475), **Kanzel** und **Schalldeckel** entstanden 1624. Gemälde zeigen einen Pastor mit 15 Kindern, von denen 10 bereits gestorben sind, sowie das Jüngste Gericht. Ein blau lackierter **Beichtstuhl** (1691) weist darauf hin, dass auf Pellworm, trotz aller Reformation, noch bis ins 19. Jahrhundert die Beichte abgenommen wurde.

Auf dem **Heimatlosenfriedhof** nahe der Turmruine wurden zahlreiche im Laufe der Jahre am Strand angetriebene Leichen bestattet. Gedenksteine erinnern an die Besatzung des nachgebauten Wikingerschiffs ›Ormen Friske‹, das 1950 in einem Sturm vor Helgoland versank, und an 96 alliierte Soldaten, die im Zweiten Weltkrieg hier ihre Ruhestätte fanden.

Neue Kirche St. Crucis

Die gotische Backsteinkirche St. Crucis wurde 1621 geweiht. Da sie bei der großen Flut von 1634 weitgehend erhalten blieb, während 19 weitere Kirchen auf der großen Insel Strand zerstört wurden, wurden zahlreiche Ausstattungsstücke anderer Kirchen hier installiert. Dazu gehören die **Kanzel** mit Deckel (etwa 1600), das geschnitzte **Altarretabel** (um 1520) mit vergoldeten figurenreichen Reliefs und die **Steintaufe** (1587). Zahlreiche Epitaphe und Gemälde schmücken die Wände. Der Beichtstuhl wurde 1638 aufgestellt, denn trotz Reformation wurde noch bis ins 19. Jahrhundert die Beichte abgenommen.

Interessanterweise besitzt die Kirche keinen Turm.

Nordermühle

Die Nordermühle wurde 1777 errichtet und steht weithin sichtbar auf dem alten Norddeich. Sie war bis 1965 in Betrieb und wurde danach zu einer Ferienwohnung umgebaut.

Pellworm

Kur- und Tourismusservice Pellworm, Uthlandestr. 2, 25849 Pellworm, Tel. 04844/18940. www.pellworm.de

Die Insel ist mit der **Autofähre Pellworm I** vom Hafen Strucklahnungshörn auf der Halbinsel Nordstrand erreichbar. Es gibt etwa vier Abfahrten pro Tag in jede Richtung. Die Überfahrt dauert 40 Minuten, an Bord gibt es keine Verpflegung. Fahrzeuge müssen vorher registriert werden, im Sommer ist die Fähre schnell ausgebucht. Am besten verzichtet man sowieso auf das Auto, denn die Insel kann bei einem Tagesausflug leicht per Fahrrad erkundet werden.

▶ Karte S. 328

Neue Pellwormer Dampfschiffahrts-GmbH, Am Tiefwasseranleger 1, 25849 Pellworm, Tel. 04844/753.
www.faehre-pellworm.de

Kiek ut, Hooger Fähre 6, 25849 Pellworm, Tel. 04844/9090; DZ ab 110 €. Nur 100 Meter von der Küste entfernt. In dem Landhaus finden sich 21 gemütliche Zimmer mit Ausblick und zwei Studios.
www.nordsee-hotel-pellworm.de

Nordsee Lodge, Alte Kirche 1, 25849 Pellworm, Tel. 04844/7894100; DZ ab 109 €. Die 22 Zimmer sind zwischen 22 und 36 qm groß und im modern-skandinavischen Stil eingerichtet. Die Natur rundum und das Wellness-Angebot versprechen Entspannung. Das Restaurant setzt auf ein lokales Angebot.
www.nordseelodge.de

Gasthaus Hooger Fähre, Hooger Fähre 5, 25849 Pellworm, Tel. 04844/992323; Fr–Di 13–19 Uhr. ›Regional, ländlich, frisch‹ ist das Motto der Küche, täglich frischer Fisch vom Kutter, Rinder von nordfriesischen Weiden. Mit Sonnenterrasse.
https://gasthaus-pellworm.de

Rosengarten, Klostermitteldeich 14, 25849 Pellworm, Tel. 0174/6538035; Mi/Do 14–17, So 13–17 Uhr. Großes Angebot an lokalen Spezialitäten wie Friesentörtchen, Pharisäertorte oder Trümmertorte. Spielecke für Kinder.
www.cafe-rosengarten-pellworm.de

Strandcafé, Tammenwarft 10, 25849 Pellworm, Tel. 04844/1529960; Di–So 11.30–17, im Winter 11–14 Uhr. Gemütliches Café direkt hinterm Deich von Schütting mit selbstgebackenen Kuchen- und Tortenspezialitäten.

Rungholtmuseum Bahnsen, Westerschütting 2, 25849 Pellworm, Tel. 04844/569. Manche bezeichnen das geheimnisvolle Rungholt als ›Atlantis des Nordens‹; es soll – vom Pfarrer angedroht – als Strafe für das lasterhafte Leben der Bewohner in einem Sturm versunken sein. Tatsächlich entdeckte der Heimatforscher Andreas Buch 1921 Spuren einer Siedlung, die er kartierte. Seitdem wurden viele Kleinigkeiten im Watt gefunden, die jetzt in diesem kleinen privaten Museum und im Inselmuseum Nordstrand (→ S. 368) zu sehen sind.

Schifffahrtsmuseum, Tammensiel 5, 25849 Pellworm; tgl. 10–17 Uhr. Kleines Museum über die lokale Schifffahrt im Hafengebiet.

Hooge

Die Hallig Hooge liegt 18 Kilometer vor dem Festland. Mit knapp sechs Quadratkilometern ist sie nach Langeneß die zweitgrößte Hallig. Sie hat etwa 100 Einwohner auf zehn bewohnten Warften. In ihrer Mitte liegt die 15 Häuser umfassende Hanswarft, auf der sich die meisten öffentlichen Gebäude versammelt haben. Etwas abseits gibt es auf der Kirchwarft natürlich die Kirche, auf der Ockelützwarft die Schule und auf der Lorenzwarft ein Café. Hooge bedeutet wahrscheinlich einfach ›hoch‹, weil die Hallig am höchsten über dem Meer aufragt.

■ Johannis-Kirche

Auf der Kirchwarft stehen zwei Häuser. Das eine ist das 1907 errichtete Wohnhaus des Pastors und das kleinere die Kirche. Sie besitzt keinen Turm, weil er zu stark von Stürmen bedroht wäre. Die Kirche wurde nach der Burchardiflut mit den Ziegeln anderer Kirchen wieder aufgebaut und mit Einrichtungsgegenständen anderer Kirchen versehen. Dazu gehören die **Kanzel** und das **Kruzifix** an der Südwand, das als Treibgut angespült wurde. Die beiden Chorfenster stellen Petrus im Sturm und Christus als guten Hirten dar. Das schöne **Votivschiff** war ein Geschenk der Hooger an den dänischen König Friedrich VI., der das Schiff jedoch auf der Hallig beließ.

Königspesel

Diese gute Stube befindet sich in einem 1770 erbauten Haus auf der Hanswarft. Ihren Namen Königspesel erhielt sie, weil 1825 der dänische König Friedrich VI. bei einem Besuch wegen schlechten Wetters nicht weiterreisen konnte und in diesem Haus übernachtete. Das Haus war von Kapitän Bandiks gebaut und mit wertvollen Einrichtungen versehen worden. So sind die Wände mit 6500 handbemalten **Delfter Kacheln** geschmückt, die biblische und maritime Szenen zieren. Zu sehen sind noch ein italienischer Barockschrank mit Alabasterfiguren, eine englische Standuhr, ein tausendjähriger Teller aus Bayeux sowie Porzellan aus Meißen und China.

Hooge

Touristikbüro, Hanswarft 1, 25859 Hallig Hooge, Tel. 04849/9100. www.hooge.de

Von Schlüttsiel verkehrt die **Fähre MS Hilligenlei**, die auch wenige Fahrzeuge mitnehmen kann, in einer guten Stunde ganzjährig zur Hallig Hooge. Wyker Dampfschiffsreederei, Tel. 04681/800. www.faehre.de

Es gibt einige einfache Ferienwohnungen und -häuser. Buchung z. B. über www.hooge.de

T-Stube, Hanswarft 6c, 25859 Hallig Hooge, Tel. 04849/9097977; im Sommer tgl. ab 10.30 Uhr. Man sitzt gemütlich auf alten Sofas und schlürft seinen Kaffee oder Tee. Es gibt auch ein einfaches Speiseangebot.
Zum Blauen Pesel, Backenswarft 2, 25859 Hallig Hooge, Tel. 04849/231; im Sommer Di–So ab 14 Uhr. Gemütliches Café mit hausgemachten Kuchen. In den Pesel (die gute Stube) kann man aber nur einen Blick von außen werfen. www.blauerpesel.de

Fahrradverleih am Fähranleger und auf der Backenswarft, Tel. 04849/224.

Kutschbetriebe:
Gelbe Planwagen, Tel. 04849/250.
Kutsche zum Königspesel, Tel. 04849/259.

Halligmuseum, Hanswarft 10 a, 25859 Hallig Hooge, Tel. 04849/238; April–Okt. tgl. 11.30–14 Uhr. Kuriose private Sammlung aus 40 Jahren Leben auf der Hallig und im Wattenmeer, bis hin zu ausgestopften Vögeln und Seehunden.
Sturmflutkino, Hanswarft 9, 25859 Hallig Hooge, Tel. 04849/271; April–Okt. tgl. 11–16 Uhr. Alle 20 Minuten wird in dem kleinen Kinosaal ein Dokumentarfilm über die Sturmfluten in Nordfriesland gezeigt. www.sturmflutkino.de

Langeneß

▶ Karte S. 328

Die ›lange Nase‹ macht ihrem Namen alle Ehre. Mit rund zehn Kilometer Länge und einer durchschnittlichen Breite von nur einem Kilometer ist Langeneß die größte Hallig. Sie liegt ziemlich genau in Ost-West-Richtung und wurde 1840 durch einen drei Kilometer langen Damm mit der kleinen Hallig Oland verbunden, die wiederum seit 1927 durch einen sieben Kilometer langen Damm mit dem Festland verbunden ist. Auf diesen Dämmen verkehren Motorloren auf Schienen.
Die Fähren legen im Südwesten bei der Rixwarf an, von der eine asphaltierte Straße bis zur Bandixwarf ganz im Osten

Auf der Warft der Hallig Hooge leben die Menschen dicht beieinander

führt. Von dieser Straße führen Stichwege zu den weiteren Warften. Insgesamt gibt es 21 Warften, von den 17 bewohnt sind. Etwa 115 Menschen leben auf der Hallig. Obwohl im Sommer auch viele Besucher hierher kommen, wirkt die Hallig durch die Verstreutheit ihrer Warften etwas ruhiger und abgelegener als Hooge. Tagesbesucher bleiben etwa drei Stunden auf Langeneß. Am Pier wartet schon der Inselbus, der gegen Gebühr zur Kirche, der Ketelswarf und dem Museum fährt. Alternativ kann man ein Fahrrad leihen und die Insel individuell erkunden. Dabei sollte man allerdings bedenken, dass man zunächst mit dem Wind nach Osten fährt und auf dem Rückweg gegen den Wind beträchtlich mehr Zeit benötigt.

■ Ketelswarf

Die elf reetgedeckten Häuser von Ketelswarf ordnen sich um den Fething an. In diesem Teich fing man Regenwasser auf, mit dem das Vieh getränkt wurde. Ganz früher fingen die Menschen das Regenwasser von den Dächern separat auf, um es selbst zu trinken, heute sind die Halligen aber durch Rohrleitungen mit dem Wassernetz des Festlandes verbunden.
Sehenswert ist das **Kapitän-Tadsen-Haus**, ein sehr gut erhaltenes und zum Museum umgebautes Friesenhaus. Es stellt durch seine Einrichtung und die Sammlung dar, wie die Menschen in den letzten 250 Jahren auf den Halligen gewohnt haben. Neben dem Pesel, der guten Stube, gab es den Döns, der Wohn- und Schlafraum war, eine Küche, einen kleinen Keller und einen Stall. Kacheln bedecken die Wände, und es gibt Bilder etwa von den wertvollen Trachten, die die Frauen zu festlichen Anlässen trugen.
Auf der Warft steht eine kleine **Windmühle**, wie sie früher auf praktisch jeder Warft zu finden war. Diese ist ein Nachbau, denn das Original wurde in das Friesenmuseum in Wyk auf Föhr (→ S. 354) gebracht. Ebenfalls nachgebaut wurde eine **Segellore**; mit solchen Gefährten fuhr man noch bis 1970 über die Dämme ans Festland.

■ Kirchwarf

Die **Inselkirche** von Langeneß entstand 1894 aus dem Baumaterial zweier Vorgänger, wurde aber 1975 und 2018 nochmals umgestaltet. Bis 1960 wurde die Kirche auch als Schule genutzt, bis nebenan ein eigener Schulraum entstand, in dem Kinder der Klassen 1 bis 9 unterrichtet werden. Auch die Innenausstattung wurde von anderen Kirchen übernommen. Der Flügelaltar (1670) zeigt das Abendmahl und die Kreuzigung, auf den Klappflügeln die vier Evangelisten sowie außen Jesus und Petrus.

Bei Tagesausflüglern steht Langeneß hoch im Kurs

Hallig Oland

Die Hallig Oland ist etwa zwei Quadratkilometer groß und hat 24 Einwohner auf nur einer Warft, seitdem die zweite 1850 bei einer Sturmflut zerbrach. Dort finden sich eine Kirche, ein Gasthaus, der einzige reetgedeckte Leuchtturm und ein Süßwasserteich. Die Hallig ist mit Lorendämmen mit der Hallig Langeneß und mit Dagebüll auf dem Festland verbunden. In den Sommermonaten können Besucher mit dem Schiff von Schlüttsiel oder mit einer geführten Wattwanderung von Dagebüll auf die Hallig gelangen.

Langeneß

Tourismusbüro Langeneß und Oland, Ketelswarf 1, 35863 Hallig Langeneß, Tel. 04684/217. www.langeness.de

Von Schlüttsiel aus erreicht die moderne **Fähre MS Hilligenlei**, die auch wenige Fahrzeuge mitnehmen kann, als Ausflugsboot in 1,5 Stunden die Hallig Langeneß. Die Aufenthaltszeit beträgt 3 bis 3,5 Stunden. Wyker Dampfschiffsreederei, Tel. 04681/800, www.faehre.de

Ab Wyk auf Föhr dauert die Schnellverbindung mit der **Adler Rüm Hart** 75 Minuten. www.adler-schiffe.de

Der **Hallig-Express**, ein VW-Bus, fährt von der Rixwarf zu den Sehenswürdigkeiten, kann aber auch als Taxi gerufen werden, Tel. 01575/6604684.

Es gibt nur ein Hotel auf der Hallig, aber noch eine Reihe von Ferienwohnungen (→ Tourismusbüro).

Anker's Hörn, Mayenswarft 2, 25863 Langeneß, Tel. 04684/291; DZ ab 143 €. Moderne und mit klarer Linie eingerichtete Zimmer, die meisten mit grandiosem Ausblick. www.ankers-hoern.de

Kookenstuv, Ketelswarf 11, 25863 Langeneß, Tel. 04684/9524498. Das Café beim Tadsen-Museum serviert Kuchen und Waffeln aus Bio-Mehl sowie kleine Snacks.

Kapitän-Tadsen-Museum, Ketelswarf, 25863 Langeneß; Ostern–Okt. Mo–Sa 13.30 Uhr. Das historische Friesenhaus kann nur im Rahmen einer Führung mit dem ›Hallig-Express‹ betreten werden.

Friesenstube, Honkenswarf, 25863 Langeneß, Tel. 04684/235. Das kleine Privatmuseum zeigt eine vollständig eingerichtete Stube und zahlreiche, bis zu 200 Jahre alte Gegenstände aus dem Besitz der Familie. Außerdem betreibt man Landwirtschaft, unterhält einen Hofladen und vermietet eine Fewo.
www.friesenhaus-honkenswarf.de

▶ Karte S. 328

Nordstrand

Alte Karten aus dem 13. Jahrhundert zeigen westlich von Husum eine große eingedeichte Halbinsel mit dem Hauptort Rungholt. Er soll zwischen 1000 und 2000 Einwohner gehabt haben und ging später unter. Es gab 59 Kirchen und Kapellen auf der Halbinsel. Doch über die Jahrhunderte verschob sich die Grenze zwischen Wasser und Land immer wieder, teilweise auf dramatische Art. Mit der ersten großen Flut vom Januar 1362 entstand die hufeisenförmige Insel Strand, die vom heutigen Nordstrand bis zum heutigen Pellworm reichte. Dazwischen lag Nordstrandischmoor als unbewohntes Hochmoor. Das Hufeisen brach 1436 in zwei Teile, wuchs aber im Laufe der Jahre wieder zusammen und wurde neu eingedeicht.

Die große Katastrophe ereignete sich am 11. Oktober 1634. In einer einzigen Nacht riss die später so genannte Burchardiflut die Insel in drei große und viele kleine Teile, zerstörte 1332 Häuser, 19 Kirchen und 30 Windmühlen. Von 9000 Bewohnern starben mehr als 6400. Die Landfläche reduzierte sich von 22 000 Hektar auf 9000, die Region war wirtschaftlich ruiniert. Die restlichen Bewohner flohen auf das Festland, viele bis in die Uckermark oder in die Niederlande. Bedingt durch den Dreißigjährigen Krieg wurden nur kleine Wiederaufbaumaßnahmen, etwa auf Pellworm, unternommen. 1652 jedoch erhielt der Brabanter Unternehmer Quirinus Indervelden als Deichgraf weitgehende Rechte auf der Insel: Er vertrieb die noch hier lebenden Friesen und ließ von eingewanderten katholischen Flandern und Brabantern neue Deiche anlegen. Bis zum Ende des Jahrhunderts entstanden so mehrere Köge. Auf die Familie Indervelden folgte Jean Henri Desmercières als Deichgraf, der 1768 den Christianskoog neu eindeichen ließ und nach seiner Frau Elisabeth-Sophien-Koog nannte. Die Deichgrafen blieben bis 1866, als Schleswig-Holstein an Preußen fiel. Verewigt wurden sie durch Theodor Storm in seinem *Schimmelreiter* (→ S. 384).

1906/07 wurde erstmals ein nicht befahrbarer Damm zwischen Nordstrand und dem Festland erbaut, er diente nur dem Küstenschutz. Von 1933 bis 1935 wurde der Damm ausgebaut und mit einer Straße versehen. Schließlich wurde 1987 der Beltringharder Koog fertiggestellt, mit dem Nordstrand eine

Am Watt unterwegs

Die Sieben Flaggen im Wind

breite, feste Verbindung zum Festland hat. Nordstrand hat heute etwa 2240 Einwohner, die vor allem in der Landwirtschaft und im Tourismus tätig sind.

Skulpturengruppe Sieben Flaggen im Wind

Wer über den langen Damm auf die Halbinsel Nordstrand fährt, sieht schon von weitem einige Wimpel im Winde wehen. Beim Näherkommen setzt Verwunderung ein: Die Masten sind recht dick, die Wimpel wehen nicht alle in dieselbe Richtung und bewegen sich trotz Wind offensichtlich gar nicht, bei Windstille sinken sie auch nicht herab. Es ist doch die Kunst, die immer wieder tradierte Sichtweisen auf die Probe stellt. Die 2007 erstellte Skulpturengruppe des Bildhauers Tom Müllers (geb. 1953 in Düsseldorf, heute in Rendsburg ansässig) besteht aus grob behauenen Steinplatten aus Granit, Sandstein, Kalk und Gneis, fest eingefügt in fünf Meter hohe Pfosten aus Lärchenholz.

Die sieben Flaggen stehen für die sieben Köge Nordstrands, die nach der großen Zerstörung im 17. Jahrhundert angelegt wurden und Schutz für die verbliebenen Bewohner bieten. So wie sich die Bewohner gegen das Meer stemmen, um ihre Existenzgrundlage zu erhalten, so stemmen sich die steinernen Flaggen gegen den Wind.

Kirche St. Vinzenz

Nach der großen Sturmflut von 1634 blieben nur 3 von vorher 22 Kirchen auf der ehemaligen Insel Strand erhalten. Eine von ihnen war St. Vinzenz (Odenbüll 17, 25845 Nordstrand), die heute das älteste Gebäude auf Nordstrand ist. Doch von der ursprünglich aus dem 13. Jahrhundert stammenden einschiffigen Kirche blieben lediglich die inneren Mauern erhalten. Die Emporen wurden 1715 eingebaut, Ende des 19. Jahrhunderts wurde der Bau neogotisch renoviert. Zudem wurde im Westen ein achteckiger Dachreiter aufgesetzt, während der alte, im Osten abseits stehende Glockenturm abgerissen wurde. In den 1960er Jahren musste auch der Altarraum neu errichtet werden, während die Westfassade 2001 in Holz vertäfelt wurde.

Besonders interessant ist der **Klappaltar**, der wohl aus dem 15. Jahrhundert stammt, aber erst im 18. Jahrhundert

▶ Karte S. 328

in die Kirche kam. Er zeigt die Kreuzigung und darunter figurenreich den Streit über den Rock Christi. In der Predella wird die Familie Jesus' vorgestellt, neben seiner Mutter Maria auch deren Eltern Anna und Joachim. Die Seitenflügel zeigen Apostel, Heilige und Bischöfe.

Die **Taufe** aus blauem Stein in Pokalform wurde im 15. Jahrhundert aus dem belgischen Namur erworben. Auch das spätgotische **Kruzifix** stammt aus dem 15. Jahrhundert, die **Kanzel** aus dem 17. Jahrhundert.

Altkatholische Kirche St. Theresia

Nach der großen Flut von 1634 heuerte der Herzog von Schleswig Arbeiter und Deichbauer in den Niederlanden an, die durch die Eindeichung von Kögen wieder eine Lebensgrundlage für die Menschen schaffen sollten. Viele der Niederländer waren katholisch, während die vorherrschende Religion in Dänemark der Protestantismus war. Doch die Deichbauer erhielten das Recht auf Religionsausübung und gründeten 1654 eine katholische Gemeinde, die dem Bistum Utrecht angeschlossen war. So gerieten sie 1723 in den ›Nordstrander Kirchenstreit‹, nachdem das Erzbistum Utrecht sich von Rom getrennt hatte. Dieser zog sich über 130 Jahre hin und ging darum, welche Richtung – Rom oder Utrecht – die Aufsicht über die Gemeinde führte. Nach der Machtübernahme der Preußen (1864) wurde der Streit zugunsten der ›Alt-Katholiken‹ entschieden, doch es dauerte noch bis 1920, bis die bürokratische Abwicklung erfolgt war.

Die erste kleine katholische Kirche war 1662 auf einem Hügel errichtet und der heiligen Teresa von Ávila geweiht worden (Osterdeich, 25845 Nordstrand). 1887 war eine grundlegende Sanierung erforderlich, die dem Gotteshaus das heutige Aussehen verlieh. Die Gemeinde umfasst heute das gesamte Land Schleswig-Holstein und hat etwa 300 Mitglieder. Die alt-katholische Kirche in ihrer heutigen Form entstand nach 1870, als das Erste Vatikanische Konzil die Unfehlbarkeit des Papstes und seine Rechtsgewalt über alle Katholiken beschloss, dem sich die Alt-Katholiken widersetzen (Infos: www.nordstrand.alt-katholisch.de).

Salzwiesenlehrpfad

In der Umgebung des Süderhafen können Wanderer mehr über die Salzwiesen erfahren, Gebiete, die bei Flut vom Salzwasser überschwemmt werden. In diesem Übergang von Land und Meer können nur sehr spezialisierte Tiere und Pflanzen überleben, zum Beispiel Vögel und Insekten sowie Pflanzen wie der Queller (der in manchen Restaurants schon auf der Speisekarte steht), der Rotschwingel und der Stranddreizack. Infotafeln geben weitere Auskünfte, lohnenswert sind auch die Führungen der Schutzstation Wattenmeer.

Auffällige Farbgebung in der Kirche St. Theresia

Nordstrand

Touristeninformation, Am Kurhaus 27, 25845 Nordstrand, Tel. 04842/454; Mo–Do 8–12, 14–16, Fr 8–12 Uhr. www.nordstrand.de

Vom Fährhafen Strucklahnungshörn wird per **Fähre** Pellworm erreicht. www.faehre-pellworm.de

Weiterhin starten hier die Adler-Schiffe zu Tagesausflügen zu den Halligen Nordstrandischmoor, Südfall, Hooge und gelegentlich Gröde, zu Seehundbänken und weiteren Inseln; mit dem Adler Express lassen sich sogar Amrum und Sylt erreichen. www.adler-schiffe.de

Die Halligen Nordstrandischmoor und Südfall sind auch zu Fuß erreichbar. Nach Südfall geht es zudem per **Pferdekutsche** übers Watt. Vorherige Anmeldung erforderlich, Tel. 04842/300.

Zahlreiche Ferienhäuser und Ferienwohnungen auf der Halbinsel, Buchung z.B. über die Touristeninformation. Zusätzlich:

Pharisäerhof, Elisabeth-Sophien-Koog 3, 25845 Nordstrand, Tel. 04842/353; DZ ab 125 €. Das Drei-Sterne-Hotel mit 28 Zimmern in einem Hof aus dem Jahr 1743 liegt einsam in flacher Landschaft. Sauna im Haus, dazu ein Restaurant und ein Café, das für seine hausgemachten Kuchen und die Eismanufaktur sehr gelobt wird. Hier nehmen die Gäste gerne das namensgebende Getränk zu sich – Kaffee mit Rum und Sahne –, der in diesem Haus erfunden worden sein soll. Hunde ausdrücklich willkommen! https://pharisaeerhof.de

Arlau-Schleuse, Hattstedtermarsch 43, 25856 Hattstedtermarsch, Tel. 04846/69900; DZ ab 124 €. Die Einrichtung des Hotels und seiner 41 Zimmer ist ein wenig altmodisch, dafür ist die Lage faszinierend einsam, direkt hinterm Deich und am Bach Arlau nördlich von Nordstrand. Mit Restaurant und Wellness. www.arlau-schleuse.de

Engel-Mühle, Süderhafen 15, 25845 Nordstrand, Tel. 04842/214. Das Café befindet sich in der alten Mühle in Süderhafen und bietet eine große Auswahl an Torten und Kuchen in angemessenen Portionen.

Halligblick, Hotel Zur Nordsee, Norderhafen 22, 25845 Nordstrand, Tel. 04842/8607. Der Blick auf das Meer oder die Watten und den Horizont ist wirklich phantastisch. Auch Restaurant und Hotel. www.zur-nordsee.de

Nordstrander Teestuv, Süden 42, 25845 Nordstrand, Tel. 04842/400. Neben der Töpferei, die vor allem Gebrauchskeramik herstellt, gibt es im Café hervorragende Torten und Kuchen. Und das alles im Ort Süden im Zentrum der Halbinsel. https://nordstrander-toepferei.de

Inselmuseum Nordstrand, Schulweg 4, 25845 Nordstrand, Tel. 04842/263; Mo–Fr 8–12 Uhr. Das kleine Museum widmet sich der Entwicklung der Nordsee von der letzten Eiszeit bis heute, darunter vor allem dem Marschendorf Rungholt, das im 14. Jahrhundert bei einer Sturmflut unterging, sowie der Entstehung der Halbinsel Nordstrand. www.nordstrander-heimatverein.de

Schutzstation Wattenmeer, Am Kurhaus 27, 25845 Nordstrand, Tel. 04842/519; Juli/Aug. Mo–Mi und Fr 10–18, Sa/So 10–17 Uhr. Ausstellung über die Entstehung des Wattenmeers sowie das pflanzliche und tierische Leben darin. Zahlreiche Veranstaltungen wie Führungen und Wanderungen. www.schutzstation-wattenmeer.de

Wer am Strand baden möchte, muss auf die Gezeiten achten. In **Fuhlehörn** findet sich ein sehr flacher Grün- und Sandstrand, an dem Kinder wunderbar spielen können. Wer richtig schwimmen und Wassersport betreiben will, ist am Grünstrand von **Holmer Siel** besser aufgehoben, an dem es auch ein Surfgebiet gibt. An beiden Stränden werden Strandkörbe verliehen.

▶ Karte S. 328

Auf den Spuren Theodor Storms in Husum

Theodor Storm hatte durchaus ein zwiespältiges Verhältnis zu seiner Geburtsstadt Husum. Nur etwa 3800 Menschen lebten zu dieser Zeit hier, es war eine Kleinstadt mit Hafen, in der beide Familien seiner Eltern stadtbekannt waren und schon einen Großteil der besseren Gesellschaft ausmachten. Der Knabe Theodor fühlte sich unterfordert, genoss erst in Lübeck eine angemessenere Bildung und lebte beim Studium in Kiel und Berlin auf. Und obwohl er später ins gleichsam ungeliebte Potsdam und, noch schlimmer, in ein thüringisches Dorf verbannt wurde, kehrte er letztendlich immer gerne in seine Heimat zurück. Und so schwankt seine Stimmung in seinem Husum-Gedicht (1852) wie die Nordseewellen:

Die Stadt

Am grauen Strand am grauen Meer
Und seitab liegt die Stadt;
Der Nebel drückt die Dächer schwer,
Und durch die Stille braust das Meer
Eintönig um die Stadt.

Es rauscht kein Wald, es schlägt im Mai
Kein Vogel ohne Unterlaß
Die Wandergans mit hartem Schrei
Nur fliegt in Herbstesnacht vorbei,
Am Strande weht das Gras.

Doch hängt mein ganzes Herz an dir,
Du graue Stadt am Meer;
Der Jugend Zauber für und für
Ruht lächelnd doch auf dir, auf dir,
Du graue Stadt am Meer.

Derart gerüstet begeben wir uns auf einen kurzen Spaziergang durch die nicht mehr so graue Stadt Theodor Storms. Die Route ist nach praktischen Gesichtspunkten gewählt, nicht nach chronologischen, auch wenn sie an seinem Geburtshaus auf dem Marktplatz beginnt. Die meisten Stätten sind nur von außen zu betrachten, so dass für den Spaziergang allein zwei bis drei Stunden ausreichen. Das Storm-Museum, das ganz am Ende des Rundgangs steht und das Wohnhaus der Familie war, bildet eine Ausnahme, denn es zeigt sowohl Möbel als auch zahlreiche Dokumente aus dem Leben Storms.

Den ausgedehnten **Marktplatz** dominieren die Marienkirche, die zu Lebzeiten Storms gerade errichtet wurde, und der **Tine-Brunnen**, der daran erinnert, wie lebhaft der Handel hier florierte. Auf der Nordseite duckt sich ein **zweistöckiges Haus** in die Reihe ähnlicher Häuser. Wie es ausgesehen hat, als Theodor Storm hier (Markt 9) am 14. September 1817 zur Welt kam – wie berichtet wird, in einer sonntäglichen Sturmnacht und kurz vor Mitternacht –, ist nicht bekannt, denn die Fassade wurde 1868 und um 1900 grundlegend umgestaltet. Lange wohnte die junge Familie – Theodor war das älteste Kind – hier aber nicht. Sie verkaufte 1818 das Haus und zog in die Straße Neustadt 56. Storm verewigte seine Geburtsstätte in der Novelle ›Drüben am Markt‹ (1861) als Haus des Schneidersohnes.

Am südöstlichen Ende des Markts beginnt die Süderstraße. Nach wenigen Schritten ragt rechts (Nr. 6) ein 1867 errichtetes neogotisches **Backsteinhaus** auf, das einstige Königliche Gymnasium, das heute ein komfortables Hotel ist. Einige Schritte weiter (Nr. 12) steht direkt an der Straße eine Reihe von Häusern. Hier wohnte Familie Storm ab 1864, zurück aus dem Thüringischen und mit Theodor als gerade erwähltem Landvogt. Für seinen Arbeitsplatz musste der Vogt selbst sorgen, so mietete Storm ein benachbartes Hinterhaus an. Auch das enge Wohnhaus war von der Stadt gemietet und brachte wenig Glück, denn schon im nächsten Jahr starb Constanze Storm hier am Kindbettfieber. Nur ein weiteres Jahr wohnte Storm mit seinen Kindern hier, dann zog er in sein Wunschhaus in der Wasserreihe.

Wer will, kann einen Abstecher in die **Süderstraße 42** machen. Hier stand der Hof der Husumer Schützengilde mit einer Kneipe und einem Schießstand. Die Fassade des Hauses wurde vielfach verändert. Seit 1885 ist es in Privatbesitz, heute befinden sich Ferienwohnungen darin und es heißt Pole-Poppenspäler-Haus, denn zu Ruhm gelangte es als Hauptspielort der gleichnamigen Storm-Novelle, die das Schicksal einer umherziehenden Puppenspieler-Familie beschreibt. Die sehr beliebten Vorführungen finden alle im Saal des Schützenhofes statt. Neben dem Puppenspiel thematisiert die Novelle die unschuldige Liebe des jungen Erzählers und der Puppenspielertochter, die nach zwölf Jahren der Trennung ein glückliches Ende findet – ein Stück auch aus Storms Leben.

Zurück an der Kreuzung, biegen wir in die Herzog-Adolf-Straße nach Norden ab, dann nach rechts in die Norderstraße, die in das Osterende übergeht. Kurz nachdem das der Fall ist, liegt rechts der **Friedhof der Kirche St. Jürgen**, auf dem sich, direkt an der Straße, das Grab der Familien Woldsen und Storm befindet. Es wurde 1807 unter Verwendung alter Grabplatten angelegt. Insgesamt sind hier 36 Familienmitglieder bestattet, darunter auch Theodor Storm und seine beiden Ehefrauen.

Nun führt der Weg ein kurzes Stück zurück zur Kreuzung und dort rechts in den Kuhsteig. Wo bald rechts die Woldsenstraße abgeht – benannt nach der Patrizierfamilie von Storms Mutter –, geht es nach links in die Asmussenstraße. Sie geht in die Schloßstraße über, die wiederum zum Schloss vor Husum führt. Im **Schloss** zeigt das **Pole-Poppenspäler-Museum** Spielpuppen unterschiedlichster Technik aus der ganzen Welt. Im **Schlosspark** befindet sich eine **Büste Storms**, die von dem Bildhauer Adolf Brütt (1855–1939) geschaffen und zum zehnten Todestag Storms im Jahr 1898 enthüllt wurde.

Einige Schritte weiter stößt die Schloßstraße auf die Straße Neustadt, und das **Theodor-Storm-Hotel** ragt auf, das mit dem Dichter aber nichts zu tun hat. Schräg gegenüber jedoch sieht man bereits das weiße, dreistöckige **Haus Neustadt 56**, das vermutlich im Jahr 1675 errichtet worden war. Dieses erwarb Theodors Vater 1818. Die Familie zog ein Jahr nach Theodors Geburt hierhin um und blieb bis 1821, als es in die Hohle Gasse ging. Storms Vater hielt das Haus allerdings in seinem Besitz und vermietete es, so dass Theodor nach seinem Studium hier wieder einziehen konnte. Nach der Heirat mit Constanze Esmarch 1846 wohnte auch diese hier und gebar die Söhne Hans, Ernst und Karl. Storm richtete sein

Advokatenbüro hier ein und begann ernsthaft zu schreiben. Neben der Novelle ›Immensee‹ entstand auch das oben zitierte Gedicht ›Die Stadt‹ in diesem Haus.

Neben dem Haus Nr. 56 führt ein Weg zum **Neustädter Friedhof** (Westfriedhof), auf dem Theodor Storms Eltern sowie seine Tochter Gertrud (1865–1936) begraben sind. Das Grab befindet sich im hinteren Feld unweit des Hauptweges.

Nun geht es die gesamte Neustadt hinunter zurück ins Stadtzentrum. Ab der Großstraße, die zum Markt führt, heißt die Straße **Hohle Gasse**, und **Nummer 8** ziert das Haus der Familie Woldsen. Es stammt ursprünglich aus der ersten Hälfte des 18. Jahrhunderts. Hier residierte das bedeutendste Mitglied der Familie, der Senator, Kaufmann und Zuckerfabrikant Friedrich Woldsen (1725–1811), der Theodor Storms Urgroßvater war. Das Haus ist heute stark verändert.

Nur wenige Schritte weiter steht auf der anderen Straßenseite das **Haus Hohle Gasse 3**. Bauherr war um das Jahr 1770 wiederum Friedrich Woldsen, über den Theodor Storm schrieb, er sei »der letzte große Kaufherr, den die Stadt gehabt hat, der seine Schiffe in See hatte und zu Weihnachten einen Marschochsen für die Armen schlachten ließ«. In dieses Haus zogen die Eltern Theodors 1821 zur Großmutter Magdalena Woldsen. Sie lebten in einem großen und großzügigen Bauwerk, das den Wohlstand der oberen Mittelschicht ausströmte. Auch die Anwaltspraxis von Theodors Vater befand sich hier.

Gegenüber beginnt die **Wasserreihe**, eine noch traditionell gepflasterte, von schönen Häusern flankierte schmale Straße. Das Haus mit der **Nummer 31** erwarb Theodor Storm 1866, nach seiner Heirat mit Dorothea Jensen. Seit 1472 ist eine Bebauung auf diesem Grundstück nachgewiesen, vermutlich stand hier ein einfaches Haus aus Feldsteinen. Der heutige vordere Teil zur Straße stammt jedoch etwa aus der Mitte des 18. Jahrhundert. Mitte des 19. Jahrhunderts gehörte das Haus einem Gärtner, der das Nachbarhaus abreißen ließ, damit er sich dort einen kleinen Garten anlegen konnte, der auch Storm erfreute. Den hinteren Teil des heutigen Gebäudes ließ Storm 1868 umbauen. Grund: Einkommensverlust. Der Landvogt hatte, wie bereits erwähnt, selbst für sein Büro zu sorgen, und so befand sich dieses Büro auch im Erdgeschoss des Hauses. 1868 wurde das Amt des Landvogts allerdings abgeschafft, und Storm wurde Richter am Amtsgericht in Husum. Dies ging allerdings einher mit einer Kürzung des Gehalts um ein Drittel, so dass Storm befürchtete, das schöne Haus mit Garten nicht halten zu können. Als Alternative ließ er hinten ein zweites Treppenhaus sowie einige Räume anbauen. Das Erdgeschoss nach vorne heraus vermietete er, während die Familie sich auf den ersten Stock und den Anbau zurückzog, in dem sich auch Storms ›Poetenstübchen‹ befand. Immerhin 14 Jahre lebte Storm in diesem Haus, bis er aus dem Staatsdienst pensioniert wurde und 1880 mit seiner Familie nach Hademarschen zog, wo sein Bruder als Holzhändler tätig war.

Die Stadt Husum erwarb 1969 das Anwesen und stellte es der Storm-Gesellschaft zur Verfügung. Die ließ es zum Teil rekonstruieren, bestückte es mit Einrichtungsgegenständen aus dem Storm-Nachlass und zahlreichen Dokumenten und machte es 1972 als **Storm-Museum** der Öffentlichkeit zugänglich.

www.husum-tourismus.de/Media/Attraktionen/Theodor-Storm-Zentrum-Storm-Museum#/article/ce772f94-e329-44cf-a44e-3d8060aef8a4, www.storm-gesellschaft.de. Zur Biografie Theodor Storms → Extra S. 384.

EXTRA

Husum

Die großen Fluten an der Nordsee bewirkten immer beträchtliche geographische und ökonomische Veränderungen. So verwandelte die Zweite Marcellusflut (1362), bei der Inseln vor der Küste und der Ort Rungholt versanken, Husum in eine Hafenstadt mit direktem Zugang zum Meer. Die Husumer ergriffen die Chance, legten einen ausgedehnten Marktplatz an und engagierten sich im Handel, was die Bevölkerungszahl schnell ansteigen ließ. Der Ort blühte im 15. Jahrhundert auf und erhielt verschiedene Privilegien von Seiten des dänischen Königs: ein eigenes Gericht, eine hölzerne Palisade zur Verteidigung, die Funktion als Hafen außerhalb der Hanse, in dem alle Schiffe anlanden durften, um ihre Fracht für den Weitertransport über Land nach Flensburg zu löschen.

1527 wurde Husum nach den Predigten des Reformators Hermann Tast protestantisch, im selben Jahr wurde eine Lateinschule gegründet. Teile der Region gehörten damals zum Herzogtum Schleswig, und so ließ sich 1577 Herzog Adolf aus einem aufgelassenen Kloster das Schloss vor Husum als seine Residenz an der Westküste errichten. Es heißt so, weil es außerhalb der Stadt lag. 1603 wurden Husum die Stadtrechte verliehen. Das 17. Jahrhundert brachte einen Abschwung durch die Konkurrenz des aufstrebenden benachbarten Friedrichstadt und die Burchardiflut von 1634, die die landwirtschaftlich erfolgreiche Insel Strand (Nordstrand, → S. 365) zerstörte und viele Menschenleben kostete. Ein neuer Aufschwung war erst zu verzeichnen, als Husum 1854 einen Bahnanschluss erhielt. 1833 wurde zudem die neue Marienkirche auf dem Marktplatz in einem neoklassizistischen Stil vollendet, und schließlich wurde 1817 mit Theodor Storm der bedeutendste Literat der Stadt geboren.

Ab 1867 gehörte Husum zu Preußen. Es bekam 20 Jahre später Anschluss an die Marschbahn und entwickelte den größten Viehmarkt des Nordens, von dem aus die Tiere per Bahn bis zu den Schlachthöfen in Hamburg transportiert wurden. Der Viehmarkt hielt sich bis 1970. Zu Beginn des 20. Jahrhunderts wurden zahlreiche Dörfer der Umgebung eingemeindet, heute ist Husum Kreisstadt und hat etwa 23 000 Einwohner.

Die Wasserreihe mit dem Stormmuseum

▲ Karte S. 373

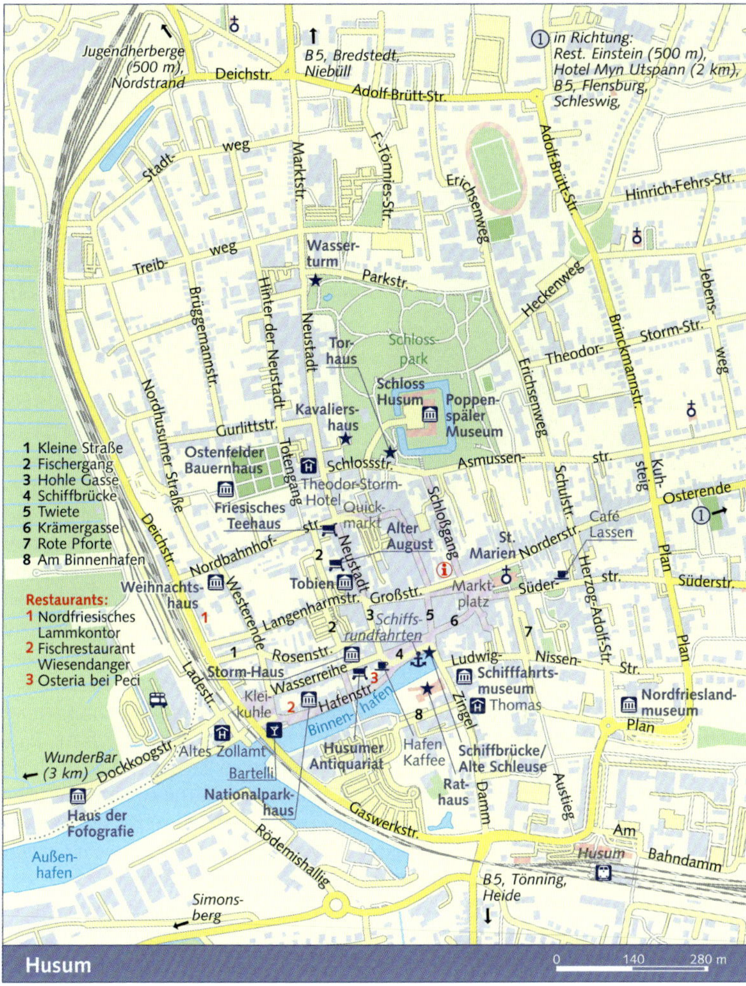

Als größte Stadt der Westküste weist sie zahlreiche Verwaltungsbauten und Einrichtungen des öffentlichen Lebens auf. Banken und Handelsunternehmen haben ihre Niederlassungen für den Norden hier, der Handel mit Agrarprodukten spielt weiterhin eine große Rolle. Im neuen Kongresszentrum findet die Messe ›Husum Wind‹ statt, außerhalb der Stadt werden Windkraftanlagen gebaut.

Markt und Umgebung

Der weitläufige Marktplatz begründete einst den Wohlstand Husums und ist heute noch das Zentrum der Stadt. Ihn umgeben zahlreiche **Bürgerhäuser** aus unterschiedlichen Zeiten, in unterschiedlichen Ausmaßen und Baustilen. In der Nordzeile reiht sich, gar nicht so ins Auge fallend, das **Rathaus** ein, das 1601 nach Plänen von Baumeister Peter

Der Tinebrunnen

Maastricht aus Tönning entstand. Es ist ein zweistöckiger Ziegelbau mit einem kleinen aufgesetzten Giebel, einer sehr hohen Tordurchfahrt und einer Laterne auf dem First. Die Fassade wurde mehrfach umgestaltet, zuletzt 1971 in einem historisierenden Stil des 19. Jahrhunderts. Heute befindet sich darin die Tourismusverwaltung; das neue Rathaus ist ein wenig ansprechendes Gebäude am Hafen. Die beiden nebenstehenden Häuser (Markt 1 und 3) mit ihren sehr schönen Treppengiebeln scheinen zusammengewachsen zu sein. Sie entstanden ursprünglich um das Jahr 1400 im Stil der Gotik, wurden aber Ende des 15. Jahrhunderts in einem Renaissancestil überarbeitet. Etwa 1520 richtete Herzog Friedrich I. von Schleswig und Holstein hier eine Münzstätte ein, die ab 1522 den Husumer Taler prägte. Im Haus Markt 9 wurde Theodor Storm geboren. Mitten auf dem Platz steht ein **Brunnen** mit der Figur der Tine, einer jungen Friesin von einer Hallig. Sie schaut nach Westen, zum Meer, und soll damit die Fischerei, den See- und Viehhandel symbolisieren, der von diesem Platz ausging. Der 1902 in Husum geborene Bildhauer Adolf Brütt (1855–1939) schuf die Bronzefigur. Brütt lebte die meiste Zeit in Berlin und begründete 1905 die Weimarer Bildhauerschule, die mit dem Bauhaus zusammenarbeitete. Die Tine wurde zunächst kritisiert, weil sie Holzschuhe trägt, ein Zeichen von Armut, ist heute allerdings allgemein beliebt.

Auf der Ostseite des Marktes erhebt sich die **Marienkirche**, die von 1829 bis 1833 nach Plänen des dänischen Staatsarchitekten Christian Frederik Hansen errichtet wurde, nachdem der Vorgängerbau, eine gotische Hallenkirche des 15. Jahrhunderts mit einem 95 Meter hohen Turm, wegen Baufälligkeit hatte abgerissen werden müssen. Schon von außen wirkt das klassizistische Bauwerk recht nüchtern. Es besteht aus gelben Ziegeln und ist durchgehend zweistöckig, bedingt durch die großen Emporen im Innern. Diese konnten zusätzliche Gläubige aufnehmen, so dass die neue Kirche nur halb so viel Fläche einnimmt wie die alte. Der zusätzliche Platz wurde dem Markt zugeschlagen. Zu diesem hin ragt der massige quadratische Turm auf, der von einer kupfergedeckten Kuppelhaube gekrönt wird. Im Innern beherrschen Säulen das Bild, als Stützen für die Emporen, aber auch den Altar flankierend. Über diesem befindet sich eine enge Kanzel mit dem Symbol des Heiligen Geistes. Die meisten Ausstattungsgegenstände der alten Kirche wurden damals versteigert, übernommen wurde jedoch ein 1643 gestiftetes, vergoldetes Bronzetaufbecken, das vier sitzende Evangelisten zeigt und darüber Reliefs mit Taufszenen Christis und der Apostel. 2021 wurde eine neue Klais-Orgel eingebaut.

▲ Karte S. 373

Schloss und Umgebung

An der Stelle des heutigen Schlosses befand sich einst das wohl 1494 gegründete sogenannte Graukloster, das nach der Farbe der Gewänder der dort lebenden Franziskaner so hieß. Nach der Reformation dienten die Gebäude als Armen- und Krankenhaus, bis der Landesherr, Herzog Adolf von Schleswig-Holstein-Gottorf, in den Jahren 1577 bis 1582 sich hier ein Renaissanceschloss erbauen ließ. Er wollte eine Residenz an der Westküste zur Verfügung haben. Auch seine Nachfolger nutzten das Schloss. Als die Dänen im 17. Jahrhundert die Macht verloren, wurde das Schloss aber zum Witwensitz erkoren, wodurch es eine kurze Blüte erlebte. Im 18. Jahrhundert stand es die meiste Zeit leer, Mitte des Jahrhunderts zog die Amtsverwaltung in einige Räume ein. Es zeigten sich erste Schäden an der Bausubstanz. Die Preußen und der Kreis Husum nutzten das Schloss ebenfalls zur Verwaltung und für das Amtsgericht. Das Schloss stand mit der Etablierung der neuen Kreisverwaltung Anfang der 1970er Jahre wieder leer, wurde dann renoviert und als Museum und Kulturraum genutzt.

Das aus Ziegelsteinen errichtete **Schloss** ist ein zweigeschossiges, dreiflügeliges Gebäude mit einem langen Mitteltrakt, der von einem massigen Turm beherrscht wird, und zwei kurzen Seitenflügeln; zwei eingeschossige Anbauten beherbergen Wirtschaftsräume und die Küche. Durch spätere Umbauten ging die ursprüngliche strenge Symmetrie wieder verloren, doch gilt das Schloss vor Husum als erste fortschrittliche Drei-Flügel-Anlage des Nordens, ähnlich wie Schloss Reinbek (→ S. 74) oder das nicht mehr existente Schloss in Tönning. Angesichts von Bauschäden und geringer Nutzung begann schon 1750 ein gewisser Rückbau: der Dachfirst wurde erniedrigt, Dachreiter und Treppentürme entfernt, Fenster verändert.

Während das Schloss im 17. Jahrhundert eine reichhaltige Renaissance-Innenausstattung schmückte, wurden später viele Einzelheiten verändert; auch die Nutzung durch die Verwaltung führte zum Verlust von Dekorationen und Veränderungen

Das Schloss hat eine wechselhafte Geschichte hinter sich

Im Schloss ist auch das Poppenspäler-Museum untergebracht

der Raumabfolge. Heute sind die bedeutendsten Ausstattungen mehrere Prachtkamine sowie Teile aus der herzoglichen Gemälde- und Möbelsammlung. Die Möbelsammlung wurde durch Stücke aus dem 18. und 19. Jahrhundert ergänzt, die zum Teil mit passenden Gemälden kontrastiert werden. In der Dachgalerie werden Wechselausstellungen moderner Kunst gezeigt.

Im Erdgeschoss befindet sich das **Pole-Poppenspäler-Museum**, benannt nach einer Novelle von Theodor Storm über die Geschichte einer fahrenden Puppenspielerfamilie. Die Ausstellung zeigt Handpuppen, Marionetten und andere Spielpuppen aus aller Welt.

Der **Schlosspark** verwandelt sich jeden März/April in ein Meer aus Violett, wenn die Krokusse auf den Wiesen rund um das Schloss blühen. 100 Meter hinter dem Eingang zum Schlossgarten erinnert eine **Büste** an den berühmtesten Literaten der Stadt, Theodor Storm. In der nordwestlichen Ecke des Parks steht der 1902 errichtete **Wasserturm**. Bei einer Höhe von 42 Metern fasste er 350 Kubikmeter Wasser.

Das **Torhaus** an der Schloßstraße ist ein zweistöckiges Gebäude von 1612, dessen Tordurchfahrt von einem sandsteinernen Portal geschmückt wird. Daran befinden sich das Wappen der Erbauerin, Herzogin Augusta, sowie Figuren der Göttinnen Aphrodite und Athene sowie ein Abguss der Hera. Das Torhaus ist heute Verwaltungsgebäude. Auch das sogenannte **Kavaliershaus** ist erhalten. Dieses aus Backstein erbaute Gästehaus mit seinen markanten Treppengiebeln stammt aus der Spätrenaissance und befand sich später im Besitz von Ferdinand Tönnies (1855–1936), dem Nationalökonomen und Philosophen, der als Begründer der deutschen Soziologie gilt. Das Haus ist weiter in Privatbesitz.

Über die Schloßstraße zu erreichen sind mehrere Orte, die mit Theodor Storm in Verbindung stehen (s.o.), sowie über Westerende das Ostenfelder Bauernhaus (→ Museen).

■ Hafen und Umgebung

Der Binnenhafen wird nur noch gelegentlich von Ausflugsschiffen genutzt, ansonsten bildet er ein schickes Ambiente zum Flanieren, Kaffee trinken oder für einen Imbiss. Die Hafenstraße hält ein buntes Angebot vor. Dabei ist ihre Bebauung gar nicht so alt, denn den Blick auf das

▲ Karte S. 373

Wasser gewährte früher die Wasserreihe, die Parallelstraße direkt nördlich. In das Haus Nr. 31 zog 1866 Theodor Storm. Am östlichen Ende des Hafens befindet sich die **Schiffbrücke** mit einer alten **Schleuse**. Die ursprüngliche Bebauung, auch die umliegenden Häuser, stammt aus dem 16. Jahrhundert, doch wurden viele Bauwerke Mitte des 19. Jahrhunderts nach einem Brand erneuert.

Südlich des Hafenendes blieb die alte Slipanlage erhalten, gegenüber liegt das **Schiffahrtsmuseum**. Die Krämerstraße führt zum Marktplatz.

Hattstedt

Bis heute orientieren sich Kapitäne der Küstenschifffahrt an der weiß gestrichenen Südseite der Hattstedter Kirche. Auch für den Dichter Theodor Storm war die Kirche eine wichtige Landmarke, er beschrieb sie häufig in seinen Werken. Im Garten des sogenannten Kompastorats in Hattstedt heiratete er 1866 seine zweite Frau, Dorothea Jensen. Sie feierten unter den Linden, die heute noch stehen und als ›Storm-Linden‹ bekannt sind.

Auf dem **Kirchhof** liegt zudem der Deichgraf Johann Iwersen Schmidt begraben, dem Storm mit der Figur des alten Deichgrafs Tede Volkerts in der Novelle ›Der Schimmelreiter‹ ein Denkmal setzte. Auch trägt das Wappen der Gemeinde einen weißen Pferdekopf. Der erinnert aber nicht nur an den ›Schimmelreiter‹, sondern auch an eine Sage, nach der ein Mann namens Hatte die unbebauten Grundstücke der Gemeinde erwerben konnte, weil es ihm gelang, diese mit nur einem Pferd an einem Tag zu pflügen.

Kirche St. Marien

Die Marienkirche im Dorfkern ist im Ursprung um 1200 entstanden und wurde im Laufe der Zeit erweitert. Das romanische Backsteingebäude mit den ge-

Ungewöhnliche Dreiteilung: die Kirche in Hattstedt

waltigen Feldsteinen zählt neben der Lambertikirche in Mildstedt zu den ältesten Kirchen der ›Südergoesharde‹. Im 15. Jahrhundert wurden große Umbauten vorgenommen, und es entstand die ungewöhnliche Dreiteilung des Hauptschiffes mit Chor und Apsis. Auch der massige und hohe Turm, der weitgehend aus Quadersteinen besteht, wurde in dieser Zeit errichtet.

Bemerkenswert ist der gotische **Flügelaltar** mit seinen zahlreichen plastisch herausgearbeiteten Figuren. Das mittlere Bild stellt die Kreuzigung dar, die beiden linken die Verkündigung und die Geburt Jesu, die beiden rechten die Anbetung und die Beschneidung. Die Reihe von sechs Aposteln entstand Ende des 13. Jahrhunderts; ursprünglich waren es wohl einmal zwölf, vielleicht mit einer Jesusdarstellung.

Schobüll

Etwa vier Kilometer nordwestlich von Husum führt die Nordseestraße durch das beschauliche Schobüll, das nicht auf tief liegendem Marschland, sondern auf einem leicht hügeligen Geestrücken liegt. Das führt dazu, dass hier kein Deich benötigt wird, so dass man – sehr selten an der Westküste – einen freien Blick aufs Meer genießen kann. Deshalb gibt es hier auch mehrere Badestellen und Seebrücken, die hinaus aufs Wasser führen, und an Land erstaunlich viel Wald und Heide.

Der Name Schobüll kommt aus dem Dänischen und bedeutet ›Walddorf‹.

Das in einem Garten stehende reetgedeckte Ziegelhaus aus dem Jahr 1790 hat schon seit über 100 Jahren Verbindungen zu Kunst und Kultur. Ungefähr zehn Ausstellungen zeitgenössischer Kunst pro Jahr zeigt die **Galerie Lüth** heute, die zugehörigen Kataloge entstehen ebenfalls in der Galerie.

▸ Karte S. 328

■ Kirchlein am Meer

Am Fuße des Schobüller Bergs (31 Meter) wurde Mitte des 13. Jahrhunderts eine Marienkapelle errichtet, die angeblich von drei Jungfrauen gestiftet worden war und in späteren Dokumenten immer als ›Kirchlein am Meer‹ bezeichnet wurde. Sie besaß einen hohen Ziegelturm, der auch Schiffsführern als Landmarke für den Hafen von Husum diente. Der Turm stürzte allerdings 1780 ein und wurde 1785 mit geringerer Höhe und massiver Gestalt auf einem Feldsteinsockel erneut errichtet. Die einschiffige Ziegelsteinkirche wirkt dadurch, wie auch durch das niedrige Dach der Apsis und das kurze Hauptschiff, etwas gedrungen, aber so, dass sie den Stürmen trotzt. Bemerkenswert ist das vermauerte gotische Südportal.

Im Innern fällt zunächst die flache Holzbalkendecke auf, allein ein Spitzbogen führt in den Chor. Sein **Altar** wurde Ende des 15. Jahrhunderts gemauert und mit einem klappbaren hölzernen Aufsatz versehen, der das Abendmahl zeigt. An der Nordwand findet sich ein schön geschnitztes **Figurenfries**, das neben den zwölf Aposteln Johannes den Täufer und Maria Magdalena darstellt. Der achteckige **Taufstein** aus Marmor entstand im 15. Jahrhundert und befand sich ursprünglich in einer anderen Kirche, vermutlich auf der Insel Strand, auf der bei der großen Flut zahlreiche Kirchen zerstört wurden. Ungewöhnlich ist ein später hinzugefügter Handtuchhalter. Die **Kanzel** stammt aus dem 18. Jahrhundert, in dem auch die Orgelempore hinzugefügt wurde. An ihr befinden sich, wie oft zu sehen, Bildtafeln mit Szenen aus dem Alten und Neuen Testament, mit deren Hilfe jenen die Geschichten erklärt wurden, die die Bibel nicht lesen konnten.

Die Kirche steht tagsüber Besuchern offen (tgl. 10–16 Uhr).

Mildstedt

Südöstlich von Husum, im Tal des Flüsschens Mühlenau, das im Husumer Hafen in die Nordsee mündet, liegt Mildstedt. Der kleine Ort besaß einst größere Bedeutung, als Husum noch keine Hafenstadt war. Hier siedelten germanische Jüten sowie Friesen, und schon vor dem Jahr 1200 wurde die Kirche St. Lamberti erbaut. Ihre Größe belegt die Bedeutung des Ortes, ihr für den Norden ungewöhnlicher Patron, ein belgischer Bischof aus dem frühen 7. Jahrhundert, ihre weitläufigen Verbindungen im Handel.

Im Nordischen Krieg (1700–1721) hielten sich in Mildstedt schwedische Truppen auf. Sie errichteten Schanzen, von denen noch Reste an der heutigen Ostenfelder Landstraße zu erkennen sind.

In Mildstedt befindet sich zudem das einzige Museum in Europa, das die Geschichte und das Leben der Guttempler darstellt, einer aus den USA stammenden Organisation, die sich für die Enthaltsamkeit bei Alkohol und Drogen einsetzt.

Kirche St. Lamberti

Bei der Renovierung von 1977 versuchte man, möglichst viel vom originalen Zustand der im 12. Jahrhundert erbauten Kirche St. Lamberti wiederherzustellen. Es wurden also die romanischen Rundbogenfenster erneuert, der Putz von den Ziegelwänden entfernt. So wirkt die Kirche jetzt wieder sehr harmonisch, wenn auch ein wenig wuchtig.

Der **Altar** entstand 1440 in Lübeck und zeigt, vollplastisch herausgearbeitet und nicht bemalt, mit zahlreichen Figuren die Kreuzigung Jesu. Auf dem linken Flügel werden die Verkündung der Geburt und die Anbetung der Könige dargestellt, auf dem rechten Flügel die Geburt und die Anwesenheit Jesu im Tempel. Noch etwas älter ist die **Gruppe von Aposteln** auf der Nordwand, die bei einer Sturmflut angetrieben worden sein soll. Etwa 100 Jahre jünger ist das lebensgroße **Triumphkreuz** mit Maria und dem Jünger Johannes. Sehr wertvoll sind weiterhin die romanische **Taufe** aus gotländischem Kalkstein (ca. 1300) und die **Renaissance-Kanzel** (1568). Die Bilder auf der Empore zeigen Szenen aus dem Alten Testament und entstanden etwa 1648.

Friedhof und Turm der Lambertikirche in Mildstedt

Husum und Umgebung

Tourist Information Husum, Großstr. 27 (Markt), 25813 Husum, Tel. 04841/ 89870; Mo–Fr 9–18, Sa 10–16 Uhr. www.husum-tourismus.de

Hafenrundfahrt: Ein ehemaliges Rettungsboot der Handelsschifffahrt heißt jetzt ›Möwe Willi‹ und fährt in knapp einer Stunde Binnen- und Außenhafen ab. Dabei werden allerhand Geschichten erzählt. Buchung: Tel. 04841/6682200. www.hafenrundfahrt-husum.de

Altes Zollamt, Kleikuhle 1, 25813 Husum, Tel. 04841/2033; DZ ab 89 €. Nachdem das Zollamt in unmittelbarer Hafennähe 2015 die Stempel gepackt hatte, verwandelte Familie Loof das denkmalgeschützte Haus in ein Hotel mit 26 Zimmern und Suiten. Die Einrichtung ist rustikal-modern und von vielen Hinterlassenschaften der Zöllner geprägt. www.hotel-altes-zollamt.de

Myn Utspann, Schleswiger Chaussee 65, 25813 Husum, Tel. 04841/96050; ab 99 €. Außerhalb des Stadtzentrums. In den 31 individuell eingerichteten Zimmern und im Spa-Bereich des Boutique-Hotels kann man gut ausspannen. Mit Restaurant ›1877‹. www.myn-utspann.de

Theodor-Storm-Hotel, Neustadt 60–68, 25813 Husum, Tel. 04841/89660; DZ ab 104 €. Das zur Best-Western-Gruppe gehörende Haus mit 50 Zimmern nördlich der Altstadt präsentiert sich im Jugendstil plus einem modernen Anbau. Auch eine Brauerei gehört dazu, so dass Gäste im Sommer im Biergarten ein frisches Getränk genießen können. www.bestwestern.de/hotels/Husum-Nordsee/Best-Western-Plus-Theodor-Storm-Hotel/hotel

Thomas, Zingel 7, 25813 Husum, Tel. 04841/ 66200; DZ ab 119 €. Größeres, modernes Hotel direkt am Binnenhafen, 56 Zimmer, Sauna und Spa. www.thomas-hotel.de

Lundenbergsand, Lundenbergweg 3, 25813 Simonsberg, Tel. 04841/83930; DZ ab 149 €. Modernes, in Alleinlage knapp zehn Kilometer südlich von Husum, direkt hinterm Deich gelegenes Hotel und Spa mit nur 25 Zimmern. Vom ›Leuchtturm‹ aus, wo sich Sauna und Spa befinden, hat man einen schönen Blick auf Meer und Land. Ambitionierte Küche. www.hotel-lundenbergsand.de

Jugendherberge, Schobüller Str. 34, 25813 Husum, Tel. 04841/2714. Gemütliche Herberge mit 173 Betten in 44 Zimmern. www.jugendherberge.de/jugendherbergen/husum-527

Nordsee-Camping, Lundenbergweg 4, 25813 Simonsberg, Tel. 04841/3999; April–Okt. Hervorragender Platz am Deich, auf dem auch Chalets und Schlafstrandkörbe vermietet werden. Ein Kinderspielplatz, eine Wellness-Oase und ein nicht mit Chemikalien aufbereiteter Schwimmteich vervollständigen das Angebot. www.nordseecamping.de

Loofs Wohnmobilhafen, Dockkoogstr. 7, 25813 Husum. www.fischhausloof.de/de/wohnmobilhafen.php

Nordfriesisches Lammkontor, Deichstr. 8, 25813 Husum, Tel. 04841/4042801; Di–So 12–22, Mo 12–18 Uhr (Mo nur Kaffee und Kuchen). Anspruchsvolle Küche mit mehreren Lammgerichten, aber auch anderen Speisen, alles aus lokaler Produktion; gute Weinauswahl. Im Hofladen (Mo–So 10–18 Uhr) kann man lokale Spezialitäten eingeschweißt erwerben. Zudem gibt es einen Antikladen, und es werden Apartments vermietet. www.lammkontor.de

Einstein, Osterende 131–135, 25813 Husum, Tel. 04841/71842; Di–So 18–24 Uhr, Küche bis 22.30 Uhr. Aus einer Kneipe hat sich im Laufe der Jahre ein Restaurant mit gutbürgerlicher Küche und angeschlossener Whisky-Bar entwickelt. Fünf Biere vom Fass und 200 geöffnete Flaschen Malt-Whisky sind schon einmal

▶ Karte S. 373

ein Anfang. www.einstein-husum.de

Fischrestaurant Wiesendanger, Hafenstr. 2, 25813 Husum, Tel. 04841/2810; tgl. 12–14.30 und 17–22 Uhr. Alle Klassiker der norddeutschen Fischküche stehen hier auf der Speisekarte. Von der Terrasse blickt man direkt auf den Hafen. www.fischrestaurant-husum.de

Osteria bei Peci, Hafenstr. 23, 25813 Husum, Tel. 04841/5515; tgl. 11–22 Uhr. Mitten im Trubel des Binnenhafens wird hier solide italienische Küche mit guten Pizzen, Pastagerichten, aber auch einigen lokalen Speisen aufgetischt. www.osteria-bei-peci.de

Café Lassen, Süderstr. 9, 25813 Husum. Tel. 04841/2465. Das traditionsreiche Café nahe dem Markt bietet eine saisonal angepasste Auswahl an selbstgemachten Kuchen, Torten und Süßwaren. Vor der Konditorei gibt es einige Außenplätze.

Hafen Kaffee, Schiffbrücke 3, 25813 Husum, Tel. 04841/9370890. Frühstück und hausgemachte Kuchen locken in das Café am Hafen, vor allem aber der erlesene Kaffee, der in einer kleinen Hamburger Manufaktur von Hand geröstet wird. www.husumer-kaffeekontor.de

Schloss-Café im Schloss vor Husum, Schloßstr., Tel. 04841/8044411; Di–Sa 9–18 Uhr. Kuchenspezialitäten aus eigener Herstellung in historischem Ambiente.

Bartelli Bar & Lounge, Hafenstr. 1, 25813 Husum, Tel. 04841/7791900; Fr/Sa 19–1 Uhr. In roter Umgebung oder auf dem Dach mit Blick auf den Hafen, die Stadt und bis zum Meer trifft man sich hier zum Sundowner und später. www.bartelli-husum.de

WunderBar, Dockkoogstr. 28, 25813 Husum, Tel. 0160/99793686; April–Sept. tgl. ab 11 Uhr. Restaurant, Café und Bar am äußeren Hafen. www.wunderbar-husum.de

Einstein: s.o.

Nationalparkhaus, Hafenstr. 3, 25813 Husum; Mo–Sa 10–18, So 13–18 Uhr. Kleine Ausstellung zum Thema Wattenmeer.

Schiffahrtsmuseum, Am Zingel 15, 25813 Husum, Tel. 04841/5257; tgl. 10–17 Uhr. Ausstellung über Schiffsbau, Krabben- und Walfang, dazu ein niederländischer Lastensegler aus dem 16. Jahrhundert, der als ›Zuckerschiff‹ bekannt ist. www.schiffahrtsmuseum-nf.de

Nordfrieslandmuseum, Nissenhaus, Herzog-Adolf-Str. 25, 25813 Husum, Tel. 04841/2545; Mitte Juni–Mitte Sept. tgl. 10–17 Uhr, sonst Di–So 11–17 Uhr. Anschauliche Präsentation von Kultur und Tradition an der Nordseeküste, auch für Kinder. www.museumsverbund-nordfriesland.de/nordfriesland-museum/de

Ostenfelder Bauernhaus, Nordhusumer Str. 13, 25813 Husum, Tel. 04841/2545; April–Okt. Di–So 14–17 Uhr. Das historische Bauernhaus, das in Husum wieder aufgebaut wurde, zeigt eine große Ausstellung von Gerätschaften aus dem Alltag. www.museumsverbund-nordfriesland.de/ostenfelder-bauernhaus/de

Schloss vor Husum, König-Friedrich-V.-Allee, 25813 Husum, Tel. 04841/2545; März–Okt. Di–So 11–17, Nov.–Feb. Sa/So 11–17 Uhr. Diverse Ausstellungen und Schlossgarten. www.museumsverbund-nordfriesland.de/schloss-vor-husum/de

Poppenspäler-Museum, im Schloss vor Husum, Details wie Schloss.

Storm-Haus, Wasserreihe 31, 25813 Husum, Tel. 04841/8038630; April–Okt. Di–Fr, So 14–17, Sa 11–17 Uhr. Wohnhaus des Dichters von 1866 bis 1880 mit einigen Originalen. www.storm-gesellschaft.de/museum/das-storm-museum#c1264

Weihnachtshaus, Westerende 46, 25813 Husum, Tel. 04841/6685908; tgl. 11–17 Uhr. Hier ist das ganze Jahr Weihnachten, vom Adventskalender bis zur Baumbeleuchtung, vom Biedermeier bis heute ist alles zu sehen. https://das.weihnachtshaus.info

Galerie Lüth, Altendorfer Str. 21, 25875

Halebüll, Tel. 04846/456; Mi–So 10–18 Uhr.
www.galerie-lueth.de
Guttempler-Museum, Zu den Tannen 2, 25866 Mildstedt, Tel. 04841/1363.
www.guttempler-museum.de

Jedes Jahr am 21. Februar werden in der unmittelbaren Umgebung von Husum, zum Beispiel in Schobüll, Hattstedt, in der Hattstedtermarsch und in Simonsberg, große Feuer beim **Bikebrennen** entzündet (→ S. 57).
Seit 2014 findet im Februar im Schloss das **Husumer Jazzfest** statt, bei dem auch Nachwuchsmusiker der Hochschule für Musik und Theater Hamburg auftreten.
https://jazzfest-husum.de
Der Frühling in Husum beginnt, wenn Millionen Krokusse im Schlosspark blühen. Mitte März findet dann die **Proklamation der Krokusblütenmajestät** statt.
Freizeitsport auf dem Wasser und an Land, Camping und Ausrüstungen aller Art werden bei der Messe **Seaside Husum** im März zum Ausprobieren präsentiert.
https://seaside-husum.de
Über die Landesgrenzen bekannt wurde das seit zehn Jahren im April veranstaltete **Harbour-Musikfestival**, das Folk, Rock und Pop auf die Bühne im Speicher bringt.
www.speicher-husum.de
Beim Ringreiten versucht man, mit einer Lanze ausgestattet vom Rücken des Pferdes im Reiten einen aufgehängten Ring aufzuspießen. Wie das genau geht, sehen Besucher im Juni beim **Husumer Ringreiterfest**.
www.ringreitergilde-husum.de
In der St.-Marien-Kirche und der Christuskirche finden von Juni bis September vielfältige **Konzerte** statt, von Orgel bis Gitarre, von Chor bis Mezzosopranistin.
https://kirche-in-husum.de
›Mok fast in Husum‹ heißt seit 1982 das Motto für die **Hafentage**. Das größte Volksfest an der Westküste bietet allerlei Veranstaltungen rund um den Hafen und die Bunte Meile. Der Kutterkorso und das traditionelle Tauziehen über den Außenhafen hinweg gehören zu den Höhepunkten der fünftägigen Belustigung im August.
Einmal im Jahr, meist im September, veranstaltet die Theodor-Storm-Gesellschaft eine **internationale Storm-Tagung**, bei der Experten über das Leben und die Werke des Husumer Poeten diskutieren.
www.storm-gesellschaft.de
Beim **Husumer Herbstmarkt** Ende September wird auf dem Marktplatz vor allem Kunsthandwerk angeboten.
Seit 1984 gibt es im September/Oktober die **Pole-Poppenspäler-Tage**, die sich ganz der Puppenspielkunst widmen. Ensembles aus aller Welt zeigen ihre Inszenierungen, es gibt Lesungen und vieles mehr rund um das Puppenspiel.
www.pole-poppenspaeler.de
Die Volkshochschule veranstaltet jedes Jahr Anfang Oktober die **Husumer Filmtage**. In sieben Tagen werden 25 bis 30 Filme präsentiert. www.husumer-filmtage.de
Ebenfalls im Oktober dreht sich an einem Wochenende rund um den Hafen alles um die Husumer Krabbe und andere maritime Leckereien.
Der **Weihnachtsmarkt** ab Ende November gilt als der größte und schönste an der gesamten Westküste. Hafen und Marktplatz sind dann stimmungsvoll beleuchtet, neben Verkaufsbuden gibt es Stände mit den typischen Getränken und Imbissen.
Veranstaltungsorte für Konzerte und anderes sind das ganze Jahr über die Bühne des Nordsee-Kongresszentrums (www.nordsee-congress.de) und der Speicher (www.speicher-husum.de).

Führungen unter dem Titel ›Die Vögel im Wattenmeer‹ sowie Wattwanderungen bietet ganzjährig die **Schutzstation Wattenmeer** an. Anmeldung erforderlich: Tel. 04841/668530.
www.schutzstation-wattenmeer.de
Eine **literarische Führung** auf den Spuren des ›Schimmelreiters‹ führt hinaus in den

▸ Karte S.

Koog und auf den Deich, wo Passagen aus der Novelle gelesen werden. Anmeldung erforderlich, Tel. 0151/22278605 (tgl. 9–18 Uhr). Treffpunkt: Arlau Schöpfwerk, Hattstedter Marsch 42, 25856 Hattstedter Marsch.

Fun Center Husum Freizeitpark, Ostenfelder Str. 64, 25813 Husum (Mildstedt), Tel. 04841/7799411; tgl. 10–19 Uhr. Minigolf, Klettergerüste, Trampoline, Spiel- und Sportgeräte vor allem für Kinder und Jugendliche.
www.funcenter-husum.de

Wochenmarkt, Marktplatz, Do 7–13 Uhr und Sa 9–16 Uhr.

Alter August, Neustadt 9, 25813 Husum, Tel. 04841/9397000. Ausgesuchte Delikatessen, Accessoires und Interieurs kleiner Manufakturen, die das Besondere bieten, haben die Chance, hier ins Regal zu gelangen. www.alteraugust.de

Friesisches Teehaus, Neustadt 26, 25813 Husum, Tel. 04841/9371325. In diesem friesisch inspirierten Laden werden 180 Teesorten angeboten und einiges anderes zum Thema Tee.
www.friesisches-teehaus-husum.de

Husumer Antiquariat, Wasserreihe 48, 25813 Husum, Tel. 04841/81199. In dem höhlenartigen Gewirr von Räumen kann man nach jungen und alten Schätzen stöbern. Jung, aber auf Alt getrimmt sind auch die zum Verkauf stehenden Blechschilder.

Tobien, Neustadt 8, 25813 Husum, Tel. 04841/64800; Mo–Fr 9.30–18, Sa 9.30–15 Uhr. Einen Turner wird man hier nicht kaufen können, doch die Galerie bietet in Ausstellungen Kunstwerke an, vor allem der klassischen Moderne und des Norddeutschen Realismus. Sie zeigt auch den handwerklichen Aspekt in der Vergolderwerkstatt und berät Unternehmen in der Frage von Kunst im Büro.
www.galerie-tobien.de

Schmucke Häuser säumen den Alten Hafen

Theodor Storm – Die Stimme des Nordens

Er sollte den Landschaften, den Stürmen und den Menschen der Nordsee eine Stimme verleihen: Theodor Storm. Als Hans Theodor Woldsen Storm wurde am 14. September 1817 in Husum geboren. Sein Vater war der Justizrat Johann Casimir Storm, seine Mutter Lucie Woldsen, die aus einem wohlhabenden Patrizierhaus stammte. Der Knabe besuchte eine private Schule und wuchs wohlbehütet und unbeschwert auf. Er wurde durch Kindermädchen in die plattdeutsche Sprache eingeführt und hörte die ersten Geistergeschichten, darunter auch die Sage eines ›gespenstischen Schimmelreiters‹, der bei Sturmfluten über die Deiche ritt. Seine Schulbildung erhielt Storm in Husum und Lübeck, und schon mit 15 schrieb er Gedichte und kürzere Prosatexte, die zum Teil in Lokalzeitungen abgedruckt wurden. In der neuhumanistischen Schule in Lübeck lernte er die Lyrik von Schiller, Eichendorff und Heine kennen.

Doch beruflich folgte er seinem Vater, studierte Jura in Kiel und Berlin und freute sich darüber, dem kleinstädtischen Husum entkommen zu sein. Er besuchte die Theater und widmete sich weiter der zeitgenössischen Lyrik. 1837 verlobte sich Theodor Storm mit seiner Jugendfreundin Emma Kühl von der Insel Föhr, doch fünf Jahre später machte er Bertha von Buchan einen Antrag, die diesen aber zurückwies, vielleicht weil sie, selbst streng christlich erzogen, von den Spielschulden des jungen Mannes gehört hatte. Nach dem juristischen Examen kehrte Storm im Oktober 1842 nach Husum zurück und arbeitete in der Kanzlei seines Vaters.

Doch beide Juristen waren ›von heftigem Temperament‹, so dass der Jüngere im folgenden Jahr eine eigene Kanzlei eröffnete. Einige Monate später verlobte sich Theodor mit seiner Cousine Constanze Esmarch (1825–1865), die er zwei Jahre später heiratete; aus der Ehe gingen sieben Kinder hervor. Ein Jahr nach der Eheschließung begann er eine Beziehung mit Dorothea Jensen, die mehr Leidenschaft in sein Leben brachte. Diese Beziehung war in Husum stadtbekannt und hielt über Jahre an, bis beide Familien Dorothea drängten, die Stadt zu verlassen.

Im Jahr 1848 widmete sich Theodor Storm erstmals der Politik. Mit seinem Freund Theodor Mommsen (1817–1903), einem der bedeutendsten deutschen Altertumswissenschaftler, engagierte er sich in der Schleswig-Holsteinischen Erhebung gegen den Einfluss aus dem Norden, veröffentlichte Zeitungsartikel und unterschrieb Peti-

Theodor Storm in späteren Jahren

tionen. Seine Aktivitäten blieben den dänischen Behörden nicht unbekannt und sollten ihm noch reichlich Ärger einbringen; zunächst wurde ihm die Zulassung als Rechtsanwalt entzogen.

Über Freunde in Berlin konnte er sich eine Stelle am Kreisgericht von Potsdam sichern. Trotz seiner hohen Arbeitsbelastung widmete er sich weiter der Literatur und veröffentlichte seine erste, wohl schon früher geschriebene Novelle unter dem Titel ›Immensee‹, eine poetisch angelegte Erzählung über die unerfüllte Liebe zu einer Kindfrau.

Bei Spaziergängen im Park Sanssouci traf Storm seine Künstlerfreunde, zu denen nun auch Theodor Fontane zählte. Doch glücklich war er unter den preußischen Konservativen nicht. Mit Naturgedichten focht er gegen die Geschäftigkeit in der Soldatenstadt. 1856 schließlich erhielt er eine Anstellung am Kreisgericht im thüringischen Heiligenstadt, einer intensiv katholischen Gegend. Hier fiel dem Juristen besonders das Gefängnis auf, dem gegenüber er wohnte. Er verewigte es in der Novelle ›Pole Poppenspäler‹, der Geschichte einer umherziehenden Puppenspieler-Familie, deren unschuldig einsitzenden Vater der Erzähler befreien kann. Thema ist aber wiederum eine Jugendliebe, die nach zwölf Jahren Trennung schließlich Erfüllung findet. In den acht Jahren in Heiligenstadt verschärfte Storm seine Kritik am preußischen Beamtenstaat, was auch in seiner regen schriftstellerischen Tätigkeit Niederschlag fand. Gerne legte er sich auch mit der Kirche (Novellen ›Im Schloß‹, ›Veronica‹) und dem Adel an. So schrieb er in einem Gedicht: »Es gibt eine Sorte im deutschen Volk, / die wollen zum Volk nicht gehören ...‹ Gemeint ist der Adel, denn ›der Adel ist (wie die Kirche) das Gift in den Adern der Nation.«

Nachdem Dänemark den Krieg 1864 verloren hatte, konnte Storm in seine Heimatstadt zurückkehren und wurde Landvogt (oberster Beamter und Amtsrichter) von Husum. Seine Frau Constanze starb am 20. Mai 1865 nach der Geburt des siebten Kindes am Kindbettfieber, was Theodor Storm sehr mitnahm, wie sich aus den Gedichten jener Zeit herauslesen lässt. Nach einem Jahr heiratete er jedoch seine alte Liebe Dorothea Jensen. Sie zogen in ein großes Haus mit Garten (Wasserreihe 31, heute Storm-Museum), und bald wurde eine weitere Tochter geboren. Nach 16 Jahren, im Mai 1880, trat Storm in einen vorzeitigen Ruhestand und zog zu seinem jüngeren Bruder Johannes, einem Holzhändler, in den unbedeutenden Ort Hademarschen, südlich des Nord-Ostsee-Kanals. Er residierte in einer ansehnlichen Villa mit Garten und widmete sich seinem Spätwerk. 1886 begab er sich auf eine längere Reise, um auf dem Weg zur Generalversammlung der Goethe-Gesellschaft in Weimar alte Freunde zu besuchen; bei einem Empfang des Großherzogs erschien er statt mit Zylinder mit einem Schlapphut. Schon auf dieser Reise machte sich seine Krankheit bemerkbar, aber weder sein Arzt noch seine Familie wollten ihm die Diagnose mitteilen. Erst sollte er sein Hauptwerk, die Novelle ›Der Schimmelreiter‹, beenden, was ihm gerade noch gelang. Theodor Strom starb am 4. Juli 1888 in Hademarschen an Magenkrebs. Er ist auf dem Friedhof der Kirche St. Jürgen in Husum begraben.

Obwohl Theodor Storm sich selbst als Lyriker sah, ist er vor allem durch seine mehr als 20 Novellen bekannt geworden. Zu seinen Vorbildern gehören Joseph von Eichendorff, Heinrich Heine und Eduard Möricke. Mit Theodor Fontane, Gottfried Keller, Friedrich Hebbel und Wilhelm Raabe gilt er als Vertreter des literari-

Das Familiengrab der Storms in Husum

schen Realismus der zweiten Hälfte des 19. Jahrhunderts, der die erlebbare Welt möglichst genau darstellen will. So beschreibt Storm in ›Pole Poppenspäler‹ exakt, wie die Marionetten funktionieren, im ›Schimmelreiter‹, wie Wind und Wellen auf die Küste einwirken und wie der neue Deich seine Wirkung erlangen soll.

Storm und Fontane schätzten sich gegenseitig als Dichter, doch im Leben waren sie völlig gegensätzlich, Storm gegen Preußen und Adel eingestellt, gläubig, aber kirchenkritisch; Fontane hingegen konservativ, elegant-städtisch; Storm wiederum mit Leinenhose und abgeschabter grüner Jacke stets in kleinstädtische Umgebung verschlagen. Doch Storm war zudem ein Vertreter der Aufklärung. Er war davon überzeugt, dass der Mensch grundsätzlich von außen her gebessert werden kann, dass Intelligenz und Sittlichkeit Fortschritt bringen werden. Daher vertrat er die Position des aufstrebenden Bürgertums gegen den rückwärts schauenden Adel und gegen die Kirche, vor allem die katholische, die er bei seiner Tätigkeit in Thüringen erstmals aus der Nähe kennenlernte.

Vor allem in seinem letzten Werk, dem ›Schimmelreiter‹, zeigt Storm auf, wie durch wissenschaftliche Herangehensweise ein Problem gelöst werden kann: Der neue Deich des Deichgrafen Hauke Haien übersteht selbst die schlimmste Springflut. Viele Bauern der Umgebung halten dagegen stur und rückwärtsgewandt am Alten fest, der alte Deich bricht, das Wasser überflutet viele Ansiedlungen und tötet viele Menschen, darunter auch Frau und Tochter des Deichgrafen, der sich daraufhin aus Verzweiflung mit seinem Schimmel in die Fluten stürzt.

Friedrichstadt

Friedrichstadt wird gerne als die ›Holländerstadt‹, aber auch als ›Stadt der Toleranz‹ bezeichnet. Und das kam so: Dem gottorfschen Herzog Friedrich III. (1597–1659) war daran gelegen, seine Handelsverbindungen bis nach Spanien und Russland zu stärken und so hier, nahe der Westküste und unweit des Konkurrenten Tönning, eine neue Handelsstadt zu errichten. Nun war die Gegend geografisch dafür nicht besonders geeignet, da hier die Treene in die Eider mündet. Daher stand das Land große Teile des Jahres unter Wasser, auch wenn man 1573 begonnen hatte, die in der Marsch gelegene Fläche durch Dämme und Kanäle trockenzulegen. Also fertigte Friedrich 1620 zwei Erlasse, in der Gegend des heutigen Friedrichstadt Holländer anzusiedeln, die nicht nur als Händler, sondern auch als Wasserbauer Ansehen genossen. Besonders klug war es, die Gemeinschaft der Remonstranten einzuladen, die damals in den Niederlanden verfolgt wurde, von Friedrich aber Glaubensfreiheit zugesichert bekam. So wurden von 1621 bis 1624 zahlreiche Häuser im niederländischen Stil erbaut. Doch nach dem forschen Start erfolgten einige Rückschläge. Der Dreißigjährige Krieg betraf ab 1626 auch diese Region, und ab 1630 durften die Remonstranten ihren Glauben in der Heimat wieder ausüben, was viele veranlasste, dort zu bleiben. Die großen Pläne mussten zu den Akten gelegt werden, und Friedrichstadt wuchs nur noch langsam.

Der Nationalismus des 19. Jahrhunderts zerschlug auch die Stadt der religiösen Toleranz. Noch nach der Schlacht von Idstedt, als der Erste Schleswig-Holsteinische Krieg schon entschieden war, bombardierten die schleswig-holsteinischen Truppen Anfang Oktober 1850 die von Dänen besetzte Stadt schwer und zerstörten 285 Häuser. Im Krieg von 1864 ergab sich Friedrichstadt kampflos und kam unter preußische Verwaltung. Die holländische Anmutung aus Grachten und Giebelhäusern blieb bestehen, doch eine große Handelsstadt wurde Friedrichstadt nie.

Eine harte Prüfung stand der Stadt in der Nazizeit bevor, denn auch eine große jüdische Gemeinde gehörte zur ›Stadt der

Friedrichstadt liegt malerisch an Kanälen

Toleranz‹. Doch 1932 wählten 47 Prozent die NSDAP, die Bedrohung der Juden begann bis hin zur Pogromnacht von 1938, nach der am nächsten Tag alle jüdischen Männer verhaftet wurden. Heute ist Friedrichstadt eine pittoreske Kleinstadt mit knapp 2700 Einwohnern, die weitgehend vom Tourismus lebt.

Sehenswürdigkeiten

Da das Zentrum der Stadt innerhalb recht kurzer Zeit geplant und gebaut wurde, ist, vor allem im ältesten Teil, ein Schachbrettmuster zu erkennen. Die gesamte Innenstadt wird im Westen vom Binnenhafen, im Norden von der Treene, im Osten vom Ostersielzug und im Süden vom Fürstenburggraben gerahmt; quer hindurch führt der Mittelburggraben. Es gibt, nicht verwunderlich bei so vielen Wasserläufen, 18 Brücken im Stadtgebiet.

Im Zentrum liegt der **Markt**, der sich in einen ›steinernen‹ und einen ›grünen‹ Markt teilt. Da er früher auch als Pferdemarkt genutzt wurde, gab es eiserne Anbindestangen und vor allem einen **Brunnen**, dessen Pumpenhäuschen der Architekt Heinrich Rohardt 1879 errichtete. Passend sind die Inschriften, die auf den Heimatdichter Klaus Groth (1819–1899, → S. 443) zurückgehen und sich in plattdeutscher Sprache humorvoll mit dem Thema Wasser beschäftigen. An der Südseite des Markts befindet sich das 1910 eingeweihte **Rathaus** (mit Touristeninformation).

Wahrzeichen der Stadt ist hingegen die Westfront des Markts mit einer geschlossenen Zeile von **Bürgerhäusern mit Trep-**

Giebelhausvariationen am Markt

▶ Karte S. 328

pengiebeln. Die Häuser selbst stammen aus der Gründerzeit, die Treppengiebel wurden allerdings zum Teil erst im 20. Jahrhundert ergänzt, um ein einheitliches Bild zu präsentieren. An einigen der Häuser finden sich die für Friedrichstadt typischen Hausmarken. Dies sind kleine Steinreliefs mit einer Darstellung des Hausnamens; hier sind es zum Beispiel Mühle, Adler, Sterne und Seerose. In der ganzen Stadt gibt es unzählige andere, meist in der Nähe der Tür angebracht, die statt Hausnummer abbilden, unter welchem Namen das Haus bekannt war.

Überquert man den Mittelburggraben, so steht man vor dem **Neberhaus** (heute Restaurant ›Holländische Stube‹), das als klassisches Wohnhaus des frühen 17. Jahrhunderts in Holland gilt. Typisch sind die nach außen überkragende Fassade, die auf jeder Etage etwas mehr Wohnraum ergibt, und das Baumaterial: kleinformatige Backsteine, die in Holland gebrannt und dann hierher gebracht wurden. Auch die Innenräume sind teilweise noch original, wobei das ›Friedrichstädter Zimmer‹ (›Regentenkammer‹) am prächtigsten ausgestattet war. Im ›Bovenzsaal‹ (›oberer Saal‹) versteckte sich während der Französischen Revolution 1789 der geflohene Herzog von Orleans und betätigte sich unter dem Namen de Vries als Hauslehrer, bevor er 1830 den französischen Thron bestieg.

Am Mittelburgdamm entlang führt der Weg zur protestantischen **Christophoruskirche**, die aus holländischen Ziegeln erbaut und 1649 geweiht wurde. Der Turm wurde 1762 aus den Granitsteinen einer ehemaligen Schleuse errichtet. Teile der Einrichtung wie eine Glocke, die Kanzel und der Taufstein stammen von einer Kirche auf der heutigen Halbinsel Nordstrand, die bei der großen Flut 1634 zerstört wurde. Bemerkenswert ist vor allem das Altarbild der Kirche, ›Die Beweinung Christi‹, das Jürgen Ovens (1623–1678) schuf. Der in Tönning geborene Ovens war ab 1640 ein Schüler Rembrandts in Amsterdam und ließ sich 1651 in Friedrichstadt nieder, wo er zahlreiche Portraits auch des dänischen Adels anfertigte. 1657 setzte er seine Karriere wieder in Amsterdam fort, um 1663 endgültig nach Friedrichstadt zurückzukehren, wo er Hofmaler des jungen Herzogs Christian Albrecht von Schleswig-Holstein-Gottorf wurde und in einem Herrenhaus am Fürstenburgwall wohnte.

Der Kirche gegenüber, auf der Südseite der Gracht, befindet sich die **Alte Münze**, ein eindrucksvolles Speicherhaus von 1626, das kunstvoll gemauert, mit Sandsteinelementen verziert und mit bleiverglasten Fenstern versehen ist. Der Statthalter Adolph van Wael ließ darauf sein Wappen und sein Lebensmotto anbringen, das übersetzt ›Einem tüchtigen Mann wird jeder Boden zur Heimat‹ bedeutet und sich auf die Übersiedlung seiner holländischen Landsleute bezieht. Eine Münze sah der Speicher jedoch nie, denn der anfängliche ökonomische Erfolg blieb der Stadt nicht erhalten. Heute befindet sich darin das sehenswerte **Stadtmuseum**, das auf drei Stockwerken nicht nur die Stadtgeschichte anschaulich beschreibt, sondern auch die in der Stadt früher und heute ansässigen Religionsgemeinschaften vorstellt. Im ersten Stock kann man vom Ausstellungsraum die Empore der Mennonitenkirche betreten und in den schlichten Betraum hinunterschauen. Die Mennoniten gründeten sich im 16. Jahrhundert als radikal-reformatorische Täuferbewegung und zählen heute zu den evangelischen Freikirchen. Auch sie siedelten sich nach 1621 in Friedrichstadt an. 1708 kauften vier Gemeinden die Alte Münze und errichteten das ho-

Ein Teil der Dauerausstellung im Stadtmuseum

he, weiße Kirchengebäude als Anbau. Dahinter befindet sich zudem ein mennonitischer **Friedhof**.

Vom Mittelburgwall führt der Weg nach links in die Straße Am Binnenhafen, an der an der nächsten Ecke die **ehemalige Synagoge** steht. Juden erhielten Anfang des 17. Jahrhunderts das Siedlungsrecht. Als bereits über 400 von ihnen in der Stadt wohnten, errichteten sie 1847 die Synagoge. In der Pogromnacht 1938 wurde das ursprüngliche Bauwerk zerstört, später ließ sich ein SS-Offizier dort ein Wohnhaus bauen. In der Nazizeit wurden praktisch alle Juden aus der ›Stadt der Toleranz‹ deportiert. Nach einer umfassenden Restaurierung wird das Gebäude jetzt für Kulturveranstaltungen genutzt, zudem gibt es eine kleine **Ausstellung** zur Geschichte der Juden in Friedrichstadt.

Weiter Am Binnenhafen entlang und dann links in den Fürstenburgwall gelangt man zur katholischen **Kirche St. Knud**, die 1854 geweiht und 2003 profaniert wurde. Auch die Katholiken waren eine religiöse Minderheit in Schleswig-Holstein, der 1625 das Niederlassungsrecht in Friedrichstadt eingeräumt wurde und die damit die erste katholische Gemeinde Schleswig-Holsteins nach der Reformation gründete. Herzog Friedrich wollte mit der Ansiedlung von Katholiken vor allem den Handel mit Spanien fördern. Die schlichte Kirche besteht aus gelben Ziegeln und kommt ohne Turm aus. Ein paar Schritte weiter (Nr. 11) ragt das ehemalige Fünf-Giebel-Haus auf, das durch Umbauten sein harmonisches Äußeres verloren hat.

Links geht die Prinzenstraße ab, die zum Markt führt und an der zahlreiche kleine Geschäfte und Cafés zu finden sind. An der Ecke Kirchenstraße ist das 1624 entstandene **Doppelgiebelhaus** zu sehen, das noch sehr gut die ursprüngliche Bauplanung repräsentiert. Die Giebel auf dem zweigeschossigen Haus zeigen zur wichtigeren Prinzenstraße, der Seitenflügel geht zur schmaleren Kirchenstraße. Das **Paludanushaus** schräg gegenüber beherbergt heute das Pastorat der dänischen Minderheit. Der Weinhändler Godefridus Paludanus ließ es 1637 in ähnlicher Form wie das Doppelgiebelhaus errichten. Die Hausmarke zeigt Weinkübel und Trauben. Doch 1840 wurden die zwei Giebel durch einen auffälligen Treppengiebel ersetzt und eine prachtvoll geschnitzte Rokoko-Haustür wies auf einen gewissen Wohlstand hin. Ein etwas kleineres interessantes Haus steht in der Westerhafenstraße 4, das **Schwarze Ross**. Es ist nach der Wetterfahne auf dem First in Gestalt eines schwarzen Pferdes benannt. Auch hier wurde gehandelt und gelagert, der Aufzugsbalken ragt noch in die Straße hinein. Zurück in der Kirchenstraße, besetzt die nächste Ecke mit der Prinzeßstraße die **Remonstrantenkirche**, die einzige außerhalb der Niederlande. Die erste Kirche wurde 1625 geweiht, und die damals rund 100 Remonstranten teilten sie sich mit den Juden, die lange keine Synagoge

▲ Karte S. 328

hatten. 1850, in der Schleswig-Holsteinischen Erhebung, wurde das Bauwerk zerstört. Die in den Jahren danach neu errichtete Kirche folgt einem klassizistischen Stil und ist von großer Schlichtheit in Dekoration und Farbe. Sie hat keinen Altar, sondern im Zentrum eine erhöhte Kanzel, was darauf verweist, dass das gesprochene Wort, die Predigt, im Zentrum der Religionsausübung steht.

Die Bewegung der Remonstranten tauchte im frühen 17. Jahrhundert in den Niederlanden auf. Verschiedene Richtungen der evangelisch-reformierten Kirche stritten um die theologisch entscheidende Frage, ob der Mensch die Möglichkeit hat, sich für oder gegen Gott zu entscheiden, wovon die Remonstranten überzeugt waren, oder ob Gott seine Getreuen auswählt, deren Lebenslinie bis hinein ins Paradies damit vorherbestimmt ist (›Prädestination‹), was wiederum die strengen Calvinisten glaubten. Nachdem die Remonstranten sich von der Kirche abspalteten, unterlagen sie in den Niederlanden der Verfolgung, was viele dazu veranlasste zu fliehen, unter anderem nach Friedrichstadt. Heute hat die Gemeinschaft etwa 10 000 Mitglieder, die meisten in den Niederlanden. In Deutschland gibt es nur eine einzige Gemeinde, nämlich die in Friedrichstadt, die etwa 180 Mitglieder aufweist.

Schräg gegenüber der Kirche, in der Prinzeßstraße 26, duckt sich das kleine rote **Haus Laman-Trip** in die Häuserreihe. Es entstand als typisches eingeschossiges Handwerkerhaus zwischen 1626 und 1629. Es wird berichtet, dass von 1824 bis 1924 die aus dem Schwarzwald stammende Uhrmacherfamilie Ketterer hier wohnte. Während der Beschießung der Stadt 1850, als die Kirche zerstört wurde, soll der Uhrmacher mit einer Feuerpatsche auf dem Dachfirst gesessen, jeden Funken gelöscht und so das Haus gerettet haben. Das remonstrantische Pastorenehepaar Laman-Trip ließ das Haus 1981 originalgetreu restaurieren.

Geht man weiter Richtung Markt und biegt davor in die Ostermarktstraße ab, gelangt man zur historischen **Tischlerei Jacob Hansen**. 1876 gründete Jacob Hansen eine Möbeltischlerei in Friedrichstadt, die sein Sohn und sein Enkel weiterführten. Der Enkel Jacob Hansen starb 1998 im Alter von 92 Jahren und hinterließ eine 100 Jahre alte, vollständig eingerichtete und praktisch nicht modernisierte Werkstatt, in der die Maschinen von einem zentralen Motor über Lederbänder angetrieben wurden und Werkzeuge aller Art fein aufgereiht an den Wänden hingen – ein Blick zurück in das Tischlerhandwerk der Vergangenheit.

Auf der Ecke der sehr harmonisch renovierten Lohgerberstraße mit dem Mittelburggraben befindet sich das **Grafenhaus**, ein langgestrecktes Traufenhaus, das 1961 hervorragend restauriert wurde. Nach ein paar Schritten den Graben entlang ist der Marktplatz wieder erreicht.

Friedrichstadt

Tourismusverein Friedrichstadt und Umgebung, Am Markt 9, 25840 Friedrichstadt, Tel. 04881/93930.
www.friedrichstadt.de

Grachtenfahrt Prinzen-Linie, Am Deich, 25840 Friedrichstadt, Tel. 04881/937597. Eine Flotte von fünf Schiffen befährt ohne festen Fahrplan die Grachten und Flüsse.
www.grachtenfahrt.de

Grachten- und Treeneschiffahrt Günther Schröder, Treeneufer 1, 25840 Friedrichstadt, Tel. 04881/7365. Mit sechs Schiffen geht es jeweils für eine Stunde durch die Grachten, es stehen aber auch Ausflüge zum Nord-Ostsee-Kanal auf dem Programm.
www.grachtenschiffahrt.de

Aquarium, Am Mittelburgwall 4, 25840 Friedrichstadt, Tel. 04881/93050; DZ ab 79 €. Elegant und modern eingerichtetes Hotel mit kleinem Wellness-Angebot und dem anspruchsvollen Restaurant ›Ursprung‹. www.hotel-aquarium.de

Klein Amsterdam, Am Mittelburgwall 28, 25840 Friedrichstadt, Tel. 04881/939029; DZ ab 120 €. In diesem angenehmen Haus besticht der Kontrast zwischen den modern eingerichteten Zimmern und den großen historischen Fotos aus der Stadt. www.kleinamsterdam.net

Pension Marktblick, Am Markt 24, 25840 Friedrichstadt, Tel. 04881/9389436; DZ ab 75 €. Zentral gelegene Pension mit einfachen, aber sauberen und modernen Zimmern. www.marktblick-friedrichstadt.de

Lundenbergsand, Lundenbergweg 3, 25813 Simonsberg, Tel. 04841/83930; DZ ab 250 €. Luxuriöses Adults-only-Hotel südlich von Husum direkt hinterm Deich mit großem Spa-Angebot und Restaurant. www.hotel-lundenbergsand.de

Jugendherberge, Ostdeutsche Str. 1, 25840 Friedrichstadt, Tel. 04881/936261. Am Rande der Altstadt liegt die modern eingerichtete Herberge mit 116 Betten in Vier- und Sechsbettzimmern. www.friedrichstadt.jugendherberge.de

Wohnmobilstellplatz, Halbmond 5, 25840 Friedrichstadt, Tel. 04881/937048. Direkt am Wasser ist Platz für 45 Camper. www.wohnmobilstellplatz-friedrichstadt.de

Eider- und Treene-Campingplatz, Tönninger Str. 1, 25840 Friedrichstadt, Tel. 04881/400. Am Stadtrand und unmittelbar am Eiderdeich liegt der ganzjährig geöffnete Platz, der auch Aktivitäten wie Angeln und einen Kanuverleih bietet. www.treenecamp.de

Bootsverleih Kunterbunt, Lohgerberstr. 35, 25840 Friedrichstadt, Tel. 04881/937778. Verleih von Kanus, Kajaks, Motor- und Elektrobooten sowie Tretbooten. www.kanu-kunterbunt.de

Ursprung, im Hotel Aquarium, s.o.

Holländische Stube, Am Mittelburgwall 24, 25840 Friedrichstadt, Tel. 04881/93900. Angenehm dekoriertes historisches Haus im Zentrum mit Terrasse am Kanal. Vielfältige Speisekarte, beliebt sind die Burger und die Fischgerichte. www.hollaendischestube.de

Alte Münze, Am Mittelburgwall 23, 25840 Friedrichstadt, Tel. 04881/87422; Juni–Sept. Di–So 11–17, Apr., Mai, Okt. Di–So 12–16 Uhr. www.museum-friedrichstadt.de

Tischlereimuseum Jacob Hansen, Ostermarktstr. 15, 25840 Friedrichstadt, Tel. 0163/1730056; im Sommer Mi, Fr, So 11.30–16 Uhr. www.tischlereimuseum-friedrichstadt.de

Modellbahnzauber, Brückenstr. 18, 25840 Friedrichstadt, Tel. 04881/938858; Ostern–31. Okt. So–Fr 11–17 Uhr. Riesige Eisenbahnwelt mit mehr als 1200 Metern Gleisen, 80 Zuggarnituren, sieben Bahnhöfen, zahlreichen Szenen mit Menschen und Fahrzeugen sowie einigen Spezialeffekten, so geschieht der Tag-/Nachtwechsel jede halbe Stunde. www.mobaza.de

Im Juli oder August veranstaltet die Friedrichstädter Rudergesellschaft von 1926 ein **Drachenbootrennen**, bei dem es um Spiel und Spaß geht. www.friedrichstadt.de/die-stadt-entdecken/veranstaltungen/drachenboot-rennen und www.frg1926.de

Am letzten Juliwochenende findet das **Lampionfest** statt, Lichter und beleuchtete Boote driften auf den Kanälen.

Offene Ateliers, Galerien und Werkstätten für Musik und Kultur im weitesten Sinne bietet die **Kulturnacht** im August. www.kulturnacht.sh

An einem Wochenende im September gibt es auf dem Marktplatz einen **Keramikmarkt**.

▸ Karte S. 328

Eiderstedt

Die Halbinsel Eiderstedt, benannt nach dem Fluss Eider, ist uraltes Kulturland. Vor 1000 Jahren lagen im Mündungsdelta der Eider zahlreiche Inseln, die bei Sturmfluten und Hochwasser immer wieder versanken oder ihren Zuschnitt änderten. Dem versuchten die Menschen über Jahrhunderte durch Deichbau und Trockenlegung von großen Flächen entgegenzuwirken. Die Lage stabilisierte sich auch dadurch, dass große Mengen von Sand angeschwemmt wurden. So zeigt sich die Region heute als eine große grüne Ebene, die nur ein, zwei Meter über dem Meeresspiegel liegt, mit einer Küste mit den größten Sandbänken der Region, vor allem in Sankt Peter-Ording.

Auf den Fennen (Marschwiesen) wird Landwirtschaft betrieben. Rinder und Schafe weiden hier, die Milch geben, aus der vor allem Käse gewonnen wird. Aber auch die Tiere selbst stehen auf der Karte: hochwertiges Rindfleisch und Salzwiesenlämmer. Gleichzeitig sind die Fennen auch unverzichtbares Brut- und Rastgebiet für Zugvögel, die hier in großen Schwärmen im Frühjahr und Herbst durchziehen.

Trotz oft schwieriger Wetterbedingungen ist dies seit langer Zeit eine wohlhabende Region. Man erkennt es an den Haubargen, wie die größten Bauernhäuser der Welt bezeichnet werden, die früher Wohnhaus und Scheune in einem waren und heute zu Wohnzwecken modernisiert wurden. Man erkennt es aber auch an den 18 historischen Kirchen von Eiderstedt. Jedes Dorf hat für seine Verhältnisse eine große Backsteinkirche, ein Luxus, denn jeder Ziegel musste importiert werden. Die bedeutendsten Kirchen stehen in Tönning, Tetenbüll und Witzwort.

Witzwort

In Witzwort wohnen nicht etwa die 1000 witzigsten Nordfriesen, der Name soll vielmehr ›Wurt (Warft) des Wido‹ bedeuten. Ansonsten ist der Ort wenig bemerkenswert, wenngleich Ausgrabungen ihm eine Geschichte von 2000 Jahren zuschreiben. Jüngeren Datums, aber dennoch sehenswert, sind seine Kirche und seine Riesenscheune.

Am Meer bei Sankt Peter-Ording

Kirche St. Marien

Die erste Kirche, ein einschiffiger gotischer Backsteinbau, wurde um 1420 auf einer hohen Warft erbaut. Mitte des 19. Jahrhunderts gab es größere Veränderungen: Dach und Dachreiter wurden erneuert, Fenster vergrößert, die Westwand wurde durch massige Stützen gesichert. 50 Jahre später musste auch der Chor neu errichtet werden. Östlich der Kirche und etwas tiefer steht der hölzerne Glockenturm aus dem Jahr 1631. Zwei **Kruzifixe** werden auf das 13. Jahrhundert datiert, der **Taufstein** auf das 15. Er besteht aus Namurer Kalkstein, vier der acht Seiten des Beckens sind mit ungewöhnlichen vergoldeten Figuren geschmückt, von zwei Frauen, davon eine mit Burgunder Hörnerhaube, von einem Mann mit Pelzmütze und von einem Narren.

Das bedeutendste Kunstwerk ist aber der **Altar** aus dem frühen 16. Jahrhundert, fein geschnitzt mit ausdrucksvollen, detailreichen und lebhaften Szenen aus dem Leben Jesu, bunt bemalt mit reichlich Gold. Er soll unter allen 18 Eiderstedter Altären der mit den meisten Figuren sein. Das Mittelfeld zeigt oben die drei Gekreuzigten, teilweise verdeckt durch Rankwerk, in dem sich sechs Statuetten von weiblichen Heiligen befinden, eine davon die gekrönte Maria mit Kind. Die Statuetten sind teilweise älter als der Altar selbst. Unter der Kreuzigungsgruppe werden Szenen dargestellt, die schon vorher stattgefunden haben. So etwa die Annagelung von Jesus an das Kreuz, die von einem jüdischen Priester beobachtet wird, der auf einem roten Pferd reitet. Man sieht trauernde Frauen, darunter Veronika mit dem Schweißtuch Jesu, zahlreiche Soldaten, von denen einer mit einem langen, dünnen Finger auf den Gekreuzigten weist. Einigen Tieren kann Symbolhaftigkeit zugeschrieben werden: ein Affe auf dem Pferd des Pilatus gilt als Sinnbild des Bösen, der Hund im Vordergrund steht hingegen für Treue. Die Seitenfelder zeigen oben links Jesus vor Pilatus, der seine Hände in Unschuld wäscht, darunter die Geißelung, auf der rechten Seite oben die Grablegung und unten die Auferstehung. Auf der Predella sind zwölf Apostelgestalten dargestellt. Klappt man die Flügel des Altars zu, so lassen sich auf der Rückseite acht weitere Flügel ausklappen, deren Bemalung wohl aus dem Jahr 1678 stammt. Sie zeigen die Lebensgeschichte Jesus: Verkündung, Geburt, Beschneidung, Taufe, Abendmahl, Garten Gethsemane, Kreuzigung und Auferstehung. Den Altar überragt ein wertvolles **Kreuz** aus dem Übergang von romanischem zu gotischem Stil, eines der ältesten Kruzifixe im Norden. Der Gekreuzigte trägt eine Krone als Symbol des Siegers und Überwinders des Todes.

Karte S. 328

Roter Haubarg

Der Rote Haubarg rund drei Kilometer nordwestlich von Witzwort ist ein Wahrzeichen der Halbinsel Eiderstedt, ein prächtiger Hof, ein riesiges Gebäude. Der ursprüngliche Haubarg wurde 1647 errichtet; er war einer der größten überhaupt und mit einem roten Ziegeldach gedeckt, daher der Name. Doch der Hof brannte 100 Jahre später ab und wurde in bescheidenerer Form mit einem typischen pyramidenförmigen Reetdach wieder aufgebaut und weiß gestrichen. So zeigt er sich bis heute.

Man sagt, der Haubarg hätte 99 Fenster, was auf eine Legende zurückgeht. Diese erzählt, dass dereinst an der Stelle des Hofes eine kleine Kate stand, in der ein armer junger Mann ein hartes Leben fristete. Dieser verliebte sich in die Tochter eines reichen Bauern aus der Nachbarschaft, die ihm auch wohlgesonnen war. Selbst ihrer Mutter gefiel der junge Mann, nur dem Vater nicht. Um diesen zu beeindrucken, ging er einen Pakt mit dem Teufel ein und versprach ihm seine Seele, wenn der Teufel ihm in einer Nacht, bis zum ersten Hahnenschrei, ein Haus mit 100 Fenstern bauen würde. Der Teufel erschien, brachte die Kate zum Einsturz und errichtete dort den Haubarg. Als der junge Mann sah, mit welcher Geschwindigkeit der Teufel ans Werk ging, reute er sein Versprechen, rannte zum Haus seiner Angebeteten und gestand seine Schandtat. Die Mutter sah aus dem Fenster, bemerkte, dass bereits das Dach gedeckt wurde, so dass Eile geboten war, damit die Seele des jungen Manns gerettet werden konnte. Zum Glück wohnten Mensch und Vieh unter einem Dach, sie konnte also schnell den Hahn wachrütteln und zum Krähen bringen – mitten in der Nacht. So hatte der Teufel die Wette verloren, denn nicht nur krähte der Hahn, bevor das Dach fertig war, sondern im Haus waren auch

›Diabolus carus‹ am Roten Haubarg

erst 99 Fensterscheiben eingesetzt, die letzte fehlte noch. Der Teufel flog wütend von dannen und die jungen Leute zogen in den roten Haubarg. Bis heute gibt es nur 99 Fensterscheiben im Haus, denn wenn man eine weitere einsetzt, zerbirst sie. Eine **Skulptur** mit dem Titel ›Diabolus carus‹ von B. Lothar Frieling (1945–2016) am Eingang vor der Terrasse erinnert an die Teufelsgeschichte, die Karl Müllenhoff (1818–1884) erstmals aufschrieb.

Heute befindet sich ein kleines, recht verstaubtes **Landwirtschaftsmuseum** im Haubarg, das Modelle und Zeichnungen von Haubargen sowie landwirtschaftliches Gerät und Werkzeuge zeigt. Vor allem ist das Haus aber Tagungsstätte, Café und Restaurant, in dem man draußen auf der Terrasse und drinnen sitzen kann. Im Vordergrund stehen Fleischgerichte vom lokal gezogenen Rind, Schwein und Lamm.

Oldenswort

Der Name Oldenswort leitet sich vielleicht von ›olde Warft‹ ab, denn alle bedeutenden Bauten der etwa ab dem Jahr 1000 besiedelten Gegend wurden auf solchen Warften errichtet. Trotzdem zerstörten Fluten immer wieder Häuser, Ställe und Scheunen. Auch die diversen Kriege richteten Verwüstungen an. Ein richtig blühender Ort war Oldenswort, in dem heute 1250 Menschen leben, also nie. Dennoch gab es außerhalb ein Herrenhaus für den Staller und eine recht große Kirche.

Der bekannteste Sohn des Ortes ist Ferdinand Tönnies (1855–1936), der in Tübingen und Kiel Philosophie studierte und als Begründer der deutschen Soziologie gilt. Da seine Ernennung zum Professor in Kiel von der preußischen Kultusbürokratie verhindert wurde, lehrte er als Privatdozent an der Uni; 1933 wurde er von den Nationalsozialisten aus dem Hochschulbetrieb entlassen. Tönnies war auch mit Theodor Storm befreundet. Ein **Denkmal** in seinem Geburtsort erinnert an ihn.

Herrenhaus Hoyerswort

Das zwei Kilometer südlich des Orts gelegene Herrenhaus, das einzige in Eiderstedt, wurde wahrscheinlich Mitte des 16. Jahrhunderts von dem Staller (Vertreter des Herzogs) Junge Ivers erbaut. Herzog Adolph von Gottorf wiederum schenkte das 200 Hektar umfassende Anwesen dem späteren Staller Caspar Hoyer, der bis zu seinem Tod 1594 das Amt ausübte und wohl der bei weitem reichste Mann der Region war. Das im Stil der Renaissance errichtete Herrenhaus blieb bis heute weitgehend unverändert, obwohl es durch zahlreiche Hände ging. Der Keramiker Alfred Jordy erwarb es 2011 und erkor es zu seinem Lebenswerk. Heute ist das Haus eine Art Gesamtkunstwerk oder -unternehmen.
Hinter der Eingangstür öffnet sich gleich der Laden, in dem die Keramiken Jordys, vor allem seine bemalten Kacheln, sowie anderes Dekowerk verkauft werden. Die Treppe hoch geht es zum **Museum**, in dem das Modell eines Haubargs und Einrichtungsgegenstände des Herrenhauses zu sehen sind. Über beide Stockwerke erstreckt sich das große **Café**, das neben Tee- und Kaffeespezialitäten auch eigene Torten und Kuchen anbietet. In einem Seitengebäude befindet sich die **Brasserie**, die lokale Küche mit französischem Einschlag serviert.
In der ehemaligen Kapelle im hinteren Bereich des Herrenhauses haben Alfred Jordy und seine Tochter Anna Bothe ihr **Keramikatelier** eingerichtet, das man, wenn es offen ist, nicht nur durch die Fensterscheiben betrachten darf. Der **Skulpturenpark** im Garten und Wald ist frei zugänglich und versammelt Werke verschiedener Bildhauer.

Kirche St. Pankratius

Im Jahr 1245 wurde mit dem Bau einer Kirche an dieser Stelle begonnen. die Dithmarscher griffen den Ort 1415 an und setzten die Kirche in Brand, nachdem sie alle Wertgegenstände entfernt hatten. Doch schon im Folgejahr wurde

Weitgehend original: das Herrenhaus Hoyerswort

▲ Karte S. 328

die Kirche neu geweiht. 50 Jahre später erfolgte ein großer Umbau, während der Turm erst 1495 fertig wurde.
Betritt man die Kirche, so fallen die umfangreichen **Ausmalungen** auf, die ursprünglich im ganz frühen 16. Jahrhundert entstanden und 1989 wieder freigelegt wurden. Vor allem der Altarraum, der den Himmel symbolisieren sollte, ist prächtig bemalt. Während die Ranken gotischen Einfluss verraten, verweisen die Medaillons auf die Romanik. Sie zeigen die Symbole der vier Evangelisten Matthäus (Stola), Markus (Löwe), Lukas (Stier) und Johannes (Adler). Über dem Altar gab es ursprünglich fünf weitere Medaillons. Den Eingang zum Altarraum markiert die lebensgroße **Triumphkreuzgruppe** aus dem Jahr 1491. Der bemalte **Flügelaltar** ist 100 Jahre jünger und wurde von Marten van Achten geschaffen, einem Holländer, der lange Zeit im benachbarten Tönning arbeitete. Das Mittelbild des Altars zeigt das Abendmahl, auf den Flügeln sind Dornenkrönung und Geißelung zu sehen. Sehr prachtvoll ist weiterhin das **Gestühl** des Altarraums mit seinen Schnitzereien und Inschriften. Die Ausstattung der Kirche stammt aus der zweiten Hälfte des 16. Jahrhunderts. Dazu gehören die **Sandsteintaufe** (1564) westfälischer Herkunft, die zu den ältesten Schleswig-Holsteins gehört, die nach der Reformation aufgestellt wurden. Die **Kanzel** ist ungefähr zehn Jahre jünger und für die Gegend ungewöhnlich; die Reliefs zeigen die Erschaffung Evas mit Winden, Sonne, Mond und Sternen, Kreuzigung, Auferstehung sowie Wappen haltende Engel.

Osterhever

Wahrscheinlich im 12. Jahrhundert entstand der kleine Ort Osterhever auf einer aufgeschütteten Warft. Zur selben Zeit wurden Deiche errichtet und der

Das auffällige Triumphkreuz in der Martinskirche

Osterhever Koog trockengelegt. Der Grund war allerdings sehr unstabil, so dass hier mehrfach Deiche und Häuser absackten. Heute hat Osterhever etwa 200 Einwohner.

■ Kirche St. Martin

Wie in den meisten Orten gab es auch hier im 12. Jahrhundert eine hölzerne Kapelle, der ein romanischer Steinbau folgte, der später wiederum erweitert und mehr dem gotischen Stil angepasst wurde. An St. Martin sind vor allem die breiten Sandsteineinfassungen um Türen und Fenster auffällig. 1565 wurde eine gelungene halbrunde Apsis angefügt.
Im Innern fällt das vielleicht etwas überdimensionierte **Triumphkreuz** mit Maria und dem Jünger Johannes auf und dahinter der **Altar** (ca. 1520), dessen geschnitzte Reliefs sehr lebhaft und farbig den Leidensweg Jesu und die Kreuzigung schildern. Seitlich hängt ein sogenannter **Taufengel** (1822) von der Decke. Bei einer Tauffeier wurde er heruntergelassen, und in den Ring, den er in den Händen hält, gab man eine Schale mit Taufwasser. Man fand den Engel 2010 auf dem

Der vielleicht berühmteste Leuchtturm Deutschlands

Dachboden, restaurierte ihn und hängte ihn wieder auf. Ebenfalls seit 2010 findet sich die ›Madonna auf der Mondsichel‹ wieder in der Kirche, die sich vorher im Städtischen Museum in Flensburg aufgehalten hatte. Weiterhin sind zwei **Abendmahlbänke** (1753), reich geschnitzt und sehr farbig, erhalten.

Westerhever

Die damalige Insel Westerhever wurde im 12. Jahrhundert besiedelt. Von Anfang an errichteten die Menschen dort neue Deiche und Dorfwarften, um ihre Lebensgrundlage zu sichern, denn sie hatten häufig unter Sturmfluten zu leiden. Bei der Mandränke von 1362 wurde die erste Kirche zerstört. In dieser großen Sturmflut ging auch der Ort Rungholt unter; einige seiner Bewohner zogen auf die nahe des Dorfzentrums gelegene Warft Wogemannsburg und verschafften sich von dort ein Einkommen aus Piraterie und Plünderung. Doch 1370 taten sich der Staller Owe Hering und viele Bewohner der Gegend zusammen und besiegten die ›Wogemänner‹. Sie zerstörten ihre Burg und nutzten das Baumaterial zum Aufbau der Kirche und ihres Turms.

Westerhever ist aber vor allem durch seine Salzwiesen und den Leuchtturm Westerheversand bekannt. Auf drei Seiten umschließen die inzwischen 246 Hektar messenden Salzwiesen den Ort. 1887 waren es erst drei Hektar, doch man begann dann mit gezielten Landgewinnungsmaßnahmen und Trockenlegungen, so dass 1901 bereits 90 Hektar Salzwiesen zu bestaunen waren; 1903 wurde ein befahrbarer Deich errichtet. Doch inzwischen zählt die gesamte Gegend zum Nationalpark, so dass seit 1991 drei Viertel der Fläche nicht mehr genutzt werden dürfen. Hier wachsen jetzt zunehmend Queller und Strandsoden sowie neue spezialisierte Pflanzen, die früher nicht zu finden waren. Zu Fuß oder mit dem Fahrrad kann man die Salzwiesen auf befestigten Wegen durchqueren und sich auf dem Weg vom Parkplatz zum Leuchtturm anhand der aufgestellten Infotafeln über das Leben in den Strandwiesen schlau machen.

▸ Karte S. 328

Leuchtturm Westerheversand

Angeblich ist er das bekannteste Bauwerk Deutschlands, der 1906 rund 1000 Meter vor dem Seedeich auf einer vier Meter hohen Warft erbaute, rot-weiß gestrichene Leuchtturm Westerheversand mit den zwei markanten Leuchtturmwärterhäusern mit roten Dächern. Sein Name lässt schon erahnen, dass man an diesem Ort nicht so einfach einen 130 Tonnen schweren gusseisernen Turm aufstellen konnte, vielmehr mussten 127 Eichenpfähle in den Boden gerammt und ein Betonsockel gegossen werden. Der Turm ist 41 Meter hoch, sein Licht leuchtet etwa 21 Seemeilen (39 Kilometer) weit. Früher versahen dort Leuchtturmwärter ihren Dienst, doch inzwischen wird er per Funk von Tönning aus bedient.

Die Häuser beherbergen nun eine **Naturschutzstation** des Nationalparks, die auch Wanderungen und Führungen organisiert.

Kirche St. Stephanus

Während bei vielen Kirchen die Türme erst später angebaut oder erneuert wurden, weil die statischen Kenntnisse oft nicht vorhanden waren, ist bei der Kirche St. Stephanus der Turm aus dem Jahr 1370 das älteste noch bestehende Teil des Bauwerks, während das Langschiff 1804 neu errichtet wurde. An den ziemlich massigen äußeren Stützen und den großen Mauerankern erkennt man allerdings, dass auch hier die Statik ein Problem darstellte. Vielleicht auch wegen des unruhigen Bodens, denn die kleine Kirche steht auf einer fünf Meter hohen Warft.

Im Innern zieht der **Flügelaltar** den Blick auf sich, doch wer glaubt, dass hier der flämische Maler van Dyck tätig war, wird enttäuscht: Das Altarbild ›Die heilige Familie‹ ist eine Kopie und stammt von dem lokalen Künstler Jacob Alberts.

Eiderstedt

Tourismusverein Osterhever, Kömdiek 6, 25836 Osterhever, Tel. 04865/9992005. www.nordsee-osterhever.de

Tourismusverein Westerhever, 25881 Westerhever, Tel. 04865/1206; im Sommer Infostelle am Deichparkplatz. https://westerhever-nordsee.de

Schutzstation Wattenmeer, Am Leuchtturm 1, 25881 Westerheversand, Tel. 04865/298. www.schutzstation-wattenmeer.de

Hoyerswort, 25870 Oldenswort, Tel. 04864/2039838; Brasserie Mi–Sa ab 17 Uhr (Reservierung: Tel. 04864/2039839), Café Mi–Mo 11–18 Uhr. Weiterhin werden drei Ferienwohnungen vermietet. www.hoyerswort.de

Kirchspielkrug, Dorfstr. 7, 25881 Westerhever, Tel. 04865/901430; Mi–So 12–14.30, 17–20 Uhr (Restaurant), Juni–Aug. durchgehend. Direkt neben der Kirche befindet sich der Dorfgasthof, der neun individuell eingerichtete Zimmer anbietet. Vor allem das Restaurant brilliert aber mit frischen lokalen Gerichten auf hohem Niveau. Nachmittags auch selbst gebackener Kuchen. www.kirchspielkrug.de

Roter Haubarg, Sand 5, 25889 Witzwort, Tel. 04864/845; tgl. 11–21 Uhr, im Winter Mo/Di geschlossen. www.roterhaubarg.de

Kunsthalle Witzwort, Reimersbude 12, 25889 Witzwort, Tel. 04864/2719452. Die Kunsthalle präsentiert in einem historischen Reetdachhof moderne urbane Kunst im ländlichen Raum. https://kunsthalle-egdor.business.site

Atelier Knortz, Westerdeich 9, 25889 Witzwort, Tel. 04841/3939. Atelier für moderne Kunst. www.atelier-knortz.de

Westerhever-sand
Sieversbüll
Tümlauer Bucht
Tümlauer Koog
Ording-Nord
St. Nikolai
1 Ording
Norderdeich
Ottersing
Tholendorf
Brösum
Ostereck
202
Helle
Esing
Tönning, B5
Hauptstrand
2 Bad St. Peter-Ording
Peterhof
Dünentherme
3 3 2 1 4 St. Peter-Bad
5 6 7
Bad
St. Peter
St. Peter-Dorf
Bad St. Peter-Süd
Galerie Tobien
Wittendün
Westküstenpark / Robbarium
Landschaft Eiderstedt
4 5 6
St. Peter-Böhl
Bernstein-museum Jöns
Hitzsand
Meersatt
7
Hotels und Pensionen:
1 Zweite Heimat
2 Kathmeyer's Landhaus Godewind
3 Strandgut
4 Bude54
5 Urban Nature
6 Das Kubatzki
7 Aalernhus
Restaurants:
1 Die Insel
2 Sandperle
3 Gosch
4 Wanlik Hus
5 Friesenstube
6 Die Strandhütte
7 Salt & Silver
Sankt Peter-Ording
0 0,85 1,7 km

Sankt Peter-Ording

Sankt Peter-Ording ist sicherlich das Mekka der Strandurlauber an der Nordseeküste. Zwölf Kilometer lang und bis zu zwei Kilometer breit ist der feste, feinsandige Strand, der leichter zu erreichen ist als die vergleichbaren Strände auf Amrum und Sylt. Er bietet Strandkörbe, Sportmöglichkeiten, auf 13 gigantischen Pfahlkonstruktionen Cafés, Bars und Restaurants. Hier fühlen sich Familien mit Kindern wohl, hier wird ein junges, aktives Publikum angesprochen, und der traditionelle Strandläufer findet auch seinen Platz. 17 000 Ferienbetten sind den größten Teil des Jahres ausgebucht, ob nun im Hotel oder in zahllosen Ferienwohnungen und -häusern. Preiswert ist SPO, wie der Ort gerne genannt wird, nicht, aber eins gibt es jeden Abend umsonst: einen fantastischen Sonnenuntergang.

Geschichte

St. Peter wurde, wie die meisten Gemeinden in Eiderstedt, im 12. Jahrhundert gegründet und war ursprünglich als Ulstrup bekannt; im 13. Jahrhundert wurde dann die Kirche gebaut. Doch was heute Tausenden von Besuchern Freude bereitet, hinderte die Menschen damals, sich eine Existenz aufzubauen: die Sandbänke und der Strand. Nirgendwo konnte ein Hafen angelegt werden, die Fischerboote wurden vielmehr einfach auf den Strand gezogen und waren deshalb entsprechend klein.

Tatsächlich blühte die Gegend erst im 19. Jahrhundert auf, als die ersten Badegäste eintrafen. 1877 eröffnete das erste Hotel, 1913 ein Sanatorium, 1911 wurde der erste Pfahlbau auf dem Strand errichtet. Eine Beschleunigung setzte nach 1932 ein, als Sankt Peter-Ording einen Bahnanschluss erhielt, nach dem Krieg entdeckte man noch eine Schwefelquelle, die den Titel ›Nordseeheil- und -schwefelbad‹ einbrachte. 1967 schlossen sich die Gemeinden Ording, St. Peter-Bad, St. Peter-Dorf und Böhl zu einer Gemeinde zusammen.

Strände

Der Strand lockt zu jeder Jahreszeit tausende, im Sommer zigtausende Besucher an. Er ist eine einzige Sandbank aus sehr feinem Material, das sich sehr kompakt

Weit ist der Weg zum Strand

zusammenfügt und deshalb sehr stabil ist. Deshalb dürfen an bestimmten Stellen sogar Autos auf den Strand fahren und dort parken, deshalb konnte man dauerhafte Holzplattformen für Restaurants bauen, deshalb darf man an einigen Abschnitten reiten oder auf dem Strand segeln.

Es gibt insgesamt fünf bewachte Badezonen mit Sanitäranlagen und Strandkorbvermietung, teilweise stehen die Strandkörbe auf Holzpodesten. Die meisten Leute bringen aber Windschutzwände und Strandzelte von zu Hause mit und lassen sich einfach irgendwo im Sand nieder.

Ording-Nord: Hier reicht der Strand fast bis an die Uferstraße Am Deich, nur schmaler Dünenstreifen. Ganz im Norden Hundestrand, weiter südlich FKK-Strand, Parkplatz auf dem Strand.

Ording: Hauptstrand, beginnt südlich des Strandparkplatzes. Längere Reihe von Plattformen mit Strandkörben, Spielplatz, mehreren Bars und Wassersportzentrum. Breite Dünenlandschaft.

Bad: Am Ende der ein Kilometer langen Seebrücke, die eigentlich über die Wiesenlandschaft führt, nur zu Fuß benutzt werden darf und bald nach Strandbeginn endet. Sehr flaches Wasser, deshalb bei Familien beliebt. Weiter südlich gibt es einen Hundestrand.

Dorf: Der kleinere, ruhigere, da vom Ortsteil Bad weiter entfernte Strand wird meist Südstrand genannt. Er liegt zwischen den Salzwiesen und kann nur bei Hochwasser zum Baden genutzt werden.

Böhl: Ganz im Süden und weit weg vom Trubel der Hauptstrände, ein Kilometer vor dem Deich, liegt dieser flache Strand, der für Kinder optimal, für Schwimmer eher uninteressant ist. Hier gibt es auch einen Parkplatz auf dem Strand, der aber gelegentlich überflutet wird.

Sehenswürdigkeiten

Klassische Sehenswürdigkeiten gibt es in Sankt Peter-Ording kaum, Attraktion Nummer eins sind die Strände. Da der Ort sich über rund zehn Kilometer hinzieht, erkundet man ihn am besten mit dem Fahrrad. Wir bewegen uns hier von Norden nach Süden.

Dieser Strand ist unbestritten die Hauptattraktion in Sankt Peter-Ording

▶ Karte S. 400

Kirche St. Nikolai (Ording)

Sandverwehungen und Wellen: Die Kirche musste immer wieder vor den Naturgewalten weichen, erst 1724 wurde sie an der Stelle errichtet, an der sie heute steht. Sie ist die kleinste der 18 Kirchen auf Eiderstedt, ist schlicht und bescheiden ausgestattet. Dennoch ist der erste Raumeindruck markant, wegen des Kontrastes zwischen der Helligkeit der weißen Fenster und dem Dunkel des niedrigen, grün bemalten Tonnengewölbes, das wie ein naives Bauerngemälde mit Sternen, Wolken und Himmel bedeckt ist. Engel tragen fromme Inschriften und Stifter haben sich verewigt.

Der **Altar** stammt aus der Zeit zwischen 1460 und 1480, zeigt auf den Flügeln die zwölf Apostel und in der Mitte die Kreuzigungsszene. Die Figurenanordnung und die Perspektive kann man nicht gerade als gelungen bezeichnen. Verwiesen sei noch auf die **Kanzel** (um 1640) mit Gemälden sowie auf drei **Epitaphien** aus dem 17. Jahrhundert, deren Familiengeschichten allerdings nicht erforscht sind.

Maleens Knoll

Mitten in den Dünen, nördlich des Ortsteils Bad, ragt eine hölzerne Aussichtsplattform auf, die wunderbare Ausblicke auf die Dünenlandschaft und das Meer gestattet. Ihr Name, Maleens Knoll, geht auf eine Legende zurück. Eine junge Frau namens Maleen lebte einst in St. Peter. Sie war mit einem Seemann verlobt, der noch einmal ausfuhr übers unendliche Meer, bevor sie heiraten wollten. Doch Maleen empfand große Sehnsucht nach ihm und ging jeden Abend in die Dünen, um Ausschau zu halten. Damit ihr Verlobter sie finden konnte, hatte sie außer ihrem Spinnrad eine Laterne dabei. Doch eines Tages konnten die Bewohner von St. Peter kein Licht mehr entdecken. Sie

Die Kirche St. Peter im Ortsteil Dorf

suchten nach Maleen und fanden sie tot. Einige Wochen später wurde ein junger Mann am Strand angeschwemmt, der den gleichen Ring trug wie die junge Frau. Ihr Verlobter war zurückgekehrt, doch nur tot, wie sie. Man legte sie zusammen in ein Grab und nennt seitdem diese hohe Düne ›Maleens Knoll‹.

Ortsteil Bad

Im Ortsteil Bad befindet sich das touristische Zentrum, markiert durch eine 1095 Meter lange **Seebrücke**, die eigentlich gar keine Seebrücke ist. Sie führt nicht übers Wasser, sondern über die Sand-, Wiesen- und Priellandschaft bis auf den Strand. An ihrem Zugang befindet sich ein großer Platz, an dem immer etwas los ist. Hier ist die Dünen-Therme mit Räumen für medizinische Anwendungen, aber hier stehen auch die meisten großen und kleinen Hotels, und in den Straßen etwas weiter vom Strand entfernt finden sich die üblichen Läden für Strandbedarf und Souvenirs, Boutiquen und Juweliere. Zahlreiche Cafés und Bistros versorgen flanierende Touristen mit Getränken, Imbissen und Eiscreme.

Historisches Esszimmer im Eiderstedt-Museum

Ortsteil Dorf

Der Ortsteil Dorf wird seinem Namen noch einigermaßen gerecht. Hier gibt es im Kern noch eine historische Bebauung rund um die Kirche und das Heimatmuseum, wenngleich die touristische Nutzung mit Läden, Kneipen und Ferienwohnungen nicht zu übersehen ist.

Auf dem Marktplatz befindet sich die **Bronzeplastik Jan und Gret** (1997) von Claus Homfeld (1933–2019), die den Schollenfang einfacher Leute darstellt. Ein paar Schritte weiter, in einer kleinen **Parkanlage**, ist eine Art historischer Insel entstanden, auf der traditionelle Bauten nachgebaut wurden, etwa ein Backhaus, ein Eiskeller, ein Haus für angeschwemmte Leichen und der Vier-Ruten-Berg, eine Frühform des Haubargs (Südstrand).

Die **Kirche St. Peter** im Ortsteil Dorf hat einen romanischen Kern im heutigen Chor, doch seit dem 13. Jahrhundert wurde sie sehr häufig verändert. Zuletzt geschah dies 1998, als eine freistehende Orgelempore mit neuer Orgel eingebaut wurde. Diese steht nun in einem starken stilistischen Kontrast zur traditionellen Ausstattung im Osten, dem großen, reich verzierten **Triumphkreuz** (um 1510), der eher schlichten **Kanzel** (um 1565) und der **Taufe** (1729) in Form eines Kelches aus schwarzem Granit. Höhepunkt ist aber der Ende des 15. Jahrhunderts geschaffene **Schnitzaltar**. In dessen Zentrum steht wieder die Darstellung der Passion, doch seitlich werden die Verkündung und die Geburt sowie die Anbetung der Könige und die Beschneidung gezeigt. So soll eine Verbindung zwischen der Geburt und dem Tod Jesu aufgezeigt werden, dass in der Geburt der Tod bereits feststeht. Neben der Kirche steht ein 1999 neu errichteter **Glockenturm**.

Direkt neben der Kirche, in einer verkehrsberuhigten Strecke der Straße, befindet sich das **Museum der Landschaft Eiderstedt** in einem reetgedeckten Ziegelbau aus dem Jahr 1752. Seine Geschichte geht auf das Jahr 1902 zurück, als Bürgermeister Ehrich die Bevölkerung zum Spenden von ›Alterthümern‹ aufrief. Heute begrüßt die **Graue Frau** die Besucher, eine lebensgroße Statue einer

▶ Karte S. 400

Frau in Eiderstedter Tracht aus hellgrauem Sandstein. Eine lateinische Inschrift am Sockel verweist darauf, dass die Frau 1596 im Alter von 49 Jahren verstorben ist. In zahlreichen Vitrinen werden Gegenstände aus dem Alltag, dem Lebenszyklus und der Geschichte der Region präsentiert und erklärt. Ganze Wohn- und Arbeitszimmer sind zu sehen, dazu eine Präsentation der Geschichte Sankt Peter-Ordings unter dem Titel ›Vom Armenhaus zum Badeparadies‹.

Leuchtturm (Böhl)

Der 1892 aus rot-braunen Ziegelsteinen errichtete runde Leuchtturm markiert das Fahrwasser der Eider. Er ist 18,40 Meter hoch und wurde zunächst als schlichter Orientierungspunkt an der flachen Küste genutzt. Erst 1914 wurde eine Laterne mit einem Leuchtfeuer aufgesetzt. Der Turm ist auf einem Spaziergang oder per Fahrrad erreichbar, kann allerdings nicht besichtigt werden. Abends hat man einen schönen Blick auf den Sonnenuntergang.

i Sankt Peter-Ording

Tourismuszentrale Sankt Peter-Ording, zwei Büros:

- Badallee 1, 25826 Sankt Peter-Ording (OT Dorf), Tel. 04863/9990; Mo–Fr 9–17, Sa/So 10–16 Uhr;
- Maleens Knoll 2, 25826 Sankt Peter-Ording (OT Bad, in der Dünentherme), Tel. 04863/9990; Mo–Fr 9–17, Sa/So 10–16 Uhr. www.st-peter-ording.de

In der Unterkunft muss eine **Gästekarte** erworben werden.

Aalernhus, Friedrich-Hebbel-Str. 2, 25826 Sankt Peter-Ording, Tel. 04863/7010; DZ ab 269 €. Elegantes Fünf-Sterne-Haus mit geräumigen Zimmern und Suiten verschiedener Kategorien. Großes Schwimmbad und Spa-Bereich, zwei Restaurants. Das Hotel bietet zudem Residenzen von 90 bis 130 Quadratmetern mit mehreren Schlafzimmern. www.aalernhues.de

Bude54, Möwensteg 8, 25826 Sankt Peter-Ording, Tel. 04863/4213600; DZ ab 95 €. Die 20 ›Buden‹ sind etwas auf Strandtreibholz getrimmt und sollen ein junges Publikum ansprechen. Im gemeinsamen ›Wohnzimmer‹ lernt man neue Leute kennen, kann lesen oder sich mit Brettspielen vergnügen.
https://bude54.de

Kathmeyer's Landhaus Godewind, Waldstr. 31, 25826 Sankt Peter-Ording, Tel. 04863/96900; DZ ab 130 €. Etwas entfernt vom Strand liegt dieses historische Landhaus unter Reet, eines der ältesten im Ort, in einem großen Garten. Im Innern des Hotels Garni wurde alles in friesischen Blautönen renoviert. Die Lage wird durch günstigere Preise gutgemacht.
www.kathmeyers.de

Das Kubatzki, Im Bad 59, 25826 Sankt Peter-Ording, Tel. 04863/7040; DZ ab 105 €. Das Haus gibt sich jung und modern, man kann Yoga kennenlernen oder an Outdoor-Aktivitäten teilnehmen. Die Zimmer sind im Schwarz-Weiß-Kontrast gestaltet und praktisch eingerichtet.
www.das-kubatzki.de

Strandgut, Am Kurbad 2, 25826 Sankt Peter-Ording, Tel. 04863/99990; DZ ab 85 €. Modernes Hotel für ein junges Publikum in optimaler Lage am Ende der Seebrücke. Die Zimmer in mehreren Kategorien und Größen, mit und ohne Meerblick, sind minimalistisch-modern eingerichtet. Der große Wellnessbereich, ein Terrassencafé und das Restaurant runden das Angebot ab.
www.strandgut-resort.de

Urban Nature, Fritz-Wischer-Str. 13, 25826 Sankt Peter-Ording, Tel. 04863/476500; DZ ab 105 €. Neues Hotel, das die Lage am Strand mit dem Stadtfeeling für junge Leute verbinden will. 90 stylische Zimmer.
www.urban-nature.de

Zweite Heimat, Am Deich 41, 25826 Sankt Peter-Ording, Tel. 04863/474890; DZ ab 161 €. Ganz im Norden und am Ordinger Strand liegt dieses etwas amerikanisch anmutende Hotel mit 47 Zimmern. Auch ein kleiner Spa-Bereich und ein Restaurant gehören dazu. www.hotel-zweiteheimat.de

Reisemobilhafen, Ketelskoog 10, 25826 Sankt Peter-Ording (OT Dorf), Tel. 04863/478369; Jan.–Okt. 75 Plätze, beheizte sanitäre Anlagen mit Duschen, Elektroanschluss. www.reisemobilhafen-spo.de

Schäfer Tours, Wittendüner Geest 1, 25826 Sankt Peter-Ording (OT Dorf), Tel. 04863/3188. Transitplatz mit Strom, ohne Ver- und Entsorgungsmöglichkeit. www.schaefer-tours.de/womo-stellplatz

Friesenstube, Dünenweg 14, 25826 Sankt Peter-Ording, Tel. 04863/3500; Mo, Do, Fr ab 17.30, Sa/So 11.30–14, ab 17.30 Uhr. Im Ortsteil Dorf bietet Küchenchef Jens Bredenbeck seinen Gästen seit Jahren gute Qualität vom Lamm über die Seezunge bis zum Hummer (Vorbestellung). Ein ordentlicher Wein gehört dazu. www.friesenstube.net

Die Insel, Im Bad 27, 25826 Sankt Peter-Ording, Tel. 04863/950540; tgl. 11–22 Uhr. Café und Restaurant mit maritimem Ambiente im OT Bad. Drinnen und auf der Terrasse, dort auch im Strandkorb, wird vom Frühstückskaffee bis zum Absacker alles geboten. Auf der Speisekarte zu finden sind Imbisse, Suppen, Burger, Fisch, Fleisch und Waffeln. www.restaurant-die-insel.de

Gosch, Buhne 1, 25826 Sankt Peter-Ording, Tel. 04863/4785090; tgl. ab 11 Uhr. Hier kommt einfach jeder Besucher vorbei, denn der gehobene Fischimbiss von der Insel Sylt befindet sich genau am Ende der Seebrücke. Und so ist trotz der recht hohen Preise immer einiges los. https://gosch.de/standorte/st-peter-ording

Salt & Silver, Zum Böhler Strand, 25826 Sankt Peter-Ording, Tel. 04863/476757; Do–Di 12–22 Uhr. ›Fischgrill & Strandbar‹, so nennt sich das moderne, jugendliche Restaurant in einem Pfahlbau auf dem Strand von Böhl, das eine herrliche Rundumsicht bietet. Moderne nordische Küche. https://saltandsilver.de

Sandperle, Im Bad 26, 25826 Sankt Peter-Ording. Tel. 4863/7090; tgl. 7–21.30 Uhr. Im Hotel ›Ambassador‹, direkt an der Promenade mit Blick Richtung Meer bietet dieses elegante Restaurant regionale Küche. www.hotel-ambassador.de/de/restaurants/restaurant-sandperle

Die Strandhütte, auf dem Strand vor dem OT Dorf (Bushaltestelle oder Parkplatz am Ende der Straße Zum Südstrand, von dort ca. 15 Min. zu Fuß über den Strand), Tel. 04863/4747011; Mitte März–Dez. tgl. 12–21 Uhr. Drinnen gehobenes Ambiente mit gepflegter regionaler Küche. Große Terrasse, die vor allem beim Sonnenuntergang sehr beliebt ist. www.die-strandhuette.de

Wanlik Hus, Dorfstr. 27, 25826 Sankt Peter-Ording, Tel. 04863/3030; tgl. 12–21 Uhr. Das historische Haus im Kern des Ortsteils Dorf bietet drinnen wie draußen traditionell friesische Küche in traditioneller Zubereitung. https://wanlik-hus.business.site

Meersatt, Eiderweg 1, 25826 Sankt Peter-Ording, Tel. 04863/4261. Frühstück, selbstgemachter Kuchen, interessante Snacks und leckere Drinks: Das alles genießt man von einem kleinen Turm mit Terrasse ganz im Süden von SPO mit herrlichem Rundumblick auf Golfplatz, Salzwiesen und Meer. www.meersatt.de

Landschaft Eiderstedt, Olsdorfer Str. 6, 25826 Sankt Peter-Ording (OT Dorf), Tel. 04863/1226; April–Okt. Di–So 10–17, Nov.–März Di–So 11–16 Uhr. In einem historischen reetgedeckten Haus gibt es kleine Ausstellungen zur Besiedlung, Christianisierung und Wohnkultur der Halbinsel Eiderstedt. Sehr schön ist das mit Delfter Kacheln bedeckte Wohnzimmer.

▶ Karte S. 400

www.museum-landschaft-eiderstedt.de
Galerie Tobien, Wittendüner Geest 30, 25826 Sankt Peter-Ording (OT Dorf), Tel. 04863/9504376; Mi–So 13–17 Uhr. Galerie mit regelmäßigen Ausstellungen moderner Kunst.
www.galerie-tobien.de
Bernsteinmuseum Jöns, Dorfstr. 15, 25826 Sankt Peter-Ording (OT Dorf), Tel. 04863/5611; im Sommer Mo–Fr 10–18, Sa/So 10–13 Uhr. Bernsteinmuseum und -verkauf, Schleifkurse für Kinder und Workshops für Erwachsene.
https://bernsteinmuseum.de
Kirche St. Nikolai (Ording), Utholmerstr. 4; Mai–Sept. tgl. zugänglich.
Kirche St. Peter, Olsdorfer Str. 15.

Am zweiten Augustwochenende füllt sich zum **Drachenfest** der Himmel über dem Strand von Ording mit Hunderten Flugdrachen. Musik und Shows füllen das Rahmenprogramm.
Ende August finden die **Kitesurf Masters** statt, das Finale der deutschen Meisterschaften im Kitesurfen. Mit dem Rahmenprogramm und der Messe ist dies die größte Kitesurf-Veranstaltung der Welt.

Dünentherme, Maleens Knoll 2, 25826 Sankt Peter-Ording (OT Bad), Tel. 04863/999161. Freizeit- und Erlebnisbad mit Saunalandschaft. Weiterhin gibt es in dem Haus eine Schwefelquelle mit Behandlungen von Hautproblemen und Rheuma.
www.st-peter-ording.de/duenentherme

Schon vor 400 Jahren sollen die ersten Lastensegler für niederländische Fürsten entwickelt worden sein, heute handelt es sich bei den **Strandseglern** um High-Tech-Sport-Gefährte, die auch schon einmal mit 100 Stundenkilometern über den Strand fegen. An der Westküste ist SPO der einzige Ort, an dem dieser rasante Sport ausgeübt werden kann, ansonsten erfreut er sich auf den Ostfriesischen Inseln und in Holland großer Beliebtheit. In SPO gibt es Regatten und Kurse.
Yachtclub YCSPO, Deichstr. 5, 25826 Sankt Peter-Ording, Tel. 04863/8260, keine Vermietung. www.ycspo.de
Nordsport Events SPO, Tel. 04663/9505870.
www.strandsegeln-spo.de

X-H2O, Ordinger Strand, 25826 Sankt Peter-Ording, Tel. 0175/2488424; im Sommer tgl. 10–18 Uhr. Jede Menge Wassersportgerät wird hier verliehen, dazu gibt es Kurse für Kinder und Erwachsene im Surfen, Kitesurfen, Stand-up-Paddeln, Wellenreiten und vieles mehr.
www.x-h2o.de

Westküstenpark und Robbarium, Wohldweg 6, 25826 Sankt Peter-Ording (OT Böhl), Tel. 04863/3044; im Sommer tgl. 9.30–18 Uhr. In diesem Zoo leben rund 800 Haus- und Wildtiere, die aus der Nähe beobachtet werden können. Kinder fühlen sich auch zum Streichelzoo, Ponyreiten, Hüpfen und dem Spielplatz hingezogen, vor allem aber zu den Fütterungen um 11 und 15 Uhr für die Seehunde und um 14.30 Uhr für die Haustiere. Die Seehunde bevölkern ein großes Freigehege.
https://tierpark-westkuestenpark.de

Tating

Die kleine Gemeinde Tating mit ihren knapp 1000 Einwohnern liegt zwischen Sankt Peter-Ording und Garding. Mitte des letzten Jahrhunderts gab es noch 38 Haubarge im Ort, heute viel weniger; sie befinden sich alle in Privatbesitz. Die Haubarge waren offensichtlich so typisch für den Ort, dass er einen in seinem Wappen trägt, darunter ist eine dreimastige Handelskogge aus dem 16. Jahrhundert dargestellt.

Kirche St. Magnus

Im Jahr 1103 soll hier bereits eine hölzerne Kapelle gestanden haben. Sie war dem heiligen Magnus geweiht, einem historisch nicht gut belegten Klostergründer und Einsiedler in Füssen aus dem 8. Jahrhundert. Die neue Kirche folgte dem Stil der Romanik und stand auf Feldsteinfundamenten. Heute fallen der an Tönning erinnernde, in die Westfassade eingearbeitete quadratische **Turm**, der kleine Dachreiter und die weiß abgesetzten romanischen Fenster ins Auge. Das Innere wird von zahlreichen Gemälden bestimmt. Herausgehoben wird die etwa 1540 geschaffene **Kanzel**, auf der acht manieristischen Gemälde Szenen aus dem Leben Jesus darstellen; auf dem Schalldeckel geht die Erzählung weiter. Der an der Nordwand erhaltene Rest einer einst viel größeren **Empore** zeigt jetzt noch zwölf Szenen aus dem Alten und dem Neuen Testament. Der **Altar** stammt aus der zweiten Hälfte des 15. Jahrhunderts; die geschnitzten Figuren befinden sich hier vor einem Gemälde, das den Hügel Golgatha mit den Gekreuzigten darstellt. Die Altarflügel zeigen die zwölf Apostel in vier Dreiergruppen. Die Predella hingegen zieren drei weitere Gemälde: Christus als Lebensbrunnen, das Abendmahl und der ungläubige Thomas. Auch die Rückseiten der Altarflügel sind mit Gemälden bedeckt, die Szenen vom Leiden Christi darstellen.

Hochdorfer Garten

Der 1764 angelegte Hochdorfer Garten, ein Barockgarten, wird als bedeutendstes Denkmal der bäuerlichen Gartenkultur in Schleswig-Holstein angesehen. Mit dem Bau eines neuen Haubarg, der vielleicht einmal der größte in Eiderstedt war, entstand auch der fünf Hektar umfassende Garten, dessen herausragende Bestandteile zwei mehr als 120 Meter lange **Lindenalleen**, drei **Lindenlauben** und zehn **Quartiere** eines formalen Garten sind. Etwa 1873 wurde das **Schweizer Haus** als Sommerhaus in den Garten gebaut, ein zweistöckiges Fachwerkhaus mit Ziegelwänden.

Auffällige Form: die Magnuskirche

▲ Karte S. 400

Theodor Mommsen wurde in Garding geboren

In den Garten kamen einige exotische Gehölze und im Jahr 1900 eine künstliche Ruine am südlichen Rand, die von Caspar David Friedrich inspiriert sein soll. Nach dem Zweiten Weltkrieg war der Garten gefährdet: Zwei Lindenalleen wurden zur Holzgewinnung gefällt, der Haubarg war teilweise baufällig und wurde verkauft. Er ist heute ein privates Wohnhaus. Doch 1979 wendete sich das Blatt, als der Hochdorfer Garten unter Denkmalschutz gestellt wurde. In den 1990er Jahren wurden sowohl das Schweizer Haus als auch die Gartenanlage saniert und als Dorfgarten der Öffentlichkeit wieder zugänglich gemacht.

Garding

Die Kirchgründung Gardings fiel in das Jahr 1109, der Ort bestand allerdings schon vorher. Er war im 16. Jahrhundert Marktstadt und erhielt 1590 die Stadtrechte. Neben dem Markthandel verfügte Garding auch über einen Hafen, der aber 1912 zugeschüttet wurde.

Das Ortszentrum mit der Kirche St. Christian und dem Markt befindet sich auf einer natürlichen Erhebung von etwa zehn Metern Höhe. Die Straßen laufen sternförmig auf die Kirche zu, die von einer dichten Baumreihe umgeben ist und von oben betrachtet wie eine Arena wirkt. Der Markt (Wochenmarkt Di 8–12 Uhr) befindet sich in der Südostecke, windet sich aber auch im Norden um die Kirche. Die wichtigsten Gebäude stehen südlich der Kirche. Ein kleines weißes Haus, erbaut 1572, ist als ›Altes Diakonat‹ bekannt. Hier wohnte der Pfarrer Jens Mommsen, und hier wurde sein Sohn geboren, der spätere Historiker und Nobelpreisträger Theodor Mommsen (1817–1903). Seit 1969 nutzt die Gemeinde das Bauwerk als Gemeindehaus. Nebenan beleuchtet eine kleine **Ausstellung** Leben und Werk Mommsens, der in Form einer Büste an der Südostecke der Kirche zugegen ist.

Kirche St. Christian

Die Kirche St. Christian hat eine geradezu klassische Geschichte: Die hölzerne Kapelle wurde 1117 von einem kreuzförmigen romanischen Backsteinbau abgelöst, von dem in den Wänden des Langschiffs noch Reste zu erkennen sind. Mitte der 1480er Jahre wurde die Kirche gotisiert: Der Altarraum wurde auf zwei Joche ausgebaut, die vorher flache Holzdecke wurde zu einem Kreuzrippengewölbe verändert, wofür im Innern zwei massige Säulen erforderlich waren, draußen ebenfalls nicht besonders elegante Strebepfeiler. Durch die Säulen wird das ursprüngliche Langschiff zu zwei Langschiffen, eine äußerst seltene Form, da die Anzahl der Schiffe normalerweise ungerade ist. Weiterhin wurde ein hohes, spitzes Dach aufgesetzt, auch der Turm wurde mit einer neuen, höheren Spitze versehen.

Im Innern fallen zunächst die teilweise wieder freigelegten **Bemalungen** aus dem 15. Jahrhundert ins Auge. Die Ausstattung war zu der Zeit des Einbaus äußerst modern und von hoher Qualität, so die **Kanzel** (1563) als erste des ›Eiderstädter Typus‹ mit Reliefdarstellungen des Sündenfalls, der Schlange und der Kreuzigung, der **Taufstein** (1654) aus schwarzem Marmor, die große **Triumphkreuzgruppe** (15. Jh.) und vor allem der **Altar** (1596). Die **Gemälde** sind von dem niederländischen Maler Marten van Achten signiert, der in Tönning wirkte und weitere ähnliche Altäre in der Region schuf. Der Stil des Manierismus erlaubt sehr persönliche Gestaltungen von Figuren und Landschaften, und so scheint van Achten Anleihen beim natürlich sehr viel späteren Kubismus genommen zu haben.

Die Hauptstraße hinunter

Durch die Enge Straße geht es von der Kirche hinunter in den Ort. Auf der linken Seite befindet sich zunächst das alte **Rathaus**, das auch als ›Stallerhaus‹ bekannt ist. Der Staller war der höchste Beamte in der Region Eiderstedt/Nordstrand, der, wie anderswo der Vogt, in seinem eigenen Haus arbeitete, hier einem stattlichen Ziegelbau. Der letzte Staller des Orts war Johann Gottlieb Ingwersen (1794–1885). Nach seinem Tod erwarb die Stadt das Haus samt Garten und baute es zum Rathaus um.

Eine schmale Gasse erinnert an einen weiteren Beamten, den Pennmeister (Pfennigmeister), der öffentliche Abgaben einzog und an den Gottorfer Herzog übertrug. Die letzten Pennmeister wohnten bis 1890 auf dem Hof Hahneburg und nahmen diese Gasse auf ihrem Weg in die Ortsmitte.

Tetenbüll

▶ Karte S. 400

Die stille und kleine Gemeinde Tetenbüll mit heute 600 Einwohnern liegt im Zentrum von Eiderstedt, nordöstlich von Garding. Die Halbinsel Eiderstedt weist 18 historische Kirchen auf, die von Tetenbüll gehört zu den sehenswertesten.

Kirche St. Anna

Es ist nicht das Äußere, das Besucher zur Kirche St. Anna lockt. Der Ziegelbau hat heftige statische Probleme, worauf das massige äußere Strebewerk (dem in jüngerer Zeit mit Beton nachgeholfen werden musste) und die zahlreichen Maueranker vor allem am Turm (1491) verweisen. Vielmehr wird hier ein ›bebilderter Himmel‹ versprochen, also Deckengemälde, die die Geschichte des frühen Christentums illustrieren. Am besten stellt man sich vor den Altar und schaut nach Westen, zum Turm, dann sieht man die **Bilderpaare**, die chronologisch durch die Jesusgeschichte führen, von der Verkündigung und der Geburt bis zu den Missionsreisen der Apostel und der Wandlung des Saulus zum Paulus vor Damaskus. Die Bemalung der flachen Holzbalkendecke stammt aus der Mitte des 18. Jahrhunderts.

An der Nordwand wurde 1613 eine große **Empore** eingebaut, die ebenfalls mit 30 Bildern, diesmal aus dem Alten Testament, geschmückt ist. Reich verziert ist auch die **Kanzel** aus dem Jahr 1575. Die Reliefs zeigen die vier Evangelisten, in den Inschriften haben sich die Stifter verewigt: »Gott und seinem heiligen Predigtamt zu Ehren haben der selige Jacob Leiken und seine Hausfrau Momme diesen Stuhl geschenkt.« Die auffällige **Triumphkreuzgruppe** wurde 1979 restauriert. Ihr wurde 1725 ein geschnitzter Akanthusschleier hinzugefügt, aus dessen Blätterwerk die Marterwerkzeuge vorscheinen. Die Christusfigur und die der Maria und des Johannes stammen aus verschiedenen Zeiten des 15. und 16. Jahrhunderts.

Auch der 1982 restaurierte **Altar** entstand im frühen 16. Jahrhundert, wobei die seitlichen Verzierungen einschließlich des Weltenrichters auf dem Regenbogen und der Engel 1654 hinzugefügt wurden. Die aus zahlreichen lebhaften und bunt angemalten Figuren bestehenden Reliefs zeigen im Mittelfeld die Kreuzigung, rechts unten Christus vor Pilatus, oben die Krönung mit der Dornenkrone, links oben die Geißelung, unten das Tragen des Kreuzes mit der Hilfe des Simon (wobei das Kreuz ganz anders aussieht als in der Mittelszene). Den Altar flankieren zwei aufwendig geschnitzte Abendmahlsbänke aus dem Jahr 1697. Links vom Altar steht ein rot gestrichener **Sakramentsschrank** mit der plattdeutschen Inschrift ›Hir is in de Licham unses Herrn‹ (Hier befindet sich der Leib unseres Herrn, die Hostie).

Des weiteren ist ein exquisiter **Taufstein** wohl von 1596 zu sehen. Er besteht aus Sandstein westfälischer Herkunft. Den Fuß zieren vier Löwen, die Wappen tragen, das Becken zeigt die vier Evangelisten sowie vier Engelsköpfe. Zwei hölzerne **Logen** können für besondere Gäste, die ihre Privatsphäre schätzten, aufgestellt worden sein. Eine trägt eine Inschrift, die eindeutig auf die Beichte verweist und die vielleicht in dieser Form die Reformation überstanden hat.

Überreich an Exponaten: Haus Peters

Haus Peters

Der Kirche gegenüber liegt das Haus Peters, mit seinen engen Zimmern, schmalen Durchgängen und steilen Treppen voll bis unters Dach. Unten ist die Einrichtung eines Kolonialwarenladens, den Familie Peters bis 1924 betrieb, erhalten geblieben: feine Seifen, praktische Geräte und jede Menge origineller Krimskrams, den Besucher hier erwerben können. In den oberen Etagen finden auch Ausstellungen statt, etwa von Theodor Möller (1873–1953), dem wohl bedeutendsten Fotografen Schleswig-Holsteins, und Horst Janssen (1929–1995), dem Hamburger Zeichner, Grafiker und Plakatkünstler, der auch eine ›Eiderstedt-Mappe‹ erstellte.

Welt

In Schleswig-Holstein kann man nicht nur Kalifornien und Brasilien besuchen, sondern die ganze Welt, nun zumindest in Form einer kleinen, nur 190 Köpfe zählenden Gemeinde im südlichen Eiderstedt. Seit dem 9. Jahrhundert leben hier bäuerliche Siedler auf einem sandigen Wall, doch mit der Welt da draußen hat das Dorf gar nichts zu tun, denn es hießt früher ›Wehldt‹. Dieser Name wurde wohl aus dem Begriff ›Wehle‹ abgeleitet, der einen tiefen See bezeichnet, der durch einen Deichbruch entstanden ist.

Kirche St. Michael

Im Jahr 1113 errichtete die Gemeinde Garding eine hölzerne Kapelle im Ort Welt, die mehr als 100 Jahre später durch

Der auffällige Schnitzaltar in der Nikolaikirche

einen Ziegelsteinbau ersetzt wurde. Die Fenster der spätromanischen Kirche sind in Sandstein gefasst, der Turm wurde erst 1908 hinzugefügt. Aus dem späten 16. Jahrhundert stammen die hölzerne Kanzel und der zweiflügelige Altaraufsatz.

Kotzenbüll

Der Name Kotzenbüll soll ›Siedlung der Kotsos‹ bedeuten, wobei Kotsos ein Patriarch ist. Der Ort war im Mittelalter durch seine Lage im Schatten der Festung Tönning sehr wohlhabend, doch dieser Wohlstand verschwand mit der Zerstörung der Festung im Jahr 1713. Man kann es vielleicht an der Zahl der Haubarge ablesen, der großen Bauernscheunen, von denen es um 1800 noch 13 gab und heute nur noch einen. Gleichzeitig sank die Zahl der Bewohner auf knapp 200.

■ Kirche St. Nikolai

Schon durch ihre Ausmaße belegt die Dorfkirche den früheren Wohlstand des Ortes. 1495 wurde der spätgotische Backsteinbau geweiht, der eine frühere Kapelle ersetzte, obwohl die Kirche noch nicht fertig war und auch nie richtig beendet wurde. Sie ist einschiffig, weist im Osten eine Apsis auf, zwei kurze Querschiffe und im Westen einen soliden, aber nicht sehr hohen Turm. Sie kommt auf eine lichte Breite von 10,40 Metern, mehr als alle anderen Kirchen der Region, und war mit einem spitzbogigen Tonnengewölbe gedeckt, ebenfalls einmalig in diesen Breiten. Sie hatte fünf Altäre, und zur Einweihung erschien der Bischof aus Schleswig. Doch vielleicht war dieses Streben nach Bedeutung inmitten der Kohläcker doch ein wenig anmaßend, denn gut 100 Jahre später stürzte das Dach ein. Fehler beim Bau und die Lage auf einer von einem kleinen Wassergraben sowie von Ulmen und Kastanien umgebenen Warft stellen wahrscheinlich die Ursachen für die statischen Probleme dar, die bis heute anhalten. 1859 wurde die Kirche neugotisch umgestaltet. Statt des Gewölbes

▸ Karte S. 400

wurde eine flache Holzbalkendecke eingezogen. Die markanten Türen im Norden und im Süden, durch die die Kirche getrennt nach Männern und Frauen betreten wurde, bevor das gemeinsame Portal im Westen in Mode kam, sind weitgehend original spätgotisch und damit die wohl ältesten Kirchentüren Schleswig-Holsteins.

Der ebenfalls spätgotische **Schnitzaltar** (1506) mit späterer barocker Rahmung (1752) ist das Prunkstück der Kirche. Sehr plastisch und bunt bemalt treten die Figuren aus den Reliefs. Den oberen Mittelteil beherrscht die Kreuzigungsgruppe, darunter gehen die Szenen ineinander über, die Annagelung, die Würfler und mehrere Szenen mit den drei Marien. Auf der linken Seite ist oben Jesus vor Pilatus, der seine Hände in Unschuld wäscht, zu sehen, darunter die Geißelung. Das rechte untere Bild stellt die Grablegung dar, das obere die Auferstehung. Über diesen Szenen sind noch zwei bemerkenswerte Reliefs zu sehen, links die Krönung der Gottesmutter Maria und rechts die gekrönte Maria mit dem Kind.

Zur Ausstattung der Kirche gehören weiterhin die barocken **Abendmahlsbänke** (1752), der prächtige **Messingkronleuchter** (1752), der **Taufstein** aus blau-grauem Namurer Kalk und die **Kanzel**. Die über fünf Meter große **Triumphkreuzgruppe** (um 1500) wurde bei einer Renovierung (1968) wieder auf ihren ursprünglichen Platz gebracht, indem man Reste eines ehemaligen Lettnergitters zu einem neuen Chorgitter erweiterte. Sehr selten in Schleswig-Holstein anzutreffen ist ein **Sängerpult** wie das hier zu sehende spätgotische. Die Noten wurden auf den schrägen Flächen aufgelegt, und die Sänger umstanden das Pult in zwei Halbkreisen, um den Gottesdienst zu untermalen.

Wegen Renovierungsmaßnahmen ist die Kirche derzeit geschlossen.

Tating bis Kotzenbüll

Touristeninformation, Markt 26, 25836 Garding, Tel. 04862/469; Mo–Fr 9–13, 14–16 Uhr (mittwochnachmittags geschlossen). www.garding.de

Schweizer Haus, Düsternbrook 10, 25881 Tating, Tel. 04862/2019681; Mitte März–Mitte Jan. Di–So 12–21 Uhr. Es soll die Eierlikörtorte gewesen sein, die den Erfolg des Cafés und Restaurants begründete, vielleicht waren es auch die großzügigen Portionen. Jedenfalls ist das Kuchenangebot wirklich außergewöhnlich. An warmen Speisen gibt es Flammkuchen und Nudelgerichte. Mit Kamin und auf zwei Etagen, auch draußen im Biergarten sitzt man gemütlich.
www.schweizerhaus-tating.de

Haus Peters, Dörpstraat 16, 25882 Tetenbüll, Tel. 04862/681; März–Okt. Di–So 13–18, Nov.–Feb. Fr–So 13–17 Uhr. www.hauspeters.info

Märchentheater Marianne Vocke, Mückenberg 6, 25836 Garding, Tel. 04862/17186. Stabpuppentheater in deutscher und französischer Sprache. www.puppentheater-vocke.de

Hochdorfer Garten, ganzjährig geöffnet und frei zugänglich.
https://hochdorfer-garten.de

Friesische Schafskäserei, Kirchdeich 8, 25882 Tetenbüll, Tel. 04862/348; Mo–Fr 10–18, Sa 10–14 Uhr. Mehr als zehn verschiedene Sorten Schafskäse werden vor Ort produziert, im Laden gibt es dazu Wurstwaren, Lammfleisch, Milch, Schaffelle, Wolle und anderes mehr.
www.friesische-schafskaeserei.de

Tönning

Die Kleinstadt Tönning (5000 Einwohner) liegt am Nordufer des Flusses Eider, kurz bevor dieser sich in die Nordsee ergießt. Der große Marktplatz, neben dem die Kirche St. Laurentius aufragt, und der Hafen, der einst lebhaften Schiffsverkehr sah, sind die beiden Pole dieses angenehmen Städtchens.

Geschichte

Tönning wird seit Mitte des 12. Jahrhunderts erwähnt, als dort die Kirche ausgebaut wurde. Doch in den Auseinandersetzungen zwischen Dithmarschen und Eiderstedt brannte Tönning im Jahr 1414 nieder. Eine neue Blüte erlebte der Ort im späten 16. Jahrhundert. Er gehörte damals zum Herzogtum Schleswig-Holstein-Gottorf, und Herzog Adolf ließ sich an der Westküste zwei Schlösser zum Rückzug bauen, eins in Husum und eins in Tönning. Der Herzog warb auch um Einwanderer aus den Niederlanden, die nicht nur Friedrichstadt aus der Taufe hoben, sondern auch Arbeit und Wohlstand nach Tönning brachten, wo man groß in die Käseproduktion einstieg. 1610 wurden drei Millionen Pfund Käse abgefertigt, drei Jahre später wurde der Hafen erweitert und in seiner heutigen Form in das Nordufer der Eider gegraben. Der Ausbau der Straßen und das Anlegen von Kanälen sorgten für hohes Einkommen, denn über die Wege konnten Weizen, Kühe und Schafe exportiert werden.

Doch der Dreißigjährige Krieg machte vieles wieder zunichte. Seit Mitte des 17. Jahrhunderts bauten die Gottorfer Tönning zur Festungsstadt aus. Sie sahen sich in ihrem Stammsitz bei Schleswig bedroht und wollten sich im Kriegsfalle an die Westküste zurückziehen. So entstand die Koalition zwischen Eiderstedt, Gottorf und den Schweden, der das dänische Königshaus feindlich gegenüberstand. 1659 belagerten die Dänen Tönning, konnten es aber nicht einnehmen, das gelang ihnen erst 1675, und auch das nur vorübergehend. 1692 wurde die Festung wieder aufgebaut und die Zahl der Bastionen nochmals erhöht. Weitere Angriffe erfolgten im Großen Nordi-

Der Tönninger Hafen in früheren Zeiten

▲ Karte S. 328

schen Krieg ab dem Jahr 1700, als sich Dänemark noch mit Russland, Polen und Sachsen verbündete. Die Schweden verließen die total überfüllte Festung im Mai 1713, die Gottorfer im Februar 1714. Der dänische König ließ alle Befestigungswerke und dazu das Schloss endgültig schleifen; nur noch geringe Reste sind im heutigen Schlosspark zu sehen. Im Laufe des 18. Jahrhunderts kam Tönning wieder auf die Beine, diesmal mit Schiffswerften und ihren Nebenbetrieben, die bis ins frühe 20. Jahrhundert Bestand hatten. Das Packhaus am Hafen wurde gebaut, und ausgerechnet durch die Kontinentalsperre Napoleons gegen England profitierte Tönning. Da es zum neutralen Dänemark gehörte und von der Sperre nicht betroffen war, konnte es Warenströme aus Hamburg abziehen. Doch mit dem Ende der Sperre (1807) begann der langsame Niedergang Tönnings. Er wurde mit der Einweihung des Nord-Ostsee-Kanals (1895) endgültig besiegelt, da der Kanal den Schiffsverkehr in die Elbe leitete, nicht in die Eider. Als dann 1972 auch noch das Eidersperrwerk gebaut wurde, verlor der Hafen jede ökonomische Bedeutung, da alle Fisch- und Krabbenkutter an den neuen Hafen am Sperrwerk verlegt wurden. Im Hafen liegen jetzt nur noch Freizeitboote. Aber das ist ganz idyllisch, und so schafft der Tourismus ein neues Standbein.

Marktplatz und Umgebung

Der Marktplatz ist das Gegenstück zum Hafen. Er wurde erstmals 1595 gepflastert, dann 1613 mit dem Aushub aus dem Hafen erhöht und 1616 erneut gepflastert und mit einem Brunnen versehen, was wegen des Handels mit lebenden Tieren nötig war. Die Sandsteinumrandung und der schmiedeeiserne Bogen sind reich verziert. Vor einigen Jahren wurde der **Brunnen** umgestaltet; er dient jetzt nicht mehr der Wasserversorgung, sondern ist ein Springbrunnen, der immer mit bunten Blumen geschmückt wird.

Den Platz umstehen ziemlich geschlossene Fronten von schön renovierten **Giebelhäusern** aus verschiedenen Jahrhunderten. In fast allen befinden sich im Erdgeschoss Gewerbeeinheiten. Einige Cafés und Imbisse laden zum Verweilen ein – wenn da nur nicht die ganzen Autos parken würden.

Kirche St. Laurentius

Vermutlich im Jahr 1186 begannen die Bauarbeiten für eine Kirche am heutigen Standort, gefolgt über die Jahrhunderte von zahlreichen Umbauten. Von den frühen Bauwerken sind nur in der Nordwand noch Reste vorhanden, zu erkennen zum Beispiel an den Rundbogenfenstern. 1633 wurde, noch im gotischen Stil, ein neuer Chor errichtet. Im Jahr 1700, im Nordischen Krieg, wurden Kirche und Turm stark beschädigt, so dass in den Folgejahren große Reparaturen erforderlich waren. Aus dieser Zeit sichtbar ist vor allem noch das hölzerne Tonnengewölbe von 1703, das 1704 mit einem großen Deckengemälde versehen wurde.

Bemerkenswertester Teil der Kirche ist der **Turm**. Er ist in Backstein auf einem Feldsteinsockel errichtet und hat schon sehr viele verschiedene Dächer gesehen. Nach dem Beschuss im Jahr 1700 erhielt er einen sehr aufwendigen und hohen Helm nach dem Vorbild der Kirche St. Trinitatis in Altona (damals Holstein, heute Hamburg). Nach der Vollendung war er mit 62 Metern Höhe der höchste Turm des Herzogtums Schleswig. Doch 1795 und 1886 wurde er vom Blitz getroffen, mehrfach fanden Beschädigungen statt, und 1944 wurde gar das Kupfer für Kriegszwecke beschlagnahmt.

Erst 1961 wurde der Turm in seiner heutigen Form wiederhergestellt. Seit 1894 setzt übrigens der Turm des Petri-Doms in Schleswig mit 112 Metern Höhe den neuen Rekord. (→ S. 265)
Im Innern fallen das vorwiegend dunkelgrün gehaltene Deckengemälde und der den Chor verschließende Lettner ins Auge. Das **Deckengemälde** stammt von dem Hamburger Maler Barthold Conrath (1657–1719), dem von den Restauratoren 1961 bescheinigt wurde, dass die Ausführung sehr gekonnt war, da sie freihändig, ohne Schablonen erfolgte. Die Medaillons zeigen verschiedene, teilweise nicht so häufig dargestellte Szenen aus dem Leben Jesu, dazwischen Engel und Wolken sowie fromme Inschriften auf Bändern. Der **Lettner** (1635) ist eine knapp vier Meter hohe geschnitzte Holzwand, die im oberen Teil als Empore ausgebildet ist; er versinnbildlicht sehr deutlich seine katholische Aufgabe der Trennung von Klerus und Volk. Die 33 **Messingsäulen** tragen die Namen der Stifter. Den Lettner bekrönt ein spätgotisches **Triumphkreuz** (ca. 1500) mit einem ausgemergelten Jesus, Maria und Johannes und den Symbolen der Evangelisten als Reliefs an den Kreuzenden.
Der **Taufstein** vor dem Altar besteht aus schwarzem Marmor, geziert von Alabasterreliefs, und wurde vermutlich 1641 von einem Schuster gestiftet, wie eines der Reliefs mit Werkzeugen nahelegt; die anderen zeigen wie üblich Szenen aus Jesu Leben. Der Deckel ist 60 Jahre jünger und zeigt sechs musizierende Putten und Rankwerk, obenauf Johannes der Täufer und der Heilige Geist in Form einer Taube.
Der acht Meter hohe **Altar** stammt ursprünglich aus dem Jahr 1634, wurde aber nach Beschädigung verändert. Im Zentrum steht die Kreuzigung, darunter ist das Abendmahl zu sehen, darüber die Auferstehung. Die **Kanzel** hingegen ist ein üppig verziertes und vergoldetes Werk des Barock. Im Deckel befindet sich ein Pfingstgemälde, die fliegende Taube. Oben auf dem Deckel sind Moses mit den Gesetzesbüchern und die vier Evangelisten zu erkennen. Ganz unten in der Hängetraube der Kanzel hat sich der Stifter mit einer Inschrift verewigt.

■ Am Hafen

Wo heute ein paar Freizeitkapitäne die Decks ihrer Boote schrubben und ihnen Landratten von der gemütlichen Sitzbank dabei zuschauen, herrschte früher hektische Betriebsamkeit. So wie man ihn jetzt sieht, wurde der Hafen 1613 angelegt, als die Handelstätigkeit in Tönning ihren Höhepunkt erreicht hatte. Ungefähr 100 Schiffe der damaligen Größe konnten hier festmachen, heute ist es eine ähnliche Zahl an Freizeitbooten. 1740, als der Handel beträchtlich nachgelassen hatte, wurde die erste Werft eröffnet, weitere folgten, und kleinere Reste an Werkstätten sind heute noch vorhanden. Ansonsten flanieren die Besucher am Wasser und den pittoresken Häusern entlang. Einige davon sind kleine Kapitänshäuser, andere alteingesessene Hotels. Dort aufgestellte historische Fotos geben einen Eindruck, wie der Hafen in früheren Zeiten ausgesehen hat.
Das **Skipperhuset** (Am Hafen 30) mit seinem charakteristischen Glockentürmchen wurde 1625 von der Schiffergesellschaft als Unterkunft für Seeleute eröffnet. Später war es noch Lotsenschule und Freimaurertreff, heute ist es eine von der dänischen Minderheit betriebene Herberge für dänische Schulklassen.

■ Packhaus

Im Jahr 1783 wurden drei Packhäuser in Tönning, Holtenau und Rendsburg gebaut, die als Lager und Umladeplätze am

▲ Karte S. 328

Eiderkanal dienten. Der Tönninger Ziegelbau verfügt über drei Vollgeschosse, zudem wurde später noch das Dachgeschoss ausgebaut. Das Bauwerk ist 77,50 Meter lang und 12,60 Meter breit und stellt somit eine Lagerfläche von knapp 4000 Quadratmetern zur Verfügung.
Zunächst wurde vor allem Getreide gelagert, alte Folianten verzeichnen aber auch Kalk, Holz, Fliesen, Salz und Tran, später Kohle, Schleifsteine und Schiffszubehör. Während Napoleons Elbblockade (1803–1807) übernahm Tönning viel Verkehr vom gesperrten Hamburger Hafen, so dass nun auch ›exotische‹ Waren wie Safran, Wein, Tabak, Kaffee, Zitronen, aber auch Marmor, Fenster, Spiegel, Fleisch und Fisch notiert wurden. Während das Packhaus zu dieser Zeit bis unters Dach voll war, begann nach Ende der Blockade schon der Niedergang, der sich mit dem Bau des heutigen Nord-Ostsee-Kanals (1895) beschleunigte. Das Haus wurde als Lager genutzt, stand aber weitgehend leer.
Jetzt ist es erst einmal gerettet, denn seit 1965 steht es unter Denkmalschutz. Es wird kontinuierlich renoviert und manchmal für kulturelle Veranstaltungen genutzt. Ein kleines **Museum** befasst sich mit der Tönninger Stadtgeschichte. Gelegentlich finden Antikmärkte hier statt, in der Adventszeit ein Weihnachtsmarkt. Dann verwandelt sich das Gebäude zudem zum ›längsten Adventskalender der Welt‹ (Guinness-Buch der Rekorde), und die Fenster werden zu Türchen.

Multimar-Wattforum

Das Museum und Informationszentrum entstand 1999 in Zusammenhang mit der Expo 2000 in Hannover und wird gerne als ›Mutter‹ der schleswig-holsteinischen Wattenmeer-Nationalparkhäuser bezeichnet. Die große Mutter hat in der Tat 37 Aquarien aufzuweisen, in denen die Besucher rund 280 Tierarten, die das Wattenmeer bewohnen, aufspüren und beobachten können: Fische, Krebse, Muscheln, Quallen, Schnecken, Würmer – und schwangere Seepferdchenmänner. In einem Großaquarium mit 250 000 Litern Wasser finden sich sogar Rochen und Katzenhaie, Lachse und Hummer, von den Besuchern durch eine 6 mal 6 Meter große und 36 Zentimeter dicke Glasscheibe getrennt. Ein Taucher erscheint gelegentlich hinter ihr, zum Beispiel, wenn Fütterungszeit ist, und erklärt den erstaunten Besuchern, vor allem den jüngeren, wie die Fische sich verhalten. Es gibt noch einige Aktionsecken für Kinder und draußen einen Spielplatz.

Eidersperrwerk

Nach der großen Sturmflut von 1962, von der auch Tönning betroffen war, entschied sich die Gemeinde zwischen der weiträumigen Erhöhung der Deiche und dem Bau eines Sperrwerks an der Mündung der Eider in die Nordsee für das Sperrwerk. Die 1973 eingeweihte Anlage besteht aus zwei Reihen von jeweils fünf Toren sowie einer 75 Meter langen und 13 Meter breiten Schleuse. Zwischen den Toren verläuft die Landstraße L 305, teilweise in einem Tunnel. Die fünf Sieltore von jeweils 40 Meter Länge lassen bei Flut das Nordseewasser in die Eider fließen, bei Ebbe das Eiderwasser in die Nordsee. Zusammen mit dem neuen Deich ist das Bauwerk 4,9 Kilometer lang; die Außendeichlinie der Eidermündung betrug vorher erhebliche 60 Kilometer. Doch ganz so einfach funktionierte die Anlage nicht: Durch die veränderten Strömungsverhältnisse entstanden bis zu 30 Meter tiefe ›Löcher‹ im Sand, die 1993 mit 45 000 Sandsäcken wieder verfüllt wurden.
Am Sperrwerk gibt es einen Parkplatz, man kann zu Fuß auf dem Dach des

Tunnels die gesamte Länge des Bauwerks abschreiten und dabei die Aussicht genießen.

Katinger Watt

Nach der Fertigstellung des Eidersperrwerks entstand hinter der Mündung des Flusses eine völlig neue Landschaft mit einem wesentlich höheren Süßwasseranteil, da dieses Gebiet zum Hochwasserschutz eingedeicht wurde: das Katinger Watt. Die 1500 Hektar große Kooglandschaft ist heute Vogelschutzgebiet und besteht jeweils zu etwa einem Drittel aus offener Wiesenlandschaft, Wald und landwirtschaftlich genutzter Fläche. Sie ist ein wunderbares Wandergebiet mit einer Mischung aus Schwemmland, Teichen, Schilf-, Grün- und Ackerflächen und selbst einem 495 Hektar großen Laubwald, einem der größten in Schleswig-Holstein. Sehr beliebt ist der hölzerne **Vogelbeobachtungsturm**.

Die Naturschutzorganisation Nabu betreibt hier ein Informationszentrum und bietet Führungen und Wanderungen an.

Tönning

Touristeninformation, Am Markt 2, 25832 Tönning, Tel. 04861/61420; April–Okt. Mo–Fr 9–17, Sa 10–12 Uhr, Nov.–März Mo–Fr 9–16 Uhr.
www.toenningtourismus.de

Naturzentrum Katinger Watt, Katingsiel 14, 25832 Tönning, Tel. 04862/8004; April–Okt. tgl. 11–17 Uhr.
https://schleswig-holstein.nabu.de/natur-und-landschaft/naturzentren-naturstationen-infos/katinger-watt/index.html

Mit der ›Adler II‹ geht es von der Anlegestelle Eiderkaje (mit Parkplatz), der Einfahrt von der Eider in den Hafen, zu den Seehundbänken und zum Eidersperrwerk, unterwegs wird ein Schleppnetz eingeholt und der Fang kommentiert; April–Okt. 2x tgl. www.adler-schiffe.de

Be Bio, Strandweg 3, 25832 Tönning, Tel. 04861/617050; DZ ab 149 €. Von außen recht nüchtern wirkendes, aber freundlich eingerichtetes Bio-Hotel. Es liegt außerhalb der Innenstadt, aber noch im Stadtbereich am Ufer der Eider.
https://be-bio-hotels.de

Lexow, Am Hafen 36, 25832 Tönning, Tel. 04861/96080; DZ ab 130 €. Gemütlich eingerichtetes Hotel in einem historischen Haus direkt am Hafen. https://lexow.sh

Zum Goldenen Anker, Am Hafen 32, 25832 Tönning, Tel. 04861/218; DZ ab 125 €. Solides kleines Hotel mit zwölf einfachen Zimmern und norddeutscher Küche. Direkt am Hafen. 200 Meter entfernt befinden sich vier kleine Ferienwohnungen.
www.hotel-goldener-anker.de

Jugendherberge, Umweltstudienplatz Nordseeküste, Badallee 28, 25832 Tönning, Tel. 04861/1280. 216 Betten in 63 Zimmern, meist Vierbettzimmer. Hier gibt es ein Nordseeaquarium mit modern ausgestattetem Wasserlabor, in dem Gruppen mit der Umweltpädagogin den Rätseln des Watts auf den Grund gehen.
www.jugendherberge.de/jugendherbergen/toenning-552/portraet

Eiderblick, Am Freizeitpark 1 a, 25832 Tönning, Tel. 04861/617148. Am Ufer des Flusses Eider finden sich 80 Stellplätze mit modernen Sanitäreinrichtungen.
www.reisemobil-toenning.de

Comfort-Camp Eider, Am Freizeitpark 1 a, 25832 Tönning, Tel. 04861/617148. Großer Platz mit insgesamt 300 Stellplätzen am Eiderufer.

Lilienhof, Katinger Landstr. 5, 25832 Tönning, Tel. 04861/439. Nicht zu großer Platz mit altem Baumbestand für Wohnwagen, Wohnmobile und Zelte.
www.camping-lilienhof.de

▸ Karte S. 328

Alte Werft, Am Eiderdeich 21, 25832 Tönning, Tel. 0162/9818957. In einer alten Werkstatthalle werden jetzt Kaffee, Kuchen und Imbissklassiker wie Currywurst serviert; noch besser sitzt man draußen mit Blick auf den gesamten Hafen.

Dreilande, Westerstr. 17, 25832 Tönning, Tel. 04861/68041; März-Okt. Mi-Fr, So 11.30-14, 17-21, Sa ab 17 Uhr, Okt.-März Mi-Sa 17-21, So 11.30-14, 17-21 Uhr. Traditionsrestaurant mit Garten und überdachter Terrasse. Fisch- und Fleischgerichte aus der Region. https://dreilande-restaurant.de

Zum alten Anleger, Am Eiderdeich 2, 25832 Tönning, Tel. 04861/610240; Mo-So 12-22 Uhr. Großes Steak- und Fischrestaurant am Eiderstrand. Vor allem draußen auf der Terrasse sitzt man direkt am Fluss und kann das Panorama genießen. www.zum-alten-anleger.de

Krabben & Fisch, Am Eiderdeich 12, 25832 Tönning, Tel. 04861/96160; Mo-Fr 8-17.30, Sa 6-13 Uhr. In diesem Fischladen steht die Qualität ganz obenan. Es gibt auch selbst geräucherten Fisch und die beliebten Fischbrötchen. Die Krabben werden lokal gepult. Im Sommer bildet sich mittags gerne eine beträchtliche Schlange. www.krabbenundfisch.de

Schankwirtschaft Wilhelm Andresen, Katingsiel 4, 25832 Tönning, Tel. 04862/370. Zwischen Tönning und Sankt Peter-Ording, unweit des Eidersperrwerks, liegt Katingsiel, das schon im 17. Jahrhundert ein Hafen für Lastkähne aus England und Holland war. Davon zeugen das Zollhaus und die Schankwirtschaft, die bis heute von Delfter Kacheln geschmückt ist. Die Speisekarte steht unter der Überschrift ›Bratkartoffeln‹ und was man sich auch immer dazudenken kann. Spezialität ist der ›Eiergrog der blonden Cathrein‹. www.schankwirtschaft-andresen.de

Café Liebevoll hinterm Deich, Lundenerkoog 1, 25774 Lehe, Tel. 04882/6060333. Selbstgemachte Torten und Kuchen, interessante Kaffee- und Teekreationen werden hier von den Inhabern ›liebevoll‹ serviert. Drei Ferienwohnungen. www.liebevoll-hinterm-deich.de

Am Marktplatz und am Hafen gibt es weitere Cafés und Imbisse.

Packhaus, Am Eiderdeich, 25832 Tönning. Ausstellung zur Tönninger Stadtgeschichte Mai-Sept. Mi-So 14.30-17.30 Uhr; Weihnachtsmarkt an den vier Adventwochenenden (Sa/So 11-18 Uhr). www.packhaus-toenning.de und www.toenninger-stadtgeschichte.de

Multimar Wattforum, Dithmarscher Str. 6a, 25832 Tönning, Tel. 04861/96200; tgl. 10-17 Uhr. www.multimar-wattforum.de

Meerwasser-Freibad, Strandweg 2, 25832 Tönning; Mai-Sept. tgl. 10-20 Uhr. Großes 50-Meter-Bad und separates Kinderbecken, am Eiderufer. Direkt nebenan befindet sich der grüne Strand am Tönninger Badeplatz mit Spielplätzen und Steg. www.foerderverein-meerwasserfreibad-toenning.de

Wochenmarkt, Marktplatz; Mo 7-12 Uhr.

Biller un Böker, Herrengraben 11, 25832 Tönning, Tel. 04861/6189665; April-Okt. Di-Fr 14-18, Nov.-März Di-Fr 14-17 Uhr. Galerie mit regionaler Kunst und ausgewählten Büchern. http://galerie-biller-un-boeker.de

Depot Freihafen, Neustadt 19b, 25832 Tönning, Tel. 04861/6540; Mo-Fr 9-12 und 14-18, Sa 9-12.30 Uhr. Großer Antiquitätenladen mit Kunst, Kunsthandwerk und Fotografie, meist mit maritimem Hintergrund und aus dem Norden. www.depot-freihafen.de

Galerie am Hafen, Am Hafen 1, 25832 Tönning, Tel. 04861/6178277; im Sommer Di-Fr 10-12, 14-18, Sa 11-18, So 11-17 Uhr. Galerie mit maritimer Kunst, Künstlerkarten, Schmuck und ›Liebhaberobjekten‹. www.galerieamhafen.de

Unter den selbstbewussten Küstenbewohnern sind die Dithmarscher nochmal eine Drehung selbstbewusster – manche träumen auch noch von der Rückkehr der Dithmarscher Bauernrepublik. Wirtschaftlich lebt das platte Land vom Kohlanbau sowie dem Tourismus in Büsum und Friedrichskoog. Von Büsum aus gelangt man auch zu Deutschlands einziger Hochseeinsel, nach Helgoland, an der Elbe westlich von Hamburg stößt man auf den Nord-Ostsee-Kanal.

Büsum, Hafen

DITHMARSCHEN UND UNTERELBE

Dithmarschen

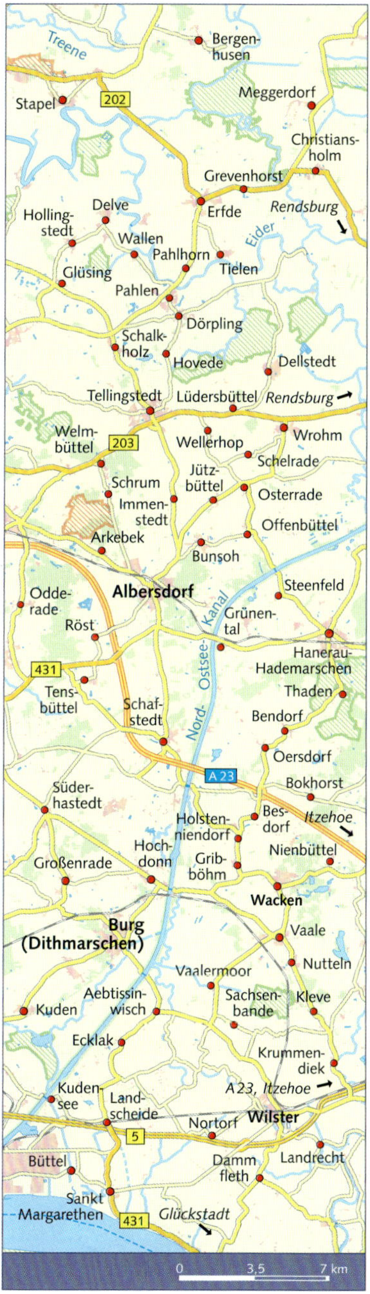

Dithmarschen

Das Land zwischen Nordsee, Eider, Elbe und Nord-Ostsee-Kanal lebt von der Landwirtschaft, vor allem dem Anbau von Kohl, und von der Windenergie: die großen Windräder drehen sich überall über dem flachen Land. Ein zehn Kilometer breiter Streifen von fettem Marschland zieht sich an der Nordseeküste entlang, auf dem der Kohl bestens gedeiht, der aber keinen Sandstrand zulässt. Nur einige Kilometer Grünstrand tauchen hinter dem Deich von Büsum und Friedrichskoog auf. Seit dem 12. Jahrhundert wird hier dem Meer Land abgerungen, das fruchtbarer ist als die Geest, die sich an manchen Orten bis zu einer Höhe von 40 Metern aufschwingt. Größter Ort ist mit gut 20 000 Einwohnern die Kreisstadt Heide.

Abseits der Strandorte finden Besucher hier unendliche Weite und Stille vor. Dies ist windiges Radfahrland, das tiefe Entspannung bieten kann.

Lunden

Anfang des 12. Jahrhunderts wurde Lunden erstmals urkundlich erwähnt. Als die Eider als Grenze zwischen Deutschland und Dänemark angesehen wurde, war Lunden der nördlichste Ort Deutschlands. Durch ihre Nähe zur Eider und den fruchtbaren Boden war die Gegend durchaus wohlhabend. Von der Mitte des 15. Jahrhunderts an spielte der damals noch größere Ort eine bedeutende Rolle in den Kämpfen des Freistaates Dithmarschen, von 1529 bis 1559 besaß er sogar Stadtrecht. In dieser Zeit entstand auch der große Geschlechterfriedhof, der die Kirche umgibt.

Nach dem Dreißigjährigen Krieg verlor Lunden seine Stellung, blieb aber Sitz des Landvogts, des obersten Verwalters und Richters. Der erste Landvogt war Marcus Swyn (1523–1585), dessen holzgetäfelter Gerichtssaal sich heute im Landesmuseum in Meldorf (→ S. 447) befindet. Kurzzeitig gab es hier ein Franziskanerkloster. Die heute 1700 Einwohner leben in einem properen, sehr aufgeräumten Dorf in ländlicher Umgebung unweit der Eider.

Kirche St. Laurentius

Die Kirche hat eine ungewöhnliche, flache, langgezogene Form, die aus ihrer Baugeschichte resultiert. Von der Urkirche aus der ersten Hälfte des 12. Jahrhunderts sind nur wenige Teile erhalten; das Hauptschiff stammt vielmehr aus der zweiten Hälfte des Jahrhunderts. 1471 wurde der Chor in einem flacheren Bau nach Osten hin erweitert. Zwei große Brände richteten beträchtliche Schäden an: 1559, zum Ende der Fehde zwischen Dithmarschern und Holsteinern, und ein unsachgemäß gelöschtes Feuer 1834, das fast die gesamte Innenausstattung zerstörte. Die Kirche wurde renoviert, und der 46,80 Meter hohe **Turm** hinzugefügt; vorher hatte es einen abseits stehenden Turm aus Feldsteinen und mit Holzdach gegeben. In dieser Zeit erhielt die Kirche auch zwei vielleicht aus der Schule des Lucas Cranach stammende wertvolle **Gemälde**, die die Reformatoren Luther und Melanchthon darstellen.

Geschlechterfriedhof

Im 15. und 16. Jahrhundert prägten die großen Bauernfamilien, die Geschlechter genannt wurden, das Bild und die Geschichte Dithmarschens. Entsprechend verlangten sie eine repräsentative Grabstätte für ihre Toten. Da Lunden damals ein bedeutsamer Ort war und über eine Kirche an einer erhöhten Stelle auf einer ehemaligen Düne verfügte, erwarben die Geschlechter hier tonnenförmige Grabkeller mit schweren Abdeckplatten und Stelen, die Namen, Daten und Geschichten festhielten. Erste Bestattungen fanden bereits im 12. Jahrhundert statt, 1880 wurde der Friedhof geschlossen, doch befinden sich jetzt noch ungefähr 60 Grabplatten auf der Südseite der Kirche.

Die reichsten Familien legten zwischen dem 15. und dem 18. Jahrhundert **Grabkeller** an, die sich in Ost-West-Richtung

St. Laurentius lässt die verschiedenen Bauphasen noch deutlich erkennen

▲ Karte S. 422

nach der Kirche ausrichteten. Von den einst 19 Kellern sind noch 13 erhalten. Die **Grabplatten** aus Sandstein kamen meist aus der Gegend von Bremen, andere sind aus Granit oder Marmor und haben ihren Ursprung in Belgien. Die meisten Gravierungen sind heute nur noch schwer zu erkennen. Viele haben an den Ecken die Zeichen der Evangelisten, einige zusätzlich Auferstehungsszenen. Zudem zeigen sie das Wappen der Familie und die Namen der Bestatteten. Es wird berichtet, dass diese Gravierungen bereits ›im Werk‹ vorgenommen wurden und der Lundener Steinmetz nur noch das Todesdatum zu ergänzen hatte. An den meisten Platten sind zudem massive Eisenringe befestigt, an die Pferde gespannt wurden, wenn die Gruft für eine weitere Beisetzung geöffnet werden musste.

In den Grüften wurden die Särge wohl auf Eisenböcken abgestellt, damit Holz und Leichname schneller verfielen. Die menschlichen Überreste fielen dann zu Boden, ein neuer Sarg konnte aufgesetzt werden, dessen Gebeine später auf die vorherigen stürzten. So waren die Familienmitglieder im wörtlichen Sinne im Tode wieder vereint. Ein ausgeräumtes Grab auf dem Friedhof kann genauer in Augenschein genommen werden.

Der bekannteste Name der Bauernaufstände war Peter Swyn (1481–1537), der Großvater des späteren Landvogts, der zum ›Rat der 48er‹ gehörte, einer Art Regierung der Geschlechter. Er wurde 1537 ermordet und dann als ›Vater des Vaterlandes‹ (pater patriae) gepriesen. Auf einer **Gedenkstele**, die einst im Lundener Moor stand, sich aber jetzt auf dem Friedhof befindet, wird die Tat in einem Relief dargestellt: Ein Mann reißt Swyn vom Pferd und erdolcht ihn. Der Täter wurde gefasst und hingerichtet, Swyn auf dem Friedhof begraben.

Die Gedenkstele für Peter Swyn

Die größten Ausmaße erreicht der **Nannenkeller** mit 5,60 Metern Länge, 3,20 Metern Breite und 2,20 Metern Raumhöhe. Die zugehörige Stele zeigt ein detailliertes Relief des Jüngsten Gerichts: Christus sitzt auf einem Regenbogen, zwei Engel blasen ihre Fanfaren, Teufel treiben die Bösen in die Hölle, während die Guten in den Himmel aufsteigen. Auf der Rückseite der Stele sind die Namen der Bestatteten aufgelistet, einige gehörten auch zeitweise dem 48-er-Rat an und werden als ›regente‹ bezeichnet.

Die letzte Beisetzung auf dem Friedhof fand im Jahr 1945 durch die Familie Pfahler statt. Ihre Gruft wurde im 16. Jahrhundert gebaut, und der erste Bestattete war der Landvogt Henning Boie (1591), Nachfolger von Marcus Swyn. Die Gruft wurde dann vielfach verkauft und ging 1856 in den Besitz der Familie Pfahler aus Schwaben über, die hier als Beamte wirkten. Der Oberbevoll-

mächtigte des Karolinenkoogs, Johann Peters Pfahler, wurde 1882 immerhin in einem gläsernen Sarg beigesetzt, obwohl der Friedhof bereits geschlossen war. Die Familie konnte sogar weiterhin das Recht auf Urnenbestattungen erwerben, das bis 1945 ausgeübt wurde.
Zum Schluss noch eine wundersame Geschichte: Neben dem Grab der Familie Rode wuchs bis vor einigen Jahren eine Ulme mit fünf Stämmen. 1589 wurde Anna Rode in Zeiten von Seuchen und Unruhen hier begraben, im selben Jahr ihre drei Kinder. Zwei Jahre später verschied auch ihr Mann Claus am Schmerz über den Verlust seiner Familie. Und 400 Jahre später wuchs zwischen den beiden Grabplatten eine Ulme mit fünf Stämmen empor, einem für jedes Familienmitglied. Mirakulös.

Lunden

Touristinformation Amt Eider, Tannenweg 2a, 25774 Lunden-Krempel, Tel. 04882/61010; Mo–Fr 9–12, 15. Juni–15. Sept. auch 13.30–16.30 Uhr.
www.touristinformation-lunden.de

Lindenhof 1887, Friedrichstr. 39, 25774 Lunden, Tel. 04882/407; DZ ab 135 €. Der Gasthof wurde 1887 errichtet, machte zahlreiche Metamorphosen durch und ist heute vorsichtig und stilvoll renoviert. Die sechs Doppelzimmer bieten genügend Platz und sind modern-gemütlich eingerichtet. Besondere Erwähnung verdient auch das Restaurant, denn hier wird anspruchsvoll mit Michelin-Auszeichnung gekocht. www.lindenhof1887.de

Wohnmobilstellplatz, Wollersumer Str., 25774 Lunden. Zwei Kilometer westlich des Ortes, direkt neben der grünen Badestelle in Wollersum an der Eider, liegt dieser idyllische Stellplatz, der allerdings keine Ver- und Entsorgungsmöglichkeiten aufweist. https://stellplatz.info/wohnmobil stellplatz/wohnmobil-stellplatz-wollersum

Natourcentrum, Wilhelmstr. 18, 25774 Lunden, Tel. 04882/5545; Do 14–16 Uhr, Mai–Aug. auch Di/Mi, Sa. Das Heimatmuseum stellt verschiedene Räume – Laden, Arztpraxis, Druckerei und Klassenzimmer – aus und informiert über Landwirtschaft und Natur in der Eider-Treene-Region. www.museum-lunden.de

Delve

Eine eigene Kirche wollten sich die Leute aus der Eiderniederung zu Beginn des 13. Jahrhunderts bauen. Nur konnten sie sich nicht einigen, wo diese stehen sollte. Also beschloss man, auf dem Rücken einer Stute ein Marienbildnis zu befestigen und die Kirche dort zu bauen, wo die Stute am folgenden Morgen grasen würde. So wird die **St.-Marien-Kirche** in Delve auch ›Unse Leve Fru op dem Perde‹ genannt, denn man fand das Pferd in einem Gebüsch an einer großen Schleife des Flusses Eider. Das Gotteshaus hat nicht nur eine schöne Geschichte, es ist zudem ein Schmuckstück. Die spätromanische Feldsteinkirche hat eine Bronzetaufe aus dem 13. Jahrhundert, einen uralten Abendmahlkelch, eine 600 Jahre alte, geschnitzte Kreuzigungsgruppe, drei Votivschiffe an der Decke und ein altes Gemälde als gute Kopie eines Rembrandtwerkes vorzuweisen. Berühmt ist auch der freistehende hölzerne Glockenturm, der nach neuen Untersuchungen bereits Mitte des 14. Jahrhunderts errichtet wurde und damit der älteste freistehende Glockenturm auf dem europäischen Festland wäre.
Das Dorf mit seinen gut 700 Bewohnern liegt in ruhiger Umgebung, auf dem Geestrücken an einer Schleife des Flusses Eider. Er lädt zu Wanderungen, Radtouren und Bootsausflügen auf dem Fluss ein. Ausgangspunkt ist oft die **Bargener**

▸ Karte S. 422

Fähre, die einen Kilometer südlich des Dorfes die Eider kreuzt.
www.delve.de, www.fremdenverkehrsverein-delve-schwienhusen.de

Wesselburen

Der Ort Wesselburen wurde auf zwei Warften im fruchtbaren Marschland errichtet und war wohl schon vor 1000 Jahren besiedelt. Im 16. Jahrhundert erlebte er eine Blütezeit aus landwirtschaftlicher Tätigkeit, ab 1625 wurden zudem Märkte abgehalten. Der Ort brannte am 6. August 1736 fast vollständig nieder, wurde wieder aufgebaut, erholte sich allerdings erst nach 100 Jahren von diesem Unglück. Im 19. Jahrhundert produzierte die Landwirtschaft Kohl, Rüben, Getreide und Kartoffeln, eine Zuckerfabrik bestand bis 1908.

■ Kirche St. Bartholomäus

Auf einer Warft, an der höchsten Stelle des Ortes, ragt die Kirche auf, und ihr außergewöhnlicher **Zwiebelturm** ist aus allen Richtungen über Kilometer zu sehen. Die ursprüngliche Kirche entstand wohl im 12. Jahrhundert und hatte einen runden Turm aus Tuffsteinen. Beim Brand 1736 blieben nur die Außenmauern stehen. Der Landesfürst Carl Friedrich von Holstein-Gottorf vergab den Auftrag für die neue Kirche an den süddeutschen Baumeister Johann Schott (1690–1753), der der Kirche ein völlig neues Gesicht verpasste. Der Turm wurde in Ziegel neu errichtet und in den Chor integriert, ein riesiges, an einen Haubarg erinnerndes Dach wurde weit heruntergezogen, aus ihm ragt ein großer Dachreiter auf, und der Turm bekam eine Zwiebelspitze, wie man sie vor allem aus Süddeutschland kennt, der Heimat des Baumeisters.

Der Innenraum wurde barock ausgestattet. Das gilt vor allem für die **Orgel**, den **Altar** und die **Kanzel**, die von einem lokalen Handwerker stammt und ungewöhnlicherweise zwei Trägerfiguren hat, Moses mit den Gesetzestafeln und Johannes den Täufer mit dem Lamm Gottes. Die **neue Taufe** besteht aus einer braunen Steinschale, die von drei Putten getragen wird. Ihr Deckel stellt den Brand und Wiederaufbau der Kirche dar. Neben zwei gotischen Skulpturen, Maria und Johannes, hat aber auch eine **Taufe aus dem 13. Jahrhundert** den Brand überstanden. Ein Teil ihrer Reliefs wurden im Laufe der Jahrhunderte zerstört, so dass jetzt vor allem noch ein Relief der Paradiesströme zu sehen ist, die von vier Männern dargestellt werden, die Fische und Schriften in die Höhe halten.

Gottesdienst in der Bartholomäuskirche

Hebbel-Museum

Friedrich Hebbel (1813–1863) kam in sehr bescheidenen Verhältnissen zur Welt: Sein Vater war Maurer, seine Mutter die Tochter eines Schusters. Er besuchte die Volksschule, arbeitete sich dann vom Laufburschen des Vogtes zum Schreiber hoch und schrieb erste Gedichte. Er verließ 1835 Wesselburen und zog nach Hamburg, dann nach Süddeutschland und schließlich nach Wien. Hebbel schrieb erfolgreiche Dramen, heiratete eine Burgschauspielerin und war Teil der besten Wiener Gesellschaft.

Das Hebbel-Museum im Wesselburen zeigt in zehn historischen Räumen Möbel, Haushaltsgegenstände, Bilder und Dokumente, die die schlichten Lebensverhältnisse Friedrich Hebbels in seinen frühen Jahren veranschaulichen. Aus seiner Wiener Zeit hingegen stammt das ›Wiener Zimmer‹, das den gehobenen Lebensstil der späten Jahre dokumentiert. Dem Haus angeschlossen sind eine Forschungsstelle der Hebbel-Gesellschaft und eine umfangreiche Bibliothek.

Es gibt noch Hinweisschilder im Ort auf ein ›Hebbel-Haus‹. Dieses Gebäude gehörte im 19. Jahrhundert dem Zuckerfabrikanten Bernhard Schröder, der es später der Stadt schenkte. Dann wohnten Guttempler dort, die den Alkoholismus unter den Tagelöhnern und Erntehelfern bekämpften, unter anderem durch die Gründung von Laienschauspielgruppen. So entstand in dem Haus ein Theatersaal, der nach Hebbel benannt wurde, als dieser den Ort längst verlassen hatte. Eine weitere Beziehung zu Hebbel gibt es nicht, es gibt dort auch keine Ausstellung, und der Hebbel-Saal ist nicht zugänglich.

Friedrich Hebbel vor dem ihm gewidmeten Museum

Wesselburen

Tourismusverein, Am Markt 5, 25764 Wesselburen, Tel. 04833/4101. www.echt-dithmarschen.de und www.nordseebucht.de

Ulmenklause, Am Markt 4, 25764 Wesselburen, Tel. 04833/5455505; Di–So 12–20 Uhr. Anika Schütt ist tief mit Dithmarschen verwachsen, und so orientiert sich auch ihr Café-Restaurant an den lokalen Traditionen. Also stehen die beliebten Kohlrouladen auf der Karte, aber auch hausgemachte Pasta, Schnitzel, Salate, nicht zu vergessen der Fisch und die Bratkartoffeln. www.ulmenklause.de

Kohlmuseum, Bahnhofstr. 20, 25764 Wesselburen, Tel. 04833/45890; Mo–Fr 10–17, Sa 10–13 Uhr. In einer 1865 errichteten Zuckerfabrik, die 1909 geschlossen wurde und 1948 ein zweites Leben als Sauerkrautkonservenfabrik erhielt, befindet sich heute eine Ausstellung von Gerätschaften, die zum Kohlanbau, zur Ernte oder zur Zubereitung verwendet wurden. Unten Laden. www.kohlmuseum.de

Hebbel-Museum, Österstr. 6, 25764 Wesselburen, Tel. 04833/4190; Mai–Okt. Di–So 11–13 und 14–16 Uhr, Nov.–Apr. Di, Do 14–17 Uhr. www.hebbelmuseum.de und www.hebbel-gesellschaft.de

▸ Karte S. 422

Alles Kohl

Der Wesselburener Gärtner Eduard Lass (1859–1924) experimentierte Ende des 19. Jahrhunderts mit dem Kohlanbau in verschiedenen Böden und Klimata. Ergebnis: Der Marschboden und das salzig-raue Klima der Westküste schienen ihm ideal, so dass er mit Gutsbesitzer Schröder 1890 eine Lieferung von Weißkohl an die Marine vereinbarte. Von da an wuchs die Ackerfläche von Jahr zu Jahr, und der Vertrieb umfasste bald ganz Deutschland. Auch heute noch arbeiten mehr als 280 landwirtschaftliche Betriebe an der Produktion und dem Verkauf von jährlich knapp 220000 Tonnen Kohl aller Art – vom Hofladen bis zu den großen Produzenten von Sauerkraut, das schon im 18. Jahrhundert als beste Waffe gegen den Ausbruch von Skorbut auf weltreisenden Schiffen angesehen wurde. Aber nicht nur Weißkohl wird hier angebaut, sondern auch Rotkohl, Spitzkohl, Wirsing, Blumenkohl, Brokkoli, Chinakohl, Rosenkohl, Kohlrabi, Grünkohl und sogar asiatische Exoten wie Pak Choi.

Mit 3000 Hektar ist Dithmarschen das größte zusammenhängende Kohlanbaugebiet in Europa. Fast 90 Millionen Kohlköpfe gedeihen jährlich auf dem fruchtbaren Marschland. Mitte September dreht sich hier alles um das knackige und gesunde Feldgemüse, denn das größte Herbstfest an der Westküste, das seit 1987 gefeiert wird, beginnt traditionell mit dem Kohlanschnitt, bei dem von Prominenten die ersten Köpfe geerntet werden. Ihm folgen Tage kulinarischer und kultureller Highlights mit einem abwechslungsreichen Programm in der ganzen Region. Dazu gehören die Krauthobel-Weltmeisterschaft in Marne, die ›längste Kohltafel der Welt‹ in Brunsbüttel und das ›Kohlvergnügen‹ in Meldorf, ein großer Kohl- und Handwerksmarkt mit vielen familien- und kinderfreundlichen Angeboten.

Essen kann man den Kohl übrigens auch. Mehr als 40 Gaststätten in 28 Orten servieren besondere Kohlspezialitäten, von der Kohlhackpfanne über die Kohl-Bratwurst und die Kohlsuppe bis zur traditionellen Kohlroulade.
Infos: www.echt-dithmarschen.de und www.kohlmuseum.de

Der Höhepunkt im Dithmarscher Festkalender

EXTRA

Büsum

Im Jahr 1140 wurde erstmals der Ort Bisune erwähnt, der Name bedeutet ›bei den Binsen‹. Er befand sich auf einer Insel, die auf der Südseite bei Sturmfluten regelmäßig Land verlor, das auf der Nordseite wieder angeschwemmt wurde. Dies machte das Leben nicht gerade einfacher, denn das Salzwasser überflutete häufig die Felder und löste Hungersnöte aus. Dem stemmten sich die Büsumer 1585, als das Gebiet zum Herzogtum Schleswig-Holstein-Gottorf gehörte, durch den Bau eines Dammes entgegen. Der verband die Insel mit dem Festland, konnte aber weitere schwere Schäden bei Sturmfluten nicht verhindern. Man schüttete immerzu neue Warften auf, und auch das heutige Büsum liegt auf einer großen Warft. Gleichzeitig wurden im 17. und 18. Jahrhundert ausgedehnte Köge angelegt.

Wirtschaftlich lebt Büsum heute vom Dreiklang Landwirtschaft, Krabben und Badetourismus. Auf den schweren Hinterlandböden wird vor allem Kohl in allen Variationen angebaut und zu jenen Fabriken gebracht, die ihn weiterverarbeiten, doch mancher Bauer verdient durch die Verpachtung von Land für Windanlagen mehr als durch seine althergebrachte Tätigkeit.

Trawler im Büsumer Hafen

▲ Karte S. 431

Sehr kleine Garnelen werden an der Nordsee Krabben genannt. Sie im großen Stil zu fischen, lohnte sich ab Ende des 19. Jahrhunderts, als sich die Möglichkeiten der Kühlung und des Transports verbesserten. 1898 wurde die Büsumer Fischereigesellschaft gegründet, und bis 1948 ging es bergauf. In diesem Jahr waren 136 Kutter registriert, 1973 waren es noch 75 und 2008 noch 20. Draußen auf See sind allerdings viel mehr Boote unterwegs, die meisten aus den Niederlanden. Die niederländische Firma Heiploeg kaufte sogar die gesamte Fischereigesellschaft und beherrscht mit dem Konkurrenten Klaas Puul 90 Prozent des Krabbenmarkts.

In der ersten Hälfte des 20. Jahrhunderts war das Krabbenpulen eine beliebte, wenn auch anstrengende Nebenbeschäftigung der Büsumer Hausfrauen. Dies änderte sich in den 1960er Jahren, und seitdem wird das Gros der Krabben, die auf dem Kutter bereits gekocht werden, per Lastwagen oder Schiff nach Marokko oder Osteuropa zum Pulen gebracht und auf demselben Weg wieder zurücktransportiert. Die Lage könnte sich aber nochmals ändern, denn in Büsum rattern schon die ersten Krabbenpulmaschinen.

Seit den 1830er Jahren tritt die Gemeinde als Nordseebad auf. Die bescheidenen Anfänge bestanden aus Badekarren, Badehäuschen und einer Gaststätte, der Aufschwung erfolgte Ende des 19. Jahrhunderts, als sich die Erreichbarkeit über Schiene und Straße verbesserte. Die Kurtaxe wird seit 1896 erhoben. 1911 kamen schon 6000 Gäste, um sich am aufgeschütteten Sandstrand und am Wiesenstrand zu entspannen. Nach dem Ersten Weltkrieg wurden auch erste Boots-

fahrten nach Helgoland angeboten. Seit dem Ende des Zweiten Weltkriegs steigen die Gästezahlen kontinuierlich. Heute kommen in Büsum auf die 5000 Einwohner übers Jahr rund zwei Millionen touristische Übernachtungen.

Sehenswürdigkeiten

Der in den vergangenen Jahren ausgebaute und gegen Sturmfluten neu befestigte **Hafen** befindet sich ganz im Süden des Ortes. Er ist noch sehr aktiv und hat einen jährlichen Güterumschlag von 170 000 Tonnen an Futtermitteln, Getreide und Baustoffen, 2500 Tonnen Krabben und 95 Tonnen Fisch. Etwa 70 000 Fahrgäste besteigen hier jedes Jahr die Fähren nach Helgoland.

Ganz außen liegt der Seglerhafen, der etwa 100 Jachten Platz bietet, dann folgt der Helgolandkai. Weiter innen befinden sich die Hafenbecken III und II, die Platz für 50 Kutter bieten. Einige davon liegen immer im Hafen, weil Reparaturen auszuführen oder Netze zu flicken sind, so dass sich den Besuchern stets ein geschäftiges Bild bietet. Am Fischereihafen befindet sich das **Museum am Meer**. Es widmet sich unter dem Motto ›Ist der Panzer auch schön knackig, wird die Krabbe ganz schnell nackig‹ der Fischerei, vor allem dem Krabbenfang, und dem Tourismus. Es werden Geschichten über die Krabben erzählt, Gerätschaften präsentiert, dazu die Strandmode vergangener Jahre und ein ›Fremdenzimmer‹ aus den 1960er Jahren. Draußen ist der Krabbenkutter ›Leonore Johanna‹ zu sehen. Der ursprüngliche Hafen heißt heute **Museumshafen**, liegt ganz im Norden und reicht bis in den Ort hinein.

Auf der Meerseite des Hafens erhebt sich auf dem Deich der 1912 erbaute rot-weiße **Leuchtturm.** Er ist 25 Meter hoch,

So sieht der Strand in Büsum aus

und sein Leuchtfeuer ist je nach Wetter noch in bis zu 21 Seemeilen (rund 39 Kilometer) Entfernung zu sehen.

Am Ende des Museumshafens beginnt die Fußgängerzone: die Alleestraße und ein Teil der Hohenzollernstraße, in der sich neben Läden aller Art auch Cafés und Imbisse finden. Zu beachten ist das **Rathaus** am Kaiser-Wilhelm-Platz, das 1914/15 von Carl Mannhardt aus Kiel als zweigeschossiger Bau in einem neobarocken Stil errichtet wurde.

Die **Kirche St. Clemens** stammt aus dem 15. Jahrhundert und wurde nach dem Verlust zweier vorheriger Kirchen in Backsteinbauweise auf einer Warft errichtet. Die Backsteine sind heute weiß gestrichen. Das älteste Stück der Innenausstattung ist wahrscheinlich das Taufbecken aus dem 13. Jahrhundert, das ein Seeräuber im 15. Jahrhundert von der Insel Pellworm gestohlen haben soll. Den Raumeindruck dominieren die ausgedehnte Empore und der aus zwei großen Tafeln bestehende Altaraufsatz. Die jetzige Farbgestaltung der Holzbalken in einem Grünton sowie die zahlreichen anderen Holzelemente tragen zu der warmen Atmosphäre bei. Dazu gehören auch die Sammlung von geschnitzten Gestühlwangen aus dem 17. Jahrhundert, die Logen und die Triumphkreuzgruppe aus dem Jahr 1495. Von der Decke hängt ein Votivschiff, ein Modell des Dreimasters ›Der milde Herbst‹, eine sehr schöne und filigrane Arbeit.

Dass ein **Strand** nicht zwangsläufig aus Sand zu bestehen braucht, wird in Büsum mehr als deutlich, denn hier ziehen sich 3,5 Kilometer Rasen am Ufer entlang, mit befestigten Wegen, die bei jedem Wetter begangen werden können, mit Duschen, Bänken, Auf- und Abgängen und rund 1800 Strandkörben. Von hier starten auch die beliebten Wattwanderungen, für die man sich unbedingt einer Gruppe oder Führung anschließen sollte, wenn man wirklich ins Wattenmeer hinaus will.

Der Wunsch nach mehr Gästen drückt sich 1971 in einem etwas abrupt aufragenden, 22 Etagen umfassenden **Hochhaus** aus, das im Nordwesten des Ortes direkt hinterm Deich aufragt. Es besteht

▶ Karte S. 431

praktisch vollständig aus Ferienwohnungen.
Schließlich wollte man in Büsum doch Sandstrand haben und schüttete eine 800 Meter lange Sandbank auf, die eine 100 000 Quadratmeter große, von den Gezeiten unabhängige Lagune erschaffen hat. Sie wird **Perlebucht** genannt. Der familienfreundliche Strand bietet vielfältige Aktivitäten wie Kiten, Surfen, Paddeln, Badebecken und Tretbootverleih, an Land Spielplätze, Beachvolleyball und Beachsoccer. Auch für das leibliche Wohl ist gesorgt, man kann aber auch Grillplätze mieten und sogar in einem Schlafstrandkorb übernachten.

i Büsum

Watt'n Hus Freizeit- und Informationszentrum, Südstrand 11, 25761 Büsum, Tel. 04834/909114; Mo–Fr 8–16, Sa/So 10–14 Uhr. www.buesum.de
Führungen durch den Ort und übern Deich mit beliebtem Küstenschnack, am frühen Abend auch mit einem Nachtwächter.
Die Büsumer Gästelotsen bieten unterschiedliche lange geführte oder fertig organisierte, oft thematisch ausgerichtete **Fahrradtouren** im Ort und in der Umgebung an. Buchung: Tel. 04834/909110.
Die beiden Nachbargemeinden verkaufen sich als ›das stille Büsum‹, da sie fast vollständig aus Ferienhäusern und -wohnungen bestehen: Westerdeichstrich, etwa vier Kilometer nördlich von Büsum und landeinwärts gelegen, und Büsumer Deichhausen, zwei Kilometer östlich von Büsum am Meer.
Tourist-Information Gerhard-Dreessen-Hus, Neuenkoog 13, 25761 Westerdeichstrich, Tel. 04834/962256.
www.westerdeichstrich.de
Touristen-Info Büsumer Deichhausen, Achtern Diek 28, 25761 Büsumer Deichhausen, Tel. 04834/3868.
www.buesumer-deichhausen-nordsee.de

Es gibt in Büsum eine sehr große Zahl von Ferienhäusern und -wohnungen. Buchung z. B. über www.buesum.de
Bernstein 50s, Strandstr. 14, 25761 Büsum, Tel. 04834/965630; DZ ab 120 €. Retro-Look der 1950er Jahre mit vielen Deko-Gegenständen aus der Zeit; wer Türkis nicht aushalten kann, sollte hier lieber nicht einchecken. Technisch aber in der Jetztzeit angekommen, leicht amerikanischer Einschlag. www.50seaside.de
Hafen Büsum, Germaniastr. 16, 25761 Büsum, Tel. 04834/965300; DZ ab 125 €. Modernes, größeres Hotel am Hafen mit großzügigem öffentlichen Bereich und umfangreichem Wellness-Angebot auf dem Dach. Die Zimmer, teilweise mit Balkon, sind modern und schnörkellos eingerichtet. www.hotel-hafen-buesum.de
Jess ... am Meer, Dithmarscher Str. 28, 25761 Büsum, Tel. 04834/7004210; DZ ab 115 €. Maritim und frisch geht es hier zu, eine Mischung aus Alt und Neu wurde zu individuellen Zimmern zusammengefügt, teilweise mit Balkon. Ideen von Nachhaltigkeit, gutes Frühstück und Sauna. www.jess-am-meer.de
Küstenperle, Dithmarscher Str. 39, 25761 Büsum, Tel. 04834/962110; DZ ab 109 €. Das Vier-Sterne-Haus direkt hinter dem Deich bietet moderne, helle Zimmer, einen Wellness- und Spa-Bereich, das Restaurant ›Deichperle‹ sowie die Bier- und Cocktailbar ›Schneiders‹.
www.hotel-kuestenperle.de
Lagune No. 1, Hummergrund 4–6, 25761 Büsum, Tel. 04834/9654163; DZ ab 135 €. Ein älteres Haus wurde vollständig saniert und beherbergt jetzt zehn Zimmer und Apartments nicht weit vom Deich und der Perlebucht. Ansprechendes Frühstück. https://lagune-no1.de
Zur alten Post, Hafenstr. 2, 25761 Büsum, Tel. 04834/95100; DZ ab 103 €. 34 moderne Zimmer gehören zu diesem Traditionshotel, das seit 1889 als Gasthaus besteht und sich im Ortszentrum nahe der Kirche befindet. Im Restaurant gibt es traditionelle norddeutsche Küche

und eine gute Weinauswahl.
https://zur-alten-post-buesum.de

Jugendherberge, Dr.-Martin-Bahr-Str. 1, 25761 Büsum, Tel. 04834/93371. Große Herberge mit 201 Betten in 55 Zimmern unweit des Hafens.
www.jugendherberge.de/jugendherbergen/buesum-514/portraet

Nordsee, Dithmarscher Str. 41, 25761 Büsum, Tel. 04834/9621170; März–Okt. Familienplatz am Meer, mit Spielplatz und neuerem Sanitärgebäude.
www.camping-nordsee.de

Zur Perle, Dithmarscher Str. 43, 25761 Büsum, Tel. 04834/9621180; März–Okt. Gepflegter Platz direkt hinterm Deich an der Perlebucht.
www.campingplatz-zur-perle.de

Wohnmobilstellplatz, Dr.-Martin-Bahr-Str. 5, 25761 Büsum. In Hafennähe, ganzjährig, Sanitäranlagen nur im Sommer. Keine Reservierung.
www.wohnmobiluebernachtungsplatz.de

Kolles alter Muschelsaal, Hafenstr. 27, 25761 Büsum, Tel. 04834/2440. 1901 wurde in der Büsumer Hafenstraße ein neues Bauwerk mit Kneipe errichtet. So richtig brummte das Geschäft erst, nachdem 1907 der Stammtisch beschlossen hatte, den gesamten Schankraum mit Muscheln zu verkleiden, die Frachtkapitäne gerne als Ballast mitbrachten und in Hamburg günstig verkauften. Die Familie Kolle aus Lüneburg übernahm 1920 die bis dahin ›Fischerbörse‹ genannte Kneipe und das Hotel, baute später unter dem Familiennamen um und aus. Der Muschelsaal überlebte selbst den Zweiten Weltkrieg, sah danach die Aufbauzeit mit Live-Musik und Tanz. Bis heute sind Hotel und Restaurant in Familienbesitz, erst 2020 wurde das Hotel erneuert und direkt mit dem Muschelsaal verbunden. Gehobene deutsche Küche mit regionalen Spezialitäten und viel Fisch. www.kolles-alter-muschelsaal.de

Zum Fischmeister, Hohenzollernstr. 9, 25761 Büsum, Tel. 04834/1693; 11.30–21 Uhr. Eine große Auswahl an Fischgerichten mit Kartoffeln oder Gemüse wird frisch zubereitet. Sehr gut und saftig ist auch das Lamm.
www.zumfischmeisterbuesum.de

Zur Erholung, Hafenstr. 5, 25761 Büsum, Tel. 04834/2226; Mi–Mo 11–14, 17–21 Uhr, im Winter auch Mi geschlossen. Hier wird vor allem Wert auf die Qualität der Speisen gelegt: Neben Flammkuchen gibt es frischen Fisch, und zwar oft eine Auswahl nicht alltäglicher Sorten, die gekonnt zubereitet werden.
www.restaurant-zur-erholung-buesum.de

Deichmuseum, Mittelweide, 25761 Büsum. 200 Meter vom Parkplatz P1 nördlich der Stadt. Schautafeln auf dem Deich erklären 800 Jahre Geschichte des Deichbaus.

Museum am Meer, Am Fischereihafen 19, 25761 Büsum, Tel. 04834/6734; März-Okt. So-Fr 11–17, Sa 13–17 Uhr.
www.museum-am-meer.de

Phänomania, Dr.-Martin-Bahr-Str. 7, 25761 Büsum, Tel. 04834/965517. An rund 200 Experimentierstationen werden Impulserhaltungssatz, Thermodynamik und Feuertornado kind- und jugendgerecht erklärt. Wer will, kann einen Trabi heben, sich wie ein Astronaut fühlen oder Wasser mit bloßen Händen zum Brodeln bringen.
www.phaenomania-buesum.de

Wattwanderungen: Vom ›Wattenlaufen mit Musik‹ über Kinderausflüge ins Watt bis hin zu richtig strammen Wanderungen bieten zertifizierte Ranger oder Führer sichere Ausflüge in das UNESCO-Naturerbe Wattenmeer, die von der Jahreszeit, dem Wetter und den täglichen Gezeiten abhängen. Folgende Veranstalter haben sich bewährt:

De Büsumer Wattenlöpers Spreu & Spreu. Tel. 04834/3605. Zertifizierte National-

▸Karte S. 431

park-Wattführer, Natur- und Landschaftsführer. www.buesum-fuehrungen.de

Wattführergemeinschaft Dithmarscher Nordseeküste. Zertifizierte Nationalpark-Wattführer. www.watterleben.de

Schutzstation Wattenmeer, Tel. 04834/8730. Geschulte junge Menschen, die aktiv im Rahmen des Freiwilligen Ökologischen Jahres Führungen anbieten. www.schutzstation-wattenmeer.de

Reederei Adler & Eils, Tel. 04834/3612. Wattführungen mit dem Diplom-Biologen Lorenz Greve. www.schutzstation-wattenmeer.de/unsere-stationen/buesum

Schiffsausflüge entlang der Küste, zu den Seehundbänken, zum Sonnenuntergang mit Tanz und Musik und mit dem Krabbenfangschiff *MS Hauke*. Infos und Buchung: **Adler & Eils**, Fischerkai, 25761 Büsum, Tel. 04834/3612. www.adler-eils.de

Wellenbad Meerzeit, Südstrand 9, 25761 Büsum, Tel. 04834/909133; tgl. 10–20 Uhr. Schwimmbad mit Salzwasser, Rutschen, Kinderbecken, Whirlpool, Wellenbecken und Saunen. www.buesum.de/meerzeit

Helgoland

Deutschland hat viele Inseln, aber nur eine einzige Hochseeinsel. Rund 70 Kilometer vom Festland entfernt hebt sich der rote Buntsandsteinfelsen mit grünem Land steil aus der Nordsee. Früher war die Insel noch größer. Doch sie zerbrach 1721, so dass Helgoland jetzt aus zwei Inseln besteht. Der auf Helgoland geborene Kinderbuchautor James Krüss schrieb:

Irgendwo ins grüne Meer
Hat ein Gott mit leichtem Pinsel
Lächelnd, wie von ungefähr,
Einen Fleck getupft: Die Insel.

Und der Dramatiker Friedrich Hebbel findet in einem Brief den richtigen rauen Ton für die Inselbeschreibung: »Denken Sie sich einen kolossalen steinernen Würfel, notdürftig mit Erde bedeckt, so daß Kartoffeln und Rüben eben gedeihen, überall steil abschüssig, vielfach zerklüftet und zersägt, und Sie haben Helgoland vor sich. Denken Sie sich ein emsiges Völkchen hinzu, das sich in ewiger Rührsamkeit ameisenhaft anklammert, als ob dem ganzen großen Planeten nur noch dieser kleine, dem Zerbröckeln nahe Rest übrig geblieben wäre, und Sie sehen die Helgoländer.«

Geschichte

Vor 11 000 bis 7500 Jahren wurde Helgoland durch den Anstieg des Wasserspiegels zur bewohnten Insel. Vielleicht war der rote Helgoländer Feuerstein damals das wichtigste Handelsprodukt; auch Bernstein und Kupfer sollen auf der Insel vorgekommen sein. Vom 12. bis 14. Jahrhundert stand Helgoland unter dänischer Herrschaft, danach machten auch Bremen und Hamburg Besitzansprüche geltend. Ob der Piratenkapitän Klaus Störtebeker je auf der Insel war, ist unklar. Er soll 1401 irgendwo hier gefasst worden sein, doch bei Störtebeker lassen sich historische Fakten und Legenden nicht mehr trennen.

Bei der Landesteilung wurde Helgoland dem Herzogtum Schleswig zugeschlagen, dem es mit kurzen Unterbrechungen der Direktherrschaft aus Kopenhagen bis 1714 angehörte. Im 17. Jahrhundert wurden das erste Leuchtfeuer und eine Kirche gebaut, ein Steinbruch wurde betrieben und natürlich Fischfang, vor allem ging man auf Heringe. 1790 besuchte Alexander von Humboldt die Insel, doch er war einer von sehr weni-

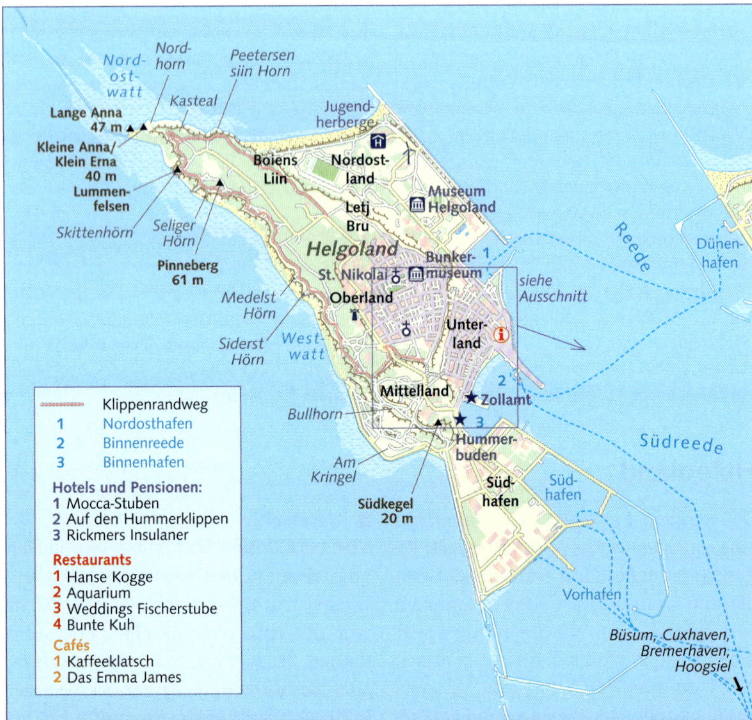

Helgoland

gen Besuchern: die Insel war schwer zu erreichen und galt als ›uninteressant‹. Das sollte sich schnell ändern. Zunächst einmal besetzten die Briten im September 1807 die Insel im Zuge der Napoleonischen Kriege. Zur Umgehung der Kontinentalsperre Napoleons wurde ganz Helgoland zu einem ›Schmuggelnest‹, in dem die Bewohner für die Briten Schiffe und Waren um die Sperre herum schleusten und so den Hamburger Hafen umgingen. Damals kamen bis zu 400 Schiffe in Helgoland an – täglich. Diese Blütezeit hielt aber nur ein paar Jahre an, dann handelten die Briten mehr mit Portugal und Spanien. Nach dem Ende der Kontinentalsperre (1813) fiel Helgoland in die Bedeutungslosigkeit zurück. Die britischen Soldaten gingen (1821), die Badegäste kamen. Denn jetzt gab es einen Raddampfer, und nach einem Ärztekongress 1829 wurde Helgoland als Seebad vermarktet. Hafenanlagen wurden ausgebaut, Gästehäuser am Falm und Restaurants entstanden, es eröffnete eine Apotheke. Gleichzeitig entwickelte sich die Insel zum Treffpunkt von Freidenkern. Die britische Herrschaft war auf das Minimum beschränkt – einen englischen Polizisten sollen die Helgoländer verprügelt und nach Hause geschickt haben –, während der Adel hier kaum eine Rolle spielte. Ein bekannter Besucher war etwa Hoffmann von Fallersleben (1798–1874). Er dichtete während eines Ferienaufenthalts am 26. August

1841 das *Lied der Deutschen* auf die von Joseph Haydn 1797 komponierte Hymne, die später zur Nationalhymne wurde. Dem Dichter ist eine Büste an der Landungsbrücke gewidmet.

Im ständig nationalistischer werdenden Deutschland wurde Kritik an der Lage in Helgoland lauter, das als deutsche Insel angesehen wurde, die keine britische Verwaltung brauchte. Es kam schließlich am 1. Juli 1890 zum Tausch von Helgoland gegen die afrikanische Insel Sansibar. Helgoland wurde nun von einem militärischen und einem zivilen Gouverneur verwaltet und gehörte zum Kreis Süderdithmarschen in der Provinz Schleswig-Holstein des Königreichs Preußen. Gleichzeitig rüstete Kaiser Wilhelm II. die Marine auf und etablierte einen Stützpunkt in Helgoland. 1914 und 1917 kam es zu Seegefechten vor der Küste. Nach dem Krieg lockte das Deutsche Reich mit Zugeständnissen in der Verwaltung sowie Steuer- und Zollbefreiungen, die teilweise bis heute gelten. Damals zählte Helgoland etwa 2500 Einwohner. Die Nationalsozialisten fanden auf der Insel breite Unterstützung. Die militärischen Anlagen wurden unter dem Decknamen ›Projekt Hummerschere‹ weiter ausgebaut, und die Insel war bald Ziel der ›Kraft durch Freude‹-Dampfer. Im Dezember 1939 sah Helgoland die ersten Bombenangriffe, die jedoch keine große Zerstörungen anrichteten. Der Flughafen war für militärische Aktivitäten zu klein. Allerdings wurde ein umfangreiches Bunkersystem gebaut. Dieses ließ fast die gesamte Zivilbevölkerung überleben, als die Briten am 18. und 19. April 1945 mit 1000 Flugzeugen angriffen und 7000 Bomben abwarfen. Die Insel war danach kaum noch bewohnbar, und die Zivilisten wurden aufs Festland evakuiert. Am 11. Mai besetzten britische Soldaten die Insel.

Die Briten wollten nun das militärische Potential Helgolands ein für alle Mal beseitigen und führten am 18. April 1947 um 13 Uhr die Operation ›Big Bang‹ durch. Dabei wurden mit 6700 Tonnen Sprengstoff, der halben Zerstörungskraft der Hiroshima-Bombe, das System der Bunker und anderer Militäranlagen gesprengt. Doch durch den porösen Sandstein entwich die Druckwelle, so dass es zwar auf der ganzen Insel Zerstörungen gab, doch nur im Süden erhebliche Schäden. Ein Teil der Steilküste stürzte ein, während die Hafenanlagen und Teile der Bunker erhalten blieben. Die Insel hatte eine neue Form angenommen.

Erst 1952 gaben die Briten die Insel an Deutschland zurück, so dass sie wieder besiedelt werden konnte. Nach einem einheitlichen Bebauungsplan und mit Anklängen an nordeuropäisches Design, selbst mit einem Farbkonzept, verantwortete Georg Wellhausen (1898–1987), der durch den Wiederaufbau Hamburgs bekannt geworden war, das Neuerstehen von Unterland und Oberland.

Zunächst stand der Tourismus als Wirtschaftsfaktor wieder im Vordergrund, doch das Image hatte durch die militärischen Aktivitäten gelitten. Eine Zeitlang entwickelte sich Helgoland zum Billigziel, bei dem es nur um zollfreien Alkohol ging. Dies ist inzwischen überwunden, man setzt auf Natur und gute Luft, beschäftigt sich mit Offshore-Windanlagen und einer meeresbiologischen Anstalt.

▶ Karte S. 436

Die Inseln

Die **Hauptinsel** ist knapp einen Quadratkilometer groß und unterteilt sich in fünf Gebiete: das Oberland im Norden und Westen, das den größten Teil ausmacht, das Mittelland im Südwesten, das durch die Schuttablagerung nach der Sprengung entstanden ist, das kleine Unterland mit dem Hafen östlich des Ortszentrums sowie das Nordostland und den Südhafen, die im 20. Jahrhundert durch Landaufschüttung kreiert wurden. Der Ort befindet sich ungefähr je zur Hälfte auf dem Oberland und dem Unterland. Die steilen roten Klippen fallen im Norden, Westen und Südwesten fast lotrecht 50 Meter zum Meer hin ab. Ganz im Nordwesten ragt die Felsnadel Lange Anna in die Höhe. Der höchste Punkt der Insel wird ›Pinneberg‹ genannt und misst 61,30 Meter.

Die 0,7 Quadratkilometer große **Nebeninsel** liegt einen knappen Kilometer weiter östlich, ist flach und von Sandstränden umgeben, die sich gut zum Baden eignen. Sie wird einfach Düne genannt.

Sehenswürdigkeiten

Die meisten Besucher kommen als Tagestouristen auf die Insel und haben drei bis vier Stunden zur Verfügung, um diese zu erkunden. Die Fähren landen im Binnenhafen, der von bunten Häusern und den farblich ähnlich gehaltenen **Hummerbuden** gesäumt wird. In den Hummerbuden befinden sich heute Cafés und Imbisse, Galerien und kleine Läden. Durch das Unterland führt der Weg Richtung Oberland, das durch einen kostenpflichtigen Aufzug oder per Treppe erreicht werden kann. Die Bebauung ist ähnlich wie unten, doch beginnt hier der etwa drei Kilometer lange **Klippenweg** zur Umrundung der Insel. Auf 16 Infotafeln werden Daten aus der Geschichte erklärt.

Direkt ins Auge fällt der Funkturm der Insel, der den nicht weit entfernten **Leuchtturm** überragt. Dieser wurde 1941 als Flakleitturm aus Stahlbeton errichtet und blieb beim ›Big Bang‹ fast unbeschädigt. Seit 1965 dient er als Leuchtturm. Der Turm ist 35 Meter hoch, und durch seine Lage auf der Klippe erreicht das Leuchtfeuer eine Höhe von 82 Metern über dem Meeresspiegel, so dass es in klaren Nächten noch in einer Entfernung von 52 Kilometern gesehen werden kann.

Ein Kilometer weiter ist der **Lummenfelsen** erreicht, auf dem von Mitte April bis Mitte Juli Tausende von Trottellummen, dazu Tordalken, Eissturmvögel und Dreizehenmöwen brüten und reichlich Guano hinterlassen. Nachdem sie geschlüpft sind, werden die Jungen noch einige Zeit von ihren Eltern versorgt, doch irgendwann steht der Tag bevor, an dem sie sich durch einen mutigen Sprung in die Luft und Richtung Meer selbständig machen müssen. Dieses eindrucksvolle Schauspiel lässt sich Anfang Juli beobachten.

Bald fällt der Blick auf die **Lange Anna,** einen 47 Meter hohen Buntsandsteinfelsen, der zum Wahrzeichen Helgolands geworden ist. Er gehörte zu einem Brandungstor, das im Mai 1860 einstürzte. Um die Brandung vom Felssockel der Steilküste fernzuhalten, wurde ab 1903 eine Schutzmauer errichtet, die allerdings erst 1927 bei der Langen Anna ankam. Da der Felsen ein Naturdenkmal ist, darf ihn höchstens der Basstölpel betreten, der regelmäßig auf der Spitze brütet. Nur 1965 wurde der Felsen einmal erklettert. Woher der Name kommt, ist unklar, mindestens aber umstritten. Halten wir uns an die Legende, dass eine schöne Kellnerin namensgebend war. Ihr Schicksal könnte besiegelt sein, denn der Felsen ist von Spalten und Rissen durchzogen. Auf 16 Meter Höhe gibt es eine besonders fragile Schicht, an der Anna zerbrechen könnte.

Auf der Ostseite geht es zurück in den Ort, in dem der spitze Turm der 1952 erbauten **Nikolai-Kirche** aufragt. Nördlich des Nordosthafens befindet sich das **Museum Helgoland**. Es wurde bereits 1897 gegründet und zeigte zunächst vor allem eine Sammlung von Vogel- sowie Algenpräparaten. Die Naturwissenschaften blieben Sammlungsschwerpunkt bis zum Zweiten Weltkrieg, in dem das Museum am 18. Oktober 1944 von einer Bombe weitgehend zerstört wurde. Heute befasst es sich neben der Landschaft vor

Farbenfroh: die früheren Hummerbuden am Hafen

Die Steilküste mit der berühmten Langen Anna

allem mit der Geschichte der Insel. Im neu entstandenen Museumshof wurden zahlreiche Hummerbuden nachgebaut, in denen es zum Beispiel um Seenotrettung, den Leuchtturm, die Geschichte der Post und den auf Helgoland geborenen Kinderbuchautor James Krüss geht. Das **Bunkermuseum** stellt die Geschichte des Krieges um die Insel dar.

Auch die Düne hat einen kleinen **Leuchtturm** sowie den interessanten **Friedhof der Namenslosen**, der mit vielen Gedenksteinen und Geschichten der Toten auf dem Meer gedenkt.

Helgoland

Helgoland Tourismus, Lung Wai 27 (im ›Atoll‹), 27498 Helgoland, Tel. 04725/808808; Mo–Fr 9–16, Sa/So 11–15 Uhr.

Verschiedene **Führungen** nach Themen, zum Beispiel zum Lummenfelsen, in die Dünen, zur Vogelbeobachtung und zum städtebaulichen Konzept.

Ebenfalls angeboten werden **Bunkerführungen,** die für Tagesbesucher aber zeitlich nicht integrierbar sind. Sie finden Mo–Sa um 16.30 Uhr, So um 10 Uhr statt und dauern 90 Minuten (keine Kinder unter 10 Jahren). Anmeldung in der Touristeninformation. www.helgoland.de

Tagesausflug von Büsum, vom Helgolandkai; April–Okt. tgl. 9.30 Uhr, Rückfahrt ab Helgoland 16 Uhr, Fahrtzeit etwa 2,5 Std. Juli/Aug. Sa auch Rückfahrt ab Helgoland um 17.30 Uhr. www.adler-eils.de

Auch von den nordfriesischen Inseln und Festlandhäfen wie Nordstrand, Amrum, Föhr oder Sylt gibt es **Fährverbindungen**, zum Teil auf Schnellbooten. Diese Boote verkehren aber nicht jeden Tag und sind recht teuer. www.adler-schiffe.de

Weitere Fährverbindungen von Cuxhaven (www.helgoline.de, www.cassen-eils.de) und Hamburg (www.helgoline.de).

Zwischen Hauptinsel und Düne pendelt im Sommer jede halbe Stunde eine **Fähre** ab der Landungsbrücke.

Ausflug mit dem Börteboot Mo–Sa 17 Uhr ab Landungsbrücke. Früher ankerten die ankommenden Schiffe in der Bucht, die Passagiere wurden mit diesen zehn Meter langen, drei Meter breiten und acht Tonnen schweren offenen Booten aus massivem Eichenholz an Land gebracht. Heute legen die meisten Fähren an der Landungsbrücke an, und man kann die Börteboote zu Ausflügen nutzen.

Der **Ostfriesische Flugdienst** (OFD) verkehrt im Sommer täglich mit kleineren Flugzeugen zwischen dem Flughafen Heide/Büsum und Helgoland; Flugzeit 20 Minuten. Die Maschinen fliegen in einer Höhe von 500 Metern, so dass man einen guten Blick auf das Meer, die Küste und die Inseln hat. www.fliegofd.de

Auf den Hummerklippen, Im Falm 302, 27498 Helgoland, Tel. 04725/81400; DZ ab 71 €. Benannt nach einer Erzählung des Helgoländer Autors James Krüss, bietet das 13-Zimmer-Hotel am Felsrand des Oberlandes eine literarische Umgebung in Zimmern und öffentlichen Räumen – und dazu noch eine fantastische Aussicht. www.hotel-hummerklippen.de

Mocca-Stuben, Hingstgars 447, 27498 Helgoland, Tel. 04725/666; DZ ab 130 €. Die meisten der 18 Zimmer des im Oberland gelegenen Hotels haben einen guten Meerblick. Das Restaurant bietet bodenständige norddeutsche Küche. www.mocca-stuben.de

Rickmers Insulaner, Am Südstrand 2, 27498 Helgoland, Tel. 04725/81410; DZ ab 130 €. Das Traditionshotel der Reederfamilie liegt gleich neben den berühmten Hummerbuden am Binnenhafen, aber auch nicht weit vom Ortszentrum entfernt. Mit vier Sternen ausgezeichnet, bietet das Haus recht unterschiedliche 45 Zimmer und Suiten. www.insulaner.de

Jugendherberge Haus der Jugend, Nord-Ost-Land 1460, 27487 Helgoland, Tel. 04725/341. In ruhiger Lage im nördlichen Unterland bietet die Herberge 139 Betten. www.jugendherberge-helgoland.de

Campingplatz Helgoland-Düne, 27498 Düne, Tel. 04725/7695, camping@helgoland.de (keine eigene Website); Mai bis Oktober. 100 Plätze auf der sandigen Düne.

Aquarium, Aquariumstr. 186, 27498 Helgoland, Tel. 04725/640339; Di–So 17–20 Uhr. In gediegener Atmosphäre kommen Fisch und andere nördliche Spezialitäten auf den Tisch. Auch große Steakkarte. https://aquariumrestaurant-helgoland.de

Bunte Kuh, Hafenstr. 1013–1018, 27498 Helgoland, Tel. 04725/811343; Do–Di ab 12 Uhr. Der Name geht auf eine Störtebeker-Geschichte zurück. Zu essen gibt's Fisch- und Fleischgerichte aus dem Norden, darunter auch die Helgoländer Spezialität Knieper, das sind die Scheren des Taschenkrebses. https://buntekuh-helgoland-de.jimdofree.com

Hanse Kogge, Am Falm 312, 27498 Helgoland, Tel. 04725/800995; tgl. 11–22 Uhr. Solides Restaurant mit Sitzgelegenheiten drinnen und draußen und breiter Speisekarte. www.hansekogge-helgoland.de

Weddings Fischerstube, Friesenstr. 61, 27498 Helgoland, Tel. 04725/7235; Do–Di 17–21 Uhr. Rustikales Lokal mit fischlastiger Karte.
https://fischerstube-helgoland.com

Das Emma James, J.-A.-Siemens-Terrasse 146, 27498 Helgoland, Tel. 04725/8006648; Mi–Mo 9–18 Uhr. Hier dreht sich alles um feinste Schokolade, von der Praline bis zum heißen oder kalten Getränk. Ebenso anspruchsvoll kümmern sich die Eigentümer um frisch gerösteten Kaffee und Bio-Tee und den selbstgemachten Kuchen. www.das-emma-james.de

Kaffeeklatsch, Lung Wai 27, 27498 Helgoland, Tel. 04725/81300; Di–So 10.30–17 Uhr. Beliebtes Café in der Fußgängerzone.

Museum Helgoland, Kurpromenade 1430, 27498 Helgoland, Tel. 04725/1292. www.museum-helgoland.de

Nordseewoche: Jedes Jahr zu Pfingsten versammeln sich zahlreiche Segler auf der Insel, um Regatten ›Rund Helgoland‹ auszutragen. www.nordseewoche.org

Inselumrundung: mehrere Termine pro Tag ab Landungsbrücke.

Radfahren ist auf der Insel nicht erlaubt (außer für die Polizei und den Inselarzt), die Insulaner fahren deshalb mit Tretrollern. In den Sommermonaten verkehrt die elektrische Börtebahn täglich ab Landungsbrücke zwischen Unterland und Oberland.

Zollbestimmungen: Helgoland gehört nicht zum Zollkodex der EU, weshalb dort auf bestimmte Waren kein Zoll und keine Mehrwertsteuer erhoben werden. Stattdessen wurde eine lokale Steuer eingeführt, die diesen Vorteil teilweise wieder schluckt. Wer mit kommerziellen Transportmitteln (also vor allem der Fähre) anreist, kann Waren im Wert von 430 Euro zollfrei ausführen, Kinder unter 15 Jahren bis 175 Euro; wer mit dem eigenen Boot anreist, 300 Euro. An Freimengen gelten: 200 Zigaretten oder 100 Zigarillos oder 50 Zigarren oder 250 Gramm Tabak sowie ein Liter alkoholische Getränke mit mehr als 22 Prozent oder zwei Liter mit weniger als 22 Prozent und vier Liter nicht schäumende Weine und 16 Liter Bier.
Weitere Informationen: **Zollamt Helgoland**, Südstrand 1, Tel. 04725/304.

Karte S. 436

Klaus Groth – Bewahrer des Plattdeutschen

Am 24. April 1819 wurde dem Müller Hartwig Groth und seiner Frau Anna Christina in der Lüttenheid 48 der Knabe Klaus geboren. Alle seine Verwandten waren und blieben Handwerker und Bauern, nur Klaus Groth, den man heute wahrscheinlich ›hochbegabt‹ nennen würde, entwickelte sich zum Universitätsprofessor und bedeutendsten Plattdeutsch-Dichter des Nordens. Sein Großvater, ›Obbe‹ genannt, lehrte ihn schon im Vorschulalter lesen, schreiben, rechnen, Geschichte von den alten Griechen bis zu den Dithmarscher Schlachtfeldern. Klaus war in der Schule allen voraus, verließ sie im 16. Lebensjahr und wurde Schreiber beim Kirchspielvogt.

Groth war begabt und ehrgeizig. Da er nicht studieren konnte, besuchte er ein Lehrerseminar und unterrichtete an der Mädchenschule in Heide. Allerdings legte sich sein anfänglicher Enthusiasmus bald, Groth geriet 1847 in eine Lebenskrise mit schweren körperlichen Erschöpfungen, so dass er zu einem Freund nach Fehmarn ging und schließlich aus dem Schuldienst ausschied. Im Laufe der sechs Jahre, die er dort blieb, fand er sein Interesse an der plattdeutschen Sprache und sein Talent zur Dichtung. Seine Lyriksammlung ›Quickborn‹ erschien im November 1852, verkaufte sich hervorragend und sah in kurzer Zeit mehrere ständig erweiterte Auflagen.

1853 zog Groth nach Kiel und arbeitete an einer plattdeutschen Grammatik. Sein Ziel war es, das Niederdeutsche vom Image der Bauernsprache zu befreien, als Kultursprache anzuerkennen und durch eigene Dichtung auszubauen. 1866 wurde ihm der Professorentitel für deutsche Sprache und Literatur an der Universität Kiel verliehen.

Im Jahr 1859 heiratete Klaus Groth Doris Finke, die Tochter eines Bremer Weinhändlers. In schneller Folge wurden vier Söhne geboren, von denen der älteste bald starb. Die Familie zog in ein neues Haus am Schwanenweg in Kiel, wo die Eltern bis zu ihrem Tod lebten. Zu den Freunden, die dort aus- und eingingen, gehörten Clara Schumann und Johannes Brahms. Doris Groth verstarb jedoch schon 1878 an Tuberkulose. Die Städte Heide und Kiel verliehen Klaus Groth anlässlich seines 80. Geburtstages 1899 die Ehrenbürgerwürde. Sechs Wochen später, am 1. Juni 1899, starb der Dichter und Sprachwissenschaftler des Niederdeutschen. Er liegt auf dem Kieler Südfriedhof begraben. Wo sein Kieler Wohnhaus stand, befindet sich jetzt das Krankenhaus ›Quickborn‹.

Groths Bemühen lag darin, das Plattdeutsche gleichberechtigt neben das Hochdeutsche zu stellen. Zwar stellte er fest, dass das Niederdeutsche kaum zur Abstraktion fähig sei, dass es aber sehr genau Mensch und Natur beschreiben und dramatisieren kann, so wie er dies selbst in seiner Lyrik und seinen Erzählungen getan hat, vor allem in den zwei Bänden seines ›Vertelln‹ (Erzählen). Groth schildert darin kein idyllisches Landleben, sondern die gesellschaftlichen Verhältnisse, auch die Armut. In den Naturbeschreibungen schöpfte er aus eigenen Erfahrungen. Als Sprachwissenschaftler beobachtete er, dass das Niederdeutsche nur noch auf dem Lande gesprochen wurde, eine Entwicklung, die 100 Jahre später noch eindrücklicher festzustellen ist.

Weitere Infos: www.groth-gesellschaft.de

Heide

Am 28. September 1434 trafen sich ›up der Heide‹ zwei Dutzend Männer aus acht Dörfern der Umgebung, um einen Bund einzugehen. Es herrschte Krieg in Dithmarschen: Die Süderdithmarscher pochten auf ihr Strandrecht an der Elbe, was nach Hamburger Auffassung den Handel störte. Dieser Meinung schlossen sich die mit Hamburg verbündeten Norderdithmarscher an. Diese gründeten nun an diesem Tag an dem Flecken, der kaum mehr war als die Kreuzung zweier Straßen, einen Versammlungsort für alle freien Dithmarscher. Das mögen um die 3500 gewesen sein, denn ›freie Dithmarscher‹ waren nur Männer mit Grundbesitz. Doch sie brachten noch tausende Angehörige und Knechte mit, die Zelte aufschlugen und für Speis und Trank sorgten. Dies war die Geburtsstunde des Ortes Heide und seines Marktplatzes, der für diese an jedem Samstag abgehaltenen Versammlungen abgemessen wurde. Bis heute ist er mit 4,7 Hektar der größte unbebaute Marktplatz Deutschlands. Und bis heute wird hier jeden Samstag Markt gehalten.

Büste Klaus Groths vor seinem Geburtshaus

▲ Karte S. 445

Ein Jahr nach der Versammlung errichtete man schon eine Kirche. Handwerker und Händler siedelten sich an, das Gericht der ›Achtundvierziger‹, der Anführer der Dithmarscher Bauern, tagte hier, und schon bald lief das verkehrsgünstig gelegene Heide dem bisher dominierenden Meldorf den Rang ab. Bei der ›letzten Fehde‹ 1559 verlor die Bauernrepublik nicht nur ihre Unabhängigkeit, sondern Heide wurde auch weitgehend zerstört, danach aber wieder aufgebaut. Auch die Vormachtstellung blieb, denn Heide ist auch heute Kreisstadt, größte und bedeutendste Stadt Dithmarschens.

■ Kirche St. Jürgen

Am Rande des Marktplatzes erhebt sich St. Jürgen, eine Barockkirche mit einem schlanken, 48 Meter hohen Westturm und einem ebenso schlanken Zwiebeltürmchen auf dem First der Vierung. Rot leuchtet das großflächige Dach, weiß getüncht darunter die Wände aus Feldstein und Ziegel, unterbrochen von kleineren Rundbogenfenstern.

Im Innern fällt sofort die **Kassettendecke** (1880) ins Auge, die sehr niedrig ist und – unterstützt von der Empore – den weiten Raum etwas gedrückt wirken lässt. Im Osten ragt der üppig verzierte, hochbarocke, zweigeschossige **Altaraufbau** von 1699 so hoch auf, dass ein Loch in die Kassettendecke geschnitten werden musste, um die oberen Figuren unterzubringen. Engel und die vier Evangelisten sowie umfängliches Blattwerk umrahmen die Gemälde, die die Kreuzigung, die Grablegung und das Letzte Abendmahl zeigen. An der Südwand befindet sich ein **Flügelaltar**, dessen Reliefs die Beweinung Christi und mehrere Heilige darstellen. Ebenfalls von lebhaften Reliefs geziert ist die Ende des 16. Jahr-hunderts entstandene **Kanzel** mit ihrem sechseckigen Schalldeckel. Ihre Reliefs zeigen

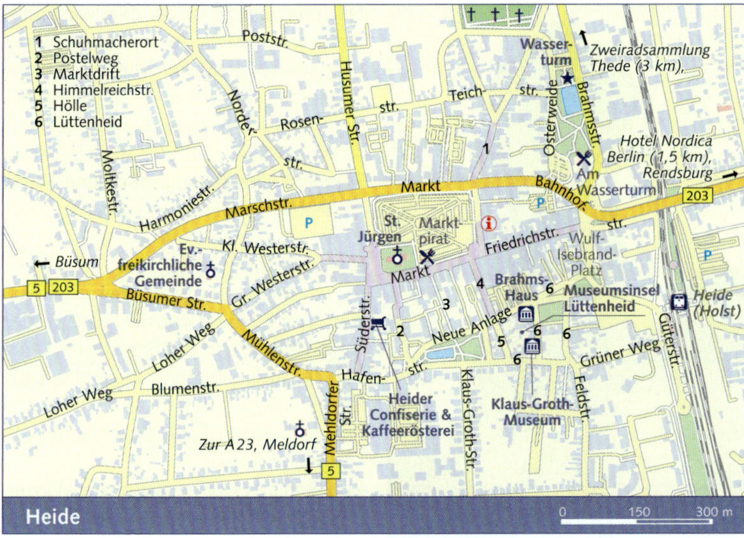

biblische Szenen wie die eherne Schlange, die Verkündigung, die Anbetung der Hirten und der Könige, die Kreuzigung und die Auferstehung. Zum weiteren Kirchenschmuck gehören ein **Kruzifix** (15 Jh.), zwei **Taufen** aus dem 15. und 17. Jahrhundert und zwei **Kronleuchter** aus Messing (17. Jh.). Die Empore ist mit 43 Ölbildern mit Szenen aus dem Alten und dem Neuen Testament geschmückt. Außerhalb der Kirche sind noch einige alte Grabsteine zu sehen. Bemerkenswert ist der sogenannte **Sühnestein** von 1567, eine mehr als zwei Meter große Sandsteinplatte, deren Relief einen Mord darstellt. Die Inschrift weist darauf hin, dass der Vater des Ermordeten Rode Marten war, der Vater des Mörders der Kirchspielvogt Johann Offen. Beide gehörten zu den vornehmsten Geschlechtern Dithmarschens.

Wasserturm

Der Wasserturm in einem kleinen Park an der Brahmsstraße ist 45,70 Meter hoch und wurde 1903 nach einer Typhusepidemie errichtet. Der konische Turm entstand auf einer Granitsteinbasis in Ziegelbauweise. Der Wasserbehälter fasst 225 Kubikmeter. Alles dies erfüllte bis 1990 seine Funktion. Der Turm wurde danach umgebaut und hat heute ein großes Trauzimmer.

Museen

Die alte Schmiede wurde aufwendig umgebaut, um ein funktionales wie atmosphärisches Museum zu kreieren, die **Museumsinsel Lüttenheid**. Einige Aspekte der Stadtgeschichte werden beleuchtet, besonders hervorgehoben die Geschichte der Apotheken und der Heider Vereine. Herausragendes Fundstück ist ein bei einem Brand 1559 verschütteter Kachelofen, der aus kleinsten Bruchstücken rekonstruiert wurde.

Gleich nebenan befindet sich das **Klaus-Groth-Museum** in seinem Geburtshaus, einem sehr schönen eingeschossigen Giebelhaus aus dem 18. Jahrhundert. Da das Haus zwischenzeitlich anders genutzt wurde, gibt es wenige originale

Heute ein Ort für Trauungen

Besitztümer der Familie, so wurde etwa die Hälfte des Hauses im Stil der Zeit rekonstruiert, während die andere Hälfte sich mit moderner Technik dem Werk des Schriftstellers widmet. (→ S. 443).

Das Eckhaus, heute **Brahms-Haus**, war von 1819 bis 1887 im Besitz der Familie Brahms. Ob der berühmte Musiker Johannes Brahms (1833–1897) es jemals betreten hat, ist aber ungewiss. Es ist im Stil der Zeit eingerichtet, zeigt historische Musikinstrumente und dient als Konzertraum.

Nachdem er 1979 die Landwirtschaft aufgegeben hatte, sammelte der Bauer und Schlosser Walter Thede deutsche Zweiräder. Dabei kamen 223 Motorräder von 1910 bis 1983 sowie 40 Fahrräder von 1870 bis 1993 zusammen. Sie können in der **Zweiradsammlung Thede** besichtigt werden.

Albersdorf

In der Umgebung von Albersdorf wurden zahlreiche Grabstätten aus der Jungsteinzeit und der Bronzezeit gefunden. In jüngerer Zeit blühte das Dorf im 13. Jahrhundert auf, auffallend sind die zahlreichen Gedenksteine für verschiedene Kriege.

Zu sehen gibt es eine historische **Wassermühle**, die romanische **Kirche St. Remigius** mit einem neugotischen Turm sowie den **Aussichtsturm Kaiserberg**, der zwar nur 21 Meter hoch aufragt, aber trotzdem einen weiten Blick bietet.

Von landesweiter Bedeutung sind die beiden Museen. Das **Museum für Archäologie und Ökologie,** stellt Exponate aus der Region aus, von den Funden eiszeitlicher Jäger über Werkzeuge und Gräber der Steinzeit bis hin zur Burganlage des Mittelalters. Mit dem Slogan ›Steinzeit hautnah: Erlebbare Geschichte im Mitmachmuseum für Kinder und Erwachsene‹ wirbt der **Freizeitpark** mit dem nachgebauten Dorf für sich.
www.steinzeitpark-dithmarschen.de

Heide

Dithmarschen-Tourismus, Markt 37, 25746 Heide, Tel. 0481/2122160; Mo–Fr 9–17, Sa 9.30–13.30 Uhr.

Nordica Berlin, Österstr. 18, 25746 Heide, Tel. 0481/85450; DZ ab 139 €. Modernes Stadthotel mit 70 Zimmern im Grünen am östlichen Stadtrand.
www.nordicahotel-heide.de

Wohnmobilstellplatz, Landvogt-Johannsen-Str. 59, 25746 Heide; bei normalem Wetter ganzjährig geöffnet. 22 Stellplätze mit Ver- und Entsorgung und Elektroanschluss.

Marktpirat, Markt 25, 25746 Heide, Tel. 0481/82864161; tgl. 8.30–23 Uhr. Von früh bis spät gibt es an einer Ecke des

▶ Karte S. 445

Markts, neben der Kirche, Frühstück, warme Speisen, große Stücke Kuchen und eine beträchtliche Auswahl an Getränken. Alles ist modern und jung aufgemacht. www.marktpirat.de

Am Wasserturm, Brahmsstr. 1–3, 25746 Heide, Tel. 0481/8286300; Mo–Fr 11–21, Sa/So 9–21 Uhr. Modernes Restaurant und Café mit Dithmarscher Spezialitäten, Nudeln, gegrillten Steaks und Pizza. https://am-wasserturm-heide.de

Museumsinsel Lüttenheid, Lüttenheid 40, 25746 Heide, Tel. 0481/63742; Di–Do 11.30–17, Fr 11.30–14, Sa 14–17, So 11.30–17 Uhr.

Klaus-Groth-Museum, Adresse und Öffnungszeiten wie Lüttenheid. https://museumsinsel.heide.de

Brahms-Haus, Lüttenheid 34, 25746 Heide, Tel. 0481/6837162; nur im Sommer Di–Do 11.30–15.30, Fr 11.30–13.30, Sa 13.30–15.30 Uhr. https://brahms-sh.de/brahmshaus

Wasserturm, Brahmsstr., 25746 Heide; Führung Juli/Aug. Do 17–18 Uhr (Anmeldung in der Touristeninfo).

Zweiradsammlung Thede, Kringelkrug 14, 25746 Ostrohe, Tel. 0175/4953198. www.classic-motorrad.de/cm2004/Museum-Thede-web

Museum für Archäologie und Ökologie, Bahnhofstr. 29, 25767 Albersdorf, Tel. 04835/971974; Di–So 11–17 Uhr. www.steinzeitpark-dithmarschen.de

Steinzeitpark, Süderstr. 47, 25767 Albersdorf, Tel. 04835/971097; Di–So 11–17 Uhr. www.steinzeitpark-dithmarschen.de

Heider Hohnbeer: Jedes Jahr am letzten Samstag im Februar läutet das traditionelle Hahnenfest das Ende des Winters ein. Gilden verschiedener Ortsteile zeigen sich im traditionellen Ornat und marschieren am Nachmittag in einem Festzug durch die Straßen. Dabei wurde traditionell ein Hahn als Fruchtbarkeitssymbol in ein Holzfass gesperrt, das dann mit Steinwürfen zertrümmert wurde, um den Hahn wieder freizulassen. Heute wird der Hahn nur noch symbolisch aufs Fass gestellt, und abends findet ein großer Ball statt.

Heider Confiserie & Kaffeerösterei, Süderstr. 19, 25746 Heide, Tel. 0481/62381; Mo–Fr 9.30–18, Sa 9–14 Uhr. Im gläsernen Röster, also vor den Augen der Kunden, werden 17 verschiedene Sorten Kaffee schonend und damit magenfreundlich geröstet. Daneben gibt es 150 Teesorten, ganz zu schweigen von Pralinen und anderen Süßigkeiten. www.heider-kaffeeroesterei.de

Meldorf

Es gibt zahlreiche Belege dafür, dass Meldorf zu den ganz frühen Siedlungen in Dithmarschen und – damals noch – an der Nordsee gehört. Der Bau einer Kirche schon im 9. Jahrhundert zeigt die Bedeutung des Ortes. Von 1265 bis 1598 und dann wieder ab 1870 besaß Meldorf das Stadtrecht. Mit dem Aufstieg von Heide verlor Meldorf jedoch diese Bedeutung wieder. Heute hat der Ort etwa 7200 Einwohner und zeichnet sich durch den Dom, einen großen Marktplatz und eine historische Bebauung im Ortszentrum aus. Diese besteht aus gut erhaltenen Ziegelhäusern, die teilweise weiß getüncht sind. Zwei bedeutende Museen beschäftigen sich mit der Geschichte der Region.

Meldorfer Dom (St. Johannis)

Wegen ihrer Größe und Bedeutung wird die Johannis-Kirche meist Dom genannt, doch ein Bischofssitz ist sie nicht. Das frühe Kirchengebäude (9. Jh.) war erst das vierte, das nördlich der Elbe entstand. Dithmarschen war 798 nach der Schlacht auf dem Sventanafeld an Karl den Großen gefallen, der die Christianisierung mit aller Gewalt vorantrieb. Allerdings mit wenig Erfolg, denn bis ins 11. Jahrhundert blieb die Meldorfer Kirche, die damals direkt an der Küste lag, die einzige der ganzen Region. Die heutige Kirche entstand in der zweiten Hälfte des 13. Jahrhunderts, als sich die Bauernrepublik Dithmarschen entwickelte und die Dörfer an Wohlstand gewannen. Meldorf und seine Kirche waren damals Treffpunkt der Bauernführer und ihrer Gerichtsbarkeit.

St. Johannis ist ein eindrucksvolles Bauwerk der Backsteingotik, mit dreischiffiger Basilika, Querschiff und Chor. Ein Brand im Jahr 1866 beschädigte das Bauwerk schwer. Der **Turm** musste neu errichtet werden und maß danach 59 Meter. Die Außenhülle wurde teilweise neu verblendet und neogotisch dekoriert. Vor allem wurde an der Südseite das Dach, das vorher parallel zum Hauptdach verlief, durch vier quergestellte Satteldächer ersetzt.

Offensichtlich war der Dom in der Frühzeit fast vollständig ausgemalt. Szenen aus dem Alten und Neuen Testament sowie aus Heiligenlegenden – Nikolaus, Christophorus, Veronika, Katharina – sind in den Querschiffen zu sehen, dekorative Bänder im Hauptschiff. Die **Malereien** stammen ursprünglich aus dem 13. Jahrhundert.

Das zentrale Bild des **Flügelaltars** (um 1520) zeigt die Kreuzigungsszene mit viel Personal zu Füßen der Kreuze, weitere Szenen Christus vor Pilatus, Kreuztragung, Grablegung und Auferstehung. Auch die Flügel präsentieren Passionsszenen sowie die Legende des Kirchenpatrons. Ein weiteres **Altarretabel** hängt an

Die Johanniskirche im Meldorfer Zentrum

▲ Karte S. 422

Das frühere Wohnhaus Carsten Niebuhrs

der Ostwand des Südquerhauses. Dieser 1698 von einem Landschreiber gespendete ›Klotzius-Altar‹ zeigt ebenfalls die Kreuzigung. Weiter fällt auf, dass die Chorschranken erhalten blieben, obwohl Meldorf ein Ausgangspunkt der Reformation war. Sie wurden von einem dänischen Beamten gestiftet, sind aus Eichenholz und spärlich vergoldet. Weitere Heiligenfiguren und einige Epitaphien schmücken das Gotteshaus.

Altes Pastorat

Sehr viel weiß man nicht: Das ursprüngliche Bauwerk wurde vor 1500 wahrscheinlich als Kapelle eines Klosters gebaut. Nachdem dieses profaniert worden war, diente die Kapelle als Pastorat, daher der bis heute übliche Name. Etwa 1601 wurde der Westteil mit dem markanten backsteinernen Giebel versehen, ein weiterer Anbau wurde im Süden hinzugefügt. 1879 diente das Pastorat als Notkirche, weil der Dom größerer Restaurierungsarbeiten bedurfte, dazu wurde es völlig entkernt. Danach verlor es seine Funktion als Pastorat und wurde zum Museum. Inzwischen ist das Ensemble denkmalgeschützt und beherbergt Werkstätten der Stiftung Mensch, insbesondere eine Weberei und eine Töpferei. Besichtigung und Einkauf sind möglich.

Wohnhaus Carsten Niebuhrs

Nachdem er sein Amt als Landschreiber in Meldorf angetreten hatte, ließ sich der Orientreisende Carsten Niebuhr (→ S. 451) ein Haus am Markt bauen, in dem sich auch seine Amtsstube befand. Heute bietet hier die **Domgoldschmiede** ihre Erzeugnisse an und stellt zwei kuriose **Sammlungen** aus. Das eine ist eine Mineraliensammlung der Familie Möller, das andere eine Löffelsammlung des Silber- und Goldschmieds Peter Möller.

Dithmarscher Landesmuseum

Die Sammlung von Gegenständen zu Kultur und Geschichte der Region Dithmarschen wurde bereits 1872 gegründet. Sie erhielt 1896 einen Museumsbau im Stil des Historismus, der in modernisierter Form bis heute genutzt wird, um die Entwicklung seit dem Mittelalter zu dokumentieren. Das **Haupthaus** ist vom Dom nur wenige Gehminuten entfernt. Prächtigstes Ausstellungsstück ist der Gerichtssaal des Marcus Swyn (1523–1585) von 1568; er war der erste herzogliche Landvogt der Region. Eine Anekdote besagt, dass der Spruch ›Das kann ja kein Schwein lesen‹ auf ihn oder vielmehr seinen Nachnamen zurückgeht. Weiterhin widmet sich das Museum berühmten Dithmarschern, neben Swyn dem Mathematiker Reimarus Ursus, dem Literaten und Landvogt Christian Boie und dem Arabienreisenden Carsten Niebuhr. Auch der zweite Ausstellungsort, die **Meldorfer Gelehrtenschule** (1859), ist ein historisches Gebäude, in dem heute in begehbaren und reichlich ausgestatteten Räumen die Zeitgeschichte Dithmarschens von 1870 bis Mitte des 20. Jahrhunderts präsentiert wird. Man legt Wert darauf, den Alltag der Menschen in Arbeit, Schule, Wohnung zu zeigen, bis hin zu Operationssaal, Kneipe und Kino.

Schleswig-Holsteinisches Landwirtschaftsmuseum

Das 1986 in einem Neubau eröffnete Museum nordwestlich des Doms zeigt Geräte der Landwirtschaft und das bäuerliche Leben seit 1870. In unmittelbarer Nähe steht das **Dithmarscher Bauernhaus**, ein kleines Freilichtmuseum aus dem Jahr 1907, das einen Hof aus dem Jahr 1850 nachstellt. Dazwischen befindet sich der **Rosengarten** mit einer Sammlung alter Rosen.

Meldorf

Tourist-Info, Nordermarkt 10 (am Dom), 25704 Meldorf, Tel. 04832/97800; Mo–Fr 9–12, 14–17, Juli/Aug. auch Sa 10–13 Uhr. Auch Stadtführungen. www.meldorf-nordsee.de

Zur Linde, Südermarkt 1, 25704 Meldorf, Tel. 04832/95950; DZ ab 99 €. Kleines Hotel direkt am Dom mit modernen Zimmern. Mit Restaurant. www.linde-meldorf.de

Brasserie und Restaurant V, Klosterstr. 4, 25704 Meldorf, Tel. 04832/601480; Mo–Fr 11–14, 17.30–22, Sa/So 17.30–22 Uhr. Im Schatten des Meldorfer Doms herrscht Klarheit vor, in der Einrichtung und in der Ausrichtung der Speisekarte. Fleisch, Gemüse, Käse kommen von der Westküste, die Karte richtet sich nach der Saison, beliebt sind auch die Salate. Und alles von einem freundlichen Team serviert. www.restaurant-v.de

Neue Holländerei, Jungfernstieg 4, 25704 Meldorf, Tel. 04832/999771; Mo–Do 9–16, Fr 9–13 Uhr. Café und Bistro mit Mittagstisch neben dem Landwirtschaftsmuseum. Viele Zutaten stammen vom stiftungseigenen Bio-Hof. Empfohlen wird zum Beispiel die Schweinebratwurst mit Zwiebelpüree und Wirsing. Nachmittags Kuchen und Waffeln. https://stiftung-mensch.com/cafe-und-bistro-neue-hollaenderei

Kulturkneipe Bornholdt, Zingelstr. 14, 25704 Meldorf, Tel. 04832/7907. Lesungen, Stammtische in anderen Sprachen wie Französisch oder Spanisch, Karaoke-Partys, Pub Quiz – fast jeden Tag findet hier etwas statt. Einfache Speisen 18–21 Uhr.

Dom-Café, Südermarkt 4, 25704 Meldorf, Tel. 04832/3444; Di–Fr 9–17, Sa/So 11–17 Uhr. Frühstück sowie leckere Kuchen und Torten gemäß Saison. www.domcafemeldorf.de

Dithmarscher Landesmuseum, Bütjestr. 2-4, 25704 Meldorf, Tel. 04832/600060; Di–Fr, So 11–16.30 Uhr (Juli/Aug. auch Sa). www.landesmuseum-dithmarschen.de

Schleswig-Holsteinisches Landwirtschaftsmuseum, Jungfernstieg 4, 25704 Meldorf, Tel. 04832/979390; Di–Fr 10–16, Sa/So 11–16 Uhr. www.landwirtschaftsmuseum-schleswig-holstein.de

Altes Pastorat und Museumsweberei, Papenstr. 2, 25704 Meldorf, Tel. 04832/999665; Mo–Fr 8–16, Sa 10–13 Uhr. https://stiftung-mensch.com/altes-pastorat

Domgoldschmiede, Nordermarkt 9, 25704 Meldorf; Mo–Fr 9–12, 14–18, Sa 9–12 Uhr.

▸ Karte S. 422

Carsten Niebuhr – Kartograph und Forschungsreisender

Am 17. März 1733 wurde in Lüdingworth bei Cuxhaven Carsten Niebuhr geboren, der zum berühmtesten Bewohner von Meldorf in Dithmarschen werden sollte. Seine Mutter verstarb bereits ein halbes Jahr nach seiner Geburt, sein Vater, als er 16 war. Niebuhr musste die Schule abbrechen und kam auf den Bauernhof eines Onkels. Doch statt die Kühe zu füttern, wurde er Landvermesser. Er erlernte das Handwerk und die Geographie in Hamburg und Bremen und studierte ab 1757 Mathematik in Göttingen. Dort wurde gerade eine Forschungsreise nach ›Arabia felix‹ geplant, ins ›glückliche Arabien‹, womit die Südhälfte der arabischen Halbinsel gemeint war. Der Orientalist Johann David Michaelis gewann die Unterstützung des dänischen Königs bei der Finanzierung der Exkursion und fragte seinen aufstrebenden Studenten, ob er als Geograph und Kartograph mitreisen wollte. Niebuhr begann sofort, Arabisch und die Geschichte des Vorderen Orients zu studieren, beschäftigte sich mit Astronomie, um weiße Flecken auf den Landkarten der damaligen Zeit ausfüllen zu können.

Die fünf Wissenschaftler erhielten von Kollegen insgesamt 100 Fragen auf 348 Seiten überreicht, die sie bitte unterwegs klären sollten. Darunter waren auch so interessante wie die Wirkung von Kaffeegenuss auf die Zähne, die Frage, ob Heuschrecken essbar sind und die Bitte, doch einige Exemplare der zweibeinigen Bergmaus mitzubringen.

Im Januar 1761 legte die ›Grønland‹ in Kopenhagen ab und erreichte nach Widrigkeiten Kairo. Über Land ging es nach Suez und Dschidda in den Jemen, doch dort kamen nur noch Niebuhr und der Schiffsarzt an, vier Forscher waren bereits an Malaria verstorben. Als letzter Überlebender setzte Niebuhr seine Forschungen unbeirrt fort, legte Karten und Stadtpläne an und fertigte mit unglaublicher Präzision Zeichnungen von Hieroglyphen und Keilschriften an, die Wissenschaftler noch über Dekaden zur Entschlüsselung der Texte verwenden konnten.

Niebuhr fuhr per Schiff nach Bombay weiter und wählte dann trotz großer körperlicher Anstrengung den Weg zurück über Land. In Persepolis zeichnete er unzählige Steinreliefs ab, durch Bagdad gelangte er nach Aleppo – alles Namen ferner, geradezu mystischer Kulturstätten, die damals auch den besten Wissenschaftlern aus Europa nicht zugänglich waren. Am 20. November 1767 kehrte Carsten Niebuhr nach Kopenhagen zurück. Er wertete in den Folgejahren seine Notizen aus und publizierte sie in drei umfangreichen Bänden 1772, 1774 und 1778. Danach wurde Niebuhr Landschreiber von Meldorf – nicht gerade die Traumposition für einen anerkannten Wissenschaftler. 1781 wurde Heinrich Christian Boie Landvogt, ein Literat, der ein Netzwerk von fortschrittlichen jungen Schriftstellern zusammenhielt und sich nicht weniger langweilte als Niebuhr. Die beiden Familien freundeten sich an.

Niebuhrs Beschreibungen Arabiens wurden in der akademischen Öffentlichkeit noch lange rezipiert. Herder nimmt darauf Bezug, auch Schiller und Goethe. Am 26. April 1815 starb Niebuhr in Meldorf. Er wurde in der Johanniskirche begraben, nach einem Brand 1879 jedoch auf den Friedhof umgebettet. Eine Steinplatte erinnert an den Forschungsreisenden und Wissenschaftler, und das Landesmuseum beleuchtet sein Leben.

Friedrichskoog

Der nach dem dänischen König Friedrich VII. benannte Ort Friedrichskoog entstand erst, nachdem im 19. Jahrhundert durch Eindeichungen fruchtbares Ackerland gewonnen worden war. Es gab einen kleinen Hafen für Fisch- und Krabbenkutter, der allerdings mit dem Wachsen der Salzwiesen zunehmend verlandete, so dass er schließlich 2017 verschlossen wurde. Am Hafen befinden sich jetzt noch die bekannte Seehundstation und die Kinderspielhalle in Form eines Wals.

Ganz anders hat sich der Ortsteil **Friedrichskoog-Spitze** entwickelt, der etwa fünf Kilometer nordwestlich des historischen Orts liegt. Er besteht fast vollständig aus Ferienwohnungen und Ferienhäusern. Fährt man über die schnurgerade Koogstraße von Friedrichskoog Richtung Spitze, so sieht man linker Hand die **Windmühle Vergissmeinnicht**. Das ist ein 1860 errichteter einstöckiger Galerieholländer, der nach 100 Jahren Betrieb zum Restaurant umgebaut wurde, aber jetzt nur noch für Hochzeiten genutzt wird.

An der Spitze ragt ein **Stahlturm** auf, auf dem die Badeaufsicht wacht und in dem Besucher den Deich überwinden, um auf eine einen Kilometer lange und

Am Grünen Strand in Friedrichskoog

Vorübergehender Bewohner der Seehundstation

100 Meter breite flache, mit Rasen bewachsene **Deichböschung** zu stoßen. Für Kinder gibt es eine Sandgrube, doch einen Sandstrand gibt es nicht. Allerdings liegt man auch angenehm auf dem Rasen und kann einen der bunten Strandkörbe mieten. Vor dem Strand breitet sich ein kilometerweites Wattenmeer aus, das nur bei Flut überschwemmt wird; dann kann man auch schwimmen.

Vom Strand führt ein gut zwei Kilometer langer Damm ins Watt. Er heißt **Trischendamm**, nach der zwölf Kilometer entfernten Insel Trischen, die er beim Bau 1936 erreichen sollte. Man wollte damit den Hauptdeich stabilisieren, der unterspült zu werden drohte, was aber offensichtlich durch den kürzeren Damm auch erreicht wurde. Der Damm hat eine Asphaltdecke, und man kann darauf spazieren gehen. Die **Insel Trischen** war früher bewohnt, ist jetzt aber ein Vogelschutzgebiet und darf nicht betreten werden.

Seehundstation

An der Nord- und Ostseeküste sind Seehunde und Kegelrobben beheimatet. Seehunde haben einen eher runden Kopf, die Männchen werden bis zu 180 Zentimeter

▲ Karte S. 422

lang und können bis 120 Kilogramm wiegen, die Weibchen etwa 20 Prozent weniger. Sie fressen Fisch und kleine Krebse und werden im Sommer auf Sandbänken geboren. In Schleswig-Holstein gibt es etwa 11 000 von ihnen; die Zahlen sind in den letzten Jahren deutlich gestiegen. Die Kegelrobben haben einen eher länglichen Kopf und sind größer als die Seehunde, die Männchen bis 230 Zentimeter Länge und 310 Kilogramm Gewicht, die Weibchen bis 200 Zentimeter Länge und 180 Kilogramm. Sie fressen auch Fisch, kleine Krebse, Aas und selten auch Seevögel und Seehunde. Sie werden im Winter an Land geboren, wo die Jungtiere einige Zeit verharren. Rund 220 Kegelrobben leben in Schleswig-Holstein. Junge Seehunde, die von ihrer Mutter getrennt wurden, werden als Heuler bezeichnet, weil sie durch heulende Rufe ihre Mutter wiederzufinden hoffen.

Die Seehundstation wurde 1985 gegründet und darf als einzige Stelle verlassene, erkrankte oder geschwächt aufgefundene Robben aufnehmen, aufziehen, rehabilitieren und wieder auswildern. Pro Jahr werden etwa 200 Tiere hier aufgezogen. Wie draußen auf den Sandbänken sollten Menschen einen deutlichen Abstand zu den Tieren halten und vor allem Hunde kontrollieren und fernhalten. Dies ist auch in der Seehundstation nötig, so dass der größte Teil der Becken nicht zugänglich ist. Im Besucherbereich sind die Seehunde jedoch aus der Nähe zu betrachten, durch eine Glasscheibe auch unter Wasser. Fütterungen finden täglich um 10.30 und 14 Uhr, im Sommer auch um 17.30 Uhr statt, für die Heuler um 11 und 15 Uhr. Außerdem gibt es eine **Ausstellung** mit interaktiven Informationen, und von einem **Turm** aus hat man einen guten Rundumblick.

Friedrichskoog

Tourismus-Service, Koogstr. 141 (Deichpassage), 25718 Friedrichskoog-Spitze, Tel. 04854/219010; Mo–Fr 10–16, Sa 10–13, 14–16 Uhr.
www.friedrichskoog.de

Seehundstation, An der Seeschleuse 4, 25718 Friedrichskoog, Tel. 04854/1372; tgl. 10–16 Uhr, im Sommer 10–18 Uhr. Bistro. www.seehundstation-friedrichskoog.de

Fast alle Besucher von Friedrichskoog übernachten in Ferienwohnungen oder -häusern, von denen es in Friedrichskoog-Spitze hunderte gibt.

Bed & Breakfast Hinterm Nordseedeich, Strandweg 1, 25718 Friedrichskoog-Spitze, Tel. 04854/893; DZ 85 €. Kleine Frühstückspension mit neun Zimmern in Alleinlage hinter dem Deich. Hundefreundlich. www.urlaub-hinterm-nordseedeich.de

Mövenkieker, Strandweg 6, 25718 Friedrichskoog-Spitze, Tel. 04854/9045880; DZ ab 110 €. Frühstückshotel mit zwölf individuell eingerichteten Zimmern direkt am Deichübergang. www.moeven-kieker.de

Stellplatz am P2, Nordseestr. 998, 25718 Friedrichskoog-Spitze, Tel. 04854/904940; ganzjährig. Teilweise schattiger Parkplatz für 40 Wohnmobile mit Ver- und Entsorgung.

Campingplatz Swienskopp, Süderdeich 1, 25718 Friedrichskoog, Tel. 04854/854. Direkt am Deich, etwas außerhalb von Friedrichskoog-Spitze gelegen.
www.campingplatz-swienskopp.de

Alice, Am Hafen 4, 25718 Friedrichskoog, Tel. 04854/217. In der ehemaligen Annahmestelle für Nordseekrabben werden die Krabben und anderes Fischgetier nun an jene ausgegeben, die sich an der Theke anstellen. Denn dies ist ein Selbstbedienungsrestaurant, das aber keine Kompromisse bei der Qualität des Essens macht; alles kommt frisch in die Pfanne. www.alice-heimathafen.de/friedrichskoog.php

Vor Anker, Hafenstr. 123, 25718 Friedrichskoog, Tel. 04854/909962; Fr–Mi 11.30–20 Uhr. Bei gutem Wetter kann man auch auf der Terrasse mit Gartenblick die norddeutsche Küche genießen. www.restaurant-vor-anker.de

Seaside 26, Buschsand 26, 25718 Friedrichskoog-Spitze, Tel. 04854/904874; Fr–Mi 12–20 Uhr. Selbstbedienungsrestaurant mit bunter Speisekarte. www.seaside26.de

Zur Spitze, Koogstr. 140, 25718 Friedrichskoog-Spitze, Tel. 04854/1262; Di–So 12–20 Uhr. Solide norddeutsche Speisen und Getränke, nachmittags auch Kuchen. www.deichrestaurant-zurspitze.de

Neulandhalle, Franzosensand 2, 25718 Friedrichskoog. Propagandastätte der Nazis für die Neulandgewinnung. Die draußen stehenden Info-Buchstaben sind jederzeit zugänglich, die Halle selbst kann nur im Rahmen einer Führung betreten werden. Offene Führung März–Okt. So 11 Uhr, ansonsten nach Vereinbarung, Tel. 04832/4243 (Volkshochschule Meldorf). www.lernort-neulandhalle.de

Willi Wal Indoorspielpark, Am Hafen 10, 25718 Friedrichskoog, Tel. 04854/9098231; Mi–Fr 14–19, Sa/So 11–19 Uhr. Gerüchteweise soll es gelegentlich an der Küste regnen. Das ist *die* Gelegenheit, die Kleinen sich mal bei Willi Wal austoben zu lassen. Der 125 Meter lange Wal neben dem Hafenbecken bietet auf zwei Etagen und 2500 Quadratmetern Platz genug zum Klettern, Rutschen, Trampolinspringen und um Geräte in Bewegung zu setzen. Beliebt auch bei den Größeren ist die Elektro-Kart-Bahn. www.friedrichskoog-williwal.de

Marne

Der 1200-Bewohner-Ort ist das Zentrum der Südermarsch. Er lag früher an der Küste lag, die jedoch durch Eindeicharbeiten im 16. und 17. Jahrhundert immer weiter verschwand. Im 18. Jahrhundert kamen weitere große Köge hinzu, der Sophienkoog und der Kronprinzenkoog. Marne wandelte sich vom Fischerort zum Marktort und konnte einen ›Kram-, Vieh- und Pferdemarkt‹ abhalten. Die Einwohnerzahl verdreifachte sich, auch weil sich durch Straßen- und Eisenbahnbau die Anbindung verbesserte. 1891 wurde Marne das Stadtrecht verliehen. Einige Jahre später entstanden die ersten Repräsentationsbauten: Rathaus, Magdalenenkirche und Gymnasium.

Marne gilt heute als die Hochburg des Karnevals in Norddeutschland. Mehrere Sitzungen finden statt, und am Rosenmontag wird pünktlich um 14 Uhr das Rathaus gestürmt, eine halbe Stunde später setzt sich der Zug mit mehr als 50 Wagen unter dem Motto ›Marn' hol fast‹ in Bewegung. Bis zu 20000 Zuschauer säumen dann die Straßen (www.marnholfast.de).

▸ Karte S. 422

Kirche Maria Magdalena

Der Backsteinbau entstand 1906, nachdem der baufällige Vorgänger 1904 abgerissen worden war. Er zeigt eine merkwürdige Stilmischung aus Neoromanik, Neogotik und dem damals gerade modernen Jugendstil. Die kreuzförmige Kirche wirkt gedrungen, weil die Grundfläche im Vergleich zur Höhe gering ist. Der 61,50 Meter hohe **Turm**, der etwas nach Westen herausgebaut ist, unterstreicht dies nochmals.

Im Innern fallen zunächst die zahlreichen farblich starken **Fenster** auf, die dennoch in einem traditionellen Stil traditionelle

Geschichten erzählen. Die **Bronzetaufe** (13. Jh.), die **Kanzel** und Teile des **Orgelprospekts** (17. Jh.) blieben aus dem Vorgängerbau erhalten, die weitere Ausstattung stammt aus dem 20. Jahrhundert.

Bronze Kohhannel

Vor dem Anbau des Rathauses, nur wenige Schritte vom Kirchenportal, geht ein Kuhhandel vor sich, festgehalten in der Bronze ›Kohhannel‹ (2010, aufgestellt 2018) des in Marne geborenen Bildhauers Paul Heinrich Gnekow (1928–2015). Zwei Bauern stehen beiderseits der verhandelten Kuh, der eine gestikuliert lebhaft, der andere scheint unsicher und kratzt sich am Hinterkopf. De Kuh hat ihren Kommentar gerade unter sich gelassen.

Der Wunderbaum und die Elster

In Marne wird gerne eine alte Legende erzählt, die auf den hier geborenen Altgermanisten Karl Viktor Müllenhoff (1818–1884) zurückgeht: Zur Zeit der Dithmarscher Freiheit stand neben der Aubrücke bei Süderheistedt eine Linde, die überall nur ›Wunderbaum‹ genannt wurde. Sie war höher als andere Bäume und ihre Zweige wuchsen kreuzweise. Bis zur Einnahme des Landes hatte sie jedes Jahr gegrünt. Doch von überall hörte man, dass, wenn die Freiheit verlorenginge, der Baum verdorren würde. Und so geschah es. Aber es gab auch die Weissagung, dass einst eine Elster darauf nisten und fünf weiße Junge großziehen würde. Dann würde der Baum wieder ausschlagen und das Land seine Freiheit genießen.

Eine neue Variante der Sage kreiert die **Bronze Elster mit Hasenmaske**, die die Künstlerin Pia Stadtbäumer (geb. 1959) im Jahr 2010 schuf (Königstraße/Maaßen-Nagel-Straße). Eine stark vergrößerte Elster trägt hier eine Hasenmaske, was einerseits auf den Karneval in Marne Bezug nehmen soll, andererseits den Betrachter verleiten soll, die Hintergründe der Sage zu erforschen.

Der **Wunderbaum** (mit kleiner Elster) beherrscht den 1934 errichteten **Müllenhoff-Brunnen** (Markt/Süderstraße), der ebenfalls an den Sagensammler erinnern soll. Dieser wird zudem durch eine Gedenkbüste im Entenpark und eine Gedenksäule auf dem Friedhof geehrt.

Neufeld

Das kleine Neufeld (600 Einwohner), sechs Kilometer südlich von Marne gelegen, wies früher einen geschäftigen Fischereihafen auf. Doch mit zunehmender Landgewinnung wurde der Zugang zum Wasser immer schwieriger, die Strecke länger, und der Hafen verlandete. Inzwischen hat man aus der Not eine Tugend gemacht und einen kleinen Hafen für Freizeitkapitäne angelegt. Auf dem Deich kann man schön sitzen, essen und trinken und die in der Ferne in die Elbe einbiegenden großen Pötte beobachten.

Kuhhandel in der Nähe des Rathauses

Marne, Sankt Michaelisdonn, Neufeld

Touristik Marne-Marschenland, Deichstr. 2, 25709 Marne, Tel. 04851/957686; Mo–Fr 10–12 Uhr. www.marne-ferien.de
Touristinfo, Bahnhofstr. 26, 25693 Sankt Michaelisdonn, Tel. 04853/ 8816510; Mo–Fr 8.30–13 Uhr.
www.st-michaelisdonn.de/tourismus

Landhaus Gardels, Westerstr. 19, 25693 Sankt Michaelisdonn, Tel. 04853/8030. Das historische, in Familienbesitz befindliche Vier-Sterne-Hotel verfügt über 22 geschmackvoll eingerichtete Zimmer. Wer es preiswerter möchte, kann im Zwei-Sterne-Haus ›Der kleine Hans‹ nächtigen. Zu beiden gehört das Restaurant ›Gustav's‹ (Mo–Sa 18–23 Uhr), das sich der regionalen Küche widmet. www.landhaus-gardels.de und http://kleiner-hans.de
Landhotel Rehedyk, Helser Geestweg 11, 25693 Sankt Michaelisdonn, Tel. 04853/8819501, 0162/9403668. Schöne Zimmer, Ferienwohnungen und Leben auf dem Lande, vor allem mit Pferden, sind hier im Angebot. www.rehedyk.de

Alice, Op'n Diek 5, 25724 Neufeld, Tel. 04851/9567380; Mi–So 12–21 Uhr. Weiter Ausblick auf die Elbmündung. Hier wird eine gute Fischauswahl phantasievoll zubereitet. Auch einige Fleischgerichte. www.alice-heimathafen.de/neufeld.php
Op'n Diek, Op'n Diek 3, 25724 Neufeld, Tel. 04851/1840; tgl. ab 11 Uhr. Vor allem von der Terrasse hat man einen schönen Rundumblick. Aus der Küche kommen sämtliche bekannten Fischgerichte in traditioneller Zubereitung, auch Aal, sowie Steaks und einige andere Fleischgerichte. Man empfiehlt auch den Eiergrog.
www.restaurant-opndiek.de

KBH, Schillerstr. 11, 25709 Marne, Tel. 04851/95969710; Do–So 15–18 Uhr. Das 2009 eröffnete Kultur- und Bürgerhaus präsentiert wechselnde Ausstellungen zeitgenössischer Künstler sowie ein abwechslungsreiches Programm an Konzerten, Kabarett, Lesungen und Kleinkunst. Angeschlossen ist das Haus des Dithmarscher Fotografen Thomas Backens (1859–1925), der zum Beispiel den Bau des Nord-Ostsee-Kanals dokumentierte. Auch in diesem Haus finden Wechselausstellungen statt.
www.kbh-marne.de
Heimatmuseum, Museumstr. 2, 25709 Marne, Tel. 04851/3518; Di–Fr, So 14.30–18 Uhr. Der 1873 gegründete Marner Skatclub erhielt 1905 ein eigenes Vereinsgebäude, in dem Mitglieder ihre Raritäten ausstellen konnten, 1928 wurde das Haus zu einem richtigen Museum. Heute präsentiert es diverse Zimmer und zahlreiche historische Preziosen.
www.marne.de
Dithmarscher Brauerei, Österstr. 18, 25709 Marne, Tel. 04851/9620. Brauereibesichtigung mit anschließender Verkostung: Di und Sa nach vorheriger Anmeldung.
www.dithmarscher.de
Kirche St. Maria Magdalena, Österstr. 16, 25709 Marne; Mo/Di und Do 9–17, Mi und Fr 9–12 Uhr.
Freimaurermuseum, Meldorfer Str. 2, 25693, Sankt Michaelisdonn, Tel. 0172/ 4541277; erster Sa im Monat 15–18 Uhr. Zahlreiche Dokumente, Fotos und Artefakte erläutern die Tätigkeit der Freimaurer.
www.freimaurer-museum.de

Fahrraddraisine, Bahnhofstr. 26, 25693 Sankt Michaelisdonn, Tel. 04891/957686. Von Mai bis Oktober können Eisenbahninteressierte etwa neun Kilometer der alten Marschbahnstrecke zwischen Marne und Sankt Michaelisdonn mit einer Fahrraddraisine erleben. An den Endpunkten gibt es Cafés, und man kann eine Strecke auch per Bus zurücklegen.
www.marschenbahn-draisine.de

▸ Karte S. 422

Brunsbüttel

Für Besucher weist Brunsbüttel (der ›Ort des Braunen‹) zwei sehenswerte Zentren auf: das historische rund um Markt und Jakobus-Kirche sowie die drei Kilometer entfernte Schleuse, an der der Nord-Ostsee-Kanal in die Elbe mündet. Die Koogstraße mit Cafés und Imbissen führt dorthin.

Bis zum Bau des Kanals Ende des 19. Jahrhunderts war Brunsbüttel eine einfache Siedlung, die oft von Sturmfluten betroffen war und deshalb Mitte des 17. Jahrhunderts sogar weiter ins Landesinnere verlegt wurde. Nach der Kanaleinweihung 1895 siedelten sich noch ein Ölhafen und verschiedene Industrien an. Gemessen am Warenumschlag ist der Ort der geschäftigste Hafen an der Nordseeküste Schleswig-Holsteins.

Markt

Der Marktplatz – auch heute noch ein harmonischer, grüner Platz – wurde Mitte des 17. Jahrhunderts angelegt. Im Zentrum steht die Kirche, umgeben von einem Friedhof, dieser wieder von einer Baumreihe. Die ursprünglich quadratische Fläche wurde dann nach Osten erweitert. Mit dem Umzug entstand die Bebauung, von der bei einem Brand ein großer Teil zerstört wurde. Die ältesten der heute erhaltenen Häuser stammen vom Ende des 18. Jahrhunderts. Etwa ein Dutzend Häuser steht heute unter Denkmalschutz. Als eines der schönsten Fachwerkhäuser der Stadt gilt das am Markt befindliche **Matthias-Boie-Haus** aus dem Jahr 1779, das früher das Diakonat war. Auch das **Heimatmuseum** befindet sich in einem der historischen Häuser. Es zeigt im ehemaligen Rathaus von 1905 auf zwei Etagen ein großes Sammelsurium an historischen Artefakten, die sich zum Beispiel mit dem Kanalbau und der Arbeitswelt von früher beschäftigen; Hausgeräte und eine Schulklasse dürfen nicht fehlen.

Kirche St. Jakobus

Die aus Ziegelstein errichtete Kirche mit den markanten äußeren Strebepilastern wurde 1723/24 im neoromanischen Stil errichtet, nachdem der Vorgängerbau nach einem Blitzeinschlag abgebrannt war. Auffälligstes Ausstattungsstück ist der **Schnitzaltar** in einem Stil, der wegen seiner skurrilen Formen ›Knorpelbarock‹ genannt wird. Der Altar sollte eigentlich in Glückstadt stehen, doch da die Schlosskirche dort wegen Baufälligkeit angerissen wurde, stiftete der dänische König Friedrich IV. den Altar für die Jakobuskirche. Elf Medaillons mit Szenen aus dem Leben Jesus umgeben das Hauptre-

An der Schleuse zum Nord-Ostsee-Kanal

lief mit der Kreuzigungsszene. Die Brunsbütteler fertigten dem Dänen dafür eine **Königsloge**, die er allerdings nie betreten hat. Mehr genutzt wurde da schon die **Kanzel** (1723), deren Schnitzereien die zwölf Apostel zeigen. Aus derselben Zeit stammt die von Putten getragene **Taufe** aus Sandstein.

Schleuseninfozentrum (SIZ)

Die meisten Besucher kommen nach Brunsbüttel, um Schiffe zu sehen, vor allem die großen Pötte und die heutzutage gigantischen Kreuzfahrtschiffe. Das geht von der **Aussichtsplattform** an der Nordseite der Schleuse auch ganz hervorragend. Von Sonnenauf- bis Sonnenuntergang ist der Zugang zu den Aussichtspunkten frei. Das ›Atrium‹ genannte **Kanalmuseum** widmet sich der Geschichte des Kanal- und Schleusenbaus. Anhand von Schautafeln und Modellen werden die technischen Besonderheiten dieser Bauwerke erklärt.

Infos über vorbeifahrende und festgemachte Schiffe: www.marinetraffic.com

Brunsbüttel

Touristinfo, Gustav-Meyer-Platz 2 (an der Schleuse), 25541 Brunsbüttel, Tel. 04852/391186; Mo–Fr 10–12.15, 13–17 Uhr, Juli/Aug. auch Sa/So.
www.schleusenstadt-brunsbuettel.de, www.brunsbuettel.de

Kleiner Yachthafen, Hafenstr. 16, 25541 Brunsbüttel, Tel. 04852/9400933; DZ ab 100 €. Hotel Garni, 39 gemütliche wie praktische Zimmer in drei Kategorien. Das Haus befindet sich in der Nähe des Hafens für Freizeitkapitäne.
www.hotel-kleiner-yachthafen.de

Schleusenhotel, Koogstr. 67–71, 25541 Brunsbüttel, Tel. 04852/9880; DZ ab 99 €. Einfaches Hotel mit 25 Zimmern unweit der Schleusen. www.schleusenhotel.de

Zur Traube, Markt 9, 25541 Brunsbüttel, Tel. 04852/54610; DZ ab 85 €. Freundliches Traditionshaus mit 19 Zimmern direkt neben der Jakobus-Kirche. Auch das Restaurant ist zu empfehlen.
www.zur-traube-brunsbuettel.de

St. Jakobus, Markt 12; tgl. 9–17 Uhr

Heimatmuseum, Markt 4, 25541 Brunsbüttel, Tel. 04852/7212; Do und Sa/So 14.30–17.30 Uhr.
www.museum-brunsbuettel.de

Stadtgalerie, Von-Humboldt-Platz 5, 25541 Brunsbüttel, Tel. 04852/540017; Di–Sa 15–18, So 11–18 Uhr. Die städtische Galerie zeigt Wechselausstellungen zeitgenössischer Kunst: Malerei, Skulptur, Fotografie.
www.stadtgalerie-brunsbuettel.de

Kanalmuseum Atrium, Gustav-Meyer-Platz 2, (neben Tourist-Info), Tel. 04852/885213; tgl. 10.30–17 Uhr.
www.schleuseninfo.de
In zehn blauen Containern sind im Zuge einer Schleusenführung Informationen zum Bau der fünften Schleusenkammer zu bekommen. Eine vorherige Buchung ist erforderlich. http://neu.schleuseninfo.de/index.php/fuehrungen/offene-fuehrungen

Ende Juni wird der **Kanalgeburtstag** mit einem dreitägigen Volksfest mit Markt und Musik gefeiert.

Mitte August geht es sportlich und ausgelassen zu, wenn wieder einmal die **Wattolümpiade** veranstaltet wird, ein Benefiz-Event zugunsten Krebsbetroffener. Rund 500 ›Wattleten‹ treten bei Sportarten wie Wattfußball und ›Wattwolliball‹ an.
www.wattoluempiade.de

Im September wird's dann noch romantisch, wenn bei der **NOK-Romantika** Kanal, Schleusen und Hafen mit Lichtern und Fackeln in eine gehobene Stimmung versetzt werden. Veranstaltungsorte sind entlang des gesamten Kanals von Brunsbüttel bis nach Kiel zu finden.
www.nok-romantika.de

▲ Karte S. 422

Der Nord-Ostsee-Kanal

Man redet gerne vom Suezkanal, durch den pro Jahr 17 000 Schiffe fahren, oder vom Panamakanal, der 13 000 mal passiert wird, vergisst dabei aber gerne, dass der Nord-Ostsee-Kanal, der international Kiel Canal genannt wird, rund 30 000 Passagen pro Jahr verzeichnet und damit die meistbefahrene Wasserstraße der Welt ist.

Erste Kanalpläne hatten wohl schon die Wikinger, die in der Handelsstadt Haithabu an der Schlei (→ S. 277) lebten und die 16 Kilometer Landweg zwischen Schlei und Treene zu überwinden hatten. Weitere, kleinere Kanäle entstanden im 14. und 16. Jahrhundert, doch erst der Eiderkanal, der im späten 18. Jahrhundert vom dänischen König Christian VII. beauftragt wurde, durchstach die Halbinsel Jütland in überzeugender Weise. In drei bis vier Tagen konnte man von Kiel nach Rendsburg fahren, dort in die Eider und bei Tönning in die Nordsee. Da die Schiffe immer größer wurden und die Ersparnis durch den Kanal nicht ausreichte, wurden Ende des 19. Jahrhunderts neue Pläne entworfen. 1887 erfolgte die Grundsteinlegung des Nord-Ostsee-Kanals durch Kaiser Wilhelm I., nach dem das Bauwerk zunächst benannt war. 1895 wurde der Betrieb aufgenommen, doch Kaiser Wilhelm II., Enkel des Namensgebers und Marinefanatiker, konnte seine neuen Kriegsschiffe nicht durch den Kanal bekommen, so dass schon 1907 der Kanal auf 102 Meter Breite und 11 Meter Tiefe vergrößert wurde. Der Ausbau kostete anderthalb Mal so viel wie der ursprüngliche Bau.

Heute ist der Kanal 98 Kilometer lang, 162 Meter breit und 11 Meter tief; die Brücken müssen mindestens 42 Meter oberhalb der Wasserlinie verlaufen. Er führt von Kiel-Holtenau bis nach Brunsbüttel; die Strecke ist damit 460 Kilometer kürzer als die Umrundung der Halbinsel Jütland. Doch die Schiffe, die eine Länge von bis zu 235 Metern, eine Breite bis zu 32,5 Metern und bis zu 7 Meter Tiefgang aufweisen dürfen, sparen gar nicht so viel Zeit ein, weil im Kanal eine Höchstgeschwindigkeit von 8 Knoten (15 km/h) gilt. Die Passage dauert also 6,5 bis 8,5 Stunden. Der gesamte Kanal führt dieselbe Wasserhöhe, so dass an den Endpunkten Schleusen erforderlich sind, die den jeweiligen Tidenstand zu Nord- und Ostsee ausgleichen. Derzeit gibt es an beiden Enden jeweils zwei unterschiedlich große Schleusen, wobei in Brunsbüttel eine dritte im Bau ist, die mit 330 Meter Länge und 42 Meter Breite die größte sein wird. Insgesamt kreuzen zehn Straßen- und Eisenbahnbrücken den Kanal, und 13 Fähren befördern Personen und Fahrzeuge – übrigens kostenlos, wie der Kaiser dies – zur Erhöhung der Akzeptanz des Kanals – selbst versprochen hatte. Die Namensänderung übrigens wurde 1948 vorgenommen, auf Wunsch der Alliierten, die auf die preußischen Wilhelme nicht so gut zu sprechen waren.

Der Kanal führt weitgehend durch schöne, landwirtschaftlich geprägte Gegenden. Seine Wirtschaftswege sind für Fußgänger und Radfahrer zugänglich und stellen, da völlig eben, einen gemütlichen Fernradweg dar. Die Strecke hin und zurück entlang des Kanals mit ein paar Abstechern misst 325 Kilometer und lässt sich in acht Etappen bewältigen. Informationen, auch über Hotels und Restaurants: www.nok-route.de und www.nok-sh.de

Technische Informationen über den Kanal: www.wsa-nord-ostsee-kanal.wsv.de/Webs/WSA/WSA-Nord-Ostsee-Kanal/DE/1_Wasserstrasse/1_Nord-Ostsee-Kanal/Nord-Ostsee-Kanal_node.html

Burg

Die Umgebung des Ortes Burg am Nord-Ostsee-Kanal, in dem etwa 4000 Menschen wohnen, zeigt sich vergleichsweise hügelig. Sie gehört zur Dithmarscher Geest, der eiszeitlichen Landschaft, die hier an die später gewonnenen Gebiete des fruchtbaren Schwemmlands stoßen, der Marsch. Die Wilstermarsch ist flach und moorig und liegt teilweise noch unter dem Meeresspiegel. Auf der Geest wachsen hingegen sogar Wälder, worauf der Name Bökelnburg (Buchenburg) verweist. Diese **Bökelnburg** war vermutlich kein richtiges Bauwerk, jedenfalls keine Burg im heutigen Sinne, sondern ein kreisförmiger Befestigungswall mit Palisade oben drauf. Der im 9. Jahrhundert errichtete Wall hatte einen Durchmesser von etwa 100 Metern, befand sich in einem Buchenwald und ist teilweise erhalten. Die Menschen konnten in Zeiten der Gefahr innerhalb des Walles Zuflucht suchen und wohnten dort vermutlich in Holzbauten. Da der Wall am Geestrand liegt, hatte man zudem von hier eine gute Sicht über die tiefer liegende Landschaft. Seit 1818 befindet sich im Zentrum des Walles ein Friedhof, seit jüngerer Zeit auf dem Wall ein Spazierweg.

Marktplatz

Das Zentrum des Ortes bildet der dreieckige Marktplatz (Fr 8–12 Uhr Markt), an dem noch zwei historische Häuser stehen, das 1750 erbaute reetgedeckte niederdeutsche **Fachwerkhaus** (Nr. 9), das ursprünglich ein kombiniertes Wirtschafts- und Wohnhaus war, jedoch 1912 vom benachbarten Apotheker gekauft und umgebaut wurde. Nebenan steht ein etwas jüngerer, weiß getünchter Backsteinbau (Nr. 8), in dem sich seit 1839 die **privilegierte Apotheke** eingerichtet hat, die schon vom dänischen König so ausgezeichnet war. Damals gab es auf dem

▸ Karte S. 422

Die kleine Petri-Kirche

Marktplatz, wie vielerorts üblich, einen **Brunnen**, schließlich wurde erst 1907 die erste Wasserleitung in Burg verlegt. Wahrscheinlich ist das im Jahr 1613 errichtete alte **Diakonat** (Große Bergstr. 11) das älteste Gebäude im Ort; nach dem Pfarrer war der Diakon der zweithöchste Priester. 1720 wurde dieses Amt abgeschafft, das Haus wechselte mehrfach den Besitzer und gehörte schließlich dem obersten Beamten, dem Vogt. Später wurde es von einem Arzt erworben, weshalb es vor Ort als ›Doktorhaus‹ bekannt ist. Nur wenige Schritte entfernt befindet sich an einem baumumstandenen Platz die Petri-Kirche.

Petri-Kirche

Nach einer Legende soll sich in der Bökelnburg im Jahr 1145 ein Mord zugetragen haben: Der Dithmarscher Landesherr, Graf Rudolf II., soll trotz schwerer Not auf der Ablieferung des Zinskorns bestanden haben und daraufhin von den Bauern in ihrer Wut und Verzweiflung erschlagen worden sein. Drei Jahre später unternahm Heinrich der Löwe, der neue Landesherr, mit Unterstützung von Hartwig, dem Bruder Rudolfs und späterem Erzbischof von Bremen, einen Rachefeldzug und befahl zur Sühne den

Bau einer Kapelle. Die wurde dann auch aus Feldsteinen errichtet. Historisch belegen lässt sich dies alles nicht, doch es ist eine vor Ort beliebte Sage, die sogar von Laiendarstellern in niederdeutscher Sprache aufgeführt wird.

Die heutige Kirche ist ein bescheidener, einschiffiger Bau aus weiß getünchten Ziegelsteinen, der von einem kleinen **Firstturm** bekrönt wird. In der Ausstattung ragt das über dem Altar angebrachte **Kruzifix** aus dem 14. Jahrhundert hervor, weiterhin stammt die **Kanzel** aus dem 17. Jahrhundert, und das **Schiffsmodell** erinnert an die maritime Tradition des Ortes.

Waldmuseum

Das Waldmuseum weist einen umfangreichen Sammlungsbestand über das Ökosystem Wald, über Natur- und Artenschutz, die Jagd sowie über Geologie und Paläontologie der Region auf. Neben dem Museum beginnt ein zwei Kilometer langer **Waldlehrpfad**, auf dem Infotafeln das Leben im Wald erklären. Auf dem nahen, 65 Meter hohen Hügel Wulffsboom steht ein 21 Meter hoher **Aussichtsturm**, von dem Besucher einen schönen Blick über Wald, Wiesen und Felder haben. Führungen werden angeboten, auch zu Themen wie ›Kräuter‹ oder ›Fledermäuse‹.

Burg

Tourist-Info Burg, Holzmarkt 5, 25712 Burg, Tel. 04825/901194; Mo–Fr 10–12, 14–18 Uhr, Jul./Aug. auch Sa 10–12 Uhr. www.echt-dithmarschen.de/urlaubsorte/luftkurort-burg

Burger Fährhaus, Hafenstr. 48, 25712 Burg, Tel. 04825/2417. Während man auf das Essen wartet, das hier vollständig bis auf die letzte Sauce im Haus erstellt wird, kann man aus dem Fenster schauen und ein paar von den großen Schiffen beobachten, die vor der Haustür auf dem Nord-Ostsee-Kanal vorbeifahren. Nur lokale Zutaten kommen in die Pfanne, es gibt ein eigenes Craft-Bier, und in der Eismaschine wird eigenes Eis hergestellt. Auch vier Zimmer. www.burger-faehrhaus.de

Dat lütte Café, Krenzer Str. 1, 25712 Burg, Tel. 04825/923900; Sa/So (manchmal auch Mo/Di) 14–18 Uhr. Unterhalb des Marktes gelegenes nettes Café in einem historischen Gebäude, das durch seine Torten und Kuchen besticht. www.dat-luette-cafe.de

Waldmuseum, Waldstr. 141, 25712 Burg, Tel. 04825/2985; Ostern–Okt. Di–So 11–17 Uhr. www.burger-waldmuseum.de

Ditmarsium, Große Mühlenstr. 6, 25712 Burg, Tel. 04825/902200; Di, Fr–So 14–17 Uhr. Drei Hauptthemen hat dieses kleine Heimatmuseum: Apotheken, Handwerk und Gewerbe sowie Schifffahrt. Jüngst neu gestaltet, bietet das Haus vielfältige Zugangsmöglichkeiten zu den Ausstellungsstücken. www.ditmarsium.de

Petri-Kirche; April–Okt. tgl. 9–18 Uhr, Nov.–März Mo–Fr 9–12, Sa/So 9–15 Uhr.

Waldschwimmbad, Am Sportplatz 10, 25712 Burg, Tel. 04825/8857; Mai–Sept. 10–20 Uhr. Das beheizte Bad bietet mehrere Becken, eine 80 Meter lange Wasserrutsche und einen Wildwasserkanal.

Kanuverleih, Familie Beimgraben, Achterhörn 7, 25554 Neuendorf-Sachsenbande, Tel. 04825/7649. Die Wilster Au ist ein ruhiges Gewässer, das sich 18,5 km durch die Wilstermarsch schlängelt. Da in der Wilster Au kaum Strömung vorhanden ist, kann man wunderbar Richtung Kanal oder Richtung Wilster fahren. www.wilsterau-kanu.de

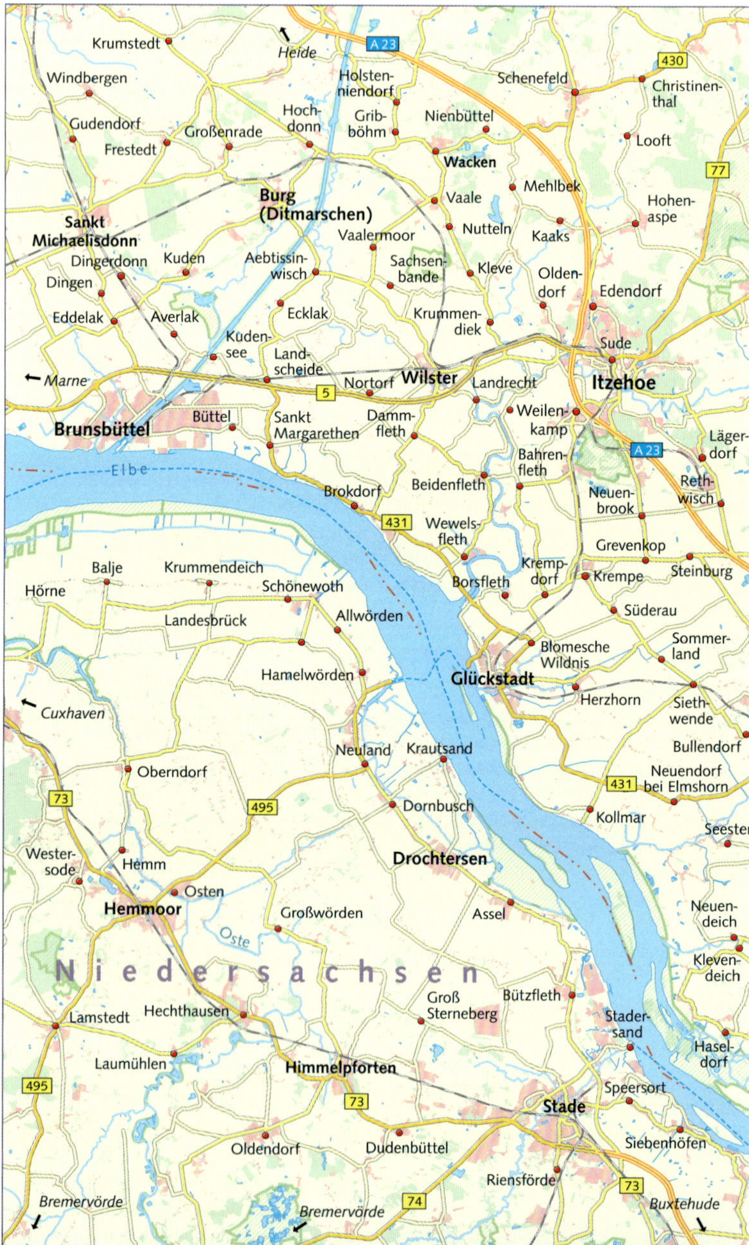

Das Marschland an der Unterelbe

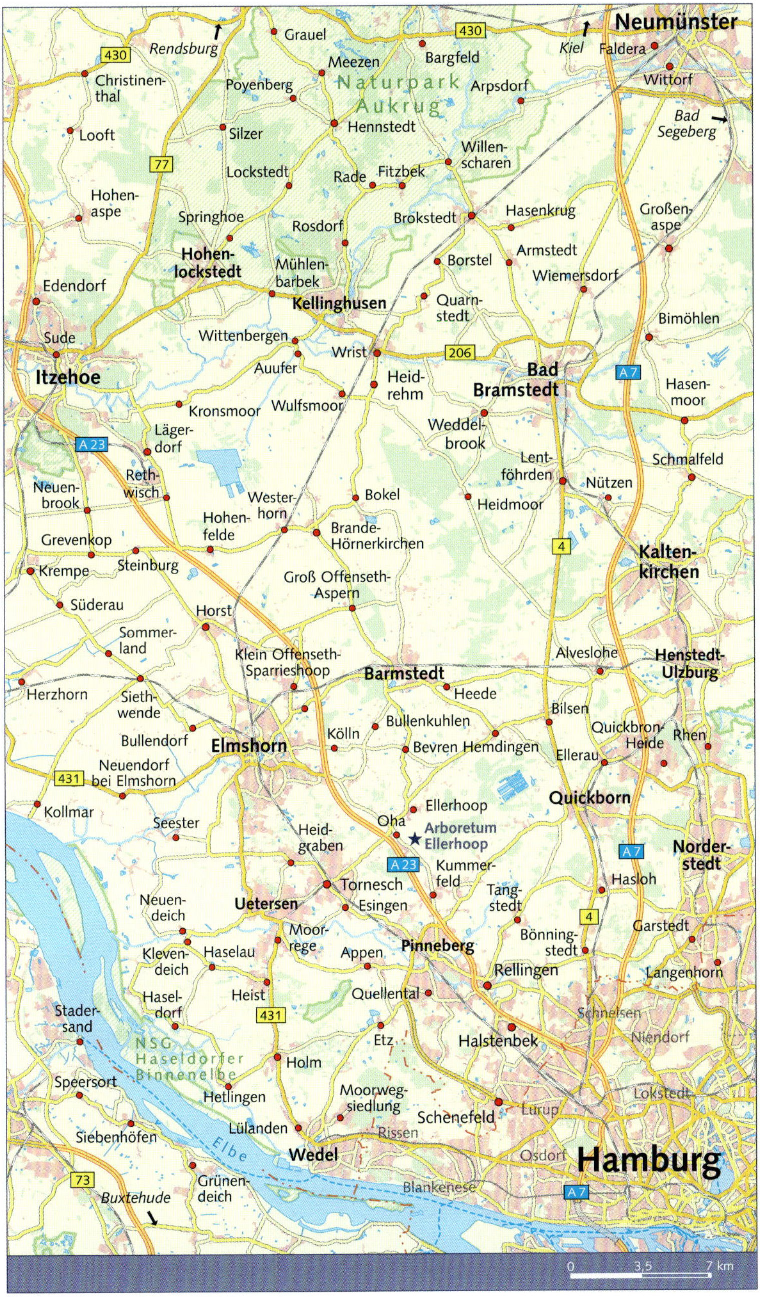
Neumünster
Rendsburg
Grauel
430
Kiel
Faldera
Christinen-thal
Meezen
Bargfeld
Poyenberg
Naturpark Aukrug
Arpsdorf
Wittorf
Looft
Silzer
Hennstedt
Bad Segeberg
77
Lockstedt
Rade
Fitzbek
Willen-scharen
Hohen-aspe
Springhoe
Rosdorf
Brokstedt
Hasenkrug
Großen-aspe
Hohen-lockstedt
Mühlen-barbek
Borstel
Armstedt
Wiemersdorf
Edendorf
Kellinghusen
Quarn-stedt
Bimöhlen
Sude
Wittenbergen
Wrist
206
Itzehoe
Auufer
Heid-rehm
Bad Bramstedt
A 7
Hasen-moor
Kronsmoor
Wulfsmoor
Weddel-brook
A 23
Läger-dorf
Lent-föhrden
Schmalfeld
Reth-wisch
Nützen
Neuen-brook
Wester-horn
Bokel
Heidmoor
Hohen-felde
Brande-Hörnerkirchen
Grevenkop
4
Kalten-kirchen
Krempe
Steinburg
Groß Offenseth-Aspern
Süderau
Horst
Sommer-land
Klein Offenseth-Sparrieshoop
Alveslohe
Henstedt-Ulzburg
Barmstedt
Heede
Herzhorn
Sieth-wende
Bilsen
Bullenkuhlen
Quickborn-Heide
Rhen
Kölln
Bullendorf
Elmshorn
Bevren
Hemdingen
Ellerau
Neuendorf bei Elmshorn
431
Quickborn
Kollmar
Ellerhoop
Seester
Oha
Arboretum Ellerhoop
Heid-graben
Norder-stedt
A 23
Kummer-feld
A 7
Hasloh
Tornesch
Tang-stedt
Neuen-deich
Uetersen
Esingen
Garstedt
Moor-rege
4
Bönning-stedt
Pinneberg
Kleven-deich
Haselau
Appen
Langenhorn
Rellingen
Hasel-dorf
Heist
Quellental
Schnelsen
Stader-sand
431
Niendorf
Etz
Halstenbek
NSG Haseldorfer Binnenelbe
Holm
Speersort
Lokstedt
Moorweg-siedlung
Hetlingen
Lurup
Schenefeld
Lülanden
Siebenhöfen
Rissen
Elbe
Wedel
Osdorf
Hamburg
Grünen-deich
73
Buxtehude
Blankenese
A 7
0
3,5
7 km

Das Marschland an der Unterelbe

Das Marschland zwischen Brunsbüttel und Hamburg ist vollkommen flach und liegt oft auf der Höhe des Meeresspiegels. Es wird vor allem landwirtschaftlich genutzt, man baut Getreide, Kohl und Obst an. Auch die Viehhaltung ist weit verbreitet. Eigentlich ist dies eine gute Gegend zum Radfahren. Doch der Wind weht hier recht beständig aus West, und es gibt zahlreiche große und kleine Flussläufe, die zum Teil schwer zu überqueren sind, da es Brücken nur in den größeren Orten gibt.

Wacken

Das bescheidene Dörfchen Wacken würde in keinem Reiseführer auftauchen, gäbe es nicht jedes Jahr Anfang August das Wacken Open Air Festival (schreib W:O:A). In diesen drei Tagen schaut die ganze Welt – oder zumindest die Metallerwelt – auf Wacken.

Die Anfänge 1990 waren bescheiden, rund 800 Metaller zogen durch das Dorf, von den Bewohnern misstrauisch beäugt oder auch beschimpft (lange Haare, Tattoos, Metall). In manchen Jahren dachte man intensiv an Woodstock, vor allem organisations- und wettermäßig, große Schlammschlachten waren angesagt. Inzwischen hat sich das Festival zu einem Megaevent gemausert. Eine Fläche von 300 Fußballfeldern wird abgetrennt, an drei Tagen spielen auf acht Bühnen 150 Bands, die Zahl der 300 Euro teuren Tickets ist auf 85 000 begrenzt, und die sind wenige Stunden nach Öffnung der Website ausverkauft. Auch die Wackener haben sich mit den Schwermetallern ausgesöhnt: Sie vermieten teure Schlafplätze, Zeltstellplätze im Garten, verkaufen Wasser, Bier, Essen und wer weiß was sonst noch. Und dann wird es einfach sehr laut. Eine Woche später bleibt nur ein Souvenirgeschäft.

Itzehoe

Itzehoe liegt in einer Schleife des Flusses Stör, die früher noch wesentlich deutlicher ausgeprägt war. Darauf könnte sich auch der ungewöhnliche Name beziehen, auf ›Weideland an der Flussbiegung‹, und deshalb spricht man den Namen auch mit einem ›o‹ am Ende aus, nicht einem ›ö‹. Schon im 9. Jahrhundert gab es hier eine kleine Siedlung mit einem Kloster und einer Burg. 1238 erhielt der Ort das Stadtrecht, Einkommen wurde durch Salz-, Tuch- und Getreidehandel erzielt. Der Fluss erwies sich dabei vielfach als

Hübsche Lage: der Klosterhof in Itzehoe

▲ Karte S. 462

Grenze, da verschiedene Loyalitäten und Rechte an verschiedenen Ufern galten. Im 17. Jahrhundert wurde die Stadt in Kriegen stark zerstört; der Kreuzgang der Laurentii-Kirche ist das einzige erhaltene mittelalterliche Gebäude.

Als Itzehoe zu Preußen gehörte, bekam es Anschluss an eine neue Straße zwischen Hamburg und Rendsburg, woraufhin sich Gewerbe- und Industriebetriebe ansiedelten (Zucker, Textil, Chemie, Werft). Auch das Militär spielte eine größere Rolle, während zur Wende ins 20. Jahrhundert Nahrungsgüter, Seife und Papier produziert und gehandelt wurden.

Nach dem Zweiten Weltkrieg begann eine gemischte Bebauung der Stadt, die ersten Hochhäuser lugten hervor. 1992 wurde das neue Theater auf dem Gelände der zugeschütteten Störschleife eingeweiht, was den Charakter der Innenstadt wesentlich verändert hat. Inzwischen hat man diesen Fehler erkannt und betreibt in der 32 000-Einwohner-Stadt einen Plan der Sanierung der gesamten Innenstadt - inklusive Wiederherstellung der Störschleife.

Kirche St. Laurentii

Schon im 12. Jahrhundert war eine dem heiligen Laurentius geweihte Kirche bekannt. 1263 dann wurde hier ein Kloster von Zisterzienserinnen angesiedelt, das die Kirche nutzte und profane Gebäude in ihrer Umgebung errichtete. 1541 wurde das Kloster in ein Damenstift umgewandelt, 1657, im Verlauf des Dänisch-Schwedischen Kriegs, die Kirche bei einem Stadtbrand weitgehend zerstört. Im Jahr 1713 stürzte sie schließlich ein. Lediglich Teile des Kreuzgangs blieben erhalten und die Grüfte unter der Kirche, die dem Adel der Schauenburger und Rantzau sowie den Äbtissinnen des Klosters als Grablege dienten. Bis 1718 wurde die Kirche in Backsteinbauweise und barockem Stil neu errichtet, danach mehrfach umgebaut. 1896 war auch der neue **Turm** fertig, der jetzt knapp 80 Meter misst und eine barocke Zwiebelhaube sowie vier Ecktürmchen aufweist. Von der Ausstattung fällt vor allem der große **Schnitzaltar** ins Auge. Er wurde 1661 von der Witwe des Ratsherren und Klosterschreibers Benedict Wasmer gestiftet. Dabei wurden 24 quadratische, in drei Registern angeordnete Relieftafeln verwendet, die dem 1647 verstorbenen Hamburger Holzschnitzer Hein Baxmann zugeschrieben werden. Sie zeigen Szenen aus dem Alten und dem Neuen Testament. Aus derselben Zeit stammen auch die **Kanzel**, das große **Triumphkreuz** und die **Orgel**.

Von den Klostergebäuden ist außer dem **Kreuzgang** nicht viel erhalten geblieben. Der **Klosterhof** wurde inzwischen in einen öffentlichen Park verwandelt, in dem noch einige Fachwerkhäuser stehen, die als Wohngebäude des Klosters dienten und heute privat vermietet sind. Dazu gehört das quaderförmige **Propstenhaus**, das 1885 im Stil der italienischen Renaissance entstand.

Museen

Zwei Museen beleuchten in unterschiedlicher Weise die Stadtgeschichte. Im **Museum im Prinzesshof** stehen Alltagsleben, Wirtschaft und Kultur von Itzehoe und Umgebung auf dem Programm. Im 19./20. Jahrhundert lebten die oft adligen Äbtissinnen des Klosters im Prinzesshof, also ist ein Biedermeierzimmer mit Möbeln, Gemälden und Porzellan ausgestellt. Das Silberzimmer präsentiert herausragende Exponate der Gold- und Silberschmieden des Kreises. Im Wirtschaftsleben der Stadt spielten eine Zuckerfabrik, eine Kaffeerösterei, eine Netzfabrik und eine Zementfabrik eine größere Rolle. Der Lehrer Johann Hinrich Fehrs (1838–1916) hingegen schrieb nebenbei auch Gedichte und Romane in niederdeutscher Sprache; ein Teil seines Nachlasses ist im Museum zu sehen. Das **Wenzel-Hablik-Museum**, ein unter Denkmalschutz stehendes Kaufmannshaus, beherbergt den Nachlass des deutsch-böhmischen Künstlers Wenzel Hablik (1881–1934), der von 1907 bis zu seinem Tod in Itzehoe gelebt und gearbeitet hat. Der Maler, Grafiker, Kunsthandwerker, Innenarchitekt und Visionär Hablik gilt als wichtiger Vertreter der expressionistischen Architektur und zählt zu den bedeutenden Künstlern Schleswig-Holsteins. Auf seinem Weg vom Jugendstil hin zum Expressionismus geht er durch nordische Landschaften und erkundet die Bergwelt.

Die Dauerausstellung präsentiert einen Querschnitt aus dem Gesamtwerk Habliks und vermittelt mit Ölgemälden, Grafiken, zahlreichen Möbelensembles, kunsthandwerklichen Arbeiten, Kristall- und Muschelsammlungen sowie Textilarbeiten der Handweberei seiner Frau Elisabeth Lindemann (1879–1960) einen Einblick in die Schaffensbereiche der Künstler. Regelmäßige Sonderausstellungen.

i Itzehoe

Tourismus-Informationen, Breite Str. 4, 25524 Itzehoe, Tel. 04821/9490120; Mo–Fr 10–16, Sa 10–14 Uhr.
Infos zum W:O:A: www.wacken.com

Breitenburg, Gut Osterholz 1, 25524 Breitenburg, Tel. 04828/784300; DZ ab 175 €. Von den ehemaligen Stallungen des Gutshofes Breitenburg südöstlich von Itzehoe stehen nur noch die Außenwände, in denen 80 modern und komfortabel eingerichtete Zimmer entstanden. Ein gehobenes Restaurant und ein großer Spa-Bereich vervollständigen das Angebot. Das Hotel ist mit dem nahen Schloss Breitenburg und dem Golfclub Schloss Breitenburg verbunden.
https://hotel-breitenburg.de

Museum im Prinzesshof, Kirchenstr. 20, 25524 Itzehoe, Tel. 04821/64068; Di–So 10–12, 14.30–17 Uhr.
www.museum-prinzesshof.de
Wenzel-Hablik-Museum, Reichenstr. 21, 25524 Itzehoe, Tel. 04821/8886020; Di–Sa 14–17, So 11–17 Uhr.
www.wenzel-hablik.de
Kirche St. Laurentii, Kirchenstr. 8; April–Sept. Mo–Fr 15.30–17.30, Sa 10–13 Uhr.

Glückstadt

Schaut man auf den Stadtplan von Glückstadt, so fällt vor allem die Regelmäßigkeit der Straßenanordnung ins Auge. Das weist immer auf eine geplante Ansiedlung hin, und so war es auch hier. Weil er das erstarkende Hamburg als Konkurrenz empfand, beauftragte Christian IV., König von Dänemark und Norwegen, 1617 einen französischen Festungsbaumeister mit der Anlage einer uneinnehmbaren, befestigten neuen Stadt am Elbufer westlich von Hamburg. Den vermeintlich glücksbringenden Namen stiftete der König gleich mit. Wie in Friedrichstadt (→ S. 387) weiter nördlich sollte die Religionsfreiheit Siedler hierher locken, und so kamen sephardische Juden aus Portugal und den Niederlanden, Reformierte und Katholiken, Mennoniten und Remonstranten.

Im Dreißigjährigen Krieg hielt Glückstadt der Belagerung stand, danach wanderten viele der religiösen Gruppen wieder ab. Glückstadt blieb Sitz von Verwaltung und Militär, die Wirtschaft lebte von der Herstellung von Zucker, Salz, Seife und Speiseöl sowie dem Walfang. Im 18.

▲ Karte S. 462

Jahrhundert erstarkten Hamburg und Altona noch mehr, der Glückstädter Hafen konnte sich wegen der Sandbank in der Elbe nicht ausdehnen, und die Stadt geriet in ruhiges Fahrwasser. Erst im 20. Jahrhundert wuchs Glückstadt wieder, vor allem durch Pendler nach Hamburg.

Marktplatz

Im Straßenmuster nimmt der Marktplatz eine dominante Rolle ein: Er liegt zentral, wird vom Fleth begrenzt, und sieben Straßen laufen direkt auf ihn zu. Das Fleth verbindet ihn mit dem Hafen, der im rechten Winkel auf die Elbe zuläuft. Viele Bauten der historischen Altstadt sind noch erhalten, einige wurden allerdings durch ›Modernisierungen‹ in den 1960er und 1970er Jahren entstellt. Das ehemalige Schloss wurde hingegen schon 1710 wegen Baufälligkeit abgetragen. Seit 1624 wird hier der Markt abgehalten, bis heute findet der Wochenmarkt jeden Dienstag und Freitag statt. Früher befand sich mitten auf dem Markt ein Brunnen, der jedoch 1869 durch einen Kandelaber ersetzt wurde.

Im Jahr 1643 war das **Rathaus** (Am Markt 4) im Stil der niederländischen Spätrenaissance fertig. Das bedeutete: roter Backstein, die Fenster von Sandstein eingefasst und Ziergiebel. Doch Bestand hatte das Bauwerk nicht, es sackte ab, wurde 1872 abgerissen und durch einen zumindest in der Fassade sehr ähnlichen Neubau ersetzt. Eine große Freitreppe führt hinauf zum Portal, über dem ein Neidkopf zu sehen ist. Er streckt die Zunge heraus und wehrt so böse Geister ab.

Stadtkirche

Schon ein Jahr nach Gründung der Stadt begann auch der Bau der Kirche. Es handelt sich um einen langgestreckten, weiß gestrichenen Ziegelbau mit polygonalem Chor im Osten und einem massigen, quadratischen Turm, der im Westen vorgebaut ist. Dieser **Turm** entspricht nicht mehr dem Original, das 1648 bei einem Sturm einstürzte und das Dach der Kirche stark zerstörte. Er wurde danach in soliderer Bauweise neu errichtet. Es lohnt, einmal bis zur Spitze des 53 Meter hohen Turms hinaufzuschauen, denn dort ist eine Weltkugel zu sehen, die Silhouette der nackten römischen Glücksgöttin Fortuna mit langen, wehenden Haaren und einem Segel, die auch das Wappen der Stadt ziert, darüber ›C 4‹, das Monogramm des Königs Christian IV., eine Krone und eine kleine

Der Marktplatz mit dem Rathaus

Weltkugel mit Kreuz. Die Kirche weist eine umfangreiche frühbarocke Ausstattung auf, bei der vor allem der zweistöckige **Hochaltar** heraussticht. Blickfang ist das große, von gedrehten schwarzen Marmorsäulen eingefasste Tafelbild, das Christus mit den Aposteln am Ölberg zeigt (1836). Das obere Bild stellt die Beweinung Christi (1752) dar, flankiert von den Evangelisten als Skulpturen. Von der Decke im Chor hängt das reich geschmückte **Triumphkreuz** (Mitte 17. Jh.) herab. Der Corpus hat die Beine leicht angewinkelt, den Kopf seitlich geneigt. Die Dornenkrone besteht aus Schiffsnägeln und einem Tau; die äußeren runden Medaillons zeigen die Evangelisten; im Rankwerk sind Engel und Fische zu erkennen. Die Nebenfiguren sind Maria und Johannes.

In dem im Süden angebauten Seitenschiff steht die achteckige **Taufe** mit großem Deckel aus dem Jahr 1641. Aus derselben Zeit stammt die **Kanzel**; sie ist durch Säulen in schmale Felder unterteilt, in denen Christus und sechs Apostel zu sehen sind, so wie auch auf dem Schalldeckel. Den Raumeindruck beeinflussen sehr stark die ausgedehnten Emporen, die gleichzeitig als Bildergalerie agieren. Auf 105 Gemälden, die zwischen 1706 und 1850 angefertigt wurden, werden Szenen aus dem Leben Jesus gezeigt.

■ Am Fleth

Das Fleth – in anderen Orten meist Fleet geschrieben – ist ein quer durch die Altstadt verlaufender Kanal, der auch den Marktplatz berührt und früher dem Warentransport diente. Das Fleth führte zu dieser Zeit auch aus der Stadt hinaus zu umliegenden Flüssen, die Hauptverkehrsadern waren, da es kaum befestigte Straßen gab. Seine Ufer sind von repräsentativen Wohn- und Geschäftshäusern gesäumt.

Schmucke Häuserzeile am Hafen

Herauszuheben wäre zum Beispiel die **Druckerei J.J. August** (Am Fleth 36), eine 1632 gegründete Setzerei und Druckerei, die sich unter anderem auf den Satz von ›exotischen‹ Schriften wie Chinesisch, Arabisch, Tibetisch, Mandschurisch, aber auch Koptisch, Hebräisch und Persisch spezialisierte. In solchen Sprachen wurden vor allem wissenschaftliche Werke gedruckt. Ein Verein möchte die Gebäude der Druckerei erhalten und ein lebendiges Museum schaffen (www.zeichenderwelt-glueckstadt.de).

Sehr schön erhalten sind die **Traufenhäuser** (Am Fleth 33). Das Löwenrelief an der Hausecke stammt vom ehemaligen nördlichen Stadttor, das mit der Festung geschleift wurde, und sollte die Bewohner des Hauses schützen.

Geschmacklich süßer geht es im Fachwerkhaus der **Stadtbäckerei** von 1631 zu; dort sind selbst die Matjes aus Marzipan (Am Fleth 21). Eine Mörserkugel in der Fassade erinnert an die Beschießung der Festung Glückstadt 1813/14 durch die Alliierten der Napoleonischen Kriege.

Im **Brockdorff-Palais** (Am Fleet 43) befindet sich heute das Detlefsen-Museum. Das Palais wurde 1632 für den gräflichen Schwiegersohn des dänischen Königs Christian IV. errichtet. Es ist ein

▲ Karte S. 462

langgestrecktes zweistöckiges Traufenhaus mit Walmdach. 1695 wurden die bemalten Holzbalkendecken im Erdgeschoss eingefügt. Später wechselte das Haus mehrfach den Besitzer und wurde umgebaut. Die Familie Brockdorff lebte hier von 1802 bis 1877. Die Ausstellung widmet sich der Gründungsgeschichte der Stadt, Ausrüstungen aus dem Dreißigjährigen Krieg sowie der dänischen Herrschaft. Weiterhin werden Wohnkultur, Schmuck und Trachten der Elbmarschen präsentiert.

Hafen

Das Fleth stößt bis an den Hafen vor, der ebenfalls von zahllosen schmucken Häusern gesäumt wird. Die Straße an der Nordseite mit den eher kleineren, variantenreichen Häusern heißt Am Hafen, jene an der Südseite Am Rethövel. Hier ragen einerseits große Bauten auf, andererseits sind noch kleinere Werften und Werkstätten tätig. An beiden Ufern haben zahlreiche Freizeitboote festgemacht. Die Hausnummer Am Hafen 46 trägt das heutige **Palais für aktuelle Kunst,** ein zweistöckiger Adelssitz aus der Gründungszeit der Stadt im Stil der Spätrenaissance. Sehr gleichmäßig strukturieren verputzte Pilaster die Fassade in acht Achsen. Ein schönes Walmdach mit kurzem First krönt das Haus. Die Dekoration beschränkt sich auf einen Portalaufsatz aus Sandstein über der Tür. 1985 wurde das Gebäude restauriert und als Galerie hergerichtet, die jetzt vom Glückstädter Kunstverein betrieben wird und zeitgenössische Kunst präsentiert.

Der achteckige **Wiebeke-Kruse-Turm** (Am Hafen 40) ist nach der Mätresse des Stadtgründers benannt. Im Innenhof befindet sich ein Turm mit einer 99-stufigen Wendeltreppe, die zu einer Wachstube führt, aus der der Hafen beobachtet werden konnte. Der Treppenturm ist mit dem dreistöckigen Haus nebenan verbunden, die Bewohner der oberen Etagen gelangen über die Treppe zu ihren Wohnungen. Das **Brückenhaus** (Am Hafen 61) erinnert an die um 1900 abgerissene Brücke. Neben ihr befindet sich ein 1827 errichteter **Salzspeicher** (Am Hafen 63) aus Backstein und mit einer quadratischen Grundfläche von 14 mal 14 Metern. Er wurde von der Glückstädter Heringsfischerei von 1894 bis 1976 genutzt.

Auf der anderen Hafenseite (Am Rethövel 9) stand einst das Palais des Grafen Christian zu Rantzau (1614–1663), einem der höchsten Verwalter Schleswig-Holsteins unter dänischer Herrschaft. 1719 musste das Palais wegen Baufälligkeit abgerissen werden. Die Erben schenkten das Grundstück dem Staat, der darauf ein Gefängnis und Tollhaus erbauen ließ. 1875 wurden die männlichen Gefangenen nach Rendsburg verlegt, das Haus am Hafen wurde **Frauengefängnis.** 1931 wurde es zu Wohnungen umgebaut.

i Glückstadt

Touristinformation Glückstadt, Große Nübelstr. 31, 25348 Glückstadt, Tel. 04124/937585; Mo–Fr 9.30–13, 13.30–17, Sa/So 10–16 Uhr.
https://glueckstadt-tourismus.de

Glückstadt nennt sich die ›Matjesstadt‹; viele Restaurants bieten vor allem ab Juni frische und wirklich wohlschmeckende Heringe an. Dann finden auch die Matjestage statt, ein Volksfest zwischen Marktplatz und Hafen.

Gute Küche bieten neben den hier genannten Restaurants auch die Restaurants der Hotels ›Anno 1617‹ und ›Christian IV.‹ am Markt.

Das Brückenhaus, Am Rethövel 8, 25348 Glückstadt, Tel. 04124/6026472; DZ

ab 118 €. Die sechs Doppelzimmer in dem historischen Haus am Binnenhafen wurden jüngst renoviert und haben alle Blick auf den Hafen. Das Frühstück mit selbstgemachten Marmeladen und Eiern von ›wirklich glücklichen‹ Hühnern wird im Café serviert.
www.brueckenhaus-glueckstadt.de

Anno 1617, Am Markt 5, 25348 Glückstadt, Tel. 04124/91690; DZ ab 99 €. Das historische Hotel, das zentral am Markt liegt, hat zwölf Zimmer im Haupthaus, die nach historischen Themen und Persönlichkeiten dekoriert sind, sowie zehn Zimmer in einem engen Anbau. Mit Restaurant.
www.anno1617.de

Christian IV, Am Markt 3, 25348 Glückstadt, Tel. 04124/8979790; DZ ab 115 €. Sehr zentral direkt am Markt liegt dieses Hotel, das gemütlich-moderne Zimmer und Suiten bietet. Empfehlenswert ist auch das Restaurant mit Fisch-, Fleisch- und Pastagerichten und Sitzplätzen drinnen und draußen. www.christianivglueckstadt.de

Kleiner Muck, Königstr. 53, 25348 Glückstadt, Tel. 0172/1317560; DZ ab 98 €. Nette kleine Pension mit einfachen Zimmern und gemütlichem Garten.
http://gaestehaus-muck.de

Jugendherberge, Am Rethövel 14–15, 25348 Glückstadt, Tel. 04124/604455. Moderne Herberge mit 115 Betten, meist in Zwei- und Vierbettzimmern, attraktiv direkt am Hafen gelegen.
www.jugendherberge.de/jugendherbergen/glueckstadt-697/portraet

Der Kleine Heinrich, Am Markt 2, 25348 Glückstadt, Tel. 04124/3636. Traditionelle Holsteiner Küche mit Zutaten aus der Umgebung, einige Rezepte stammen tatsächlich von Müttern, etwa die Sauren Rippchen oder der Labskaus. Auch die Räumlichkeiten in dem Haus aus dem 17. Jahrhundert sind recht urig.
www.der-kleine-heinrich.de

Ratskeller, Am Markt 4, 25348 Glückstadt, Tel. 04124/9809065; Mi–So 11.30–21.30 Uhr. Fleisch, Fisch und Bratkartoffeln, Spezialität sind aber die Matjes.
www.ratskeller-in-glueckstadt.de

Zur alten Mühle, Am Hafen 54, 25348 Glückstadt, Tel. 04124/1807; Mo–Mi 11.30–15 und 17.30–21, Fr–So 11.30–21 Uhr. Traditionelles Restaurant am Hafen mit norddeutscher Karte. Matjes in vielen Variationen. www.restaurant-zur-alten-muehle.de

Wohnmobilparkplatz am Außenhafen Elbe, Am Hafen, 25348 Glückstadt, Tel. 04124/937585. 16 Parkplätze direkt an der Elbe, ohne Ver- und Entsorgung.

Detlefsen-Museum, Am Fleth 43, 25348 Glückstadt, Tel. 04124/930520; Di–So 14–17 Uhr. www.detlefsen-museum.de

Palais für aktuelle Kunst, Am Hafen 46, 25348 Glückstadt, Tel. 04124/604776; Fr–So 13–17 Uhr. Wechselnde Ausstellungen zeitgenössischer Kunst.
www.pak-glueckstadt.de

Uetersen

▸ Karte S. 462

Der Name Uetersen soll aus dem Niederdeutschen ›uterst end‹ entstanden sein, also das äußerste Ende des Herrschaftsbereichs einer Ritterdynastie bezeichnet haben. Urkunden gibt es nicht, und so beschränkt man sich bei der Beschreibung der Geschichte am besten auf neuere Zeiten, als Ritter Heinrich II. von Barmstede 1234 den Zisterziensern Grund und Boden zum Bau eines Nonnenklosters vermachte. Aus diesem wohlhabenden Kloster mit zahlreichen Laien und Handwerkern soll sich der entlegene Ort entwickelt haben. Die heutige Kleinstadt mit etwa 19000 Einwohnern liegt 25 Kilometer nordwestlich von Hamburg, in das viele Bewohner der dicht besiedelten Stadt pendeln. Uetersen hat sich einen Namen als Stadt der Rosen gemacht, die es nicht nur im Rosarium zeigt, sondern auch weltweit exportiert.

Adeliges Kloster

Im Jahr 1234 begann der Klosterbetrieb, als zwölf Zisterziensernonnen aus dem Kloster Reinbek auf den abgelegenen Ländereien des Ritters Heinrich angesiedelt wurden. Durch beständige wirtschaftliche Aktivitäten - Ziegelei, Steinbruch, Mühlen, Fischzucht - und große Ländereien bis hinauf nach Neumünster gewann das Kloster bis 1555 an Reichtum und Größe. In diesem Jahr setzte König Christian III. von Dänemark persönlich die Reformation durch und löste die Klöster auf. Das Kloster wurde in einen Stift für adlige, meist unverheiratete Damen umgewandelt, dem ein Ritter als Probst und eine adlige Priörin vorstanden. Die wirtschaftliche Entwicklung schritt unverändert fort, so dass das Kloster als Nukleus des Ortes Uetersen betrachtet werden kann. Heute existiert der Stift zwar noch, doch die Wohnungen sind an normale Mieter vergeben.

Die Bauwerke sind in Ziegelbauweise ausgeführt, teilweise als Fachwerkbauten, und wurden mehrfach verändert. Längst nicht alle Gebäude stehen heute noch. Zu den ursprünglichen Hauptgebäuden gehört das südliche **Langhaus**, dessen Kreuzgangbögen mit den Steinen des 1813 abgerissenen Westhauses zugemauert wurden. Im 17. Jahrhundert erhielt das **Südhaus** einen Anbau, der ›Haus der Priörin‹ genannt wird. In diesem wurden die adligen Gäste des Klosters untergebracht, denn die Klöster waren verpflichtet, diese aufzunehmen. Sehr sehenswert ist die zweiflügelige Rokoko-Eingangstür (18. Jh.) mit ihren Schnitzereien und dem schönen Oberlicht. Das Haus ist heute eine Gaststätte; im Konventsaal im ersten Stock finden Trauungen statt.

Einen kleinen Luxus leistete sich die Priörin schon, denn in ihrem Garten steht ein **Teehaus** mit einem hölzernen dorischen Vorbau von vier Säulen und einem Tympanon mit kleinem Schmuckrelief. Die Cella des Tempels ist gemauert und verputzt.

Nachdem das Kloster in einen Stift umgewandelt worden war, wurde im Innenhof ein **Friedhof** angelegt, der ›Jungfernfriedhof‹ genannt wird. Hier sind sehr viele Gräber und vor allem Grabsteine mit ihren Inschriften gut erhalten. Einige reichen zurück bis ins 16. Jahrhundert.

Zu den neueren Gebäuden gehören mehrere von Konventualinnen errichtete Wohnhäuser aus dem 18. und 19. Jahrhundert. Sie haben einen ähnlichen Grundaufbau, sind einstöckig mit einem Walmdach. Ein vorn eingezogenes Zwerchhaus mit dreieckigem Giebel schafft etwas mehr Platz. Sehr ähnlich von der Struktur, nur wesentlich größer steht im Osten des Geländes das Vorwerk, ausgeführt in Ziegeln und Fachwerk. In ihm befanden sich drei Wohnungen für Laienbedienstete sowie eine Remise, Pferdeställe und zwei Gefängniszellen.

Wesentlich großzügiger bemessen ist das **Haus des Propstes** (Am Klosterhof), ein

Die Klosterkirche

Farblich abwechslungsreich: das Rosarium

zweigeschossiger, siebenachsiger Bau mit dreiachsigem Mittelrisaliten und zwei kurzen seitlichen Mauerflügeln, alles im Stil des Klassizismus.

Klosterkirche

Die Kirche auf dem Gelände des Klosters wurde 1747 errichtet, nachdem der Vorgängerbau von 1239 wegen Baufälligkeit abgetragen werden musste. Zu diesem Zeitpunkt war das Kloster längst in ein Stift verwandelt worden, so dass es sich im strengen Sinne nicht um eine Klosterkirche handelt.

Es ist ein langgestreckter Ziegelbau, der auf Granitquadern ruht, die aus einem Hünengrab entnommen wurden. Der Innenraum überwältigt. Er wirkt sehr groß und hell und von der umlaufenden Empore wie eingefasst; die Pfeiler setzen sich nach oben bis zum Dachansatz fort. Den Blick zieht sofort der gigantische **Altar** aus der Bauzeit der Kirche auf sich, in den die **Kanzel** über dem Altartisch und oben die **Orgel** integriert wurde. Das Altarrelief zeigt das Abendmahl; es wurde 1691 noch für die alte Kirche gestiftet. Aus dem Jahr 1749 stammt das Deckenfresko des Schweizer Künstlers Giovanni Colombo (1717–1801). Es stellt die Dreieinigkeit im Himmel dar, mit den strahlenumkränzten Figuren von Vater und Sohn und der Taube als Symbol für den Heiligen Geist. Sie sind von zahllosen Engeln umgeben. Verschiedene Farbeffekte und Perspektiven geben den Deckengemälden eine große räumliche Tiefe. Zu den weiteren Ausstattungsgegenständen zählen ein spätgotisches **Kruzifix** (15. Jh.), ein barockes **Kruzifix** (1716) mit vergoldetem Korpus, das von Gräfin Anna Emerentia von Reventlow, Priorin des Klosters von 1713 bis 1753, gestiftet wurde, eine hölzerne **Taufe** (um 1700), die von drei Delphinen getragen wird, ein **Kronleuchter** von 1663, ein **Opferkasten** mit der Figur des Lazarus (17. Jh.) und die **Glocke** der alten Klosterkirche.

▲ Karte S. 462

Rosarium

Uetersen nennt sich gerne Rosenstadt, denn mehr als 20 Millionen Rosenpflanzen pro Jahr werden hier gezogen und in alle Welt verschickt. Da nimmt es nicht wunder, dass die Stadt in einem großen Rosenpark rund um den Mühlenteich die ganze Pracht der Rosen präsentiert. Rund 900 Sorten werden vorgestellt und sind in geometrisch abgezirkelten Beeten so gepflanzt, dass sie in Bezug auf Blütezeit, Größe und Farbe harmonieren. So wird ein breites Sortiment alter und neuer Bodendecker, Buschrosen, Park-, Beet- und Kletterrosen sowie Hochstammrosen präsentiert. Die Rosensaison dauert von Juni bis in den September.

Langes Tannen

Der Müller Werner Lange schenkte 1979 der Stadt Uetersen sein Anwesen. Das bestand aus dem 250 Jahre alten Wohnhaus, dem gemauerten Unterteil der 1889 abgebrannten Mühle und einer Scheune, die am 10. Oktober 2021 durch Brandstiftung zerstört wurde. Die ständige Sammlung zeigt Einrichtungsgegenstände der Familie Lange unter der Maßgabe der ›bürgerlichen Wohnkultur in Norddeutschland vom 18. bis frühen 20. Jahrhunderts‹. Den Namen schuf übrigens der Volksmund, denn das Grundstück der Familie Lange zierte auch ein Tannenwald.

Arboretum Ellerhoop

Der Ortsteil Thiensen des heutigen Dorfes Ellerhoop war mit drei großen Höfen das Herzstück der Gemeinde. Viele Jahre später wurde hier immer noch Landwirtschaft betrieben und es gab eine große Baumschule. 1943 entstand dann aus dem historischen Münsterhof das 3,5 Hektar große Arboretum, dies ist ein Baumpark. 1980 übernahm der Kreis Pinneberg die Anlage und fügte zehn Hektar Fläche hinzu.

Besucher wandern in dieser ausgedehnten Parkanlage etwa zehn Kilometer nordöstlich von Uetersen zwischen 500 Sträuchern, 200 Bäumen, 60 Großbäumen, 150 Koniferen und zahllosen Blumen einher. Verschiedene Themengärten sind zu finden, etwa ein Bauerngarten, ein weißer Garten, ein romantischer Rosengarten, ein purpurner Garten, ein Küchengarten oder der blaue Weg und die roten Rabatten. Ein Café gibt es auch.

Uetersen

Tourist-Information, Wassermühlenstr. 7, 25436 Uetersen, Tel. 04124/6049592; Mo–Fr 9.30–13, 13.30–17, Sa/So 10–16 Uhr. https://uetersen.de/tourismus-kultur.html und www.stadt-uetersen.de

Mühlenpark, Mühlenstr. 49, 25436 Uetersen, Tel. 04122/92550; DZ ab 150 €. Das Hotel befindet sich in einer um die Jahrhundertwende gebauten Jugendstilvilla, die 23 Hotelzimmer allerdings in einem modernen Anbau. www.muehlenpark.de

Parkhotel Rosarium, Berliner Str. 10, 25436 Uetersen, Tel. 04122/92180; DZ ab 140 €. Das Vier-Sterne-Hotel mit 37 Zimmern liegt im Rosengarten und orientiert sich an Hochzeiten und anderen Festen. www.parkhotel-rosarium.de

Von Stamm, Kleiner Sand 60, 25436 Uetersen, Tel. 04122/42737; Mi–Sa 17–23, So 12–14, 17–22 Uhr. Ulf und Claudia von Stamm haben 2011 das Traditionsrestaurant übernommen. Sie kochen mit frischen Zutaten aus der Region klassische deutsche Küche und saisonale Gerichte, recht fleischlastig. Bei gutem Wetter kann man draußen auf der Terrasse sitzen. www.restaurant-von-stamm.de

Zur Erholung, Mühlenstr. 56, 25436 Uetersen, Tel. 04122/2592; Di–Sa 17.30–21 Uhr (Küche). Restaurant und alter Tanzsaal liegen etwas abseits, am westlichen Stadtrand, aber der Ausflug lohnt sich, denn hier wird nachhaltig und ökologisch gekocht. Wenn schon Tiere geschlachtet werden, dann werden sie vollständig verwertet. Nostalgisches und sehr gemütliches Ambiente. www.zur-erholung-uetersen.de

Museum für Stadt- und Heimatgeschichte, Parkstr. 1 c, 25436 Uetersen; 1. und 3. So im Monat 14–17 Uhr. Sammlung aus alten Zeiten, aus Werkstatt und Heim. www.historisches-uetersen.de

Langes Tannen, Heidgrabener Str., 25436 Uetersen, Tel. 04122/979106; Mi und Sa/So 14–18 Uhr.
www.langes-tannen-uetersen.de

Adeliges Kloster, Klosterhof 1, 25436 Uetersen, Tel. 04122/2820.
www.kloster-uetersen.de

Klosterkirche, Sa/So 14–16 Uhr.

Rosarium, Wassermühlenstr., 25436 Uetersen; frei zugänglich, Jun.–Aug. Führungen So 10.30 Uhr, Konzerte 15 Uhr.

Arboretum Ellerhoop, Thiensen 4, 25373 Ellerhoop, Tel. 04120/218; Feb.–Nov. tgl. 10–19 (Garten), 11–16.30 Uhr (Café).
www.arboretum-ellerhoop.de

Ganz aus Backstein: St. Gabriel

Haseldorf und Umgebung

In der Haseldorfer Marsch wird sehr viel Obst angebaut, das flache, teilweise seit dem 12. Jahrhundert eingedeichte Marschland ist allerdings auch als Naherholungsgebiet und als Wohnort für Pendler aus Hamburg beliebt. Der Hauptort Haseldorf hat etwa 1700 Einwohner.

Herrenhaus Haseldorf

Die mittelalterliche Geschichte rankt sich um eine Burg, die letztlich 1627 von den Truppen Wallensteins zerstört wurde. Der dänische Architekt Christian Frederik Hansen (1756–1845), ein Hauptvertreter des Klassizismus, entwarf das heutige Herrenhaus im Jahr 1804. Es ist ein breites, eingeschossiges Ziegelbauwerk mit lebhafter Fassade und gegliedertem Walmdach. Weniger die flachen Eckrisalite als vielmehr der zweistöckige Mittelrisalit mit Dreiecksgiebel und zwei Säulen, die einen Balkon tragen, fallen ins Auge. Die großen Dachgauben wurden erst später eingefügt.

Die zweistöckigen Nebengebäude stehen im rechten Winkel zum Haupthaus: das Kavaliershaus und der Marstall. Im **Park** befindet sich ein Mausoleum, und geringe Mauerreste der ehemaligen Burg sind noch zu erkennen. Das Herrenhaus befindet sich in Privatbesitz, eine Besichtigung ist nicht möglich.

▶ Karte S. 462

Elbmarschenhaus

Eine kleine Ausstellung über die Natur und Kultur in den Elbmarschen ist im Elbmarschenhaus untergebracht. Interessant sind die Modelle von Bauernhäusern und die Bandreißerwerkstatt. Draußen gibt es eine **Apfelwiese** und einen kleinen **Naturlehrpfad** mit einem Holzstorch. Meist ist auch der Verkaufsstand für Obst und Gemüse geöffnet.

Kirche St. Gabriel

Die Kirche St. Gabriel wurde vor 1250 gebaut und ist ein sehr schönes Beispiel eines spätromanischen Ziegelbaus. Die Seitenwände befinden sich noch weitgehend im bauzeitlichen Zustand. Sie weisen kleine und mittelgroße Fenster mit Rundbögen auf, in die teilweise grüne Ziegel eingearbeitet sind. Unter der Dachtraufe verlaufen verschiedene dekorative Friese. Auch das Westportal ist mit Ziegelmustern eingefasst.

Im Jahr 1599 wurde der Gutsherr Detlef von Ahlefeldt im Zuge einer Familienfehde von seinem Vetter ermordet. Daraufhin wurde an den Chor im Osten eine **Gruftkapelle** angebaut, über der an der früheren Ostwand ein Epitaph aus Sandstein angebracht wurde. Es zeigt, von Säulen gerahmt, in einem Relief den auferstandenen Christus, darunter sechs Tafeln mit Inschriften für Verstorbene.

Im Innern der Kirche fällt zunächst der große **Kronleuchter** auf, dann – die Symmetrie des Raumes doch etwas störend – die hölzerne **Patronatsloge**. Sie wurde 1731 eingebaut und steht bis heute den Gutsherren zur Verfügung. Durch die Loge kommt der romanische **Triumphbogen** kaum noch zur Wirkung, in dem ein kleineres, grün und rot gestrichenes Triumphkreuz hängt. Es ist das älteste Stück in der Kirche und stammt aus dem frühen 14. Jahrhundert. Dahinter steht der **Altar** (1958) mit einem Aufsatz aus dem frühen 18. Jahrhundert. Das direkt auf die Holzplatte gemalte, etwas grobe Altarbild zeigt das Ostermotto. Zu erwähnen sind noch die bronzene **Taufe** von 1445 und die mit Reliefs versehene **Kanzel** von 1643.

Wenn man an der Kirche vorbeigeht und eine kleine Brücke überquert, taucht rechts das Gutshaus auf. Von hier kann man einen Blick aus der Ferne darauf werfen.

Bandreißerkate

Die 1764 gebaute Reetdachkate am Deich wurde zuletzt von dem Bandreißer Ewald Lüchau bewohnt. Die meisten Fässer werden mit Eisenringen in Form gehalten, die jedoch auf Schiffen wegen der hohen Luftfeuchtigkeit gerne verrosten.

Die Bandreißer nehmen als Alternative Weidenruten, die gewässert und gedreht werden und dann genauso stabil wie Metallbänder sind. Bis zur Mitte des 20. Jahrhunderts wurde dieses Handwerk noch ausgeübt. In der Kate sind Wohnbereich und Werkstatt zu sehen.

Haseldorf und Umgebung

Tourist-Information, Hauptstr. 26, 25489 Haseldorf, Tel. 04129/955490. www.elbmarschenhaus.de/startseite/tourismus

Aal-Kate, Kuhlworth 21, 25436 Neuendeich, Tel. 04122/2264; Mi–Fr 12–15.30 und 17.30–22, Sa/So 12–22 Uhr (warme Küche jeweils bis 20 Uhr). In herrlicher Umgebung auf dem Deich der Pinnau gibt es hier Fisch satt. Am Sonntag auch ein maritimes Frühstück (Reservierung empfohlen).
www.aal-kate.de

Haselauer Landhaus, Dorfstr. 10, 25489 Haselau, Tel. 04122/98710; tgl. 11.30–21 Uhr. 18 Zimmer wurden in die ehemalige Apfelscheune hineingebaut; DZ ab 99 €. In der Gaststube und auf der Terrasse wird solide Holsteiner Küche angeboten. www.haselauer-landhaus.de

Elbmarschenhaus, Hauptstr. 26, 25489 Haseldorf, Tel. 04129/955490; So 10–16 Uhr. www.elbmarschenhaus.de

Bandreißerkate, Achtern Dörp 3, 25489 Haseldorf; erster So im Monat 15–17 Uhr. www.kulturvereinhaseldorfermarsch.de/bandrei-erkate.html

Wedel

Die Stadt Wedel mit ihren 34000 Einwohnern ist schon mit Hamburg verwachsen, gehört aber zu Schleswig-Holstein. Und die Hamburger kommen gerne hier heraus, zum Beispiel um Golf zu spielen oder ihre Jachten zu polieren. Mit 2000 Liegeplätzen befindet sich der größte Jachthafen Norddeutschlands an der Elbe in Wedel. Die Umgebung ist recht grün, die Stadt wird von der Wedeler Au durchquert, und im Nordwesten befindet sich die Wedeler Marsch mit einer Vogelstation.

Im 13. Jahrhundert war Wedel eine Station auf dem Ochsenweg, dem Fernhandelsweg zwischen Dänemark und Niedersachsen. Da man annimmt, dass der Name Wedel vom altsächsischen ›Wadil‹ abstammt, das ›Furt‹ bedeutet, kann sich hier ein sicherer Übergang durch die Wedeler Au befunden haben und ein großer Marktplatz. Der Ochsenmarkt jedenfalls wird bis heute im April gefeiert.

Roland

Ein wichtiger Zeuge für den früheren Status des Ortes ist die Statue des Roland, die 1558 auf dem Marktplatz aufgestellt wurde. Im Mittelalter wurden zahlreiche Roland-Statuen errichtet, denn der Ritter mit dem Richtschwert versinnbildlicht die Eigenständigkeit einer Stadt, vor allem in Bezug auf Marktrecht und Gerichtsbarkeit. Der Wedeler Roland ist eine 4,50 Meter hohe Sandsteinstatue mit Insignien aus Schmiedeeisen. Diese sind das Schwert in der Rechten, der Reichsapfel in der Linken und die Krone. Die Statue erhebt sich auf einem 2,20 Meter hohen Sockel, der einen doppelköpfigen Adler als Wappen trägt.

Schiffsbegrüßungsanlage

Seit 1952 klingt es vom ›Willkomm-Höft‹ über die Elbe: ›Willkommen in Hamburg. Wir freuen uns, Sie im Hamburger Hafen begrüßen zu dürfen.‹ Jedes ›salutfähige‹ Schiff, also jedes, das mehr als 1000 Großtonnen aufweist und auf Überseefahrt ist, wird so begrüßt. An dem 40 Meter hohen Flaggenmast wird zu den Flaggen Hamburgs, der Bundesrepublik Deutschland, der Landesflagge von Schleswig-Holstein und der Signalflagge UW (Gute Reise) die Flagge des Herkunftslandes des Schiffes gehisst sowie der Begrüßungstext in der Landessprache und die Nationalhymne abgespielt. Tag für Tag, zu jeder Jahreszeit und bei jedem Wetter werden auf diese Art rund 50 Schiffe begrüßt oder verabschiedet. Dafür sind über 150 Nationalhymnen gespeichert. Kleinere Schiffe werden durch Dippen (kurzes Absenken) der Fahne begrüßt.

Dazu gibt der Begrüßungskapitän über Lautsprecher Erläuterungen über die vorbeifahrenden Schiffe ab. Mehr als 17 000 Schiffe sind verzeichnet, deren Einträge ständig aktualisiert werden müssen. Viele Besucher hören sich die Informationen und Hymnen an und genießen dabei Speis und Trank, denn das Schulauer Fährhaus wartet mit einem Biergarten und einer Fischbude auf.

Äußerlich unscheinbar: die Schiffsbegrüßungsanlage

▲ Karte S. 462

Museen

In dem Haus, in dem heute das **Ernst-Barlach-Museum** eingerichtet ist, wurde der Zeichner, Bildhauer und Theatermensch Ernst Barlach am 2. Januar 1870 geboren (→ 95). Zwei Jahre später zog die Familie allerdings weg. Seit 1987 ist das Geburtshaus ein Museum, in dem bis vor einiger Zeit Zeichnungen, Holzschnitte und Skulpturen Barlachs zu sehen waren. Inzwischen werden auch Ausstellungen präsentiert, die nichts mit Barlach zu tun haben.

Ein 1829 als Schulhaus errichtetes spätklassizistisches Gebäude beherbergt das **Stadtmuseum**. Hier wird die Geschichte Wedels von der Steinzeit bis in die 1960er Jahre präsentiert. Zudem gibt es Sonderausstellungen, Vorträge und Tagungen.

Wedel

Wedel Marketing, Rathausplatz 3–5, 22880 Wedel, Tel. 04103/707707; Mo–Do 9–13, 14–15.30 Uhr.
www.wedelmarketing.de

Freihof am Roland, Am Marktplatz 6, 22880 Wedel, Tel. 04103/1280; DZ ab 92 €. Seit 1532 befindet sich hier direkt am Markt eine Schenke. Heute verbindet sich mit dem historischen ›Geist‹ eine gemütliche und doch moderne Ausstattung in den 43 Zimmern und Suiten.
www.freihofwedel.de

Pier 13 Bed & Breakfast, Tinsdaler Weg 13, 22880 Wedel, Tel. 0162/1059693; DZ ab 85 €. Gemütlich und individuell eingerichtet. www.pier13-wedel.de

Wohnmobilstellplatz Wedel, Am Freibad 1, 22880 Wedel, Tel. 04103/91470. Direkt neben dem Schwimmbad stehen 51 Plätze zur Verfügung, nicht alle mit Stromanschluss, max. drei Nächte.
https://wohnmobilstellplatz-wedel.de

Schulauer Fährhaus, Parnaßstr. 29, 22880 Wedel, Tel. 04103/92000; tgl. ab 11.30 Uhr. Von dem großen Gasthaus direkt an der Elbe können Besucher miterleben, wie die großen Frachter begrüßt oder verabschiedet werden.
www.schulauer-faehrhaus.de/ein-und-auslaufzeiten-der-kreuzfahrer
www.hafenradar.de/de/ports/wedel

28 Grad Strandbad Wedel, Hakendamm 2, 22880 Wedel, Tel. 040/228584820. Beach-Club für ein junges Publikum neben dem Hafen.
https://28grad.com

Reepschlägerhaus, Schauenburger Str. 4, 22880 Wedel; Fr 14–17, Sa/So 12–17 Uhr. Nur Kuchen und Getränke. Das 1758 als Werkstätte für Handwerker erbaute Fachwerkhaus wurde bis 1964 entsprechend genutzt. In der sogenannten Reeperbahn wurden Seile hauptsächlich für eine maritime Nutzung hergestellt. Heute ist das Haus Teestube und Galerie für kulturelle Veranstaltungen.
https://reepschlaegerhaus.de

Theaterschiff Batavia, Brooksdamm, 22880 Wedel, Tel. 04103/85836; Mi–Sa ab 17, So ab 14.30 Uhr. Kanonenboote zu Theatern! Auf dem 100 Jahre alten, inzwischen am Stadtrand stillgelegten Flusskanonenboot wird schon seit 25 Jahren auf dem Unterdeck mit 70 Plätzen Theater gespielt, dazu Kabarett und Kindergeschichten, Konzerte und Lesungen. Auf dem Oberdeck gibt's Speis und Trank – und irisches Bier.
www.batavia-wedel.de

Ernst-Barlach-Museum, Mühlenstr. 1, 22880 Wedel, Tel. 04103/918291; Di–So 11–18 Uhr.
www.ernst-barlach.com

Stadtmuseum, Küsterstr. 5, 22880 Wedel, Tel. 04103/13202; Fr/Sa 14–17, So 11–17 Uhr.
www.stadtmuseum.wedel.de

Reisetipps von A bis Z

Anreise mit der Bahn

Der Knotenpunkt für Zugreisen nach Schleswig-Holstein insgesamt ist Hamburg. Nur noch sehr wenige IC/ICE fahren bis nach Flensburg im Osten oder Westerland (Sylt) im Westen. Der Regionalexpress verkehrt von Hamburg (und Lüneburg) nach Lübeck und dann weiter bis Puttgarden auf Fehmarn. Von Hamburg direkt und von Lübeck geht es weiter nach Kiel, von dort nach Flensburg oder ins Zentrum des Landes nach Rendsburg und Schleswig. Im Westen verkehren die Züge von Hamburg nach Westerland (Sylt), wobei es von Husum eine Stichstrecke an die Westküste der Halbinsel Eiderstedt gibt, nach Sankt Peter-Ording.

Anreise mit dem Auto

Hamburg ist das Nadelöhr auf der Tour nach Norden. Im Elbtunnel, Teil der A 7, begegnet man im Sommer oft stundenlangen Staus. Auf anderen Wegen kann man die Stadt im Westen praktisch nicht umfahren, da die Elbe nur an wenigen Stellen gequert werden kann. Im Osten ist eine Umfahrung auf der B 404 möglich. Hinter Hamburg führt die Autobahn A 7 im Osten bis nach Flensburg an der dänischen Grenze. Im Westen geht es über die A 23 und die gut ausgebaute B 5. Insgesamt sind die Nord-Süd-Verbindungen besser als die Ost-West-Verbindungen.

Baden und Strände

Fast die gesamte **Ostseeküste** wird von hellem Sandstrand gesäumt. An einigen Stellen gibt es streckenweise fünf bis zehn Meter hohe Steilküsten, die sich jedoch meist nur über einige hundert Meter hinziehen. Der Tidenhub, also der Wasserstand zwischen Ebbe und Flut, ist nur gering, weniger als ein halber Meter. Viele Strände sind sehr flach, sind also bei Familien mit Kindern beliebt. Vor allem in der Nähe von Orten werden Strandkörbe tageweise oder für länger vermietet; sie schützen gegen Wind und Sonne. Die Wasserqualität ist im Großen und Ganzen gut und wird von den Behörden überprüft. Manchmal gibt es große Algenblüten, die man weiträumig vermeiden sollte. Viele Strände, vor allem in der Nähe von Orten, werden von der DLRG bewacht, dort wehen dann auch manchmal Warnfahnen: gelb für ablandigen, also in die See hinaustreibenden Wind, rot für Badeverbot. Man sollte sich daran halten. Weiterhin dürfen die meisten Strände in oder bei Orten nur mit Kurkarte oder Ostseecard benutzt werden.

An der **Nordsee** ist die Situation ganz anders. Es gibt einige herausragende Sandstrände, vor allem auf Sylt, auf Amrum und in Sankt Peter-Ording, die von bis zu 50 Meter hohen Dünen gesäumt werden. An anderen Orten existieren sogenannte Grüne Strände, die aus aufgeschütteten, mit Rasen bewachsenen Deichen bestehen. Auch hier gibt es oft Strandkörbe, Kinderspielplätze und befestigte Spazierwege auf den Deichen. Dies gilt vor allem für Büsum und Friedrichskoog. Aufgrund des Wattenmeeres sind die Strände extrem flach. Nur gegen Ende der Flut und zu Beginn der Ebbe, wenn das Wasser hoch steht, kann man hier schwimmen. Ansonsten breitet sich eine riesige Matschebene vor der Küste aus, die sich jedoch auch zu erkunden lohnt – bei einer geführten Wattwanderung.

Barrierefrei

Öffentliche wie private Einrichtungen und Unternehmen bemühen sich, barrierearme und barrierefreie Zugänge zu schaffen. Einige Städte führen in ihren Prospekten barrierearme Unterkünfte auf, bieten barrierearme Stadtführungen und einen Stadtplan mit barrierearmen Wegen an.

Unter dem Titel ›Barrierefreier Urlaub in Schleswig-Holstein‹ verweisen die Websites www.schlaganfall-info.de und www.mein-barrierefreier-urlaub.de auf 40 Unterkünfte in Schleswig-Holstein, die Bar-

rierefreiheit – zumindest für einige Zimmer – bieten.
Der NAH.SH-Kundendialog nennt unter der Telefonnummer 0431/66019449 Ansprechpartner für Service-Personal oder Einstiegshilfen. Weitere Informationen finden Sie unter: www.nah.sh/barrierefrei-unterwegs oder www.vsf-gmbh.com/fahrplaene.18.0.html.

Ferienwohnungen und -häuser

Eine Vielzahl von Ferienwohnungen und Ferienhäusern findet sich in der gesamten Region, von abgegrenzten Ferienanlagen bis zu einzeln verwalteten Häusern und Wohnungen in Stadt und Land. Die Vielfalt ist in jeder Hinsicht beträchtlich, nicht nur was die Größe und Qualität der Unterkünfte angeht, sondern auch bezüglich der Vertragsgestaltung. Meist ist kurz nach der Buchung eine Anzahlung zu leisten, der Restbetrag wird noch vor Urlaubsantritt fällig – ärgerlich, aber leider branchenüblich. Manche Vermieter verlangen zudem bei Anreise noch eine Kaution, die bei oder nach Abreise zurückgezahlt wird, wenn am Objekt nichts beschädigt ist. In vielen, vor allem größeren Anlagen ist ein Tag, meist der Samstag, der An- und Abreisetag, je nach Objekt und je nach Saison kann dies aber auch ganz flexibel sein. In der Hochsaison ist in der Regel ein Mindestaufenthalt von vier bis sieben Tagen erforderlich. Die Unterkünfte dürfen nicht überbelegt sein, viele erlauben keine Haustiere. Man sollte zudem klären, ob Bettwäsche und Handtücher im Preis inbegriffen sind, was bei besseren Häusern meist der Fall ist, und ob es eine Zulage für die Endreinigung gibt.
Wenn man das Objekt nicht kennt, sollte man vor der Buchung durch genaue Betrachtung von Fotos und Beschreibungen versuchen, möglichst viele Informationen über die Einrichtungsqualität zu erlangen. Manchmal erlebt man mit abgewohnten Möbeln, nicht funktionierenden Geräten, reduziertem WLAN und Ähnlichem unerfreuliche Überraschungen, wenngleich viele Vermieter in den letzten Jahren, in denen durch das Internet die Vergleichbarkeit der Angebote gewachsen ist, in die Qualität ihrer Immobilien investiert haben.
Buchung über alle üblichen Fewo-Vermarkter, die lokalen Touristeninformationen oder die Vermieter direkt.

Hotels, Gasthöfe, Jugendherbergen

Das Angebot an Unterkünften ist äußerst vielfältig; es reicht vom edlen Landhotel bis zu zwei Quadratmetern Wiese fürs Zelt.
Die Stadthotels gehören teils zu Ketten, sind teils aber auch seit langem in Familienbesitz. Die wunderbaren Landhotels, in denen man sich verwöhnen lassen kann, waren früher meist Gutshöfe oder Herrenhäuser, in denen teilweise bis heute noch Landwirtschaft betrieben wird. Eine Stufe tiefer im Luxus, aber auch im Preis, stehen – oft alteingesessene – Gasthöfe oder Bauernhöfe, die zu Herbergen umgebaut wurden. Einige haben sich auch auf eine spezielle Kundschaft spezialisiert, so gibt es etwa in der gesamten Region eine Vielzahl von Reiterhöfen, die auch Übernachtungen (und teilweise sogar Vollpension) anbieten.
Jugendherbergen in Schleswig-Holstein, von denen es 41 gibt, sind oft funktionsgerechte Neubauten mit Vier-, Sechs- und Achtbettzimmern und Platz für Aktionen draußen wie drinnen. Außer von Schulklassen werden sie auch von privat organisierten Gruppen oder Familien gerne gebucht, weil sie preislich doch deutlich unter den Hotels liegen.

Klima

Das Klima ist gemäßigt, aber angesichts der stets nahen Küsten von Nord- und Ostsee recht feucht. Die Niederschlagsmenge beträgt im Jahresmittel 814 mm, das sind 15 Prozent über dem bundesdeutschen Durchschnitt. Weiterhin hält sich Schleswig-Holstein ganz am Ende der Liste der Temperaturen auf, das Jahresmittel liegt bei nur acht Grad.
Konsequenz für Urlauber: Wer das Land zwischen den Meeren bereisen will, sollte

Walskelett im Kieler Zoomuseum

gute und funktionsgerechte Kleidung mitnehmen, regen- und vor allem winddichte Jacken und Hosen, Pullover oder Fleecejacken, vernünftige Schuhe, Kopfbedeckung gegen Sonne und Wind. Es macht Sinn, Kleidung zum Wechseln immer dabeizuhaben, wenn man draußen unterwegs ist. Denn das Wetter an der Küste zeichnet sich vor allem dadurch aus, dass es häufig und schnell wechselt. Deshalb sagen die Einheimischen auch im miesesten Dauerregen: »Da hinten klart es schon wieder auf!« Und so ist Schleswig-Holstein klimatisch nicht nur ein Sommerreiseziel. Dick eingepackt ist auch im Winter ein Spaziergang am Strand belebend, erfrischend und gesund. Danach gibt es schließlich einen Tee, einen Grog oder einen Saunagang – alles ganz heiß.

Kurabgabe, Ostseecard

Alle offiziellen Ostseebäder und einige weitere Urlaubsorte kassieren von ihren erwachsenen Gästen eine Kurabgabe zwischen 1,50 und 3,50 Euro. Normalerweise zieht der Beherbergungsbetrieb, sei es nun Campingplatz, Ferienhausvermieter oder Hotel, den Betrag ein und leitet ihn an die Gemeinde weiter. Als Beleg gibt es eine Kurkarte, die man immer bei sich führen sollte, da sie einige Ermäßigungen bei Urlaubseinrichtungen ermöglicht und die Benutzung des Strandes erlaubt. Viele Gemeinden zwischen Glücksburg und Travemünde haben sich der ›Ostseecard‹ angeschlossen, die eine größere Auswahl an Vergünstigungen anbietet, zum Beispiel auch im ÖPNV.

Wer ansonsten als Tagesbesucher den Strand betreten will, muss eine Tageskarte lösen. Oft stehen an den Strandzugängen Automaten, die aussehen wie Parkautomaten und das Tagesticket gegen Bezahlung auswerfen. Und das Ordnungsamt unternimmt durchaus Kontrollgänge.
www.ostseecard.de

Notrufe

Feuerwehr: 112.
Polizei: 110.
Ärztlicher Bereitschaftsdienst: 116117 (kostenlos für gesetzlich Versicherte).
Sperr-Notruf für EC- und Kreditkarten: 116116.

Öffentliche Verkehrsmittel

Das frühere Bahnbusnetz wird jetzt mit Bussen der Firma Autokraft GmbH (www.autokraft.de) betrieben, die mit der Deutschen Bahn verbunden ist. Es gibt zwar viele Routen, doch die Busse fahren nur im Zwei-Stunden- oder Stundentakt, teilweise noch seltener. Fahrplan: www.dbregiobus-nord.de/regiobusnord/view/fahrplan/fahrplan-ueb.shtml?dbkanal_007=L01_S01_D127_KIN0001_top-navi-fahrplan_LZ01 oder über die Reiseauskunft: www.dbregiobus-nord.de/regiobusnord/view/index.shtml
Weitere Informationen beim Kundenservice der NAH.SH: www.nah.sh/de/kontakt, Tel. 0431/66019449.

Radfahren

Von Herrenhaus zu Herrenhaus, Café zu Café, Badestelle zu Badestelle, Dorfkirche zu Dorfkirche, Mühle zu Mühle: Schleswig-Holstein ist ein Fahrradparadies. Und so werden selbst eingefleischte Pedalmuffel schwach, wenn sie hierhin kommen. Gegenwind? Steigungen? Regenschauer? Kein Problem, seit es E-Bikes und gute Kleidung gibt. Sanft und verlockend ist die Landschaft ohnehin, vielfältig und üppig die Natur mit ihren Knicks, Weiden und Äckern, Wäldchen und Alleen – und natürlich mit den Promenaden und Wegen entlang der Küsten mit Blick auf Ostsee oder Nordsee. Zahlreiche Fahrradwege sind in den vergangenen Jahren entstanden, die sicher und abseits des Autoverkehrs angelegt sind. Dazu kommen schmale asphaltierte oder anderweitig befestigte Straßen zwischen Dörfern und Höfen, auf denen selten Autos fahren. Immer wieder weisen Schilder auf die verschiedenen Routen hin, denen Urlauber mit der Radkarte am Lenker oder online auf dem Handy folgen können. Informationsmaterial und Karten gibt es vielfach in den Touristeninformationen.

Die folgenden **Fernradwege** sind gut ausgeschildert, bieten herrliche Ausblicke in die Landschaft und können auch nur abschnittsweise befahren werden.

- Eider-Treene-Sorge-Radweg: 240 Kilometer langer Rundweg im Zentrum des Landes mit Verbindungen zu Orten wie Husum, Heide, Rendsburg und Schleswig. www.ets-radweg.de/startseite
- Elberadweg: Insgesamt 1300 Kilometer langer Weg von Tschechien bis Brunsbüttel und Cuxhaven. www.elberadweg.de
- Grenzroute: Von Flensburg aus hat man nach 130 Kilometern, immer an der Grenze zu Dänemark entlang, die Nordsee erreicht. www.grenzroute.de
- Holsteinische Schweiz: Die 200 Kilometer lange Tour führt durch den hügeligen Naturpark, durch Wälder und zu Seen, zu Herrenhäusern, Gütern und Schlössern. www.ostsee-schleswig-holstein.de/holsteinische-schweiz-radtour
- Mönchsweg: Der gesamte Weg ist knapp 1000 Kilometer lang und führt von Bremen nach Puttgarden auf der Insel Fehmarn. In Schleswig-Holstein geht es über 342 Kilometer von der Elbfähre in Glückstadt bis nach Puttgarden. https://moenchsweg.de
- Nordseeküstenradweg: Mit 5500 Kilometern ist dies die längste Radroute der Welt. Von Wedel an der Elbe bis nach Klanxbüll nahe der dänischen Grenze geht es über 325 Kilometer durch Schleswig-Holstein. www.radkompass.de
- Alte Salzstraße: Ganz im Süden des Landes führt der 100 Kilometer lange Weg von Lüneburg über Lauenburg, Ratzeburg und Mölln nach Lübeck auf den Spuren des einst lukrativen Salzhandels. www.herzogtum-lauenburg.de/radfernweg-alte-salzstrasse-streckenverlauf

Imbiss an der Marina Wendtorf

Ausleihe: Fahrräder können an jedem Urlaubsort ausgeliehen werden, zunehmend auch E-Bikes. Wer es nicht gewohnt ist, mit solchen motorgetriebenen Rädern zu fahren, sollte auf jeden Fall eine Übungsstunde einlegen. E-Bikes sind wesentlich schneller und schwerer als normale Fahrräder und daher auch schwerer zu handhaben.

Reiten

Durch schattige Haine schreiten, am Rand eines gelben Rapsfelds traben, über ein Stoppelfeld galoppieren, gar am Strand entlang, oder mit der Kutsche einem Waldweg folgen – das alles ist möglich zu Pferd. Über die ganze Region verstreut gibt es eine große Anzahl von Reitschulen und Reiterhöfen, die Reitunterricht und Ausflüge in Gruppen anbieten, manchmal mit, manchmal ohne Führung. In manchen Höfen kann man auch gleich übernachten, ansonsten gibt es oft Kooperationen mit Vermietern von Ferienwohnungen und -häusern.

Am Strand darf man in der Regel nur zu bestimmten Jahres- oder Tageszeiten reiten, wenn weniger Besucher den Strand bevölkern. In einigen Orten sind auch Genehmigungen erforderlich. Mancherorts gibt es Reitwege, die parallel zur Küste verlaufen.

Rundflüge

- Die ODF – Ostfriesische-Flugdienst GmbH – fliegt in ca. 20 Minuten von Heide/Büsum nach Helgoland. Auf den niedrig fliegenden Maschinen genießen Passagiere den Blick auf das Watt vor Büsum, mit den Prielen und Sänden, und je nach Anflug den Blick auf Helgoland und die Schwesterinsel Düne, auf der sich der Flugplatz befindet. www.fliegofd.de
- Der Flugsportclub Heide-Büsum e. V. bietet flugbegeisterten Leuten die Möglichkeit mitzufliegen. Informationen dazu unter www.flugplatz-heidebuesum.de
- Die Firma Flugsport Service SH bietet Rundflüge mit einem Gyrocopter (das ist ein kleiner Tragschrauber) ab Heide/Büsum an: www.fs-sh.de
- Neben der Verbindung zwischen Hamburg und Sylt gibt es Rundflüge ab Westerland/Sylt mit Sylt Air; mit Blick auf Sylt, die nordfriesischen Inseln, Halligen und das Wattenmeer: www.syltair.de
- Rundflüge ab Wyk/Föhr mit WKF Westküstenflug, Ausblick über die Nordfriesische Insel- und Halligwelt: www.westkuestenflug.de

Wandern

Man darf sich das Land zwischen den Meeren nicht als völlig flach vorstellen, denn die Eiszeit schuf eine wellenförmige Landschaft mit einem stetigen Auf und Ab. Aber die Steigungen sind natürlich nicht mit Bergen zu vergleichen, sondern flach und nicht sehr lang. Und so kann man eigentlich in der gesamten Region hervorragend wandern. An der Ostsee sind etwa 800 Kilometer Strecke für Wanderer, Walker und Jogger ausgezeichnet, es gibt insgesamt 107 Routen. Praktisch jede Fremdenverkehrsinformation hält Beschreibungen und Karten lokaler Wege bereit. An der Nordsee bieten sich vor allem die Deiche für Wanderungen und Spaziergänge an, beste salzhaltige Luft inklusive.

Seesterne finden sich häufig an den Küsten

Von Nord nach Süd über Ratzeburg, Mölln und Lauenburg durch das Herzogtum Lauenburg führen die drei **Europäischen Fernwanderwege E 1, E 6 und E 9**, die ideal für Langstreckenläufer sind. Der E 1 führt in 17 Etappen, die zwischen 17 und 34 Kilometer lang sind, vom Osten Hamburgs nach Lübeck, durch die Holsteinische Schweiz nach Kiel und Schleswig und hinauf nach Flensburg und zur dänischen Grenze. Der E 6 kommt aus Finnland und führt bis nach Griechenland, der schleswig-holsteinische Teil reicht von Flensburg bis Lübeck. Der E 9 beginnt in Portugal und führt bis nach Estland. Die Strecke in Schleswig-Holstein ist kurz, von Hamburg nach Lübeck, dann geht es weiter entlang der mecklenburgischen Ostseeküste.
https://e1.hiking-europe.eu/e1/etappen/deutschland/schleswig-holstein
https://fernwanderwege.net/wp-content/uploads/2018/02/europa-fernwanderweg-e6.jpg
https://fernwanderwege.net/wp-content/uploads/2018/02/europa-fernwanderweg-e9.jpg
Eine Besonderheit sind die **Wattwanderungen** an der Nordseeküste. Wenn das

Wasser sich zurückgezogen hat, eröffnen sich weite Flächen matschigen Bodens, auf dem unzählige Würmer, Krebse, Muscheln und anderes Getier leben. Besucher, die ernsthaft das Watt erkunden möchten, sollten sich auf jeden Fall einer geführten Tour anschließen. Die Führer kennen sich in der Gegend aus, sie kennen die Zeiten, wann das Wasser – teilweise sehr schnell – wieder aufläuft und können die einzigartige Lebenswelt Watt erklären.

Wassersport

Vor allem die Ostsee ist ein überwältigendes Segelrevier; sehr beliebt sind dabei die großen Flussmündungen wie etwa bei Lübeck und Travemünde, die Kieler Bucht sowie der 42 Kilometer lange Fjord Schlei, der beste Bedingungen für jede Art von Wassersport bietet. Glücksburg und die Flensburger Förde sind ebenfalls bekanntes Segelgebiet, von dem aus man auch die süddänische Inselwelt erreicht. Weiterhin finden sich große Segelhäfen auf Fehmarn und in Heiligenhafen. Und nicht zu vergessen, das größte Segelevent der Welt startet jedes Jahr mit der Kieler Woche.

An der Nordsee ist ein Törn durch die Insel- und Halligwelt sehr attraktiv, doch auch herausfordernd. Sandbänke, der Wechsel der Gezeiten und plötzliche Wetterumschwünge sind zu beachten. Nur erfahrene Segler machen sich auf den Weg zur Hochseeinsel Helgoland.

Dass Segeln auch ohne Wasser geht, zeigt sich beim **Strandsegeln** in Sankt Peter-Ording. Man kann den bis zu 100 Stundenkilometer schnellen Gefährten auf drei Rädern zusehen oder selbst einen Kurs wagen. www.st-peter-ording.de/nordsee-urlaub/am-nordseestrand/strandsegeln

Für **Kanus, Paddelboote und SUPs** eignen sich die Schleiregion sowie zahlreiche Seen und Flüsse hervorragend. Insgesamt 250 Kilometer Wasserwege stehen zur Verfügung. So hängen die Flüsse Eider, Treene und Sorge zusammen und können befahren werden. Ganz in der Nähe liegen die Seen des Herzogtums Lauenburg. Der Fluss Swentine eignet sich ebenfalls bestens zum Paddeln: 55 Kilometer sind befahrbar und führen durch 17 Seen bis zur Kieler Förde. Surfer werden sich in erster Linie an den Stränden einfinden, doch auch auf der Schlei und den großen Seen wie in Plön und Ratzeburg wird gesurft.

Zahlreiche Segelvereine und Segelschulen bieten **Kurse** für Kinder und Erwachsene, Anfänger und Fortgeschrittene an. Auch für Kanuten, Paddler und SUP-Fahrer sowie Surfer sind leicht zu finden.

Wohnmobil, Camping

In ganz Schleswig-Holstein, vor allem aber an den Küsten, sind zahlreiche Campingplätze zu finden. Ein Teil der Fläche ist mit ständig hier stehenden Wohnmobilen belegt, es gibt aber immer Platz für anreisende Mobile aller Art und Länge. In der Regel stehen auch Zeltplätze zur Verfügung. Manche Campingplätze sind weitgehend naturbelassen, andere sind hingegen große, siedlungsartige Anlagen, in denen alles schön ordentlich in Reih und Glied steht. Auf vielen Campingplätzen wurde in den letzten Jahren in die sanitären Anlagen investiert, so dass in der Regel ein guter Standard erreicht ist. Camping am Wasser ist neuerdings wieder äußerst beliebt, so dass sich, vor allem für den Sommer, eine frühzeitige Reservierung empfiehlt.

In vielen größeren Orten gibt es zudem modern eingerichtete Standplätze für Wohnmobile, die über Strom- und Wasseranschluss sowie über moderne Sanitäranlagen verfügen. Die meisten sind nicht im Voraus buchbar und begrenzen die Standdauer auf wenige Tage.

Schlafstrandkörbe gibt es an der Nordsee in Büsum, Simonsberg in der Husumer Bucht, auf den Inseln Föhr und Helgoland. An der Ostsee stehen sie in Travemünde, Timmendorfer Strand, Scharbeutz, Haffkrug, Grömitz, Kellenhusen, auf Fehmarn und in Heikendorf an der Kieler Bucht. www.nordseetourismus.de/schlafstrandkoerbe und www.ostsee-schleswig-holstein.de/strandschlafen-ostsee

Glossar

Kirchenbauten, Religion

Altar Ort, an dem die Messe gelesen und Opfer dargebracht werden. Ein Altar besteht in der Regel aus mehreren Teilen: einem tischartigen Unterbau (Mensa), auf dem eine kastenförmige Basis steht, die Predella, oft durch Schnitzereien oder ein Gemälde geschmückt. Die Predella hat vor allem praktische Funktionen: Sie erhöht den Altaraufsatz zur besseren Sicht und damit im Falle eines Flügelaltars beim Öffnen und Schließen der Flügel der Tisch nicht abgeräumt werden musste. Zeitweise wurden auch Hostien und Messgeräte dort untergebracht. Prunkstück des Altars ist das Retabel, der Altaraufsatz, der entweder feststeht oder dessen Flügel geklappt werden können. Normalerweise sind die Flügel geschlossen, man sieht nur großflächige Gemälde; sonntags wurden sie einmal aufgeklappt und zeigten Heilige oder Szenen aus der Bibel. An hohen Feiertagen wurden die Flügel ganz geöffnet und legten ein Bildprogramm als Malerei oder Relief meist mit Szenen aus dem Leben Jesu frei. Die besten Retabel zeigten einen großen Figurenreichtum, eine plastische und lebhafte Darstellung sowie wertvolle Vergoldungen. Heute sind in den meisten Kirchen und Museen die Retabel in aufgeklapptem Zustand zu sehen.

Apsis (Pl. Apsiden) Der östlichste Teil einer Kirche, in der Regel eine Art Anbau an das mittlere Kirchenschiff, der Grundriss ist meist halbkreisförmig, kann aber auch polygonal (vieleckig) oder rechteckig sein.

Barock Kunst- und Architekturstil im 17. und 18. Jahrhundert mit üppigen Formen und Verzierungen, in Norddeutschland nicht so beliebt wie im Süden.

Basilika Großes Kirchengebäude, dessen Seitenschiffe niedriger und durch Säulen oder Pfeiler vom Hauptschiff abgetrennt sind (im Gegensatz zur Hallenkirche).

Chor (Altarraum) Der Raum um den Altar in einer christlichen Kirche, der traditionell dem Klerus vorbehalten war, deshalb oft durch Chorschranken abgetrennt ist. Die Honoratioren oder Mönche der jeweiligen großen Kirche haben oft speziell zugewiesene Sitzplätze im Chorgestühl.

Epitaph Grabinschrift, Grabplatte oder Grabdenkmal, wörtlich ›zum Grab gehörend‹.

Fiale Schlankes, spitzes Türmchen, in der Gotik als dekoratives Element beliebt, hat auf dem Strebewerk aber auch eine statische Funktion.

Gotik Architekturstil des Spätmittelalters, Mitte des 12. bis Ende des 15. Jahrhunderts, bei Kirchen sehr beliebt, erkennbar an hochstrebenden Bauten und spitzbögigen Fenstern, innen mit gewölbten Decken.

Hallenkirche Die Schiffe des Langhauses sind tatsächlich oder annähernd gleich hoch und meist mit einem gemeinsamen Dach versehen (im Gegensatz zur Basilika).

Hauptschiff, Seitenschiff, Querschiff Eine christliche Kirche ist in der Regel in Ost-West-Richtung gebaut, mit dem Altarraum im Osten und dem Eingang im Westen. Die großen Räume werden ›Schiffe‹ genannt, von denen es in der Regel eine ungerade Zahl gibt (eins bis fünf); das mittlere Schiff ist das größte und somit das Hauptschiff, die danebenliegenden sind entsprechend die Seitenschiffe. Vor dem Altar gibt es bei größeren Kirchen oft zwei kürzere Querschiffe im rechten Winkel zum Hauptschiff (also nach Norden und Süden). Sie verleihen der Kirche im Grundriss und bei Draufsicht eine Kreuzform.

Karyatide (Figurenpfeiler) Bauelement, das die statische Funktion eines Pfeilers hat, optisch aber wie eine Figur oder Skulptur aussieht.

Klassizismus Architekturstil von ca. 1750 bis 1830 mit strengen Formen und einem Rückgriff auf antike Bauformen.

Kenotaph Symbolisches Grabdenkmal, in dem niemand tatsächlich bestattet ist.

Kreuzrippengewölbe In der Gotik beliebte Lösung, ein Gewölbe statisch zu fixieren. Ein Gewölbe wird in Felder aufgeteilt, durch

Steine (meist Ziegel) werden diagonale dünne ›Rippen‹ gemauert, die das Gewicht des Daches auf Pfeiler ablenken. Wo die Rippen sich in der Mitte des Feldes treffen, werden sie oft durch einen besonders geschmückten, größeren ›Schlussstein‹ markiert.

Lettner Unterschiedlich hohe Abtrennung zwischen Chor, der nur der Geistlichkeit zugänglich war, und dem Hauptschiff; darüber befand sich oft ein Triumphkreuz.

Predella s. Altar.

Pietà Wörtlich aus dem Italienischen ›Frömmigkeit‹, ›Mitleid‹: eine Skulptur der trauernden Gottesmutter Maria, die den Leichnam des vom Kreuz abgenommenen Jesus auf dem Schoß hält.

Romanik In ganz Europa anzutreffender Architekturstil in der Zeit von etwa 950 bis 1150, erkennbar an den Rundbögen bei Türen und Fenstern, dickeren Mauern, geringeren Höhe und kleineren Fenstern als bei der nachfolgenden Gotik.

Sakristei Nebenraum einer Kirche, in dem die Geistlichen sich zum Gottesdienst umziehen und vorbereiten.

Triumphkreuz Großes Kruzifix mit Jesus am Kreuz und mehreren Begleitpersonen, das in hoher Position, meist auf einem Balken, vor dem Chor angebracht wurde; es soll den Triumph Christus' über den Tod symbolisieren. Solche Kreuze kamen Mitte des 12. Jahrhunderts auf. Ursprünglich überragten sie den Lettner, eine gemauerte oder als Eisengitter gearbeitete Schranke, die den Chorraum des Klerus vom Raum der Gläubigen abtrennt.

Tympanon Ein meist ausgiebig geschmücktes Giebelfeld oberhalb eines Tür- oder Fenstersturzes.

Vierung Meist quadratischer Raum vor dem Altar, an dem sich das Hauptschiff mit den Querschiffen und dem Altarraum/Chor trifft. Bei großen Kirchen wird der Ort gern draußen von einem kleineren Turm (Vierungsturm) auf dem Dach markiert.

Kunst

Bronze Ursprünglich eine Legierung (Vermischung) von Kupfer mit bis zu 8,5 Prozent Zinn. Der Begriff wird aber auch für andere Legierungen verwendet, bei denen aber immer Kupfer den höchsten Anteil von mindestens 65 Prozent hat. Über das Material hinausgehend werden auch Kunstwerke, vor allem Skulpturen, die aus Bronze geformt oder gegossen wurden, als Bronzen bezeichnet.

Fresko (Pl. Fresken) Aus dem Italienischen ›fresco‹ für ›frisch‹. Bei dieser Art der Wandmalerei werden in Wasser aufgelöste Pigmente auf frischen, noch feuchten Kalkputz aufgetragen. Durch die Einsickerung der Pigmente und die folgende Trocknung wird der Farbauftrag stabil.

Relief Künstlerische Darstellung, bei der sich Teile plastisch vom Hintergrund abheben. Je nach Plastizität spricht man von Flachrelief (Basrelief), Halbrelief oder Hochrelief. Die verwendeten Materialien können sehr vielfältig sein, außer den klassischen Materialien Stein und Holz sind auch Metalle verwendbar, etwa Bronze, Silber oder Gold.

Sonstiges

Dingstock Ursprünglich die Bezeichnung für eine Gerichtsschranke: Der Raum des Gerichts wird von vier Bäumen oder Stöcken begrenzt. Seit Anfang des 17. Jahrhunderts gibt es eine zusätzliche Bedeutung in Schleswig-Holstein: Das kreuz- oder stabförmige Eisen, das manchmal Ringe oder anderen Schmuck aufweist, wurde als eine Art Einladung, zu einer Versammlung zu erscheinen, von Haus zu Haus weitergereicht.

Endmoräne In der Eiszeit von Gletschern verschobenes und abgelagertes Geröll, woraus sich später eine hügelige Landschaft bildete.

Haff Frühere Meeresbucht an einer flachen Küste, durch eine Nehrung weitgehend vom offenen Meer abgeriegelt.

Harde Untere dänische Verwaltungseinheit.

Noor See, in dem sich Süßwasser und Salzwasser mischen.

Thing/Ding Volksversammlung oder Gerichtsversammlung nach germanischem Recht.

Thingstätte Ort der Volks- oder Gerichtsversammlung.

Literaturhinweise

Ein ausführliches Verzeichnis von Literatur, die mit Schleswig-Holstein in Verbindung steht: www.lesezeiten.de/assets/applets/Lierarische_Reise_durch_Schleswig-Holstein_1_-1-.pdf

Belletristik

Fallada, Hans, Bauern, Bonzen und Bomben, Reinbek: rororo 1995 [Erstauflage 1931]. Fallada lebte ab 1928 für einige Jahre als ›Hilfsjournalist‹ in Neumünster und beobachtete dort die Landvolkbewegung, eine konservativ orientierte Protestbewegung der Bauern, die Demonstrationen und Steuerstreiks organisierte, aber auch ein paar Bomben warf. Vor diesem Hintergrund zeichnet Fallada unterhaltsam und durchaus spannend die Auseinandersetzungen zwischen politischen Gruppen und ihren Zeitungen, Bauern und Städtern, Polizei und Bürgern Anfang der 1930er Jahre auf.

Groth, Klaus, Quickborn, Hamburg: Hofenberg 2017. Volksleben in plattdeutschen Gedichten dithmarscher Mundart, Neuausgabe mit einer Biographie des Autors.

Groth, Klaus, Verteln, Heide: Boyens 2001. Kleine Geschichten und Erzählungen über die Menschen vom Land und die Erlebnisse und Empfindungen der einfachen Leute.

Hansen, Dörte, Mittagsstunde, München: Penguin 2018. Eine Familien- und Heimatgeschichte aus Nordfriesland, ohne Pathos und Kitsch, dafür mit Menschen, die von ihrer Umgebung geprägt sind und mit dem Wandel dieser Umgebung so ihre Probleme haben. Wie zu erwarten, trifft man auf herrliche Typen.

Hansen, Dörte, Zur See, München: Penguin 2022. Die Geschichte spielt auf einer nordfriesischen Insel und erzählt, wie die Seefahrt die Menschen durchaus unterschiedlich prägt.

Lenz, Siegfried, Deutschstunde, München: dtv 1975 [Erstauflage 1968, zahlreiche weitere Ausgaben]. In einem Aufsatz schreibt Siggi Jepsen die Geschichte seines Vaters, eines Dorfpolizisten in Nordfriesland, und des Malers Nansen nieder, dem von den Nazis ein Malverbot auferlegt wird. Doch jeder kennt jeden in der Küstengegend, und alle zeichnet eine gewisse Hartnäckigkeit aus. Der Roman ist *keine* Biographie des Malers Emil Nolde, hat aber mit seinem Leben zu tun. Unbedingt lesenswert.

Mann, Heinrich, Professor Unrat, Frankfurt: Fischer 2014 [Erstauflage 1905, zahlreiche weitere Ausgaben]. Wie Lehrer und Schüler sich gegenseitig verachten und wie der Lehrer, nachdem sein Ruf in der biederen Kleinstadt ruiniert ist, ein Leben außerhalb der Bürgerlichkeit lebt und die Doppelmoral des wilhelminischen Zeitalters offenlegt.

Mann, Heinrich, Der Untertan, Frankfurt: Fischer 2014 [Erstauflage 1916, zahlreiche weitere Ausgaben]. Von rechten und nationalistischen Gedanken und Taten, in der Universität, im Wirtschaftsleben, in der Beamtenschaft. Der Sumpf der wilhelminischen Zeit.

Mann, Thomas, Buddenbrooks, Berlin: Aufbau 1952 [zahlreiche weitere Ausgaben]. Die Geschichte des Niedergangs der Lübecker Kaufmannsfamilie Buddenbrook. Ein Roman, den jeder gelesen haben muss.

Storm, Theodor, Immensee [und sechs weitere Novellen], Berlin: Verlag Neues Leben 1963. Die bekanntesten Novellen des Großmeisters der norddeutschen realistischen Literatur sind in diesem nur antiquarisch zu bekommenden Band zusammengefasst. Es gibt aber auch zahllose andere Ausgaben.

Storm, Theodor, Sämtliche Werke in vier Bänden, Berlin: Aufbau 1956 (auch in anderen Verlagen und Auflagen erschienen). Lyrik, Märchen, Novellen und viele kleine Reden und Texte.

Sachbücher

Bogdan, Isabel, Mein Helgoland, Hamburg: mare 2021. Die Übersetzerin und Autorin zieht sich gerne zum Schreiben nach Helgoland zurück und vermischt hier ihre Erlebnisse auf der Insel mit Überlegungen, wie literarische Texte entstehen.

Bohn, Robert, Geschichte Schleswig-Holsteins, München: C.H. Beck 2015. Gute Übersicht über die historischen Entwicklungen.

Bonné, Mirko, Mein Fehmarn, Hamburg: mare 2017. Interessante Familiengeschichte über die Sommer auf Fehmarn mit vielen Storys über die Insel.

Krücker, Franz-Josef, Jutta Lietsch und Andreas Lorenz, Schlei, Berlin: Trescher 2023. Aktueller Reiseführer über den Ostseefjord und seine Umgebung.

Krügel, Mareike und Jan Christophersen, Gebrauchsanweisung für Schleswig-Holstein, München: Piper 2022. Fakten und Geschichten, informativ und unterhaltsam.

Merseburger, Peter, Willy Brandt, 1913–1992: Visionär und Realist, Stuttgart: DVA 2002. Der renommierte Journalist beschreibt auch die Jugend von Herbert Frahm, wie er damals noch hieß, in seiner Geburtsstadt Lübeck lebhaft und genau.

Missfeld, Jochen, Sollsbüll, Reinbek: Rowohlt 2017. Eine Familiengeschichte des 20. Jahrhunderts aus der Schleiregion.

Missfeld, Jochen und Christian Demandt, Theodor Storm in Husum, Berlin: Edition AB Fischer 2016. Der Text folgt dem Leben Storms, seiner Eltern und Schwiegereltern sowie seiner beiden Frauen durch Husum.

Pehnt, Annette, Mein Amrum, Hamburg: mare 2020. Die Autorin besucht die Insel mit ihrer Hündin.

Wattenmeer: Ein Naturraum der Niederlande, Deutschlands und Dänemarks, Neumünster: Wachholtz 1976. Der umfangreiche Bildband beschreibt anschaulich und ausführlich, wie das Wattenmeer entstand, wie es sich heute aufbaut, wie es genutzt wird und welchen Gefahren es nicht nur von der Natur, sondern auch von den Menschen ausgesetzt ist.

Schleswig-Holstein im Internet

www.schleswig-holstein.de Website der Landesregierung

www.ostsee-schleswig-holstein.de Offizielle Tourismus-Webseite der Ostseeregion

www.ostseemagazin.sh Magazinartige Website für die Region von Travemünde bis nach Glücksburg und die Holsteinischen Schweiz

www.gartenrouten-sh.de Kultur im weitesten Sinne an Nord- und Ostsee

www.nordseetourismus.de Offizielle Website über das touristische Angebot der Kreise Dithmarschen und Nordfriesland an der Nordsee

www.nationalpark-wattenmeer.de Offizielle Website der Nationalparkverwaltung

https://multimar-wattforum.de Website des Wattforums in Tönning, des größten Bildungszentrums über das Leben im Watt

Essen und Trinken

www.feinheimisch.de Lebensmittelprodukte aus Schleswig-Holstein.

www.mohltied.de Das Magazin für gutes Essen und Trinken in Schleswig-Holstein.

www.fischvomkutter.de Täglich aktuelle Meldungen, wo frischer Fisch vom Kutter verkauft wird

Kultur

www.ostsee-orchester.de 40 Hobbymusikerinnen und Hobbymusiker jeden Alters aus Schwedeneck und Umgebung musizieren im Blasorchester

www.shmf.de Schleswig-Holstein Musik Festival

https://jazzbaltica.de Website des Jazz-Festivals in Timmendorfer Strand

www.museen-nord.de Sehr ergiebige Website, die einen Überblick über zahllose Museen in Schleswig-Holstein und Hamburg bietet

Der Autor

Franz-Josef Krücker studierte Anglistik und Sozialwissenschaften in Köln und war dann viel in Asien unterwegs. Für den Trescher Verlag schrieb er die Reiseführer ›Vietnam‹, ›Kambodscha‹ und zuletzt ›Laos‹. Inzwischen bearbeitet er nähere Ziele, zum Beispiel die Britischen Inseln und den schönen Norden Deutschlands. Mit Jutta Lietsch und Andreas Lorenz schrieb er schon den Reiseführer ›Schlei‹, der ebenfalls im Trescher Verlag erschienen ist. Außerdem widmet er sich jetzt dem Reisen zu literarischen Orten, den Häusern, Orten und Landschaften, in denen Literatur entstand.

Der Autor in einer Klönschnacktür

Dank

Franz-Josef Krücker dankt den Co-Autoren des Trescher-Reiseführers über die Schlei, Jutta Lietsch und Andreas Lorenz, für frische Texte im Hintergrundteil dieses Buches sowie die Genehmigung, den Angeln-Text als Grundlage für die neue Fassung zu verwenden.
Ansonsten gilt sein Dank den vielen Menschen, die sich in der langen Recherchephase Zeit für Gespräche und Interviews genommen haben.

Register

Kartenregister

Bildnachweis

Alle Fotos von Franz-Josef Krücker, außer:

Aagnverglaser/wikimedia (S. 58);
Agnete/wikimedia (S. 412);
alodrado/shutterstock (S. 138);
Hans-Peter Balfanz/wikimedia (S. 55);
Bundesarchiv, Bild 183-G1102-0003-001/ Robert Sennecke/CC-BY-SA 3.0 (S. 38);
Camilo Concha/shutterstock (S. 191);
Hinnerk Dreppenstedt (S. 18, 201u.);
foto-select/shutterstock (S. 77);
Dirk Ingo Franke/wikimedia (S. 429);
Glizree/wikimedia (S. 326);
grossishut/shutterstock (S. 169);
Christian Horz/shutterstock (S. 439);
JKramer1998/wikimedia (S. 377);
Karl-May-Spiele/Claus Harlandt (S. 239);
LGieger/shutterstock (S. 180);
Benjamin Lissner/shutterstock (S. 96);
Andreas Lorenz (S. 45);
nightflyer/wikimedia (S. 379);
Martha Pohl/wikimedia (S. 327);
Reiseschatzi/shutterstock (S. 144);
Andreas Rose/shutterstock (S. 136, 142);
Philip Schäfer/wikimedia (S. 54);
Thorsten Schier/shutterstock (S. 146);
Tanja Schridde (S. 25);
Sina Ettmer Photography/shutterstock (S. 150);
ThomBal/shutterstock (S. 363);
thosgra/shutterstock (S. 440);
tourpics_net/shutterstock (S. 364);
Jürgen Wackenhut/shutterstock (S. 143, 149, 189);
wikimedia/gemeinfrei (S. 34, 35, 97, 118, 123, 129, 130, 332, 384);
Bernd Wolter/shutterstock (S. 359).

TRESCHER VERLAG
MEHR WISSEN. BESSER REISEN.
OSTSEEKÜSTE
MECKLENBURG-VORPOMMERN
Mit Usedom, Rügen und Hiddensee, Fischland-Darß-Zingst
Wismar, Rostock, Stralsund, Schwerin
Kerstin Sucher, Bernd Wurlitzer
TRESCHER VERLAG
RÜGEN
HIDDENSEE
STRALSUND
Mit zahlreichen Hinweisen für Aktivurlauber
Grazyna und Wolfgang Kling
TRESCHER VERLAG
MEHR WISSEN. BESSER REISEN.
FISCHLAND
DARSS
ZINGST
Mit Hansestadt Stralsund
Mit zahlreichen Hinweisen für Aktivurlauber
Grazyna Kling und Wolfgang Kling
TRESCHER VERLAG
USEDOM
WOLLIN
Mit Wolgast, Anklam und Ueckermünde
Grazyna und Wolfgang Kling
trescher-verlag.de